개정증보판

윤 리 학

김 태 길 저

博 英 社

改訂增補版 序文

저자가 윤리학 공부에 뜻을 두게 된 본래의 동기는 "어떠한 삶을 가질 것인가?" 하는 실천적 문제에 대답하기 위해서였다. 그러나 공부를 시작한 지 얼마 안 되어서 부딪친 것이 "도대체 저 물음에 객관적인 대답이 가능한가?"였다. 윤리학적 회의론에 빠진 것이다.

윤리학적 회의론과 힘겨운 씨름으로 지쳤을 무렵에 미국으로 유학을 간 것은 1957년이었다. 당시의 미국에서는 윤리학적 회의론과 정면대결을 벌인 메타윤리학이 성행하고 있었다. 나는 목마른 사람이 물을 반기듯이 메타윤리학에 매달렸고, 한국인으로서는 메타윤리학으로 학위를 얻은 첫번째 사람이 되었다.

내가 1963년에 「倫理學」을 내놓은 것은 메타윤리학을 우리나라에 알리고자 하는 뜻에서였고, 나는 그것이 단순한 입문서나 개론서 이상의 것이 되기를 꾀하였다. 다만 그것은 윤리학의 학문으로서의 성격을 규명하기 위하여 쓰여진 것이고, 내가 윤리학 공부를 시작할 때 나 자신에게 물었던 "어떠한 삶을 가질 것인가?" 하는 실천적 물음에 대답하기 위한 것은 아니었다.

나는 윤리학의 궁극목적은 실천문제에 대한 해답의 원리를 탐구함에 있다고 믿는다. 다만 그 탐구가 독단으로 흐르지 않기 위해서는 이론윤리학 특히 메타윤리학의 과정을 먼저 밟아야 한다고 생각한다.

나는 후일에 실천윤리학에 관한 저술을 많이 내놓았다. 어느 정도 윤리학 공부에 깊이 들어간 사람들은 내가 60년대 초기에 간행한 「倫理學」과 후일에 출판한 실천윤리의 저술들 사이에 불가분의 관계가 있음을 발견할 것이다. 그러나 초보자에게는 그 관계가 보이지 않을 수도 있을 것이다.

「倫理學」의 개정판을 낸 지가 11년이 지났다. 그 동안에 지형도 마모되고 출판 기술에도 많은 발달이 있었으므로, 조판을 새로 함이 바람직하다고 출판사 측에서 알려 왔다. 나는 이 기회에 이론의 서(書)로서의 「倫理學」이 실천적 윤리의 문제와 어떻게 연결되는가를 이해하는 데 다소라도 도움이 되도록 보완하기를 바라게 되었다.

이 소망을 염두에 두고 생각해 낸 것이 "윤리란 무엇인가"라는 제목의 글 한 편을 추가하는 궁여지책이다. 이론윤리학과 실천윤리학이 공통으로 다루는 가장 기본적인 개념은 '윤리'이다. 이 '윤리'의 개념이 이론윤리학과 실천윤리학을 연결하는 큰 고리의 구실을 할 수 있을 것으로 믿은 것이다. "윤리란 무엇인가"를 바르게 이해했을 때 이론윤리학과 실천윤리학의 여러 문제들을 풀 수 있는 실마리가 보이기 시작한다고 저자는 믿고 있다.

"윤리란 무엇인가"라는 제목의 글을 '서장(序章)'의 자격으로 책 앞 부분에 추가할까 생각하기도 하였다. 그러나 책 전체의 모양새를 고려하여 '부록 3'이라는 이름으로 권말(卷末)에 추가하기로 하였다. 비록 뒤로 돌리기는 했으나 독자의 눈길이 닫기를 바라는 마음이다.

책 전체를 다시 읽어 보니 오식도 가끔 발견되고 표현이 적절하지 못하다고 생각되는 곳도 있었다. 이 기회에 그러한 결점도 보완하도록 꾀하였다.

무더운 여름철에 교정을 보고 색인을 다시 만드는 등의 작업을 위하여 노고가 컸던 박영사 편집부 직원들의 노고에 깊이 감사한다.

1998년 8 월

철학문화연구소에서

저자 김 태 길

改訂版 序文

이 책이 처음 출판된 뒤로 오랜 세월이 흘렀고 본래의 지형(紙型)에 마멸된 곳도 생겼으므로 조판을 다시 하겠다는 연락을 박영사로부터 받았을 때, 나는 이 기회에 원고 전체에 손질을 하기로 마음을 먹었다. 그러나 막상 작업을 시작하고 보니 옛 것에 대한 애착과 시간의 제약 등의 사정이 앞서서 결과적으로 별로 많이 고치지는 못하고 말았다. 논리적으로 생각해서 말이 안 된다고 판단되는 곳과 논지가 불투명하다고 여겨지는 곳을 우선 바로잡고, 요즈음의 언어감각에 비추어 볼 때 적합하지 않다고 생각되는 표현을 고치는 정도를 벗어나지 못하였다.

이 책의 초판을 냈을 때에는 그 당시의 일반적 경향을 따라서 한자를 많이 혼용했으나, 이번에는 모두 한글을 사용하고 필요한 곳에만 괄호 안에 한자를 넣기로 하였다. 한글전용에 적합하도록 일부의 표현을 바꾸도록 배려했으나, 한자의 혼용에 익숙한 기성세대를 위해서는 도리어 개악(改惡)의 결과가 되지 않았을까 걱정이다. 서양 사람들의 이름만은 처음과 마찬가지로 서양 글자를 그대로 써 두었다.

개고(改稿)를 한답시고 붓을 댔으나 별로 크게 다를 바 없는 것을 다시 내놓는 결과가 되어서 부끄럽기 짝이 없다. 옛 것을 고치는 데 전력을 기울이기보다는 차라리 새로운 저술을 통하여 보완하는 편이 낫겠다는 것이 나의 계산이기는 하나, 과연 어느 정도의 새로운 저술을 언제쯤 낼 수 있을지 장담할 수 있는 처지가 아니다. 나 자신의 행운을 스스로 빌고 싶은 마음이다.

1987년 1월

김 태 길

增補版 序文

처음 원고를 쓸 때에는 최선을 다했다 하더라도 일단 출판이 되고 나면 곧 고치고 싶은 곳이 생기는 것이 저자의 심리이다. 하물며 17년의 세월이 흐른 뒤에 있어서랴.

욕심대로 하자면 결국 새로 책 한 권을 다시 써야 할 형편이다. 그러나 이미 회갑을 맞이하고 정년을 바라보는 나이임을 생각하매, 같은 종류의 책을 위하여 남은 시간을 쏟기보다는, 다른 연구로써 마무리를 짓고 싶은 생각이 앞선다. 여기서 궁여지책으로 생각한 것이 권말에 논문을 첨가하여 보충에 대신하는 방법이었다.

이미 1968년에 "의지의 자유와 책임의 유무"라는 논문 한 편을 첨가한 일이 있었다. 초판의 원고를 쓸 때의 구상으로는 의지자유의 문제를 제대로 다룰 자리가 마땅치 않아서 그 문제는 제외되었던 것이나, 뒤에 독자들의 관심이 이 문제에 대하여 적지 아니함을 알게 되어, 독립적인 논문으로 엮어서 한 편을 보태기로 한 것이다.

세월이 흐르면서 가장 미비하게 느껴진 것은 메타윤리학적 문제에 관한 최근의 경향이 빠졌다는 점이었다. 원저와 같은 방식을 따라서 이 점을 보충하자면 지나치게 많은 지면이 요구될 뿐 아니라, 여러 가지 사정이 여의치 못하여, 겨우 나 자신의 논문 한 편을 추가함으로써 미봉책으로 삼았다. "윤리판단의 근본원리"라는 제목이 붙은 약간 긴 논문이다. Hare의 *Freedom and Reason*에 나타난 이론을 다룸으로써, *Language of Morals*의 단계의 Hare만을 다루었던 초판의 부족을 일부 보충하는 동시에, A. Gewirth, J. R. Searle, J. Rawls 등에 언급함으로써, 윤리적 인식을 긍정적으로 보려는 새로운 경향을 부분적으로나마 소개하는 결과를 가져오리라고 생각되는 논문이기에 여기 첨가한 것이다.

권말의 참고문헌 소개에도 일부를 다시 첨가했으나, 옛 조판을 살리기 위하여, 제대로 분류하지 못하고 그저 나열하는 데 그쳤다.

1980년 11월

著 者 識

序 文

날로 새로운 것에로 달리는 경향이 이 나라의 뚜렷한 풍조를 이루고 오늘날 철학계에까지도 밀려들고 있다. 그러나 철학의 연구에 있어서만은 옛 사상에 대한 착실한 이해가 앞서야 할 것이라고 믿어 왔다. 철학이라는 사상은 하나의 흐름이며, 흐름에 대한 이해는 그 근원을 떠나서 온전할 수가 없기 때문이다.

윤리학도 철학의 한 분과임에 틀림이 없다면, 여기서도 옛 것에 대하여 응분의 비중이 인정되어야 마땅할 것이다. 그럼에도 불구하고 이 저서에 있어서는 현대에 관한 부분이 3분의 2 가량을 차지하였다. 과거의 것을 다루는 부분에 있어서까지도 관점은 오히려 현대에 둔 듯한 인상이 짙다. 여하튼 책 전체의 중심이 현대의 사상 쪽으로 기울어지고 있음을 부인하지 못하게 되었다.

윤리학에 있어서도 옛날의 사상을 중요시해야 한다고 믿음에는 다름이 없다. 다만 철학의 다른 어떠한 분야에 있어서보다도 윤리학에 있어서는 현대의 사상이 특별한 주목을 받아야 한다고 생각한 것이다. 저자가 이렇게 생각했음에는 몇 가지 이유가 있다.

르네상스를 기점으로 삼은 서구의 근대화의 움직임은 철학 일반에도 크게 반영되었다. Descartes의 학통(學統)을 이어받아서 합리론을 세운 대륙에 있어서나, Bacon의 선구를 좇아서 경험론을 이룩한 영국에 있어서나, 철학의 면모에 크게 새로움이 있었음은 세상이 아는 바와 같다. 그러나 그 당시에 철학이 새로운 시대정신을 제대로 반영하여 근본적인 전환을 성취한 것은 인식론을 중심으로 삼는 이론철학의 분야에 있어서였다. 윤리학을 기본으로 삼는 실천철학의 분야에 있어서는 중세기적인 사상이 여전히 그 세력을 유지하고 있었다.

"명석하고 판명한" 관념에만 의존해야 한다고 새로운 방법을 역설한 Descartes도, 도덕 문제만은 종교와 정치의 권위에 일임하는 것이 좋으리라고, 슬그머니 꽁무니를 뺐다. Spinoza 같은 진보적인 사상가도 신비주의적인 일면을 남겼으며, Berkeley나 Locke 같은 경험론자도 실천문제에 이르러서는 결국 '하나님'에게로 되돌아갔다. 같은 경향을 우리는 Kant의 「순수이성비판」과 「실천이성비판」의 관점의 차이에서도 찾아볼 수 있을 것이다. Bacon, Hobbes, Hume과 같은 철저한 근대정신이 없었던 것은 아니다. 그러나 그들의 사상은 철학계에 있어서 주도권을 잡으리만큼 우세한 것이 못 되었다. 요약컨대 서구의 근대화 과정에 있어서 윤리학은 뒤로 처진 것이다. 그리고 이와 같은 윤리학의 낙후를 통하여, 우리는 역사의 앞장에서 시대를 이끌기보다는 종교나 정치의 전통이 휘두르는 현실의 힘 속으로 말려들어가는 지성의 약한 일면을 본다.

근대의 정신을 충분히 반영한 윤리사상이 철학계에서 세력을 얻기 시작한 것은 19세기 말엽 또는 20세기에 들어서면서부터라고 생각된다. 그것은 심리학 · 사회학 · 민속학 같은 과학으로서의 인간의 학(學), 그리고 과학의 정신을 반영한 분석적인 철학의 대두와 밀접한 관계를 가지고 일어난 현상이다. 저자가 현대의 윤리사상에 중점을 두는 것은, 우리의 보다 큰 관심의 대상이 되는 근대화 이후의 윤리학을 주로 현대사상 가운데서 찾아볼 수 있다고 믿기 때문이다.

'근대화'라는 것이 정말 축복된 현상이냐? 윤리나 종교까지도 반드시 근대화하는 것이 과연 바람직하냐? 여기에는 물론 논쟁의 여지가 있을 것이다. 그러나 정치와 경제, 그리고 사회의 모든 국면이 근대화의 과정을 거치고 있음은 기정의 사실이다. 이 모든 것이 달라신 기정사실 속에서, 윤리학이나 종교만이 고대나 중세의 전통을 고집할 때, 그것이 과연 '실천의 원리'로서의 제 구실을 할 수 있을까? 갓에 망건을 받쳐 쓰고 자전거를 타듯이 수월한 일은 아닐 것이다. 이 한 가지 점만을 생각하더라도, 우리는 현대의 윤리사상에 특별한 관심을 기울임이 마땅함을 부인하지 못할 것이다.

오늘날 우리나라에 있어서 '윤리학'이라는 과목은 많은 경우에 그릇된 선입견을 통하여 이해되고 있지 않을까 염려스럽다. 윤리학의 개념 또는 본질에 관해서 약간 초점이 맞지 않는 생각을 가진 사람들은, 일반대중에뿐만 아니라, 철학을 전공하는 학생들 사이에도 더러 있는 듯하다. 윤리학에 대한 이와 같은 곡해는 근대화 이전의 윤리학의 개념이 머리 속에 눌어붙었기 때문이 아닐까. 이 나라의 독서인들로 하여금 윤리학적 사색을 위한 보다 정확한 관념과 보다 든든한 토대를 갖게 함에 약간이라도 도움이 되기를 원한 것은 이 책을 집필한 동기의 하나이며, 저자가 관심의 중점을 현대에 둔 것도 그러한 동기와 직결되고 있다.

이 저술이 다룬 문제들은 윤리학을 연구함에 있어서 선결을 요구하는 기초적이요 기본적인 문제들이다. 또 저자는 독자들의 윤리학 내지 철학 일반에 관한 기초지식을 전제하지 않고, 윤리학이나 철학을 모르더라도 어느 정도의 독서력과 인내력을 가진 사람이라면 읽을 수 있도록 쓰기에 힘썼으며, 특히 쉬운 표현을 골라 쓰기에 부심하였다. 이러한 뜻에서 이것은 초보적인 책이요, 학생들을 위한 교재로도 쓰일 수 있는 책이다. 그러나 이 책을 쓰는 마음 구석에는 이것이 단순한 입문서 또는 교재 이상의 것이 되기를 희망하는 욕심이 있다. 이 집필이 저자가 윤리학의 기본문제에 관해서 가진 생각과 윤리학적 고전에 대해서 가진 이해를 정리하는 기회가 되고, 이 책이 윤리학을 전문으로 공부하는 사람들에게도 읽혀서 시간의 낭비가 아닌 참고서가 되기를 희망하는 욕심이다.

그러한 욕심에 부응하고자 하는 뜻에서, 저자는 가능한 한 원전(原典)에 직접 상의하기를 꾀하는 동시에, 제 3 자의 소개나 해설 같은 간접적 문헌에 의존함은 가급적 회피하는 방침을 취하였다. 따라서 이 책은 요령있게 그리고 경제적으로 꾸며진 암기용 참고서를 희망하는 독자들에게는 충분한 만족을 주지 못할 것이다. 그러나 차근차근 생각해 가며 참을성 있게 읽어가는 사람들에게는 약간의 도움을 줄 것이라고 기대한다.

이 책은 크게 두 부분으로 나누어진다. 제 1 부 "고전윤리학의 제유형"에서는, 고대로부터 19세기에 이르는 동안 서양의 역사 위에 나타난 윤리학설들 가운데서 가장 중요하고 현대에도 가장 영향력이 크다고 생각되는 학설을 골라서 음미하였다. 그들을 연대순으로 소개하지 않고 유형론적으로 다룬 것은, 고전적인 여러 학설들의 특색과 장단점을 비교하려는 뜻에서이다. G. E. Moore를 따라 고전적인 윤리학설들을 크게 세 부류로——형이상학적 · 자연론적 · 직각론적의 세 부류로——나누었다. 그리고 이 세 유형을 대표하는 학설들을 각각 둘씩 뽑아서 도합 여섯 가지 학설을 음미하기로 한 것이다.

형이상학적 윤리학자 가운데서는 Aristoteles와 Spinoza를, 자연주의적 윤리학자 가운데서는 Hume과 공리주의자들을, 그리고 직각론자들 가운데서는 Price와 Kant를 각각 선택하였다. 이들에 대한 소개를 통하여 윤리학에 관한 역사적인 지식의 기초를 닦고자 꾀하는 동시에, 고전적 윤리학설이 가진 일반적인 난점의 핵심을 밝히고자 원했다. 특히 이 둘째의 목적을 위하여 각각 학설의 소개가 끝난 뒤에 비판적 고찰을 덧붙였다.

제 2 부 "현대윤리학의 제유형"은 윤리학적 회의론의 고찰로부터 시작된다. "어떻게 살아야 할 것이냐"라는 윤리학의 기본적인 물음에 대하여 과거의 학설들이 하나도 만족스러운 대답을 주지 못했다는 사실 및 도덕현상의 다양성에 관한 사회학적 연구 등에 자극되어, 윤리학에 대한 회의가 현대의 많은 지식인들의 마음을 점령했음은 두루 알려진 사실이다. 학문 그 자체의 가능성을 의심하는 회의에 부딪친 현대의 윤리학은, "어떻게 살아야 할 것이냐"라는 종래의 물음과 대

결하기에 앞서서, "어떻게 살아야 할 것이냐"라는 물음이 도대체 학문적으로 다룰 수 있는 문제냐 아니냐부터 따져야 할 처지에 놓였다. 이에 현대의 윤리학은 규범적인 문제들을 일단 괄호에 넣고 분석적인 문제에 몰두하게 된다. 따라서 이 저술도 현대의 윤리학설들을 다루는 제 2 부에 있어서는 주로 분석적인 문제에 관심을 집중한다.

"윤리학이 학으로서 성립할 수 있느냐"라는 도전적인 물음에 대한 대답은 크게 세 갈래로 나누어진다. 첫째는 "성립할 수 있다"고 긍정하는 대답이요, 둘째는 "성립할 수 없다"고 부정하는 대답이며, 셋째는 "학(學)이라는 개념을 넓게 해석한다면, 윤리학도 넉넉히 학(學)으로 성립할 수 있다"고 보는 절충적인 태도이다. 첫째의 견지를 취하는 대표로서 저자는 Moore와 Ross의 직각론적 견해 및 Perry와 Dewey의 자연주의적 견해를 소개하였다. 둘째 견지를 취하는 대표로서는 논리적 실증주의자들의 이른바 '이모우티비즘'을 소개하였다. 그리고 셋째 견지를 취하는 대표로서는 이모우티비즘을 수정한 Stevenson과 '일상적 언어의 철학'에 입각한 Hare를 소개하였다. 이들 가장 주목할 만한 학설들의 하나하나가 소개된 다음에, 여기서도 그것들에 대한 저자의 비판적인 고찰이 시도되었다.

마지막 1장에 있어서 저자는 스스로의 결론을 모색해 보았다. 물론 이제까지 남들의 학설에 대하여 감행한 '비판적 고찰'에 토대를 둔 시론이다. 비교적 길게 쓰여진 이 결론의 1장은 크게 두 부분으로 나누어진다. 그 첫째 부분에 있어서 저자는, 평가적 발언의 의미와 그 타당성의 문제에 관한 자신의 생각을 정리하여 보았다. 그 둘째 부분에 있어서는 다시 "어떻게 살아야 할 것이냐"라는 규범적인 문제에로 되돌아와, 지금까지에 직접 또는 간접으로 표명된 저자의 분석적인 견해가 이 물음에 대하여 어떠한 해답을 암시하는가를 살펴보기로 하였다. 그러나 이 마지막 고찰은 어디까지나 암시적인 단계를 머물렀고, 우리가 당면한 실천적인 문제들에 관한 구체적인 고찰은 다른 기회로 미루어졌다.

이 저술이 주로 이론적인 관점에서 다루어진 것은, 우리에게 절실한 현실적인 삶의 문제들을 소홀히 여겨서가 아니다. 도리어 그것들을 매우 중요하다고 보는 까닭에, 우리는 보다 기초적인 이론 문제에 대한 관심을 금치 못한다. 이 책이 주로 추상적이요, 일반적인 문제에 치중한 것은, 우리의 절실한 현실 문제를 보다 근본적인 시각에서 다루기 위해서는 보다 기본적인 이론이 앞서야 한다는 생각에서이다. 우리가 현실에 당면한 구체적인 문제들을 어떻게 처리해야 하느냐는 실천적인 문제는, 이 저술과 같은 기초적인 탐구의 영역이기보다는, 구체적인 문제에 종사하는 여러 전문 분야의 공통된 영역이라고 생각한다.

여기 마지막으로 실린 결론의 1장이 저자의 고유한 사색을 간직했다고 자부하지 못함은 부끄러운 일이다. 저자가 가장 많은 영향을 받은 학설은, 옛 것 가운데서는 Spinoza와 Hume의 그것이요, 현대의 사색 가운데서는 Dewey와 Stevenson의 그것이라고 생각한다. 그러나 이들의 생각을 이것저것 주워 모아 조각보재기처럼 연결시켰다고는 생각하지 않으며, 그런대로 신념에 가까운 것이 바닥에 깔렸음을 믿는다.

그러나 '신념'이라는 이름을 방패로, 미숙한 생각에 언제까지나 머물러 있음이 현명하다고는 믿지 않는다. 비록 '결론'이라는 이름을 빌렸다고는 하여도, 그것은 어디까지나 이 책을 마무르기 위한 잠정적인 정리에 지나지 않는다.

올해 1963년은 저자의 은사이신 김두헌 선생과 박종홍 선생 두 분이 회갑을 맞으시는 해다. 두 분에게 사사한 지 이언 18년, 스승님들의 이름에 부끄럽지 않은 기록도 없이 헛된 세월을 보낸 것은 송구스럽기 그지없다. 다만 이 정도의 변변치 못한 것이나마 이제 내놓게 된 것도 두 분의 가르치심의 덕분임을 명심하고 깊은 감사를 드린다.

이 조그마한 책자의 출판이 가능하게 되기까지에 음양으로 받은 도움은 물론 위에 언급한 두 분으로부터뿐만이 아니다. 한결같은 지도와 편달로 아껴 주신 선배와 동료의 힘도 컸거니와, 특히 작금 출판계의 사정이 매우 어려움에도 불구하고, 학문에 대한 깊은 이해에서 이 책의 간행을 맡아 주신 박영사 안원옥 사장에게 충심으로 감사해야 할 것이다. 그리고 교정을 포함한 가지가지의 도움을 아끼지 않은 동학 송상용 군, 오성진 군, 김상기 군, 이강조 군 및 서승덕 군의 우의를 잊을 길이 없다. 특히 송 군은 저자의 미숙한 표현에 여러 가지 유익한 조언을 베푼 위에 교정까지 전담하다시피 했으며, 오 군은 직무의 바쁜 틈을 타서 색인 만드는 지루한 일을 맡아 주었다. 제군의 노고에 사의를 표하는 바이다.

끝으로 이 책은 1957년에 민중서관에서 출판된 졸저 「윤리학 개설」과는 전혀 별도의 저서임을 적어 둔다.

1963년 8월

저　자

目　次

제 1 부　古典倫理學의 諸類型

제 2 부　現代倫理學의 諸類型

제 1 부

古典倫理學의 諸類型

제 1 장

倫理學의 課題

제 1 절 '當爲의 學'으로서의 古典倫理學

있는 사실을 있는 그대로 밝히기를 목적으로 삼는 탐구, 즉 진리의 인식 그 자체를 목표로 삼는 학문과, 마땅히 있어야 할 세계 또는 우리가 마땅히 해야 할 바를 밝히고자 하는 연구, 즉 올바른 실천을 궁극의 목적으로 삼는 학문과를 서로 영역이 다른 두 가지 분야의 소속으로 보는 것은 Aristoteles 이래의 전통이다.[1] 만약 전자를 '존재의 학' 또는 '사실의 학(學)'이라고 부른다면, 후자를 우리는 '당위의 학' 또는 '가치의 학'이라고 부를 수 있을 것이다. '존재의 학'의 문제가 예컨대 "물체는 어떤 법칙을 따라 낙하하느냐," "정신과 육체는 어떤 관계에 있느냐"와 같이 스스로 있는 사실에 관한 것들임에 반하여, '당위의 학'의 문제들은 "우리는 무엇을 해야 하느냐," "남북통일은 어떤 방식으로 이루어져야 할 것이냐" 하는 따위와 같이 앞으로 있어야 할 것을 위한 실천에 관한 것들이다. 그리고 사실에 관한 물음

1) 대체로 학(學)의 분류를 그다지 중요시하지 않은 Aristoteles 자신의 철학의 분류는 반드시 동일한 견해로 수미일관(首尾一貫)한 것 같지는 않으나, 그가 이론의 학과 실천의 학과를 크게 구별한 것은 의심의 여지가 없다. 많은 Aristoteles 연구가들(예컨대 W. D. Ross, E. Zeller)은 그의 학술적 저술을 ① 순이론을 위한 것(*Physica*, *Metaphysica* 등), ② 실천생활을 위한 것(*Ethica*, *Politica* 등) 및 ③ 제작을 위한 것(*Poetica*가 대표)으로 크게 나누는 것이 편리하다고 생각한다.

의 대답이 "두 개의 물체는 그것들의 질량의 상승적(相昇積)에 비례하며 그 거리의 평방에 반비례하는 힘으로써 서로 당긴다," "정신과 육체는 상호 작용한다"는 따위의 사실판단(fact-judgments)임과는 달리, 실천에 관한 물음의 대답은 "네 양심을 따라 행동하라," "전민족의 대다수가 원하는 방식으로 남북을 통일함이 옳다"는 따위의 규범적 발언(normative utterance)이라고 부를 수 있는 성질의 것들이다.[2)]

고대로부터 근세에 걸쳐 철학의 역사 위에서 영광된 자리를 차지해 온 윤리설들, 즉 앞으로 편의상 '고전윤리학'의 이름으로 부르고자 하는 학설들이, 부분적으로 '사실'에 관한 논고를 포함하는 바도 있으나, 대체로 보아 당위(當爲)의 학에 속한다는 것은 학자들 사이에 거의 일치된 의견이다. 종래 많은 학자들이 윤리학의 궁극문제로서 제시한 "인생의 목적이 무엇이냐" 또는 "선이 무엇이냐"는 따위는 그 표현양식이 '사실'에 관한 물음인 듯한 인상을 주기 쉬우며, 또 그것들이 얻은 대답이 '사실판단'과 꼭 같은 형식을 취하는 경우도 많다. 그러나 그 참 뜻을 뚫어보건대 이제 예로 든 물음들이 내실에 있어서 '당위'에 관한 것이며, 그것들에 주어진 대답들이 또한 '규범적'임은 의심의 여지가 없다. 결국 종래의 윤리학자들은 "우리는 어떻게 살 것인가"라는 실천적인 문제의 해결을 위하여 애썼던 것이다.

그러나 모든 실천적인 문제가 윤리학의 관심사가 되어 온 것은 아니다. 예컨대 "야맹증 환자는 어떤 약을 써야 하느냐," "산성토질의 경작지에는 어떤 대책이 필요하냐," "시는 어떻게 써야 하느냐" 등등의 문제나 그 밖에 건축법 · 요리법 · 운동기술 · 문법 등에 관한

---

2) '규범적 발언'은 다음과 같은 몇 가지 유형으로 나누어 볼 수 있다.
ㄱ) '명령' 예 : 살생을 말라.
ㄴ) '결의' 예 : 생명을 걸고 싸우자!
ㄷ) '권고' 예 : 전문의에게 보이는 것이 좋지 않을까?
ㄹ) '가치판단' 예 : 국법을 따라 조처함이 옳다.
이상과 같은 여러 가지 유형을 오직 표현상의 차이로 볼 것이냐, 또는 그들 사이에 의미상의 차이도 있다고 볼 것이냐에 관하여서는 의견의 대립이 있다.

문제는 모두 '실천적'인 문제임에는 틀림이 없으나, 윤리학의 문제는 아니다. 단순히 수단에 관한 문제 또는 단순히 기술적인 문제들은 종래 윤리학의 영역 밖으로 한결같이 밀려났던 것이다. 윤리학자들의 직접적인 관심을 끌 수 있기 위해서는 문제가 반드시 목적 자체의 선택과 관련을 가질 필요가 있었다. 이미 주어진 목적을 달성하기에 필요한 수단에 관한 문제가 아니라, 우리가 달성해야 할 목적 그 자체를 결정하는 것이야말로 윤리학에 있어서 근본적인 문제라고 생각되어 왔었다. "우리는 무엇을 위하여 살 것인가?" "우리는 무엇을 가져야 하는가?" 이렇게 그들은 물었다.

그러나 목적에 관한 실천적인 문제들 가운데도 윤리학의 문제로서 다루어지지 않는 것들이 있다. 예컨대 이상적인 체격이나 이상적인 교향곡에 관한 문제는, 육체미나 음악을 어떤 무엇을 위한 수단으로 보지 않는 한, 단순히 수단에 관한 문제가 아니라 목적 그 자체에 관한 그것이다. 그렇지만 이와 같은 문제들을 윤리학에 속하는 것으로 본 학자들은 거의 없으며, 아마 앞으로도 드물 것이다.

그러면 어떠한 문제들이 종래 참된 윤리학의 문제로서 다루어져 왔던가? 물론 각자의 학문적 견지를 따라서 학자들이 윤리학의 궁극의 문제라고 믿은 바에는 약간 견해의 차이가 있다. 어떤 사람들은 우리가 지향해야 할 이상적인 '인생' 또는 이상적인 '사회'의 이념을 밝히고자 했는가 하면, 다른 어떤 이들은 우리가 목표로 삼아야 할 이상적인 '인격'이 무엇이냐고 물었으며, 또 다른 어떤 이들은 우리가 그 자체를 위해서 해야 할 '행위'들이 무엇이냐고 물었다. 그러나 그들은 모두 "우리는 어떻게 살아야 할 것이냐"는 문제의 해결에 궁극의 목표를 두었다는 점에서 일치한다. 같은 문제를 개인 본위의 견지에서 생각한 사람들은 실현의 목표로 삼아야 할 '인격'이 무엇인가를 물었으며, 사회적 견지에서 생각한 사람들은 이상적인 '사회' 또는 인간관계가 무엇인가를 밝히려 하였다. 한편 인생의 궁극목적이 행위의 결과로서 달성될 어떤 인격이나 인간관계 내지 이상사회에 있다고 보지 않고, 하나하나의 '행위'를 그때그때 올바르게 해나가는 것 그 자체가 인생의 목적이요 옳은 삶의 길이라고 믿은 사람들은, 행위들이 본래 그 자체 내에 가지고 있는 가치 즉 행위의 내재적 가치(intrinsic value)의 고하를 물었다. 그러나 본래 사회성을 띤 인간생활에 있어서 인간관계 내지 사회와 따로 떨어진 '인격'이라는 것이 있을 수 없으며, 하나하나의 행위의 축적이 결국은 한 사람의 인격과 한 사람의 인생을 결정한다는 사실을 상기할 때, 위에 언급한 입장의 차이가 절대 불상용의 그것이 될 수 없음이 분명하다. 위에서 논해 온 바를 요약컨대, 고전적 지위를 차지한 종래의 윤리학설들은 우리가 목적으로 삼아야 할 인생, 또는 그 인생의 주체적 단위로서의 인격, 또는 그 인생 내지 인격의 기본적 구성요소로서의 행위에 관한 실천적 제문제에 종사한 '당위의 학'이었다고 묶어서 말할 수 있을 것이다.

이상적인 인생이나 인격을 실현함은 인간적인 노력, 즉 올바른 행위를 통해서만 가능한 것이라면, '당위의 학'으로서의 윤리학은 결국 '행위'에 관한 규범의 학이라고도 말할 수 있을 것이다. '행위'의 시비를 묻는 점에 있어서, 당위의 학으로서의 윤리학은 초·중등학교에서 가르치는 '도덕'이나 '공민'과 비슷한 것이라는 인상을 줄 이유를 지녔다. 그러나 윤리학과 도덕이나 공민 사이에는 단순한 정도의 차이에 그치지 않는 본질적인 차이가 있다. 첫째로 '도덕'이나 '공민'은 그 사회에 기존하는 도덕사상을 그대로 받아들여 이것을 피교육자에게 침투시킴으로써 그 본래의 사명으로 삼는다. 그러나 윤리학[3]은 스스로 행위의 규범을 발견 내지 창조함을 그 사명으로 삼는다. 물론

3) 여기서 '윤리학'이라 함은 '당위의 학'으로서의 윤리학, 즉 '규범윤리학'(normative-ethics)이요, 현대 윤리학자들이 관심을 기울이는 순전히 이론적인 윤리학, 즉 '메타윤리학'(meta-ethics)은 포함하지 않는다. 앞으로도 문맥상 분명할 경우에는 '당위의 학으로서의' 또는 '규범적' 등의 제한어를 붙이지 않고 그저 '윤리학'이라고만 적어 그 뜻을 나타내기로 한다.

윤리학도 기존하는 도덕사상에 무관심하지 않으며 공연히 이를 물리치지도 않는다. 그러나 기존하는 도덕사상은 윤리학이 그 탐구 과정에서 사용할 재료요 비판적으로 고찰할 대상이기는 하나, 무조건 받아들여 남에게 전달해야 할 '진리'의 다발은 아니다. '도덕'이나 '공민'에 있어서 환영되지 않는 회의적 태도가 윤리학에 있어서는 불가결한 출발점이 되며, 전자에 있어서 간혹 방해물이 될 수도 있는 비판적 정신이 후자에 있어서는 이를 이끌어가는 필수의 원동력이다. 따라서 둘째로, '도덕'이나 '공민'은 본래 남으로부터 배우기로 마련임에 비하여, 윤리학은 본질상 오직 스스로 해야 할 것으로서, 엄밀한 의미로는 배우거나 가르칠 수 없는 일면을 가졌다. 물론 '윤리학'이라는 강좌가 대학에서 베풀어지고 있다는 엄연한 사실을 부인하는 것이 아니며, '윤리학'에 관한 책을 쓰고 있는 자신의 계획을 무의미하다고 선언하는 자기모순에 빠지자는 것도 아니다. '윤리학'의 이름으로 가르칠 수 있는 것이 있다. 그러나 그것은 윤리학적 문제에 대한 해답이 아니라, 그 해답을 구함에 있어서 타산지석의 구실을 할 **남의** 학설 또는 참고자료이며, 그 해답에로의 접근에 있어서 사용해야 할 옳은 사고의 방식이다. 윤리학적 문제란 본래 자기자신의 것이며, 이에 대한 해답은 결국 스스로가 발견해야 한다. 내가 발견한 해답이 남의 이미 발견한 그것과 일치할 수는 있다. 그러나 그것은 나의 비판정신이 받아들인 결론이며 나의 인격이 선택한 길인 까닭에, 버젓이 '나의 것'이라 부를 수 있는 무엇이다. 윤리학적 문제의 해결에로 접근해 가는 과정에 있어서 우리가 남의 가르침에 의하여 도움을 받을 수는 있다. 그러나 그 해결에 도달하는 마지막 한 걸음은 반드시 내 스스로의 힘으로 내디뎌야 한다.

제 2 절 古典倫理學의 難點

고전적인 여러 윤리학설은 그 출발점이 된 기본전제의 차이를 따라서 크게 두 진영으로 나누어진다. 이른바 '목적론적 윤리설'(teleological ethics)과 '법칙론적 윤리설'(deontological ethics)의 두 진영으로. 목적론적 윤리학자들은 인생 또는 우주 전체에 우리가 그 실현을 위하여 진력해야 할 객관적인 목적이 있다는 신념을 그 출발점으로 삼는다. 어떤 행위가 옳으냐 또는 그르냐 하는 문제는 그 행위가 인생의 궁극목적 달성에 대하여 갖는 관계 여하에 따라서, 즉 그 궁극목적을 달성함에 어느 정도 이바지하느냐 또는 어느 정도 방해가 되느냐에 따라서, 풀릴 수가 있다고 그들은 믿는다. 그러므로 목적론적 윤리학이 대답해야 할 최초의 근본문제는 "인생의 궁극목적이 무엇이냐"라는 그것이다. 한편 법칙론적 윤리학자들은 인생이 힘써 도달해야 할 목적이 따로 주어져 있다는 것을 믿지 않는 대신, 옳은 행위와 그른 행위를 분간함에 표준의 구실을 할 수 있는 도덕의 법칙이 주어져 있다고 믿으며, 그 법칙은 어느 시대 어느 곳에서나 타당하는 절대적 권위를 가졌다고 믿는다. 이들 법칙주의자들에 따르면, 어느 행위의 옳고 그름은 저 도덕률을 적용함으로써 간단히 판별된다. 따라서 법칙론적 윤리학이 대답해야 할 최초의 근본문제는 "시대와 지역의 차이를 초월하여 언제나 어느 곳에서나 타당한 행위의 법칙, 즉 도덕률이 무엇이냐"라는 그것이다.

목적론과 법칙론의 대립이 윤리학에서 흔히 논의되는 '결과주의'와 '동기주의'와의 대립과 반드시 일치하는 것은 아니다. 목적론이 결과주의와 결합되기 쉬운 반면에, 법칙론은 동기주의와 악수하기 쉬운 것은 사실이다. 그러나 목적론자가 반드시 결과주의자가 되어야 할 이유는 없으며, 법칙론자가 반드시 동기주의자가 되어야 할 필연성도 없다. 실상 목적론과 법칙론의 대립은 결과주의와 동기주의와의 대립처럼 심각한 것은 아니다. 경우에 따라서는 목적론자가 주장하는 인생의 길과 법칙론자가 제시하는 인생의 길이 그 내용에 있어서 별로 다르지 않을 수가 있다. 예컨대 인생의 궁극목적이 행복(eudaimonia)에 있다고 단언한 Aristoteles는 대표적인 목적론자로 알려져 있지만, 그 행복을 종국에 도달할 어떠한 상태라고 보지 않고 그때그때 중도(中道)를 지켜 살아가는 이성적인 활동의 과정 그 자체라고 보았기 때문에, "우리는 어떻게 행위할 것이냐" 하는 실천문제에 대한 그의 대답은 "이성의 법칙에 따라 처신하라"고 권고하는 법칙론자일파의 그것과 실질에 있어서 크게 다른 바가 없다. 그리고 목적론자 Aristoteles가 동기를 소홀히 생각하지 않았음은, 그가 역설하는 '중용'이 단순히 행동의 외적 측면의 문제가 아니라, 행위의 내면적인 동기를 포함하는 문제라는 사실 가운데 역력하다. 잘라서 말한다면, 비록 법칙론자일지라도 목적관념을 떠나서 인생의 문제를 고려할 수는 없었다. 다만 목적론자들이 인생의 목적을 개개의 행위의 총결산으로서의 '생애'나 '인격'이라는 관점에서 포착하려 했음에 반하여, 법칙론자들은 하나하나의 행위 그 자체에 주목하고 그 하나하나를 올바르게 함이 곧 인생의 목적이라고 믿은 것으로 생각된다.

"우리는 무엇을 할 것인가"에 대답하고자 한 종래의 윤리학설들은, 그것이 목적론적 견지에 선 것이든 법칙론적 견지에 선 것이든, 모두 치명적인 난점을 숨기고 있었다. 목적론적 윤리설이 숨긴 첫째 난점은 "인생에 주어진 객관적인 목적이 있다"는 명제가 논증된 것도 아니며 또 자명한 원리도 아니라는 사실이다. 인생 또는 우주 전체가 모종의 선천적이요, 객관적인 사명을 띤 하나의 목적론적 체계라는 주장을 옹호한 사상가들의 수는 많다. 그러나 그들의 옹호는 결국 형이상학적 사변 또는 종교적인 신앙에 근거를 두었음에 지나지 않았던 까닭에, '과학'의 발달에 의하여 깊은 감명을 받고 자라난 현대의 정신이 '증거의 제시'를 요청했을 때 만족스러운 답변으로 응대할 처지에 놓이지 않았다. 목적론적 윤리설이 숨긴 둘째 난점은, "비록 인생 내지 우주가 하나의 객관적 목적을 가진 체계라 할지라도, 바로 무엇이 그 목적인지 어떻게 알 수 있느냐"는 물음에 의하여 명백히 드러난다. 만약 앞서 말한 바를 '형이상학적 난점'이라고 부른다면, 이것은 '인식론적 난점'이라고 부를 수 있는 성질의 것이다. 그리고 이 인식론적 난점이 목적론적 윤리설에 대한 심각한 문제가 아닐 수 없다는 것은, 여러 목적론자들이 제시한 '인생의 목적'이 동일한 결론에로 접근하지 못하고 구구한 견해의 대립으로 시종했다는 사실에 의하여 더욱 분명하다. 목적론이 가진 셋째 난점은, 일정한 목적을 달성함에 어떤 행위가 그 수단으로서 적절한지 인간의 힘으로는 정확히 파악할 수 없다는 사실이다. 이것은 윤리학에 있어서 목적론과 결과론이 반드시 동일한 것은 아니되 서로 악수하기는 쉬운 밀접한 관계에 있다는 사실에 관련되는 난점이며, 인간생활에 있어서도 인과의 관계는 무한한 연속선을 그린다는 상식과 '인간의 만사가 새옹지마'라는 속담에 의하여 수월히 설명되는 사항이다. 이 난점에 대하여는 "유한자 인간에게 허락된 것은 진리에로의 근접을 힘쓰는 일이요, 절대적 진리 그 자체의 파악이 아니다"라는 주장이 어느 정도 유력한 답변이 될 수가 있다. 그러나 논리적인 견지에서 볼 때 역시 그것이 하나의 난점임에는 틀림이 없다.

우리가 법칙론의 견지에로 발자리를 옮긴다 하더라도 역시 기본적인 난점을 면하지는 못한다. 첫째로, 어느 시대 어느 지역에서나 타당하는 절대적인 도덕의 법칙이 있다는 것 그 자체가 의문의 대상이 될 수가 있다. 어떤 논자들은 그 법칙이 밖으로부터 주어진 초인간적인 것이라고 주장한다. 그들이 말하는 '초인간적인 법칙'에 대하여 깊은 신앙을 가질 수는 있을지 모르나, 엄밀한 의미의 지식을 갖기는 원리상 어려운 일이다. 설령 그러한 외래의 법칙이 있음을 인정한다 치더라도, 비판적인 정신은 "우리가 왜 그 밖으로부터 주어진 법칙에 맹종할 필요가 있느냐" 하고 제 2 의 물음을 제기할 수 있다. 이 제 2 의 문제도 종교적으로는 해결하기 쉬울지 모르나, 철학적으로 만족스러운 대답을 내리기는 매우 어려운 성질의 것이다. 절대적인 도덕의 법칙이 밖으로부터 주어지는 것이 아니라 인간 자신의 내부에 선천적으로 본유하다고 주장할 때, 이제 말한 제 2 의 문제는 저절로 해결된다. 내 자신 안에 도덕의 법칙이 본래 있다 함은 나의 심층이 나에게 필연적인 명령을 내리고 있다는 뜻이며, 스스로가 내린 명령에 스스로 복종하지 못하겠다 함은 일종의 자기모순이기 때문이다. 그러나 문제는 그와 같이 선천적인 행위의 법칙이 인간 자신의 내부에 본유(本有)하다는 그 주장 자체가 과학적인 근거로 뒷받침되지 못하고 있다는 사실에 있다. '양심'(conscience)의 보편성을 주장한 Joseph Butler(1692~1752)나 '실천이성'(parktische Vernunft)의 절대적인 법칙에 도덕의 원리를 구한 Immanuel Kant(1724~1804)의 시대만 하더라도 양심 또는 실천이성이 선천적이요 자율적인 도덕의 원리가 될 수 있다는 생각은 식자들의 지지를 받기에 별로 곤란이 없었다. 그러나 생물진화론이 하나의 상식처럼 되고, 민속학 · 심리학 따위의 인간연구의 제과학이 도덕관념의 다양성을 여지없이 드러낸 오늘날 이 점에 관한 사정은 매우 달라진 것 같다.[4] 법칙론적 윤리설의 다음 난관은, 보편적인 도덕의 법칙이 존재함을 인정한다 하더라도 그것을 어떻게 발견하느냐 하는 인식론적 문제이다. 이 문제를 풀기 위하여 여러 학자들이 직각설(直覺說, intuitionism)을 들고 나섰다. 행위의 시비를 직각적으로 판별하는 선천적 능력이 우리에게 구비되어 있다는 것이다. 그러나 직각론자들이 제시하는 도덕의 법칙 내지 원리가, 그것이 선천적 능력에 의하여 파악되었다 함에도 불구하고,

4) 인간을 대상으로 삼는 제과학에 의하여 밝혀진 도덕관념의 다양성과 윤리학적 상대론에 관한 좀더 상세한 고찰은 뒤의 제 6 장 제 1 절로 미룸.

일치된 견해에 도달하지 못하고 논자에 따라 내세우는 법칙 내지 원리가 서로 다르다는 사실은 그 직각론에 대한 신뢰를 크게 손상하는 이유가 아닐 수 없다.[5] 법칙주의 윤리설이 해결해야 할 또 하나의 난관은 의지의 자유에 관한 그것이다. 만약 절대적인 도덕의 법칙이 있어서 그것을 지킴이 우리의 신성한 의무라면, 그 법칙이 명령하는 대로 실천할 수 있는 의지의 자유가 우리에게 보장되어 있어야 할 것이다. 그러나 의지자유에 관한 소박한 신념은 오늘날 통용되기 힘들며, 또 Kant를 따라서 의지의 자유를 하나의 '요청된 사실'(Postulat)로서 전제하자는 의견에도 선뜻 동의하기 어려운 난점이 있다.[6]

---

5) 직각설에 관한 보다 상세한 고찰은 뒤의 제 3 장 및 제 7 장으로 미룸.

6) '의지자유'에 관한 문제는 뒤에 Aristoteles, Spinoza 그리고 Kant를 다룰 때 약간 논할 것이나, 상세한 것을 위하여는 권말에 소개한 참고문헌을 참조.

제 2 장

古典倫理學의 세 類型—倫理判斷의 標準의 問題를 中心으로

고전적인 윤리학자들의 대부분은 보편적인 인생의 목적 또는 절대적인 행위의 법칙이 존재한다는 신념을 출발점으로 삼았다. 그러나 그 신념이 의심의 여지를 가진 가정에 불과하다는 생각은 도덕의 절대성에 대한 신념이 무쇠처럼 굳었던 그들에게 떠오르지 않았다. 따라서 그들이 풀어야 할 가장 기본적인 과제는 그 보편적 목적 또는 절대적 목적이 무엇인가를 밝히는 일이다. 그리고 이 과제를 앞에 두고 우선 당면하는 문제는 어떤 방법으로 그 목적 또는 법칙을 발견할 것이냐 하는 방법론의 문제이다. 여기서 이 방법론의 문제는 매우 중요한 의의를 갖는다. 왜냐하면 그 목적 또는 법칙을 발견하는 옳은 방법으로서 어떠한 길을 채택하느냐에 따라서 학자들이 발견하는 인생의 목적 또는 행위의 법칙이 크게 좌우되기 때문이다.

Cambridge 학파의 선도자 G. E. Moore(1873∼1959)는 인생의 목적 또는 행위의 법칙의 발견에 관한 방법론을 기준으로 삼고 종래의 윤리학설들을 크게 세 부류로 나누었다.[1)] 형이상학적 윤리설(metaphysical ethics), 자연주의적 윤리설(naturalistic ethics), 그리고 직각론

1) G. E. Moore, *Principia Ethica,* Cambridge University Press, 1956(초판은 1903), p. 38 이하 참조.

적 윤리설(intuitional ethics)이 그것이다. Moore의 분류는 여러 모로 편리한 점을 가지고 있는 것으로 보이는 까닭에, 앞으로 이 세 가지 유형 하나하나의 기본적인 견해를 요약하고, 나아가서 각 유형에 속하는 대표적인 학설을 소개함으로써, 고전적인 여러 윤리설이 가진 방법론적 장단점을 대충 살피기로 한다.

'형이상학적 윤리설'이란 실재(reality)에 관한 형이상학적 이론이 선(good)에 관한 윤리학적 문제 해결의 참된 기초라고 믿는 견지를 취하는 학설들을 일컫는다. 형이상학적 윤리설에도 여러 가지 견해의 차이가 있으나, 그들은 ① "윤리학의 기본원리를 이끌어 내는 바탕으로서 형이상학적 원리를 사용하고," ② "형이상학적 진리로부터 윤리학적 진리가 논리적으로 추리된다"고 믿으며, ③ "최고선(supreme good)을 형이상학적 언어로 기술하는" 점에 있어서 공통된 입장을 취한다.[2] 한 마디로 말하자면, 초자연적·초경험적 '실재'에 관한 이론을 근거로 삼고, 윤리학이 탐구하는 '인생의 목적' 또는 '행위의 법칙'을 추리해 낼 수 있으며 또 그렇게 해야 한다는 것이 그들의 기본적인 신념이다. 형이상학적 윤리학자의 예로서는 '이데아'(idea)만이 영원불멸한 실재라는 형이상학설을 근거로 하여 인간적인 선은 되도록 '이데아'에로 접근함, 또는 '이데아'를 모방함이라고 주장한 Platon, 우주 전체를 무수한 실재(ousia)[3] 들이 목적과 수단의 관계로써 서로 연결되어 구성한 피라미드적 체계로 보고, 각 실재는 각자에게 잠재한 가능성(dunamis)을 현실태(energeia)에로 발전시켜 가는 생성체라고 보는 형이상학설을 기초로 삼고 인간의 최고선은 인간

---

2) *Ibid.*, p. 110.

3) Aristoteles의 "ousia"를 '실체'라고 번역하지 않고 '실재'라고 번역한 것은 그의 "ousia"가 Descartes, Spinoza를 비롯한 근대철학자들의 "substantia," "substance," "Substanz"와 크게 다른 개념이라는 사실을 염두에 두었기 때문이다. Sterling Lamprecht에 의하면 "ousia"라는 희랍말은 영어의 "being"에 가깝다. 그러나 Cicero가 Aristoteles의 저술을 라틴말로 옮겼을 때 "ousia"를 "substantia"로 번역한 까닭에, 후세의 영역자들은 이를 부당하게도 "substance"라고 옮겼다 한다(S. Lamprecht, *Our Philosophical Traditions*, New York, 1955, p. 56).

에게 잠재한 이성의 기능을 유감 없이 발휘함이라고 결론한 Aristoteles, 우주는 그 전체가 불가피하고 필연적인 법칙을 따라 변천하는 하나의 통일체요, 모든 개인이나 개물(個物)들은 이 통일체의 부분으로서 같은 나무의 여러 잎사귀에 비할 존재라는 형이상학설을 토대로 삼고, 만사의 필연성을 깨달음으로써 정념(情念)에 의하여 마음의 혼란을 당함이 없는 동시에, 각자가 '나'라고 생각하는 것도 실은 보다 큰 전체의 부분에 불과함을 명심하여, 자기중심적 협량(狹量)을 버리고 대자연 즉 신과 합일함에 인생의 이상을 발견한 Spinoza 등을 들 수가 있다.

'자연주의적 윤리설'이란 자연적 사실, 즉 경험할 수 있는 사실을 근거로 삼고 보편적인 인생의 목적 또는 절대적인 행위의 법칙을 추론해 낼 수 있다고 믿는 견해를 두고 말한다. '있는' 현재가 '있어야 할' 상태를 밝힘에 유일하고 충분한 근거가 된다고 보는 점에 있어서 자연주의 윤리설은 형이상학적 윤리설과 입장을 같이 한다. 그러나 전자가 '있어야 할 것' 즉 당위의 근거를 초경험적 '실재'에 구하고 있음에 반대하여, 후자는 같은 근거를 경험적인 사실에 구하고 있는 점에 근본적인 차이가 있다. 전자가 합리론적 세계관의 전통을 이어받은 윤리설이며, 후자가 경험론적 세계관의 전통을 이어받은 그것임은 스스로 명백하다.

자연주의적 윤리설의 옹호자들의 대부분은 가치의 근거를 특히 인간에 관한 심리학적·사회학적 사실에 구한다. 그 대표적인 예로서는 "사람은 누구나 쾌락을 원하고 고통을 싫어한다"는 심리설에 입각하여 "옳은 행위란 쾌락을 최대량으로 늘리고 고통을 최소량으로 줄이도록 행위함이다"라고 가르치는 쾌락주의(hedonism)를 들 수가 있다. 그러나 비단 인간에 관한 사실뿐만 아니라, 생물학적 사실 또는 자연계 전반에 관한 사실 등에 가치의 근거를 구하려는 견해도 있다. 경험적인 현상의 어떠한 측면을 가치의 근거라고 보느냐에 따라서, 자연주의 윤리설에도 쾌락주의적 자연주의(hedonistic naturalism),[4] 진화론적 자연주의(evolutionary naturalism),[5] 실용주의적 자연주의(pragmatic naturalism),[6] 감정론적 자연주의(affective naturalism)[7] 등의 분파가 생겼다.[8]

직각론적 윤리설은 존재(Sein) 내지 사실(fact)에 관한 인식으로부터 당위(Sollen) 내지 가치(value)에 관한 이론을 추리해 낼 수 있다는 생각에 찬동하지 않는다. 직각론에 따르면 도덕의 원리는 사실에 관한 명제를 전제로 삼고 간접적으로 추리해 낼 것이 아니라, 모종의 선천적 능력을 동원하여 직접적으로 파악해야 하며 또 그렇게 파악할 수 있는 것이다. 직각론에도 여러 가지 분파가 있지만 그들에 있어서 공통된 신조는 ① 시비·선악 등의 가치는 객관적으로 실재하는 것, 즉 대상 자체가 본유하는 특성으로서 어떠한 주관에 의해서도 생멸되거나 증감됨이 없다는 것과, ② 정상적으로 정신이 발달한 모든 사람은 시비 또는 선악을 판별할 수 있는 선천적 능력을 가지고 있다는 것이다.

가장 소박한 직각론자들은 '도덕감'(moral sense)이라고 부를 수 있는 선천적인 기능이 행위 하나하나의 옳고 그름을 모든 개별적 사례에 있어서 직접적으로 파악할 수 있다고 믿는다. 마치 어떤 꽃의 빛깔이 무슨 색인지는 한번 보면 알 수 있고, 어떤 음성이 높은 소리인지 낮은 소리인지는 그 음성을 듣자마자 알 수 있듯이, 일정한 행위가 옳은지 그른지도 별로 생각하거나 따져 볼 필요 없이 직각적으로 헤아릴 수 있다는 것이다. 이와 같이 거짓말, 고자질, 고리대금, 계엄령 하의 사교춤, 소매치기, 부지런함, 노약자에게 좌석을 양보함,

---

4) 대표자 : Epikuros, J. Bentham, T. Hobbes 등.
5) 대표자 : H. Spencer, F. Nietzsche, J. M. Guyau 등.
6) 대표자 : W. James, J. Dewey, C. I. Lewis 등.
7) 대표자 : G. Santayana, D. W. Prall 등.
8) 이 밖에도 R. B. Perry, D. W. Parker 등이 대표하는 'interest theory of ethics'는 자연주의 윤리설의 현대판으로서 중요하다.

빌린 물건을 돌려 줌 등등 무수한 행위 하나하나가 바로 도덕적 직각의 대상이라고 주장하는 견해를 '지각적 직각설'(perceptual intuitionism)[9] 이라고 부른다. 그러나 어떤 직각론자들은 도덕적 직각으로 파악되는 것은 개별적 행위 하나하나의 시비 내지 선악이 아니라, 도덕 문제에 관한 몇 가지 기본원리(예컨대 "우리는 성실해야 한다," "내가 원치 않는 바를 남에게 베풀어서는 안 된다" 따위)뿐이라고 주장하며, 구체적 상황 아래서 일어나는 행위 하나하나의 옳고 그름은 이 몇 가지 기본원리에 비추어 연역적으로 추리해 낼 수 있다고 믿는다. 이와 같은 직각론의 둘째 유형을 '다원론적 직각설'(pluralistic intuitionism) 또는 '독단론적 직각설'(dogmatic intuitionism)[10]이라고 부른다. 이 밖에 도덕에 관한 최고원리 오직 하나만을 직각적으로 파악할 수 있다고 보는 입장도 있다. 이러한 제 3 의 입장을 '철학적 직각설'(philosophical intuitionism)[11]이라고 부른다.

모든 고전적 윤리학설들이 Moore가 말하는 세 가지 유형, 즉 형이상학적, 자연주의적, 그리고 직각론적 윤리설 가운데의 어느 한 가지에만 오로지 속하는 것은 아니다. 오히려 대부분의 학설들은 두 가지 또는 세 가지의 견지를 다소간 섞어 가지고 있는 것으로 보아야 할 것이다. 예컨대 Aristoteles의 윤리학은 주로 형이상학적 바탕 위에 섰으나, 부분적으로는 자연주의적 요소와 직각론적 요소도 약간 포함하였다.[12] 그리고 Kant의 윤리설에는 직각론적인 것과 형이상학

9) perceptual intuitionism의 견지를 취하는 학자는 많은 것 같지 않으나, Earl of Shaftesbury(1671~1713)가 대표하는 "moral sense theory"는 그 일례라고 볼 수 있으며, G. E. Moore의 견해도 이에 가깝다.

10) Intuitionist의 가장 많은 수효가 pluralistic intuitionism의 견지를 취하였다. R. Cudworth(1617~1688), H. More(1614~1687), R. Price(1723~1791) 등이 그 대표사.

11) Kant를 philosophical intuitionist의 대표라고 해석하는 사람들이 적지 않다. Kant 자신은 그의 '실천이성의 근본원칙'(Grundgesetz der reinen praktischen Vernunft)이 직각적으로 발견된 것이 아니라 '실천법칙'(praktisches Gesetz)이라는 개념 자체의 분석에서 도출되었다고 주장하지만.

12) Aristoteles는 '인간성'을 토대로 삼고 윤리설을 세웠다. 이 점에 있어서 자연주의

적인 것이,[13] Sidgwick의 그것에는 자연주의적인 것과 직각론적인 것이 아울러 있다.[14] 그러나 윤리설을 Moore의 분류를 따라 세 가지로 나누어 보는 것은 고전적 제윤리설의 장점과 단점을 살피기에 매우 도움이 된다고 생각되므로, 이하 대표적인 예를 통하여 세 가지 유형의 기본견지를 좀더 구체적으로 살펴보기로 한다.

저자는 형이상학적 윤리학자의 대표로서 Aristoteles와 Spinoza를, 자연주의적 윤리학자의 대표로서 Hume과 영국 공리주의자들을, 그리고 직각론자들의 대표로서 Kant와 R. Price를 택하였다. 이 사람들을 선택한 이유는 그들이 세 가지 부류에 전형적으로 속한다고 믿었기 때문이 아니다. 만약 전형적인 대표자를 고르는 데 주안점을 두었더라면 아마 다른 사람들을 소개했을 것이다.

위에 말한 사람들을 택한 것은 그들이 현대윤리학의 견지에서 볼 때, 아직도 주목할 만한 정상급의 철학자들이라고 생각했기 때문이다. 저자는 윤리학의 세 가지 유형의 대표를 고찰하는 기회가 동시에 역사상에 나타난 가장 위대한 학설들을 성찰하는 기회가 되기를 바라고 있다.

적인 색채를 가지나, 그 '인간성'의 파악이 전체로 보아 형이상학적이므로 그의 견해는 주로 형이상학적임에 가깝다. 그리고 실천적 덕의 근본으로서의 '중용'(mesotês)을 발견하는 길이 오직 현자의 직각뿐이라고 본 점에 있어서 직각론적 색채를 가미하였다.

13) Kant가 오직 '착한 의지'만이 무제약적으로 선하다고 본 점, 그리고 그의 '실천이성의 근본원칙'에는 직각론적인 색채가 있다. 그러나 '의지의 자유', '영혼의 불멸', '신의 존재'를 기본전제로 삼지 않을 수 없었던 점에 있어서 Kant의 윤리설은 형이상학적이다.

14) 공리주의의 전통을 물려받은 Sidgwick의 윤리설은 쾌락주의를 받아들인 한 자연주의적이다. 그러나 "쾌락은 선이다"를 비롯한 몇 개의 원리를 '자명한 진리'라고 본 점에 있어서는 직각론적이다.

제 3 장

形而上學的 倫理說

제 1 절 ARISTOTELES

I. 倫理學과 다른 分科와의 관계

Aristoteles는 '있는 것', 즉 사실에 관한 학(學)과 '있어야 할 것', 즉 당위에 관한 그것과의 차이를 뚜렷이 식별한 거의 최초의 학자이다. 그는 "사람은 어떻게 행위하느냐"에 대답하기를 꾀하는 인간학과 "사람은 어떻게 행위해야 하느냐"에 대답할 것을 궁극의 목표로 삼는 윤리학 내지 정치학과의 사이에 확연한 성질의 차이가 있음을 보았다. 그러나 Aristoteles는 인간학이 제공하는 경험적 사실이 윤리학을 위한 출발점 내지 소재가 된다고 보았으며, 이 점에 있어서 그의 윤리설에는 자연주의적 색채가 가미되어 있다고 말할 수 있는 것이다.

자연학으로서의 인간학보다도 Aristoteles의 윤리학과 더 깊은 관계를 가진 것은 그의 형이상학이다. 만물은 각기 실현해야 할 목적을 가졌다고 그는 믿는다. 그리고 '목적'이라는 관념과 '선'(善)이라는 그것은 그에 있어서 매우 자연스럽게 연결된다. 목적이란 실현해야 할 것이며, 그것의 실현은 곧 선이라는 생각이다. 우주의 만물이 목적과 수단의 관계로서 서로 얽힌 피라미드적 체계이듯이, 모든 행위도 하나의 궁극의 목적을 최고의 목표로 삼는 수단과 목적의 체계이다. 따라서 행위의 시비는 그 행위가 인생의 궁극목적에 대하여 갖는 인과율적 관계를 따라 결정될 문제이다. 그리고 바로 그 '인생의 궁극목적'이 무엇이냐에 관한 Aristoteles의 견해에 대하여 결정적인 기초가 된 것이 곧 그의 형이상학이므로, 우리는 그의 윤리설을 전체로 보아 '형이상학적'이라고 규정할 수 있는 것이다.

실천의 학으로서의 윤리학은 사실의 학으로서의 형이상학 및 자연학을 토대로 삼는 것이기는 하나, 사실의 학과 다른 특색을 가졌다고 Aristoteles는 주장한다. 첫째로 윤리학은 행위의 시비에 관해서는 절대적으로 증명된 해답을 얻을 수 없다는 뜻에서 엄밀한 학이 될 수 없다. 이 점에 있어서 Aristoteles는 ① 행위의 결과를 아주 정확하게 예견할 수 없으며, ② 행위의 결정이 절대적 인과율에 지배되지 않는다는 견해에 입각하고 있는 것으로 보인다. 둘째로 윤리학은 보편적 원리에서 개별적 사례에로 추리함을 그 정당한 방법으로 삼을 것이 아니라, 개별자로부터 출발하여 보편적 원리에로 추리하는 방법을 택해야 한다. 형이상학에 있어서는 주로 연역적 방법에 의거한 Aristoteles가 윤리학에서는 귀납법을 강조한 점에 있어서, 우리는 Platon과 Aristoteles 사이에 또 하나의 커다란 차이를 보는 듯한 인상을 받는다. 사실 Platon은 윤리학에 있어서도 연역적 방법에 의거했으며, 그의 형이상학과 윤리학과의 관계는 Aristoteles의 경우보다 훨씬 밀접하다는 인상에는 근거가 있다.

그러나 이 스승과 제자 사이의 차이가 과장되어서는 안 된다. Platon이 하나의 최고의 학이 존재함을 믿었고, 그 궁극의 대상이 절대선(絶對善)이라고 주장한 것은 사실이다. 즉 그는 형이상학적 진리와 실천적 지혜가 필경 일치한다고 믿었던 것이다. 한편 Aristoteles가 이론의 학과 실천의 학을 구별했으며, 그의 윤리학적 방법에 귀납적 요소가 있음도 부인할 수 없다. 그러나 Platon이 그의 이데아설로부터 구체적 행위의 법칙을 직접 연역하려고 시도한 구절은 찾아보기 힘들며, Aristoteles의 윤리학을 전체로 보아 경험론적이라고 말하기 힘든 것도 사실이다. 철학 전반을 통하여 Aristoteles가 Platon을 이탈한 바는 크다. 그러나 윤리문제에 관한 한 Aristoteles는 근본에 있어서 '플라토니스트'였다고 볼 수 있다. 이 점에 관하여는 H. Sidgwick도 다음과 같이 논술하고 있다:

> 다른 학과에 대하여 윤리학이 갖는 관계에 관한 Aristoteles의 일반적인 견해나 그의 덕론의 세부를 고찰할 때, 우리는 그와 Platon 사이에 현저한 차이가 있음을 본다. 그러나 윤리설의 전체적인 테두리로 말한다면 Aristoteles는 거의 완전에 가까울 정도로 그의 스승을 따르고 있다.[1)]

Ⅱ. 人生의 窮極目的

"모든 기능과 모든 탐구, 그리고 모든 종류의 고의적 활동은 어떤 좋은 것의 달성을 목표로 삼고 있다. 그러므로 우리는 '좋은 것'(善)이란 모든 것이 목표로 삼는 바라는 견해에 동의해도 좋을 것이다"라는 「니코마코스 윤리학」(*Ethica Nicomachea*)[2)] 의 첫구절은 Aristoteles 윤리설의 전체적 방향을 암시하는 중요한 구절이다. 우리의 일거수일투족은 그것이 고의적인 경우에는 어떤 목적을 가졌다. 그런데 개별적 행위에 목적은 그 자체를 위한 것이 아니라, 보다 높은 목적을 위한 수단이다. 예컨대 잉크의 병마개를 여는 것은 펜에 잉크를 묻히기 위해서요, 잉크를 묻히는 것은 글씨를 쓰기 위해서이며, 또 글씨를 쓰는 것은 다른 무엇을 위한 수단이듯이, 이 목적과 수단의 관계는 상대적인 그것이다. 그러나 이 수단과 목적의 계열을 연달아

---

1) H. Sidgwick, *Outline of the History of Ethics,* London, 1954, pp. 51～52.

2) *Ethica Nicomachea*는 윤리학에 관한 Aristoteles의 주저이다. 그 밖에 *Ethica Eudemos*가 있으며, 그가 정치론을 전개한 *Politica*도 실천철학의 고전으로서 중요하다.

거슬러 올라가면, 마침내는 그 이상 더 올라갈 수 없는 단계, 즉 그 자체를 위해서 그것이 소망되는 무엇에 도달할 것이다. 이 마지막 무엇이 바로 인생의 '궁극목적'이라고 Aristoteles는 추리한다. 그리고 이 '그 자체를 위하여 소망되는 것'이 곧 인생의 최고선(最高善)이 아닐 수 없다고 그는 단정하는 것이다.[3)]

Aristoteles에 있어서 '궁극목적'은 행위의 가치를 재는 기본척도인 까닭에 그것의 발견은 윤리학 전체를 위한 관건이 아닐 수 없다. 그러면 그 인생의 궁극목적은 무엇일까? '궁극목적'이라는 개념 자체의 분석에서 Aristoteles는 궁극목적이 갖추어야 할 두 가지 성질을 제시한다. 그 두 가지 성질이란 ① 궁극성, 즉 그것이 다른 무엇의 수단이 될 수 없다는 뜻으로서의 자기목적성과, ② 완전성, 즉 그 이상 아무것도 보탤 필요가 없다는 뜻으로서의 자족성(自足性)이다. 그리고 이 두 가지의 성질을 갖춘 것은 바로 행복(eudaimonia)일 것이라고 Aristoteles는 단정한다.[4)] '행복'이란 다른 무엇을 위한 수단이 될 수 없는 것이며, 또 그 이상 다른 것을 보탤 필요 없이 그것만으로 충분한 것이기 때문이다.

'행복'이 최고의 선이라는 견해에 대하여 일반은 언어상으로, 즉 '그 명칭에 관해서는 대체로 동의'할 것이다. 그러나 무엇이 바로 행복이냐는 문제에 이르러서는 사람들의 의견이 구구하다. 따라서 Aristoteles의 다음 과제는 행복이 무엇이냐를 밝히는 일이다. 인생의 궁극목적이 행복이라고만 대답하고, 그 '행복'이 무엇인지 밝히지 못한다면 실질적으로는 아무런 해결도 얻지 못한 것에 가까울 것이기 때문이다.

무엇이 행복이냐는 물음에 스스로 대답하기를 꾀하기 전에 Aristoteles는 우선 다른 사람들의 견해를 비판적으로 음미한다. 사람들이

---

3) *Ethica Nicomachea,* Bk. Ⅰ, Ch. Ⅱ (Thomson 영역), p. 25 참조. 그리고 Aristoteles가 '그 자체를 위해서 소망되는 것'이 오직 하나뿐일 것이라고 가정한 것은(*Ethica,* Bk. Ⅰ, Ch. Ⅶ, p. 36 참조) 그의 독단이라 아니할 수 없다.

4) *Ethica Nicomachea,* Bk. Ⅰ, Ch. Ⅴ (Thomson 영역), pp. 28～29.

추구하는 생활태도로 미루어, 일반이 행복이라고 믿기 쉬운 것이 네 가지 있다고 Aristoteles는 생각한다. 그 첫째는 '쾌락'이 곧 행복이라는 의견이다. 그러나 속된 대중이 찬동하기 쉬운 이 견해에 대하여 Aristoteles는 동의할 수가 없다. 쾌락이란 노예나 짐승의 목적이 될 수 있을지는 모르나 이성적 존재로서의 인간의 목적이 될 수 없다는 것이다. 둘째로 '명예'가 곧 행복이라는 의견이 있다. 그러나 주로 '신사계급'이 갖기 쉬운 이 견해에 대하여도 Aristoteles는 찬동하지 않는다. "명예란 그것을 받는 사람보다도 주는 이에게 달려 있는데," 그와 같이 피동적이요 우연적인 것을 행복 즉 인생의 목표로 볼 수는 없기 때문이다.[5] 셋째로 '덕'(aretē)이 곧 행복이라는 의견이 있다. 식견 있는 사람이라면 덕이 쾌락이나 명예보다는 행복에 가까움을 인정할 것이다. 그러나 덕도 그 자체 행복이 될 수는 없다. 왜냐하면 ① 덕이란 한갓 능력으로서 전혀 발휘됨이 없이 잠잘 수도 있으며, ② 덕을 많이 가지고 있음에도 불구하고 비참한 생애를 보내는 예가 드물지 않기 때문이다.[6] 넷째로 '재산'을 행복과 동일시하는 실업가의 견해에도 찬동할 수 없다. 재물은 그 자체가 목적이 아니라 다른 것을 위한 수단이기 때문이다.[7]

끝으로 '선의 이데아'(idea)를 인생 최고의 목적이라고 보는 Platon의 견해에도 Aristoteles는 동의하지 않는다. 그 이유로서 Aristoteles는 ① '선'이라는 말이 경우에 따라 여러 가지 의미로 쓰이고 있다는 사실과, ② 현실적인 좋은 것들을 떠나서 '좋음' 그 자체라든가 좋음의 원형(原型)이라는 것이 따로 없다는 것, 그리고 ③ 설령 선의 '이데아'가 있다 하더라도 그것이 이 지상에 있어서의 실천생활에는 아무 소용이 없다는 것을 들고 있다.[8]

5) *Ibid.*, Bk. Ⅰ, Ch. Ⅴ (Thomson 영역), pp. 30～31.
6) *Ibid.*, p. 31.
7) *Ibid.*, p. 31.
8) *Ibid.*, Ch. Ⅵ (Thomson 영역), pp. 32～35.

그러면 Aristoteles 자신은 '행복'이 무엇이라고 규정하는 것일까? 행복을 어떤 정지된 상태로 보지 않고 활동하는 과정 그 자체라고 믿은 까닭에 그의 행복론은 우리를 독특한 결론에로 이끌어간다. '행복하다' 함은 쉬운 말로 '잘 산다'는 뜻이요, '잘 산다' 함은 '잘 한다'는 뜻이다.[9] 다시 말하면 각 순간에 있어서 행동을 잘 하면 그것이 합하여 잘 삶을 형성할 것이요, 유감 없이 잘 살면 그것이 곧 행복이 아니냐는 생각인 것 같다. 그렇다면 '잘 한다' 함은 어떻게 함을 가리키는 것일까? "노래를 잘 한다," "요리를 잘 한다"는 따위의 말로 알 수 있듯이 '잘 한다' 함은 행위자가 자기의 기능을 잘 발휘함을 가리킨다고 Aristoteles는 생각한다. 각자는 그 처지와 직책을 따라서 그 기능이 다르다. 양복재단사는 재단사로서의 기능을 잘 발휘함이 그 기술자로서 잘 하는 것이요, 운전사는 차를 잘 모는 것이 운전사로서 잘 하는 것이 될 것이다. 그러나 우리는 하나의 재단사나 운전사이기 전에 하나의 인간이다. 그러므로 인간으로서 잘 살기 위해서는 어떤 특수한 기술을 잘 발휘하기보다도 인간으로서의 기능을 잘 발휘해야 할 것이며, 그 인간으로서의 기능이 잘 발휘되는 곳에 인간으로서의 행복이 있다고 보아야 할 것이다. 그러면 인간으로서의 기능이란 어떠한 것일까?

Aristoteles는 인간의 기능을 크게 세 가지로 나눈다. ① 영양과 생식의 기능, ② 감각과 욕구의 기능, ③ 이성과 사유의 기능이 그것이다.

그러나 영양을 취하여 생식하는 기능은 식물에게도 있고, 감각과 욕구는 짐승들에게도 가능하다는 이유에서, Aristoteles는 오직 이성과 사유만을 사람을 사람답게 하는 참된 기능으로 인정한다. 그러므로 사유를 본질로 삼는 이성의 기능을 유감 없이 잘 발휘함이 인간으로서의 좋은 삶이요, 그것이 곧 인간의 행복이며 궁극목적이라는 결

9) *Ibid.*, Bk. Ⅰ, Ch. Ⅳ(Thomson 영역), p. 29.

론에 도달한다.[10)]

그러나 이성의 일시적인 발휘만으로는 행복이 될 수 없다. "한 마리의 제비가 여름을 일으키지 않으며, 하루의 맑은 날씨가 여름을 부르지 못하듯이"[11)] 일생을 통하여 이성이 한결같이 발휘될 때 비로소 행복은 실현되는 것이다. 그리고 이성을 항상 발휘하기 위해서는 그렇게 하는 경향 내지 습성이 필요하다. 이 습성이 곧 '덕'이라고 불리는 것이니, 덕은 그 자체가 행복이 되는 것은 아니나 행복을 위하여 불가결한 바탕이 된다.

Ⅲ. 德　　論

덕은 이성을 항상 잘 발휘하게 하는 습성이며, 삶의 궁극목적으로서의 행복을 위한 기본조건이다.[12)] 이성의 활동이 두 가지의 방향으로 나누어짐을 따라서 Aristoteles는 덕을 두 가지의 종류로 나누었다. 사물의 이치를 인식하고 항상 올바른 행동을 계획하는 지적 능력을 그는 '이론의 덕'이라 부르고, 이성의 인식과 계획을 따라서 늘 올바른 길을 택하는 행동의 능력을 '실천의 덕'이라는 이름으로 부른다. 「니코마코스 윤리학」의 제 2 권 이하는 전부 이 두 가지 덕에 관한 다각적 탐구를 위하여 쓰여지고 있다.[13)] 그러나 우리는 그의 덕론에 있어서 몇 가지 중요한 점만을 고찰하기로 한다.

---

10) *Ibid.*, Bk. Ⅰ, Ch. Ⅶ(Thomson 영역), pp. 37～39.
11) *Ibid.*, Bk. Ⅰ, Ch. Ⅶ(Thomson 영역), p. 39.
12) Aristoteles에 의하면 덕 이외에도 행복을 위하여 필요한 조건들이 있다. 부귀 · 명예 · 우정 · 자손 · 문벌 등의 외적 번영은 그 자체가 직접 eudaimonia를 낳지는 않으나, 그것을 위하여 매우 필요한 조건이다. 일반대중은 행복의 조건을 행복 그 자체라고 속단한 데 잘못이 있었다. Aristoteles는 자기의 견해가 일반의 행복관과 배치되지 않음은 물론 그것을 수정한 것이라고 믿는다.
13) 제 2 권에서 제 5 권까지는 실천의 덕을 논하되 특히 제 5 권은 그가 가장 중요시한 '공정'의 덕을 위하여 쓰여지고, 제 6 권 이하는 이론의 덕에 관한 논술로 메워지고 있다.

1. 實踐의 德

실천의 덕에 관하여 Aristoteles가 풀고자 하는 첫째 문제는 "실천의 덕은 어떻게 생기느냐"라는 그것이다. 이 물음에 대해서 Aristoteles는 "실천을 통하여, 즉 습관에 의하여"라고 대답한다. 예컨대 용감한 행위를 거듭함으로써 용감한 사람이 되고, 정직한 언행을 거듭함으로써 정직의 덕이 형성된다는 것이다. 그러나 이 주장에는 일종의 모순이 포함된 것이 아닐까. 즉 미리 유덕하지 않다면 어찌 유덕한 행위를 실천할 수가 있을까. 예컨대 정직하지 않은 사람이 어찌 정직하게 행위할 수 있을까. 이 반문에 대한 Aristoteles의 답변은 W. D. Ross가 시사한 바와 같이 대략 다음과 같을 것으로 생각된다. '유덕한 사람'이란 ① 자기가 하는 일이 무엇인가를 알고, ② 영속적인 품성의 결과로서, ③ 이성적 행위 그 자체를 위하여 이성적으로 행위하는 사람이다.[14] 예컨대 정직해야 한다는 신념 없이 사실상 정직한 사람은 정직의 '덕'을 가진 사람이 아니며, 어른의 간섭에 못이겨 부지런한 사람은 아직 근면이라는 '덕'의 소유자가 아니다. 그러나 신념 없이라도 거듭 정직하게 행위하는 동안에 차차 그 신념이 생겨 정말 정직의 덕을 갖게 되며, 타율적인 간섭에 의해서라도 거듭 부지런히 일하는 동안에 정말 부지런한 성격이 생긴다.

실천의 덕에 관한 Aristoteles의 다음 문제는 그것의 기본적 특색을 밝히는 일이다. 덕이란 모종의 행동에로의 경향성 또는 습성이었다. 그러면 어떠한 행동에로의 습성이 실천의 덕이 되는 것일까? 이 물음에 대한 Aristoteles의 대답은 '중용'(mesotês)이라는 개념을 통하여 주어진다. 사람의 감정과 욕구는 흔히 지나침과 모자람의 두 극단에로 달리기 쉽다. 양극에로 달리기 쉬운 정욕을 통제하여 중도(中道)를 얻게 함은 이성의 직분이요, 이 이성의 통제력이 언제나 어

14) W. D. Ross, *Aristotle,* Meridian Books판, 1959, p. 189.

김 없이 발휘되는 경향이 곧 '실천의 덕'이다. 예컨대 위험한 경지에 처했을 때, 우리는 대체로 지나치게 많은 공포에 사로잡히거나 그렇지 않으면 공포심이 너무 부족하여 적절한 경계를 게을리하거나 두 가지 중 하나에로 기울어지기가 쉽다. 이 때 이 두 극단, 즉 비겁과 무모를 지양하여 중용을 얻으면 그것이 곧 '용기'라는 덕이다. 그 밖에 육체적 욕망의 지나침과 모자람의 중용으로서 '절제'라는 덕이 있고, 오만과 비굴의 중용으로서 '긍지'의 덕이 있다.

Aristoteles의 '중용'에 있어서 특히 유의할 것은 그의 중용이 산술적 중간을 의미하지 않는다는 사실이다. 중용이란 이것도 저것도 아닌 미지근한 태도를 가리키는 말이 아니라, 도리어 가치론적 절정에 해당하는 최고의 한 점이다. 산술적 중간이 아닌 까닭에 중용을 산출하는 일률적인 계산법은 있을 수 없다. 경우에 따라서는 목숨을 무릅쓰고 앞으로 나감이 용기가 될 수도 있고, 때로는 주저 없이 뒤로 물러섬이 용기가 될 수도 있다. 같은 금액의 소비가 때로는 낭비가 되기도 하고, 때로는 인색이 될 수도 있다. 요약컨대 바로 어느 점이 중용에 해당하느냐는 경우를 따라서 변동하는 것이며, 일반적인 원칙으로부터 이 점을 연역할 방도는 없다.

만약 일정한 사태 하에서 어떠한 행위가 중용을 얻은 행위인지 추리해 낼 수 있는 일반적인 공식이 있을 수 없다면, 중용의 인식은 무엇으로써 가능할 것인가? Aristoteles는 중용점 발견에 도움이 될 수 있는 세 가지 규칙을 제시한다.[15] 그러나 이 규칙들은 어디까지나 보조적인 것임에 그치며, 중용점 발견을 위한 논리적 원리는 아니다. 따라서 중용점 판별의 마지막 결정은 모종의 직각(直覺)에 호소할 도리밖에 없다. 그러나 중용을 직각으로써 파악한다는 것은 '원의 중심을 아무나 발견할 수 없듯이'[16] 아무에게나 쉬운 일이 아니다. 그것

15) *Ethica Nicomachea*, Bk. Ⅱ, Ch. Ⅸ(Thomson 영역), p. 74.
16) *Ibid.*, p. 73.

을 위하여는 우선 높은 식견이 필요하다. 중용 발견의 마지막 의지처, 그것은 식견 있는 인사(人士)의 직각력이다. Aristoteles가 실천의 덕보다도 이론의 덕을 더 높이 평가한 근거를 우리는 희랍철학 전반의 주지주의적 경향과 결부시켜서 이해해야 하겠지만, 그가 높은 식견을 중용 실천의 필수조건으로 본 점에도 사유(事由)의 일부가 있을 것으로 생각된다.

실천의 덕에 관한 Aristoteles의 셋째 문제는 "사람은 어떠한 경우에 자기의 행위에 대하여 책임을 지는가"라는 물음으로 제기된다. 실천의 덕의 본질인 '중용'이 밖으로 나타난 행동 또는 결과에만 관한 것이 아니라 행위의 동기와도 뗄 수 없는 관계가 있다고 본 까닭에, Aristoteles는 동기와 관련되는 책임의 문제를 여기서 고찰하게 된 것이다.

Aristoteles에 의하면, 책임이 있는 행위는 인격에서 유래한 행위, 즉 '고의적인 행위'(voluntary acts)요, 오직 육체에만 기인할 뿐 인격에서 유래함이 없는 행위 즉 '고의적이 아닌 행위'(involuntary acts)에는 책임이 없다.[17] 그러면 '고의적인 행위'란 어떠한 행위를 말하는 것일까? Aristoteles는 '고의적이 아닌 행위'의 종류를 망라함으로써 그 모순 개념의 뜻을 밝히려 한다.

'고의적이 아닌 행위'는 크게 두 가지로 나누어진다. 하나는 '강제당한' 행위요, 또 하나는 '모르고 한' 행위다. '강제당한' 행위라 함은 행위의 원인이 행위자 밖에만 있을 경우를 말한다. 저항할 수 없을 정도로 굳센 힘에 굴복했을 경우와, 참을 수 없는 심한 고통에 견디지 못하여 굽혔을 경우가 그 대표적인 것이다.

'모르고 한' 행위라 함은 행위를 저지른 순간의 상황을 행위자가 제대로 알지 못했을 경우를 말한다. 술에 만취했을 경우 또는 극도의 흥분으로 인하여 실수했을 경우 등이 그 대표적인 것이다. 가령 취중

---

17) *Ibid.*, Bk. Ⅲ, Ch. Ⅴ (Thomson 영역), pp. 89~93.

에 잘못 행동했을 경우에는, 과음을 했음에 대하여는 책임을 져야 하나, 취중에 저지른 행위 자체에는 책임이 없다는 것이다. '모르고 한' (in ignorance) 행위와 혼동하지 말아야 할 것은 '무지로 말미암은'(by reason of ignorance) 행위들이다. '무지로 말미암은' 행위란 시비선악의 구별을 제대로 몰랐음으로 인해서 저지른 행위를 가리킨다. '모르고 한' 행위의 무지는 어떤 특수 사정에 관한 무지이나, '무지로 말미암은' 행위의 무지는 보편적 원리에 대한 무지이다. 그리고 이 후자의 경우는 사람으로서 마땅히 알아야 할 바를 모른 것이니, 이에 대하여는 응당 책임을 져야 한다는 것이 Aristoteles의 생각이다.

2. 理論의 德

실천의 덕에 대한 이론의 덕의 우위를 인정한 Aristoteles는 후자를 다시 다섯 가지 단계(추리력, 예능, 실천적 지혜, 직관적 지혜, 이론적 지혜)로 나누고, 낮은 단계로부터 하나하나 상세히 논술하고 있다. 그러나 윤리학에 있어서 가장 기본적인 원리들의 음미를 목적으로 삼는 우리로서 이 문제에 장황하게 관여할 필요는 없을 것으로 믿는다. 다만 여기서는 이론의 덕의 분류에 관한 Aristoteles의 견해를 간명하게 보여 주는 W. D. Ross의 일람표를 소개함으로써 그치기로 한다.[18)]

Aristoteles에 따르면 인간은 그 본성을 따라 활동할 때 참으로 행복된 것이며, 이 행복의 실현이 인간적인 선의 최고봉이다. 인간의 본성 가운데서 가장 고귀한 것은 이성적 기능이며, 이성적 행위 가운데서도 가장 존귀한 것은 이론의 인식 즉 철학적 진리의 파악이다. 그리고 파악된 진리를 조용히 명상함에 행복의 극치가 있다. 그러나 모든 사람이 빠짐없이 이 행복의 극치를 목표로 삼고 있는 것은 아니며, 설령 목표로 삼는다 하더라도 그것에 도달할 수 있는 것도 아

18) W. D. Ross, *op. cit.*, p. 212.

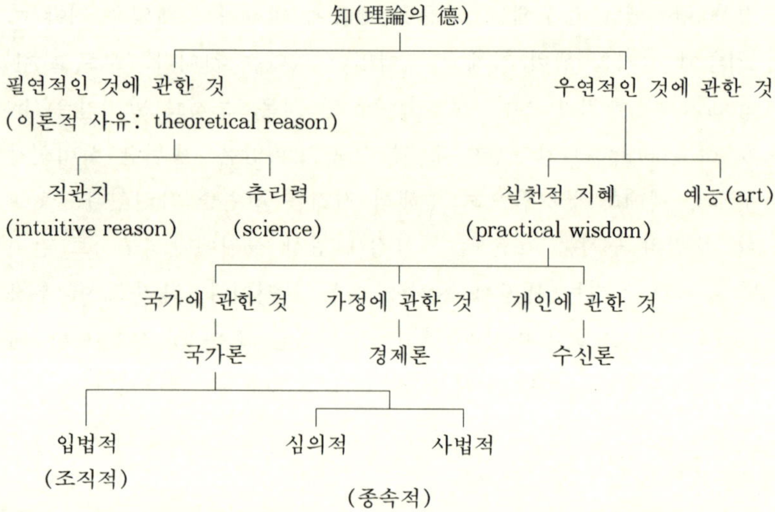

니다. 행복의 극치에 도달하기 위해서는 우선 천부의 재능이 있어야 할 뿐 아니라, 시간의 여유와 마음의 평화를 가져야 한다. 그리고 어느 정도의 재산이 필요하며, 특히 좋은 친구를 갖는 일이 매우 중요하다고 그는 강조한다. 행복에는 반드시 즐거움이 따른다. 그러나 즐거움은 행복에 따라오는 것이요, 결코 행복 그 자체는 아니다. 쾌락을 곧 행복이라고 보는 일반의 속견(俗見)은 선(善) 그 자체와 선에 수반하는 것과를 혼동한 오류의 산물이다.[19]

Ⅳ. 批判的 考察

Aristoteles의 윤리설은 ① 모든 행위가 어떤 목적을 갖는다는 심리적 사실을 지적하고 그 목적의 실현을 곧 선이라고 보았으며, ② 인간의 선을 구명함에 있어서 인간의 본성에 그 근거를 구한 점에 있

19) 그러나 Aristoteles는 쾌락이 윤리설에 있어서 차지해야 할 중요성을 결코 무시하지 않는다. *Ethica Nicomachea,* 제10권의 전반은 쾌락 문제를 주로 다루고 있다.

어서 자연주의적 색채를 띠고 출발하였다. 그리고 중용점의 발견에 관하여는 직각론적 방법에 호소하였음을 아울러 생각한다면, Aristoteles의 윤리설을 Moore의 세 가지 유형 가운데 어느 것에 속한다고 간단히 단정하기 힘든 바가 있다.

그러나 Aristoteles의 윤리설을 전체적으로 바라볼 때 역시 형이상학적 윤리설의 부류에 속하는 것으로 보지 않을 수 없다. 왜냐하면 ① 인간은 인간으로서 발휘해야 할 기능 또는 잠재력을 가지고 있으며, 그 기능의 발휘가 곧 인간의 선이라는 견해는, 우주 전체가 목적론적 체계이며 각 개물(個物)은 보다 높은 단계를 지향하는 질료(質料)라는 그의 형이상학의 일부이다. 인간이 모종의 기능을 가지고 있다는 사실에서 그 기능의 발휘가 곧 인간의 선이라는 규범적 결론이 저절로 이끌려나오지는 않는다. 우리 안에 잠재하고 있는 기능은 발휘되어야 한다는 그 자체가 목적론적 세계관에 입각한 형이상학적 주장이다. ② 이성이 인간에게 특유하다는 전제로부터 이성이 인간의 본질적 기능이라는 결론이 풀려나오지는 않는다. 세 가지 기능 가운데서 이성을 발휘함이 인간의 행복이라는 견해는 이성이 인간에게만 특유하다는 사실에 근거를 둔 것이 아니라, 육체적인 것과 정신적인 것, 감성적인 것과 이성적인 것 사이에 질료와 형상(形相)의 관계가 있다는 Aristoteles적 형이상학에서 온 것이다. 그러므로 P. B. Perry도 지적한 바와 같이 Aristoteles의 윤리설은 "대자연은 여러 실재(ousia)들을 구성요소로 삼는 하나의 체계로서, 그 실재들은 각각 자신의 특유한 형상을 실현하는 동시에, 자기보다 바로 한층 위에 있는 형상의 실현을 위하여 질료를 제공한다는 이중원리의 지배 아래 있다, 그리고 지상 최고의 존재로서의 인간을 지배하는 것은 이성적 생활의 실현이라는 목적이며, 이 이성적 생활의 극치는 진리의 명상이라는 우주 전체의 목적이다"라는[20] 형이상학설에 기초를 두었다고

20) Ralph B. Perry, *The General Theory of Value,* New York, 1926, p. 83.

보아서 무방할 것이다. Aristoteles는 인간성을 토대로 삼고 윤리설을 세우려 하였다. 그러나 그 '인간성'의 파악이 형이상학적이었던 까닭에 그 위에 세워진 윤리설도 '형이상학적'이라는 말로 그 특색을 묘사할 수 있을 것이다.

인간의 궁극목적 내지 최고선이 무엇이냐에 관한 Aristoteles의 견해가 옳으냐 그르냐는 그 견해가 기초한 형이상학설의 옳고 그름에 달려 있다. 그런데 어떤 형이상학설의 옳고 그름을 이론의 여지 없이 논증하지 못함은 '형이상학'이라는 학문 자체의 성질에서 오는 일반적 제약이다. Aristoteles의 목적론적 세계관에 관해서도 우리는 그것이 참이 아님을 뚜렷이 증명하지는 못한다. 그러나 모든 자연물이 어떤 목적——궁극에 가서는 하나에로 귀착하는 어떤 목적——의 달성을 위한 수단으로서 생겼다는 견해는 현대인의 안목으로 볼 때 과학적인 사고라고 인정하기는 어렵다. 그것은 Perry가 말하는 '만물유정의 오류'(the pathetic fallacy), 즉 '목적의식을 가진 존재가 그런 것을 실제로는 가지고 있지 않은 다른 존재에게 자기의 것과 부합하는 목적이 있는 것처럼 인정하는 경향'에서[21] 온 것이 아닌가 의심스럽다. 특히 지상의 만물이 인간을 최고의 목적으로 삼는다고 보는 그의 견해에 있어서 Aristoteles의 인간중심적 주관주의의 경향은 더욱 뚜렷하다.

"무엇이 선이냐"는 물음에 대답하여 Aristoteles는 "잠재하는 기능을 잘 발휘함"이라고 대답한다. 그러나 인간이 가진 모든 종류의 기능을 무차별하게 발휘함을 선으로 보지 않고 '이성'이라는 특수한 기능의 발휘를 선으로 단언함에 있어서, 그는 벌써 기능 가운데 높은 것과 낮은 것을 구별하는 척도를 전제한 것이다. 그리고 이성이 가장 높은 기능이요 인간적 활동의 극치가 진리의 명상에 있다는 신념은 하나의 형이상학적 믿음 또는 인생관일 뿐이며, 명백한 진리 즉 어떤 사실을 밝히는 객관적 판단은 아니다.

---

21) *Ibid.*, p. 56.

끝으로 어떠한 행위에 책임이 있느냐는 문제에 대한 Aristoteles의 견해에 관하여 간단히 언급하고자 한다. Aristoteles에 의하면 '고의적인' 행위에만 책임이 있다. 즉 행위자의 뜻에서 우러난 행위에만 책임이 있고, 이른바 '본의가 아닌' 행위에는 책임이 없다는 것이다. Aristoteles의 이러한 견해는 의지는 자유라는 전통적인 신념에 입각한 것이며, 의지의 자유를 전제하지 않는다면 도대체 '책임'이라는 것을 생각할 여지가 없으니 이 전제가 아니고서는 도덕 전반에 관한 논의조차도 무의미한 것이 되리라는 일반적인 견해의 고전적 표현이라고 생각되는 까닭에, 여기 몇 마디 보태고자 하는 것이다.

'고의적이 아닌' 행위에는 어째서 책임이 없다는 것일까? 만약 Aristoteles의 견지에 서서 이 물음에 대답한다면, 우리는 두 가지 이유를 지적할 수가 있을 것으로 보인다. 첫째는, 고의가 아닌 행위는 그 원인이 행위자의 인격 안에 있는 것이 아니라 그 밖에 있기 때문에 그에게 책임을 묻는 것은 불합리하다는 주장이다. 둘째는, 고의가 아닌 행위는 행위자의 의지가 지배하는 범위 밖의 사건이어서 행위자로서도 어찌할 수 없었던 것이니, 이에 대한 책임을 묻는 것은 불합리하다는 이론이다.

첫째 주장은 '인격'만이 책임을 질 수 있다는 전제 위에 섰다. 그리고 그 '인격'은 '의지'라는 말과 거의 같은 뜻으로 좁게 이해되고 있음을 알 수 있다. 이것은 상식에도 가까운 무리 없는 사고인 것 같기도 하다. 그러나 다시 곰곰히 생각할 때, 어째서 그러한 좁은 의미의 인격만이 책임을 져야 하는지 반드시 석연하지 않다. 지(知)와 정(情)과 의(意)를 합친 전체로서의 마음에 몸까지도 보탠 것이 가장 구체적인 개인이라면, 구체적 존재로서의 개인 전체가 아니고 그것의 추상적인 일부만이 책임을 져야 한다는 것이 좀처럼 이해되지 않는 것이다. 우리는 '온 국민의 책임'이니, '사회 전체의 책임'이니 하는 표현까지 흔히 사용한다. 만약 저 좁은 의미의 '인격'만이 책임을 질 수 있다면, 이러한 표현은 도무지 알 수 없는 말이 될 것이다.

"책임을 진다"는 표현도 반드시 그 뜻이 명백한 말은 아니다. 그러나 이 표현을 넓은 뜻으로 이해할 때, 일반적인 처벌은 문책의 한 형태라고 볼 수 있을 것이다. 만약 '의지'와 같은 뜻의 '인격'만이 책임을 지는 것이라면, 뜻하지 않은 교통사고에 운전사를 처벌하거나 보통 정도의 노력은 했지만 두뇌가 나빠서 성적이 좋지 못한 학생을 낙제로 처리하는 것은 불합리한 처사라 해야 할 것이다. 그러나 이러한 처사는, 논과 밭의 잡초를 제거함이나 아름다운 체격을 표창함이 불합리할 것이 없듯이, 조금도 불합리할 것이 없다고 생각된다.

둘째 주장, 즉 고의가 아닌 행위는 의지가 지배하는 범위 밖의 사건이므로 이에 대하여 책임을 물을 수 없다는 주장은 의지의 자유를 전제하고 출발하였다. 그리고 여기서 말하는 '의지의 자유'는 필연의 법칙에 얽매이지 않았다는 뜻의 자유이다. 일반 자연현상에 관해서도 엄밀한 인과율의 지배가 있는지 없는지 아직 확실히 알지 못하는 우리의 지식으로써 정신현상에 관하여 필연이냐 아니냐를 단언하기는 매우 어려운 일이다. 따라서 저자는 여기서 의지가 자유냐, 필연이냐는 물음에 직접 정면으로 뛰어들기를 원하지 않는다. 이 자리에서 저자가 검토하고자 원하는 것은 "의지만은 필연이 아니다"라는 옛날부터의 신념이 무엇에 근거를 두었느냐는 점이다.

의지의 결정은 필연의 법칙의 지배를 벗어나고 있다는 일반적인 신념이 제시할 수 있는 '근거'의 하나는 "그렇게 안하려고 마음만 먹으면 그렇게 안 할 수도 있다"는 일상적 경험의 사실일 것이다. 지금 나는 푸른 잉크로 이 원고를 쓰고 있다. 그러나 만약 내가 붉은 잉크로 쓰고자 마음만 먹는다면, 무난히 그렇게 할 수도 있을 것이다. 이것은 내가 푸른 잉크를 쓰느냐, 붉은 잉크를 쓰느냐를 마음대로 결정할 자유를 가졌다는 증거로서 충분할 것 같기도 하다. 그러나 '그렇게 안 하려고 마음만 먹으면'이라는 가정이 여기서 문제의 초점이다.

나는 지금까지 푸른 잉크로 원고를 써 왔다. 만약 붉은 잉크로 쓰려고 마음만 먹었더라면, 붉은 잉크로 쓸 수도 있었을 것이다. 그러나 **사실에 있어서 나는 붉은 잉크로 쓸 마음을 먹지 않았던 것이다.** '그렇게 아니하고자 마음만 먹었더라면' 하는 가정이 실은 의지의 자유 그 자체를 가정하는 뜻을 품고 있다. "그렇게 아니하고자 마음만 먹으면 그렇게 아니할 수도 있다"는 말은 결국 "만약 의지가 자유라면 의지는 자유이다"라는 말과 같은 논리이니, 이는 한갓 '같은 말 되풀이'에 지나지 않는다. 따라서 이는 어떤 심리학적 사실을 가리키는 판단이 아니니 의지의 자유를 증명하는 하등의 근거가 될 수 없다.

의지의 결정은 인과율적 필연의 제약을 받지 않는다고 믿는 또 하나의 이유는 만약 의지의 결정이 필연적이라면 모든 도덕적 비난 내지 도덕적 찬양이 불합리한 처사가 되며, 따라서 도덕 자체가 무의미한 것이 되고 말리라는 걱정이다. 그렇게 안 할 수도 있었나고 빈기에 저지른 행위를 꾸짖기도 한다. 만약 심리학적 필연의 법칙을 따라서 그렇게 행동한 것이며, 그렇게 밖에는 행동할 가능성이 그 사람으로서는 없었다면 이를 꾸짖고 책임을 묻는 것은 불합리하지 않느냐는 논법이다.

언뜻 보기에 그럴듯하고 결정적 효과를 가질 것 같기도 한 이 논법은 사실 그토록 유력한 주장은 아니다. 우리가 잘못된 행위를 질책할 때 어느 정도 감정의 흥분을 동반하는 것이 보통이며, 이 감정의 흥분은 "그렇게 안 할 수도 있었는데 그렇게 했다"는 판단에 의하여 더욱 강조되고 있음은 사실이다. 그러나 질책에 흔히 동반하는 감정의 흥분이 그리 바람직한 현상이라고만 생각되지 아니하며, "그렇게 아니할 수도 있었다"는 판단이 반드시 정확하다는 증거도 없다. 이지(理知)의 수준이 높아질수록 행위를 질책함에 감정의 흥분이 적게 따르는 경향이 있음은 주목할 만한 사실이다. 그리고 감정의 흥분 없이 냉정히 사리의 시비만을 지적할 수 있는 것은, 잘못을 저지른 행위자에 대한 깊은 동정과 이해에 의하여 가능하게 되는 것이며, 이 동정과 이해는 "그 때 그 사람으로서는 그렇게 하게끔 사정이 되어 있었다"는 판단의 밑받침을 얻을 때 진실로 깊은 지경에 이른다. 오늘날 진보된 교육방침은 말썽거리 학생을 죄인처럼 다루던 봉건적 인습을 버리고, 이를 이상성격자로 보고 심리학적 처방으로 다스리는 것을 원칙으로 삼는다. 오늘날 범죄의 책임의 적어도 절반은 사회 전체에 있다는 것은 거이 상식적인 생각이다. 이와 같은 새로운 학설과 실천은 무엇을 의미하는가. 인간의 행동이 행위자의 개성과 환경에 의하여 제약되는 바 크다는 사실에 대한 인식이 점차 높아감을 의미하는 것이라고 보지 않을 수 없다.

다음에 비록 의지의 결정이 인과율의 필연성의 지배 아래 있다 하더라도, 잘한 행위를 찬양 내지 표창하고 못된 행위를 질책 내지 처벌하는 것은 조금도 불합리할 것이 없다. 만약 열광적인 흥분으로 표창하고 격분과 적개심으로 처벌한다면, 그것은 아마 불합리할지도 모른다. 그러나 적당한 정서와 냉철한 지성으로 찬양하고 혹은 비난한다면, 거기 조금도 불합리한 점이 발견되지 않는다. 우리는 자연의 필연을 따라 해마다 찾아오는 화창한 봄날을 찬양하고, 여름마다 경험하는 지루한 장마에 상을 찌푸린다. 그러나 일기에 대한 우리들의 이러한 반응이 '불합리한 것'이 되는 것은 천지의 조화를 어떤 의지의 작용이라고 보는 원시적인 흥분이 따를 경우에 있어서뿐이다.

찬양 또는 비난이 불합리한 처사가 되고 마는 것은 도리어 의지의 세계에 인과율이 참여하지 못할 경우이다. 사람의 마음을 좌우하는 심리학적 영향력을 믿는 까닭에 나라는 공 있는 사람을 표창하고 법은 잘못된 행동에 제재를 가한다. 만약 인간의 의지가 인과율의 지배를 받지 않는다면 표창과 처벌은 착함을 권장하고 악함을 징계하는 구실을 하지 못할 것이니, 그야말로 불합리한 헛수고에 가까울 것이다.

저자는 이상에 논한 바로써 의지가 필연의 지배 아래 있음을 증명했다고는 생각하지 않는다. 그러나 의지가 자유라는 전통적인 견해가 비교적 박약한 이론적 근거 위에 섰다는 것을 밝히기에는 이것만으로도 충분하리라고 믿는다.[22)]

제 2 절 B. de SPINOZA

I. 小 序

Baruch de Spinoza(1632~1677)의 윤리설을 '형이상학적 윤리설'이라고 간단히 규정하기에는 Aristoteles의 경우보다도 더욱 주저스러운 바가 있다. 가치의 객관적 실재성을 부인하고, 선악의 구별이 인간의 욕구와 감성에 관련되어 생긴다고 믿었으며, 윤리학의 토대를 심리학에 구한 Spinoza에게는 자연주의적인 윤리학자들과 상통하는 일면이 너무나 현저하다. 그러나 Spinoza가 그의 윤리설의 바탕으로 삼은 심리학은 오늘날 우리가 아는 바와 같은 과학적 방법으로 세워진 것이 아니라 그의 형이상학의 연장이며, 그의 윤리학적 방법이 그의 형이상학을 출발점으로 삼는 연역의 그것이었다는 점을 고려할 때, 우리는 그를 역시 형이상학적 윤리학자의 진영에 속한다고 보아야 할 것 같다.

만약 가치가 인간이나 그 밖의 어떤 유정적 존재(sentient beings)의 욕구, 호오(好惡), 정서 등 어떠한 태도와도 관계 없이 독자적 실재성을 가졌다는 견지를 윤리학적 절대론이라고 부른다면, 우리는 Spinoza의 견지를 '윤리학적 상대론'의 이름으로 부를 수 있을 것이나, Spinoza는 선악의 보편적 척도를 부인하지는 않았다. 이 점에 있

22) 의지의 자유와 책임의 문제에 대해서 나는 "의지의 자유와 책임의 유무"라는 논문을 별도로 작성하여 권말에 부록으로 추가하였다. 참고하기 바란다.

어서 그는 Protagoras나 Thrasymakhos와 동류라는 뜻의 '상대론자'는 아니다. 그러나 그는 선악의 가치가 모든 주관을 떠나서 독자적으로 존재한다는 실재론적 견지를 물리치고, 사물에 대하여 인간이 느끼는 모종의 욕구 내지 정서와의 관계를 통하여 선과 악의 구별이 생긴다고 믿는다. 이와 같이 선악을 관계적(relational)인 개념으로 본다는 뜻에서 그는 상대론자(relativist)의 한 사람이다. 대상의 가치가 주체의 마음가짐과의 관계에 의해서 결정된다고 보는 상대론이 도달하기 쉬운 일반적인 결론은 보편타당성을 가진 평가의 척도가 있을 수 없다는 그것이다. 그러나 Spinoza는 상대론적 가치설의 견지를 취함에도 불구하고 보편적인 도덕 또는 보편적인 규범의 가능성까지도 부인하지는 않는 것으로 보인다. 앞으로 우리는 Spinoza가 상대론적 가치관에 입각하면서 어떻게 도덕의 보편적 원리를 세우고자 하는 것인가에 관심의 중심을 두고 그의 견해를 살펴보기로 한다.

Ⅱ. 價値의 主觀性

Spinoza에 따르면, 이 우주에 있는 것은 오직 하나의 광막한 대자연의 체계뿐이다. 이 대자연이 유일한 실체(實體)요, 동시에 신(神)이다. 그리고 그 밖에는 아무것도 없다. 이 자연의 체계는 처음도 없고, 끝도 없이 무한하다. 그리고 그것은 막대한 생산력을 숨긴 생성(生成)의 원천이기도 하다. 이 원천으로부터 "무한한 사상(事象)이 무한한 방식으로 생겨난다."[23] 그리고 이 무수한 사상들은 불변하는 인과의 법칙과 기존하는 사상들의 구조 및 상호관계의 제약을 받고 불가피하게 생긴다. 거기에는 '우연'이라는 것이 끼일 틈이 없이 앞의 것을 따라 뒤의 것이 필연적으로 일어난다. "자연 안에는 우연이라는 것이 없다. 오직 모든 것이 숭엄한 자연의 필연성을 따라 일정한 양

23) Spinoza, *Ethica*, Pt. Ⅰ, Prop. 16(W. H. White의 영역으로부터 국역. 이하 같음).

식으로 존재하고 또 변화하기 마련이다."[24]

위에서 그 일단을 서술한 Spinoza의 세계에 있어서 바로 어느 곳에, 또는 무엇을 기점으로 삼고 '가치'의 지평(地平)이 열리는 것일까? Aristoteles가 믿은 바와 같이 세계 전체가 하나의 목적론적 체계라면 실재의 나라는 그것이 곧 가치의 나라이기도 하겠다. Aristoteles의 목적론적 체계에 있어서는 모든 '있는 것'이 '있어야 할 것'을 위한 과정적 존재이며, 보다 높은 단계를 목적으로 삼는 질료(質料)인 까닭에, 실재의 세계는 이미 그 자체 안에 가치의 원리를 품었다. 그리고 그의 세계는 객관적이요 보편적인 평가의 기준을 가졌다. Aris-toteles에 있어서 세계의 목적은 세계 밖에 있는 어떤 초월자가 정한 것도 아니며, 그 안에 사는 어떤 유정적(有情的) 존재가 정하는 것도 아닌 까닭에, 즉 세계 그 자체가 본래부터 가지고 있는 것인 까닭에, 그 목적은 그 세계 안에서 생기는 모든 사상의 가치를 결정하는 완전히 **객관적인** 표준이 된다. 그리고 그의 세계에는 오직 하나의 공통된 목적만이 있는 까닭에 그 평가의 표준은 **보편적인** 타당성을 아울러 가졌다.

그러나 Spinoza에 있어서 유일한 세계인 '자연'에는 Aristoteles의 경우에 있어서와 같은 목적이 있을 수 없다. '목적'이란 본래 노력의 대상이다. (때로는 그 노력이 무의식적일 경우는 있을지라도.) 그리고 '노력'은 보통 의지의 개입을 함축한다. 그러나 Spinoza의 '자연' 즉 '신'에게는 의지라는 것이 인정되지 않았으며, 보통 우리가 말하는 '지성'도 인정되지 않았다.[25] 그리고 '목적의 왕국'에서는 미래가 현재를 제약하는 이를테면 인과의 시간적 역행이 있다. 그런데 Spinoza의 자연에 있어서는 인과는 오직 과거로부터 미래에로의 방향으로만 작용한다. 다음에 무엇이 올까는 이미 결정되어 있다. 이와 같이 Spino-

24) *Ibid.*, Pt. I, Prop. 29.
25) *Ibid.*, Pt. I, Prop. 17, Note 참조.

za의 세계는 오로지 냉담한 자연이며, 그 안에 일어나는 모든 사상(事象)은 필연적이요 불가피한 인과의 법칙을 따라 일방적으로 결정되는 까닭에, 그 세계 전체가 노력의 대상으로 삼을 어떤 목적을 생각할 수는 없다. 따라서 Spinoza의 경우에 있어서는 Aristoteles의 경우에 있어서와 같이 목적론의 관념을 통하여 가치의 지평을 설명할 수는 없다.

유태교나 기독교에서 믿는 바와 같이 인격신을 우주와 인생의 근본원리로 삼는 세계관에 있어서도 가치의 나라는 객관적이요 보편적인 근거 위에 전개된다. 인간을 포함한 우주의 창조자이며 지혜와 의지와 감정을 가진 존재로서의 신이 그 지(知)와 의(意)와 정(情)을 기울여 우주의 구조와 양상을 계획하고 마련한 것이라면, 그리고 그 창조의 신이 피창조자 인간에게 행위의 규범을 내려주었다면, 가치의 지평은 이미 천지의 개벽과 더불어 열렸다고 볼 수 있을 것이다. 행위의 규범 즉 '율법'이라는 개념은 벌써 '해야 할 것'과 '해서는 안 될 것'과의 구별을 가리키는 것이니, 가치의 참됨을 전제로 하는 것이기 때문이다. 여기서 물론 피창조자가 창조자에게 복종할 의무의 근거를 반문할 수는 있을 것이다. 도덕의 근본을 자율에 구해야 한다는 신념에 토대를 둔 이 반문을 떠받치기 위하여 어떤 논리적인 이유를 제시할 수도 있을지 모른다. 그러나 이 반문은 '가치'라는 것 자체의 참됨을 부인하는 뜻을 내포하지는 않는다.

그러나 Spinoza의 신은 널리 알려진 대로 인격신이 아니다. 그것은 유태교적 · 기독교적 전통을 멀리 벗어났다. 그리고 의지도 감정도 없는 Spinoza적 '신'의 개념이 가치의 지평을 여는 원리가 될 수 없음은 명백하다. 뜻도 정도 없는 까닭에 Spinoza의 신에게는 나은 것과 못한 것의 구별이 없고, 옳은 것과 그른 것의 구별이 없다. Spinoza는 '신'(Deus)이라는 말을 즐겨 쓰기는 했으나, 그는 이 말에 특수한 뜻을 넣어 준 까닭에, 그의 신은 도덕적 가치의 기준을 위한 원리를 제공하지는 않는다.

묶어서 말하건대, Spinoza의 형이상학에 따르면, 이 세계에는 온갖 것이 그것을 실현하기 위하여 애써야 할 선험적 목적이 주어지지 않았으며, 또 어떤 초월자가 행위의 규범을 내려 우리에게 신성한 의무를 부과한 일도 없다. 만약 Spinoza의 형이상학이 암시하듯이 도덕적 가치의 기준이 될 만한 목적론적 원리도 법칙론적 원리도 주어진 바 없다면, 우리는 무엇에서 시비와 선악을 가리는 근거를 구할 것인가? 도대체 그것을 가릴 근거가 있기는 하는 것일까?

'완전'하니 '불완전'하니 하고 또는 '좋다'느니 '나쁘다'느니 하는 구별이 어떤 객관적 근거라도 가진 것처럼 생각하는 것은 한갓 착각에 지나지 않는다고 Spinoza는 주장한다. 그와 같은 구별은 사실인즉 우리들의 주관적 태도의 투사(projection)에 불과하다는 것이다. '완전'이니 '불완전'이니 하는 말을 정당하게 사용할 수 있는 유일한 경우는 일정한 의도를 따라 만들어진 사물에 관해서뿐이다. 입안자 또는 설계자의 의도가 남김 없이 실현됐을 때 우리는 본래의 의미에 있어서 '완전하다'는 말을 쓸 수 있으며, 그렇지 못할 경우에 '불완전하다'는 말을 제대로 쓸 수 있다고 Spinoza는 주장한다. 그러므로 가옥·자동차·피아노 따위와 같이 사람들이 일정한 목표를 따라 만든 사물에 관해서는, 우리가 그 목표를 잘 알고 있는한, '완전하다' 또는 '불완전하다'는 말을 올바로 쓸 수 있음이 분명하다. 그런데 사람들은 인간의 의도와 관계 없이 생겨난 자연물에 관해서도 '완전' 또는 '불완전'이라는 평가어를 사용한다. 만약 신 또는 조물주가 일정한 목적과 계획 아래 이 우주를 창조한 것이라면, 그렇게 사용해서 마땅할 것이다. 그러나 이 우주는 아무런 목적을 가짐이 없이 그저 있는 것이며, 자연계에 일어나는 모든 현상에도 이렇다 할 목적이 없다는 것이 Spinoza의 신념이다. 그러므로 자연의 일부분인 인간을 가지고 '완전한 인격'이니 '불완전한 인격'이니 하는 따위의 언사를 쓰는 것은 Spinoza가 보기에는 일종의 망발이다. 즉 그것은 사람들의 주관적인 욕망 내지 포부를 반영하는 말버릇에 지나지 않으며, 완전한 인격과 불완전한 인격을 가릴 객관적 표준은 없다는 것이다. 이 점은 Spinoza의 견해를 밝히기에 중요한 대목이 아닌가 생각되므로 그 자신의 말을 여기 옮겨 보기로 한다.

> 어떤 사람이 일정한 일을 할 계획을 세우고 그것을 완수했을 때, 그는 그것을 완전하다고 부를 것이다. 그 사람뿐 아니라 그의 의도를 정말 안 사람 또는 안다고 믿는 사람들도 누구나 그것을 완전하다고 부를 것이다. 예컨대 어떤 이가 집을 지으려는 생각으로 일을 시작했으나 아직 그것을 완성하지 못했음을 보았을 때 우리는 그 집을 불완전하다고 말할 것이요, 그것이 낙성되기만 하면 이젠 완전하다고 말할 것이다. 이것이 이 말들 본래의 뜻이라고 생각된다. …그러나 사람들은 차츰 일반적 개념을 형성하기 시작한다. 즉 집 · 건물 · 성 등에 관하여서 전형(典型)을 생각해 내게 되고, 어떤 유형을 다른 유형보다 낫다고 생각하게 된다. 이리하여 그들은 자기네가 형성한 일반적 관념, 즉 일반적 표준과 일치하는 사물은 완전하다고 부르고, 그렇지 못한 것은 불완전하다고 부르게 된다. …이것이 아마 사람이 만들지 않은 자연물에까지 '완전'하니 '불완전'하니 하는 말을 일반적으로 적용하게 된 이유의 전부인 것 같다. 왜냐하면 사람들은 자연도 반드시 어떤 목적을 가지고만 행동을 일으킨다는 일반적인 의견을 따라서 인조물에 관해서뿐 아니라 자연물에 관해서도 일반적인 관념을 형성하는 버릇을 가졌기 때문이다. …이리하여 우리는 '완전하다'와 '불완전하다'라는 말을 자연적 사상에 적용함이 그 사상(事象)에 대한 참된 이해에서 온 것이 아니라' 사람들의 편견에 기인한 것임을 알 수 있다. 왜냐하면 이 *Ethica* 제 1 부의 부록에서 밝힌 바와 같이 자연은 결코 어떤 목적을 위하여 움직이는 일이 없으며, 우리가 '자연' 또는 '신'이라고 부르는 저 영원하고 무한한 존재는 그의 있음을 결정한 바로 그 필연성을 따라서 움직이기 때문이다.[26]

'좋음'과 '나쁨'에 관하여도 Spinoza는 그것이 어떤 이의 욕망과

---

26) *Ibid.*, Pt. Ⅳ, 머리말 중에서.

의 관련을 통하여 생긴 주관적 산물이라는 견해를 고집한다. '좋다' 및 '나쁘다'는 말은 사물 그 자체의 객관적인 성질을 나타내는 것이 아니라, 사고의 양식 또는 우리가 사물을 비교함으로써 지어내는 관념에 지나지 않는다.[27] 그러므로 동일한 사물도 그것을 대하는 사람의 주관을 따라서 좋은 것이 될 수도 있고, 또 나쁜 것이 될 수도 있다는 것이다.

그러나 좋은 것과 나쁜 것, 또는 선과 악을 구별할 객관적인 근거가 없다는 Spinoza의 견해는 그 구별이 전혀 무의미하다는 주장은 아니다. 만약 우리가 모든 욕구와 의지 그리고 감정을 초월한 자의 시각에서 사물을 고찰할 수 있었다면, 우리에 있어서 좋은 것과 나쁜 것의 구별은 해소되었을 것이다. 그러나 욕구와 감정의 소유는 선과 악의 구별을 가능케 할 뿐만 아니라, 그것을 불가피하게 한다는 것이 Spinoza의 생각인 것 같다. Spinoza 자신도 욕구와 감정을 가신 인간인 까닭에 그 역시 가치의 세계 밖으로 탈출할 도리가 없다. 그에게도 좋은 것과 나쁜 것, 또는 선과 악의 구별은 엄연한 사실이다. 다만 그 사실이 모든 주체의 마음가짐을 떠나서 독자적으로 존재하는 것이 아니라, 반드시 인간적 욕구의 참여를 기다려서 비로소 성립한다고 보는 점에 Spinoza의 특색이 있다.

Ⅲ. 自我保存의 原理와 理想的 人間像

Spinoza는 가치의 근원을 인간성 안에서 발견하였다. '좋음'(善)이란 "인간이 스스로의 목표로서 내세운 이상적 인간형에로 조금씩이라도 다가감에 도움이 되는 모든 것"을 의미하며, 나쁨(惡)이란 그와 반대되는 모든 것을 가리킨다.[28] 이와 같은 기본견지에 뒤따르는

27) *Ibid.*, Pt. Ⅳ, 머리말 가운데서.
28) *Ibid.*, 제 4 부의 머리말. 제 4 부 정의 1에는 "좋음이란 우리에게 틀림없이 유용한

문제는 그 인간의 이상이 어떠한 설계도로 묘사되는 목표이냐는 그것이다. Spinoza에 있어서는 이 이상도가 행위의 시비를 판별하는 도덕적 원리의 구실을 할 수밖에 없다. 만약 인간의 이상이라는 것이 각자의 개성을 따라 결정되는 것이며 백인백태의 서로 다른 모습을 가졌다면, 시비선악을 가리는 척도는 각 개인을 따라 달라야 할 것이니, 결국 옛 소피스트(Sophist)들의 상대론에로 되돌아갈 수밖에 없다. 그러나 이미 언급한 바와 같이, Spinoza의 학설은 일종의 상대론이기는 하나, 인류에게 공통된 하나의 목표가 있음을 주장함으로써 행위를 위한 보편적인 원리를 세우고자 꾀한다. 개인 각자가 의식하는 이상이 천차만별하다는 것은 아마 Spinoza도 부인하지 않을 것이다. 그럼에도 불구하고 그는 인간의 참된 이상은 근본에 가서 일치한다고 믿는 모양이다. 그리고 Spinoza의 이와 같은 신념은 그의 인성론에 근원을 두었다. 이에 우리는 Spinoza의 심리학에 언급하지 않을 수 없다.

"모든 개체는…각각 자기의 존재를 지속하고자 힘쓴다"라는 「윤리학」 제 3 부 명제 Ⅵ은 욕구 및 정서에 관한 Spinoza 심리학의 기본인 동시에 그의 윤리학의 관건이기도 하다는 것이 일반적인 해석인 듯하다. 그리고 이러한 해석 그 자체에 대하여 반대의견이 있을 리도 없다. 다만 주의를 요하는 것은 이 '명제 Ⅵ'의 뜻을 분석함에 있어서 오늘의 생물학적 사고의 틀을 그대로 적용해서는 안 되리라는 점이다. Spinoza가 만물이 자기보존의 욕구(conatus)를 가졌다고 말했을 때, 그가 '생존경쟁'을 생물진화의 원리라고 본 Darwin을 위하여 선구의 구실을 한 것 같지는 않다. 그는 다만 "밖으로부터의 원인이 작용하지 않는 한 개물(個物)은 파멸될 수 없다"는 '명제 Ⅳ'와

것이다"라고 되어 있다. 이 근본이 같은 두 가지의 정의에 있어서 Spinoza는 이른바 "instrumental good"을 심중에 두었고, 윤리학에서 일반적으로 더욱 중요시되는 "intrinsic good"에는 언급하지 않았다. 그러나 그가 인간이 궁극적으로 소망하는 것을 "intrinsic good"으로 보고 있음은 전체의 문맥으로 보아 분명하다.

"서로 부정하는 두 개의 개물은 본질이 다른 두 가지 사물이며, 따라서 동일한 주체 안에서 공존할 수 없다"는 명제 V로부터의 귀결을 명시했을 뿐이다. 그리고 물리학에서 말하는 '관성'의 법칙에도 가까운 이 자기보존의 원리를 물질현상에 뿐만 아니라 정신현상에까지 적용하여 "마음도 역시…영원한 자기보존을 힘쓰며 또 그 노력을 의식한다"[29]라고 말한 것은 Spinoza로서는 당연한 일이다. (왜냐하면 Spinoza에 있어서 물질현상과 정신현상은 같은 실체의 두 측면이기 때문이다.) 마음이 그 자기보존의 노력을 의식하는 까닭에 마음에는 '의지'라는 것이 따르고, 몸과 마음과의 결합으로서의 인간에게는 '욕망'이라는 것이 있다.

'의지'니 '욕구'니 하는 것은 '자기보존'의 기본 경향이 자의식을 동반한 것임에 지나지 않는다. 그러므로 모든 의지와 욕구는 결국 자기자신의 보존을 궁극의 목표로 삼는다. 이와 같은 Spinoza의 심리학적 이기설(利己說)은 곧장 윤리학적 이기주의에로 그를 이끌어갔다. 인간은 누구나 자아를 위하여 살기 마련이며, 따라서 자아의 본질을 유감 없이 지켜감이 가장 보람있는 삶이라고 Spinoza는 믿었던 것이다.[30]

그러면 어떻게 하는 것이 자아의 본질을 유감 없이 지키는 것이며, 또 그렇게 하기 위한 가장 효과적인 방도는 무엇인가? Spinoza는 '자아보존'을 생물학적으로만 해석하지 않았다. 물론 그도 인간이 대체로 오래 살기를 바라고 종족유지를 원한다는 일상적인 사실을 몰랐을 리 없으며, 그의 심리설이 이와 같은 일상적 관찰의 영향을 받은

29) *Ibid.*, Pt. Ⅲ, Prop. Ⅸ.

30) 심리학적 이기설(psychological egoism)에서 윤리학적 이기설(ethical egoism)이 추리될 논리적 필연성은 없다. "인간은 누구나 항상 결국에 가서는 이기적이다"라는 것은 사실판단이며, 한편 "인간은 자기의 보존을 위하여 최선을 다해야 한다"는 것은 가치판단으로서 전자와는 성질이 다르기 때문이다. 그러나 심리학적 이기설에 입각하여 윤리학적 이기설에 도달한 학자들, 즉 두 가지 이기설 사이의 논리적 이질성을 간과한 학자들은 Spinoza 외에도 많다.

바 전혀 없으리라고 보기도 힘든다. 그러나 Spinoza가 인간의 이상을 발견하는 이론적 근거로서 '자아보존'이라는 것을 내세웠을 때, 그는 생물학적이기보다는 형이상학적 의미로 이 개념을 사용하였다. 그가 말하는 자아보존이란 '자아의 본질을 지킨다'는 뜻에 가까운 듯하다. 그리고 '자아의 본질을 지킨다' 함은 나의 행동이 나 밖의 것에 의하여 좌우되지 않고 내 스스로의 내적 원인에 의해서 결정되도록 한다는 뜻이니, Spinoza적인 '자유'의 실현을 의미하는 것이다. 무릇 인간은 외적 환경의 영향을 받아 피동적으로 움직일 수도 있고, 자기 스스로의 내적인 원인을 따라 능동적으로 움직일 수도 있다. 그리고 피동적인 행동은 그 개인의 '힘'의 위축을 의미하고, 능동적인 행동은 그 팽창을 의미한다고 Spinoza는 믿는다. 바로 이 '능동적 행위' 또는 '힘의 팽창'을 Spinoza는 그가 말하는 '자아보존'과 연결시키고, 한 걸음 나아가서는 이들을 동일시한다. 이리하여 그는 항상 팽창하는 힘으로써 능동적으로 행위하는 삶을 가장 값진 인생이라고 단정하는 것이다. 주위 사정의 변동을 따라 좌우로 흔들리는 꼭두각시가 될 것이 아니라, 자신의 일은 스스로 결정짓는 자유인이 되어야 한다는 것이다.

그러면 능동의 주체, 즉 자유인이 되는 방도는 무엇인가? Spinoza에 따르면, 우리가 타당한 관념(adequate ideas)을 가지면 가질수록 우리의 행동은 능동적이고, 부당한 관념을 가지면 가질수록 수동적이다.[31] 다시 말하면 우리의 생각이 진리에로 접근하면 할수록 우리는 자유의 이상에로 가까워간다. 따라서 참된 자유인이라는 인간적인 이상을 실현하는 길은 바로 참된 인식을 지향하는 철학자의 길과 일치한다. Spinoza에 있어서 자유인은 곧 지자(知者)요, 지자는 곧 자유인이다.

그러나 진리의 인식이 어재서 곧장 자유의 보장이 될 수 있는 것일까? 이 점의 해명을 직접적 목표로 삼는 Spinoza의 논술을 우리

31) *Ibid.*, Pt. Ⅲ, Prop. Ⅰ.

는 「윤리학」 제 3 부 명제 I의 뒤를 따르는 '증명'에 있어서 발견하나, 그 구절만으로는 석연치 않은 구석도 없지 않다. 그러나 그의 철학 전체의 맥락으로 볼 때 우리는 Spinoza의 논리를 다음과 같이 이해할 수 있을 것 같다.

'과학적 단계'에[32] 있어서 Spinoza가 말하는 '타당한 관념'이란, 유한한 개별자의 특수한 양상 또는 실체의 부분적 상호관계를 반영하는 것이 아니라, 내 몸 및 다른 모든 물체들이 공통으로 가지고 있는 속성 즉 '연장'의 보편적인 성질들을 반영하는 관념을 가리킨다. 그러므로 '타당한 관념'으로 엮어진 사유의 과정과 표리의 관계를 가진 연장(延長)의 측면은 신 또는 자연 전체의 본질인 동시에 나 자신의 본질이기도 하다. 바꾸어 말하면, 과학적 단계에 있어서의 타당한 관념이란 Spinoza의 이른바 '공통관념'(notiones communes)을 가리키는 것으로서, 그 관념과 표리 일치하는 물질적 근거를 나 자신의 본질 속에서 충분히 발견할 수가 있다. 따라서 만약 타당한 관념들의 계기(繼起)만으로 내 마음이 충만될 수 있다면, 그 순간의 내 마음을 결정한 것은 오로지 나 자신의 본질뿐이요, 나 밖으로부터의 간섭에 의하여 내 마음이 좌우된 바가 전혀 없다. 그리고 '내 본질에 의한 내 마음의 결정', 이것은 Spinoza가 다름 아닌 '자유'로써 의미한 것이었다.

'타당한 관념', 즉 진리의 인식과 자유와의 불가분의 관계는 Spinoza가 지식의 최고 단계로서 숭상하는 직관지(直觀知)의 개념을 음미할 때 더욱 명백해진다. '직관지'(scientia intuitiva)란 자연 전체를 하나의 통일된 체계로서 파악하는 종합적인 지식이다. 그것은 곧 신

32) Spinoza는 지식을 그 타당성의 정도를 따라 세 단계로 나누고, 각 단계에 ① 속견(俗見), ② 과학적 지식, ③ 직관지의 이름을 주었다. 그가 말하는 '과학적 지식'이란 오늘날 우리가 말하는 경험적인 그것이 아니라, 합리론적 제공리에서 연역되는 지식을 의미한다. 그 대표적인 것으로서 Spinoza는 수학, 특히 기하학을 생각하였다.

에 대한 직관적인 파악이며, 최대의 포괄성을 가진 지식으로서 절대로 타당하고 절대로 참되다. 그런데 Spinoza에 따르면 모든 관념은 그것과 표리일체를 이루는 물체의 심적 측면인 까닭에, 자연 전체의 통일적 파악으로서의 직관지는 우주 전체를 상응하는 물체(ideatum)로 삼는 관념이다. 따라서 엄밀하게는 전체로서의 자연, 즉 신만이 직관지를 가질 수 있다. 인간의 처지에서 볼 때는 직관지란 오직 접근을 위한 목표임에 불과하다. 그리고 인간이 어느 정도까지 이 목표에 접근할 수 있느냐는 그가 어느 정도까지 자기와 신을 동일시할 수 있느냐, 즉 그가 자아의 외연(外延)을 어디까지 확대시킬 수 있느냐에 달려 있다. 이 점은 관념과 물체를 동일한 실체의 (또는 실체의 부분의) 표면과 이면이라고 보는 Spinoza의 형이상학적 견지에 서는 한 자명한 일이다. 한편 우리가 자아의 외연을 확대시켜 감에 따라서 우리의 자유도 늘어가고, '나'와 신을 완전히 동일시할 수 있을 때 우리의 자유도 완전한 것이 될 것이다. 왜냐하면 Spinoza에 있어서 자유란 행동의 원인이 나 자신 안에 있음을 의미하며, 신과 '나'가 같은 외연을 가질 수만 있다면 이 때 이 세상에 나 밖에는 아무것도 없으니 나 밖에서 나의 행동을 제약할 아무런 힘의 존재도 생각할 수 없기 때문이다. **자연 전체를 하나의 주체로 볼 때**, 이 세상에 일어나는 모든 일은 **필연인 동시에 자유**다. 모든 사상(事象)은 불가피한 결과이기는 하나 그 원인은 모두 '신', 즉 '나' 안에 있기 때문이다.

그러나 어떻게 나와 신을 동일시함이 가능할 수 있을까? Spinoza도 그것이 하나의 이상에 지나지 않음을 인정하고, 현실적으로 어느 개인이 그 경지에 도달하기는 지극히 어렵다고 인정한다. 여기서 '동일시'라 함은 단순히 머리 속에서 그렇게 생각함을 뜻하는 것이 아니라, 나와 남과의 구별을 초월하는 인격적인 해탈을 의미하기 때문이다. 그러나 그것이 하나의 떳떳한 '이상'이 될 수 있으려면, 거기에는 적어도 이론적인 가능성만은 보장되어 있어야 할 것이다. 과연

Spinoza의 철학에는 그 가능성의 문이 열려 있는 것으로 보인다.

Spinoza에게는 오직 하나의 실체만이 있다. 존재하는 모든 개체들은 자연이요 신인 오직 하나의 실체를 구성하는 여러 부분들이다. 이 점은 인간에 있어서도 마찬가지니 어느 개인도 엄밀하게는 독립한 존재가 아니라, 보다 큰 전체의 한 부분을 이룰 뿐이다. Spinoza의 관점에서 볼 때 개인 한 사람을 하나의 독립된 단위로 볼 수 있는 근거는 나뭇잎 하나를 독립된 단위로 볼 수 있는 그것 이상의 것이 아니다. 나뭇잎의 '나'가 급기야 나무의 줄기와 뿌리에까지 확대될 이유가 있다면, 사람의 '나'도 우주의 끝까지 뻗어갈 이유를 가졌다. 다섯자 남짓한 육체 속에 갇힌 것을—그리고 그것만을—'나'의 전부라고 보는 것은 도리어 사리의 극치를 모르는 천박한 관념의 소치라 하겠다.

'나'의 경계선을 여섯 자(尺) 미만의 공간 안에 그리고, 이 경계선 안에 국한된 부분을 마치 하나의 독립된 실체처럼 생각하는 그릇된 관념은 인생이 경험하는 모든 불행의 근원이다. 왜냐하면 불행이란 결국 슬픔 · 두려움 · 걱정 따위의 괴로운 정서들의 함수이며, 괴로운 정서를 빚어내는 첫째 인자는 전체의 진상을 모르고 부분을 전체로 오인하여 부분의 보존에만 여념이 없는 어리석은 애착—이를테면 무식한 이기심이기 때문이다. 자리다툼, 세력다툼, 재산싸움, 그리고 시기와 질투—이 모든 불화와 고통의 원인을 Spinoza의 견지에서 이해한다면, 그것은 마치 같은 나무의 여러 잎들이 서로 좋은 자리를 다투는 격이며, 왼손과 바른손이 서로 더 많이 가지려고 싸우는 격에 지나지 않을 것이다.

불행의 원천인 괴로운 정서를 빚어내는 또 하나의 인자는 우주와 인생 안에 일어나는 모든 사상(事象)이 필연이요 불가피하다는 사리를 깨닫지 못하는 무지에 있다. 우리는 지난 일을 후회한다—마치 그렇게 안 할 수도 있었던 것처럼. 그러나 우리는 그 때 결국 그렇게밖에

할 수 없었던 것이다. 인간의 행위를 포함한 모든 사건이 필연적 인과의 지배 하에 있는 까닭에 우리는 운명을 저주하고 팔자를 한탄한다——마치 그 운명과 팔자에 대한 책임을 질 존재라도 있는 것처럼. 그러나 그 밖의 다른 운명, 다른 팔자가 나에게 배당될 도리는 없었으며, 아무도 이에 대한 책임을 질 이는 없다. 우리는 앞날을 근심하고 미래를 걱정하기에 바빠 현재를 헛되이 하기가 일쑤다. 마치 근심과 걱정이 불상사를 예방이라도 할 수 있는 것처럼. 그러나 근심해도 올 것은 기어이 오고 걱정하지 않아도 오지 않을 것은 결코 오지 않는다. 우리가 만약 모든 일이 필연의 법칙 아래 있음을 투철히 깨닫는다면, 지난 일을 후회하거나 앞날을 근심할 까닭이 없을 것이며, 오직 냉철한 지성으로 과거를 거울삼아 미래를 계획할 뿐이다.

위에서 논술한 바를 종합하건대, 인생이 경험하는 모든 불행은 무지에——① 부분을 독립된 실체로 오인하는 무지와, ② 만사의 필연성을 간과하는 무지에——그 근원을 두었다. 만약 우리가 자연을 통일된 전체로서 직시하고 만상 필연(萬象必然)의 원칙을 터득한다면, 우리는 모든 정념과 번뇌의 사슬을 벗어나 자유로울 것이며 따라서 고요한 지복을 누리게 될 것이다. 이 최고의 지혜는 곧 대상을 '영원의 광명을 통하여' 직시함이요, 신을 '지적 사랑'으로써 사모함이다. Spinoza에 있어서 신에 대한 이해는 곧장 신에 대한 사랑에로 연결되며, 이 이해와 사랑이 곧 인생 최고의 선이요 최고의 축복이다. "최고의 선은 신에 관한 지식이요, 최고의 덕은 신을 인식함이다."[33]

Ⅳ. 批判的 考察

Spinoza의 윤리설을 살펴봄에 있어서 우리들의 관심은, 그가 상대론적 가치관에 입각했음에도 불구하고 어떻게 도덕의 보편적 원리

33) *Ibid.*, Pt. Ⅳ, Prop. 28.

를 세우고자 꾀하는가에 그 중심을 두어 왔다. 그리고 앞 소절(小節)에서 우리는 Spinoza가 그의 형이상학을 기초로 삼고 인간의 최고선을 이끌어 내는 연역적 과정의 줄거리를 더듬어보았다. 만인에게 타당성을 가졌다고 믿은 그 최고선의 발견에 있어서의 성공 여부가 소피스트적 결론을 극복하려는 Spinoza의 의도의 성패를 판가름할 것이다. 이제 우리는 최고선을 연역한 Spinoza의 논리를 비판적으로 음미할 시점에 이른 것으로 보인다.

'최고선'에까지 이른 Spinoza의 추리는 요점을 추리면 다음과 같은 것이었다. ① 가치의 근원은 욕구에 있다. 인간의 선은 인간이 욕구하는 것이다. ② 모든 개체가 자기보존을 희구하기 마련이며, 인간도 각각 자기의 보존을 위하여 애쓴다. ③ 자기보존이란 자신의 본질을 수호한다는 뜻이며, '자신의 본질을 수호한다' 함은 나의 행동이 나 밖의 것에 의하여 좌우됨이 없이 내 스스로의 내적 원인에 의하여 결정되도록 함이다. ④ 나 밖의 것에 의하여 좌우됨이 없는 행동에 두 가지 경우가 있다. 첫째는 순전히 '과학적'인 인식작용이요, 둘째는 자연 전체, 즉 신의 행동이다. 전자 즉 '과학적' 인식 또는 '타당한 관념'이 능동적이며 자유로운 행동인 이유는, 그것이 유한한 개별자의 특수한 양상 또는 실체의 부분적 상호 관계를 반영하는 것이 아니라, 내 몸 및 다른 모든 물체들이 공통으로 가진 속성 즉 연장의 보편적 성질들을 반영하는 관념이기 때문이요, 후자 즉 신의 행동이 자유인 이유는 신이 유일한 존재인 까닭에 신 밖에서 신에게 간섭할 외세를 생각할 수 없기 때문이다. ⑤ 그러므로 우리가 자기를 보존하는 길, 즉 자유롭게 사는 길은 첫째로 '과학적' 진리 파악에 힘을 기울이는 일이요, 둘째로 옹색한 소아의 망집을 벗어나 대자연과 혼연일체가 됨으로써 나와 너의 구별을 초월하는 경지에 도달하는 일이다.

이상과 같은 논리를 줄거리로 전개된 Spinoza의 학설에 대한 우리의 비판은 두 가지 단계로 나누어질 것이다. 첫째로 만약 Spinoza

의 가정과 추리가 험잡을 곳 없이 완전하다면, 그는 만인이 추구할 보편적인 목표를 발견한 셈이 되고 따라서 행위의 선악을 판별할 확고한 기준을 세우려는 목표에 완전히 도달한 것일까를 살펴야 할 것이며, 둘째로는 Spinoza의 가정과 추리 그 자체가 험잡을 곳 없이 만족스러운가 아닌가를 음미해야 할 것이다. 첫째 문제부터 시작하기로 하자.

(1) 설령 Spinoza의 주장 가운데서 이상에 소개한 바가 모두 옳다 하더라도 행위의 선악 내지 시비를 판별할 기준이 완전히 세워졌다고는 생각되지 않는다. Spinoza는 모든 사람이 '과학적' 진리를 명상하고, 나아가서는 신을 영원의 광명을 통하여 통찰하는 직관지의 극치를 다함으로써 인생의 최고선으로 삼았다. 이 이상은 어느 특정한 개인만의 것이 아니라 만인에게 타당한 것으로 보는 점에 있어서 그것은 보편성을 가진 이상(理想)이며, 따라서 인류의 공동목표를 제시하고자 하는 윤리학의 목표가 추상적으로는 달성됐다고 볼 수 있다. 그러나 우리의 지성이 의식주의 물질생활을 요구하는 육체와 결합되어 있는 한, 모든 사람이 진리의 심오에 도달한다는 것은, C. D. Broad가 지적했듯이,[34] 한갓 '잠꼬대'에 불과하다. 왜냐하면 심오한 진리에 도달한다는 것은 단순한 결의나 소망으로 이루어지는 것이 아니라 오랜 훈련과 연구의 과정을 기다려서 비로소 접근할 수 있는 목표이며, 현실에 있어서 훈련과 연구의 기회를 가질 수 있는 것은 오직 국한된 범위의 사람들뿐이기 때문이다. Spinoza가 말하듯이 인간이 본래 이기적인 것이라면, 각자는 서로 자기가 진리를 터득하려고 다툴 것이다. 이와 같은 경쟁에 있어서 욕구의 대립을 지양할 어떤 원리가 제시되지 않는 한, Spinoza의 가르침은 결과에 있어서 Protagoras적 성격을 벗어나지 못한다. 왜냐하면 갑의 진리인식과 을의 진리인식은 비록 그것들이 같은 대상에 관한 것일지라도 결코 동일한

34) C. D. Broad, *Five Types of Ethical Theory,* London, 1956, p. 44.

사건이 아니므로, 갑에게는 갑의 진리인식이 선이고 을에게는 을의 진리인식이 선이라는 결론이 되며, 선악의 척도가 개인에게로 옮겨지기 때문이다.

이 문제에 관하여 Spinoza의 견해는 두 가지 해명을 준비하고 있다. 그 첫째는 재산이나 지위와 같은 물질적 이익은 한 사람이 이를 차지하면 다른 사람은 그것을 얻을 수 없는 '경쟁적 선'이나, 지식은 만인이 공유할 수 있는 '비경쟁적 선'이라는 주장이다. 물론 정신적 가치는 여럿이 나누어 가질 수 있는 특색을 가졌으며 물질적 가치와는 근본이 다르다는 Spinoza의 구별에는 일리가 있다. 예컨대 Platon에 관한 지식을 한국 학도들이 배운다 해도 그것이 희랍 학도들의 Platon 연구를 가로막지는 않을 것이다. 그러나 이 비경쟁성이 무제한하게 강조되어서는 안 된다. 모든 한국인이 Platon 연구의 대가가 된다는 것은 논리상 불가능한 일은 아니로되 실제로는 거의 불가능하다. 우선 Platon을 제대로 연구할 수 있는 기관에 자리를 얻는 일부터가 경쟁을 내포했으며, 고등학교 교육조차 못 받은 사람들이 허다한 나라의 온 인구가 희랍의 고전을 읽어 낸다는 것도 생각하기 힘든 일이다. 진리에 도달한다는 일은 분명히 경쟁적이며, 이 경쟁을 원만히 해결할 어떤 원리가 제시되지 않는 한 Spinoza의 윤리설은 완벽할 수가 없다.

Spinoza의 둘째 해명은 인간이 각각 자기의 이상을 실현함에 있어서 서로 협조함보다 더욱 효과적인 방도가 없다는 주장이다. "세상에는 개인이 그 자유를 실현함에 도움이 되는 여러 가지 사물이 있다. 그러나 그 어느 것도 상호협조처럼 효과적일 수는 없다"고 Spinoza는 말한다.[35] 대단히 많은 경우에 있어서 Spinoza의 말은 타당한 것이다. 그러나 비록 갑의 지적 성장이 을의 지적 성장을 조장한다 하더라도 그것으로 갑의 선이 곧 을의 선이라는 결론이 되는 것은 아

35) Spinoza, *op. cit.*, Pt. Ⅳ, Prop. 18, note.

니다. 이기주의의 입장에서 보는 한 을에게는 을 자신의 지적 성장만이 참된 선이 될 수 있다. 따라서 Spinoza의 제 2 의 해명이 그 자체로는 참이라 하더라도, 그의 이기설에는 하나의 통일된 선악의 척도가 결여하다는 비판을 막아 주지는 못한다. 뿐만 아니라 상호협조가 나의 지적 성장을 위하여 가장 효과적이라는 주장은 반드시 언제나 타당하지는 않을 것이다. 때로는 남의 지적 성장을 도우려는 행위가 나의 그것을 지연시킬 수도 있을 것이다. (동생의 학비를 조달하기 위하여 스스로는 상급학교에로의 진학을 단념하는 청년의 경우에 있어서와 같이.) 그리고 상대편은 협조적이 아니며 제 이익만을 추구할 경우에 이쪽에서는 어떠한 태도를 가질 것이냐 하는 현실적인 문제도 남아 있다.

(2) Spinoza의 가정(假定)과 추리 그 자체에도 약간의 의심스러운 점이 없지 않다. 첫째로 Spinoza는 인간의 선은 인간이 욕구하는 것이라고 주장하는데, 이 주장이 선악에 관한 심리학적 사실판단인지 또는 윤리학적 가치판단인지 분명치 않다. 대부분의 고전적 윤리학자의 경우에 있어서와 같이, Spinoza의 경우에도 윤리학에 있어서의 분석적인 측면과 규범적인 측면과의 혼동이 있다. 둘째로 모든 개체가 자기의 보존을 위하여 애쓴다는 Spinoza의 주장은 그리 자명한 원리가 못된다. '자기보존'을 Spinoza는 생물학적 개념으로서 사용한 것이 아니라 '만물의 자기동일성을 유지하려는 형이상학적 내지 물리학적 경향'의 뜻으로 쓴 것이었다. 따라서 그것은 엄밀히 자기동일성을 유지하려는 경향이요, 자기를 확대하고자 하는 투쟁의 원리가 될 수는 없다. 그렇다면 개체의 멸망 또는 새로운 개체의 출현이라는 현상이 어째서 생기는 것일까? 온갖 개체가 모두 자기의 동일성을 유지하려는 경향이 있다면, 타자(他者)에 대한 간섭이 있을 수 없으며 모든 개체는 특히 노력할 필요 없이 그 현재의 상태를 유지하게 될 것이다. 따라서 자기보존을 조장하는 것이 선이요 방해하는 것이 악이라

는 구별이 나올 근거가 없다. Spinoza에 있어서 '개체'의 단위는 그리 분명치 못하지만, 개체의 범위를 어떻게 규정하든지간에 위에 말한 바는 타당성을 유지할 것이다. 이러한 점으로 볼 때 Spinoza의 '자기보존'에는 역시 생물학적 사고가 부지중에 침입한 것이 아닌가 하는 의심이 든다. 그리고 Spinoza가 때때로 '능동'이라는 말을 '힘'이라는 말로 바꾸어 놓고, 선이란 곧 '힘의 증대'라고 언명한 사실은 이러한 의심을 더욱 뒷받침한다.

인간이 욕구하는 바가 인간의 선이라고 단정한 Spinoza는 인간의 여러 가지 욕구가 결국은 '자기보존'이라는 기본 욕구의 다양한 표현이라고 보았다. 그러나 인간에게는 '자기보존의 욕구' 안에 포섭시킬 수 없는 욕구가 있을 뿐 아니라, 심지어는 자기보존에 역행하는 욕구도 간혹 있는 것이 아닐까. 어떤 이는 그것이 자기의 건강에 불리함을 알면서도 예술이나 학문을 위하여 정신한다. 등산가나 탐험가의 경우에 흔히 볼 수 있듯이 어떤 이들은 모험을 위하여 모험하며, 또 어떤 이들은 의식적으로 죽음의 길을 택하기도 한다. 이와 같은 특수한 행위들도 **어떤 의미로는** 자기를 보존하기 위한 것이라고 말할 수 있을지도 모른다. 그러나 Spinoza가 말하는 '자기보존'이란 결코 그러한 뜻의 것이 아닌 듯하다. 그의 '자기보존'에는 항상 육체적인 것의 보존이 포함되어 있다고 보아야 할 것인데, 위에서 예로 들은 특수한 경우에 있어서 보존되는 것은 언제나 오로지 정신적인 것이기 때문이다. 무릇 욕구란 유기체 안에 있어서 생물학적·심리학적 균형이 상실됐을 때 그 이그러진 균형을 바로잡으려는 자연적인 운동이 어떤 의식과 결합된 것이라고 생각된다. 따라서 만약 생물학적·심리학적 균형이 잘 잡힌 상태를 '자기'의 본래적 모습이라고 본다면, 모든 욕구는 '자기의 보존'을 목표로 삼는다는 주장도 가능하게 될 것이다. 그러나 Spinoza가 말하는 자기보존이란 **자기동일성의 유지**를 의미하는 것으로서 단순한 '균형의 유지' 이상의 것을 의미한다——

물론 이 균형의 유지는 자기동일성의 유지를 위한 필요조건이기는 하겠지만.

'자기보존'을 욕구의 전체로 본 까닭에 Spinoza는 진리의 인식이 행복을 위하여 필요하고 충분한 조건이라는 결론에 도달하였다. 그러나 자기보존의 욕구 이외에도 사람에게는 여러 가지 욕망이 있다. 따라서 이 여러 가지 욕망을 조화 있게 충족시킬 경우에만 사람들은 완전히 행복할 수 있는 것이며, 오직 사물의 이치를 터득하는 것만으로 참된 행복을 누릴 수는 없다. 설령 Spinoza의 이상인 '자유인'의 경지에 도달했을 경우에도 우리의 행복은 아주 완전할 것 같이 생각되지 않는다. 그것은 주어진 것을 오직 '체념'의 이름으로 받아들이는 너무도 가냘픈 행복 —— 이를테면 소극적 행복이 아닐까. 현대인의 가치의식은 오로지 체념하고 관조하는 소극적 태도보다도 운명에 도전하는 적극적 노력의 태도를 요구하는 것이 아닐까. 여하튼 Spinoza의 윤리학으로 현대의 역사적·사회적 제문제를 타개하기는 매우 힘들 것 같다. Spinoza는 문제의 참된 해결보다도 문제로부터의 도피를 우리에게 시사하는 것 같이 보인다. 한 마디로 요약하면 Spinoza의 윤리설은 그 기본가정과 추리에 있어서 약간의 이론적 약점을 숨기고 있는 동시에, 그 규범적인 결론에도 현실이 봉착하는 다난한 문제들을 해결할 실천적 역량에 있어서 미흡한 점이 없지 않다.

제 4 장

自然主義的 倫理說

제 1 절 D. HUME

I. 小 序

David Hume(1711~1776)을 자연주의 윤리학자의 대표로 보려는 견해에 대하여도 이론이 있을 수 있다. Hume을 현대 윤리설의 하나의 조류로 볼 수 있는 '이모우티비즘'(emotivism)[1]의 선구자로 보는 것이 그를 자연주의 윤리학자의 근세적 전형(典型)으로 보는 것보다는 더욱 타당하리라는 의견에도 상당한 근거가 있다고 생각된다. 저자는 Hume에게 자연론자로서의 일면과 '이모우티비스트'로서의 일면이 아울러 있었다고 믿는다. 이 두 가지의 측면이 아직 뚜렷이 분화되지 못한 상태로 Hume의 윤리설의 바탕을 흘렀다고 보아야 옳을 것이다. 그러나 '이모우티비즘'도 넓은 의미로는 일종의 자연주의 윤리설이라고 볼 수 있으리라는 것은 C. H. Patterson이 그의 저서 「도덕의 기준」[2]에서 시사한 바와 같다. 비록 Hume의 윤리설에 '이모우

1) "Emotivism"이라는 말에 대하여는 일본사람의 '喚情主義'라는 번역이 있고, 저자가 어느 역서에서 '감정주의'로 번역한 일도 있다. 그러나 어느 것도 만족스럽게 생각되지 않으므로 여기서는 원어를 그대로 살펴보기로 한다. emotivism의 내용에 관하여는 뒷장에서 현대윤리학을 논할 때 다시 언급할 것이다(제9장 제1절 참조).

2) Patterson은 그의 *Moral Standards*, New York, 1957, 제8장에서 "현대의 자연주

티비즘'의 색채가 크다 하더라도, 만약 그것이 아직 자연주의로부터 뚜렷이 분화되었을 정도로 확연한 것이 아니며, 또 '이모우티비즘' 자체도 일종의 자연주의로 볼 수 있다면, 현대윤리학의 견지로 볼 때 가장 주목할 만한 선구자의 한 사람으로 평가되는 Hume을 이 자리에서 고찰하는 것은 결코 부당하지 않을 것이다.

Hume의 윤리설은 Spinoza의 그것보다도 한 걸음 더 현대의 윤리학적 상대론에 접근하고 있는 것으로 보인다. 왜냐하면 Spinoza의 윤리설은 근본에 있어서 아직도 합리론적 방법을 통하여 세워진 것이었으나 Hume의 그것은 뚜렷이 경험론적 방법으로 일관되고 있기 때문이다. 이론철학의 분야에 있어서는 Hume보다 앞서서 경험론을 옹호하고 발전시켰던 Locke와 Berkeley도 실천철학의 분야에 있어서만은 중세기적 전통을 벗어나지 못하고 있었던 형편에, Hume은 스스로 경험론적 방법을 윤리학에까지 적용해야 한다고 믿었으며 또 그렇게 실천한 점에 있어서, 현대윤리학의 선구자로서의 그의 위치가 뚜렷하다.

Ⅱ. 道 德 感

Hume이 그의 윤리사상을 체계적으로 표명한 초기의 저술「인성론」(*A Treatise of Human Nature*)의 제 3 권은, 이성이 단독으로 선악을 판별할 수 있는 선천적이요 보편적인 기능이라는 합리론적 견해에 대한 공격으로써 시작된다. 그러나 Hume이 선악의 구별은 이성에 유래하는 것이 아니라 도덕감(moral sentiment)에 유래한다고 단정했을 때,[3] 그는 '도덕적 가치의 보편적 척도 확립'이라는 윤리학 본래의

의 윤리설"의 대표로서 emotivism의 거장인 A. J. Ayer와 M. Schlick의 학설을 소개하고 있다.

3) D. Hume, *A Treatise of Human Nature,* Oxford University Press, 1955, Bk. Ⅲ, Pt. Ⅰ, Sect. 1~2.

과제를 매우 난감하게 만들었다. 왜냐하면 '이성'에 대립시켜 '도덕감'을 선악의 근원으로서 내세웠을 때, Hume은 그 도덕감을 어떤 선천적 기능으로 본 것이 아니라 일반적인 쾌·불쾌의 감정을 기초로 삼고 **경험적으로** **형성되는** 일종의 종합감정이라고 보았기 때문이다. 쾌·불쾌를 위시한 여러 감정들은 대체로 주관적이요 개인의 이해(利害)와 깊은 관련을 가진 까닭에, 그러한 감정(feeling) 또는 정서(sentiment)를 바탕으로 삼고 보편타당한 도덕적 가치의 척도를 확립한다는 것은 매우 어려운 일일 것이다.

Hume 자신이 보편타당한 도덕원리의 가능성을 애당초에 부인하고 나왔다면 문제는 도리어 간단했을 것이다. 그러나 Hume의 견해를 전체적으로 바라볼 때, 그가 정말 윤리학적 제문제에 대하여 철저한 회의론자였던 것 같이는 생각되지 않는다. 출발에 있어서 회의적 요소를 나분히 싫어시고 나선 것은 사실이나, Hume은 역시 도덕에 보편적 원리가 가능함을 믿었으며, 또 그것이 가능함을 그의 이른바 '실험적 방법'으로써 밝히고자 꾀했던 것이다. 이제 우리는 그가 '도덕감'이라는 경험적 원리를 발판으로 삼고 보편타당한 윤리학을 세우고자 한 그 의도를 어느 정도까지 성공적으로 밀고 나갔는가 대충 살펴보기로 하자.

만약 Hume이 말하는 도덕감이 정말 보편적인 도덕의 원리가 될 수 있으려면, 동일한 대상에 의해서 유발되는 도덕감이 사람을 따라서 또는 때를 따라서 달라서는 안 된다. 다시 말하면, 도덕감에는 다른 감정 일반의 경우와 같은 개인차가 없다는 의미로, 그것은 보편적인 성질의 것이어야 한다. 그리고 사실에 있어서 Hume은 도덕감이 그와 같은 보편성을 지닌 특수한 감정임을 믿는다. 또 도덕감이 그러한 보편성을 갖게 된 심리학적 근거는 모든 인간이 가지고 있는 '동정' 또는 '인간애'(humanity)에 있다고 그는 생각하였다. 그뿐 아니라 Hume은 도덕판단의 고유한 권위성, 즉 우리가 도덕률을 지켜야 할 이유도 도덕감 및 동정심의 개념을 중심으로 설명될 수 있다고 믿는다. 그러므로 Hume의 윤리설의 장점과 단점을 파악하는 기초로서 도덕감 및 동정 내지 인간애에 관한 그의 심리설(心理說)을 음미하는 것이 좋을 듯이 생각된다.

Hume에 따르면 선악의 구별은 어떤 감정에 기원을 두었다. "선악이란 그러므로 판단되기보다는 느껴진다고 말하는 것이 더욱 정확할 것이다."[4] 그러면 선악의 구별을 일으킨다는 그 감정 내지 정서는 어떠한 성질의 것이며, 또 그것은 어디로부터 유래하는 것일까? 그것은 '도덕적 시인'(moral approval) 및 '도덕적 비난'(moral disapproval)이라고 부를 수 있는 특수한 인상(impressions) 또는 감정으로서, 전자는 일종의 쾌감이요 후자는 일종의 불쾌감이다. 덕으로부터 오는 인상은 즐거움을 주고 부덕으로부터 받는 인상은 기분에 거슬린다고 Hume은 주장한다. "선과 악을 헤아리게 하는 인상은 일정한 쾌와 불쾌의 감정 이외에 아무것도 아니다."[5] 도덕적 시인(道德的 是認)의 감정이란 우리가 우리 자신의 이해관계를 떠나서 어떤 인격을 음미했을 때 느끼는 고유한 쾌감이다. 그러면 일정한 인격의 특질이 우리에게 쾌 또는 불쾌의 느낌을 일으키는 이유는 무엇일까? 여기서 만약 일정한 인격 특질을 대했을 때 도덕적 시인의 쾌감을 느끼는 것은 인성의 선천적인 법칙이라고 Hume이 대답했다면, 우리는 그를 특히 경험론적 윤리설의 주목할 만한 선구자로서 이 자리에 끌어내지는 않았을 것이다. 그러나 Hume은 일정한 인격 특질이 도덕적 시인의 느낌을 일으키는 것은 그러한 인격 특질에 유래하는 행동들이 대체로 유용하기(useful) 때문이라고 대답한다.[6] 이로써 Hume이 말하는 도덕감이 선천적이요 원시적인 것이 아니라 경험적이요 파생적인 기능임이 분명하다.

---

4) *Ibid.*, Sect. 2, p. 470.
5) *Ibid.*, p. 471.
6) *Ibid.*, Bk. Ⅲ, Pt. Ⅱ.

무엇이든 나에게 유용한 것이 나로 하여금 쾌감을 느끼게 함은 만인이 아는 일상적 사실이다. 나의 자연스러운 욕구가 충족되었을 때 우리는 언제나 기쁨을 느낀다. 그리고 '유용하다' 함은 곧 '욕구를 충족시킬 수 있다'는 뜻이다. 이상은 설명을 요하지 않는 단순하고 원초적인 사실이다. 그러나 도덕감의 심리는 두 가지 점에 있어서 이 단순하고 원초적인 사실과—나 자신의 욕구를 채워 주는 것에 대하여 쾌감을 느낀다는 원초적인 사실과—성질이 다르다. 즉 ① 도덕감이란 본래 어떤 유용한 인격 내지 행위에 관한 관념 또는 생각에 의해서 유발되는 느낌이요, 예컨대 굶주림 같은 어떤 기본욕구의 현실적인 충족 없이도 일어날 수 있다. ② 그것의 관념 또는 심상(心像)이 나의 도덕감을 일으키는 그 유용성이란 반드시 나에 대한 유용성이 아니다. 인류 전체를 위해서 유용한 인격은 비록 그것이 나의 개인적 이익에 배치될 경우에도 나의 시인(是認)을 유발한다.

나 한 사람의 견지에서 볼 때는 해로우나 인류 전체를 위해서는 유익한 성격이나 행위에 관한 관념이 나에게 도덕적 시인의 감정을 일으킨다는 사실은, 그것이 나의 신체 구조 안에 생리학적 내지 해부학적 근거를 갖고 있지 않다는 뜻으로, 단순하고 기본적인 심리현상이 아니다. 그러므로 우리가 만약 Hume을 따라서 도덕현상의 기원에 관한 과학적 설명을 꾀한다면, 우리는 이제 말한 사실에 대한 심리학적 설명을 제공해야 할 것이다. 이에 우리들의 문제는 다음 같이 두 가지로 나누어 생각할 수가 있다. ① 어째서 유용한 성격 또는 유용한 행위의 관념만으로도 도덕적 시인의 감정을 일으킬 수 있는가? ② 나에게 유용한 것이 아니라 오직 다른 사람들에게만 유용한 성격이니 행위가 어떻게 나의 도덕직 시인을 유발할 수 있는 것일까?

우리들의 첫째 물음에 대해서 Hume은 그의 인상(impression)에 관한 이론으로 대답할 수 있을 것이다. 그는 '인상'을 '감각'(sensations)과 '반영'(reflexion)의 두 가지 종류로 나누고, 이어 다음과 같이 말한다.

> 첫째 종류의 인상(印象)은 알 수 없는 원인에 의하여 본래 우리 마음 속에 일어난다. 둘째 종류의 것은 주로 우리의 관념으로부터 생기되, 그 생기는 과정은 다음과 같다. 어떤 인상이 우선 우리의 감관에 부딪치고 이것이 우리로 하여금 뜨거움 또는 차가움, 목마름 또는 배고픔, 어떤 종류의 즐거움 또는 괴로움 등을 느끼게 한다. 우리의 마음은 이렇게 일어난 인상의 모사(模寫)를 하나 만들며, 이 모사는 저 원래의 인상이 사라진 뒤에까지도 남으니, 이것이 이른바 관념(idea)이다. 즐거움 또는 괴로움의 감각의 모사로서의 이러한 관념은 그것이 우리 마음에 되돌아와 부딪칠 때, 욕구와 희망과 공포 등의 새로운 인상을 생산한다. 그리고 이 새로이 생산된 인상은 그것이 파생적인 것인 까닭에 반영 인상(impression of reflection)이라고 불러서 마땅할 것이다.[7]

도덕감이란 바로 이 관념에서 파생된 이차적 인상, 즉 반영 인상(反映印象) 또는 반영의 일종이다. 관념이 생생하면 생생할수록 그로부터 파생되는 '반영'은 강하게 나타난다.

위에 소개한 Hume의 심리설이 타당함은 그 후 Pavlov의 조건반사 내지 조건반응에 관한 연구에 의해서 실험적으로 밝혀진 것으로 안다. 개한테 물린 어린이는 개의 그림만 보아도 놀라며, 심지어 울기까지 하는 수가 있다. 그 어린이에게 고통의 인상을 처음 일으킨 자연적 자극은 개에게 물렸다는 사건이다. 그런데 이제는 개의 꼴만 보아도, 또는 개의 그림만 보아도, 어린이는 놀라고 운다. 이것은 물론 개의 모습 또는 개의 그림이 그 고통 반응을 일으키는 조건 자극(conditioning stimulus)의 구실을 했기 때문이다. 만약 개의 그림이 주는 인상이 조건 자극의 구실을 할 수 있다면, 개에게 물렸던 무거운 경험의 기억 표상 또는 상상 표상이 같은 구실을 못하리라고 믿어야 할 이유가 없다. 이 기억 또는 상상에서 오는 자극이 저 한갓된 그림

---

7) D. Hume, *Treatise*, Bk. I, Pt. I, Sect. 2, pp. 7~8.

이 주는 자극보다 약하리라고는 생각되지 않는다.

현재 우리가 고찰하고 있는 첫째 물음에 대한 답변으로서는 관념이란 '인상의 모사'라고 말한 Hume의 정의만으로도 넉넉했을 것을, 여기에 조건반응의 심리설까지 끌어들인 이유는 도덕감의 성질 및 도덕의 기원에 관한 여러 가지 문제들이 조건반응의 개념을 통해서 볼 때 한결 명백해지리라는 기대가 있었기 때문이다.

주린 배를 채움, 체온의 조절, 피곤할 때의 휴식 등 생리적 욕구의 직접적 충족이 우리에게 쾌감의 인상을 일으킴은 단순하고 원초적인 현상이다. 그리고 생리적 욕구를 충족시킬 수 있는 사물——예컨대 먹을 것, 입을 것, 집 등——을 얻었을 때에 쾌감을 경험하는 것은 앞의 것과 같은 의미로 단순하고 원초적인 현상은 아니다. 전자의 경우에는 그러한 느낌을 일으킬 생리적 내지 해부학적 근거가 우리 신체구조 안에 선천적으로 주어져 있으나, 후자의 경우에는 그와 같은 근거가 선천적으로 주어져 있지 않다는 점에서 이 두 가지 현상은 구별된다. 또 우리의 재산이나 생명을 보호하고 육성해 주는 경향을 가진 성격 내지 행위에 대해서 도덕적 시인이라는 기쁨의 감정을 느끼는 것은 위에 말한 두 가지 현상과 구별되는 3차적 현상이며, 우리는 이 3차적 현상을(즉 '유용한' 성격과 행위에 대해서 찬양의 기쁨을 느끼는 도덕 현상을) 앞서 말한 이차적 현상 또는 원초적 현상으로부터 조건형성(conditioning)을 통하여 파생된 것으로서 이해할 수 있을 것이다. 그러므로 이상을 종합하여 우리는 모든 종류의 '유용한' 성격과 행위를 의식할 때 사람들이 경험하는 기쁨의 감정은 그들이 기본적인 생리의 욕구가 충족됐을 때 느끼는 저 원초적 쾌감에 기원을 둔 것이라고 결론할 수 있음직하다.

여기서 아직도 해명을 요구하는 문제 하나가 남았다. 그것은 "어떤 성격이나 행동은 전혀 유용성이 없음에도 불구하고 '덕'이라는 이름 아래 찬양되는데, 이 사실을 어떻게 설명할 것이냐" 하는 물음이다. Hume은 모든 '인위적 덕'(artificial virtues)과 대부분의 '자연적 덕'에[8] 사회복지를 조장하는 경향이 있음을 믿는다. 그러나 그는 일부의 자연적 덕에는 그러한 경향이 없음을 인정한다. "자연적 덕의 대부분에 사회복지를 조장하는 경향이 있음은 아무도 의심하지 않는다. …그러나 그 밖에도 공중(公衆)의 이해와는 별로 관계가 없는 덕과 악덕이 존재한다"고 Hume은 말하고 있다.[9] 그러나 현재에 있어서는 사회복지를 조장하는 효과를 갖지 않은 자연적 덕일지라도 그 시초에 있어서는 비록 사회 전체에 유익하지는 못했을지언정, 반드시 누군가의 이익을 조장한 까닭에 찬양을 받게 되었으리라는 것은 결코 엉뚱한 추측은 아닐 것 같다.

위에 말한 추측이 엄밀하게 증명되기는 어려울 것이다. 그러나 실리와는 아무런 관계도 없다고 일반이 생각하는 여러 가지 성격과 행동들이 사실인즉 그 옛날에 있어서 어떤 사람들에게──특히 권위와 세도를 잡은 사람들에게──무슨 이익을 주는 경향이 있었던 까닭에 '유덕하다', '갸륵하다' 따위의 높은 평가를 받게 되었으리라는 것을 납득이 가도록 설명하는 것이 반드시 불가능하지는 않을 것 같다. 한두 가지 예를 들어 생각해 보기로 하자.

오늘날도 우리나라 노인들 가운데는 청춘과부가 재혼하지 않는 것은, 비록 딸린 자녀가 없을 경우에도, '갸륵한 일'이라고 칭찬하는 사람들이 있다. 수십년 전만 하더라도 양가(良家)의 부녀가 재혼을 한다는 것은 극히 수치스러운 일이라고 상을 찌푸렸다. 이 '수절'의 덕은 아마 '현실적 이익을 초월한 덕' 가운데 하나라고 보아도 좋을 것이다. 이해를 따지기로 말하면 수절에 따르는 폐단이 도리어 클지

---

8) Hume의 'natural virtues'에 관한 규정은 "Natural virtues are those which have no dependence on the artifice and contrivance of man"이며, "artificial virtues"란 그와 반대로 '예절'이나 '정의'의 경우와 같이 관습·약속·법률 등에 근거를 둔 덕을 말한다. 더욱 자세한 것은 Hume의 *Treatise*(Oxford 版), p. 475, p. 477, p. 574f. 참조.

9) *Ibid.*, Bk. Ⅲ, Pt. Ⅲ, Sect. Ⅰ, pp. 578~579.

도 모른다. 그러나 과부 재혼에 대한 비난이 본래는 그 비난하는 사람들의 이욕(利慾)과 밀접한 연결을 가졌으리라는 것은 ① 영혼의 불멸을 믿었던 전통사회에 있어서 가정의 강자였던 남편들은 자기네가 죽은 뒤일지라도 살아남은 아내가 후살이 가기를 원치 않았으며, ② 옛날에 있어서 며느리란 시가를 위한 노동력을 의미했으므로 자식이 세상을 떠난 뒤에도 시부모는 여전히 그 노동력에 애착할 이유를 가졌었다는 두 가지 사실을 상기할 때, 쉽사리 짐작이 갈 것이다. 한 마디로 말해서 과부의 재혼은, 그 남편의 견지에서 보나 시부모의 관점에서 보나 손실을 의미했던 것이다. 그리고 남편과 시부모는 모두 가정 안의 지배층에 속했던 까닭에 그들의 욕구와 의견은, 가정을 사회의 가장 중요한 기본단위라고 믿었던 나라에 있어서, 도덕관념에 결정적인 영향을 미쳤던 것으로 보인다. 과부가 된 며느리의 처지로 보더라도 재혼을 보류함에 이점이 있었다. 첫째로 그도 영혼의 불멸을 믿었으며, 둘째로 전통사회에 있어서는 결국 윗사람에게 순종하는 것이 보다 큰 불행을 막는 길이었다. "신세 생각해서 후살이 간다"는 속담도 전통사회를 배경으로 삼고 생긴 것이었다.

애당초는 그것이 '손실'을 의미했던 까닭에 재혼은 비난을 받았다. 그러나 나중에는 그것이 '재혼'인 까닭에 비난을 받게 되었다. 이것은 문화 발전에 있어서의 일반적 현상이며, 또 조건반응이 사회현상 위에 나타난 일례라고 볼 수 있을 것이다.

또 하나의 알기 쉬운 예로서는 무가(武家)시대 일본에 있어서 성행했고 2차대전 때까지만 하더라도 훌륭하다는 칭찬을 받던 일본 무사의 할복자결이 있다. 할복자결은 본인의 생명을 앗아갈 뿐 아니라 가족과 친지 일반까지도 슬프게 하니 확실히 유이한 행위라고 보기 힘든다. 그러나 이 유해무익한 행위가 찬양을 받게 된 원래의 사유는 역시 그것이 어떤 이의 이욕(利慾)을 만족시켰기 때문이라고 생각된다.

할복으로써 사죄하는 행위는 봉건시대에 있어서 절대적 충성의 상징이었다. 그리고 상징(symbol)이 이것을 대하는 이에게 일으키는 반응은 그것이 상징하는 사물 그 자체가 일으키는 반응과 유사하다는 것은 평범한 심리학적 상식이다. 그런데 군주의 자리에서 볼 때 신하의 충성보다 더 중요한 이익은 없을 것이다. 따라서 군주는 충성을 극구 찬양할 이기적인 이유를 가졌으며, 충성의 상징인 할복자결도 이를 시인할 심리적인 이유를 가졌었다. 오늘날 우리의 상식으로 볼 때 이해심(利害心)과 관계 없이 찬양된 듯한 할복의 행위도 그 유래를 더듬으면 역시 원시적인 이해심과 관련된 것이었으리라고 짐작이 된다.

위에 예로 들은 두 가지 '덕행'(德行)들 및 그와 비슷한 '덕행'들이 오늘날 점차 아무에게도 이익이 되지 아니함이 밝혀짐에 따라서 그것들을 숭상하는 도덕관념까지 차차 쇠퇴해 가는 사실도, 그것들이 일찍이 누구엔가 이익을 베푼 까닭에 덕으로서 인정을 받아 왔다고 생각할 유력한 근거라 하겠다. 만약 여기서 저자가 예로 들은 행위는 참된 덕행이 못된다고 지적하며 저자의 논의는 원시적 관습과 진정한 도덕과의 혼동을 기초로 삼았다고 공격하는 이가 있다면, 그것은 Hume이 그 출발점에 있어서 배척한 합리론의 견지에로 되돌아가는 것이다. 관습과 도덕을 발전단계의 차이라는 관점에서 이해하는 것은 윤리학적 경험론의 일반적 견해이다.

사실 어떤 덕은 "그 자체가 목적이요 그 자체가 바람직한 까닭에 아무런 대가나 보수가 없더라도"[10] 우리가 그것을 찬양하는 경우가 있다. 그러나 **아주 처음부터** 그것이 이해와 전혀 무관계했던지는 자못 의심스럽다.

---

10) D. Hume, *An Enquiry Concerning the Principles of Morals*, The Liberal Arts Press, 1957년판, p. 111.

Ⅲ. 同 情 心

우리들의 둘째 문제, 즉 "어째서 타인 또는 사회의 이익이 나에게 도덕적 시인이라는 쾌감을 일으킬 수 있느냐?"는 물음에 대한 Hume의 대답은 '동정' 또는 '인간애'의 개념을 중심으로 전개된다. "우리가 우정을 느끼지 않는 타인의 기쁨이 우리를 즐겁게 하는 것은 오로지 동정(sympathy) 때문이다"[11]라고 그는 말하고 있으며, 또 다른 곳에서는 "동정은 인간성에 있어서 매우 강력한 원리이다. 그것은 미(美)에 대한 우리의 판단을 크게 좌우하며, 모든 종류의 인위적 덕에 있어서 우리들에게 도덕적 시인의 감정을 일으킨다"고 주장한다.[12]

「인성론」 안에서 Hume은 동정이라는 이 '강렬한 원리'를 연상심리학의 견지에서 설명하고자 꾀한다. Hume에 의하면 모든 사람들의 마음은 그 느낌과 작용에 있어서 본질적으로 같다. 그래서 마치 합주할 때의 여러 현악기들이 서로 장단을 맞추듯이, 한 사람에게 일어난 감정은 곧 다른 사람들에게로 전파되어 모든 사람들이 같은 느낌에 잠기게 된다. 좀더 구체적으로 말하자면, "어떤 사람이 경험하는 격정의 결과로서 생기는 목소리나 몸짓을 지각했을 때, 우리는 금시 이 결과로부터 그 원인에로 이행하여 그가 경험하는 격정에 관한 매우 생생한 심상(心像)을 얻게 되며, 이 생생한 심상은 바로 그 격정 자체로 변한다. 우리가 어떤 정서의 원인을 간취했을 경우에도 그와 마찬가지로 우리의 마음은 그 결과에로 이행하여 그와 비슷한 정서를 느끼게 된다."[13]

그러나 그의 후일의 저술 「도덕원리연구」(*An Enquiry Concerning the Principles of Morals*) 안에 있어서는 Hume은 위에 언급한 연상심

11) D. Hume, *Treatise*, Bk. Ⅲ, Pt. Ⅲ, Sect. Ⅰ, p. 576.
12) *Ibid.*, pp. 577~578.
13) *Ibid.*, p. 576.

리학적 설명이 신통치 못하다고 느꼈던지 그 견해를 포기하고, 다만 우리는 천성에 있어서 인간애 또는 동정심을 갖도록 마련됐으며, 이 인간애가 인간성의 근본원리라는 것은 의심의 여지 없는 사실로서 경험된다고 주장한다. 그리고 그는 이 인간애의 원리로써 도덕의 기원을 대강 설명할 수 있다고 다짐하면서, 우리가 타인에 대하여 동정심을 갖게 된 그 유래는 물을 필요도 없다고 잘라 말한다.[14] 그러나 저자는 도리어 Hume의 초기의 견해, 즉 동정심을 선천적 원리로서 가정하지 않고 이에 대한 경험론적 설명을 꾀하던 「인성론」(*Treatise*)의 견지로 더욱 끌린다. 그리고 오늘날 발달된 심리학적 개념을 적용하면 Hume의 초기의 신념이 좀더 성공적으로 설명될 수 있지 않을까 생각한다.

Russell도 지적한 바 있듯이,[15] 연상심리학과 조건반응설은 같은 견지에 발을 디디고 섰다. Hume의 소박한 연상심리학 대신 '조건반응의 확대'(irradiation of conditioned response)라는 개념을 적용할 때, '동정'이라는 심리현상에 대한 보다 더 투명한 이해에 도달할 수 있음직하다.

조건반응에 관한 Pavlov의 기본원리는 다음과 같이 표현될 수 있다. "S_1이라는 자극이 필연적으로 R이라는 반응을 일으킬 때, 만약 어떤 동물이 S_1과 함께 S_2라는 또 하나의 자극을 아울러 경험하기를 여러 번 거듭한다면, 나중에는 그 동물은 S_1 없이 S_2만에 대하여도 본래의 반응 R을 일으킨다." 그런데 추후의 실험에 따르면, S_2와 비슷한 제 3 의 자극 S_3만으로도 그 동물은 역시 R의 반응을 일으킬 수가 있다. 예컨대 A라는 음색의 종소리에 대하여 침을 흘리도록 길이 들은 개는 B라는 음색의 종소리에 대하여도 역시 침을 흘린다. 다른 예로서는 개에 놀란 어린이가 고양이만 보아도 놀라는 경우가 있다는

14) D. Hume, *op. cit.*, Sect. Pt. Ⅱ, p. 47 및 그 각주 참조.
15) B. Russell, *A History of Western Philosophy*, New York, 1945, p. 774.

사실을 들 수 있다. 이와 같이 조건반응에 있어서 그 반응을 일으킬 수 있는 자극의 범위가 넓어져 가는 원리에 비추어 동정의 심리도 어느 정도 설명될 것이다. 즉 나의 상처와 남의 상처 사이에는 비슷한 점이 많다. 나의 성공과 친구의 성공 사이에도 비슷한 점이 있다. 이 유사성으로 말미암아 남의 상처 또는 남의 성공을 목격했을 때 마치 내가 상처를 입은 듯한 고통을 느끼고 또는 내가 성공한 듯한 기쁨을 느낀다는 것은—비록 그 느낌이 강도에 있어서 매우 낮을지는 모르나—아주 불가능한 일이 아니다. 그렇게 느끼는 경향이 있다는 것이 바로 '조건반응의 확대'에 관한 실험적 연구가 밝힌 사실이다.[16)]

물론 '조건반응의 확대'의 이론만으로 동정의 심리를 충분히 설명하지는 못할 것이다. '동정'에 관해서 고려해야 할 더욱 중요한 점은 아마 '자아' 또는 '나'라는 것이 신축성 있는 외연을 가진 개념이라는 사실일 것이다. '자아'란 결코 고정된 외연을 가진 개념이 아니다. 우리가 '나'라고 생각하는 것의 범위는 항상 늘었다 줄었다 한다. 내 친구가 기쁜 까닭에 나도 기쁠 때, 내 아우가 슬픈 까닭에 나도 슬플 때, 또는 인류의 평화와 자유를 염원하는 참된 정열에 불탈 때, 그 때 그 친구·아우, 그리고 인류는, 적어도 그 순간에 있어서는, 결코 순전한 남이 아니다. 그들은 '나' 안에 동화되었고 보다 큰 '나'의 한 부분을 형성한다. 이른바 이기주의자란 그가 평소에 '나'라고 의식하는 것의 범위가 매우 좁은 사람이요, 참된 애타주의자란 반대로 평소에 넓은 범위의 '나'를 가진 사람이라고 볼 수도 있음직하다. 이에 "인간은 본래 타인에 대하여 동정(또는 인간애)을 느낀다"는 Hume의 명제를 우리는 '인간에게 타인의 존재를 넓은 의미의 자아의 일부로 흡수할 수 있는 능력이 주어졌다'는 사실을 지적한 것이라고도 이해할 수 있을 것이다. 여하튼 '나'라는 관념이 고정불변한 어떤 실체

16) '조건반응의 확대'에 관한 기초적 설명의 일례로서 L. F. Shaffer, *The Psychology of Adjustment*, Boston, 1936, p. 70f. 참조.

를 가리키는 것이 아니라 유동하는 존재 내지 의식을 지칭하는 것이며, 우리가 보통 '남'이라고 생각하는 존재도 그것이 우리의 사랑의 대상이 될 경우에는 벌써 순전한 남이 아니라 나의 남이라는 사실은, 우리가 '동정'의 본질을 이해함에 있어서 고려해야 할 중요한 점이라고 생각된다.[17]

우리는 이상에서 도덕의 기원에 관한 Hume의 견해를 약술하는 동시에, Hume의 심리학적 설명이, 그가 아직 심리학이 실험과학으로서 발전하기 이전의 시대인이었던 관계로, 너무 엉성하다고 생각된 점은 현대 심리학의 도움으로 이를 옹호함으로써 그의 기본명제들만은 떠받들기를 꾀해 왔다. 그리고 그의 기본명제들이란 다음과 같은 것이었다. ① 선악의 구별은 이성에 유래하는 것이 아니라 도덕감이라는 일종의 감정에 유래한다. ② 도덕감이란 선천적으로 주어진 원리가 아니라, 자기에게 유리한 사물에 대하여는 기쁨을 느끼며 불리한 사물에 대하여는 괴로움을 느끼는 원초적 감정을 토대로 삼고 후천적으로 발달한 원리다. ③ 인간이 자기에게 유리한 것에 뿐만 아니라 타인에게 유리한 것에까지도 기쁨을 느끼는 것은 인간에게 동정심 내지 인간애가 있기 때문이다. (이 동정심 또는 인간애도 '연상작용'을 통해서 경험적으로 발달한 것이라고 본 것이 Hume의 초기의 견해였으나 후일에는 그것이 선천적 원리라고 관점을 고쳤다. 그러나 우리는 Hume의 초기의 견지가 현대윤리학에 보다 많은 문제들을 제기한다고 본 까닭에, 그의 후기의 견해는 일단 괄호 안에 넣어 두었다.)

위에서 말한 명제들은 선악, 기타의 도덕적 가치를 독자적으로 존재하는 객관적 실재로 보지 않고 인간의 욕구 또는 감정과의 관계

17) '남'이 넓은 '나'의 일부가 될 수 있다는 주장에 반대하는 의견이 있을지 모른다 — 내가 남을 사랑할 때 벌써 그 '남'은 사랑의 대상으로서 사랑의 주체인 '나'와 구별되는 존재라는 근거에서. 그러나 내가 나를 사랑한다 할 경우에도 사랑하는 나와 사랑받는 나가 동일한 존재가 아니기는 일반이다. 의식하는 나와 의식되는 나는 언제나 구별해야 할 두 가지 것이며, 남이 나의 일부가 된다 할 때 그 '나'는 의식되는 쪽의 '나'다.

를 통하여 생기는 상대적 관념이라고 해석하는 현대의 경험론적 윤리설과 공통된 토대 위에 섰다. 이 명제들을 옹호하는 Hume 및 이에 호응하는 현대의 경험론자들은, 그들의 견지가 주관주의적이요 상대론적이라는 비판을 달게 받아야 하는 동시에, 윤리학에 있어서 전통적인 두 개의 어려운 문제를 매우 불리한 발판 위에서 맞이해야 할 것 같다. 그 두 개의 문제란 ① "도덕적 가치판단이 어떻게 객관적 타당성을 가질 수 있느냐?"는 것과, ② "도덕의 권위 또는 도덕률에 순종해야 할 의무의 근거가 어디 있느냐?"는 그것이다. Hume의 '동정'의 원리는 도덕감이 단순한 이기심에 의해서만 좌우되는 것이 아님을 보장하기에는 충분하나, 도덕판단의 객관적 기준을 마련하기에는 부족하다. 그러므로 '동정'의 개념만으로는 해결되지 않는 문제로서 첫째 물음이 나타난다. 다음에 도덕감 및 동정에 관한 Hume의 학설은 도덕판단이 어떻게 일어나는가를 밝히는 심리설이요, 도덕판단의 시비 자체를 논하는 가치설은 아니다. 따라서 그것만으로 도덕적 권위의 근거를 밝힐 수 없으니, 둘째 물음이 새로운 각도에서의 해결을 요구하는 심각한 문제로서 제기된다. 이러한 문제들에 대하여 Hume의 견지는 어떠한 대답을 준비하는가? 첫째의 문제로부터 살피기로 하자.

Ⅳ. 客觀的 妥當性 및 義務의 問題

본래 이해와 관련된 쾌·불쾌의 느낌을 바탕으로 삼는 도덕감정이 단순한 이기주의에 빠지지 않고, 보편타당한 도덕판단의 기초가 될 수 있는 것은 동정심 또는 인간애의 덕분이라고 Hume은 주장하였다. 그러나 Hume 자신도 인정하듯이 동정 내지 인간애가 그것을 주는 이와 받는 이 사이의 시간상 공간상의 거리, 그들의 개인적 관계 및 다른 인자들에 의해서 강약 또는 지속성 등에 있어 여러 가지

'정도의 차이'를 갖는다.[18] 그렇다면 이토록 주관의 영향 아래 있는 동정심 내지 인간애가 어찌 도덕원리의 보편적 표준의 기초가 될 수 있을까? 이 반문에 대하여 Hume은 "동정심을 교정함으로써"라고 답변한다. 망막에 비치는 물체의 크기는 거리를 따라서 다르지만, 우리는 그 변동하는 망막의 상을 조정하여 그 물체의 일정한 크기를 인식하듯이, 우리의 마음은 경우에 따라 주관적으로 변동하기 쉬운 동정심의 편견을 교정하여 객관적으로 타당한 판단에 도달한다는 것이다. Hume 자신의 표현을 빌리면,

> 모든 물체는 거리가 멀어짐에 따라서 크기가 줄어드는 것 같이 보인다. 그러나 감관에 비치는 물체의 인상이 그 물체를 판단하는 본래의 표준이기는 하지만, 우리는 실제로 거리가 멀어짐에 따라서 물체가 작아진다고 판단하지 않고 그 인상을 성찰로써 교정함을 통하여 보다 항구적이요 타당성 있는 판단에 도달한다. 그와 마찬가지로 동정심이 비록 자신을 사랑하는 마음에 비하여 훨씬 미약한 것이기는 하지만, 그리고 나에게 먼 사람에게 대한 동정은 가까운 사람에 대한 그것에 비하여 매우 약한 것이기는 하지만, 그러나 우리가 남의 인격을 음미하는 철저한 판단에 있어서 모든 이러한 차이는 극복되고 만다.[19]

한 마디로 말하자면, 우리가 도덕적 상황을 판단할 때 동정심이 가치 판단의 원초적인 기준이 되는 것이기는 하지만, 동정심의 소박한 반응이 그대로 판단의 기준이 되는 것이 아니라, "냉철한 관점 또는 성찰의 관점에 서서 보편적이요 냉철한 감정의 결정을 내린다"는[20] 것이다. 이와 같은 냉철한 관점을 취하는 동기는 만인이 편견에 사로잡힐 때 생기는 사회적 혼란과 '우리 감정 안에 일어나는 끊임없는 요동과 모순'을 방지하려는 데 있으며, 이 보편성 있고 냉철한 관점에 도달하는 방법은 '상상'(imagination)이라고 Hume은 주장한

18) Hume, *Treatise*, Bk. Ⅲ, Pt. Ⅲ, Sect. Ⅰ, pp. 580~581.
19) *Ibid.*, Sect. 3, p. 603.
20) *Ibid.*, Sect. 1, p. 583.

다.[21]

「도덕원리연구」에 있어서는 Hume은 '동정심의 교정'(the correction of sympathy)을 다른 각도에서, 인간생활의 사회성이라는 각도에서, 설명하고 있다. 즉 인간이란 본질에 있어서 사회적 존재이며, 타인에 대한 적극적인 관심이 사람들로 하여금 상호관계를 맺게 한다. 그리고 이 상호관계 안에서 사람들의 감정이 왕래하며, "이 감정의 왕래가 …사람들로 하여금 인격과 행위의 평가를 위한 보편적이요 궁극적인 표준을 형성하게 한다"는 것이다.[22]

우리의 다음 문제는 "도덕의 권위(또는 도덕률에 순종해야 할 의무)의 근거가 무엇이냐?"에 대하여 Hume의 견지가 어떠한 해답을 준비하고 있는가를 살피는 일이었다. 일반적으로 경험론의 견지에서는 의무(duty) 내지 당위(ought)의 문제를 제대로 다룰 도리가 없다는 주장은 윤리학적 경험론이 수없이 받아 온 비난이며, 그 못마땅한 경험론의 본보기로서 Hume의 윤리설이 거듭 언급되곤 하였다.

도덕감 및 동정심에 관한 Hume의 이론은 당위 내지 의무에 관한 판단이 어떻게 일어나느냐에 대한 심리학적 설명이기는 하나, 우리가 왜 도덕의 권위를 인정하고 이에 순종해야 하느냐에 관한 윤리학적 입론(立論)은 아니다. Hume이 주장하듯이 만약 선악에 관한 판단이 유용성에 관련된 원초적 감정 및 경험을 통해 발달한(또는 인심에 본유한) 동정심에 유래할 뿐 그 이상의 깊은 근원을 갖지 못했다면, 도덕적 명령도 결국 한갓 감정의 표현 또는 욕구의 발로에 불과한 것으로서 우리에게 순종의 의무를 지울 만한 권위를 갖추지 못한 것이 아닐까. 도대체 감정이나 욕구를 도덕의 근원으로 보는 심리학적 윤리설이 '의무'에 관한 어떤 긍정적인 주장을 내세울 수 있는 것일까?

Hume 자신 의무의 문제를 윤리학의 기본문제로서 중대시한 것

21) *Ibid.*, pp. 580～584.
22) Hume, *Inquiry*, Sec. Ⅴ, Pt. Ⅱ 및 The Liberal Arts 版 同書에 붙인 C. W. Hendel의 해설 참조.

같지는 않다. 윤리학적 저술 전체를 통하여 그는 '의무'를 장황한 논제로서 다룬 바 없으며, 다만 그의 「도덕원리연구」의 마지막 일절에서 다음과 같은 서두로 이 문제에 언급하고 있을 뿐이다. "덕성에 대한 도덕적 찬양에 관한 설명이 끝난 이제 남은 것은 오직 그것(덕성)에 관한 이해심과 연결된 의무(interested obligation)를 간단히 살펴보는 일뿐이다."[23] 그러나 이 말 다음에 따르는 논술에 있어서 Hume이 밝힌 것은 결국 '유덕한 행위가 자타를 위하여 가장 유리한 행위'라는 요지의 내용이요, 유덕한 행위 또는 유리한 행위를 선택함이 어째서 우리의 의무가 되느냐에 관해서 전혀 언급이 없다. 생각컨대 Hume은 자기와 사회 전체의 쌍방을 모두 유리하게 하는 행위가 바로 우리들이 마땅히 해야 할 행위라는 것을 암암리에 전제하고 나선 것 같다. 따라서 Hume의 심중을 차지한 '의무'의 문제는 이른바 의무를 위한 의무의 그것이 아니라, 우리가 필연적으로 아니할 수 없는 행위로서의 의무의 그것이라고 보아야 할 것이다. Hume이 duty라는 말보다도 obligation이라는 말을 즐겨 쓴 것도 이러한 관점에서 수긍이 간다.

C. W. Hendel이 지적한 바와 같이[24] Hume이 사용한 "이해심과 연결된 의무"라는 말 자체가 좀 이상한 결합이다. Kant적인 전통의 관점에서 말한다면, '이해심'(interest)과 '의무'(obligation)는 근본적으로 상반되는 두 가지 개념으로서 나란히 연결될 수 없는 성질을 가졌다. 이것들을 태연히 연결시켜 "이해심과 연결된 의무"라는 표현을 사용한 데 이미 의무의 문제에 대한 Hume의 관점이 전통적 사고의 틀에서 약간 벗어났음을 암시한다. Hume에 있어서도 '의무'란 우리가 "마땅히 해야 할 것"임에는 다름이 없다. 그러나 그것은 무엇인가를 위해서 마땅히 해야 할 것이요, 아무런 목적도 전제하지 않는 법

23) *Ibid.*, Sec. IX, Pt. II, p. 99.

24) The Library of Liberal Arts 版, Hume의 *Inquiry*에 붙인 Hendel의 해설 중에서, 동서 p. lii 참조.

칙주의자의 의무는 아닌 것으로 보인다. 그러면 Hume의 '의무'에 있어서 전제가 되고 있는 목적이란 무엇일까? 모든 인간이 자연적으로 욕구하는 것 또는 염원하는 것이 그것이라고 Hume은 암암리에 가정한 것 같다. 만약 인간의 욕구를 충족시켜야 한다는 것이 의심의 여지 없는 원칙으로서 확립됐다면, 이 욕구를 가장 효과적으로 채워 줄 수 있는 수단으로서의 '유덕한 행위'가 '마땅히 해야 할 것'임에도 의심이 없을 것이다. 그러나 인간의 욕구가 충족되어야 할 무엇이라는 것을 어떻게 밝힐 것인가? Hume은 이 점에 대해서 언명한 바가 없는 것으로 안다. W. T. Jones가 말한 바와 같이 Hume의 윤리설에 있어서 근본적 탐구의 대상이 된 것은 "형이상학적, 종교적 또는 도덕적 궁극원리가 아니라, …경험적으로 논증할 수 있는 여러 관계들이었다."[25]

Ⅴ. 批判的 考察

도덕감 및 동정심에 관한 Hume의 심리학적 설명이 충분히 만족스럽지 못하다는 점에 대해서는 더 이상 말하지 않아도 좋을 듯하다. 따라서 앞으로의 우리의 고찰은 도덕판단의 객관적 타당성 및 의무에 관한 Hume의 해명이 만족스러우냐 아니냐에 국한하기로 한다.

'동정심의 교정'에 관한 Hume의 논술은 대부분의 독자가 느끼는 대로 매우 모호하고 소략하다. 첫째로 동정심의 편견이 교정되는 심리작용을 물체의 크기에 관한 시각상이 교정되는 그것과 비슷하다고 Hume은 비유하고 있으나, 이 비유는 꼼꼼이 살펴볼 때 그리 적절한 것이 못된다. 망막에 비치는 시각상이 원근을 따라 변동함에도 불구하고 우리가 대상의 크기에 관한 일정한 인식을 유지하는 것은 주로 지나간 경험에 대한 기억에 의존하는 것이며, 이 때의 교정작용에 있

25) W. T. Jones, *A History of Western Philosophy,* Vol. Ⅱ, New York, 1952, p. 794.

어서 중추의 구실을 하는 것은 일종의 조건반응으로 간주할 수 있는 반사작용이다. 그러나 자연발생적인 동정심 안에 깃들인 사적(私的) 요소를 제거하는 작용은 결코 반사적인 그것이 아니라, 지성의 반성과 의지력의 적극적인 발동으로 이루어진다. 다시 말하면 선악의 구별에 있어서 근본원리가 아니라고 Hume이 그 출발점에서 배제한 '이성'이 이 때 능동적인 구실을 하는 것이다. Hume이 강조한 바와 같이 오로지 이성만으로는 선악의 구별은 생기지 않을 것이다. 그러나 오직 감정만에서도 참된 선악의 구별은 생기지 않는다. 우리로 하여금 수학과 각종의 자연과학을 세울 수 있게 한 바로 그 논리적 일관성의 추구가 윤리학의 분야에 있어서도 크게 작용한다. 예컨대 "너는 조만간 죽을 것이다. 그러나 나만은 영원히 죽지 않을 것이다"라는 판단을 금하는 것 같은 논리가 "너희들은 결코 거짓말을 해서는 안 된다. 그러나 나만은 거짓말을 해도 좋다"는 판단도 금하는 것이다. 사람에게 개인적 귀천의 차별이 없이 만인은 동등한 인권을 가졌다고 믿는 우리로서 자기에게만 특권을 인정하는 판단을 냉정한 순간에 내릴 수는 없다. 논리의 일관성에 대한 요구가 그것을 금하는 것이다. 이 논리의 일관성에 대한 요구가 단순한 감정의 소산이라고는 생각되지 않으며, 지성 또는 이성의 이름으로 불리는 인간정신의 한 부분이 이러한 논리적 요구와 직결되고 있음은 의심의 여지가 없다. 따라서 종래 '이성'이라고 불려오던 정신의 측면도 '감성'과 아울러 도덕에 있어서 중요한 몫을 차지하고 있음이 분명하다. 합리론적 윤리설이 감정과 욕구의 비중을 과소평가해 온 전통 아래서 도덕에 있어서의 감정의 위치를 강조한 Hume의 공적은 크다. 그리고 그가 도덕에 있어서의 이성의 중요성을 전혀 망각하지는 않았음도 그의 '동정심의 교정'이라는 관념을 통해서 엿볼 수 있다. 그러나 그는 도덕에 있어서의 감정적인 요소와 이성적인 요소와의 관계를 보다 더 날카로운 분석으로 다루었어야 할 것이었다.

'인간생활의 사회성'을 통하여 동정의 주관성이 교정된다고 한 「도덕원리연구」 안에서의 설명도 역시 막연함을 면치 못한다. '정감의 왕래'가 사람들의 도덕적 가치판단을 객관적인 방향에로 인도하는 과정을 Hume은 좀더 면밀히 서술했어야 할 것이다.

그러나 도덕적 평가의 보편적 기준에 관한 Hume의 견해에 있어서 가장 근본적인 난점은 동정심이 '교정'을 받은 결과로서 우리의 도덕감정이 필경은 개인차를 극복할 수 있다는 생각이 정말 경험적 사실과 부합하느냐는 문제에 있다. 물론 '냉정한 일반적 관점'(general calm viewpoint) 및 '정감의 왕래'(intercourse of sentiments)는 동정심의 편파를 어느 정도는 시정할 것이다. 그러나 그것들의 힘이 우리로 하여금 절대보편적인 도덕의 기준에 도달케 하도록 강대하리라고는 믿어지지 않는다. 때와 자리를 달리함에 따라 사람들의 도덕적 상황은 천차만별할 뿐 아니라, 인간성 자체에도 변동이 없으리라는 보장이 없다. 이러한 각도에서 볼 때 사람들의 도덕감이 다양하다는 사실은 결코 우연한 현상이 아니며, 이 다양한 도덕감이 모든 개인차를 극복하고 하나의 보편적인 선악의 기준을 형성한다는 것은 사실상 매우 어려운 일일 것 같다. 그리고 Hume에 있어서는, 도덕감이 곧 선악의 구별의 근본원리인 까닭에, 인류의 도덕감이 그 다양성을 벗어나지 못하는 한 선악의 보편적 기준이 있을 수 없다.

도덕적 권위의 근거 또는 도덕률에 순종할 의무의 근거에 관한 Hume의 입론도 역시 지나치게 소략하다는 인상을 준다. "유덕한 행위가 우리에게 선택되기를 강요하는 근거가 무엇이냐?"는 물음에 대하여 "유덕한 행위는 너 자신과 남을 행복되게 함에 가장 적절한 수단이다"라고만 대답하고 만다면, 물론 이는 약간 동문서답을 당했다는 느낌을 금치 못할 것이다. 나와 남이 모두 행복을 누려야 할 존재라는 것을(좀더 정확하게 말하자면 우리는 자신과 타인을 모두 행복되게 할 의무가 있다는 것을) 밝혀 주었을 때, 비로소 물은 이의 의문이 완전히 풀릴 것이다.

앞서 지적한 바와 같이 Hume에게는 자기가 가장 욕구하는 것, 즉 자기의 행복을 위하여 노력해야 한다는 것은 당연한 이치라는 전제가 있었다. 스스로의 행복을 위하여 노력해야 할 이 당연한 길을 Hume은 "이해심과 연결된 의무"라는 이름으로 부른 것이며, 유덕한 행위를 선택함이 바로 그 "이해심과 연결된 의무"에 해당함을 논증하기 위하여 '유덕한 행위'는, 관용 또는 자선과 같이 일반적으로 이타적이라는 인정을 받고 있는 행위들까지도, 결국은 스스로에게 유리함을 강조한 것이다.

보통 '이타적'이라고 형용되는 부류의 행위들이 필경은 스스로에게도 유리하다는 명제는 냉철한 관찰에 충실했다기보다는 이기(利己)와 이타(利他)의 대립을 종합하고자 하는 학자적인 욕망과 인류에 대한 희망을 끝내 버리지 못하는 낙관적인 성격들에 의하여 지지되어 왔다. 근시안적 이기주의보다는 사회의 성원다운 협조가 자기에게도 좋은 결말을 가져온다는 명제는 대체로 타당한 주장임에 틀림이 없다. 그러나 이 명제는 결코 모든 경우에 반드시 들어맞는 절대적 원리로서 확립된 것은 아니다. 이 명제에 배반하는 소수의 예외가 있을 것이다. 소수의 예외는 실천상으로는 무시할 수 있을지 모르나, 이론상으로는 그것이 아무리 소수일 경우에도 무시할 수 없는 중요성을 갖는다.

의무에 관한 Hume의 견해 가운데서 가장 주목을 끄는 점은 그가 '의무'의 개념을 전통적 사고의 궤도를 벗어난 각도에서 해석했다는 그 점이다. 일종의 필연성 내지 불가피성——생물학적·심리학적 필연성——을 도덕이 갖는 규범성의 근거로 보려 한 창의에 찬 관점은 많은 시사를 내포한 것으로 보인다. 그러나 Hume이 이 관점을 끝까지 밀고 들어가지 않고 한갓 암시의 정도에서 멈춘 것은 아까운 일이다. 경험론적 윤리설은 그 부정적인 단계에 관한 한——즉 고래의 윤리사상을 떠받들어 온 독단과 논리의 비약을 폭로시킨 비판적 관찰에 관한 한── 착실한 공적을 세웠다. 그러나 경험론적 윤리설의 비판과 공격이 직각론 내지 형이상학적 윤리설을 물리치는 정도에서 그 효과가 그치지 않고 도덕 및 윤리학 그 자체까지도 부정하는 태세에 이르렀음은 그 경험론적 견지 자체의 심각한 고민이 아닐 수 없다. 경험론적 윤리설이 윤리학의 자기부정의 위협 앞에 놓이는 첫째 이유는 이 학설이 도덕판단의 표준을 제시하기 힘든다는 사실이요, 둘째 이유는 이 학설의 견지에서 도덕판단에 특유한 규범적 성격, 즉 도덕판단이 자인하는 의무부과력을 정당화하기 힘든다는 사실이다. Hume은 이 두 가지 난점의 극복을 위하여 각각 암시에 가득찬 정초(定礎)를 시도하였다. 그러나 그것은 어디까지나 정초에 그칠 뿐, 문제의 본격적인 해결은 남겨둔 채로 멈추었다.

제 2 절　公利主義者들, 특히 J. S. MILL

Ⅰ. 快樂主義의 系譜

대체로 현세주의적인 기질과 전통 속에서 자란 옛날 희랍의 사상가들이 '쾌락'을 윤리학의 매우 중요한 문제로서 다룬 것은 당연한 일이었다. 그들 가운데서 후세의 보다 많은 찬양과 추종을 획득한 학자들은 대체로 쾌락의 과대평가를 경계하는 방향으로 힘을 기울이는 경향을 보였다. Socrates, Platon, Aristoteles, 이 세 희랍의 거성들은 모두 쾌락보다도 더욱 값진 것이 인생에 있다는 것을 알리려고 애썼다. 그러나 그들의 이러한 경향이 진실로 암시하는 것은 사람들이 쾌락을 지나치게 추구해 왔으며 또 추구하고 있다는 인성론적 관찰이며, 그들이 쾌락 그 자체를 적극적으로 저주한 것으로는 여겨지지 않는다. 쾌락 그 자체를 좋은 것으로 인정하면서도, 그러나 그것이 선악의 최고원리가 될 수는 없다고 믿은 점에 그들의 공통된 신념이 있었던 것 같다.

그러나 대담하게도 '쾌락' 그 자체를 도덕의 근본원리라고 공언한 일부의 학자들이 있었다. Aristippos(435～366 B.C.)를 위시한 Cyrene의 학도들과, Epikuros(341～270 B.C.) 및 그의 일파는 그 대표적인 사람들이다. 다만 '쾌락주의자'라는 같은 부류에 속하면서도 그들이 처세를 위하여 내린 구체적 결론에 있어서는 상당한 견해의 차이가 생겼다.

가장 소박한 단계의 쾌락주의자들이 추구하는 행위의 목표는 ① 나의, ② 현재의 쾌락이다. '나 개인의 이 순간의 쾌락의 추구'라는 이기적인 태도가 관능적 쾌락주의에로 흐르기 쉽다는 것은 설명이 없더라도 명백하다. 관능적 쾌락의 추구자들은 그러나 조만간 '쾌락주의의 역리'(paradox of hedonism)라는 절벽에 부딪쳐 후퇴하지 않으면 아니되었다. 관능적 쾌락의 무절제한 추구가 필경 그 목적을 달성하지 못하고 도리어 심한 고통 앞에 굴복해야 한다는 심리학적 사실을 깨달은 쾌락주의자들은 좀 소극적이기는 하나 그러나 보다 영속적인 쾌락, 즉 '고통도 불만도 없이 고요하고 평안한 마음의 상태'(ataraxia)에 삶의 참된 목적을 발견하였다. '아타락시아'라는 소극적인 쾌락을 얻는 길은 분수 없이 샘솟는 욕망을 스스로의 의지로 억제하는 그것밖에 없다는 통찰이 그들의 쾌락주의를 본래 '쾌락주의'와는 인연이 먼 듯이 보인 엉뚱한 결론——즉 '제욕주의'(制慾主義)라는 이름으로 부를 수 있는 결론에로 이끌었다.

Epikuros가 생존했던 기원 전 4 세기 중엽 이후의 희랍 사회는 쾌락주의의 역리(逆理)를 몸소 체험하기에 매우 적절한 조건을 갖추고 있었다. 조국의 정치적 멸망에 따라온 경제의 파탄과 문화의 와해는 공동의 목표를 상실한 사람들로 하여금 개인적인 행복의 추구에로 몰았으며, 그 '행복의 추구'가 혼란과 빈곤 속에서 이루어져야 했다는 사정은 관능적 쾌락의 한계를 보다 신속하게 깨우쳐 주기에 충분하였다. 쾌락을 최상의 선(善)으로 인정한 Epikuros가 도리어 절제와 신중의 덕을 거듭 강조한 것도 당연한 귀추였다. Epikuros 학파가 도달한 결론, 즉 제욕주의를 같은 방향으로 밀고 나가면 그 끝에 '금욕주의'(asceticism)라는 또 하나의 윤리사상과 만난다. '쾌락주의'와 '금욕주의'는 그 이름이 주는 첫인상으로 말하면 양극으로 떨어진 두 개의 사상 같지만, 그 근원에 있어서는 동일한 인간성을 반영하는 두 갈래의 흐름이 아닐까. '윤리시대'라고 불리는 같은 시대에 쾌락주의의 대표로 알려진 Epikuros 학파와 금욕주의의 대표로 알려진 Stoa 학파가 같은 Athenai 땅에 일어났다는 사실을 우리는 위에서 말한 시각에서 이해할 수 있을 것으로 보인다.

윤리시대 이후 약 1500여 년 동안 서양의 사상계를 지배한 것이 종교적 경향이었다는 사정은 쾌락주의를 오랫동안 지하에 묻히게 하였다. 종교가 대체로 현세적인 것을 부인하는 경향이 있는 가운데 특히 중세 가톨릭 교회의 신조는 쾌락주의를 허용할 여지가 없었기 때문이다. 쾌락주의가 새로이 서양 윤리학사 위에 뚜렷이 나타난 것은 르네상스 이후에도 17세기에 들어선 뒤 영국에서의 일이다.

근세 영국에서 큰 세력으로 발전한 새로운 형태의 쾌락설을 보통 우리는 '공리주의'(utilitarianism)의 이름으로 부른다.[26] 이것을 새

26) 'utilitarianism'이라는 영어를 일본인이 일찍이 '功利主義'라는 한자어로 번역하였고, 우리 한국의 학계에서도 그를 본받아 한자로는 '功利主義'라는 번역어를 사용하는 경우가 많다. 그러나 일본인의 저 번역은 영국 철학에 대한 이해가 일천하던 시절에 졸속하게 이루어진 것이며, 영어의 utilitarism의 뜻과는 너무나 거리가 있으므로, 한자로 옮길 경우에는 '公利主義' 또는 '公益主義'라고 하는 편이 옳을 것이다.

'功利'라는 한자어는 본래 '이익을 힘씀' 또는 '功名과 利慾' 등을 뜻하는 말로서 다분히 이기적이며 타산적인 태도 또는 목적과 깊은 연관성을 가지고 있다. 따라서 '功利主義'라는 한자어는 이기주의 또는 이해타산을 권장하는 사상이라는 뜻을 함축하게 마련이다. 그러나 영국의 utilitarism은 '모든 사람의 행복' 또는 '공동의 선', '공동의 이익'을 최고의 선으로 보는 사상으로서 이기주의와는 정면에서 대립한다. 그러므로 '公衆의 利益'을 의미하는 '公利'와 붙여서 '公利主義'라는 한자어로 옮기

로운 형태의 쾌락설이라고 말한 이유는 이것이 저 희랍의 쾌락주의에 비하여 한 가지 커다란 차이점을 가졌기 때문이다. 그리고 그 차이점이란 희랍의 쾌락주의자들이 모두 자기 개인의 쾌락을 목적으로 삼은 데 비하여, 영국의 쾌락주의자들은 사회 전체의 공중적 쾌락을 역설했다는 사실을 가리킨다.

공리주의에도 여러 가지 분파가 있겠으나,[27] 여기서는 공리주의의 주류인 동시에 자연주의 윤리설의 전형으로 볼 수 있는 경험적 공리주의(empirical utilitarianism)만을 다루기로 한다. 그리고 경험적 공리주의자들 가운데서도 그 체계의 대성자로 알려진 J. Bentham 및 그의 후계자 James Mill에 간단히 언급한 다음, 공리주의자들 가운데서 가장 위대한 사상가로 알려진 J. S. Mill(1805~1873)의 사상을 주로 다루고자 한다.

Ⅱ. J. BENTHAM과 J. MILL

"자연은 인류를 고통과 쾌락이라는 두 군주의 지배 아래 두었다. 우리가 무엇을 하게 될 것인지를 결정하는 것은 물론, 우리가 무엇을 해야 할까를 지적하는 것도 오로지 이 두 군주에 달려 있다"라는[28] 말로 자기 주저의 개권 첫머리를 누름으로써 Jeremy Bentham(1748~1842)은 그의 윤리설이 쾌락주의에 입각하고 있음을 명백히 한다. 그러나 Bentham이 모든 행동이 고통의 회피 또는 쾌락의 획득을 목적으로 삼는다는 심리학적 쾌락주의의 명제와, 관계자들의 쾌락을 최대한으로 늘이고 고통을 최소한으로 줄이는 행위가 옳은(right) 행위라

는 것이 옳다고 믿기에 저자는 '功利主義'라는 한자어를 물리치기로 하였다.

27) 경험적 공리주의 이외에도 신학적 공리주의(W. Paley), 진화론적 공리주의(H. Spencer), 직각론적 공리주의(H. Sidgwick) 등이 있다.

28) J. Bentham, *An Introduction to the Principles of Morals and Legislation,* Ch. Ⅰ, Par. ⅱ.

는 윤리학적 쾌락주의의 기본명제와의 사이에 가로놓인 차이를 어느 정도까지 분명히 인식했는지는 확실치 않다. 설령 그가 그 차이를 깨달았다 하더라도 그것은 어렴풋한 것이었으며, 심리학적 쾌락주의의 기본명제로부터 윤리학적 쾌락주의의 기본명제에로 넘어오는 중간에 간단히 타넘을 수 없는 간격이 있다는 사실에 충분히 주의를 기울인 것 같지는 않다.

"모든 행동을 그 행동이 관계자들의 행복을 증진하는 경향을 가졌느냐 또는 감소하는 경향을 가졌느냐에 따라서 찬양하고 또는 비난하는 원리"[29]라고 정의된 Bentham의 이른바 "유용성의 원리"(the principle of utility)는 심리학적 원리로서 세워진 것인지 또는 윤리학적 원리로서 제시된 것인지 반드시 분명치 않으나, 엄밀하게 말하자면 본래 심리학적 사실을 지적하는 원리로서 해석함이 타당할 듯하다. 그러니 Bentham은 이 심리학적 전제로부터 곧장 윤리학적 쾌락주의의 결론을 이끌어 내어, "우리는 유용성의 원리에 부합하는 행위를 마땅히 해야 할 행위 또는 적어도 해도 좋은 행위라고 언제나 말할 수 있을 것이다"[30]라고 단언한다. 짧게 말해서 Bentham은 만인이 항상 쾌락을 추구하고 있다는 사실이 쾌락을 마땅히 추구해야 할 것으로 만든다고 믿었던 것이다.

Bentham은 인간성의 구조가 본래 유용성의 원리를 받아들이도록 마련되어 있음을 강조한다. 이것은 아마 사람의 심리가 쾌락을 좇고, 쾌락을 조장하는 행위를 찬양하는 자연적 경향을 가졌다는 심리학적 명제가 쾌락을 도덕의 근본원리로 삼을 이론적 근거가 된다고 암암리에 믿었음에 관련된 것으로 보인다. 그러나 심리학의 원리가 윤리학적 원리의 토대가 될 수 있는 논리적 근거를 그는 물으려 하지 않았으며, 이 점에 현대윤리학의 견지에서 본 Bentham의 미흡한 점

29) *Ibid.*, Par. ii.
30) *Ibid.*, Par. x.

이 있다. 그리고 사람의 행위를 지배하는 것이 언제나 쾌락과 고통이라는 심리학적 원리의 타당성을 면밀히 따지려 함이 없이 간단히 받아들였음에도 그의 학설의 소박한 일면이 있다.

Bentham이 신중히 다루어야 했을 또 하나의 심각한 문제는 각자가 자기 한 사람의 최대 행복 또는 최대의 쾌락을 도모하지 않고 사회 전체의 최대 쾌락, 즉 '최대다수의 최대행복'(the greatest happiness of the greatest number)을 추구해야 할 이론적 근거를 밝히는 문제이다. 희랍 이래의 쾌락주의자들이 신봉한 심리설은 이기적 쾌락설이었으며, Bentham 자신도 나 개인의 희생을 무릅쓰고 사회 전체의 쾌락을 추구하는 본능적 경향이 인간에게 일반적으로 있다고 믿지는 않았다. 그러므로 설령 심리학적 쾌락주의가 윤리학적 쾌락주의의 바탕이 될 수 있다 하더라도, 우리가 각자의 쾌락이 아니라 공중 전체의 쾌락을 도모해야 한다는 결론을 뒷받침하기 위해서는 우리의 쾌락추구의 심리가 이기적인 성질의 것이 아님을 밝힐 필요가 있다.

그러나 Bentham이 개인적 쾌락주의를 물리치고 공중적 쾌락주의를 옹호한 것은 그만한 심리학설의 준비를 배경으로 삼은 것은 아니다. 그가 '최대 행복의 원리'를 제창한 것은 본래 개인적 행위의 원천을 탐구하는 도덕학자라기보다도 국가 전체의 입법의 원리를 연구하는 법률학자의 견지에서였다. 법학도로서의 Bentham은 두 개의 기본명제를 별로 깊은 성찰 없이 받아들인 것 같다. 첫째로 그는 입법가의 사명은 개인이나 당파의 이익을 초월한 공정한 견지에서 **국가 전체의 목적을 실현하도록** 법을 제정함이라고 믿었다. 둘째로 그는 한 개인의 목적이 최대량의 쾌락을 스스로 얻음에 있다는 이론을 연장하여, 한 나라의 목적도 그 나라의 국민 전체가 얻는 쾌락의 분량을 극대화함이라고 믿었다. 따라서 인간은 본래 이기적 심성을 가졌다고 본 Bentham으로서는 개인의 이기적 심성이 국가 전체의 안녕질서를 깨뜨려 공익을 해침이 없도록 함이 입법의 기본목표라는 결론을 내리지 않을 수 없었던 것이다.

그러나 Bentham의 첫째 전제, 즉 입법가의 사명이 국가 전체의 목적을 도모함에 있다는 기본 명제는 인간은 누구나 자기의 쾌락을 위하여 행동한다는 그의 심리학적 출발점과 조화되기 힘든 것이었다. 만약 인간이 본래 이기적인 것이라면, 입법가만이 그 점에 있어서 예외가 될 이유는 없음직하다. 한 걸음 물러서서 입법가의 사명이 그렇다는 것을 인정한다 치더라도, 입법가 아닌 우리가 왜 그 입법의 원리를 우리의 행위의 원리로 삼아야 하는 것인지 납득이 가지 않는다.[31]

Bentham의 심리설의 불비한 점을 보충하여 본래는 이기적이던 인간이 공익을 위하여 행위할 수 있는 이론적 근거를 밝혀 보고자 꾀한 것은 그의 친구 James Mill(1773～1836)이었다. James Mill이 개인의 쾌락이 아니라 공중의 그것을 추구해야 한다는 윤리설의 뒷받침이 될 심리설을 모색함에 있어서 활용한 것은 당시 영국에서 세력이 컸던 연상심리설(the association principle)이다. 인간은 원래 자기의 쾌락을 추구하는 것이나, 관념 연합의 법칙에 의해서 남의 쾌락까지도 자기의 그것처럼 느끼게 된다. 비슷한 경험이 거듭되는 사이에 연상작용의 힘이 점차 강화되면, 마침내 남의 쾌락과 나의 쾌락이 혼연히 융화되어, 본래는 이기적이던 인간이 마침내 남의 쾌락까지도 진심으로 바라게 된다는 것이다.

조건반응설의 소박한 선구로 볼 수 있는 연상심리학에 의거한 James Mill의 설명은 그 자체 충분히 치밀하지가 못하였다. 그리고 남의 행복을 염원하는 심정이 인간성 안에 있음이 비록 밝혀졌다 하더라도 그것만으로 공리주의의 모든 난점이 해소되지는 않았을 것이다. 이 윤리설에는 그 밖에도 근본적인 난점이 있는 것으로 보인다.

31) 여기 간단히 시도한 Bentham 비판은 저자의 새로운 견해가 아니라 이미 상식적인 정론임을 일러둔다. 비슷한 비판을 독자들은 예컨대 B. Russell의 *A History of Western Philosophy*, p. 777f., 그리고 W. T. Jones의 同名書(1952), pp. 908～909에서 발견할 수 있을 것이다.

그러나 그 난점을 음미하기에 앞서서 공리주의를 가장 세련된 경지에로 발전시켰다고 생각되는 J. S. Mill을 살피기로 한다.

Ⅲ. J. S. MILL

1. 快樂의 質的 差異

J. S. Mill은 그의 「공리주의」(*Utilitarianism*) 제 2 장 첫머리에서, 그의 공리주의가 기본개념으로 삼는 '유용성'(utility)이 다름 아닌 '쾌락'(pleasure)을 의미한다는 것을 강조한 다음, "쾌락 및 고통으로부터의 해방이 목적으로서 바람직한 유일한 것[32]이라고 밝힌다. 따라서 어떤 행위가 옳으냐 그르냐 하는 문제는 그 행위가 쾌락 또는 고통을 어느 정도 조장하는가에 의하여 결정된다. 그리고 이 선악의 척도로서의 쾌락이 개인적인 것이 아니라 사회 전체의 그것이라는 점까지 Mill이 Bentham을 이어받고 있음은, 전자가 유용성과 '최대다수의 최대행복'을 가끔 같은 뜻으로 쓰고 있는 것으로도 명백하다. 그러나 적어도 중요한 두 가지 점에 있어서 Mill은 Bentham의 부족한 점을 채우려고 꾀했다. 그 첫째 점은 쾌락에 질적 차이가 있느냐는 문제에 관한 것이요, 둘째는 공리주의 원리의 타당성을 입증함에 관한 문제다.

선악과 시비를 오직 쾌락의 분량에 따라 판정하려 한 Bentham의 공리설이 숨긴 난점은 오직 쾌락의 분량을 측정하기가 매우 곤란하다는 기술적 문제뿐이 아니다. 그보다도 더욱 심각한 곤란은 쾌락의 질적 차이를 무시한 윤리설이 사람들의 일반적인 가치의식과 잘 조화되지 않는다는 사실에 있다. 이 점에 주목한 Mill은 쾌락에 질적으로 높은 것과 낮은 것이 있음을 강조한다. 고상한 감정과 목적을 가진 사람들 가운데 쾌락설에 대하여 견딜 수 없는 증오를 느끼는 분

32) J. S. Mill, *Utilitarianism*, The Liberal Art Press, p. 10.

들이 있다. '인생에 쾌락 이상의 높은 목적이——그보다 낫고 고상한 추구의 대상이——없다고 상상하는 것은 지극히 천하고 낮은'[33] 생각이라는 이유에서이다. 그들은 쾌락주의자들이 인간의 고귀성을 망각했음을 비난하고, 쾌락주의자의 행복을 돼지의 그것에 비유한다. 그렇지만 이러한 비난은 쾌락주의에 대한 곡해에서 온 것이라고 Mill은 반박한다. 만약 짐승들의 쾌락보다 귀하고 고상한 쾌락이 없었다면, 그들의 비난은 합당했을 것이다. 그러나 쾌락에는 높고 낮은 것이 있다. 그 높은 쾌락을 즐길 수 있는 곳에 인간이 짐승과 다른 점이 있고 짐승보다 고귀한 점이 있다. "쾌락주의자의 생활을 짐승의 그것에 비교함이 욕이 되는 이유도 바로 짐승의 쾌락이 인간이 희구하는 그것을 만족시키지 못하기 때문이다"[34]라고 따지며, 사람에게 돼지의 쾌락밖에 있을 수 없다고 상상하는 비판자들이야말로 인간성의 고귀함을 망각했다고 Mill은 응수한다.

그러면 질적으로 높은 쾌락이란 어떠한 것을 말하는 것일까? 이에 대하여 Mill은 다음과 같이 대답한다.

> 두 가지의 쾌락 가운데서 그 두 가지를 모두 경험한 모든 사람 또는 대부분의 사람들이, 어떤 도덕적 의무감에서가 아니라도, 그 중 하나를 단연 선택한다면, 그 선택된 것은 보다 바람직한(more desirable) 쾌락이다.[35]

이와 같이 주장하는 배후에는 인간성에 대한 Mill의 깊은 낙관이 있다. 정상적인 사람이라면 누구나 '보다 높은 기능(higher faculties)을 행사할 수 있는 존재'로서의 인간의 지위를 버리고 짐승이 되기를 원치 않을 것이라고 그는 단정한다. 실은 우둔한 동물일수록 만족을 얻기에 적합하며, 인간처럼 높은 기능의 소유자일수록 고통과 불행에

33) *Ibid.*, p. 11.
34) *Ibid.*, p. 11.
35) *Ibid.*, p. 12.

시달리기 쉬움에도 불구하고, 우리가 하등동물의 지위를 탐내지 아니함은, 인간이 희구하는 행복이 단순히 양적으로 많은 쾌락이 아니라 질적으로 높은 쾌락임을 입증한다는 것이다. 높은 이상을 간직하지 않은 존재, 스스로의 결함을 모르는 존재는 마음에 괴로움을 경험함이 적을 것이다. 그러나 사람들은 그 무지에서 오는 만족을 택하지는 않는다. "만족한 돼지가 되기보다는 차라리 불만족한 인간이 되는 편이 낫다, 바보로서 만족하기보다는 Socrates로서 불만족함이 낫다"[36]는 것은 Mill의 유명한 말이거니와, 이와 같이 높은 쾌락을 택하는 것이 일부의 인간만이 아니라 모든 인류의 공통된 본성이라고 보는 점이 '자연의 제일성'(the uniformity of nature)을 믿은 Mill의 낙관이 있다. 인간은 결국 고귀하고 존엄함을 사랑하는 생물이라는 낙관이다.

쾌락의 질적 우열을 결정하는 방법은 '질적으로 높은 쾌락'의 정의에 따라 저절로 분명하다. 즉 비교되는 두 가지 쾌락을 모두 경험한 사람의 판단을 따라 결정할 문제다. 다만 여기서 Mill이 쾌락의 질적 차이의 **객관적 실재성**을 전제하고 그 우열을 판별할 능력이 경험을 쌓은 사람의 직관력에 있다고 믿는 것인지, 또는 인간이 그 공통된 경향을 따라서 하나를 **선택하는 까닭**에 그것이 질적으로 높다는 것인지는 분명치 않다. 아마 전자가 Mill의 견해라고 보는 것이 옳을 것이다. 그러나 이 점에 관해서 좀더 깊은 탐구가 있어야 할 것으로 믿는다.

인간이 추구하는 쾌락이 질적으로 높은 쾌락이라는 낙관적 인성론은, "왜 나 개인의 쾌락만이 아니라 **최대다수**의 쾌락을 추구해야 하느냐?"는 물음을 다룸에 있어서, Mill의 처지를 Bentham의 그것보다 한결 유리하게 하였다. '높은 쾌락' 가운데 남의 행복을 즐기는 쾌락이 응당 포함되기 때문이다. Mill도 인간의 천성이 쾌락을 추구한다고 믿은 점에는 다름이 없다. 그러나 Mill의 경우에는 그 쾌락추구

---

36) *Ibid.*, p. 14.

의 천성은 결코 인간을 이기적 동물로 만들지는 않는다. 그가 믿는 바에 따르면,

> 인간이 자기 스스로의 보잘 것 없는 개인을 아끼는 마음 밖에는 아무도 사랑할 줄 모르고 위할 줄 모르는 단순한 이기주의자가 될 수 밖에 없다는 아무런 선천적 필연성도 없다. 제대로 자라난 사람이라면 누구나, 비록 그 정도에는 차이가 있겠지만, 개인에 대한 참된 사랑과 공중의 행복을 바라는 진지한 관심을 가질 수 있다.[37)]

J. S. Mill은 쾌락에 질적 차이를 인정함으로써 Bentham의 공리설에 포함된 몇 가지 난점을 완화하는 데 성공하였다. 그러나 그가 Bentham에게 없었던 새로운 난점을 끌어들인 것도 사실이다. 새로이 도입된 첫째 난점은 쾌락의 질적 우열을 판정하는 기준에 관한 것이다. 인간성에 관하여 낙관론을 옹호한 Mill은 "제대로 자라난 사람이라면" 누구나 쾌락의 우열에 관하여 대체로 공통된 판단을 내리리라고 믿었으며, 또 그 공통성이 쾌락의 우열을 판단함에 좋은 기준을 제공하리라고 간단히 생각한 모양이다. 그러나 두 가지 쾌락 중 어느 것을 택하느냐는 마당에서 사람들이 취하는 태도는 Mill이 생각한 것보다는 훨씬 다양할 것이며, 또 설령 대체로 공통된 태도를 취한다 하더라도, 그 부분적인 견해의 차이와 그리고 쾌락 선택에 관해서도 일어날 인심의 문화적·사회적 변천이 쾌락 평가의 기준 문제에 던지는 이론적 곤란은 그리 만만한 것이 아니다. 한 마디로 말해서 도덕적 가치의 객관적 표준을 제시하는 문제에 있어서 Mill은 Bentham 보다도 어려운 자리에 발을 디뎠다.

Mill이 도입한 또 하나의 난점은 쾌락의 질적 차이의 인정이 쾌락주의 본래의 기본신조와 어긋나는 모순을 품었다는 사실이다. 쾌락주의 본래의 신조에 의하면 사물의 가치는 오로지 그 사물이 일으키

---

37) *Ibid.*, p. 19.

는 쾌락에 달려 있다. 다시 말하면 적어도 도덕적 가치에 있어서는 쾌락이 평가의 유일한 표준이다. 그런데 Mill은 쾌락에 높은 것과 낮은 것의 구별이 있다고 주장한다. 이것은 쾌락 이외에 또 하나의 평가의 표준을 인정하는 것이며, 쾌락주의 본래의 지반을 떠나는 것이다. 쾌락의 귀천을 측정할 기준이 쾌락 자체 안에서 발견될 수는 없을 것이기 때문이다.

Mill에 있어서 또 하나의 약점은, W. T. Jones도 지적한 바 있듯이,[38] 쾌락의 양적 차이와 질적 차이를 비교할 제 3 의 기준, 이를테면 환산의 원리를 제시하지 못했다는 사실이다. 가령 A라는 쾌락은 양에 있어서 B를 크게 능가하고 B는 질에 있어서 A보다 약간 높을 경우에, 우리는 어느 편을 택할 것인지 Mill은 분명히 일러주지 않는다.

2. 公利主義의 原理가 타당함을 증명하는 問題

Mill이 Bentham보다 한 걸음 더 깊이 들어갔다고 생각되는 또 하나의 문제는 공리주의 원리의 타당함을 입증하는 문제였다. Mill도 Bentham과 마찬가지로 "궁극적인 목적에 관한 문제는 일반적인 의미의 증명을 허용하지 아니함"을 인정한다.[39] 그러나 비록 엄밀한 의미의 '증명'(proof)은 불가능할지라도 공리주의가 타당함을 모든 지성인에게 납득시킬 수 있는 이론을 제시할 수는 있다고 믿는다. 그 이론의 줄거리를 간추리면 다음과 같다. ① "어떤 사물이 바람직하다(desirable)는 것을 밝히기 위하여 제시할 수 있는 유일한 증거는 사람들이 실제로 그것을 바란다(desire)는 사실뿐이다.[40]) ② 사람들이 바라고 있는 것은 각자의 쾌락 또는 고통의 면제이다. ③ 그러므로 각자의 쾌락 또는 행복은 각자에게 바람직한 것, 즉 각자의 선이다. ④ 같은 논리로, 사회 전체에게 바람직한 것은 사회를 구성하는 사람

38) W. T. Jonens, *op. cit.*, p. 910 참조.
39) J. S. Mill, *Utilitarianism*, p. 44.
40) *Ibid.*, p. 44.

들 전체의 쾌락 또는 행복이다. 이상 네 개의 명제를 하나하나 살펴보기로 하자.

첫째 명제, 즉 어떤 대상을 사람들이 실제로 바라고 있다는 사실은 그것이 바람직하다는 유일한 증거라는 명제는 그 후 거듭된 논쟁의 대상이 되었거니와, 이 명제가 유명하게 된 것은 이것을 옹호하기 위하여 Mill이 하나의 비유를 적용했다는 사실과 관련이 있다. 그 비유란

> 어떤 대상이 visible(가시적)임을 밝히기 위하여 제시할 수 있는 유일한 증거는 사람들이 실제로 그것을 본다는 사실이다. 어떤 대상이 audible(가청적)이라는 유일한 증거는 사람들이 그것을 듣는다는 사실이다. …그와 마찬가지로 어떤 사물이 desirable(바람직한)이라는 것을 밝혀 줄 유일한 증거는 사람들이 실제로 그것을 desire(욕구)하고 있다는 사실이다[41]

라는 내용의 것이다. 우리말로 옮겨 놓고 보면 어디가 잘못인지 간단히 알 수 있는 부당한 비유라 하겠다. 그러나 영어로는 visible, audible 그리고 desirable이 같은 어미를 가지고 있는 관계로, Mill은 앞의 둘이 서술적 언어요 끝의 것이 평가적 언어라는 구별에 깊은 주의를 기울이지 않았던 것 같다.

둘째 명제, 즉 사람은 저마다 제 쾌락을 좇는다는 명제는 심리학적 쾌락설에 공통된 기본명제다. 그 옳고 그름은 공리주의를 전체적으로 비판하고자 하는 다음 소절에서 고찰하기로 한다.

셋째 명제는 위의 두 명제를 전제로 삼는 삼단논법적 결론이다. 이 결론은 개인적 쾌락주의의 원리가 될 수 있을 뿐, 그것이 그대로 공중의 쾌락을 도모하라는 공리주의의 원리는 아니다. 따라서 사회 전체의 선은 사회 전체의 쾌락이라는 제 4 의 명제를 하나 더 보탤 필

---

41) *Ibid.*, p. 44.

요가 생긴 것이다. 제 3 의 명제의 진위는 그 앞의 두 명제에 달렸으므로 여기서 따로 논할 필요가 없다. 그보다 흥미를 끄는 것은 셋째의 명제에서 넷째의 명제에로 넘어가는 다리를 Mill이 무엇에서 발견하느냐는 문제이다.

우리가 각자의 이익을 추구하지 않고 전체의 행복을 도모해야 할 이유 또는 의무가 어디 있느냐는 문제에 관하여서 Mill은 그러나 논리적으로 만족스러운 대답을 주지는 않는다. 그것은 역시 엄밀히는 논증이 불가능한 문제이다. 다만 Mill이 여기서 할 수 있었던 것은 인간사회와 인간성에 관한 사회학적 · 심리학적 사실을 지적하여 모든 지성인의 동의(assent)를 구하는 일뿐이었다. 이 공익(公益)이 의무인 근거에 관한 문제를 다룬 「공리주의」 제 3 장에서 Mill이 강조한 사회학적 · 심리학적 사실은 주로 두 가지의 인간적인 특색이다. 그 첫째는 인간이 사회적 동물이라는 사실이요, 둘째는 이 사회적 동물이라는 사실에서 파생된 인간적 감정, 즉 '양심' 또는 '인간애'의 이름으로 부를 수 있는 감정이다.

Mill은 인간이 그 천성에 있어서 사회적 존재임을 강조한다. 인간의 사회성은 "너무나 자연스럽고 너무나 필연적이며 너무나 습성화한 것인 까닭에" 사람들은 어떤 예외적인 경우 이외에는 "자기를 한 단체의 일원으로밖에 생각할 수가 없다," 그리고 이 인간의 사회성은 "인류가 야만의 상태로부터 멀어질수록 점점 강화된다"는 것이다.[42] 이와 같이 인간은 본래 사회적인 존재인 까닭에 서로 협조하고 모든 사람의 이익을 고루 존중하는 기풍 안에서만 번영할 수 있다. "동등한 사람들의 사회는 오직 모든 사람의 권익이 균등하게 존중되어야 한다는 이해의 기반 위에서만 존속할 수 있다."[43] 이와 같이 주장하는 Mill의 마음 바탕에 우리는 개인의 이익과 사회의 이익은 궁

42) *Ibid.*, p. 40.
43) *Ibid.*, p. 40.

극에 가서 일치한다는 Spinoza식의 신념을 본다.

사람이 사회적 존재라는 사실에 자연히 따르는 것은 '동료들과의 하나가 됨을 희구하는 사회적 감정'이다. 이 사회적 감정을 바탕으로 삼고 '양심'이라는 것이 발달하였다. 양심은 우리에게 나의 행복과 남의 행복을 한결같이 존중할 것을 명령한다. 그리고 이 명령을 어겼을 때, 우리는 속으로 고통을 금치 못한다.

위에 말한 두 가지 사실, 즉 ① 인간은 본래 상호협조로만 번영할 수 있는 사회적 동물이라는 사실 및 ② 양심이 모든 사람의 이익을 존중하라고 명령하며, 이 명령을 어기면 고통스럽다는 두 가지 사실이 '최대다수의 최대행복의 원리'를 정당화하는 궁극의 근원이라고 Mill은 생각하는 것으로 보인다. 그러나 그것들이 이 원리를 논리적으로 충분히 밑받침하기에는 너무나 미약한 근원이라는 것은 Mill 자신도 잘 알고 있다.

Ⅳ. 批判的 考察

Bentham과 Mill 부자의 학설을 약술하면서 그들 한 사람 한 사람이 가진 약점은 그때그때 간단히 지적해 두었다. 그리고 그들의 어느 한 사람도 우리가 자기 개인의 쾌락이 아니라 사회 일반의 쾌락을 추구해야 할 이유를 충분히 밝히지 못했음을 보았다. 사실 심리학적 쾌락설을 토대로 삼고 공리주의 윤리설을 정당화하기는 근본적으로 어려운 일인 것 같다. 개인적 쾌락주의와 구별되는 **공중적** 쾌락주의로서의 공리주의에 고유한 난점에 대하여는 지금까지 논한 것만으로도 이 책의 목직에는 족할 것이다. 그리나 우리는 아직 쾌락주의 그 자체가 일반적으로 가지고 있는 난점에는 언급하지 않았다. 이 절에서는 경험적 공리주의의 유개념(類概念)으로서의 경험적 쾌락주의 그 자체를 비판적 각도에서 살피기로 한다.

윤리학설로서의 경험적 쾌락주의는 다음 두 개의 기본 명제를 근간으로 삼는다. ① 모든 행동이 궁극의 목적으로 삼는 것은 쾌락의 획득 또는 고통의 회피이다. ② 쾌락은, 그리고 쾌락만이, 선이며, 행위의 옳고 그름은 그 행위의 결과로서 생기는 쾌락 또는 고통을 따라서 결정된다. 그리고 논자들은 이 두 명제 사이의 전제와 결론의 관계가 있다고 믿는다. 앞으로 우리는 ① 첫째 명제, 즉 심리학적 쾌락주의의 기본전제가 지탱할 수 있는 것인가를 살피고, ② 만약 첫째 명제가 옳다면 그로부터 둘째 명제, 즉 윤리학적 쾌락설의 기본개념이 논리적으로 과연 추리된다고 볼 수 있는가를 검토하기로 한다.

심리학적 쾌락주의는 상식의 압도적인 지지를 받아왔음에도 불구하고 오늘날의 전문적인 심리학에 의하여는 비판을 당한다. 그러나 현대의 심리학이 아니더라도, 심리학적 쾌락설의 잘못은 이미 옛날에 "인간성에 관하여"(Upon Human Nature)라는 제목으로 베풀어진 Joseph Butler의 설교에 의하여 뚜렷이 밝혀진 바 있다. Butler는 굶주림이라는 욕망의 직접 목적은 미각의 쾌락이 아니라 음식물이라고 지적한다. (좀더 정확하기 위해서는, C. D. Broad도 지적한 바 있듯이,[44] Butler는 '음식을 먹음'이 굶주림의 직접목적이라고 말했어야 할 것이다. 그러나 욕망의 직접목적이 반드시 쾌락이 아님을 지적한 Butler의 탁견이 그 부정확성으로 말미암아 크게 손상되지는 않는다.) 무릇 행동은 욕구(need)에 대한 반응이며, 욕구란 동물의 심리나 생리가 균형을 잃었을 때, 그 상실된 균형을 회복하려는 충동으로서 이해된다. 다시 말하면 행동의 직접 목적은 욕구의 충족, 즉 상실된 균형을 회복하는 일이다. 상실된 균형이 회복되는 과정에는 대체로 쾌락이 따르나, 쾌락 그 자체가 행동의 목적은 아니다. 쾌락은 행동의 동기가 아니라 결과이다. 쾌락주의자들이 모든 행동이 쾌락의 획득 또는 고통의 회피를 목적으로 삼는다고 주장할 때, 그는 행위의 목적과 그 목적 달

44) C. D. Broad, *Five Types of Ethical Theory,* London, 1930, p. 67.

성에 필연적으로 수반하는 것과를 혼동했다 할 것이다. 이러한 주장에 그래도 찬동이 가지 않는 사람들을 위해서는 갓난아이의 행동을 상기시킴이 도움이 될 것이다.

물론 만인이 쾌락을 좋아하고 고통을 싫어함에는 의심의 여지가 없다. 그러나 '좋아한다'(like)는 것과 '필연적으로 욕구한다'(need)는 것은 엄밀하게 꼭 같은 사실이 아니다. 그리고 어떤 행동에는 쾌락이 따르고 어떤 행동에는 고통이 따른다는 경험과 기억이 우리 행동에 막대한 영향을 끼치는 것도 사실이다. 그러나 이 사실도 행동의 목적이 필연적으로 쾌락이라는 것과는 구별되어야 할 사실이다. 다음에 논자들 가운데는 쾌락이 애당초 한갓 수반자에 불과했더라도 나중에는 목적 그 자체가 될 수 있다고 주장하는 사람도 있을 것이다.[45] 그러나 비록 이 주장이 옳다 하더라도 그것이 심리학적 쾌락설을 충분히 떠받들 근거가 되지는 못한다.

우리의 다음 문제는 만약 '사람은 누구나 항상 쾌락을 원한다'는 것이 심리학적 사실이라면, 그로부터 '따라서 선이란 곧 쾌락이다'라는 윤리학적 결론이 나오느냐 하는 것이었다. 이 물음에 대해서 간단히 '그렇다'고 대답하기 어렵다는 것도 오늘날에 와서는 상식에 가까운 것으로 안다. '사람은 누구나 쾌락을 원한다', '행동이 지향하는 궁극의 것은 쾌락이다' 따위의 판단은 어떤 사실(fact) 또는 존재(Sein)에 관한 주장이며, '선은 쾌락이다', '우리는 쾌락을 많이 얻도록 행동해야 한다' 따위의 판단은 가치(value) 또는 당위(Sollen)에 관한 주장으로서 본래 그 영역이 서로 다르다. 따라서 전자로부터 후자를 엄밀한 논리로써 추리해 낼 수는 없다. 사실에 관한 판단을 아무리 분석한다 해도 그 안에서 가치나 당위의 요소가 색출될 리 없으며, 전

45) R. B. Perry는 'mutation of interest'라는 이름 아래 본래는 부수적이던 것이 목적 그 자체로 변함을 주장했고(*Realms of Value*, p. 67f.), G. W. Allport도 "Functional Autonomy of Motives"(1937)라는 논문에서 같은 주장을 했다고 알려졌다. 그러나 이 주장에는 반대론자도(e.g. Maurice Mandelbaum) 있음을 덧붙여 둔다.

제 속에 없던 요소를 결론 안에 끌어들일 수는 없기 때문이다. 사실에 관한 판단이 가치론적 결론을 위하여 할 수 있는 것은 오직 소전제의 구실이다. 가치판단의 정당한 대전제의 구실을 할 수 있는 것은 오직 또 하나의 가치판단뿐이다. 예컨대 '누구나 쾌락을 원한다, 그러므로 쾌락은 선이다'라는 추리가 타당성을 얻기 위해서는 그 앞에 '모든 사람이 원하는 것은 선이다'라는 판단이 대전제로서 받들어져야 한다. 사실이 어떻다는 지식만으로부터는 어떻게 해야 한다는 결론이 논리적으로 추리되어 나오지는 않는다.[46]

사실에 관한 지식만을 근거로 삼고 가치 내지 당위에 관한 결론을 얻으려 하는 시도에는 논리적인 결함이 있다는 비판은 비단 쾌락주의 윤리설에만 해당하는 비난이 아니다. 모든 자연주의 윤리설은 그것이 어떤 자연과학적 사실을 유일한 토대로 삼으려고 하는 동안 같은 비판의 대상이 된다. 그리고 형이상학적 윤리설의 경우에도 그 토대로서의 형이상학설이, Aristoteles의 목적론적 체계에 있어서와 같이, 그 자체가 가치관념으로 물들었을 경우 이외에는 같은 비판을 감수해야 할 것이다. 일반적인 경우에 있어서, 자연주의 윤리설과 형이상학적 윤리설은 '있는 것'을 '있어야 할 것'의 토대로 보려는 점에서 공통성을 가졌다. 그들이 갈라서게 되는 것은 그 토대가 되는 '사실'이 경험적인 것이냐 또는 초경험적인 것이냐를 묻게 된 지점에서부터 시작했다.

형이상학적 윤리설과 자연주의적 윤리설이 다같이 논리적 난점을 가졌다면, 그 난점을 회피하는 하나의 길은 형이상학에도 자연과학에도 의존함이 없이 직접 윤리학의 기본 원리를 파악하는 길일 것이다. 이 제 3 의 길을 택한 사람들이 다음에 우리가 그 대표적인 경우를 살피려 하는 직각론자들이다.

---

46) 이와 같은 논리적 난점을 깨달은 H. Sidgwick은 공리주의의 원리가 타당함은 직각적(直覺的)으로 자명하다고 수정했으며, D. Drake, R. M. Blake 등 현대의 저명한 쾌락주의자들도 대개 직각론적 견지에 출발점을 구한다.

제 5 장

直覺論的 倫理說

제 1 절 R. PRICE

Ⅰ. 小 序

Richard Price(1723~1791)가 우리 나라에서 제일급의 윤리학자로서 크게 주목을 받은 일은 없는 것으로 안다. 그가 그의 모국인 영국 및 미국의 윤리학계에서 거성의 인정을 받은 것이 어느 때부터인지는 상세하지 않으나, 오늘날 영국 윤리학의 주류라고 볼 수 있는 G. E. Moore, W. D. Ross, C. D. Broad 등의 직각론적 윤리설이 주로 Price의 계승 내지 발전이라는 사실은 그가 현대 윤리사상에 막대한 영향을 끼친 가장 위대한 인물 중의 하나임을 말해 준다. Price는 Cudworth, Clark 등의 직각론적 지반을 계승하면서 그의 명석한 분석과 날카로운 통찰로 새로운 경지를 개척했던 것이다.

전형적 법칙주의자로서의 Price에 있어서 가장 중요한 개념은 '옳음'(right)과 '그름'(wrong)이다. 그의 윤리설의 전모를 전해 주는 「윤리학적 기본문제의 비판적 고찰」(*A Review of the Principal Questions in Morals*)[1]의 제 1 장이 '옳음과 그름의 기원'에 관한 고찰로 시

1) Price의 이 주저가 처음 출판된 것은 1758년 그가 35세 때의 일이다. 초판과 재판은 「*A Review of the Principal Questions and Difficulties in Morals*」의 이름으로 발

작되는 것도 그의 관심의 중심을 암시하는 것으로 보인다.

Ⅱ. 옳음과 그름의 起源

"우리는 어떤 행동은 옳다고 생각하지 않을 수 없고, 또 어떤 행동은 그르다고 생각하지 않을 수 없다. 모든 행동에 관하여 우리는 무슨 의견을 갖도록 마련이다."[2] 도대체 우리로 하여금 그러한 구별을 하게 하는 것은 무엇일까? 이것이 Price가 풀고자 하는 첫째 물음이다. 그런데 이 물음에는 두 개의 문제가 얽혀 있다. 그것은 ① "우리 마음 속에 있어서 그러한 구별을 세우는 것은 어떠한 종류의 기능이냐" 하는 것과 ② "그러한 구별은 그 판단의 대상으로서의 행위가 객관적으로 가진 성질이나 관계를 나타내는 것이냐, 또는 판단하는 주관 즉 인간의 성질에 달린 것이냐"는 두 물음이다. Price는 도덕판단의 작용, 즉 주체의 고찰부터 시작한다.

우리 마음 속의 어떠한 성질의 작용이 시(是)와 비(非), 그리고 선과 악의 구별을 짓는 것일까? Price가 우선 배척하는 것은 도덕적 판단이 어떤 추리(inference)를 거쳐 생기는 결론이라는 생각이다. 따라서 심리학적 또는 생물학적 사실에 관한 지식에서 도덕의 원리를 이끌어내려 하는 자연주의도, 초경험적 사실에 관한 인식으로부터 그것을 추리하려 하는 형이상학적 윤리설도 Price의 공감을 얻지 못한다. 주어진 행위가 옳으냐 그르냐 하는 판단은 그 행위에 따르는 여러 결과를 고려함이 없이 직접적으로 내려지는 것이다. 마치 일정한 파장의 광파가 일정한 색채의 감각을 일으키듯이, 어떤 행위는 반드시 '옳다'는 생각을 일으키고, 어떤 행동은 반드시 '그르다'는 생각을 일으키도록 마련이라는 Hutcheson의 견해는, 도덕판단의 성질을 직

간되었으나, 제 3 판에서는 "and Difficulties"가 제외되었다. 재판과 3 판에 약간의 개정이 가해졌지만 기본적 견해에는 거의 변동이 없다.

2) R. Price, *A Rewiew of the Principal Questions in Morals,* Oxford, 1948년판, p. 13.

각적인 것으로 보는 점에 있어서 타당하다고 Price는 찬동한다.[3] 그러나 그같이 직각적으로 파악하는 마음의 기능이 어떠한 종류의 것이냐는 물음에 이르러 Price는 Hutcheson에게 반기를 든다. Hutcheson에 따르면, 우리가 어떤 행동에 관하여 옳으니 그르니 하는 구별을 세우지 않을 수 없는 것은 '도덕감'(moral sense)이라는 기능이 마음 속에 있기 때문이며, 이 도덕감은 본질에 있어서 느낌을 위한 것으로서 지성 또는 오성과는 근본적으로 다른 성질의 것이다. 시비의 구별이 일종의 감각에 달렸다고 본 까닭에 Hutcheson에 있어서 옳음과 그름은, 마치 단 맛 또는 쓴 맛이 그렇듯이 "그 대상에 붙은 성질을 의미하는 것이 아니라, 오직 주관 안에 일으켜진 모종의 결과를 의미한다."[4] 다시 말하면 Hutcheson은 도덕적 가치의 파악을 실재하는 성질 또는 관계의 인식으로 보지 않고, "어떤 행동이 우리 마음 안에 일으키는 정서(emotion) 내지 감정"을 밝히는 것이라고 본 것이다. 그러나 Price는 '옳다', '그르다', '좋다', '나쁘다' 따위의 말들이 직각적으로 파악되는 단순한 관념들을 언표(言表)함에는 의심의 여지가 없으나, "그것들을 파악하는 기능이 정말 이성이 아니라 감성이며, 이 평가어(value-terms)들이 언표하는 바가 행위의 참된 성질이 아니라"[5] 는 견해에는 찬동하기를 보류한다.

Price는 시비 또는 선악을 구별하는 능력이 어떠한 성질의 기능이냐는 문제를 "도덕의 근본에 관한 유일한 문제"라고 믿는다. 만약 그 능력이 객관적 진리를 인식하는 이성에 속한다면 도덕이 절대보편성을 갖게 될 것이며, 반대로 그 능력이 한갓 감성에 속하는 것이라면 도덕적 가치는 "감각하는 존재의 다양한 구조를 따라서" 변동하는 현상에 불과한 것이 되고 만다고 생각하기 때문이다.[6]

---

3) Price, *Review in Morals*, p. 14.
4) *Ibid.*, p. 15.
5) *Ibid.*, p. 42.
6) *Ibid.*, pp. 15～16.

그러면 옳음과 그름의 구별을 파악하는 마음 속의 능력은 무엇일까? 이 물음에 대하여 Price는 단호히 "오성(the understanding)이다"라고 대답한다.[7] 그가 이와 같이 대답하는 근거는 당시 영국의 철학계를 압도한 Locke, Hume 등의 경험론을 물리치고 합리론적 진영에로 가담한 그의 인식론에 있다. Price는 Platon의 「테아이테토스」(*Theaetetus*)의 연구를 통하여 Descartes에 가까운 합리론적 인식론에 도달했던 것이며, Descartes가 오직 수학 또는 물리학과 같은 순전히 이론적인 분야에만 적용했던 합리론(rationalism)을, 도덕을 위시한 실천분야에까지 넓혀서 주장했던 것이다. D. D. Raphael (1916～)[8]에 따르면 Price는 '직각'(intuition)이라는 말을 도덕판단에 적용한 최초의 사람이다.

경험론 특히 Locke의 인식론을 비판함으로부터 시작되는 Price의 인식론을 여기 장황하게 음미할 필요는 없다. Locke는 모든 단순표상(simple ideas)이 감각(sensation) 또는 내성(內省, reflection)에 유래한다고 주장하나, 단순표상 가운데는 본래 오성에 유래하는 것도 있으며, 시비나 선악의 표상들은 바로 이 오성에 유래한 표상 가운데의 일부라는 것이 Price의 윤리설을 떠받치는 인식론적 요점임을 지적함으로써 그치기로 한다.

'표상 일반의 기원'에 관한 그의 일반적 인식론의 이론에 입각하여 옳음과 그름의 표상이 오성에 유래하는 것임을 밝히려는 Price의 시도는 세 가지의 논변을 줄거리로 삼는다. 첫째로 허다한 표상들이 진리의 직관으로부터 생긴다는 것은 의심의 여지가 없는 사실이며, '옳음'과 '그름'의 표상도 그와 같은 오성적 직관의 산물이라는 것은 넉넉히 있을 수 있는 일이라는 것이다. 둘째로 비율 · 인과관계 등의

---

7) *Ibid.*, p. 17.

8) Oxford 대학 출신, Glasgow 대학 윤리학 교수, 저서에 *The Moral Sense*(1947), *Moral Judgment*(1955) 등이 있으며, Price의 *Review in Morals*(1948년판)를 해설과 더불어 편찬하였다.

표상이 감각이 아닌 오성에 유래한다는 것은 다툴 수 없는 사실인데, 옳음과 그름의 표상도 수 · 비율 · 인과관계 등과 같은 부류에 속하는 것으로 생각된다는 것이다. 셋째로 만약 옳음과 그름이 감성에 유래한다면 그것들은 오직 주관적 산물로서 행위의 객관적 성질에는 속하지 않는다고 봐야 옳을 것인데, 옳음과 그름이 행위의 성질에 속한다는 것은 "생각하면 생각할수록 논의의 여지 없는" 분명한 사실이라는 것이다.[9]

이상 세 가지 논변이 Price의 증명하고자 하는 바를 만족스럽게 뒷받침해 주지 못하고 있다는 것은 이미 비판적인 독자들이 간파했을 것으로 믿는다. 그러나 이 점에 관한 비판은 직각론적 윤리설의 기본 견지에 대한 비판에 직결되므로, 이 자리에서는 따로 문제삼지 않기로 한다.

"우리로 하여금 행위의 시비를 가리지 않을 수 없게 하는 것은 무엇일까"라는 Price의 기본 문제에 포함된 또 하나의 물음은 "시비의 구별은 그 판단의 대상으로서의 행위가 객관적으로 가진 성질이나 관계를 나타내는 것이냐, 또는 판단하는 주관 즉 인간의 성질에 달린 것이냐"는 그것이었다. 이 물음에 대한 Price의 대답은 저 첫째 물음, 즉 "시비를 가리는 마음의 기능이 감성이냐 오성이냐" 하는 물음에 대한 해답 속에 이미 준비되어 있었다. 왜냐하면 감성에 유래하는 관념 내지 표상은 주관적인 것이요, 오직 오성 내지 이성에 유래하는 표상만이 대상의 참된 성질을 나타내는 것이라는 신념은 Price를 포함한 당시의 대부분의 철학자들에게 공통된 것이었기 때문이다. 다시 말하면 행위의 시비를 구별하는 것은 오성이라고 단정한 Price의 대답 속에는 "옳음과 그름은 행위의 객관적 성질 또는 관계를 나타내는 관념이다"라는 대답까지 포함되었다.

다음에 고찰되어야 할 문제는 "옳음과 그름이 행위의 성질이냐

9) Price, *Review in Morals*, pp. 41∼47.

또는 행위가 무엇에 대하여 갖는 관계이냐"는 물음에 Price가 어떻게 대답하느냐는 것이다. Price는 시비의 관념을 이성에 의하여 파악되는 단순표상으로 보았다. 그리고 그가 이성에 의하여 파악되는 단순표상으로서 예시한 다른 표상들은 비율 · 인과 · 이동(異同) 등과 같이 모두 관계를 나타내는 표상들이다. 따라서 옳음도 그것들과 같은 카테고리에 속한다고 본다면, 시비의 관념도 역시 관계를 가리키는 표상이라고 말해야 할 것이다. 그리고 Ross, Moore 등을 비롯한 현대의 직각론자들도 대체로 '옳음' 즉 'rightness'를 일종의 관계로 보는 경향이 있다. 어떤 이는 '실천법칙에 맞음'을 옳음의 뜻으로 보고, 또 어떤 이는 '상황에 적합함'을 그 뜻으로 보는 차이는 있으나, '옳음'을 행위의 단순한 성질(quality)로 보지 않고 행위가 다른 무엇에 대하여 갖는 관계(relation)라고 보는 점에 있어서 그들의 의견은 대략 일치한다. 그러면 Price도 역시 그것을 관계라고 주장하는가?

Price가 옳음을 관계라고 언명한 곳은 없는 것으로 안다. Raphael에 따르면 그는 도리어 그것을 성질로 봤다고 생각할 이유가 있다.[10] 그러나 Raphael이 지적하는 이유도 그리 결정적인 것으로 보이지는 않는다. 도덕적 가치가 '성질'이냐 '관계'냐 하는 문제는 비교적 근래에 시끄럽게 논의되기 시작한 문제의 하나이다. 아마 Price는 아직 이 문제를 별로 의식하지 않았고, 따라서 이에 대하여 좌우간의 단정을 내린 바 없다고 보는 것이 좋을지도 모르겠다.

---

10) 그 이유란 ① Price가 "rightness"의 동의어인 "fitness"를 도덕적인 의미로 쓰일 경우와 비도덕적인 뜻으로 쓰일 경우로 구별하여 후자는 분명히 관계적 개념으로 해석했으나, 전자는 도리어 비관계적 개념으로 본듯한 귀절이 그의 주저 4장 첫머리에 있다는 것과, ② 같은 책, 117면에 '추상적 덕', 즉 '객관적으로 옳음'을 '외적 행동 또는 사건의 성질'이라고 언명했다는 것이다(*Review in Morals*, 1948년판, pp. XXXii ~ XXXiii). 그러나 문맥을 살피건대 Price의 본의가 반드시 '옳음'이 관계에 대립하는 뜻의 성질임을 주장함에 있는 것 같지 않다.

Ⅲ. '옳음'의 定義 및 義務의 근거에 관한 문제

Price가 윤리학 위에 남긴 가장 큰 공적의 하나는, 그가 현대윤리학의 활발한 논쟁거리가 되고 있는 '가치개념의 정의'에 관한 문제를 비교적 심각하게 다루어, Moore의 '자연주의적 오류'(naturalistic fallacy)의 개념을 위하여 길을 열었다는 사실이다. 이제 이 문제에 관한 그의 분석을 살피기로 하자.

'옳음'(rightness)과 '그름'(wrongness)은 Price의 윤리학에 있어서 가장 기본적인 가치개념이다. 다른 가치개념들은 모두 저것들의 동의어거나 또는 저것들을 바탕으로 삼고 파생된 개념들이다. 예컨대 '의무'(obligation)와 '마땅함'(fitness)은 그것들이 도덕적인 뜻으로 쓰이는 경우에는 '옳음'과 같은 의미를 갖는다고 Price는 주장한다. 그리고 "착하다 및 악하다는 말도 …보통 행위에 적용되는 형용사로서, 분명히 옳다 및 그르다와 같은 뜻으로 쓰인다"[11]는 것이다. 그러므로 '옳음' 또는 '의무'의 정의에 관한 Price의 주장은 가치개념 일반의 정의에 관한 그의 주장을 대표하는 것으로 볼 수 있다.

Price가 옳음과 그름의 구별을 어떤 추리를 거쳐 생긴 결론으로 보지 않고, 오성에 의하여 직각적으로 파악되는 것으로 본 것은 '옳음'과 '그름'을 궁극적(ultimate)이요 단순(simple)한 관념으로 보았기 때문이다. 그리고 어떤 관념이 궁극적이요 단순하다는 주장은 그 관념이 정의할 수 없다(undefinable)는 뜻을 포함한다. 본래 정의란 주어진 관념 또는 개념의 내포를 분석함으로써 얻어지는 것이기 때문이다. 단순한 관념에는 오직 동의어가 있을 뿐 정의는 있을 수 없다. 그러므로 Price는 그 출발점에서부터 '옳음'의 정의의 가능성을 부인하고 나온 것이다. 그러나 Price는 옳음이 단순한 관념이라는 주장에 근거하여 그 정의할 수 없음을 결론하는 것은 아니다. 그는 도리어

11) Price, *Review in Morals*, p. 104.

옳음이 정의할 수 없음을 밝혀 그것이 궁극적이요 단순함을 입증하려 한다.[12] 그러면 Price는 어떠한 논변으로 옳음이 정의할 수 없다는 그의 주장을 뒷받침하는 것일까?

'옳음'이 정의할 수 없는 관념임은 그것을 정의하려는 모든 시도가 반드시 실패로 돌아가고 만다는 것을 밝힘으로써 입증할 수 있을 것이다. 공리주의에 따르면 유용한(useful) 행위가 곧 옳은 행위다. 기독교적 윤리관에 따르면 신의 뜻을 따르는 행위가 옳은 행위다. "유용한 행위는 옳은 행위다," 또는 "신의 뜻을 따르는 행위는 옳은 행위다"라는 명제는 두 가지의 뜻으로 해석할 수 있다. 하나는 "어떠한 행위에 '옳음'이 깃들어 있느냐?"는 물음에 대답하는 것으로 해석함이요, 또 하나는 "옳음이 무엇을 의미하느냐?"는 물음에 대한 답으로 해석함이다. 첫째의 뜻으로 해석한다면 위의 명제들은 적어도 정답의 일부로서의 타당성을 갖는다고 Price는 볼 것이다. 그러나 만약 둘째의 뜻이라면 위의 명제들은 전혀 타당하지 않다고 그는 단정한다. 이와 같이 단정함을 뒷받침하는 이유로서 Price가 제시한 논변 가운데 가장 강력한 것은 다음과 같은 요지의 것이다. 만약 '옳다'와 '최대다수의 최대행복을 위하여 유용하다', 또는 '신의 뜻을 따르다'가 같은 뜻이라면, "최대다수의 최대행복을 위하여 유용한 행위는 옳은 행위냐," 또는 "신의 뜻을 따르는 것은 옳은 일이냐?"는 물음은 지극히 어리석은 질문이 될 것이며, "만인의 행복을 위하여 도움이 되는 행위는 옳은 행위다," 또는 "신의 뜻을 따름은 옳은 일이다" 따위의 판단은 한갓 같은 말의 되풀이로서 무의미한 발언이 될 것이다. 왜냐하면 "신의 뜻을 따르는 것은 옳은 일이냐"고 물음은 "신의 뜻을 따르는 것은 신의 뜻을 따르는 일이냐"고 묻는 것과 다를 바 없으며, "최대다수의 행복을 위하여 도움이 되는 행위는 옳은 행위다"라는 주장은 "최대다수의 행복을 위하여 도움이 되는 행위는 최대다수의

12) *Ibid.*, p. 41, 제 1 항 참조.

행복을 위하여 도움이 되는 행위다"라는 발언과 같은 뜻이 될 것이기 때문이다.[13]

위에 소개한 바와 같은 Price의 주장 가운데 한 가지 주목할 만한 탁견이 담겨 있음을 본다. 그것은 가치판단을 사실판단으로 옮겨 놓을 수 없다는 것, 즉 가치판단과 사실판단은 본래 서로 다른 장르에 속한다는 것을 일찍이 Price가 간파했다는 사실이다. 그가 이 점을 간파하고 있음은 그의 다음 구절에 있어서 더욱 뚜렷이 나타난다.

> 신의 뜻이 명령 내지 금지한 행위 또는 유용하거나 유해한 행위를 가리켜 옳다 또는 그르다는 말을 할 때, 그 말이 의미하는 바는 오직 그 행위가 명령 또는 금지를 당했다거나 유용 또는 유해하다는 사실만을 지적함에 그치는 것이 아니라, 그 행위에 대한 **소견** 또는 **소감**(sentiment)을 피력하는 동시에 그 행위의 수행에 대하여 찬양 내지 비난을 표명하는 것이다.[14]

가치개념의 정의에 대한 논쟁에 관하여 Price가 기록한 또 하나의 공적은, 이미 언급한 바 있듯이, Moore가 후일에 '자연주의적 오류'의 이름으로 밝힌 문제점을 이미 암시했다는 사실이다. Price가 이 문제점을 암시한 것은 '의무'(obligation)를 정의하여 "행위가 도리에 합당함을 보았을 때 우리가 느끼는 마음의 상태"라고 한 Balguy의 견해를 비판한 대목에서이다. 그 비판의 요점은 Balguy가 **의무 그 자체**와 의무에 수반하는 **결과**와를 혼동했다는 것이다.[15] 이 비판이 Moore가 역설한 '자연주의적 오류'의 개념에로 통한다는 것은 앞으로 Moore의 그 개념의 내용이 소개될 때 자연히 밝혀질 것이다.

'옳음' 또는 '의무'가 정의를 허락하지 않는 궁극적이요 단순한 관념이라는 Price의 결론은 '우리가 옳게 행위하지 않으면 아니될 **이**

13) *Ibid.*, p. 16.
14) *Ibid.*, p. 16.
15) cf. *Ibid.*, p. 114.

유가 무엇이냐?' 즉 '의무의 근거가 무엇이냐?'는 물음에 응하는 대답의 바탕을 형성한다. Price에 있어서 "행위에 대한 의무와 행위의 옳음은 분명히 일치하고 동일한 내용의 것이다.[16] 어떤 행위가 옳다 함은 곧 그 행위를 수행할 의무가 있다는 뜻을 포함한다. 그리고 '옳음'은 궁극적인 개념이다. 따라서 어떤 행위가 옳다는 근거를 무슨 법칙이나 누구의 의지 또는 그 행위가 일으킬 어떤 결과 따위에 구할 수는 없다. 그 행위는 그 자체로서 옳은 것이며, 옳은 까닭에 우리는 그것을 행할 의무를 가진다. 그러므로 "우리는 무엇 때문에 옳게 행위해야 하느냐"는 물음은 그 물음 자체가 잘못된 생각에 입각했다고 Price는 믿는다. 무엇 때문에 해야 하는 것이 아니라, 그저 옳기 때문에 해야 하는 것이다. "우리는 왜 그른 일을 삼가고 옳은 일을 행해야 하느냐고 묻는 것은, 우리는 왜 해야 할 일을 해야 하느냐고 묻는 것과 마찬가지"라고 Price는 말하고 있다.[17]

이 점에 있어서 Price는 우리에게 Kant를 연상시킨다. 의무를 위한 의무의 수행, 즉 옳음 그 자체를 숭상하는 동기에서 옳음을 행함이 가장 값진 행위라고 믿는 점에 있어서, 그리고 겉으로 보기에 같은 행위일지라도 그것이 결과에 대한 고려나 자연적 애호(natural inclination)에 의하여 촉진되었을 경우에는 그만큼 도덕적 가치가 감소한다고 믿는 점에 있어서 Price와 Kant는 견해를 같이한다. 행위의 결과를 중요시하는 공리주의와 인간성에 있어서 자연적인 감정을 도덕의 근본원리로 보는 주정주의(主情主義) 윤리설이 우세하던 18세기 영국에 태어난 Price가 도리어 동기에 치중하는 대륙적 이성주의에로 기울어진 것은 주목할 만한 사실이다.

16) *Ibid.*, p. 105.
17) *Ibid.*, p. 110.

Ⅳ. 어떠한 종류의 행위들이 옳은 행위냐

'옳음'과 '그름'의 구별이 그것을 구별하는 사람의 욕구나 감정에 근거를 둔 주관적 심리작용의 결과가 아니라, 오성의 직관으로 파악되는 객관적 성질의 인식이라는 것, 옳음과 그름은 단순하고 궁극적인 관념이어서 정의할 수 없다는 것, 그리고 우리가 옳게 행위해야 할 의무의 근거가 따로 어디 있는 것이 아니라 어떤 행위가 옳다는 바로 그 사실이 우리에게 그것을 행할 의무를 지운다는 것, 이상이 지금까지 보아 온 Price의 윤리설의 요점이었다. 그러나 이상에 소개한 것만으로는 "우리는 어떻게 행위해야 하느냐?"는 규범 윤리학의 기본 문제에 대하여 구체적으로 아무런 해결도 주어졌다고 볼 수 없다. 그러므로 Price가 대답해야 할 다음 문제는 구체적으로 어떠한 종류의 행위들이 옳은 행위냐는 물음이다. 이 문제는 "옳음이 무엇을 의미하느냐"는 저 정의(定義)의 문제와 확연히 구별해야 할 성질의 것이다. 이 문제는 어떠한 부류의 행위들이 '옳음'이라는 가치를 가지고 있느냐고 묻는 것으로서, 옳음 그 자체의 뜻을 묻는 것과는 다르다. 후자가 옳음이 무엇이냐고 묻는 것이라면, 전자는 옳은 것이 무엇임을 밝히려는 것이다.

어떠한 종류의 행위가 옳은 행위냐는 물음에 관한 Price의 논의는 공리주의에 대한 비판을 출발점으로 삼고 있다. 공리주의에 의하면 최대다수의 최대행복을 가능한 최고도로 조장하는 행위, 즉 행위자가 주어진 상황 안에서 행할 수 있는 행위들 가운데서 가장 유용한 행위가 옳은 행위다. 그러나 Price는 공리주의자들의 그와 같은 견해가 우리들의 일상적 도덕의식과 부합하지 않는다고 지적하여 이를 물리친다. 우리가 정직, 약속의 이행, 정의(正義)를 위한 투쟁 등을 옳다고 판단할 때 반드시 그러한 행위들에 따르는 결과를 고려하는 것은 아니며, 또 결과로 말하면 사회에 많은 이익을 가져오는 행위일지라도 우리가 그것을 옳다고 인정할 수 없는 경우도 있다는 것이다. 이 점을 강조하여 Price는 다음과 같이 말하고 있다.

> 배은(背恩), 불의(不義), 그리고 사기에 대하여 우리의 마음이 비난을 금치 못함은 의심의 여지가 없는 사실이다. 문제의 요점은 이 비난의 근원이 무엇이냐——즉 그러한 행동이 타인에게 불편을 야기하고 사회의 질서를 어지럽힌다는 생각만이 홀로 비난을 자아내는 원천인가, 또는 그들 행동의 결과와는 아무런 관계도 없이 그들 행동 자체 안에 악이 직접적으로 파악되는 것이냐——에 달려 있다. …나는 그러한 행동들이 아무런 피해를 가져오지 않더라도, 그리고 약간의 이익을 가져올 경우일지라도, 그러한 행동들은 비난의 대상이 되기는 일반이라고 생각한다.[18)]

현재에 이르러서는 모든 이해관계를 초월하여 칭찬과 비난이 내려짐이 사실이라 할지라도, 그 칭찬과 비난의 기원을 살핀다면, 원시사회에 있어서 유리한 행위를 칭찬하고 불리한 행위를 비난하던 경향이 습관과 연상의 힘을 입어 오늘날은 이해를 떠나서 칭찬하고 비난하게 된 것이라는 발생학적 이론에 대하여도 Price는 찬동하지 않는다. 이와 같은 견해는 "모든 도덕판단을 한갓 이해타산에 환원하려는 사람들의 피난처였으며, 마음의 작용과 행동의 동기에 관한 경험으로부터 얻을 수 있는 거의 모든 증거를 회피하는 데 도움이 될 것"[19)] 이라고 그는 비난하고 있다. 그리고 또 하나의 발생학적 이론, 즉 어린이시절에는 본래 이해관계를 떠난 시비의 관념은 없었으나, 어른들의 간섭 기타의 경험을 통하여 이해를 초월한 듯한 가치관념이 조건형성된다는 이론에도 찬동하지 않는다. 그는 도리어 "특히 어린이들은 결과를 고려하거나 공중 내지 사회에 대한 일정한 사상을 가졌다고는 볼 수 없다. 그렇지만 우리는 그들이 어른들과 마찬가지로 거짓

---

18) Price, *Review*, p. 134.
19) *Ibid.*, p. 135.

을 싫어하고 참됨을 좋아함을 관찰할 수 있다"[20]고 주장하는 것이다.

최대다수의 최대행복이 행위의 옳고 그름을 가리는 유일한 표준이라는 공리주의적 견해를 물리친 Price는, 우리가 그것을 행할 의무를 지는 주요한 덕목 여섯 가지를 들고 있다. 그 여섯 가지가 그 자체 안에 '옳음'의 가치를 지니고 있다는 것은 다른 무엇에 의거하여 증명되는 것이 아니라 직각적으로 자명하다고 보는 점을 고려하여, Price를 다원론적 직각론자(pluralistic intuitionist)라고 부르는 학자들도 있다. Price는 그러나 그 여섯 가지의 덕목(heads of virtue)으로 옳은 행위의 모든 종류가 망라된다고 보는 것이 아니며, 그것들은 오직 "주요한 덕목"(the main and leading branches of virtue)[21]이라고 말하고 있다. 그 여섯 가지 덕목이란 ① 신에 대한 의무, ② 자아에 대한 의무, 즉 신중(prudence), ③ 인자, ④ 감은(感恩), ⑤ 성실, 그리고 ⑥ 공성이다.[22]

⑴ **神에 대한 의무(duty to God)** 이것은 신의 은총에 대한 감사 및 우월자로서의 신에 대한 존경을 의미한다. Price는 신에 대해서뿐 아니라 도덕적으로 우월한 인격에 대하여도 존경할 의무가 있다고 주장한다.

⑵ **自我에 대한 의무(duty to self)** Price는 자아의 행복을 위하여 최선을 다함도 우리의 의무라고 생각한다. 그리고 자아의 행복을 실현하는 최선의 길은 곧 신중(愼重)에 있다고 그는 믿는다. 신중이란 실천 위에 발휘된 지성이요, 지성은 인간이 그의 목적을 달성함에 사용할 수 있는 최강의 무기이기 때문이다. 나의 행복을 조장함이 의무라고 생각하는 Price의 견해는 모든 이기적인 것을 악덕이라고 물리치는 일반의 도덕관념에 비하여 특색이 있다. 만약 나의 행복을 도모함이 나의 의무라면, 나 자신의 행복에 관하여도 사정은 조금도

20) *Ibid.*, p. 136.
21) *Ibid.*, p. 164.
22) *Ibid.*, p. 138ff.

다를 수가 없다는 것이 그의 신념이다.[23)]

⑶ 仁 慈(beneficence) 이것은 다른 사람들의 행복을 도모하는 것이니, 공리주의자들이 도덕의 최고원리로 삼는 최대다수의 최대행복의 원리에 가깝다. 공리주의자들이 '옳은' 행위의 유일한 기준으로 여긴 원리를 Price는 주요한 몇 가지 기준 가운데 하나로 본 것이다. 그러나 Price는 이 인자의 덕을 다른 어떤 덕보다도 가장 일반적이요 중요한 것으로 보고 있으니, 영국 윤리학에 있어서의 공리주의의 영향력을 짐작케 한다.

⑷ 感 恩(gratitude) 이것은 자기가 은혜를 입은 어떤 특정한 대상에게 대한 의무인 점에 있어서 널리 일반에게 무차별하게 적용되기를 요청하는 인자의 의무와 크게 다르다.

⑸ 誠 實(veracity) 거짓말을 하지 않으며 약속을 이행함이 이 덕의 가장 중요한 내용이다. Price는 성실의 근본이 무지와 허위를 배격하는 저 진리애의 정신에 있다고 믿는다. Platon을 따라서 그는 거짓말과 약속위반의 악이 무지 또는 그릇된 인식의 악과 같은 성질의 것이라고 믿었다.

⑹ 公 正(justice) Price는 이 덕목 아래 ① 재산에 대한 정당한 권리와 ② 공평한 분배를 생각하고 있다. 재산에 대한 정당한 권리란 자타의 소유가 부당히 침해돼서는 안 된다는 뜻이요, 공평한 분배란 공로와 자격을 따라 분배함을 의미한다.

그러면 이상에 열거된 여러 덕목들은 아무런 관계 없이 서로 독립된 것일까, 또는 어떤 내면적 관련성에 의하여 통일되는 것일까? Price는 공리주의를 비롯한 많은 학설들이 오직 하나의 기본적 도덕원리를 확립하려고 꾀한 것은 도덕의 사실을 지나치게 단순화하려 한 무리한 시도라고 비난한다. 오직 한 가지 종류의 행위만이 옳다는 칭찬을 받아야 한다는 법은 없다는 것이다. 그러나 한편 그는 도덕의

---

23) *Ibid.*, p. 149.

체계에도 어떤 통일성이 여하간에 있어야 할 것이라고 느낀다. "위에 열거한 덕목들이 아무리 각각 서로 다르다 하더라도, 그것들이 덕목이라는 같은 개념 아래 속한다는 사실로 미루어볼 때, 그것들이 모두 하나의 공통된 관념에로 귀일하는 바 하나의 근본적이요 통괄적인 원리의 다양한 변형이라고 봐야 할 것은 의심의 여지가 없다"[24]고 그는 진술한다. 여기서 우리는 "덕은 하나"라고 단언한 Platon에로 접근하는 Price를 본다. 그러나 여러 가지의 덕목을 하나의 체계에로 통일시키는 그 기본원리가 어떠한 성질의 것인지, 그들 덕목의 상호관계가 구체적으로 어떤 것인지 시원스럽게 밝혀 주지는 않았다.

복수의 덕목이 인정되면서 그 덕목들을 보다 높은 차원에서 조정하는 하나의 최고원리가 제시된 바 없는 Price의 윤리설에 있어서 필연적으로 생기는 문제는 '의무의 충돌'에 관한 그것이다. Price는 여러 가지 덕목에로 나누어지는 의무들이 대부분의 경우에 있어서 충돌 없이 만족될 수 있다고 믿으나, 때로는 모순·대립함을 부인하지 않는다. 두 개의 의무를 다같이 수행할 수 없을 경우에 우리는 어떻게 거동할 것인가? 보다 큰 의무를 위하여 보다 작은 의무는 희생될 수밖에 없다고 Price는 가르친다. 그러나 의무의 경중을 저울질하는 보다 기본적인 가치의 척도가 준비되지 않은 Price의 윤리설에 있어서, 어느 쪽이 보다 큰 의무이며 어느 편이 보다 작은 의무인지 분간하기란 결코 수월한 문제가 아니다. 일정한 종류의 행동을 그것만 따로 떼어 생각할 때 그것이 옳은 쪽에 속하는지 그른 쪽에 속하는지는 누구에게나 명백하지만, 모순·대립하는 몇 가지 의무 가운데서 어느 것이 보다 중요한지는 아무에게도 분간하기 어려운 문제라고 Price 자신이 인정하고 있다. 의무가 충돌할 경우에 있어서 그 경중을 틀림없이 산출할 수 있는 일반적 공식은 없다. 오직 경험을 토대로 한 의견—오류의 가능성을 포함하고 있는 의견(opinion)—에 의거할 수밖

24) *Ibid.*, p. 165.

에 없다는 것이 Price의 결론이다. 모든 부문의 자연과학이 그렇듯이 윤리학도 그 실천적 측면에 있어서는 진리 그 자체의 파악보다도 진리에로의 접근을 꾀하는 노력의 과정이라는 견해에 Price도 동의하는 것이다.

의무의 이행이 실천적 단계에 있어서 의견에 의존하지 않을 수 없다는 생각은 Price로 하여금 '절대적 덕'(absolute virtue) 또는 '추상적 덕'(abstract virtue)과 '상대적 덕'(relative virtue) 또는 '실제적 덕'(practical virtue)을 구별하게 하였다. 전자는 우리가 관련된 모든 사항을 완전히 알았을 경우에 옳다고 판단하는 행위요, 후자는 우리가 현실에 알고 있는 지식 즉 의견에 비추어 옳다고 판단하는 행위다. 다시 말하면 전자는 절대지(絶對知)의 견지에서 본 의무요, 후자는 유한자 인간의 지력으로 판단한 그것이다. 절대지에 도달함은 실제로 불가능에 가까우므로, 상대적 덕을 수행하는 것이 우리들의 현실적인 의무라고 Price는 주장한다.

V. 批判的 考察

우리는 윤리사상의 역사 위에 남긴 Price의 공적을 과소평가해서는 안 될 것이다. 옳고 그름의 구별이 오직 감정에만 유래하는 것이 아님을 밝혔으며, 사실판단과 가치판단의 논리적인 차이를 지적했을 뿐 아니라, '옳음'(rightness)과 '옳은 것'(the right)의 구별을 명시하여 Moore의 '자연론적 오류'를 위한 주춧돌을 마련한 것은 그의 공적 가운데서 특기할 것으로 생각된다. 그러나 매우 기본적인 몇 가지 점에 있어서 우리는 Price의 견해에 의심을 금치 못하는 것이다.

(1) Price는 시비의 구별이 감성에 유래하는 것이 아니라 오성에 유래한다고 주장하였으며, 그와 같이 주장하는 근거의 하나로서 옳음과 그름이 주관적 산물이 아니라 행위 자체가 가진 객관적 성질

임을 역설한다. 시비의 구별이 오로지 감정에만 유래한다는 견해에 대하여 우리는 Price에 못지 않게 깊은 의혹을 느낀다. 그러나 한편 옳음과 그름의 구별이 오직 오성에만 유래한다는 반대극의 견해에 대하여도 우리는 적지 않은 회의를 느낀다. 만약 Price가 주장하듯이 옳음과 그름이 행위의 객관적 성질에 속함이 의심의 여지 없는 사실임이 분명하다면, 옳음과 그름을 인식하는 기능이 오직 오성이라는 견해는 매우 든든한 지반 위에 섰다고 봐야 할 것이다. 그러나 만약 옳음과 그름이 행위의 단순히 객관적인 성질에만 속하는 것이 아니라 그 행위를 대하는 사람의 태도(attitude)에도 의존한다면, 옳음과 그름의 구별이 오직 오성에만 유래한다는 주장은 크게 흔들리지 않을 수 없을 것이다. 따라서 우리의 문제는 옳음과 그름이 감정·욕구 등 아무런 주관적 태도와도 관계 없이 그 자체 독립한 실재성을 갖느냐 안 갖느냐에 그 초점을 두었다고 생각된다. 옳음과 그름 및 그 밖의 도덕적 가치들이 독자적 실재성을 갖느냐, 또는 인간이 대표하는 어떤 유정적 존재의 태도의 참여를 기다려서 생기는 것이냐는 문제에 관하여는 현대의 윤리학자들 사이에 활발한 논쟁이 전개된 바 있다. 따라서 우리는 이 문제의 음미를 뒷 장(章)에서 현대윤리학의 몇 가지 중요한 학설이 소개될 때까지 보류함이 좋을 것이다.[25] 다만 이곳에서는 옳음 및 그름의 객관적 실재성이, Price가 말하듯이, "생각하면 생각할수록 논의의 여지 없이" 자명하지는 못하다는 점을 지적함으로써 그치기로 한다.

(2) Price는 어떤 행위가 옳다 함은 그 행위를 해야 할 의무가 있다는 뜻을 포함하는 것을 논거로 삼고 '의무의 근거'를 묻는 것은 무의미한 일이라고 논한다. 만약 주어진 상황에 있어서 어떻게 함이 옳다는 것이 의심의 여지 없이 자명하다면, 그렇게 할 의무가 있다는

25) 제 7~8 장에서 실재론적 견지를 취하는 G. E. Moore와 이에 반대하여 상대론적 견지에 서는 R. B. Perry가 소개될 것이며, 이들의 비교를 통하여 이 문제에 대한 좀더 세밀한 음미가 시도될 것이다.

것도 의심의 여지가 없다 할 것이다. 그러나 문제는 어떤 행위가 옳으며 다른 행위는 그르다는 근거가 바로 어디 있느냐에 있다. Price는, 행위의 시비는 거리의 원근 또는 물체의 대소가 그렇듯이 대상에 속하는 객관적 사실인 까닭에, 그 시비의 근거를 묻는 것 또한 무의미한 일이라고 주장할 것이다. 만약 '옳음'과 '그름'이 객관적 사실을 가리키는 말임에 의심이 없다면, 시비의 근거를 묻는 것은 과연 무의미한 노릇일 것이다. 큰 물건은 그저 큰 까닭에 클 뿐이며, 그것이 왜 크냐고 묻는 것은 무의미한 노릇이듯이. 그러나 시비와 선악이 물체의 대소(大小)가 그렇듯이 객관적 사실을 가리키는 말임에 정말 틀림이 없을까? 여기서 우리는 또다시 실재론적 가치설과 상대론적 가치설이 대립하는 모퉁이에, 즉 우리가 그 음미를 뒷장으로 미룬 문제점에 도달하였다. 저자가 Price와는 달리 상대론에로 마음이 끌리는 이유는 추후에 밝히고자 하거니와, 여기서는 다만 시비 또는 선악이 행위에 대하여 갖는 관계와 대소 또는 형태가 물체에 대하여 갖는 관계 사이에는 본질적인 차이가 있다는 사실을, 시비나 선악의 속성을 갖지 않은 행위를 생각할 수는 있으나, 크기도 모양도 없는 물체를 생각할 수는 없다는 점을 지적하여, 밝혀둠에 그치고자 한다.

(3) 우리들의 다음 불만은 Price가 제시한 여섯 가지 주덕(主德)에 관계한다. Price는 신에 대한 숭배, 신중, 인자 등 여섯 가지의 덕을 가장 중요한 의무로서 열거하였다. 바로 그 여섯 가지가 가장 으뜸가는 의무라는 것은 직각적으로 자명하다는 것이 그의 신념이다. 그러나 그것이 정말 자명하다고 말할 수 있을까? 만약 주덕에 관한 사상가들의 견해가 역사 위에서 대립한 사실이 없었더라면, 그것이 자명하다는 주장을 크게 위협하는 사정은 없다고 말할 수 있었을지도 모른다. 그러나 실제에 있어서 주덕에 관한 여러 학자들의 견해는 독자들을 당황케 할 정도의 다양성을 가지고 대립하였다. 예컨대 Platon을 위시한 희랍의 사상가들이 지혜·용기·절제·공정의 네

가지 주덕을 제창했는가 하면, Augustinus가 대표하는 기독교사상가들은 사랑과 믿음과 바람(望)의 세 가지 주덕을 숭상하였으며, 중국의 전통적인 사상은 인·의·예·지·신 따위의 덕목을 떠받들었다. 같은 직각론자들 가운데서도 Sidgwick은 합리적 자애, 합리적 타애 및 공정의 세 가지를 윤리학의 공리(公理)로서 내세웠으며, Moore는 그 자체로서 선한 것, 즉 본래적 선(intrinsic goodness)을 가진 것의 종류는 이루 헤아릴 수 없을 정도로 무수하다고 주장하였다. 주덕에 관하여 이와 같이 이론이 많다는 사실 그것만으로 Price의 덕론이 잘못되었음을 입증할 수 있다는 것은 물론 아니다. 그러나 직각에 입각한 학자들의 견해에 그토록 차질이 생긴다는 사실은 Price의 육주덕(六主德)의 절대성을 의심케 하는 충분한 이유가 될 뿐 아니라, 직각론적 방법 그 자체의 기본적인 난점을 암시하는 것이라고 보아도 무방할 것이다.

덕론에 관련된 Price의 또 하나의 약점은 두 가지 이상의 의무가 상치될 경우에 그 어느 쪽을 택할 것인지를 판정할 기준이 될 수 있는 비교의 원리를 제시하지 못하고 있다는 사실이다. Price 자신도 인정하듯이 실천상의 심각한 딜레머는 단독으로 떼어 본 대상 하나하나의 선악을 판별하기가 어려움에서 오는 것이 아니라, 두 가지 이상의 대상 가운데서 하나를 선택해야 할 상황에서 어느 것이 보다 나은지 또는 어느 것이 보다 못한지를 판별하기가 어려움에 기인하는 것이 보통이다. 따라서 가치비교의 척도가 될 만한 어떤 원리를 제시하지 못한 Price의 다원론적 윤리설은 실천문제의 가장 결정적인 단계에 이르러 확고한 지침이 될 수 있는 힘을 갖추지 못한 셈이다.

제 2 절 I. KANT

I. 小 序

Kant(1724~1804)를 Price와 마찬가지로 전형적인 직각론자로 보기는 힘들 것이다. Kant의 윤리설이 전체로 볼 때 형이상학적 지반 위에 섰음은 그의 윤리설의 기본개념을 이루고 있는 '순수실천이성' 및 '자유'가 모든 자연적인 것을 초월한 바 순전히 형이상학적인 개념이라는 사실만으로도 분명하다. 그러나 한편 오직 선의지(善意志, der gute Wille)만이 독자적이요 무제약적으로 선한 것이라고 한 그의 출발점은 확실히 직각론적이라 할 것이며, 또 그가 말하는 실천이성의 근본법칙도, Kant 자신은 '실천법칙'(praktisches Gesetz)이라는 개념 자체의 분석에서 연역했다고 주장하나, 그 내용에 있어서 직각론자의 공리와 비슷함을 감출 수 없다. 그리고 Kant는 몇 가지 기본적인 점에 있어서 직각론자 Price와 보조를 같이하는 한편, Aristoteles, Spinoza, Hume, Mill 등과는 정면대립의 자세를 주저 없이 취한다. 첫째로 Aristoteles, Spinoza 등이 좋음 및 나쁨을 근본개념으로 보고 옳음과 그름은 파생적 개념으로 본 데 대하여, Kant는 도리어 Price와 더불어 옳음과 그름을 윤리학의 근본개념으로 믿었다. 둘째로 Kant는 철저한 동기주의를 주장하여 도덕에 있어서 모든 목적관념을 물리치고, 오직 의무를 위한 의무의 수행만이 순수히 도덕적이라고 본 점에 있어서 Aristoteles, Spinoza, Hume 등을 멀리 떠나 Price와 길을 같이했던 것이다. 이상과 같은 점을 고려할 때, 우리가 어차피 다루어야 할 이 18세기 독일의 거성을 Price와 자리를 나란히하여 살피는 것은 결코 부당하지 않으리라고 생각된다.

Ⅱ. 善意志, 그리고 義務

"이 세상에 있어서 또는 이 세상 밖에 있어서까지라도 선의지 이외에는 무조건 선하다고 볼 수 있는 것은 하나도 생각할 수 없을 것이다"라는 「도덕형이상학의 원리」(*Grundlegung zur Metaphysik der Sitten*) 제 1 장의 첫구절은, Kant 윤리설의 출발점인 동시에 그 기본 전제(fundamental assumption)라고 생각된다. 이 구절이 뜻하는 바에 따르면 그 자체로서 선한 것, 즉 본래적 선(intrinsic goodness)의 가치를 가진 것은 오직 선의지뿐이다. 따라서 도덕적 노력이 궁극의 목표로 삼을 바는 선의지의 실현 내지 함양이요, 인생의 실천적 기본원리의 발견을 사명으로 삼는 윤리학의 과제는 선의지의 탐구에 그 초점을 두게 된다. 그러나 다른 문제가 다루어지기에 앞서서, Kant의 이른바 '선의지'가 무엇을 의미하느냐가 밝혀져야 할 것이다.

선의지란 옳은 행동을 오로지 그것이 옳다는 이유에서 항상 택하는 의지를 말한다. 그것은 행위의 결과를 고려하는 마음이나 또는 자연적인 경향을 따라서 옳은 행동에로 쏠리는 의지가 아니라, 단순히 어떤 행위가 옳다는 바로 그 이유로 말미암아 그 행위를 택하는 의지인 것이다. 결과에 대한 고려나 자연적인 경향에 좌우되었을 경우에는, 비록 외면적으로는 틀림없이 옳은 행위를 택한 의지일지라도, 참된 선의지라 부를 수는 없다. 한 마디로 말해서 선의지란 객관적 실천의 법칙을 순수한 동기에서 따르는 능력이다. 그러나 현실적인 인간의 의지는 주관적 동기의 세력 밑에 있는 까닭에 일반적으로 객관적 실천의 법칙과 잘 조화되지 않는다. 따라서 의지와 실천적 법칙 사이에 일종의 갈등이 일어나며, 실천의 법칙은 의지에 대하여 명법(der Imperativ)의 형태로 나타나는 동시에, '옳다'는 관념은 당위, 즉 의무(die Pflicht)로서의 압력을 대동하고 육박해 온다. 이에 선의지와 의무의 두 개념이 밀접한 관련을 짓게 마련이며, Kant는 그 관련을 "의무의 개념은, 비록 어떤 주관적 제한과 장애라는 조건 밑에 서이기는 하나, 선의지라는 개념을 그 안에 포함한다"[26] 라는 말로 표현하였다. 선의지란 의무 그 자체를 존중하는 마음에서 의무를 수행하고자 하는 뜻이라고도 말할 수 있다.

오직 의무를 존중하는 동기에서 의무에 맞도록 하는 행위만이 Kant로서는 도덕적 가치를 인정할 수 있는 행위다. 의무에 배치되는 행위는 비록 아무리 유익하다 하더라도 도덕적일 수는 없다. 또 비록 의무에 부합하는 행동일지라도 그것이 의무에 대한 존중을 동기로 삼지 않을 경우에는 도덕적인 행위가 될 수 없다. Kant 자신의 예를 빌려 본다. 자기의 생명을 보존함은 우리의 의무다. 그러나 생명에 대한 자연적인 애착에서 이것을 보호하는 행동은, "의무에 부합하기는 하나 의무로부터 나온 것이 아닌" 까닭에, 하등의 내면적 가치를 갖지 않는다.[27] 그리고 또 힘이 자라는 범위 안에서 남에게 친절을 베푸는 것도 우리의 의무다. 그러나 천성이 동정심으로 가득차고 남을 도움에 기쁨을 느껴 친절을 베풀 경우에는, "그러한 행위가 아무리 의무에 합당하고 아무리 가상할 만한 것이라 할지라도, 역시 결코 참된 도덕적 가치를 갖는 것은 아니다."[28] 역경과 절망 속에서 인생에 대한 아무런 흥미도 느끼지 않으나 오직 의무를 존중히 여기는 마음에서 죽음의 유혹을 물리칠 때, 또는 남에게 동정심을 느끼기에는 스스로의 고뇌가 너무나 압도적인 사람이 오직 그것이 의무라는 생각에서 아무런 감격도 느낌이 없이 남을 도울 때, Kant는 참된 도덕적 가치를 인정하는 것이다.

오직 의무의 요구를 따르려는 동기만이 행위에 도덕적 가치를 부여한다고 믿는 Kant는, 따라서 행위가 의도하는 목적이나 행위에

26) Kant, *Grundlegung zur Metaphysik der Sitten,* 1838년판(Rosenkranz, Schubert 공편), S. 17.
27) *Ibid.,* S. 17.
28) *Ibid.,* S. 17.

의하여 도달되는 결과는 행위의 도덕적 가치와 아무런 관계도 없다고 주장한다. 다시 말하면, 목적이나 결과 그 밖의 어떠한 실질적 원리도 도덕적 가치의 성립에 참여하는 것이 아니라, 오직 의지의 형식적 원리에 의하여 규정되었을 경우에만 행위는 도덕적 가치를 갖게 되는 것이다. 이 점을 Kant는 "의무란 법칙에 대한 존경으로 말미암아 행위하지 않을 수 없는 필연성이다"[29]라는 명제로 표명하고 있다. 법칙에 대한 존경, 그것만이 행위에 내면적 가치를 부여하는 근거가 될 수 있다. 행위가 의도한 목적으로서의 대상에 대하여 우리는 애중(愛重)의 경향(Neigung)을 가질 수는 있으나 존경(Achtung)의 감정을 가질 수는 없으며, 또 그 인간적 자연의 경향에 대하여도 우리는 시인 내지 애호의 느낌을 가질 수는 있으나 존경의 감정을 가질 수는 없다. 오직 법칙 그 자체만이 존경의 대상이 될 수 있고 따라서 도덕적 명령이 될 수 있다는 것이다. 이상에 소개한 바와 같은 Kant의 견해는 그의 다음 귀절에 잘 묶여서 표현되고 있다.

> 의무로부터의 행위는 모든 경향에서 오는 영향 및 의지의 대상으로부터 분리되어야 한다. 따라서 의지를 규정할 것으로서 남는 것은 오직 객관적으로는 법칙, 주관적으로는 그 실천법칙에 대한 순수한 존경, 다시 말하면 자기의 모든 경향을 희생시키는 한이 있더라도 그 법칙을 따르리라는 준칙(die Maxime)이 있을 뿐이다.[30]

다음에 우리가 Kant에게 응당 물어야 할 것은 "의지의 정당한 규정원리로서의 실천법칙은 어떠한 것이냐," 즉 "그것에 대한 존경이 행위의 동기가 되어야 한다는 의무는 어떠한 명령들로써 구성되느냐"는 물음일 것이다. 선의지를 "의무를 위하여 의무를 수행하려는 의지"라고만 밝히고 그 의무가 어떠한 행위를 가리키는지 밝혀 주지 않는다면, 주어진 의지가 선의지인지 아닌지를 판별하지 못할 것이기

29) Kant, *Grundlegung*, S. 21.
30) *Ibid.*, S. 21～22.

때문이다. 그러나 우리는 이 다음 문제로 들어가기 전에 "오직 선의지만이 본래적으로 선하다"라는 Kant의 기본명제가 하나의 직각론적인 판단임을 밝혀 두고자 한다.

Kant는 "선의지만이 무제약적으로 선하다"라는 그의 명제를 정당화하기 위하여 다음과 같은 논법을 시도한다. 즉 세상에서 보통 본래적인 선으로 인정되고 있는 것도 선의지와 결합이 아니라면 무가치한 것 또는 악한 것이 되리라는 논법을. 예컨대 기지·용기·부귀·권세 등은 "여러 가지 점으로 보아 좋은 것이요 바람직한 것임에 틀림이 없으나," 이것들을 사용하는 올바른 의지가 아니라면 도리어 화근이 될 수도 있다는 것이다.[31] 그러나 이 논법은 선의지만이 본래적으로 선함을 밝히는 아무런 논리적 힘을 가지고 있는 것이 아니다. 그는 오직 전통적이요 상식적인 가치의식에 호소했을 뿐이다. 결국 그는 "선의지만이 본래적으로 선하다"라는 명제를 직각적 진리로서 전제한 것으로 해석된다.

Ⅲ. 實踐의 法則

압도적인 종교의 권위 또는 절대적인 국가권력의 영향 아래 발전한 종래의 윤리사상이 대체로 절대론(absolutism)에 지배되는 경향을 보였음은 거의 상식적인 사실이다. 절대적 도덕률의 구체적 내용에 관하여는 매우 많은 의견의 대립이 있었다. 그러나 도덕 그 자체의 절대성을 믿는 점에 있어서는 대체로 견해가 일치했던 것이다. 인생에는 모든 시대와 온갖 지역의 사람들이 다같이 지향해야 할 절대목적 또는 모든 사람이 지켜야 할 절대적 실천법칙이 있다는 것과 우리는 누구나 그 절대목적 내지 절대법칙에 따라서 행위하기를 결심할 수 있는 의지의 자유를 가졌다는 것은, 비단 이름 있는 학자들 사이

31) *Ibid.*, S. 21.

에 있어서뿐 아니라, 일반 대중의 무의식적 도덕관념에 있어서까지 오랫동안 지배적인 신념이었다. 옳은 행위를 위한 절대기준의 존재와 의지의 자유를 기본신조로 삼고 나선 점에 있어서, Kant는 중세기를 이어받은 전통적 사상가들과 같은 지반 위에 섰다. 그러나 Kant는 도덕의 절대기준 및 의지의 자유를 아무런 반성 없이 그저 전제함에 그치지 않고, 그들 기본전제의 타당함을 어느 정도 논리적으로 밝히고자 꾀했다. 여기에 비판철학자로서의 Kant가 도덕의 절대성과 의지의 자유를 마치 '자명한 사실'처럼 전제해 버린 종전의 형이상학적 윤리학자들과 다른 점이 있다.

선의지, 즉 법칙 자체에 대한 존경으로 말미암아 법칙을 따르려는 의지만이 무제약적으로 선하다고 단정한 Kant는, 이미 지적한 바와 같이, 의당 그 '법칙'이 어떠한 것인지를 밝혀야 할 것이다. 그러나 Kant는 "실천이성이 우리에게 무엇을 명령하느냐?"고 물을 수 있기 전에 실천이성의 절대적인 법칙의 존재근거 및 의지자유의 가능근거가 검토되어야 한다고 믿는다. 그리고 이 더욱 근본적인 문제들의 검토는 Kant에 있어서 그가 찾는 실천법칙 발견의 출발점이기도 하다.

실천법칙의 존재를 밝히는 문제와 의지자유의 가능성을 밝히는 그것은 Kant에 있어서 밀접히 관련된 두 개의 물음으로서, 그 중의 하나만 풀리면 다른 하나도 따라서 풀리리라고 그는 믿는다. 보편적으로 타당한 실천의 법칙은 의지의 자유를 필연적으로 요청(postulieren)하므로, 만약 그것의 존재가 의심 없는 사실이라면 의지의 자유도 간접적으로나마 확실시될 것이요, 이와 반대로 만약 의지자유의 가능성이 먼저 밝혀진다면, 그것은 모든 경험적 제약을 초월한 선천적 의지가 자기의 고유한 법칙을 가지고 있음을 의미하는 것이니, '의지의 자유'라는 개념 그 자체의 분석에서 보편적 실천법칙의 존재는 저절로 논증된다는 것이다.[32]

---

32) 이 점은 Kant의 다음 귀절에서 명시되고 있다 : "내가 지금 자유를 도덕법칙의 제

그러면 Kant는 상호적으로 관련된 이 두 가지의 난문, 즉 자유의 문제와 무제약적 실천법칙의 문제를 어느 편으로부터 구명하기 시작하는가? 만약 예지적 직관(intellectuelle Anschauung)이 인간에게 허용되어 있다면, Kant는 응당 자유로부터 출발했을 것이다. 의지의 자유가 의심의 여지 없는 사실이라면, 어떤 선천적 종합판단을 기다릴 필요 없이, '자유'의 개념 자체의 분석에서 실천법칙의 존재가 스스로 논증될 수 있을 것이기 때문이다. 그러나 Kant는 자유로부터 시작할 수가 없었다. 왜냐하면 '자유에 관하여 우리가 얻은 최초의 개념은 소극적'이며,[33] 그것을 직관적으로 파악할 능력이 인간에게 주어진 바 없음을 알았기 때문이다. 따라서 Kant에게 남은 길은 오직 실천법칙으로부터 출발하는 것뿐이었다. 다시 말하면, 행위가 따라야 할 실천의 법칙을 우선 발견하고, 그것이 선천성 내지 보편성을 가진 법칙임을 밝힘으로써, 우리는 이 법칙을 무조건 이행해야 하며 또 이행할 수 있음을 명백히 하는 순서만이 남아 있었다. 이리하여 Kant의 「실천이성비판」의 최고의 과제는 보편적 실천법칙에 대한 선험적(*a priori*) 종합판단으로서의 실천적 인식, 특히 그 실천법칙의 기본원리로서의 '순수실천이성의 원칙'(grundsatz der reinen praktischen Vernunft)을 발견하는 일이 아닐 수 없었다.

순수실천이성의 원칙을 발견함에 있어서 성공하느냐 못하느냐는 Kant의 윤리설 전체의 성패를 좌우하는 관건이라 할 것이다. 실천이

약(Bedingung des moralischen Gesetzes)이라고 말했으며, 또 뒤의 논술에 있어서 도덕법칙을 우리가 자유를 의식하자면 무엇보다도 먼저 의거해야 할 제약이라고 주장할 것인데, 여기에 어떤 모순이 있는 것처럼 오해하는 이가 있어서는 안 되겠기에 나는 다음의 사실만을 지적하고자 한다. 즉 자유는 분명히 도덕법칙의 존재근거(ratio essendi)이나, 그러나 도덕법칙은 자유의 인식근거(ratio cognoscendi)라는 사실을. 왜냐하면 만약 도덕법칙이 우리 이성에 의하여 미리 분명하게 생각되지 않았다면, (비록 자유라는 개념에 자기모순이 없을지라도) 자유라는 것이 있다고 상정(想定)할 권리를 우리는 생각할 리 없을 것이며, 한편 만약 자유가 없었다면 우리들은 결코 도덕법칙을 발견할 도리가 없었을 것이기 때문이다"(*Kritik der praktischen Vernunft*, Vorländers Ausgabe, 1929, S. 4, 각주).

33) *Ibid.*, S. 34.

성의 원칙이 확고한 사실을 토대로 하여 발견되기만 한다면, 그 원칙의 타당성은 따로 논증할 필요 없이 그것이 실천이성의 사실임으로써 자명하게 될 것이며, 또 실천이성의 원칙의 확립은 곧장 자유의 인식근거가 될 것이기 때문이다. 그러면 Kant는 무엇에 의거하여 실천이성의 원칙을 발견하는가?

Kant의 윤리설에는 처음부터 회의론적 색채는 없었다. 그는 본래 도덕의 절대성을 믿었으며, 무제약적으로 타당한 실천의 법칙이 존재함을 확신하였다. 다만 그는 그 실천의 법칙을 독단으로 전제하지 않고, 확고한 사실의 토대 위에서 발견하려 한 것이다. 그러면 어떠한 사실이 실천법칙 발견의 토대가 되는 것일까? 다름아닌 도덕의 사실만이 그 토대의 구실을 할 수 있다고 Kant는 믿는다. 그러나 그 '도덕의 사실'이란 단순히 경험적인 도덕의 현상을 의미하는 것이 아니다. 의식 위에 잡다한 형태로 나타난 도덕현상으로부터 도리어 경험적인 요소를 사상(捨象)함으로써 순수한 도덕의 법칙을 찾아 내려는 것이 Kant의 기본적 방침이다. 이 점을 밝힌 Kant의 서술은 다음과 같다.

> 그러나 어찌하여 저 도덕법칙의 의식이 가능한가? 우리가 순수실천법칙을 의식할 수 있는 것은 순수이론의 원리를 의식하는 것과 같은 방식을 따라서다. 다시 말하면 이성에 의거하여 우리에게 그 법칙을 주는 필연성과 이성이 우리에게 교시하는 바 모든 경험적 제약을 사상(捨象)함에 주의함으로써 가능하다.[34]

경험적 요소의 사상(捨象)을 기본방침으로 삼는 실천법칙의 발견에 있어서 구체적인 출발점이 되는 것은 '무제약적 실천법칙'(unbedingtes praktisches Gesetz)이라는 개념 자체의 분석이다. 무제약적으로 타당한 실천법칙은 첫째로 보편성(Allgemeinheit), 즉 모든 이성

34) *Ibid.*, S. 34.

적 존재에 대한 무제약적 타당성을 가져야 하며, 둘째로 필연성(Notwendigkeit), 즉 의무로서 명령하는 예지적 강제력(intellektueller Zwang)을 가져야 한다. 그런데 후천적이며 경험적인 것은 보편성을 가질 수가 없다. 따라서 실천법칙의 발견을 꾀하는 우리에게 첫째로 요구되는 것은 모든 경험적 요소의 사상(捨象)이다. 다음에 어떤 목적의 달성을 위한 수단의 제시를 골자로 삼는 명령, 즉 감성적 욕구의 대상이 되는 실질적 내용의 제약을 받는 바 '가언 명법'(hypothetischer Imperativ)은 의무를 강요하는 필연성이 없다. 그러므로 실천법칙의 발견을 위하여 둘째로 감성적 욕구의 대상이 되는 모든 실질적 내용의 배제가 요구된다. 이와 같이 모든 경험적 요소 및 실질적 요소를 배제한 다음에 남는 것은 오직 선험적 입법의 형식뿐이다. 이리하여 Kant는 보편성과 필연성을 구비한 실천의 법칙은 오직 선험적 입법의 형식만의 제약을 받고 성립해야 한다는 결론에 도달한다.

'선험적 입법의 형식'이란 실천법칙으로 하여금 실천법칙으로서 타당케 하는 자격, 즉 보편성과 필연성을 갖추기 위하여 만족시켜야 할 제약의 원리를 의미한다. 모든 무제약적 실천법칙이 만족시켜야 할 기본원리를 Kant는 '순수 실천이성의 근본법칙'(Grundgesetz der reinen praktischen Vernunft)이라 부르고, 그 기본원리가 다름아닌 저 '선험적 입법의 형식'이 요청하는 바임을 고려하여, 그것을 다음과 같은 말로 표현하였다.

> 네 의지의 준칙이 항상 동시에 보편적 입법의 원리로서 타당하도록 행위하라. (Handle so, dass die Maxime deines Willens jederzeit zugleich als Prinzip einer allgemeinen Gesetzgebung gelten könne.)[35]

만약에 무제약적 실천법칙이 정말 존재한다면 그것은 반드시 위에 말한 근본법칙을 만족시켜야 할 것이며, 따라서 이 근본법칙이 실

---

35) *Ibid.*, S. 36.

천법칙의 규정 원리가 되리라는 것에는 의심의 여지가 없다. 그러나 순수실천이성의 법칙이 정말 존재한다는 것은 아직 밝혀지지 않은 사항으로서 별도의 논증을 기다리고 있다. 다시 말하면 순수실천법칙의 실재성을 확인한다는 당초의 난관은 여전히 남아 있는 것이다. 그러면 Kant는 이 난관을 무엇으로 극복하는 것일까? 저 '실천이성의 근본법칙'이라는 개념이 이 난관을 극복함에 어떤 구실을 할 수 있는 것일까? '실천이성의 근본법칙'이라는 개념만으로는 실천법칙의 실재성이 확인되지 않는다. 그러나 Kant는 이에 또 하나의 개념, 즉 '순수이성의 사실'(Faktum der reinen Vernunft)이라는 개념을 결합시킴으로써 저 난관을 극복할 수 있다고 믿는다. Kant에 따르면 "네 의지의 준칙이 항상 동시에 보편적 입법의 원리로서 타당하도록 행위하라"는 근본법칙이 바로 '이성의 사실' 또는 '순수이성의 유일한 사실'인 것이다. 왜냐하면 "우리는 이 근본법칙을 이성에 선행하는 소여에서, 예컨대 자유의 의식에서(자유의 의식이란 우리에게 미리 주어진 것이 아닌 까닭에), 추리해 내지는 못하나, 그러나 이 근본법칙의 의식은 그 자체로서 어떠한——순수하든 또는 경험적이든—— 직관(Anschauung)에도 의거하지 않는 선험적 종합명제(synthetischer Satz *a priori*)로서 육박해 오기 때문이다."[36] 즉 이 근본법칙은 한갓 경험적 사실이 아니라 '이 법칙을 통하여 자신을 본래 입법적인 것으로서 명시하는 순수이성의 유일한 사실'[37]인 것이다. 이 근본법칙이 순수이성의 사실인 까닭에 이것은 순수이성의 근본법칙이며, 따라서 모든 무제약적 실천법칙의 근본원리가 아닐 수 없다는 것이 Kant의 입론의 요지인 것 같다. 그러나 Kant는 이 근본법칙의 타당성을 논증한 것은 물론 아니다. 그에 의하면 이 논증은 불가능할 뿐 아니라 필요하지도 않다. 이 근본법칙은 우리가 실천을 통하여 파악하는 순수이성의 사

36) *Ibid.*, S. 36～37.
37) *Ibid.*, S. 37.

실인 까닭에, 특별한 논증을 기다릴 필요 없이 그대로 실천법칙의 규정원리로서 타당하다고 그는 믿는다. 여기에 직각론자로서의 Kant의 일면이 있다.

Kant의 이른바 '실천이성의 근본법칙'이 의미하는 바는 일정한 상황에 있어서 나에게 옳은 행위는 누구에게나 옳은 행위요, 나에게 그른 행위는 누구에게도 그른 행위라는 것, 다시 말하면 각 개인의 욕구·감정·의견 등 경험적 사정의 차이는 행위의 시비를 가림에 있어서 전혀 무관계하다는 뜻이다. Kant는 그 참으로 도덕적인 실천법칙은 단순히 주관적 의지의 규정근거인 준칙(die Maxime)과 구별되어야 하며, 또 오직 어떤 조건 아래서만 타당성을 갖는 가언명법과도 구별되어야 하는바, 정언명법(Kategorischer Imperativ)이 아니면 안 된다고 주장한다.[38] 요컨대 그 근본법칙은 어떤 행위의 법칙이 참된 도덕률, 즉 정언명법이 되기 위하여 갖추어야 할 조건을 밝히는 원리이다. 따라서 그것은 오직 형식(die Form)의 원리이며 어떠한 내용에도 언급하는 바 없다. 다시 말하면 Kant의 '근본법칙' 그 자체로서는 우리가 어떻게 행위할 것이냐는 물음에 대하여 구체적으로 대답하는 바가 전혀 없다. 내용을 갖춘 구체적 행위의 법칙은 저 '근본법칙'에 의거하여 따로 발견되지 않으면 아니된다.

그러나 특정한 도덕률이 실천이성의 근본법칙에 적합한가 안한가를 판정하기는 결코 쉬운 일이 아니다. 실천이성의 근본법칙은 순수이성의 사실로서 Kant가 말하는 '자유의 법칙', 즉 예지계(intelligi-

38) Kant는 그의 *Grundlegung*, 제 2 장(S. 47)에서 "정언명법(定言命法)은 오직 하나뿐"이라고 말한 바 있으며, "네 의지의 준칙…"이 운운의 근본법칙을 종종 "der Kategorischer Imperativ"라고 불렀다. 그러나 Kant의 견지에서 볼 때 모든 보편적 도덕률이 넓은 의미의 '정언명법'이 아닐 수 없음이 분명하다. 어떠한 가언명법(假言名法)도 참된 도덕률이 될 수 없다"는 것이 Kant 자신의 기본견해이기 때문이다. C. D. Broad는 Kant의 '실천이성의 근본법칙'은 구체적인 제도덕률이 "정언명법이 되기 위하여 충족시켜야 할 필요하고 충분한 조건을 밝혀 주는 기본원리인 까닭에 이를 '제 정언명법의 최고원리'라 부름이 마땅하다"고 제언하여 정언명법이 오직 하나뿐일 수 없음을 밝혔다. (*Five Types of Ethical Theory*, pp. 120～121.)

ble Welt)에 속하는 법칙이며, 개별적 행위는 경험의 세계 안에 일어나는 현상, 즉 그가 말하는 감성계(die Sinnenwelt)에 속하는 사실이니, 이 두 가지 사항을 비교하여 그 사이에 일치 또는 불일치의 관계를 직접적으로 파악할 수가 없기 때문이다. 실천적 판단력이 개별적 행위의 보편적 원칙에 대한 적부(適否)를 판정할 수 있으려면, 전혀 이질적인 두 개의 세계, 즉 예지계와 감성계를 연결해 줄 어떤 매개가 있어야 할 것이다. 여기서 이 매개의 임무를 담당하는 것이 Kant의 '전형'(der Typus)이라는 개념이다. 실천적 판단력은 개개의 행위가 실천이성의 근본법칙에 합치하는가 위반되는가를 직관적으로 판가름할 수는 없으나, 자연의 법칙에 비추어 이를 판정할 수는 있다는 생각이 이 '전형'(典型)이라는 개념의 바탕을 이룬다. 자연의 법칙도 그것이 보편타당성을 갖는다는 형식의 측면에 있어서는 예지계의 법칙과 일반이나. 따라서 자연의 법칙은 실천적 판단력이 그것에 비추어 어떤 행위의 준칙이 '실천이성의 근본법칙'에 합당한가 않은가를 판정하는 표지가 될 수 있다는 것이다. Kant 자신의 표현을 빌리면 "자연의 법칙은——그러나 오직 그 형식에 관해서만——판정력을 위한 법칙으로 삼을 수가 있다. 그러므로 우리는 이 자연의 법칙을 도덕법칙의 전형(Typus des Sittengesetzes)이라고 부를 수가 있다."[39]

그러면 자연의 법칙을 전형으로서 사용할 때 실천적 판단력은 구체적으로 어떠한 규준(規準)을 얻는가? Kant에 따르면 '전형'을 매개로 삼을 때 실천이성의 근본법칙에 입각한 판단력의 규칙은 다음과 같다.

> 만약 네가 하고자 하는 행위가 너 자신을 일부로 삼는 자연의 법칙을 따라 일어난다면, 너는 그 행위가 네 의지를 따라 가능하다고 인정할 수 있는가 없는가를 스스로 물어 보라.[40]

39) Kant, *op. cit.*, S. 81.
40) *Ibid.*, S. 81.

예컨대, 연속적인 비운(非運) 때문에 거듭된 재난과 고통을 겪는 사람이 그 고통을 면하고자 차라리 자살하는 것이 옳은가 그른가를 판정하려면, 다음과 같은 준칙이 자연의 법칙으로서 가능하다고 인정할 수 있는가 없는가를 살펴보면 된다는 것이다: "만약 생명을 더 연장시켜도 그것이 쾌락을 약속하기보다는 도리어 재앙으로써 위협한다면, 나는 자애지정(自愛之情)에서 스스로 생명을 단축시킴을 나의 원리로 삼는다."[41]

그러나 Kant에 따르면 자애지정에서 스스로 목숨을 끊는다는 것은 보편적 자연의 법칙으로서 있을 수 없다. 왜냐하면 "감정의 직분은 생명의 진척을 촉구함인데 도리어 그 감정에 의하여 생명 자체를 파괴하는 것이 자연의 법칙이라면, 그러한 자연의 체계는 자기모순에 빠지므로 자연으로서 존립할 수 없기" 때문이다.[42] 따라서 '자살'이라는 행위는 어떠한 사정 아래 있어서도 옳은 것이 될 수 없다는 결론을 얻게 된다.

'자살'에 관한 입론(立論)은 '실천적 판단력의 규칙'의 실지 적용에 관하여 Kant가 그의 「도덕형이상학의 원리」 제 2 장에서 들은 네 가지 사례 중 첫째번 것이다. Kant가 둘째로 제시한 문제는 "돈에 몰렸을 때, 갚을 가망이 전혀 없음을 알면서도, 갚겠다고 약속하고 돈을 빌리는 행위"에 관한 것이다. 이러한 행위도 역시 용납될 수 없다는 결론을 Kant는 저 '판단력의 규칙'에 비추어 이끌어 낸다. 만약 지킬 의사도 가능성도 없는 약속을 함이 보편적 법칙이 된다면, 약속은 약속의 구실을 할 수 없을 것이니 아무도 '약속'이라는 것을 인정하지 않을 것이며, 다만 "그따위 언사를 한갓 헛된 거짓으로서 비웃게 될 것이다;"[43] 따라서 '거짓말 약속'은 보편적 자연법칙으로서 성립할 수 없으며, 반드시 자기모순에 빠지게 된다는 것이다.

41) *Ibid.*, S. 48.
42) *Ibid.*, S. 48.
43) Kant, *Grundlegung*, S. 48~49.

Kant가 셋째 사례로서 들은 것은 훌륭한 소질을 지니고 있으면서도 환경이 좋은 탓으로 그 재능을 연마치 않고 향락으로 소일하는 사람의 경우이다. "환경이 좋아 물질에 부족함이 없을 경우에는 구태여 소질을 연마하려고 애쓸 것이 아니라 향락을 일삼으라"는 준칙이 보편적 자연법으로서 가능할 것인가? Kant는 이 사례에 있어서도 부정적인 결론을 내린다. 과연 이 준칙은 보편적 자연법으로서 사유할 수는 있다. 그것이 보편적 자연법이 된다 해도 자연은 그대로 존립할 것이며, 거기에 어떤 자기모순이 포함되지는 않았기 때문이다. 그러나 이성적 존재자로서의 우리는 그러한 준칙이 보편적 자연법이 되기를 의욕할 수는 없다. 왜냐하면 이성자로서의 인간이 "필연적으로 의욕하는 것은 자기가 가진 모든 능력을 발휘함"이기 때문이다.[44] 따라서 이 준칙이 실제로 보편성을 가질 수는 없다는 것이다.

Kant가 네 번째로 들은 예는 부유한 처지에 있는 사람이 곤경에 빠진 남을 도우려 하지 않는 경우다. 즉 "내가 남의 도움을 바라지 않으므로 나도 남을 돕지 않으리라"는 준칙이 보편적 자연법으로서 통용될 수 있을까? 이 사례에 관하여도 Kant의 결론은 "소질을 발휘치 않고 태만과 향락을 일삼는 사람"의 경우와 같다. '남의 곤경을 보고도 모르는 척 함'은 보편적 자연법으로서 모순 없이 사유할 수는 있으나, 그것을 보편적 자연법으로서 의욕할 수는 없다는 것이다. 왜냐하면 누구나 남의 도움을 필요로 할 경우가 있을 것인데, 만약 저 준칙이 보편의 법칙이 된다면 결국 "자기가 받고자 원하는 원조의 희망을 모조리 스스로 박탈하는" 모순에 빠지게 될 것이기 때문이다.[45]

Kant는 그의 실천이성의 근본법칙을 또 다른 두 가지 형식으로 표현하고 있다. 그의 둘째 형식에 따르면 "너 자신을 포함한 모든 인격에 있어서의 인간성을 항상 동시에 목적으로 대우하고, 결코 단순

44) *Ibid.*, S. 49.
45) *Ibid.*, S. 49~50.

한 수단으로서 이용하지 말라"는 것이 실천이성의 지상명령이며, 그의 셋째 형식은 "모든 이성적 존재자는 그 준칙에 의하여 항상 보편적 목적의 왕국의 입법적 성원인 것 같이 행위하라"고 명령한다. Kant는 이 세 가지 형식이 각각 저 근본법칙의 다른 측면을 강조할 뿐 그 근본은 같은 뜻이라고 주장한다. 이 세 가지 명법이 과연 표현양식만 다르고 그 본질에 있어서는 엄밀하게 같은 논리를 숨기고 있다 할 수 있을지 의심스럽다. 다만 인격의 존엄성과 도덕의 자율성이 강조되고 있는 이 대목에서 우리는 계몽사상의 대성자(大成者)로서의 Kant의 일면을 여실히 본다.

Ⅲ. 自由, 靈魂의 不滅, 神의 存在

(1) **自 由** Kant는 모든 자연현상이 인과율의 지배 아래 있음을 믿었다. 인간의 생리현상이나 심리현상도 그것이 자연의 현상인 한(限) 예외일 수는 없다. 그러나 Kant는 이성까지도 자연의 일부라고 믿지는 않았다. 이성은 자연과는 다른 또 하나의 세계에 속하는 것이며, 당연히 자연법칙의 지배를 벗어나 있다. 이성에게는 이성자체의 고유한 법칙이 있는 것이다. 그런데 Sokrates 이래의 전통에 따르면, 인간은 감성적인 것과 이성적인 것의 결합이다. 만약 그렇다면 현실의 인간은 감성이 속하는 자연계의 법칙에 지배되는 동시에, 한편 이성이 속하는 예지계의 법칙의 지배도 받아야 한다는 결론이 따를 것이다. 그러나 Kant는, 이번에도 역시 Sokrates 이래의 전통적 신념을 따라, 인간의 본질은 이성에 달려 있다고 확신한다. 따라서 인간은 그 감성적 요소로 말미암아 한편 자연의 법칙을 따르는 경향을 가지고 있지만, 이 경향을 물리치고 이성 그 자체의 법칙을 따라야 한다는 윤리설이 불가피하게 되었다. 이에 자연을 따르는 것은 경향성(Neigung)이요 이성을 따르는 것은 의무(Pflicht)라는 관념이 생

기게 되었으며, 이 의무를 다하려는 의지 즉 선의지에 가치의 근원을 발견했던 것이다.

'의무'를 기본개념으로 삼는 윤리학에 있어서 절실히 요구되는 것은 **의지의 자유**(die Willensfreiheit)이다. 의지의 자유 없는 존재에게 의무의 수행을 요청함은 무리한 일이 아닐 수 없기 때문이다. 그러나 의지가 자유라는 것을 직관적으로나 또는 추리를 통해서나 인식할 수 있는 능력이 우리에게 주어져 있지 않다는 것이 Kant의 생각이다. 자유는 현상계에 속하는 사실이 아니며, 물자체(物自體, Ding an sich)에 대한 인식은 그가 「순수이성비판」에 있어서 이미 단념했던 것이다. 만약 자유의 인식만 가능했다면, Kant는 그 '자유'의 개념을 분석함으로써 실천이성의 법칙이 존재함을 논증했을 것이다. 자유의 개념 자체가 실천이성의 법칙을 전제로 하고 있기 때문이다. 그러나 인간에게는 자유를 직관할 능력이 거부되었다. 이에 Kant는 실천법칙의 존재를 확인하는 일부터 시작할 수밖에 없었다. 실천법칙의 존재도 역시 논리적인 증명은 거부하였으나, '순수이성의 사실'이라는 직각론적 관념을 통하여 그것이 존재함을 그 나름으로 밝혔다고 믿었다. 그리고 이 '무제약적 실천법칙의 존재'라는 밝혀진 사실을 토대로 삼고 자유의 가능함을 추론하고자 꾀한다. '실천법칙은 존재한다'는 전제로부터 '의지는 자유다'라는 귀결이 논리적으로 풀려 나오는 것은 아니다. 그러나 실천법칙의 존재는 필연적으로 의지의 자유를 '요청'(postulieren)하므로 전자로부터 후자가 간접적으로 밝혀진다는 것이 Kant의 입론의 요점이다. 다시 말하면, 자연의 법칙과 범주를 달리하는 실천의 법칙이 있다 함은 자연의 경향성을 극복하고 따라야 할 길, 즉 '의무'의 길이 있음을 의미함이요, '의무'의 개념은 필연적으로 의지의 자유를 **요청**한다는 것이다. 왜냐하면 본래 할 수 없는 일을 해야 한다는 것은 자기모순이기 때문이다. 여기에 있어서의 Kant의 논리는 '너는 해야 한다, 그러므로 너는 할 수 있다'(Du

Kannst, denn du sollst)라는 한 마디로 간단히 표현할 수 있다.

Kant에 있어서 자유와 자율(die Autonomie)이 근본에 있어서 일치함은 명백한 일이다. 자유란 결국 이성적 존재가 이성의 법칙을 따름을 가리키는 말이었다. 따라서 우리는 그것을 '이성자의 자기한정(自己限定)' 즉 '자율'이라는 말로 옮겨 놓아도 무방할 것이다.

Kant가 「순수이성비판」(*Kritik der reinen Vernunft*)에 있어서 해결지을 수 없었던 예지계 내지 초경험계에 관한 과제는 그의 「실천이성비판」에 있어서 실천이성의 요청(Postulate der praktischen Vernunft)으로서 실천적으로 해결된다. 자유의 확립은 이 '실천이성의 우위'(Primat der praktischen Vernunft)를 밝히는 Kant의 입론의 첫대목이다. 이 밖에 Kant는 '영혼의 불멸'과 '신의 존재'를 역시 '요청'의 개념을 통하여 확립하고자 하며, 또 확립함에 성공했다고 스스로 믿는다.

(2) 靈魂의 불멸 영혼의 불멸에 관한 Kant의 이론은 '최상선'(oberstes Gut)의 개념을 중심으로 삼고 전개된다. 인간이 노력의 목표로 삼을 바는 의무를 위하여 의무를 수행하는 유덕한 인격을 실현함이다. 그리고 우리가 이상으로 삼아야 할 유덕한 인격은 어떠한 경우에도 의무에 어긋남이 없는 철저한 선의지의 소유자이다. 그런데 이토록 이상적인 인격이 되려면 완전히 이성적이라야 할 것이며, 완전히 이성적 존재가 된다는 것은 유한자 인간이 유한한 시간 안에서 이룩할 수 있는 일이 아니다. 그 경지에 도달하기 위해서는 무한한 길이의 시간이 필요하다. 그러나 이 최상선(最上善)의 경지에 도달함을 목표로 삼고 노력함이 인간의 도덕적 의무임을 Kant는 의심하지 않는다. 만약 그것이 의무라면, 그것은 반드시 가능한 일이 아니면 아니된다. 그런데 그것이 가능하기 위해서는 무한한 길이의 시간이 필요하다. 그러므로 우리는 영원한 시간을 가져야 하며, 영원한 시간을 갖기 위해서는 영혼의 불멸이 필연적으로 요청된다는 것이다.

(3) 神의 존재 신의 존재에 관한 Kant의 입론은 최상선과 구별되는 '완전선'(vollendetes Gut)의 개념을 중심으로 삼고 전개된다. 완전선(完全善)이란 최상의 선을 구현한 인격이 그 덕에 알맞는 행복을 누리는 상태, 즉 완전한 덕과 완전한 복의 결합을 의미한다. Kant에 따르면 무제약적으로 선한 것은 오직 의무에 대한 존경에서 옳은 길을 택하는 의지뿐이었다. 쾌락이나 고통 따위의 것은, 그 자체로서 볼 때, **도덕적인** 의미로는 선도 아니며 악도 아니다. 그러나 주어진 **상황 전체의 가치**로 말하면 쾌락 또는 고통의 유무는 결코 무관한 일이 아니라고 Kant는 믿는다. 착한 의지의 소유자는 복을 받아야 마땅하고, 악한 의지의 소유자는 고통을 받아야 마땅하다. 따라서 마땅히 복을 받을 사람들이 복을 받고 마땅히 고통을 받아야 할 사람들이 고통을 받는 세계는, 그 전체의 가치로 볼 때 그렇지 못한 세계보다 더 낫다. 그러나 현실의 세계는 언제나 반드시 그토록 공정하지가 않다. 행복과 고통이 때로는 엉뚱한 사람들에게 주어지기도 한다. 다시 말하면 착한 의지의 소유자가 복을 누린다는 사태는 **마땅히 있어야 할** 사태이기는 하나 반드시 현실과 부합하는 사태는 아니다. 그러나 그것은 마땅히 있어야 할 사태인 까닭에 실제로 있을 수 있는 사태가 아니면 아니된다. 그리고 이 마땅히 있어야 할 완전선의 경지가 실현될 수 있기 위해서는 무한히 예지적인 존재, 즉 **신의 존재가 요청된다**는 것이다. 신의 존재는 이론적으로는 가설에 불과하나 실천적으로 신앙이다. 그것은 순수이성에 근원을 둔 이성적인 신앙인 까닭에 Kant는 이를 "순수한 이성 신앙"(reiner Vernunftglaube)이라고 부른다.

V. 批判的 考察

Kant의 실천철학은 그 분석의 치밀함과 논리의 정연함에 있어서 고전적 윤리학설 가운데서 고유한 자리를 차지한다. 인격의 존엄성과 자율의 중요성을 강조하는 Kant의 견해는 규범 윤리설로서 깊은 감명을 촉구한다. 그러나 Kant 윤리설은 일견 정연한 논리로써 일관된 체계임에도 불구하고 몇몇 약점을 숨기고 있다. 이 약점들은 그가 윤리학의 기초로서 직각론적 원리와 형이상학적 제개념을 도입했다는 사실과 밀접한 관계가 있는 것으로 보인다. 그리고 이 약점들은 Kant 윤리설의 매우 중요한 자리에 위치하는 까닭에 그것이 Kant의 실천철학 전체를 위태롭게 할지도 모르는 성질의 것이다. 주요한 약점이라고 생각되는 것 몇 가지를 차례로 들어보기로 하자.

(1) Kant는 오직 선의지만이 본래적으로 선하다고 주장한다. 그러나 이 주장은 결코 자명한 진리가 아니다. 건강 · 사랑 · 지식 등도 역시 그 자체로서 바람직한 것임에 틀림이 없으며, 결코 다른 무엇을 위한 수단으로만 생각할 수는 없을 것이다. 건강 · 지식 · 쾌락 따위의 가치를 '도덕적'인 가치라고 볼 수는 물론 없다. 그러나 도덕적 가치만이 본래적 선의 전부는 아니다. 예컨대, 예술품의 아름다움은 그 자체 도덕적 가치는 아니나, 본래적으로 선한 것이라고 봐야 할 것이다. 그리고 그 자체로는 도덕성을 포함하지 않는 가치일지라도 그러한 가치를 지어내는 행위 내지 의지에는 넓은 의미의 도덕적 가치가 깃들어 있다. 예컨대 지식은 그 자가 도덕적인 가치는 아니나, 지식을 탐구하는 행위는 '도덕적'이라고 말할 수 있을 것이다.

(2) Kant에 있어서 도덕률 또는 실천의 법칙은 인간이 필요를 따라서 지어내는 것이 아니라, 객관적으로 이미 주어져 있는 것으로서 오직 사람에 의하여 발견되기만을 기다리고 있다. 따라서 그가 말하는 '실천이성의 근본법칙'도 도덕률의 제정을 위한 원리가 아니라 그 발견을 위한 원리다. 그러나 Kant는 도덕률이 주어져 있다는 것을 그저 전제하였을 뿐, 그것이 사실임을 믿을 만한 근거 위에서 밝히지는 못하였다. 그는 '순수이성의 사실'이라는 개념을 도입함으로써 도덕률의 존재를 의심의 여지 없는 것으로서 확립하고자 꾀하였다. 그

러나 "네 의지의 준칙이 항상 동시에 보편적 입법의 원리로서 타당하도록 행위하라"는 근본법칙을 '이성의 사실'이라고 보는 주장이 과연 Kant가 믿었듯이 명증적(明證的)인지는 의심스러운 일이며, 비록 그 근본법칙이 이성의 사실임에 틀림이 없다 하더라도 그것은 오직 저 형식적이요 추상적인 원칙이 입법의 원리로서 타당함을 보증할 뿐이요, 그 원칙 밑에 도덕률의 체계가 주어져 있다는 논거로서 충분할 수는 없다.

Kant는 선험적 도덕률의 존재가 엄연한 사실임을 입증하기 위하여 다음과 같은 주장을 하고 있다. 즉 어떤 사람 앞에 자기의 강한 정욕을 만족시킬 수 있는 기회가 나타났을 때 그는 도저히 그 기회가 부르는 유혹을 물리칠 수 없다고 생각할지 모른다. 그러나 그 기회가 주는 쾌락의 만족을 채운 다음에는 그 대가로서 생명을 바쳐야 한다는 사실을 안다면, 그는 단호히 그 유혹을 물리치고 생명을 보존할 것이다. 그러나 절대적 권세를 가진 폭군 따위가 "허위의 구실 아래서 어떤 정직한 사람을 죽이기 위하여 위증을 서라고 명령한다면," 이 때 그의 생명에 대한 애착이 아무리 강하다 할지라도 그것을 극복하고 위증을 거부할 수 있음을 자인할 것이라고 주장한다.[46] 여기서 그 위증을 실제로 거부하지 못했더라도 그 거부의 가능성을 자기 안에 의식했다는 사실이 중요하다는 것이다. '그것을 할 수 있다'(dass er es kann)고 판단하는 것은 '그것을 해야 한다'(dass er es soll)고 의식하기 때문이며, 이 당위의 의식은 도덕법칙의 존재를 인정함이 없이는 설명할 수 없다는 것이 Kant가 주장하는 요점이다.

그러나 위증의 거부에 관한 Kant의 주장은 도덕률의 선험성을 밝히기에 충분한 것 같지 않다. Kant와 같은 엄정한 인격의 소유자라면, 반드시 Kant의 주장대로 정욕의 만족을 위해서는 결코 목숨을 걸 수 없으나, 위증을 거부하기 위해서는 생명을 바칠 수 있다고 느낄

46) Kant, *Kritik der praktischen Vernunft*, S. 35.

것이다. 그러나 이와 같은 느낌이 모든 사람들에게 공통된 보편적 체험이라고 단정할 수 있을지는 의심스럽다. Kant와는 반대로, 일시적 정욕의 만족을 위해서는 목숨을 걸 수 있으나 위증을 거부하기 위하여 그렇게 할 수는 없다고 느끼는 사람도 없지 않을 것이다. 물론 Kant는 위증을 거부하라는 소리는 순수한 이성의 명령이요 정욕의 만족을 위하여 목숨을 던져도 좋다는 충동은 경험적 감성의 소치라고 확연히 구별할지도 모른다. 그러나 이러한 구별 자체가 관념과 가정에 입각한 것이 아닌가 의심스럽다. 정녕 정욕의 유혹을 물리치지 못하는 사람과 생명을 걸고 위증을 거부할 수 있는 사람 사이에는 현격한 인격의 차이가 있다. 그러나 인격은 그 개인의 생득적 소여(生得的所與)로서의 유전적 요소와 후천적 인자로서의 환경이 상호 작용하여 형성한 역사적 소산이다. 유전과 환경이 다른 까닭에 그의 인격이 달라졌으며, 인격이 다른 까닭에 하나는 쾌락의 길을 택하고 다른 하나는 정직의 길을 택했을 뿐이다. 여기서 쾌락의 길로 이끈 것이 경험적 감성이요, 정직의 길로 이끈 것은 순수한 이성이라고 구별할 충분한 근거를 알지 못한다. 목숨을 걸고 쾌락을 좇을 수 있다는 의식도 생명을 던져 위증을 거부할 수 있다는 의식도, 다같이 역사 안에 일어난 경험적 사실이 아닐까. 그리고 이 경험적 사실을 일으킨 것은 '이성'이나 '감성'의 이름 아래 추상할 수 있는 부분적 정신기능이 아니라, '인격'이라는 말로 불리는 전체로서의 구체적 인간 자체라고 보아야 할 것이 아닐까. Kant가 말하는 '순수이성의 사실'이 진실로 순수이성의 사실이요 추호도 경험적 요소를 포함하지 않았다는 것이 의심 없는 명제가 되기 위해서는 Kant는 좀더 확실한 근거를 제시했어야 할 것이다.

(3) 의지의 자유에 관한 Kant의 이론에도 우리는 간단히 수긍하기 어려움을 느낀다. Kant에 따르면 우리는 자유를 직관할 수는 없다. 그러나 도덕률의 사실이 자유의 가능성을 보증한다. 도덕의 법칙

은 "자유에 의한 원인성의 법칙이다." 따라서 자유를 전제하지 않는다면 도덕률 자체가 불가능하다. 그러므로 도덕법칙이 엄연히 존재한다는 사실은 자유의 인식근거가 된다는 것이다. Kant 자신의 표현을 빌리면,

> 그 자체 논증을 필요로 하지 않는 도덕법칙은 비단 자유의 가능성을 증명할 뿐만 아니라, 그 현실성까지도 …증명한다. 도덕법칙은 자유에 의한 원인성의 법칙이요, 따라서 초감각적 자연을 가능케 하는 법칙이다.[47]

우리의 마음이 어떤 감성적 이욕으로 기울어질 때, 그 심정을 이성의 명령 즉 도덕률에 비추어 반성할 때 실제로는 그 도덕률대로 행위하지 못하더라도 마음 속에서는 그렇게 할 수도 있었다고 느끼는 그 자각, 그리고 도덕률에 어긋나는 행위를 한 뒤에 느끼는 자책과 자기경멸의 심정, 이것은 Kant에 따르면 의지의 자유를 입증하는 확고한 사실이다. 여기에 있어서 Kant의 논리는 "너는 해야 하는 까닭에 너는 할 수 있다"라고 추리한다.

그러나 Kant의 입론은 자유의 연역으로서는 매우 불충분한 점이 있다. 첫째로 그의 의지자유론은 절대적 도덕률의 존재가 엄연한 사실이라는 전제로부터 출발하고 있다. 그런데 이 전제는 앞서도 언급한 바와 같이 불확실한 명제임을 면치 못한다. Kant의 생각 가운데는 모든 사람들은, 냉철히 반성하기만 하면, 누구나 똑같은 도덕률은 가슴 속에 느낀다는 가정이 있다. 그러나 여러 사람들이 신봉하는 도덕의 법칙이 반드시 일치하는 것은 아니다. 인생관이 다르면 신봉하는 도덕률까지도 다를 수가 있다. Kant와는 다른 행위의 준칙을 가진 사람들은, Kant가 보편적이요 필연적이라고 믿는 도덕률대로 행위할 수 있는 자유를 느끼는 대신, 아마 자기 스스로가 옳다고 믿

47) *Ibid.*, S. 56.

는 다른 길을 따라 행위할 수 있는 자유를 의식할 것이다.[48] 이것은 Kant가 의미하는 '자유'의 필연성을 의심케 하는 사실이 아닐 수 없다. 둘째로 '그렇게 할 수도 있다'는 의식과 실제로 그렇게 함과는, 다시 말하면 마음 속에서 가능하다고 생각한 것과 외적 행동으로 실천한 것과는 혼동해서는 안 될 두 가지 사실이다. '할 수 있다'고 마음 속에서 느끼는 자각을 바로 바깥 행동으로 실천할 수 있는 자유의 근거로 보려는 Kant의 주장에는 수긍하기 어려운 무리가 있다. 비록 마음 속에서 '할 수 있다'고 느꼈더라도 현실에 안했으면 결국 안한 것이다. 그리고 실제로 안한 것은 그 순간의 그 사람으로는 못한 것이라고 보아야 할 것이다. Kant는 '해야 한다'는 의무의 의식을 '할 수 있다'는 자유의 보증이라고 믿었다. 그러나 의무의 의식이 보장하는 것은 오직 자유의 의식이요 실제로 할 수 있는 자유 그것의 보장은 아니다. 그리고 우리에게 문제가 되는 것은 의식 안에 국한된 자유가 아니라, 외적 행동을 포함한 행위 전체의 자유이다.

Kant 자신도 그가 의지의 자유를 빈틈 없이 논증했다고는 생각하지 않는다. 무제약적 실천법칙의 논증이 불가능했듯이 자유의 논증도 엄밀하게는 불가능하다는 것을 그도 인정한다. Kant의 윤리설에 있어서 근원적인 것은 이론적인 논증의 문제라기보다도 실천적인 신념의 그것이다. Kant의 윤리설을 떠받들고 있는 것은, 빈틈 없는 논리가 아니라, 그의 인생관이요 그의 주관이다. 가장 형식적인 외관을 가진 Kant의 윤리설 안에 풍부한 내용을 감지할 수 있는 것도 생동하는 그의 인격이 그 저술의 전편을 통하여 침투되어 있기 때문일 것이다. 우리는 그 윤리설을 통하여 엿보이는 Kant의 인격과 개성에 대하여는 깊은 감명과 존경을 느낀다. 그러나 그의 개성이 표현되었고

48) 예컨대 결혼 전의 남녀 교제를 죄악이라고 믿으면서도 그런 관계에 빠진 소녀는 후일에 그 일을 뉘우치고 '그렇게 안 할 수도 있었다'고 느낄 것이다. 그러나 결혼 전의 남녀 교제를 당연하다고 믿으면서 주위의 사정으로 청춘을 '무의미하게' 보낸 황혼기의 남자는 '좀더 청춘을 즐길 수도 있었는데…'라고 느낄지도 모른다.

18세기의 계몽사조가 반영되어 있는 Kant의 윤리설을 개성과 시대성을 초월한 바 완전히 객관적이요 보편적인 '절대적 체계'로서 인정하기에는 주저를 금치 못하는 것이다. 주관의 신념이나 시대의 요청을 지반으로 삼고도 학으로서의 윤리설이 가능할지는 모른다. 그러나 개인의 의욕 또는 시대의 요청을 토대로 삼는 윤리설은 Kant의 윤리설이 자부하는 바 무제약적 타당성을 주장할 수는 없을 것이다. 만약 어떤 윤리학자가 신념과 결단을 토대로 세워진 학설을 객관적 인식에만 입각한 체계로 자부하고 그 절대적 타당성을 주장한다면, 우리는 비록 그 학설의 규범적 결론에는 찬동한다 하더라도 그 학설을 전체로서 받아들이지 못할 것이다.

(4) Kant의 윤리설이 순수한 객관적 인식에만 의존하고 있지 않음은 추상적 형식으로 주어진 실천이성의 근본법칙에 비추어 구체적인 내용이 담긴 행위의 법칙을 이끌어 내는 대목, 즉 그의 '전형'(Typus)에 관한 이론에 있어서도 나타나고 있다. 자연법칙을 전형으로 사용하여 행위의 시비를 판정하는 수법을 설명하기 위하여 Kant는 네 가지 사례를 고찰하였다.[49] 그러나 그 곳에 전개되는 Kant의 논리가 정말 빈틈없는지는 매우 의심스러운 것이다.

첫째로 "아무리 불우한 처지에 놓인 사람의 경우일지라도 자살을 해서는 안 된다"는 결론이 저 순전히 형식적인 실천이성의 근본법칙만으로부터 연역될 것 같지 않다. Kant는, 감정의 직분은 생명의 진척을 촉진하는 것인데 도리어 감정으로써 생명을 파괴하는 것은 자연의 자기모순이라는 이유로 자살이 부당함을 추론하였다. 그러나 '감정의 직분은 생명의 진척을 촉진함'이라는 전제는 아직 확립된 원리가 아니다. 만약 자살이라는 행동이 감정의 소치라면, 실제로 자살의 현상이 있다는 사실은 감정이 생명을 파괴할 수도 있다는 증거이다. 감정이 생명을 해치는 사례도 있는 자연은 이미 성립하고 있으며, 설령

49) 앞 절 127~130면 참조.

인류의 전체가 자살한 뒤일지라도 인간이라는 생물이 없는 대로 자연은 성립할 것이다. 요컨대 자살이라는 현상을 하나의 단순한 자연현상으로 볼 때, 거기에 아무런 논리적 자기모순도 발견되지 않는다. 감정이 생명을 파괴해서는 안 된다는 주장은 논리의 일관성의 요구에서 풀려나오는 것이 아니다. 그것은 우리의 소망이요 어떤 인생관의 배경 앞에서 비로소 정당화될 수 있는 주장이다. 이 주장에는 Kant가 표면상 배척한 저 목적관념이 관여하였다.

둘째로 곤궁한 처지에 빠졌을 때, 돈을 꾸기 위하여 갚지도 못할 것을 갚겠다고 약속하는 것은 보편적인 법칙이 될 수 없다는 Kant의 입론도 그리 만족스러운 편이 아니다. 만약에 허위의 약속을 보편적으로 허용한다면, 약속 및 약속의 목적달성이 불가능하게 되는 자기모순에 빠진다는 것이 Kant의 요점이었다. 그러나 '거짓말 약속을 보편적으로 허용하라'는 주장에는 그 자체로 볼 때, 자기모순이 포함되지 않았다. 우리는 약속을 믿지 않으면서 돈을 꾸어 주는 수가 있으며 또 남의 약속이 거짓인지 진정인지 모를 경우도 있는 까닭에, 거짓 약속이 일반적으로 허용된다 해도 '약속'이라는 현상이 전혀 없어지리라고 단정할 수는 없다. 그리고 약속의 목적이 달성되지 않으리라는 것은, 논리의 보편성만을 따지는 견지에서 볼 때, 조금도 걱정거리가 되지 않는다.

Kant가 셋째로 들은 사례는 천부의 재능을 살리지 않고 향락에 빠지는 청년의 경우였다. '소질의 연마를 게을리하고 향락을 일삼으라'는 준칙을 보편적 자연법으로서 사유할 수는 있으나 의욕할 수는 없다는 이유로, Kant는 이것이 도덕법칙으로서 타당치 않다고 주장한다. 그러나 사람이 무엇을 의욕하는가는 개성이 반영되는 인생관의 문제요, 시대와 사회의 영향 아래 형성되는 세계관을 따라서 다양하다. 그리고 비록 모든 인류가 어떤 법칙을 한결같이 욕구한다 치더라도, 그러한 심리학적 사실이 그 법칙의 타당성을 수학적인 의미로 논증하는 근거가 될 수는 없다.

Kant의 넷째번 사례도 신통치 못하다는 것은 셋째 사례에 대한 비판으로써 명백하다. '남의 곤경을 보고도 도와주지 말자'는 방침이 보편적 법칙이 될 수 없는 이유는, 우리도 자신이 곤경에 빠지면 남의 도움을 받아야 할 것인 까닭에, 그것이 보편적 법칙으로서 적용되기를 의욕할 수 없기 때문이라고 Kant는 되풀이하고 있기 때문이다.

Kant의 윤리설 각처에 발견되는 이상과 같은 약점은 모두 동일한 원천, 즉 그 윤리설의 출발점에 뿌리를 두었다. Kant의 윤리설은 인간의 도덕의식이 순수실천이성의 사실이라는 전제 아래, 무제약적으로 타당하는 실천법칙을 확립하고자 하는 의도에서 출발한 것이다. Kant는 그 실천법칙을 세움에 있어서, 경험에 주어진 구체적 사실에 발판을 구하는 대신, 대뜸 하나의 근본원리로부터 시작하였다. 그의 윤리설의 출발점은, 경험에 나타난 도덕현상의 분석 내지 비판이 아니라, 도덕의 절대적 권위를 믿는 그의 신념이다. 그는 자기가 주장하듯이 도덕의 원리를 다양한 소재 가운데서 발견하려 한 것이 아니라, 실은 이미 자기의 인격 안에 기독교의 전통을 통하여 형성돼 있던 도덕원리의 절대타당성을 그의 선험적 방법으로 입증하려 한 것이다. 도덕원리의 절대보편성을 주장하기 위해서 그것이 경험적 요소로부터 완전히 독립된 선험적 원리, 즉 예지계(intelligible Welt)의 소속임을 인정하지 않을 수 없었던 Kant는, 이론이성에 대하여서는 그 가능성을 부인했던 예지계의 인식을 실천이성에 대하여 허용하기 위해서, 실천이성의 우위(Primat der praktischen Vernunft)를 인정하는 동시에, 그가 이론철학에서 단념했던 형이상학을 실천철학에서 다시금 소생시켜야 했던 것이다. 형이상학을 끌어들인 Kant의 윤리설에 의지의 자유, 영혼의 불멸 및 신의 존재를 요청(Postulat)으로서 인정하는 애매한 부분이 생겼음도 명백한 입론을 희구하는 현대의 지성으로 볼 때 불만의 이유가 아닐 수 없다.

제 2 부

現代倫理學의 諸類型

제 6 장

倫理學的 懷疑論과 現代倫理學의 課題

제 1 절 倫理學的 懷疑論

돌이켜 보건대 사상의 역사 위에서 전통의 자리를 지켜온 고전적 윤리설들은 도덕의 절대성을 믿는 마음 또는 믿고자 하는 마음에 의하여 크게 좌우되어 왔다. 무릇 절대로 불변하는 진리의 파악은 철학자들의 오랜 염원이었다. 절대적인 진리의 가능성을 약속하는 세계관이 환영을 받는 반면, 진리의 절대성을 위협하는 학설들은 직각적인 배척을 받기 일쑤였다. 주어진 자료를 충실하게 따라가며 있는 사실을 있는 대로 밝히려는 동기보다도 절대불변하는 진리의 가능성을 확보하려는 정열이 왕왕 우세하였다. 그리고 이 절대적 인식의 확립을 꾀하는 학자적인 동기는 순전히 이론적 분야에 있어서보다도 윤리학이 대표하는 실천적인 분야에 있어서 더욱 강화될 이유가 있었다.

도덕의 절대적 권위를 믿고자 하는 마음은 인생이 허무한 것이 아님을 믿고자 하는 마음과 통한다. 뿐만 아니라 정권과 교권을 위시한 모든 종류의 사회적 권위도 항상 윤리학적 절대론(ethical absolutism)을 위한 옹호자의 구실을 하였다. 혁명적인 세력이 대체로 기성 도덕에 대한 불신을 동반하는 경향을 갖는 반면, 도덕의 절대성의 옹호는 직접·간접으로 보수세력의 권위를 조장하는 의미를 포함하기 때문이다.

단순히 믿고자 하는 마음은 그러나 인간정신의 전모가 아니다. 그 믿는 바가 참이라는 것을 이론을 따져 밝히기 전에는 만족하지 못하는 다른 일면이 있다. 도덕의 절대보편성이 확립되려면, 행위의 평가를 위한 절대부동하는 기준이 발견되어야 한다. 그리고 이 확고한 기준이 발견되기 위해서는 모든 사람들이 지향해야 할 객관적 목적이 삶에 주어졌음을 밝히거나, 또는 사람이면 누구나 지켜야 할 보편적 도덕률의 존재를 밝혀야 한다. 고래로 무수한 사상가들이 도덕의 절대기준을 세우고자 애썼다. 그러나 아무도 그 뜻하는 바를 이루지 못했다는 사실은 도덕의 절대 보편성에 대한 회의의 여지를 준비하는 것이었다. 2000년 이상의 세월을 두고 가지가지 윤리설이 속출했음에도 불구하고, 기본적인 논쟁점에 관하여 하나도 일치된 결론에 이르지 못했다는 단순한 사실만으로도 고전윤리학의 공통된 기본가정이 — 도덕에 절대보편의 기준이 주어져 있다는 기본가정이 — 현대인의 의혹을 재촉하기에 충분하다 할 것이다. '증거'의 제시를 봐야 비로소 납득할 수 있는 것이 자연과학의 세례를 거친 현대인의 기질이기 때문이다.

윤리적 회의론(ethical skepticism)이란 물론 현대에 이르러 비로소 생긴 새로운 것은 아니다. 이미 고대 희랍의 소피스트들의 상대론 가운데 회의론의 색채가 농후한 것이 있었으며, Pyrrhon(360~270 B.C.) 일파의 사색에 이르러 전형적인 회의론의 출현을 보았다. 그러나 고대 희랍에서 고개를 든 상대론 내지 회의론은 중세기로 불리는 여러 세기 동안 거의 망각되다시피 하였다. 절대자를 신봉하는 그리스도교의 경건한 분위기에 압도를 당했던 것이다. 하지만 르네상스의 전환을 거쳐 17세기에 이르자 윤리학적 상대론 내지 회의론의 새로운 온상이 또다시 마련되기 시작했다. Hume의 시인설(approval theory), Comte의 실증주의(positivism), 그리고 Darwin의 진화론 등은 그 자체가 뚜렷한 형태의 회의론은 아니었으나, 바탕에 그리로 발전할 싹을 숨긴 사상들이었다. 회의의 숨은 싹을 표면으로 내몬 사상가의 하나로서 우리는 Hobbes를 생각할 수 있을 것이다. Hobbes의 이기설(利己說)은 표면상 하나의 절대도덕론에로 기울었으나, 그 내실은 도덕의 권위를 크게 손상하는 성질의 것이었다.

현대에 이르러 윤리학적 회의론은 과거 어느 때보다도 심각한 이론의 뒷받침을 받고 더욱 뚜렷한 모습으로 나타났다. 현대윤리학의 회의론은 학문의 가능성을 전적으로 부인하는 일반적 회의론의 일부로서 제기되는 것이 아니라, 다른 분야에 있어서는 학(學)이 성립할 수 있음을 긍정하면서 유독 윤리학만은 그 가능성을 의심하는 점에 희랍의 회의론과 다른 바가 있다. 그리고 그 회의가 노골적이며 확연한 점에 있어서 회의를 오직 은연중에 암시한 19세기 이전의 상대론적 윤리설과도 다르다.

윤리학적 회의론이 특히 현대에 이르러 심각한 형태로 대두하게 된 여러 가지 이유가 있을 것이다. 전쟁에 전쟁을 거듭한 세계사적 혼란, 정치와 경제의 기복으로 불안정한 사회, 그리고 사회상의 급격한 변천 등이 모두 현대의 윤리학적 회의를 직접·간접으로 조장했을 것이다. 그러나 무엇보다도 크게 윤리학적 회의론을 조장한 것은 인간을 대상으로 삼는 과학, 특히 심리학과 사회학의 눈부신 발전이 아닐까 생각한다.

(1) 現代心理學과 倫理學的 懷疑論 현대심리학설의 대부분은 행동주의심리학(behaviorism)과 정신분석학(psychoanalysis)과의 두 가지 중 적어도 한 가지에 의하여 결정적인 영향을 받아 왔다. 그리고 심리학에 있어서의 이 우세한 두 조류는 모두 도덕에 관한 전통적인 제관념과 조화되기 어려운 기본개념을 품고 있다. 행동주의심리학은 종래 심리 연구에 있어서 고유한 방법으로서 중요시해 온 내관법(introspection)을 전적으로 물리친다. 누구나 공통으로 할 수 있는 외적

관찰만이 과학적 방법으로서의 객관성을 갖는다는 것이다. 이는 종래 '정신현상'의 이름 아래 이해되던 것을 물질의 언어로써 정의하자는 뜻이다. 예컨대 다른 말로 옮길 수 없는 깊은 내면의 체험으로서 일반이 생각해 오던 슬픔·기쁨·노여움 따위의 이른바 정서를 혈압·맥박·체온·호흡 등 물질현상의 언어로써 정의해야 한다고 주장한다. '시장하다'보다는 '위 속이 비었다'가 더욱 정확하며, '왕성한 성욕'이라는 말보다는 '풍족하게 분비된 성호르몬'이라는 표현이 더욱 과학적이라는 것이다. 이같이 수학적 처리를 허용하는 물리학적 언어가 숭상되는 마당에 있어서, '의식'·'의지'·'동기'·'양심'·'이성' 따위의 내관심리학의 제개념은 애매한 용어라는 이유로, 당연히 행동을 기술하는 언어로서의 자격을 잃는다. 그런데 행동심리학이 배제하는 내관적인 제개념이야말로 바로 고전적인 여러 윤리설들이 자리잡고 화려하게 세워졌던 토대였다. 따라서 의지·양심·이성·감성 등이 실재로서의 의미를 상실하는 행동주의심리학의 세력 앞에서 종래의 절대론적 윤리설은 난감하고 심각한 대결을 강요당하는 셈이다.

정신분석학자들은, 마음의 세계를 마음의 세계로서 이해하며, 이를 한갓 물질현상에로 돌리려 하지 않는 점에서, 행동주의심리학과 도리어 대립적인 관계에 선다. 사람의 행동을 단순히 근육과 혈액 등 속의 운동으로서 이해하려는 생각에 그들은 찬동하지 않는 것이다. 그러나 인간의 마음을 지배하는 것이 합리성의 원리가 아니라 도리어 맹목적인 충동이라고 믿는 점에 있어서 정신분석학은 전통적인 인간관과 정면으로 대립한다. '이성적 동물'이라는 것이 인간에 관한 전통적인 정의였다. 인간은 합리적인 목적을 위하여 성실하게 노력하는 지각 있는 존재라는 것이 오래된 신념이다. 그러나 Freud에 따르면 이와 같은 신념은 터무니 없는 망상일 따름이다. 의식의 세계가 마음의 세계 전체 안에서 차지하는 비중은 물 위에 나타난 빙산의 부분처럼 조그마한 것에 불과하다. 보이지 않는 무의식(無意識)이 마음의 진짜 주인공이다. 무의식적 충동이 실은 사람의 행동을 좌우하는 것이며, 행위의 참된 목적은 표면에 나타나듯이 그리 합리적인 것이 아니다. 인간은 겉으로 보기에는 그럴듯한 대의명분을 따라 행동하는 듯 하지만, 그 한층 깊은 동기는 어떤 동물적인 충동이다. 합리성의 원리로 알려진 의식적인 '자아'(ego)는 자주적인 행위자가 아니라 야비하고 가랠 수 없는 '이드'(id)와 잔인하고 불합리한 '초자아'(super-ego)의 지시를 따르는 꼭두각시에 지나지 않는다. 짧게 말해서 인간이란 본능적인 정욕의 지배 아래 있다는 것이 Freud 일파의 생각이다.

종래 윤리의 근원이라고 믿어 왔던 이성 내지 양심의 선천성과 절대적인 지위를 부인하는 정신분석학이 윤리학에 대하여 갖는 함축은 스스로 명백하다. 소위 '도덕적'이라는 찬양을 받는 행위는 실인즉 일종의 대상작용(compensation)의 산물, 이를테면 가장된 행위에 불과하다. 도덕은 어떤 선천저 원리에 근원을 둔 것이 아니라, 사회생활의 요구와 우연적 조건을 따라 형성되는 관습의 발달한 형태로서 이해된다. 그리고 '양심'이란 선사시대에 흔했다는 부친살해와 근친상간에 대한 후회와 자책에 기인하는 것이되, 그 후회와 자책으로 말하면 결코 선천적인 심리가 아니라 공포와 미신 또는 공포와 미신에 입각한 관습에서 생긴 것이다. 표현을 달리 하자면, 양심이란 본래 타인에게로 향하던 잔인한 공격욕의 충동이 일종의 반동심리적 메커니즘을 거쳐 자기 스스로에게로 방향을 돌린 것이다. 본래 하나의 반동심리인 까닭에 그것은 바탕에 있어 충동적이요 비합리적이다.

요컨대 정신분석학자들의 인성론을 저 상식적인 표준으로 구분한다면, 그것은 일종의 성악설에 가깝다. 그리고 이른바 성선설이 윤리학적 절대론을 위하여 좋은 발판이라면, 성악설은 언제나 윤리학적 회의론을 위하여 다시 없는 온상이다. 오늘날 정신분석학은 많은 반론에 부딪쳤으며 여러 모로 자기수정을 거듭한 것으로 안다. 그러나 그것이 인간심리의 깊은 곳을 찌른 일면이 있음은 의심의 여지가 없으며, 오늘날도 정신병학계 또는 심리학계 전반에 걸쳐 현저한 세력을 가졌음은 주지의 사실이다. 따라서 그것이 일상적인 도덕관념에 미치는 영향도 과소평가할 수 없을 정도의 것이라 하겠다.

(2) **社會學과 倫理學的 懷疑論** 오늘날 사회학과 심리학 사이에 밀접한 관계가 있음은 상식적인 사실이다. 만약 어떤 사회학자가 현대심리학에 있어서 우세한 행동주의나 정신분석학의 영향을 크게 받는다면, 그는 그 영향을 통하여 간접적으로 윤리학적 회의론을 조장하는 결과를 초래할 것이다. 그러나 사회학은 사회학의 독자적인 연구로 말미암아 윤리학적 회의론을 고무할 근거를 가졌다. 경험과학의 방법에 의존하는 인간의 학으로서의 사회학적 견지에서 본다면, 선악을 구별하는 도덕판단도 일종의 사회현상에 불과하다. 사회현상인 까닭에 그것은 사회적 조건형성(social conditioning)에 의하여 좌우되는 것이며, 사회적 조건들은 다양하고 변천하는 것이기 때문에 도덕판단에 있어서 보편적인 기준을 발견할 수 없다는 요지의 결론이 내려진다.

도덕판단이 어떤 선천적 원리에 근거를 둔 것이 아니라 일종의 사회적 세력(social forces)의 표명이라고 밝힌 저술의 고전적 대표로서는 미국의 사회인류학자 W. G. Sumner의 「풍습」(*Folkways*)이 알려져 있다.[1] Sumner에 따르면 도덕이란 어떤 이성적 관념의 체계에 속하는 것이 아니라 인간사회의 일반적 생활양식 즉 풍습에 유래한다. 인류가 그들의 원시적 욕구를 채우려는 맹목적인 노력의 과정에 있어서, 어떤 행동양식은 유익하고 어떤 행동양식은 불리하다는 것이 거듭된 시행착오(trial and error) 끝에 알려진다. 유익함이 밝혀진 행동의 양식은 일반이 다같이 따르게 되니 이것이 곧 '풍습'의 형성이다. 풍습이 사회의 복지를 위하여 공헌하는 효과를 가진 것으로서 인정을 받기에 이르렀을 때, 우리가 보통 말하는 관습(mores)이 형성된다. 관습은 이미 개인의 의지를 초월하는 것이며, 개인의 행동을 제

1) *Folkways*의 초판은 1906년 Boston: Ginn & Co.에서 출간되었다.

약하는 구속력을 갖는다. 그리고 우리가 자랑하는 도덕이라는 것도 실은 저 관습의 세련된 형태에 불과하다는 것이다. 미개인들의 관습과 문명인들의 도덕 사이에는 오직 발달 정도의 차이가 있을 뿐 그 근본은 같은 성질의 것이다. 도덕판단이란 우세한 관습을 대변하는 것에 지나지 아니하며, 가장 세력 있는 관습에 일치하는 행위는 '옳은' 행위이고, 그렇지 않은 것은 '그른' 행위가 된다는 것이다.

철학자들 가운데는 발달하고 세련된 형태의 관습이 도덕의 행세를 하고 있음은 사실이나 그것이 참된 도덕 그 자체는 아니라고 주장하는 사람들이 있다. 관습을 넘어서서 관습을 평가하는 원리로서의 참된 도덕의 원리를 발견하는 것이 바로 윤리학의 임무라고 그들은 믿는다. 그러나 Sumner에 따르면 이것은 그릇된 믿음이다. "철학과 윤리학도 역시 풍습의 산물임을 알 수 있다. 그것들은 관습에 근거를 둔 것으로서 결코 원초적이며 독창적인 수 없는 것, 이차적이요 파생적인 것이다."[2] 철학자도 과학자도 자기가 속하는 시대와 사회의 관습의 세력을 벗어날 수 없으니 항상 시대조류의 영향을 받기 마련이다. 따라서 관습이나 도덕을 대상으로 삼는 학문일지라도 엄밀하게 객관적인 견지에서 다루어질 수는 없다.

도덕에 관한 Sumner의 견해에 포함된 윤리학적 함축은 스스로 명백하다. 풍습 내지 관습을 떠나서 따로 도덕이라는 것이 있을 수 없다면, 그리고 풍습과 관습은 어떤 이성적 사려를 따라서 생기는 것이 아니라 사회적 상황과 시대의 여건을 따라서 자연적으로 생기며 그 상황과 여건의 변화를 좇아 변천하는 것이라면, 이른바 '보편타당한 도덕원리'의 가능성은 불가불 부인되지 않을 수 없을 것이다. 절대불변하는 도덕 또는 선천적 이성의 도덕의 부인이 반드시 도덕의 의의나 권위를 부정하는 결론에로 이끌지는 않을지도 모른다. 그러나

2) Sumner, *Folkways*(1911년판), p. 38. T. E. Hill의 인용(*Contemporary Ethical Theories*, New York, 1957, p. 51)으로부터. 여기 Sumner에 관한 소개는 모두 Hill의 같은 저서, pp. 50~52를 참고하였다.

전통적인 윤리학의 관점에서 볼 때 확실히 그것은 어떤 회의론에로 인도하기 쉬운 요소를 품고 있다.

이상에 논술한 바를 요약하건대 · 심리학 · 사회학 · 민속학 · 인류학 따위의 새로운 인간과학의 발달이 직접 · 간접으로 윤리학적 상대론 내지 회의론에 다소간 부채질을 해 왔다. 그리고 오늘날 인간을 대상으로 삼는 여러 과학의 공통된 바탕으로서 19세기 이래의 생물학적 발견이 은연한 영향력을 미치고 있다. 생물학적 진화론의 개념들이 인간연구에도 적용되었을 때, 그리고 사람도 일종의 동물에 지나지 않는다고 선언했을 때, '만물의 영장'으로서의 인간의 지위에 이미 치명적인 균열이 갔던 것이다.

인성론 내지 인간학을 윤리학의 주춧돌이라고 믿는 견해, 즉 인간에 관한 **있는 대로의 사실을** 토대로 삼고 인간이 **마땅히 해야 할 바 당위를** 밝힐 수 있다는 견해는 그 자체 새로운 것이 아니다. Platon, Aristoteles, Aquinas, Butler, Kant 등은 인간성에 관한 지식을 토대로 삼고 윤리에 관한 진리를 이끌어내려고 꾀한 학자들의 일부에 지나지 않는다. 그러나 그들은 인간성 자체 안에 절대윤리의 근거가 될 만한 보편적 원리가 있다고 믿었던 까닭에, 그들의 인간학적 접근은 윤리학적 회의론에로 연결될 이유가 없었다. 육체와 감성의 제약을 받고 있는 개인들은 표면상 구구한 차별상을 보여 주고 있지만 더 한층 깊은 바닥에 있어서는 동일한 선천적 원리가 인간성의 본질을 구성하고 있다면, 그 공통의 본질을 토대로 삼고 공통의 도덕이 발견될 수도 있음직하기 때문이다. 그러나 생물학적 고찰을 바탕으로 삼는 인간의 학에 있어서는 이성이니 양심이니 불리는 이른바 '높은' 기능들까지도 진화 또는 사회적 조건형성 따위의 경험적 개념을 통하여 설명된다. 따라서 보편적 절대도덕의 근거가 될 만한 선천적 원리를 인간성 안에 발견할 희망은 거의 없다.

어떤 종교적인 신앙을 토대로 삼고 절대적인 윤리의 체계를 세우는 길이 전혀 막힌 것은 아니다. 그러나 그러한 신앙이 오늘날 모든 사람들의 마음을 차지하고 있는 것 같지 않으며, 또 신앙이란 것은 결의나 노력으로 빚어낼 수 있는 것도 아니다. 무슨 증거를 보여주기 전에는 여간해서 믿으려 들지 않는 기질이 점차 굳센 세력을 얻어 가고 있음은 르네상스 이래의 일반적 경향이거니와, 이러한 경향이 근대 자연과학의 발달과 깊은 연관성을 가졌으리라는 것도 상식에 가까운 사실이다.

상대론 내지 회의론에로 달리는 현대 윤리사조의 경향은 오늘날 매우 세력을 가진 몇몇 전문적인 철학파까지 이에 가담함에 이르러 더욱 치명적인 지경에 다달았다. 논리적 실증주의는 아마 이러한 학파의 대표적인 것이라 하겠다.[3)]

제 2 절 메타倫理學

이제까지 우리는 ① 고전적인 여러 윤리설이 모두 만족스럽지 못했으며, ② 윤리학적 회의론이 현대에 이르러 과거 어느 시대보다도 심각하게 도전하고 있다는 사실을 보았다. 이것은 현대가 새로운 윤리학을, 독단과 논리의 비약을 감추지 않았으며 심각히 따져오는 회의론 앞에서도 견딜 수 있는 새로운 윤리학을, 요구하고 있다는 사실의 이면이다. 그래도 올바른 삶과 그릇된 삶 또는 보람된 삶과 그렇지 못한 삶의 구별이 있다는 것을 전적으로 부인하지 못하는 사람들은 윤리학적 회의론을 마지막 결론으로서 받아들이기에는 아직 이르다고 느끼기 때문이다.

그러나 현대가 요구하는 새로운 윤리학이 무엇보다도 먼저 해결해야 할 것은 "윤리학이 하나의 '학'으로서 성립할 수 있느냐"는 문

3) 논리적 실증주의의 윤리설에 관하여는 뒤에서(제 9 장 제 1 절) 다시 언급하기로 한다.

제인 것 같다. 종래 윤리학이 하나의 학으로서 가능하다는 전제 밑에 출발할 수 있었던 것은 인생에 객관적이며 보편적인 목적 또는 법칙이 주어졌다는 것을 의심의 여지 없는 사실로서 믿을 수 있었기 때문이다. 그러나 오늘날의 회의론은 바로 이 자명하다고 믿었던 '사실'에로 화살을 던지는 것이다. 옛날의 윤리학자들이 "우리는 무엇을 해야 하느냐"는 물음을 처음이자 마지막 문제로서 내걸 수 있었던 것은 인간에게 마땅히 걸어야 할 길이 미리 주어졌다고 믿었기 때문이다. 그러나 오늘날 그 믿음이 심각한 회의의 대상이 되고 있다면, 우리는 "무엇을 해야 하느냐"는 당위의 문제를 다루기 전에, 도대체 그러한 당위의 문제가 학문적으로 대답할 수 있는 성질의 것이냐 하는 순전히 이론적인 문제부터 따지고 나서야 할 것이다. 종래 실천의 학으로서 군림했던 윤리학은 오늘날 그 본래의 규범적 문제를 다룰 수 있기 전에 스스로의 존재이유를 물어야 한다. 다른 분과의 학자들이 각각 자기의 주로(走路)를 달리고 있는데, 윤리학도는 자기에게도 허락된 주로가 있는지 그것을 더듬더듬 알아 봐야 하는 것이다. 당장에 해결을 요구하는 실생활의 문제들이 발등에 떨어지는 불덩이처럼 화급함을 고려한다면, 현대의 윤리학이 처한 심각한 딜레마를 이해하기에 곤란이 없을 것이다.[4)]

도덕현상에 관한 학문이 가능함은 의심의 여지가 없다. 그러나 도덕현상의 과거나 현재를 있는 그대로 서술함에 그치는 연구는 심리

4) 우리가 현실에 당면한 실천적인 문제들은 시급한 해결책을 요구하고 있는데, 윤리학자들은 도대체 그러한 문제가 학문의 대상이 될 수 있느냐는 것부터 물어야 한다는 사태는 윤리의 문제를 실천적 견지에서 다루어야 할 '지도자'의 임무와 그것을 이론적 견지에서 다루어야 할 '학자'의 사명을 원칙상 구별하지 않을 수 없게 한다. "도덕판단이 객관적 타당성을 가질 수 있느냐"는 식의 태도는 지도자에게는 허용될 수 없다. 그러나 학자에게는 도리어 그러한 태도가 요구되는 것이다. 현대의 한국이 그렇듯이 현실의 사회문제는 다난하고 사상의 깊이를 간직한 지도자의 수가 부족한 나라에서는 자연학자에게까지 지도자로서 구실할 것이 요청되기가 일쑤다. 그럴 경우에 학자는 Descartes가 암시했듯이 잠정적인 원칙에 의거할 수밖에 없을 것이다. 그러나 학자로서의 임무와 지도자로서의 사명을 혼동하지 아니함은 끝까지 필요하리라고 믿는다.

학 내지 사회학의 일부문으로 보아야 할 것이다. 윤리학의 전통적인 사명은 있는 대로의 도덕현상을 서술함이 아니라, 있어야 할 도덕의 원리를 밝히는 일이었다. 그러므로 "윤리학이 하나의 학으로서 성립할 수 있느냐" 하는 물음은 도덕에 관한 서술과학의 가능성을 묻는 것이 아니라, 도덕에 관한 규범의 학(normative science)의 가능성을 묻는 것이다.

규범의 학으로서의 윤리학이 가능하려면, 도덕적 평가의 기준이 확립될 수 있어야 한다. 즉 도덕판단의 진위를 가릴 표준이 설 수 있어야 한다. 따라서 "윤리학이 학으로서 가능하냐" 하는 문제는 행위의 옳고 그름을 평가하는 발언의 옳고 그름을 밝힐 방법이 있느냐 없느냐는 문제이기도 하다. 이 문제가 "우리는 무엇을 해야 하느냐"는 식의 고전윤리학의 그것과는 근본적으로 성질이 다르다는 것은 스스로 분명하다. 전자가 사실(*fact*)을 묻고 있음과는 달리 후자는 당위(*ought*) 내지 가치(*value*)를 묻고 있기 때문이다. 다시 말하면 종전의 윤리학은 대체로 '당위의 학'이라고 부를 수 있는 것이었지만, 현대의 윤리학은 성질상 그렇게 부를 수 없는 탐구를 그 중요한 부분으로서 가지게 된 것이다.[5] 윤리학의 이 새로운 부문, 즉 윤리학의 학으로서의 가능성 여부를 묻는 탐구를 '메타윤리학'(meta-ethics)이라는 이름으로 불러 당위의 문제를 탐구하던 종래의 '규범윤리학'(normative ethics)과 구별한다. 그리고 '메타윤리학'에 종사하는 학자를 '분석학자'(analyst)라 부르고 규범윤리학에 종사하는 사상가를 '모럴리스트'(moralist)의 이름으로 부르는 구별이 생기게 되었다.[6]

---

5) 고전적 윤리학자들이 모두 언제나 당위의 문제만을 다루고 순전히 이론적인 문제에 관한 분석적 고찰은 전혀 돌보지 않은 것은 아니다. Spinoza, Hume, Price의 예에서 볼 수 있듯이 가치개념의 분석 같은 순전히 이론적인 탐구의 서곡은 이미 오래 전에 올려졌다. 그러나 그것은 오직 예비적 단계에 머물렀으며 분석적인 문제와 규범적인 그것과의 경계선조차 명확하지 못하였다.

6) 현대의 윤리학도 물론 우리가 당면하는 실천적 제문제에 대한 관심을 잃지 않았다. 그러나 그 실천적인 문제들과 대결하기 전에 해결해야 할 분석적인 문제에 관심

요약컨대 현대의 윤리학 앞에는 두 개의 커다란 문제가 그 과제로서 놓여졌다. 첫째는 "우리는 어떻게 행위해야 하느냐?" 하는 문제가 학적으로 풀 수 있는 문제냐 아니냐를 규명하는 일이요, 둘째는 (첫째 문제가 긍정적으로 대답되었을 때) "우리는 어떻게 행위해야 하느냐?" 하는 물음에 직접 대답하는 일이다. 다시 말하면 현대의 윤리학은 과거의 윤리학자들이 오랜 세월을 바쳐 온 당위의 문제를 그대로 물려받은 위에 또 하나의 기본적인 문제를 맞아들인 것이다.

"도덕적 언명의 진위를 밝힐 수 있느냐"는 물음에 대하여 "그렇다"고 대답하는 견해를 윤리인식긍정론(cognitive theory of ethics)이라고 부르며, 같은 물음에 "아니다"라고 대답하는 견해를 윤리인식부정론(noncognitive theory of ethics)이라고 부른다. 고전적인 여러 윤리설들은 몇몇 회의적인 것을 제외하고는 모두 전자인 긍정론에 속한다. 그리고 현대에도 자연주의윤리설이 있고 직각설이 있고 또 형이상학적 윤리설이 있으니, 이들은 현대적 유형의 윤리인식긍정론이다. 한편 회의론의 대두와 관련하여 현대는 고유한 윤리인식 부정론의 발전을 보았다. 이른바 '이모우티비즘'(emotivism)과 '일상적 언어학파의 윤리설'(ethical theories of the ordinary language school)이 그 대표적인 것이다. 이제 장을 바꾸어 현대의 메타윤리학설 가운데서 특히 중요하다고 생각되는 것을 차례차례 살펴보기로 한다.

의 초첨이 옮겨간 듯한 느낌조차 있으며, 순전히 메타윤리학에만 매어달리다시피 하는 학자의 수도 결코 적지 않다.

제 7 장

直覺論的 倫理說의 새로운 試圖

제 1 설 G. E. MOORE

I. 小 序

영국 Cambridge 분석철학의 선구자인 George Edward Moore (1873~1958)는 Russell과 더불어 현대 영국의 신실재론(新實在論, new realism)을 개척한 거성이기도 하다. 그는 이 실재론을 가치문제에도 적용하여, 실재론적 가치론 위에 새로운 윤리설을 세웠다. 그러나 Moore의 윤리설은 한편 영국의 전통적인 윤리학설로부터 받아들인 바도 적지 않다. 그의 윤리설에 가장 많은 영향을 끼친 것은 첫째로 영국의 고전적인 직각론이요, 둘째로 영국적인 전통의 공리주의설이다. 직각론 가운데서는 Price의 영향이 가장 크고, 공리주의 가운데서는 Sidgwick(1838~1900)의 직각론적 공리설의 영향이 가장 크다.[1)]

1) Henry Sidgwick은 종전의 公利主義가 가진 두 가지 이론적 난점, 즉 ① 행동은 반드시 쾌락을 목표로 삼는다는 심리설의 난점과 ② 사실판단으로부터 가치판단을 이끌어 내려는 논리적 난점을 시인한다. 그러나 '최대다수의 최대행복'이 최고의 선이라는 공리주의적 결론의 타당성은 의심하지 않는다. 그 결론을 정당화하기 위하여 그는 "최대다수의 최대행복이 최고의 선임은 직각적으로 자명하다"고 단언하여 직각론적 기초 위에서 공리설을 주장한 것이다.

한편 Moore는 "최대다수의 최대선"이 인생의 궁극목적이라는 것을 자명한 원리

Moore는 그의 윤리학설을 단행본 「윤리학원리」(*Principia Ethica*)와 「윤리학」(*Ethics*) 및 "본래적 선의 개념"(The Conception of Intrinsic Value), "나에 대한 비판자들에게 답함"(A Reply to My Critics) 등의 논문을 통하여 피력하고 있다. 특히 "과학적임을 자임할 장래의 모든 윤리학을 위한 서설"이라는 부제가 붙은 「윤리학원리」는 그 가운데서도 가장 중요한 문헌이다. 이 안에서 Moore가 강조한 '자연주의적 오류'(naturalistic fallacy)의 개념은 현대윤리학의 전환점을 이루었다 하여도 과언이 아닐 정도로 찬성과 반대의 많은 논쟁을 일으켰다.

Moore에 따르면, 윤리학의 과제는 세 가지의 기본적인 문제에 대답하는 일이다. 그 세 가지의 문제란 다음과 같다. ① "선(good)이란 무엇을 의미하는가?" ② "어떠한 사물이 그 자체로서 선한 것인가?" ③ "세상에 존재하는 것들을 가능한 한 최선의 것으로 만들기 위하여 어떠한 행동을 할 것인가?"[2)]

이 세 가지 문제 가운데서도 Moore의 견지에서 볼 때 가장 중요한 것은 첫째 것이다. Moore에 따르면, 윤리학의 기본과제는 개별적인 도덕문제를 논함에 있는 것이 아니라 일반적으로 선의 본질을 탐구함에 있다. 선의 본질을 탐구한다 함은 선의 소재(所在)나 선의 실현 방안을 묻는 것이 아니라, 선의 정의를 묻는 것이다. "개인적인 충고나 권유를 베푸는 것은 윤리학자의 임무가 아니라"고 단정하며,[3)] 선의 정의의 중요성을 역설하는 그의 출발에 있어서 이미 우리는 종래의 규범윤리학자와는 다른 분석가로서의 Moore의 자세를 볼 수 있다.

윤리학적 평가어의 정의를 존중하는 것은 대부분의 메타윤리학자들의 공통된 경향이다. 메타윤리학의 중심문제는 평가적 발언의 타

로서 전제하는 점은 Sidgwick에 가깝다. 그러나 그는 그 '善'(good)을 곧 쾌락과 동일시하지 않는 점에 있어서 Sidgwick 및 다른 쾌락주의자와 견해를 달리한다.

2) G. E. Moore, *Principia Ethica*, Cambridge University Press, 1956년판, p. 37.

3) *Ibid.*, p. 3.

당성을 검토하는 방법론의 문제이다. 그러나 어떠한 발언의 진위를 밝히는 방법론의 문제는 그 발언의 의미를 분명히하기 전에는 제대로 해결될 수 없다. '신의 존재' 또는 '의지의 자유' 등의 문제를 논한 사람들이, '신,' '존재하다,' '의지,' '자유' 등의 개념을 분명히 규정하지 않고 문제의 해결을 서두른 결과, 쓸데없는 갑론을박으로 시종했다는 사실만을 생각하더라도, 의미의 규명이 방법론에 앞서야 한다는 것은 명백할 것이다. 평가적 발언에 있어서 특히 그 의미를 좌우하는 것은 보통 그 발언의 빈사(predicate)노릇을 하는 가치어(value term)이다. 그러므로 가치어의 정의는 메타윤리학의 선결문제가 아닐 수 없다. 가치어의 정의의 문제가 윤리학의 기본이라는 것을 명백히 한 점에 있어서도 현대윤리학의 선구자로서의 Moore의 공적은 크다.

Ⅱ. 善의 定義

Moore가 그의 첫째 문제 "선[4]이란 무엇을 의미하느냐"를 다룸에 있어서 우선 한 일은 종래의 학자들이 '선', 즉 'good'에 대하여 내린 정의가 하나도 타당치 않다는 비판이다. 쾌락주의자들은 '좋다'와 '즐거움을 주다'를 같은 뜻이라고 주장하였다. 어떤 자연론자들은 '좋다'는 '욕구되다'의 뜻이라고 주장하였다. 그러나 이와 같은 정의는 하나도 옳지 않다는 것이다. 그것이 옳지 않다는 이유로서 Moore는 어떤 사물이 즐거움을 주며 또 욕구되고 있음을 엄연한 사실로서 믿으면서도 그러나 그것이 좋은 것은 못된다고 믿을 수도 있다는 사실

4) 영어의 'good'은 우리말의 '착함'과는 좀 다르다. 따라서 '善'을 좁게 해석하여 '착함'의 뜻으로 쓴다면, 'good'을 '선'으로 옮기는 것은 적당치 않을 것이다. 그러나 '좋음'이라는 말은 아직 어색한 어감을 주기 쉬우며, '선'에도 '先後策'·'善書'·'善處'의 경우에 있어서 그렇듯이 널리 '좋음'과 같은 뜻이 있으므로, 앞으로 '선'을 넓은 뜻으로 해석하고 문맥과 어감에 따라 '선'과 '좋음'을 같은 뜻으로 혼용하고자 한다. 그리고 Moore가 정의를 문제삼는 선은 무엇을 위한 수단으로서의 선(instrumental good)이 아니라 그 자체가 목적인 본래적 선(intrinsic good)이다.

을 든다.[5] 만약 "X는 좋다"와 "X는 즐거움을 준다"가 같은 뜻의 말이라면, "X는 즐거움을 주기는 하나 좋은 것은 못된다"는 발언은 자기모순일 것이기 때문이다. 또 어떤 학자들은 '좋다' 함은 "도덕적 시인(moral approval) 같은 특수한 감정을 일으킨다"는 뜻이라고 정의하였다. Moore에 따르면 이러한 정의도 받아들일 수 없다. 왜냐하면 어떤 좋은 사태는 "비록 그 사태에 대하여 그 특수한 감정을 느끼는 사람이 전혀 없었다 하더라도, 그 사태는 여전히 그 자체로서 좋으리라는 것은 의심 없이 명백하기" 때문이라는 것이다.[6] (여기서 Moore는 가치가 사람의 감정이나 욕구와는 관계 없이 독자적으로 실재한다는 것을 전제하고 있다.)

그러면 선은 어떻게 정의해야 할 것인가? 그것은 본래 정의할 수 없다는 것이 Moore의 대답이다. 선을 정의할 수 없는 이유는 그것이 더 이상 분석할 수 없는 궁극적이요 단순한 관념이기 때문이다. "'좋음'은 마치 '누렁'(yellow)이 그렇듯이 단순한 관념이다."[7] 그러나 Moore는 좋음을 좋은 사물의 자연적 특성(natural properties)의 하나라고 생각하는 것은 아니다. 누른 빛은 누른 물건을 구성하는 여러 자연적 요소의 하나이지만 좋음은 그런 것이 아니다. 좋음은 좋은 사물의 특징의 일부 또는 그 자연적 특성의 하나가 아니라, 그 사물의 모든 다른 특성들의 필연적인 결과로서 그 사물에게 따르는 것이다.[8] Moore는 선을 비자연적 성질, 즉 형이상학의 세계에 속하는 실재로 본 것이다. 좋은 것(good things)은 자연현상으로서 시간과 공간안에 존재하나, 좋음(goodness) 그 자체는 시간과 공간 안에 있을 수 없으며, 지각의 대상이 될 수도 없다는 것이다.[9]

---

5) Moore, *Ethics*, Oxford Unversity Press, 1955년판, p. 102.

6) *Ibid.*, p. 103.

7) Moore, *Principia Ethica*, p. 7.

8) Moore, "The Conception of Intrinsic Value," in G. E. Moore, *Philosophical Studies*, New York, 1922, p. 253ff. 참조.

9) *Principia Ethica*, pp. 110～111 참조. Moore가 선을 형이상학적 실재로 보았다 해

Moore에 따르면, 선을 경험의 세계 안에서 생겼다 없어졌다 하는 자연적인 현상이라고 믿는 사람들은 '좋음'과 '좋은 것'을 혼동한 사람들이다. '좋은 것'은 '좋음'을 가지고 있으나 그 자체가 좋음은 아니다. '좋음'과 '좋은 것'의 구별에 이어서 또 한 가지 혼동해서는 안 될 것이 있다. 그것은 좋은 것들이 가지고 있는 어떤 자연적 특성과 좋음과의 구별이다. 자연론적 윤리학자들이 "선은 쾌락이다," "'좋다' 함은 '욕구되었다'는 뜻이다" 따위의 정의를 시도한 것은 이제 말한 두 가지를 혼동한 것이다. 우정 · 건강 · 명예 · 자유 · 평화 등은 모두 좋은 것들이다. 이 좋은 것들은 '좋음'을 가지고 있는 한편 또 '즐거움을 준다'는 성질도 아울러 가지고 있다. 모든 좋은 것들이 '좋음'과 '즐거움을' 항상 아울러 가지고 있음을 보았을 때, 사람들은 자칫하면 이 두 가지를 동일시하기 쉽다. "선이란 쾌락이다"라는 정의는 이와 같은 동일시의 산물이라는 것이다. 그러나 이러한 동일시는 의심의 여지 없이 논리의 오류를 범한 것이라고 Moore는 지적한다. 모든 등변삼각형에는 '등변'이라는 특색과 아울러 '등각'이라는 특색도 있다. 그러나 "등변은 등각이다"라고 정의한다면 그것은 확실히 논리의 오류가 아니겠는가. Moore는 이러한 오류를 가리켜 '자연론적 오류' (naturalistic fallacy)라고 불렀다.[10)]

'자연론적 오류'의 개념은 가치어(value terms)를 비가치어(non-value terms)로써 정의하려는 시도 또는 가치판단을 사실판단으로 번역하려는 시도 안에 깃든 논리적 난점을 지적한 것으로서 이것은 비단 자연론적 윤리설에 대한 비판일 뿐 아니라, 형이상학적인 윤리설에 대하여도 비판의 화살을 보내는 것이다. 따라서 이것은 종래의 윤

서 그가 형이상학적 윤리학자가 되는 것은 아니다. 형이상학적 윤리학자란 도덕적 가치가 초경험적 실재라고 믿는 사람을 말하는 것이 아니라, 윤리학적 진리의 인식이 형이상학적 진리로부터의 논리적 추리를 통하여 가능하다는 방법론을 주장하는 이를 말하기 때문이다.

10) *Ibid.*, p. 10, pp. 13~14.

리학에 대한 일대 경종이며, 현대윤리학을 위한 전환의 계기이기도 하였다. 그러나 자연론적 윤리학자 가운데도, John Dewey나 C. I. Lewis의 경우에 있어서와 같이, 가치어의 정의에 부정적 태도를 취한 학자들이 있으므로, 자연론적 오류의 비난이 모든 자연론자에 해당한 것은 아니다. 뿐만 아니라 자연론적인 정의가 정말 '오류'를 범한 것이냐는 반문과 이론(異論)도 나오고 있다.[11] 자연론적 정의가 불충분한 정의라는 것은 아무도 부인하지 못할 것이다. 그러나 '불충분하다'는 이유로 그것을 곧 '오류를 범했다'고 단정할 수 있을는지에는 논의의 여지가 있음직하다.[12]

'선'은 정의를 거부하는 단순한 관념이라는 Moore의 견해는 그를 직각설에로 이끌었다. 만약 선이 단순하고 궁극적인 성질이라면, 그러한 성질이 어떤 사태 안에 있는지 없는지를 알려진 다른 사실로부터 추리할 도리는 없을 것이다. 따라서 그것은 오직 직접적으로 곧장 파악할 수밖에 없다. 마치 어떤 물건의 빛깔은 그 물건을 보면 곧 알 수 있듯이, 일정한 사태에 좋음이 깃들었는지 아닌지는 그 사태를 이해하는 동시에 직각적으로 알 수 있다고 Moore는 믿는 것이다. Moore가 선의 인식을 직각적이라고 주장했음은 선의 인식을 위한 특수한 기능이 따로 주어져 있다거나 선의 인식에 그릇됨이 생길 수 없다는 뜻이 아니다. 그가 강조하는 것은 어떤 사물이나 사태가 좋은 것이냐 나쁜 것이냐 하는 문제는 추리나 논쟁으로 즉 따짐으로써 해결할 수 없는 성질의 것이라는 점에 있다. "아무런 증거도 댈 수 없다, 그 자체 이외의 어떤 진리로부터도 사물의 좋고 나쁨을 추론하지

11) Moore의 '자연론적 오류'의 이론을 반박한 논문으로서는 W. K. Frankena의 "The Naturalistic Fallacy"(*Mind*, XLVIII [1939] 소재)가 유명하다.

12) "선은 쾌락이다"식의 자연론적 정의는 선의 외연을 밝힌 것으로 볼 수 있다. 이상적 정의는 개념의 내포를 밝힘에 있으나, 그것이 불가능할 경우에는 외연을 밝히는 정의도 약간의 도움이 될 수 있을 것이다. 자연론자들의 잘못은 외연을 밝히는 정의를 내린 사실에 있는 것이 아니라, 외연에 의한 정의를 내포에 의한 그것으로 오인했을 경우에 일어난다.

못한다"[13]라고 Moore는 강조한다.

선이나 악이 경험 안에 생멸하는 사건이 아니라 초경험적인 성질이라는 Moore의 견해는 그를 가치실재론(realistic theory of value)에로 이끌었다. 만약 선악이 경험을 초월하는 것이라면 그것은 시간이나 공간의 제약을 받지 않을 것이며, 감정이나 의지 그 밖의 어떠한 주관의 태도도 주어진 대상 속에 깃들인 선악의 가치를 좌우하거나 변경시킬 수는 없을 것이다. 일정한 전체가 한번 그 자체로서 좋음이 사실이라면, 그와 똑같은 전체는 어느 때 어느 곳에서나 그와 똑같은 정도로 좋을 것이다. 따라서 선악판단의 진위(眞僞)도 사정에 따라 바뀔 수 없으니, 그 타당성은 객관적 기준에 의하여 확립된다는 결론이 된다.

Ⅲ. 善을 가진 것들

Moore의 둘째 문제는 "어떠한 사물이 그 자체로서 선한 것인가"였다. 첫째 문제가 선의 정의를 물은 것임에 비하여, 이것은 선의 가치를 보유하는 구체적 사상(事象)을 묻는 것이다. 이 물음을 고찰함에 있어서도 Moore는 우선 과거의 윤리학설을 비판하는 일부터 시작한다. 종래 여러 학자들이 "쾌락이 선이다," "생명의 증가 혹은 진화가 선이다," "자아의 실현이 선이다," "순수의지를 따름이 선이다" 따위의 명제를 기본원리로서 제시하였다. 그들은 "선이 무엇을 의미하느냐"와 "어떠한 것들이 선을 가졌느냐"는 두 물음의 구별을 충분히 깨닫지 못했던 까닭에, 그러한 명제들을 한편으로는 선의 정의로서 또 한편으로는 선을 가진 사상을 밝히는 원리로서 내세웠던 것이다. 그러나 Moore에 따르면 그러한 명제들은 선의 정의로서 부당할 뿐만 아니라 "어떠한 것들이 선을 가졌는가" 또는 "어떠한 것들이

13) G. E. Moore, *Principia Ethica*, 序文, p. viii.

그 자체로서 좋은 것인가"에 대한 대답으로서도 만족스럽지 못하다. 그것이 선의 정의로서 부당하다는 이유로서 Moore가 제시한 것이 바로 "자연주의적 오류"의 개념이었다. 그러나 그것이 선을 가진 사상(事象)을 밝히는 원리로서도 만족스럽지 못하다고 생각하는 것은 어떤 논리적 오류를 범했다고 믿기 때문은 아니다. 가령 "쾌락이 선이다"라고 말하는 대신 "쾌락은 선이다"라고 말하여 선을 가진 여러 가지 사상 중의 하나로서 쾌락을 지적했다면, Moore는 이에 반대하지 않았을 것이다. Moore가 반대하는 것은 쾌락을 선으로 보는 그 생각이 아니라, 쾌락만을 선이라 하는 주장이다. 선의 가치를 보유하고 있는 것이 어떤 한 가지 종류의 사상(事象)만이라고 보는 생각에 Moore는 극력 반대하는 것이다. "그 자체가 본래 선한 것의 종류는 굉장히 여러 가지다."[14] 그러므로 어떠한 것들이 선의 보유자인지를 망라된 목록으로써 밝힐 수는 없다고 그는 주장한다. Moore는 다만 "어떠한 것들이 그 자체로서 좋은 것이냐?"는 물음에 대답하는 대신으로 모든 '좋은 것들'(the good)에게 공통적이라고 생각되는 다음 두 점만을 들고 있다. ① 본래 그 자체로서 좋은 것들은 모두 어떤 느낌(feeling), 특히 '즐거움'이라는 느낌 및 그 밖의 다른 의식을 내포하고 있는 것으로 보인다. ② 본래 그 자체로서 좋은 모든 것들은 상당히 여러 가지의 인자들을 포함하는 복합된 전체인 듯하다.[15]

어떤 느낌, 특히 즐거움을 포함하지 않는 사태에는 본래적 선(intrinsic goodness)의 가치가 없다는 믿음에서 선의 양은 쾌락의 양에 비례한다는 생각이 널리 퍼지게 됐을 것이라고 Moore는 주장한다. 쾌락이 선의 필수조건이라는 근거에서 사람들은 쾌락을 선의 바로메터로 생각하기 쉬우며, 심지어는 쾌락과 선을 동일시하기까지 한다는 것이다. 그러나 이러한 생각이 잘못임을 결정적으로 밝히기 위하여

14) *Ethics*, p. 153.
15) *Ibid.*, pp. 153～154.

Moore는 '유기적 전체의 원리'(the principle of organic whole)를 제창하였다. "전체의 가치를 그 부분들의 가치와 동등하다고 보아서는 안된다"는 것이다.[16)]

Ⅳ. 옳은 行爲 또는 義務

Moore의 셋째 문제는 "세상에 존재하는 것들을 가능한 한 최선의 것으로 만들기 위하여 어떠한 행위를 할 것인가"였다. 이것은 우리가 해야 할 옳은 행위가 무엇인가를 묻는 실천적 문제임이 분명하다. 만약 이 문제가 묻는 바에 올바로 대답하고자 했다면 Moore는 여기서 인생의 실천적 문제들을 구체적으로 다루었어야 할 것이다. 왜냐하면 "우리는 무엇을 할 것이냐"라는 일반적 물음에 대한 추상적인 대답은 이미 그의 설문 안에 주어져 있기 때문이다. 즉 그는 "우리는 세상에 존재하는 것들을 가능한 한 최선의 것으로 해야 한다"는 것을 자명한 진리로서 전제하고 있는 것이다. 그러나 Moore는 그의 제 3 의 문제를 구체적이요 실천적인 각도에서 다루지는 않았다. 그는 끝까지 '메타윤리학'의 견지에서 이 실천적 문제에 관련된 순전히 이론적이요 분석적인 문제들을 고찰함에 힘을 기울인다.

Moore에 따르면, 선의 실현과 행위와의 관계를 묻는 이 제 3 의 문제 속에는 "무엇이 옳으냐," "무엇이 우리의 의무냐," "우리는 무엇을 해야 하느냐"는 물음들이 포함된다.[17)] 그리고 이러한 문제들을 다룸에 있어서 먼저 해야 할 일은 '옳다'(right), '해야 한다'(ought) 및 '의무'(duty)라는 가치어의 뜻을 규명하는 일이라고 그는 생각한다.[18)] 그리고 이 셋째 물음에 관련된 가치어의 의미에 대한 Moore의

16) *Principia Ethica*, p. 28; G. E. Moore, *Ethics*, p. 151에도 같은 원리가 다른 표현으로 소개되고 있다.

17) *Principia Ethica*, p. 146 참조.

18) "무엇이 옳으냐," "무엇이 우리의 의무냐"는 따위의 문제도 "'옳음' 또는 '의무'라

견해는 그가 선의 정의에 관하여 주장한 바와는 상당히 다르다는 사실이 주목된다.

'선'은 단순하고 궁극적인 관념인 까닭에 정의할 수 없다고 Moore는 단정하였었다. 그러나 '옳음', '해야 함' 및 '의무'의 개념들은 '선'과 마찬가지의 단순한 관념으로 보지 않고 '선'이라는 말을 통하여 정의할 수 있다고 믿는다. 가령 '옳다'는 말의 뜻에 관한 Moore의 견해에 따르면, "이 행동은 옳다"는 말은 "현재 가능한 범위 안에서는 이 행동의 결과가 가장 좋을 것이다"는 말과 같은 뜻이다.[19] 따라서 어떤 행동이 옳은가 그른가를 밝히기 위한 정당한 방법은 그 행동에서 일어나는 결과를 인과율적으로 관찰하는 길이다. 이것은 Moore가 선에 관하여서 직각론적 견지를 취했음에도 불구하고 행위의 시비의 문제에 관해서는 도리어 경험론적 견지를 택했음을 의미한다.

이른바 '도덕률'이라는 것은 '옳음' 내지 '의무'의 문제를 밝히기 위한 법칙이라고 믿는 까닭에, '옳음'이 행위와 그 결과와의 인과관계에 달렸다고 보는 Moore는 따라서 **어떠한 도덕률도 자명할 수 없다**는 또 하나의 추론을 갖게 된다. 행위의 시비에 관한 도덕판단은 행위와 그 결과와의 인과관계를 관찰함으로써 내려져야 할 것인 까닭에, 여기 직각적인 방법을 적용할 수 없다는 것이다. 이에 따르는 또 하나의 결론은 행위의 시비 또는 의무에 관하여 **절대로 옳은** 판단이 있을 수 없다는 것이다. 어떤 행위의 모든 결과를 정확하게 산출할 수 없다는 것은 '새옹지마'의 옛 이야기가 아니라도 부인 못할 사실

는 말이 무엇을 의미하느냐"는 문제와 "어떠한 행동들에 '옳음' 또는 '의무에 합당함'이라는 가치가 깃들였느냐"는 그것과의 두 가지로 나누어 생각할 수 있을 것이다. 그러나 Moore는 이 문제를 분명히 나누어 고찰한 것 같지 않다. 혹 이 두 문제를 한데 얼버무린 것이 아닌가 하는 의심도 없지 않다.

19) *Ibid.*, p. 25, p. 147. 'right'나 'ought' 따위의 개념을 'good'을 통하여 정의할 수 있다고 믿은 것은 *Principia Ethica*에 있어서다. Moore가 8년 뒤에 *Ethics*를 썼을 때에는 이 점에 관하여 약간 견해가 달라진 것 같다. 즉 엄밀하게는 'right'나 'ought'도 고유한 관념으로서 정의할 수 없는 것이며, 다만 어느 정도 가까운 뜻이라면 'good'을 통하여 옮길 수 있다는 정도로 생각을 고친 것이다(*Ethics*, Ch. Ⅶ 참조).

이기 때문이다. 따라서 윤리학이 할 수 있는 일은, 절대적 의무를 결정함이 아니라, 일정한 사정 안에서 선택이 허락되는 몇 가지 행위 가운데 어느 것이 가장 좋은 결과를 초래할 것인가에 관하여 확률적인 판단을 제시함이라는 결론이 된다.

이상으로써 우리는 현대의 직각론자 Moore와 전통적 직각론자들 사이에 현저한 차이가 있음을 알 수 있다. 전통적 직각론자들은 거의 모두가 법칙론자였다. 그들이 직각적으로 파악할 수 있다고 주장한 것은 도덕률 또는 옳음과 그름의 판별이었다. 그들에 따르면 도덕률은 초경험적이며 자명한 것으로서, 그것을 인식하기 위하여 인과율적 고찰이나 그 밖의 어떠한 경험도 필요가 없었다. 그러나 Moore는 목적론자이다. 그가 직각적으로 인식할 수 있다고 믿은 것은 추구해야 할 목적, 즉 '선'의 가치다. Moore는 '약속을 지킴', '사실대로 말함' 등 일정한 양식의 행동이 그 자체 의무인 까닭에 무조건 그것을 실행해야 한다는 생각에 찬동하지 않는다. 종래의 직각론자들에 있어서는 어떤 행위가 옳은지 그른지는 그 행위 자체가 어떠한 것이냐에 따라서 결정되었다. 그러나 Moore에 있어서는 행위의 결과가 그 시비를 결정한다.[20]

영국의 전통적인 직각론의 흐름을 따르면서도 그것과 현저한 차이를 가진 Moore의 윤리설은, 영국의 또 하나의 전통적 윤리사상인 공리주의와도 한편으로는 같은 지반 위에 섰으면서 또 한편으로는 뚜렷한 대립관계에 있다. 가능한 최대의 선을 결과하도록 하는 행위가 옳은 행위라고 주장하는 점에 있어서 Moore는 공리주의의 기본명제를 그대로 받아들이고 있다. 가능한 최대의 선을 지향함이 인간의 의무임을 자명한 진리로 전제하는 점에서 특히 Sidgwick의 직각론적

20) 결과 여하에 따라 행위의 시비가 결정된다고 주장하는 Moore는 "목적이 수단을 정당화한다"에 동조하는 셈이다. 다만 행위 자체 안에 들은 본래적 가치(intrinsic value)도 그 결과의 일부로서 계산해야 한다고 믿는 점에 있어서 Moore의 설은 항간의 소박한 견해와 다르다.

공리주의에 가깝다. 그러나 Moore에게는 Sidgwick을 포함한 모든 공리주의자들과 근본적으로 다른 점이 있다. 즉 Moore는 선과 쾌락을 동일시하는 쾌락주의를 물리치는 점에 있어서 공리주의와의 동행에 한계를 긋는 것이다. 선과 쾌락을 같은 것으로 본 까닭에 공리주의자들은 '최대다수의 최대선'이 도덕의 최고원리라는 신념에서 곧장 '최대다수의 최대행복'의 원리에로 넘어갈 수가 있었다. 그러나 Moore는 선을 쾌락뿐 아니라 다른 어떤 것과도 동일시 할 수 없는 고유성이라고 본 까닭에 끝까지 '최대다수의 최대선' 그 자체에 머물렀다.[21]

'해야 함'(ought)과 '의무'(duty)는 Moore가 볼 때 같은 뜻의 말이다. '해야 함'과 '옳음'은 거의 같은 뜻이나, 엄밀하게는 약간의 차이가 있다. 즉 두 가지의 행위가 다같이 최대량의 선을 결과할 때, 그 두 가지 행위는 어느 것이든 옳다. 따라서 그 두 가지 가운데서는 어느 쪽을 택해도 무방하며, 그 중의 어느 지정된 쪽을 반드시 해야 할 의무는 없다. 이런 특수한 경우에는 옳은 행위임에도 불구하고 해야 할 의무는 아닌 행위가 있을 수 있는 셈이다.[22]

제 2 절 W. D. ROSS

I. 小 序

현대 영국에는 Moore 이외에도 여러 직각론자들이 나타나 미국의 자연론자들과 맞서는 큰 세력을 이루었다. H. A. Prichard, E. F. Carritt, C. D. Broad, W. D. Ross, John Laird, A. C. Ewing[23] 등이 그

21) Moore의 *Ethics*는 公利主義의 검토로부터 시작되었다. "Utilitarianism"의 이름 아래 쓰여진 제 1 장과 제 2 장에 있어서 Moore는 공리주의의 장단을 밝히고, 이 학설이 고전적인 여러 학설 가운데서 자기의 것에 가장 가까움을 시사하고 있다.

22) *Ethisc*, p. 25f. 참조.

23) 이 사람들의 윤리학적 주저는 다음과 같다.

중 나타난 사람들이다. 이 사람들의 학설은 다소간 각각 서로 다르며, 특히 Moore와는 상당한 견해의 차이를 가지고 있다. 그러나 그들은 모두 기본적인 여러 가치개념을 정의할 수 없는 단순관념으로 보는 점에 있어서, 그리고 직각론을 윤리학적 인식의 방법으로 삼는 점에 있어서, Moore와 같은 지반 위에 섰다. 또 이들은 모두 윤리학적 인식의 객관성을 인정하는 점에 있어서도 같은 계열에 속한다.

Prichard, Carritt, Broad, 그리고 Ross는 모두 법칙주의 윤리설(deontological ethics)을 취하는 점에 있어서 뚜렷한 목적론(teleology)을 주장한 Moore와 대조적인 위치에 섰다. Laird와 Ewing만은 목적론과 법칙론을 절충하는 중간적 견지를 취하므로 특수한 위치에 있다.

우리에게 이 여러 학자들의 윤리설을 하나하나 고찰할 겨를은 없다. 여기서는 다만 Moore와 아울러 현대 영국 식각론자의 쌍벽이라고 볼 수 있는 Ross의 견해를 간략하게 살핌으로써 그치고자 한다. Ross는 현대의 윤리학자 가운데서 법칙주의를 가장 갖추어진 체계로써 주장한 사람이다.

Aristoteles의 연구가로서도 유명한 Oxford의 철학자 Ross(1877~)는 자기의 윤리학설에 가장 많은 영향을 끼친 현대의 철학자는 Prichard와 Moore라고 언명한 바 있다.[24] Ross는 철저한 법칙론자라는 점에 있어서, 도덕철학의 근본적 오류는 의무의 이론적 근거를 제시하고자 꾀함에 있다고 주장한 Prichard와 상통한다. 한편

H. A. Prichard, *Duty and Interest*, 1928; *Moral Obligation*, 1949. 논문은 "Does Moral Philosophy Rest on a Mistake"도 유명.

E. F. Carritt, *The Theory of Morals*, 1928; *An Ambiguity of the Word Good*, 1937.

C. D. Broad, *Five Types of Ethical Theory*, 1930.

W. D. Ross, *The Right and the Good*, 1930; *Foundations of Ethics*, 1939; *Kant's Ethical Theory*, 1954.

J. Laird, *The Idea of Value*, 1928; *An Enquiry into Moral Notions*, 1935.

A. C. Ewing, *The Definition of Good*, 1947; *Ethics*, 1953.

24) W. D. Ross, *The Right and the Good*, 서문 참조.

'선'의 궁극성과 고유성을 강조하는 점에 있어서 그는 Moore와도 가까운 일면을 가졌다. 그러나 전체로 보아서 Ross와 학설상 가장 가까운 거리에 있는 윤리학자는 Broad라고 생각된다.

Ⅱ. 옳 음(right)

Ross는 윤리적 용어 가운데서 가장 기본적인 것을 '옳음'(right), '좋음'(good) 및 '착함'(morally good)의 셋으로 보고, '옳음'의 뜻을 밝힘으로써 윤리학의 출발점으로 삼자고 제언한다. 그리고 '옳음'의 뜻을 검토함에 있어서 Ross는 우선 다른 사람들의 견해를 부정적 매개로서 다루기부터 시작한다.

Ross가 첫째로 물리치는 견해는 '옳다'와 '착하다'를 같은 뜻으로 보는 생각이다. '착한 행위'라면 좋은 동기에서 나온 행위를 말하는 것이나, '옳은 행위'는 행위의 내면적인 동기보다도 그 외면적인 적합성이 문제라는 것이 Ross의 논점인 것 같다. 그가 다음에 배척하는 것은 '옳음'을 '가능한 최대량의 선을 결과함'의 뜻으로 보는 생각이다. Moore의 정의에 의하여 대표되는 이 견해를 Ross는, "보통 우리가 약속은 지켜야 한다고 말할 때 우리는 결코 약속의 이행에서 오는 모든 결과를 고려하고 있는 것은 아니다"[25]라고 지적함으로써, 완강하게 물리친다. '옳은 행위'와 '가능한 최대량의 선을 결과하는 행위'는 사실상 일치할지는 모르나, 그 말들이 의미하는 바는 확실히 다르다는 것이다. 셋째로 Ross는 Durkheim이나 Levy-Bruhl 등이 대표하는 사회학적 견해, 즉 '옳은 행위'란 "사회 · 국가 · 부족 등의 요구에 배치됨이 없는 행위"라는 견해에도 찬동하지 않는다. 이 견해는 시비의 척도가 시대와 사회를 따라 변천함을 전제하는 것이나, Ross는 시간과 공간을 초월하여 영원히 타당하는 도덕의 원리를 믿는 것이

25) *Ibid.*, Oxford, 1955, p. 9.

다.[26]

그러면 '옳음'은 어떠한 뜻의 관념이라는 것일까? Ross에 따르면 그것은 고유하고 객관적인 특질을 나타내는 말로서 다른 말로 옮길 수 없는 궁극적인 것이다.[27] 바꾸어 말하면 Moore가 '좋음'에 관하여 가진 바와 똑같은 견해를 Ross는 '옳음'에 관해서 주장한 것이다.

옳음은 분석을 허락치 않는 궁극적인 관념인 까닭에 알려진 사실에 의거하여 행위의 시비를 추리할 수는 없다. 어떠한 행위가 옳고 어떠한 행위가 그른지를 판별하는 궁극적인 방법은 직각이 아닐 수 없다. Moore는 인간의 모든 의무는 "가능한 최대량의 선을 이룩하라" 하는 하나의 기본원리에로 귀착한다고 믿었다. 따라서 구체적 형태를 갖추고 나타난 행위 하나하나의 시비는 이 기본원리에 비춰봄으로써 판단할 문제라고 생각하였다. 그러나 Ross는 모든 의무가 하나인 원리에로 귀착한다는 생각에 반대한다. 우리가 이행해야 할 의무는 여러 가지며, 그 여러 가지 의무는 하나의 원리로부터 연역된 것이 아니라 각각 그 자체 안에 '옳음'을 가졌다. 예컨대 약속을 지킴이 옳은 것은 그것이 최대량의 선을 가져오기 때문이 아니라, 약속이행 그 자체 안에 옳음이 있다는 것이다. 따라서 Ross에 있어서는 도덕률 자체가 직각적 인식의 대상이다. 여기 법칙주의자로서의 Ross의 견지가 확연하며, 선의 실현이라는 목적에 비추어 도덕률을 산출해야 한다고 주장하는 Moore와의 대조가 뚜렷하다. 그러나 Ross도 목적론적 사고를 전혀 배척한 것은 아니다. 그도 쾌락 · 지식 · 건강 등 본래적 선의 증진을 우리의 의무라고 생각한다. 다만 그는 그것을 의무의 전부라고 생각하지 않고 여러 가지 의무 가운데 하나라고 보는 점에서 Moore와 견해를 달리하는 것이다. 한 마디로 말하자면 Moore가 '좋음'에 관해서 주장한 바를, 즉 모든 '좋은 것'들을 예컨대 '쾌락' 같은

26) *Ibid.*, pp. 12~15.
27) *Ibid.*, p. 12.

하나의 이름으로 망라하려는 생각이 잘못이라는 주장을, Ross는 '옳음'에 관해서 주장한 것이다. Moore는 '좋음'에 관해서는 지각적 직각론(perceptual intuitionism)을 주장했으나, '옳음'에 관하여는 철학적 직각론(philosophical intuitionism)을 주장한 셈이다. 그러나 Ross는 '옳음'에 관해서 지각적 직각론을 주장한 것이다.

옳음 또는 의무가 하나의 원리에서 연역되는 것이 아니라 옳음을 스스로 안에 간직한 행위가 여러 가지 있다는 생각은, 두 가지 이상의 의무가 서로 충돌할 수 있는 가능성을 인정하는 것이다. 여기서 각각 옳은 두 가지의 행위가 양립할 수 없을 경우에 어떤 쪽을 택할 것이냐는 문제가 생긴다. 이 문제에 대하여 Ross는 보다 큰 의무를 택해야 한다고 주장하는 것이나, 의무의 대소 또는 경중을 무엇으로 결정하느냐는 새로운 난문이 여기에 일어난다. Ross의 견지에서 볼 때 의무의 경중을 저울질할 표준을 의무밖에 인정할 수는 없다. 따라서 그는 여기서도 또 한번 직각에 호소할 수밖에 없다. 두 가지의 의무가 서로 충돌할 경우에는 결국 성찰 끝에 보다 중요하다고 생각되는 편을 선택하라는 결론이 된다. 그러나 의무의 경중을 틀림없이 판별하는 능력이 날 때부터 주어졌다는 것은 아니다. 바로 어느 지점이 중용에 해당하는가를 밝히기에 '양식의 직관'을 행사해야 한다고 주장한 Aristoteles의 경우와 같이 Ross에 있어서도 어떻게 행동해야 옳으냐는 문제에 관한 절대로 틀림없는 해답의 길이 보장되어 있지는 않다. 약속을 지킴, 은혜에 감사함, 빚을 갚음 등은 하나하나 떼어서 볼 때 모두 옳은 행위, 즉 우리가 해야 할 행위다. 그러나 사정에 따라서는 하나의 옳은 행위를 수행하자면 다른 옳은 행위는 보류하지 않을 수 없는 경우도 있다. 따라서 그것만을 떼어서 생각할 때 옳은 행위는 **절대로 해야 할** 행위는 아니며, 오직 의무가 될 가능성이 농후한 행위의 하나이다. 이와 같이 그것만을 떼어 볼 때 옳은 행위, 즉 보다 큰 의무 앞에서는 보류를 당해야 할 옳은 행위를 Ross는 '일견적 의무'(prima facie duties)라고 불러 '절대적 의무'(absolute duties)와 구별한다.[28] 그리고 일견적 의무(一見的 義務)에 관한 인식은 직접적이요 명증적인 반면에 절대적 의무에 관한 그것은 성찰을 포함하며 판단이 그릇될 가능성이 크다는 것이 Ross의 주장이다.[29]

'옳음'은 정의할 수 없는 궁극적인 관념이라고 주장하는 Ross는 그러나 모든 옳은 것들에게 공통된 특색이 있음을 발견한다. 그 공통된 특색이란 적합성(suitability or fitness)과 유용성(utility)이다. 즉 주어진 상황에 있어서 어떤 행동을 옳은 행동으로 만드는 것은 그 상황에 대한 적합성과 유용성이라는 것이다. 적합성을 옳은 것의 가장 기본적인 특색으로 보는 것은 현대의 법칙주의자들에 있어서 일치된 견해이며, '옳음'과 '적합함'(fitness)을 거의 동의어에 가까운 것으로 보는 학자도 있다. 다만 Ross는 행위가 초래하는 결과의 선악도 상황에 대한 행위의 적합성 여부를 결정하는 중요한 요소라고 생각하는 까닭에 유용성도 적합성과 아울러 옳은 것들의 기본적 특색으로서 헤아린 것이다. 행위의 시비를 결정하는 마당에서 결과를 전혀 무시할 수 없다고 본 점에 있어서 Ross는 철저한 동기주의를 주장한 Kant나 Prichard와 다르다.

그러나 '상황에 대한 적합성'(fitness to a situation)이라는 표현은 그 자체 결코 명료한 말투가 아니다. '적합'이라는 말도 모호하기 짝이 없거니와 '상황'이라는 것도 그 가리키는 범위가 분명치 않다. Ross는 "행위가 옳은 것이 되기 위하여 적합해야 할 상황이란 그 행위가 수행되는 순간 또는 그 직전의 상황"이라고 한정하여 인과를 따라 발전하는 추후의 사태까지도 고려에 넣어야 한다고 시사한

28) *Ibid.*, pp. 19～20.

29) 일견적 의무의 인식도 만인이 날 때부터 보유하고 있다는 것은 아니다. "의무에 관한 일반적 원리는 물론 출생시부터 자명한 것은 아니다. …그것들이 자명하게 되는 것은 마치 수학의 공리가 자명하게 되는 것과 같다"고 Ross는 말하였다(*Ibid.*, p. 32).

Broad에 반대하고 있다.[30)]

Ⅲ. 좋 음(good)

'좋음'(good)이라는 말의 뜻을 연구함에 있어서 첫째로 유의할 것은, 이 말은 맥락에 따라 특히 그 뜻이 다양하다는 사실이라고 Ross는 주장한다. Ross는 영문법을 따라서 good이 한정적으로 쓰일 경우와 서술적으로 쓰일 경우로 나누고, 이 두 가지 경우를 다시 세분하여 상세한 검토를 시도하고 있으나,[31)] 우리말의 '좋은' 또는 '좋다'로 바꾸어 놓을 때 Ross의 분석을 그대로 옮겨 놓을 수 없는 경우가 많으므로, 여기서는 '좋다'(good)는 말이 방편적 선(instrumental good)의 뜻으로 쓰일 경우와 본래적 선(intrinsic good)의 뜻으로 쓰일 경우로 나누어 고찰하기로 한다. Ross의 분석도 결국은 이 두 가지 경우에로 귀착하고 마는 것이다.

좋은 만년필, 좋은 기회 또는 "적절한 운동은 건강에 좋다" 등의 경우에 있어서 '좋다'는 '유용하다', 즉 무엇을 위한 수단으로서의 가치가 있다는 뜻이다. 그러나 이같은 방편적 선으로서의 '좋음'은 일종의 인과관계를 가리키는 것으로서 그 뜻하는 바가 서술적이므로, 메타윤리학의 고유한 문제, 즉 평가적 발언의 진위를 밝힐 수 있느냐는 문제와는 직접 관련이 없다. 메타윤리학의 견지에서 중요한 것은 "행복은 선이다," "선이란 욕망의 충족이다"의 경우에 있어서와 같이 목적으로서의 선 또는 본래적 선으로서의 '좋음'의 뜻을 밝히는 일이다. 그러면 본래적 선의 본질은 무엇일까?

Ross는 Perry의 가치설에 대한 비판을 통하여 본래적 선이 일종의 관계(relation)라는 견해를 물리치고, 그것을 일종의 성질(quality)

---

30) W. D. Ross, *Foundations of Ethics,* Oxford, 1939, p. 81.

31) *The Right and the Good,* p. 64f.

이라고 보는 견해가 가장 온당할 것이라고 결론한다.[32] 그러면 그것은 어떠한 종류의 성질일까? Ross는 그것이 Moore가 주장한 바와 대략 같은 뜻으로 '내재적 특질'(intrinsic quality)이라고 단정한다. 본래적 선이 내재적 특질이라 함은 이 가치가 오직 그것을 보유하는 것의 내적 성질에만 달렸다는 뜻이다. 따라서 ① 동일한 사상은 항상 같은 분량의 본래적 선을 가지며, ② 본질이 같은 두 가지의 사상(事象)도 동등한 본래적 선을 보유한다는 결론이 따른다. Ross에 있어서도 Moore에 있어서와 같이 선은 순전히 객관적인 것이다.

그러면 어떠한 사상(事象)들이 그 본래적 선을 가지고 있는가? Ross는 "본래적으로 좋은 것들"을 크게 다음 네 가지 부류로 나눈다. ① 유덕한 의향 및 유덕한 행동('유덕한 의향'이라 함은 i) 의무를 수행하고자 하는 의지, ii) 선을 실현하려는 의욕, iii) 남의 기쁨을 늘이고 고통을 줄이고자 하는 의지 등을 말한다), ② 쾌락, ③ 유덕한 자에게는 기쁨이, 부덕한 자에게는 괴로움이 각각 분배됨, ④ 지식 및 '올바른 의견'(right opinion).[33]

그러면 위에 네 가지 부류로 나누어진 '값진 것들'의 값의 대소 또는 경중을 비교하여 그 우열을 정하는 기준을 세울 수 있을까? Ross는 이 점에 대하여 자신 있는 결론을 내리지는 못한다. 그러나 윤곽적인 의견으로서 다음과 같은 몇 가지 원칙을 제시하고 있다. ① 쾌락과 쾌락을 비교하여 어느 쪽이 크고 어느 쪽이 작은지를 헤아림은 원칙적으로 가능하다. ② 덕과 덕, 지식과 지식 사이에 있어서 상호간의 대소를 비교함은 수월한 일이 아니나, 원칙상 불가능한 일은 아니다. ③ 쾌락보다는 지식이 더 값지다. ④ 지식보다는 덕이 더욱 값지다.[34] 결국 Ross로서는 직각을 들고 나설 수밖에 없는 이러한 원칙들 그 자체의 타당성도 의심스럽거니와, 이상의 원칙들을 그대로

32) *Ibid.*, p. 114f.
33) *Ibid.*, pp. 134～142.
34) *Ibid.*, p. 142f.

받아들인다 치더라도, 가치비교의 척도가 이것으로써 완벽하다고는 생각되지 않는다. 가치의 정도를 측정하는 문제는 가치 그 자체의 본질을 밝히는 문제와 아울러 가치론의 가장 큰 난관이 아닐 수 없다.

Ⅳ. 착 함(morally good)

'착함'이란 인격에 깃들인 좋음을 말한다. '착하다', 즉 '도덕적으로 선하다' 함은 "일정한 타입의 인격을 가졌거나 또는 일정한 인격과 특정한 관계를 맺고 있다"는 뜻이다. Ross의 표현을 빌려 좀더 구체적으로 말하자면 "도덕적으로 착한 사람이라 함은 일정한 타입의 인격을 가졌다는 뜻이요, 착한 행동 또는 착한 심정이라 함은 일정한 타입의 인격에서 우러나온 행동 또는 심정이라는 뜻이다."[35] 그런데 Ross에 따르면 사람의 인격은 주로 그가 무엇을 원하느냐에 달려 있다. 다시 말하면 인격에 있어서 가장 결정적인 요인은 동기에 있다. 그러므로 착함, 즉 도덕적 선은 주로 동기에 달려 있다고도 말할 수 있다. 착한 사람이란 좋은 동기를 많이 가진 사람이요, 착한 행동, 착한 심정이란 좋은 동기에서 일어난 행동 내지 심정을 일컫는 말이다. 예컨대 "우리가 남의 불행을 보고 슬퍼하는 심정을 착한 심정이라고 생각하는 이유는 그것이 남의 행복을 소망하는 동기에서 우러났다고 믿기 때문이다."[36] Ross는 좋은 동기에서 우러난 행동이 그 과정에 있어서 극복하는 난관의 다과도 그 행동의 도덕적 선의 정도를 결정하는 요소의 하나라고 생각한다. 그러나 전체로 보아 '착함'의 가장 결정적인 요소는 동기에 있다고 믿는다.

만약 인품 또는 행동의 착함이 주로 동기에 달려 있다면, 착함의 정도를 평가함에 있어서 가장 중요한 기준으로서 동기의 높낮음에 관

35) *Ibid.*, p. 155.
36) *Ibid.*, p. 156.

한 인식이 앞서야 할 것이다. 이에 Ross는 우리가 갖는 일반적인 동기를 도덕적 견지에서 여덟 단계로 나눈다. 그것을 낮은 것으로부터 열거하면 다음과 같은 순서가 된다. ① 될 수 있는 대로 많은 고통을 일으키려는 욕망, ② 일정한 일시적 고통을 일으키려는 욕망, ③ 도덕적으로 좋지 못한 쾌락을 일으키려는 욕망, ④ 도덕적으로 볼 때 좋을 것도 나쁠 것도 없는 쾌락을 일으키고자 하는 욕망, ⑤ 도덕적으로 좋은 쾌락을 일으키려는 욕망, ⑥ 남의 쾌락을 일으키고자 하는 욕망, ⑦ 좋은 활동을 조장하려는 욕망, ⑧ 내 의무를 수행하려는 의욕.[37)]

위에 소개한 동기의 높낮음을 밝히는 분류에는 많은 난점이 있는 것으로 보인다. '직각'을 방패로 삼는 이외에는 그러한 단계의 순서를 정당화할 길이 Ross에게 열릴 수 없다는 것을 생각할 때, 직각론의 일반적이요 기본적인 난점이 여기에도 관련되리라는 것은 의심의 여지가 없다. 그러나 여기서는 비판적 고찰에 들어가는 일은 보류하기로 한다. 우리는 Moore에 관하여 그렇게 했듯이 Ross에 대하여도 중립적인 소개만으로 일단 멈추기로 한다. 우리는 다음 차례에 있어서 Moore 및 Ross와는 정면에서 대립하는 견지를 택하는 Perry를 고찰할 계획이다. Moore와 Ross에 대한 비판은 그들에 반대하는 학설과의 비교를 통하여 꾀하는 것이 좋을 것으로 생각되는 것이다.

37) W. D. Ross, *Foundations of Ethics*, p. 301f.

제 8 장

自然主義 倫理說의 새로운 試圖

제 1 절 R. B. PERRY

I. 小　序

Ralph Barton Perry(1876~1957)는 하버드대학교 대학원에서 철학을 배웠고, 1913년 이래 33년 동안 모교에서 철학교수의 자리를 지켰다. 인식론에 있어서는 Moore와 같이 신실재론자(新實在論者)로 알려져 있으나, 윤리학 내지 가치론에 있어서는 Moore와는 정반대되는 일종의 심리학적 가치론을 주장하였다.

가치의 본질에 관한 견해는 크게 두 진영으로 갈라진다. 그 하나는 가치가 욕구·감정·의견 그 밖의 어떠한 주관의 태도와도 관계없이 그 자체 독자적 실재성을 갖는다는 주장이요, 또 하나는 가치란 대상과 그것에 대한 유정자(sentient being)의 마음가짐과의 관계를 통하여 생기는 경험 안의 사실이라고 보는 주장이다. 전자의 진영을 대표하는 현대의 학자들 가운데서 가장 두드러진 사람을 Moore라고 말한다면, 후자의 진영에서 그와 비등한 무게를 가진 학자는 Perry라고 말할 수 있을 것이다. 1926년에 발간된 Perry의 「일반가치론」(*The General Theory of Value*)은 가치론에 관한 저술로서는 가장 포괄적인 역작으로서 이미 고전적인 위치에 울랐다. 그 밖에 단행본으로서 「도덕의 이법」(*The Moral Economy*), 「William James의 사상과 인격」(*Theought and Character of William James*), 「가치의 세계」(*Realms of Value*) 등이 있으며, "가치의 정의"(The Definition of Value), "객관적 속성으로서의 가치"(Value as an Objective Predicate) 등 수많은 그의 논문도 가치문제 연구의 중요한 문헌이다.

Ⅱ. 價値의 定義

Perry는 윤리학에 있어서 가장 기본적인 문제는 도덕적 가치의 개념을 밝히는 일이라고 생각한다. 그리고 도덕적 가치의 개념을 밝히려면 우선 가치 일반(value in general)의 개념을 밝혀야 한다고 믿는다. 선악과 시비도 일종의 가치라면 우선 그 유개념(類概念, genus)을 얻은 다음에 다시 종차(specific difference)를 밝힘이 정도일 것이라는 생각이다. 이리하여 Perry의 윤리학은 '가치'(value)의 정의로부터 시작된다.

가치의 정의를 꾀함에 있어서 우선 주의할 일은 "'가치'가 무엇을 의미하느냐"(What does 'value' mean?)와 "어떤 것들이 가치를 가졌느냐"(What things have value?)가 혼동해서는 안 될 두 가지 문제라는 사실이라고 강조하면서, Perry는 자기의 문제는 첫번 것이라고 언명한다.[1] 이것은 Perry가 Moore의 이른바 '자연론적 오류'를 범하지 않으려는 의도를 표명한 것으로서 주목된다. 이어서 Perry는 자기가 시도하는 바는 사전 편찬원이 하듯이 기성의 정의를 발견하는 것이 아니라, "감정이 섞이지 않고 과학적인"정의를 내리려는 것(to give an unemotional and scientific definition)이라고 다짐한다. Perry에 따르면 '가치'라는 말의 "보편적으로 확립된 의미는 없다."[2] 사람들

1) R. B. Perry, *Realms of Value*, Harvard Univ. Press, 1954, pp. 1～2.
2) *Ibid*, p. 2.

은 경우에 따라 저마다 다른 뜻으로 이 말을 쓰고 있는 것이다.

Perry는 가치의 정의에 착수함에 있어서 우리에게 두 가지 약속을 한 셈이다. 첫째로는 그가 자연론적 오류를 피하여 내포를 밝히는 정의를 제시하겠다는 것이요, 둘째로는 모든 사람들이 받아들여야 할 오직 하나의 객관적 정의를 내리겠다는 것이다. 그러나 과연 Perry는 자연주의의 견지에 서면서 '자연론적 오류'만은 피할 수 있는 것일까? 그리고 Perry는 '가치'라는 말이 실제에 있어서 여러 가지 뜻으로 쓰이고 있음을 인정하면서, 어떻게 오직 하나의 객관적이요 과학적인 정의를 내릴 수 있다는 것일까?

가치의 정의에 관하여 가장 근본적인 문제는 가치가 어떤 유정적 존재의 감정 · 욕구 · 의견 등의 마음가짐을 떠나서 그 자체 독립적인 실재성을 갖는 것이냐, 또는 어떤 주체의 마음가짐 내지 경험에 의존하는 것이냐는 문제이다. 따라서 가치의 정의를 위한 시도는 가치가 인간의 마음가짐과 어떠한 관계가 있는가를 밝히려는 각도에서 접근하는 것이 바람직하다. 이에 Perry는 감정 · 욕구 · 의견 등의 마음가짐을 묶어서 '관심'(interest)이라는 말로 표현한 다음, 가치의 정의에 관하여 시도할 수 있는 학설을 네 가지 유형으로 나눈다. 생각할 수 있는 모든 유형의 정의를 열거한 다음, 부당함이 확실한 것을 우선 물리치고 나머지 가운데서 올바른 것을 찾자는 심산에서이다.

Perry에 의하면 '관심'이라는 개념을 중심으로 생각할 때, 가치의 정의에 관한 모든 시도는 다음 네 가지에 포함된다.

1) 가치는 관심과는 아무런 관계도 없다.
2) 가치는 관심의 한정된 대상(the qualified object of interest)이다.
3) 가치는 한정된 관심의 대상(the object of qualified interest)이다.
4) 가치는 모든 관심의 모든 대상이다.[3]

3) R. B. Perry, *The General Theory of Value*, Harvard Uni. Press, 1954년판, pp. 27f., 52f., 81f., 115f.

제 1 형에 속하는 정의의 예로서는 "가치는 직접적으로 지각되는 경험적 특질이다," "가치는 정의할 수 없는 궁극관념이다," "가치는 자아의 실현이다" 따위가 있다. 그 밖에도 가치가 어떤 주체의 관심을 받건 안 받건 그 자체로서 엄연히 존재한다는 모든 생각은 이 부류에 속한다. Perry에 따르면 이 부류에 속하는 것은 하나도 쓸 말한 것이 없다. 왜냐하면 그것들은 '가치'에 실제로 적용할 수가 전혀 없는 것이거나 그렇지 않으면 그 정의 안에 자기도 모르게 어떤 관심을 끌어들이기 때문이다. "가치는 직접적으로 지각되는 경험적 특질이다"라는 정의는 가치에 적용할 수가 전혀 없는 것의 예요, 자아실현설의 정의는 관심의 참여을 가치형성의 조건으로서 은연중 요구하고 있는 것의 예다.[4]

제 2 형, 즉 관심의 한정된 대상이 가치라는 견해는 관심의 모든 대상이 값진 것이 아니라 그 일부만이 값지다는 주장이다. 사상(事象) 가운데는 우리의 관심을 일으킬 자격이 있는 것도 있고 그렇지 못한 것도 있다는 전제가 이 견해의 기초를 이루고 있다. 이 부류에 속하는 것으로서는 Platon 및 Aristoteles의 목적론이 있다. 그들은 세상의 만물은 각각 주어진 목적을 위하여 있으니, 각자의 관심은 그 목적을 달성하도록 대상을 선택해야 한다고 주장했던 것이다. 그러나 Perry에 의하면 이러한 목적론적 세계관은 '만물 유정의 오류'(pathetic fallacy)에 의하여 촉진된 것이다. Platon적 목적론 이외에도 관심이 마땅히 지향해야 할 목표가 따로 있다는 생각은 모두 이 제 2 형에 속하는 것이나, 그것들은 모두 형이상학적 독단이 아니면 직각론적 독단을 발판으로 삼고 있다고 Perry는 비판한다.[5]

---

4) 여기 각 유형의 정의에 대한 자세한 설명과 각 유형에 속하는 정의들을 물리치는 Perry의 이유를 자세히 소개하지 못한다. 너무 많은 지면을 요구하기 때문이다. 독자들은 Perry의 원전으로 본저의 부족을 보충하기 바란다. 제 1 유형에 관한 Perry의 해설과 비판은 *The General Theory of Value,* 제 2 장 전체(pp. 27～51)를 차지하고 있다.

5) 제 2 유형에 대한 Perry의 상세한 서술과 비판은 그의 *The General Theory of*

셋째 부류에 속하는 정의, 즉 한정된 관심의 대상만이 가치라는 견해는, 관심에 질적으로 높은 것과 낮은 것이 있다는 가정을 발판으로 삼고 있다. '참된 의지', '궁극적 의지', '절대의지', '보편의지' 등의 존재를 주장하고, 그러한 의지의 대상만이 값지다는 견해들은 모두 이 부류에 속한다. Perry는 이 셋째 부류의 정의들도 부당하다고 단정한다. 왜냐하면 그것들은 의심스러운 형이상학에 발을 디뎠거나, 그렇지 않으면 일부의 가치에만 해당하고 가치 일반에 적용될 수는 없는 정의이기 때문이다. Perry는 개인의 의지만이 존재한다고 믿는 것이며, '보편의지'나 '절대의지'는 개인 의지의 집합이 아니라면 한갓 가상에 불과하다는 것이다.[6)]

이상에서 본 바와 같이 Perry는 가치의 정의로서 제시될 수 있는 모든 유형 가운데서 하나만을 남기고 나머지는 모두 물리쳤다. 이로써 그는 마지막으로 남은 견해, 즉 '가치는 모든 관심의 모든 대상'이라는 정의를 취할 수밖에 없다는 결론을 위한 준비가 완료되었다고 믿는다. 관심이 관여하지 않는 곳에는 아예 가치라는 것이 없다. 그러나 일단 관심의 작용이 있는 곳에서는 모든 관심의 모든 대상이 가치를 지니게 된다는 것이다. Perry 자신의 표현을 옮기면, '가치'란 "모든 관심과 그 대상 사이의 특수한 관계, 다시 말하면 어떤 사상이 관심의 대상이 되므로 말미암아 갖게 되는 바로 그 특수한 성격"이다.[7)] 따라서 "X는 값지다=X는 관심을 받고 있다"는 등식이 성립한다.[8)]

Perry는 관심의 존재를 가치의 성립을 위하여 필요하고 충분한 조건이라고 보았다. 이에 그가 말하는 '관심'(interest)의 성질을 좀

Valus, 제 3 장 전체(pp. 52～80)를 차지하고 있다.

6) 제 3 유형에 관한 상세한 설명과 비판은 *The General Theory of Value*, 제 4 장(pp. 81～114) 참조. 같은 비판은 일찍이 Perry의 논문 "Definition of Value"(1914)에도 나타났다.

7) *The General Theory of Value*, p. 124.

8) *Ibid*., p. 116. 원문에는 "X is valuable=Interest is taken in X"로 되어 있다.

자세히 살필 필요가 있음직하다. Perry는 '관심'을 정의하여 "결과에 대한 기대로 말미암아 생기게 된 일련의 현상"[9]이라고도 말하고 또 "좋아하거나 싫어하는 상태, 행동, 태도 또는 경향"이라고도 말한다.[10] 여기서 주목되는 것은 그가 관심을 내관적 심리현상으로서 정의하지 않고 행동주의심리학적으로 정의하려고 애쓴 점이다. 여기에 그가 객관적 가치과학을 세우려 한 포부가 역력하다. 하여튼 '관심'이란, 좋아함과 싫어함, 사랑함과 미워함, 희망함과 두려워함 등 대상에로 끌리는 태도와 대상으로부터 달아나려는 태도 일체를 가리키는 말로서, 인간심리의 양극성(polarity)을 반영한 개념이다.

만약 '가치'가 정의할 수 있음이 확실하고, 네 가지 가운데서 세 가지 유형을 배척한 Perry의 입론이 완벽했다면, 넷째 유형을 택한 Perry의 정의는 확립되었을 것이다. 그러나 가치의 정의의 가능성이 아직 확립된 것도 아니며, 세 가지 유형에 대한 Perry의 입론도 빈틈없는 것은 아니다. 따라서 Perry는 자기의 정의가 정당하다는 것을 보다 적극적인 입론으로 밝힐 필요가 있다. 이에 Perry는 정당한 정의의 세 가지 조건을 제시하고 자기의 것이 이 세 가지 조건을 모두 잘 만족시킨다고 장담한다. 즉 정의가 올바른 것이 되려면, ① 정의에 쓰이는 말은 그 사용의 역사와 함축성으로 보아 만족스러우며, ② 정의가 논리적 요구에 어긋남이 없으며, ③ 정의의 내용이 경험된 사실과 부합되어야 하는데, 자기의 것은 이 세 가지 조건을 만족시킨다는 것이다.[11] 이어서 그는 자기의 정의에 대해서 흔히 제기되는 반박 몇 가지를 들어 이에 대답하고 있다.

Perry의 가치의 정의에 대하여 우선 제기되는 반박은, 모든 관심의 대상이 값지다는 것은 우리의 상식에 어긋난다는 주장이다. 가

9) *Realms of Value*, p. 3.
10) *The General Theory of Value*, p. 115.
11) *Realms of Value*, pp. 3~13.

령 음탕한 호기심의 대상이 되는 도색사진을 어찌 값지다고 볼 수 있느냐는 것이다. 그러나 이와 같은 주장은 그의 정의가 '관심' 자체에도 적용된다는 사실을 간과한 데 유래한다고 Perry는 답변한다. 어떤 호기심이 도색사진을 원한다면, 그 사진은 그 호기심에 의하여 값지게 된다. 그러나 그 호기심 자체가 이번에는 제 2 의 관심에 의하여 물리침을 받을 때, 그리고 이 제 2 의 관심이 제 1 의 관심인 호기심보다도 우세할 때, 사람들은 왕왕 부주의하게도 그 호기심의 대상인 도색사진을 '나쁘다'는 말로 평가한다는 것이다.[12)]

다음에 제기되기 쉬운 반박은, 만약 Perry의 정의대로라면, 어떤 사물을 갑은 좋아하고 을은 싫어할 때, 그것은 좋은 동시에 나쁘다는 결론이 되니, 이는 자기모순이라는 것이다. 그러나 이런 비판은 '모순'(contradiction)이라는 말을 잘못 이해한 데 기인한다고 Perry는 답변한다. 어른에게 약이 되는 물질이 어린이에게는 독이 된다는 것이 모순이 아니듯이, 갑에게 좋은 것이 을에게는 나쁘다 해도 조금도 모순이 아니라는 것이다.[13)]

또 하나 Perry의 정의에 대하여 던져지기 쉬운 반박은 Perry의 학설이 상대주의(relativism)라는 비난이다. Perry는 자기의 견해가 상대주의적임을 부정하지 않는다. 그러나 그것은 조금도 '나쁜 상대주의'(vicious relativism)는 아니라고 덧붙인다. 만약 가치의 유무가 판단자의 주관에 달렸다고 주장하는 것이라면 그것은 나쁘고 회의적인 상대주의가 될 것이다. 그러나 Perry는 관심의 주인이 누구이건 관심의 대상만 되면 값을 지니게 된다고 주장한 것이다. 따라서 가치의 유무는 판단자의 주관을 초월한 객관적 사실(누군가의 관심이 그리

---

12) *Ibid.*, p. 11.

13) *Ibid.*, p. 11～12. 단 여기서 Perry가 '좋다'(good, valuable)는 것은 '도덕적으로 선하다'(morally good)는 뜻과는 다르다는 점을 명심해야 한다. Perry의 견지에서 같은 대상이 'both good and bad'일 수는 있으나, 'both morally good and morally bad'일 수는 결코 없다(본절 제 4 항 참조).

로 쏠렸느냐 아니냐는 사실)에 달려 있게 되니, 자기의 정의는 과학적 윤리학의 기초로서 적절하다는 것이다.[14]

Ⅲ. 價値의 比較

Perry에 따르면 도덕의 본질은 보다 나은 가치의 추구에 있다. 그러므로 도덕적 가치의 탐구는 가치의 낫고 못함을 헤아리는 비교판단의 기준을 발견함을 선결요건으로 삼는다.

Perry의 견지에서 볼 때 '보다 낫다' 함은 '더 많이 값지다'는 뜻이다(better=more valuable). 그리고 '더 많이 값지다' 함은 '더 많은 관심이 쏠렸다'는 뜻이다. 왜냐하면 만약 관심이 가치의 유일한 근원이요 관심의 질적 차이는 가치의 근원이 됨에 있어서 상관이 없다면, 관심의 양적 차이밖에는 가치의 차이를 일으킬 수 있는 것이 없을 것이기 때문이다. 이리하여 Perry에 있어서 가치 비교의 문제는 관심측정의 문제에로 귀착하고 말게 된다.

관심의 크기를 재는 기준으로서 Perry는 다음 세 가지 항목을 제사하고 있다.[15]

(1) 強度(intensity), 즉 관심 속에 포함된 흥분의 정도.
(2) 선택(preference), 즉 단일한 관심 내지 욕구가 스스로를 만족시킬 수 있는 대상들 가운데서 우선적으로 선택하는 순위. (애욕이라는 하나의 관심 앞에 몇 사람의 쓸 만한 이성이 나타났을 때, 그 가운데서도 더 좋고 덜 좋은 차별이 생길 경우에 있어서와 같이.)
(3) 포괄성(inclusiveness), 즉 복합적인 관심에 있어서 그 안에 포섭된 개별적 관심들의 범위. (이것은 전체의 욕구와 부분의 욕구와의 관계에 해당된다. 열 사람의 공통된 관심은 다섯 사람의 공통된 관심보다 포괄성이 크며, 한 인격 전체의 의욕은 그 사람의 식욕이나 성욕의 충동보다 포

14) *Ibid.*, p. 13 참조.
15) *The General Theory of Value*, pp. 615~617.

괄성이 크다.)

만약 포도주에로 향한 관심이 냉수에로 향한 그것보다 강하고 포괄적이며 냉수보다도 포도주가 선택된다면, 확실히 포도주가 받은 관심이 냉수가 받는 그것보다 크며 따라서 포도주가 냉수보다 값지다. 그러나 강도(強度)에서 우세한 것이 반드시 선택과 포괄성에 있어서도 우세한 것이 아니며, 선택에서 우세한 것이 다른 두 가지 표준에 있어서도 반드시 우세한 것은 아니다. 이에 비교되는 두 개의 관심에 있어서, 적용되는 비교의 표준을 따라 그 우열의 자리가 바뀔 때, 어느 쪽 관심의 대상이 더 값지냐는 문제가 생긴다. 용모와 나이로 말하면 A양이 낫고 문벌과 학력 그리고 지능으로 말하면 B양이 우수할 때, 전체로 보아 결국 어느 쪽을 높게 평가해야 하느냐는 그것과 같은 성질의 문제다.

만약 세 가지의 측정 기준을 하나의 기준으로 통약(通約)할 수만 있다면, 위의 문제는 무난히 해결될 것이다. 그러나 Perry는 그러한 통약의 길은 열려 있지 않다고 단정한다.[16] 그러나 비록 그 통약의 가능성(commensurability)은 없으나 그 세 가지의 기준을 적용함에 있어서 먼저 쓸 것과 나중 쓸 것의 순위는 있다고 Perry는 제 2의 해결책을 암시한다. 즉 강도보다는 선택에 우위를 인정해야 할 것이며, 선택보다는 포괄성에 우위를 인정해야 한다는 것이다.[17] 결국 '포괄성'의 기준이 세 가지 중에서도 단연 중요하다는 것이며, 도덕의 원리도 이 '가치 비교의 최고원리'에 달렸다는 함축이 있다.

---

16) *Ibid.*, p. 657.

17) *Ibid.*, pp. 665~658, pp. 657~658. 왜 이러한 순위가 되는가 하는 이유에 관해서는 같은 책, pp. 657~658 참조.

Ⅳ. 道德的 善

'도덕적 선'(moral good)이란 도덕성(moral quality)을 가진 가치를 의미한다. 그리고 가치 일반에 관한 정의는 이미 주어졌다. 그러므로 이제 '도덕적 선'의 개념을 밝혀야 할 단계에 이른 Perry로서 우선 해야 할 일은 '도덕'의 본질을 밝힘일 것이다. 도덕의 본질, 즉 'morality'는 어떠한 성질의 것일까?

관심과 아무 관계도 없는 세계에는 가치라는 것이 존재하지 않는다. 관심 즉 생명의 도입과 더불어 자연계에는 비로소 가치의 지평이 열린다. 그러나 관심의 도입만으로 자연계 안에 도덕성이 생기지는 않는다. Perry에 따르면 "도덕의 연극은 관심과 관심이 마주쳤을 때, 한 생명의 길이 다른 생명의 길과 부딪쳤을 때, 비로소 그 막이 오른다."[18] 즉 도덕의 형성을 위해서는 반드시 '관심의 충돌'이 있어야 한다.

그러나 관심의 충돌은 도덕이라는 현상이 나타나기에 충분한 조건은 아니다. 도덕은 충돌된 관심 내지 욕구가 화해할 가능성을 필요조건으로 삼는다.[19] 관심의 충돌이 도덕의 출발점이라면, 관심의 조화는 도덕의 이상이라는 것이 Perry의 주장이다. 한 개인 안에서도 관심과 관심은 충돌하고, 개인과 개인, 사회와 사회 사이에 있어서도 네 욕구와 내 욕구는 서로 부딪친다. 끊임없이 일어나는 이 충돌을 제거하고 뭇 관심을 하나의 조화된 전체에로 통일시킴이 도덕의 사명이라는 것이다. 그러나 Perry는 관심의 조화 내지 통일 그 자체를 도덕의 궁극목적으로 보지는 않았다. 부분의 관심보다도 전체의 관심에 우위를 인정하는 것은 오직 포괄성의 원리를 따라서 그것이 양적으로 크다고 믿기 때문이다.[20]

---

18) R. B. Perry, *Moral Economy*, New York, 1909, p. 13.
19) R. B. Perry, "The Conception of Moral Goodness," *Philosophical Review,* XVI, p. 153 참조.
20) *Realms of Value*, p. 9 참조.

도덕은 관심의 조화로운 통일을 요구한다. 그러나 그것은 어떻게 가능할 것인가? Perry에 의하면 "숙고를 통한 합의의 방법"(the method of reflective agreement)이라고 불리는 이성적 방법으로 그것이 가능하다. 이 방법은 개인 의지에 있어서도, 사회 의지에 있어서도 적용된다. 전자에 있어서는 반성과 원려(遠慮)가 올바른 결론에로 이끌며, 후자에서는 의견 교환과 토론으로써 대립의 지양에 도달한다.[21] 그러나 심각한 이해관계로 대립된 여러 사람의 의견이 어찌 단순한 의견 교환이나 토론만으로 조화된 사회 의지에 도달함이 가능할까? 인간에게 주어진 것이 오직 냉철한 지성뿐이었더라면, 숙고만으로 관심의 조화통일은 불가능했을지도 모른다. 그러나 사람에게는 원래 '애타심'(benevolence)이 갖추어져 있는 까닭에, 이 애타심의[22] 덕분으로 조화된 사회 의지에까지 도달함이 가능하게 된다고 Perry는 대답한다. 사회 의지란 주로 애타심과 숙고의 덕분으로 '합의에 달한 개인의지'이다.[23]

그러나 이 '숙고를 통한 합의의 방법'이 언제나 실제로 적용되는 것이 아니며, 적용된다 해서 꼭 성공하는 것도 아니다. 다만 이 방법을 어느 정도 성공적으로 적용하는 것은 사람의 힘으로써 가능하다는 것이 Perry의 주장이다. "도덕이란 백발백중의 처방이 아니라 한갓 추구이다."[24]

위에서 논술한 '도의적 본질'에 관한 개념과 그 앞에서 밝힌 '가치 일반'의 정의를 종합하여 Perry는 다음과 같은 또 하나의 정의에 도달한다. "도덕적 선이란 조화롭게 짜여진 관심들이 대상에 부합하는 특성이다."[25] 이로써 도덕적 선이 대상 자체의 성질이 아님이 분

21) *Ibid.*, pp. 92~93.

22) "Benevolence"에 대한 Perry의 정의는 "one person's positive interest in another person's interest"이다(*Ibid.*, p. 94).

23) *Ibid.*, pp. 94~95.

24) *Ibid.*, p. 100.

25) *Ibid.*, pp. 101.

명하다. 그것은 대상 속에도 관심 속에도 없고, 오직 이 두 가지의 관계 안에서 성립한다.

'옮음', '해야 함', '의무' 따위의 다른 도덕적 가치개념은 '도덕적 선'의 개념을 통하여 정의할 수 있다고 Perry는 생각한다. "'옳다' 함은 도덕적 선을 조장한다는 뜻이요, '그르다'(wrong) 함은 도덕적 악을 조장한다는 뜻이다."[26] '해야 함'과 '의무'도 역시 비슷한 뜻이나, 다만 그 적용의 각도와 말의 뉘앙스에 약간의 차이가 있을 뿐이다. Perry는 '도덕적 선'이라는 개념 자체가 그 안에 실현을 요구하는 뜻, 당위로서 요청하는 압력을 가졌다고 보는 모양이다. "우리는 왜 도덕적 선을 실현해야 하는가, 우리는 왜 모두가 고루 행복해야 하는가?" 이러한 질문은 본래 무의미하다는 것이다.[27]

V. 道德的 判斷의 論證

지금까지 보아 온 여러 정의에 의하여 가치판단의 의미는 명백하다. "X는 값지다" 함은 "X는 관심의 대상이 되고 있다"는 뜻이다. "Y는 도덕적으로 선하다" 함은 "조화롭게 통일된 관심이 Y에게로 쏠리고 있다"는 뜻이며, "Z가 옳다" 함은 "Z는 도덕적 선을 조장한다"는 뜻이다. 그리고 "A보다 B가 낫다" 함은 "B에게로 쏠린 관심이 A에게로 쏠린 그것보다 크다"는 뜻이다. 이러한 예로 알 수 있듯이 가치판단은 어떠한 경우에 있어서나 사실판단으로 옮길 수 있다. 따라서 가치판단의 진위를 밝힐 수 있는 가능성 및 방법에 관한 문제들도 사실판단의 경우와 다를 바가 없다. 모든 사실판단의 진위가 이른바 과학적 방법으로 밝혀질 수 있는 것이라면, 가치판단의 그것도 같은 방법으로 밝혀질 수 있을 것이다. 만약 Perry의 정의(定義)들이

26) *Ibid.*, pp. 106.
27) R. B. Perry, "The Question of Moral Obligation," *The International Jurnal of Ethics*, XXI(1910~1911), p. 294f.; *Realms of Value*, p. 110.

정당한 것으로서 확립되었다면, 과학으로서의 윤리학의 토대가 확고하게 마련된 셈이다.

그러나 Perry의 정의들이 험잡을 곳 없이 만족스러운 것인지는 앞으로 검토할 문제로서 남아 있다. Perry의 정의에 관한 비판적 고찰을 꾀하기에 앞서서 자기의 정의를 정당화하는 Perry 자신의 입론을 음미할 필요가 있을 것이다. '가치'의 정의에 관한 Perry의 변호는 이미 앞에서 간단히 살펴보았다. 이제 우리는 Perry가 모든 도덕적 가치의 기본이라고 보는 '도덕적 선'의 정의에 대한 그의 변호를 검토하기로 하자.

Perry에 따르면 '도덕적 선'은 '옳음', '해야 함' 기타 모든 도덕적 가치의 기본이다. 그러므로 '도덕적 선'의 정의를 확립함은 곧 도덕의 표준을 세우는 일이요, 따라서 도덕과학의 기초를 세우는 일이기도 하다. 이것을 뒤집어 말하면 "모든 사람들의 관심 내지 욕구를 조화롭게 만족시키는 것이 인생 최고의 이상이다"라는 원리가 도덕의 표준으로서 정당화될 때에 "도덕적 선이란 조화롭게 짜여진 관심들의 대상에 부여하는 특성이다"라는 Perry의 정의도 따라서 정당화된다.

Perry는 '모든 관심의 조화로운 만족'이 도덕의 표준으로 타당함을 다음 세 가지 이유를 들어 주장한다. ① "조화로운 만족의 원리(the standard of harmonious happiness)는, 이론적 관점으로 보나 실천적 관점으로 보나, 만인의 동의를 얻을 가망성이 많다."[28] 이 원리는 도덕적 가치의 보편성과 객관성을 보장하는 까닭에 그것은 이론적으로 만족스러우며, 또 이 원리에 의하면 누구나 자기의 욕구를 반영시킬 수 있는 까닭에 광범한 지지를 받을 것이요, 따라서 실천적 견지에서 보아도 타당하다는 것이다. ② 이 원리는 전통적으로 신봉되어

28) *Realms of Value*, p. 132.

온 도덕관과 대체로 일치한다.[29] Perry는 자기의 원리가 희랍의 4주덕(四主德)이나 기독교의 3주덕(三主德)과 모든 근본에 있어서 합치하며, 그 밖의 어떤 전통적 윤리관과도 모순됨이 없다고 주장하는 것이다.[30] ③ 이 원리는, 그것이 도덕적 경험의 궁극적 소재를 충분히 기술할 수 있다는 의미에서, 경험적으로 정당화된다.[31](이 원리가 경험과 일치한다 함은, 인간의 여러 관심들이 현실에 조화로운 만족을 얻고 있다는 뜻이 아니라, 이 목표를 향하여 인간이 옛날부터 노력해 왔으며, 그 목표에로의 점진적인 접근이 인간의 힘으로 가능하다는 뜻이다.)

Ⅵ. G. E. MOORE와의 比較(批判的 視角에서)

Moore의 실재론과 Perry의 상대론이 가치론에 있어서 가장 근본적인 대립을 대표하는 것임은 이미 언급한 바 있다. 근본적으로 대립하는 이 두 학설이 모두 옳을 수는 없다. 이제 두 학설의 어느 쪽이 참됨에 가까운가를 생각하기 위하여 약간의 비교가 요청되고 있는 것으로 보인다.

대립된 이 두 가지 학설 가운데서 어느 것이 옳고 어느 것이 그른가를 확정하기는 매우 곤란한 일이다. 다만 우리가 과학적인 견지에 서는 한, 즉 경험된 사실의 뒷받침이 없는 주장은 극력 물리치는 자세를 취하는 한, 가치를 일종의 관계로 보는 Perry의 학설이 타당하리라고 믿어지는 몇 가지 이유가 있다.

Morre는 선이 욕구나 감정 또는 그 밖의 어떠한 심리작용과도

---

29) *Ibid.*, pp. 134～135.

30) *Ibid.* Perry의 이 주장은 그리 적합한 것 같지 않다. 그가 자기의 원리가 4주덕이나 3주덕 따위의 사상과 "일치한다" 함은 "모든 관심의 조화로운 만족"을 위하여 4주덕이나 3주덕이 모두 유용하다는 사실을 지적하는 것인 모양이나, 전통적 사상가들은 그러한 덕을 수단으로서 존중하는 것이 아니라 목적으로서 존중했던 것이다.

31) *Ibid.*, pp. 135～136.

관계없이 독립해서 실재한다는 그의 주장을 세우기 위하여 다음과 같이 시사한다. 즉 생각할 수 있는 한에 있어서 가장 아름다운 세계와 가장 보기 싫은 세계를 상상해 보라는 것이다. 그리고 이 두 세계를 감상할 만한 유정자(有情者)는 아무도 없다고 가정하더라도, 전자인 가장 아름다운 세계가 존재함이 후자인 가장 보기 싫은 세계가 존재하는 것보다 나으리라는 것은 의심의 여지가 없다고 주장한다.[32] 그러나 Moore의 이 입론은 그리 유력한 것이 못된다. 왜냐하면 Moore의 가정은 감사하는 주체가 없이도 미추(美醜)의 구별은 본래부터 있다는 것을 전제하는 것이니, 이는 '선결문제 요구'(begging the question)의 오류에 해당하는 것이다.

Moore 자신은 가치의 실재성을 밝히기에 충분한 사례를 제시하지 못했지만, 다른 사례로써 그의 주장을 정당화할 수 있지 않을까? 가령 '우정'을 예로 들어 "우정이 모든 주관을 떠나서 본래 그 자체만으로도 값지다는 것은 자명하다"고 주장할 수는 없을까? "우정은 주관과의 관계를 떠나서 그 자체가 선하다"라는 명제의 진위를 엄밀히 밝힐 도리는 없다. 이 명제를 긍정하는 유일한 근거는 '직각'(intuition)이다. 그러나 우정의 선함이 자명하다는 직각을 경험하지 못하는 사람들도 많다는 사실이 이 직각론에 대하여 불리한 증언을 한다. 물론 직각론자들은 "그러한 직각을 경험하지 못하는 사람들은 도덕적으로 눈멀었을(morally blind) 뿐"이라고 답변할 것이다. 그러나 이에 대하여 도리어 그 '직각'이 일종의 착각에 불과하다는 반박도 가능하다. 하여튼 Moore를 비롯한 직각론자들의 주장은 사람들의 직각이 구구하다는 사실을 설명하기 어려우며, 주관의 마음가짐을 떠나서 본래적 선이 실재함을 밝히기에 매우 부족함을 면치 못한다.

한편 가치와 사람의 마음가짐 사이에 뗄 수 없는 관계가 있음을 시사하여, Perry가 대표하는 상대론을 뒷받침하는 것으로 보이는 사회

---

32) G. E. Moore, *Principia Ethica*, pp. 83～85.

학적·심리학적 사실들이 있다. 다음에 그 몇 가지를 들어보기로 하자.

첫째로 옛날은 '직각적으로 자명'하던 진리가 오늘날에 와서는 불합리한 처사로서 배척받는 사례가 많다는 사실을 들 수가 있다. 이러한 사례는 특히 성도덕에 관하여 흔하고, 군신·부자·사제 등 수직적 도덕에도 그 예가 많다. 지금 생각하면 불합리하기 짝이 없는 도덕률을 '자명한 진리'라고 본 것이 직각이라면, 그 직각의 타당성은 당연히 의심을 받아야 마땅할 것이다.

둘째로 같은 사상(事象)일지라도 판단자가 그것을 갈망하는 정도가 강하면 강할수록 그 본래적 가치를 크게 인정하는 경향이 있다는 사실을 들 수가 있다. 예컨대 우정·평화·건강 등을 갈망하는 마음이 간절한 사람일수록 그것들이 본래적 선임을 '자명하게' 직각하는 경향이 있다. 이에 대하여 Moore는 다음과 같이 주장할지도 모른다. 즉 관심이 늘어감에 따라서 가치를 인정하게 된 것이 아니라, 가치를 인식하게 되었으므로 관심이 커간 것이라고 주장할 수 있을 것이다. 가치는 본래부터 있었지만 그것을 깨닫지 못했을 동안은 관심이 없다가 가치를 알게 됨에 따라 관심이 생긴다는 것이다. 관심을 따라서 가치가 생기는 것인지, 또는 가치를 따라서 관심이 생기는 것인지 이 문제에 결정적인 해결을 주기는 힘들 것이다. 그러나 다음과 같이 윤곽이 뚜렷한 사례를 생각할 때, 저자는 관심이 가치보다 앞선다는 Perry의 견해에로 기울어짐을 금치 못한다. '첫사랑'이라는 것을 계기로 젊은이들은 흔히 사랑에 대한 관심이 깊어가는 동시에 사랑을 가장 소중한 것으로서 평가하는 경향이 있다. 이 때 젊은이들은 사랑의 가치를 인식함으로 말미암아 사랑에로의 정렬이 불붙는 것일까. 또는 생리적 성숙이 정렬에 불을 붙인 까닭에 사랑을 값진 것으로 느끼게 된 것일까? 저자는 후자가 사실에 가깝다고 생각하지 않을 수 없다. 더욱 이러한 느낌을 뒷받침하는 사실이 있다. 노년에 접어들면서 생리적 변동이 왔을 때, 사랑을 가장 값진 것으로 생각하던 젊은 시절의 가치관에도 변동이 온다는 사실이다. 한편 가치 철학 따위의 학술적인 연구가 사랑에 대한 관심을 크게 좌우했다는 이야기는 별로 들어보지 못했다.

셋째로 같은 유개념에 속하는 대상들일지라도, 그것들에 대하여 사람들이 갖는 이해관심이 다름에 따라서, 다른 평가를 받는다는 사실을 들 수 있다. 예컨대 생명은 다같이 소중한 것이지만, 인간의 그것과 들짐승의 그것은 같은 평가를 받지 않는다. 지식은 흔히 그 자체가 값지다 하면서도 우리의 호기심을 자극하지 않는 것에 관한 지식은 별로 존중되지 않는다. 지금 누가 Sokrates의 생일을 알아 낸다면, 그는 학계에서 높은 평가를 받을 것이다. 그러나 누가 고아원 아동들의 생일을 알아 냈다 하더라도 그다지 높은 평가를 받기는 힘들 것이다.

그러나 이상의 입론으로써 실재론적 가치설이 완전히 봉쇄되었다고 생각하는 것은 아니다. 형이상학과 직각론에 호소하고 있는 학설을 완전히 봉쇄한다는 것은 원리적으로 불가능한 일이 아닌가 생각한다.

Moore의 실재론보다 Perry의 상대론을 지지한다 함은 그러나 후자의 견해를 **전적으로** 받아들인다는 뜻은 아니다. Perry의 가치론에도 몇몇 이론적인 약점은 있는 것으로 보인다.

첫째로 Perry의 정의는 아주 만족스러운 편이 아니다. 그의 정의에 의하면 모든 가치판단들은 심리학적 사실을 서술하는 명제로 바꾸어 놓을 수가 있다. 따라서 만약 Perry의 정의가 완전히 옳은 것이었다면, 심리학적 사실에 관한 견해의 차이가 없을 경우에는 가치판단에 있어서도 의견의 대립은 있을 수 없을 것이다. 그러나 심리학적 견해의 차이가 없어지는 날 시비와 선악에 관한 의견의 차이까지도 완전히 해소되리라고는 생각되지 않는다. 도덕적 견해에 관한 의견의 차이가 가장 심한 성문제를 고려할 때 이 점은 더욱 뚜렷하다. 성문제에 관한 철저한 순결주의자와 철저한 개방주의자는, 심리학적 사실에 관하여 완전한 의견의 일치를 본 다음에도, 성도덕에 관해서는 역시 대립이 있을 수 있다는 사실은 도덕판단이 단순한 심리학적 내지 사회학적 사실을 서술함에 그치는 것이 아님을 말해 준다. 사실판단과 가치판단 사이에는 근본적인 차이가 있다. 전자에는 서술적 의미(descriptive meaning)만이 있으나 후자에는 서술적 의미와 아울러 이른바 규정적 의미(prescriptive meaning)도 포함되었다.[33] 가치판단의 특수성을 간과한 점에 Perry의 잘못이 있다. 가치판단의 고유한 특성을 드러낸 것은 도리어 Moore의 공적이었다. Moore는 가치의 실재성을 확립하려 한 적극적인 시도에 있어서는 성공한 것 같지 않으나, Perry와 같은 자연론자들의 정의가 불충분함을 밝힌 공적은 컸다고 인정해야 할 것이다.

둘째로 Perry는 윤리학에 있어서의 분석적인 측면과 규범적인 측면을 약간 혼동하였다. '가치'에 대한 과학적인 정의를 내리겠다고 약속했을 때, 그는 객관적 체계로서의 윤리학을 지향했던 것이며, 독자에게는 순전히 분석적인 이론의 전개를 기대하게 하였다. 그러나 Perry가 도덕언어(moral terms)의 사용을 사실대로 밝혀 그 속에 흐르고 있는 논리를 탐구하는 일에만 종사한 것이 아니라, 하나의 '올바른 정의'(the legitimate definition)를 꾀하는 순간부터 그는 규범윤리학의 영역에로 이미 한 발을 들여 놓았던 것이다. '올바른 정의'를 내리는 일은 저자가 보기에는 언어의 순수한 분석이 아니며, 사실에 대한 객관적인 서술만도 아니다. 그것은 하나의 규범적 결론으로서 그 정의를 내린 사람의 인생에 대한 태도 또는 결단의 표명을 포함하는 것이다. 과학적이며 객관적임을 자랑하는 Perry의 정의도 결국은 Stevenson이 말하는 '설득적 정의'(persuasive definition)의 색채를 벗어나지 못하고 있다.[34] 그의 정의에 설득적인 색채가 있는 것이 잘못

33) 여기서 말한 'prescriptive meaning'은 論理的 實證主義者들이 말하는 'emotive meaning'과 대동소이한 개념이다. 'emotive meaning'에 관하여는 제 9 장 제 1 절과 제 2 절에서 상세히 논술하게 될 것이다.

34) '설득적 정의'에 관한 Stevenson의 이론에 대해서는 제 9 장 제 2 절에서 보다 상세

이라는 뜻이 아니다. 다만 설득적인 정의를 순전히 객관적이요 과학적인 정의로 본 까닭에 거기 윤리학에 있어서의 규범적인 측면과 분석적인 측면의 혼동이 있다는 것이다.

제 2 절 J. DEWEY

Ⅰ. 小 序

John Dewey(1859~1952)의 철학적 관심은 그 범위가 매우 넓다. 철학의 영역 가운데서 그가 종사하지 않은 분야는 거의 없을 정도로 Dewey는 여러 가지 문제를 다루었다. 그러나 그의 궁극목표는 바람직한 사회의 건설을 위한 근본 원리 및 그 실현 방안을 탐구함에 있었다. 그런 의미에서 그는 다른 무엇이기보다도 윤리학자요 또 교육학자이다.

Dewey의 윤리학설은 그의 여러 저술 속에 여기저기 섞여 있다. Tufts와의 공저로 된 「윤리학」(*Ethics*, 2nd ed., 1932)이나 "사회심리학 서설"이라는 부제가 붙은 「인간성과 행위」(*Human Nature and Conduct*, 1922)와 같이 주로 윤리학의 문제만을 여러 각도에서 다룬 단행본도 없지 않으나, 그의 윤리설의 보다 깊은 측면은 「경험과 자연」(*Experience and Nature*, 2nd ed., 1929), 「확실성의 탐구」(*The Quest for Certainty*, 1929)와 같은 저서 가운데 형이상학 내지 인식론적 탐구와의 연관 속에서 부분적으로 표현되어 있는 한편, "실천판단의 논리"(The logic of Judgments of Practice, 1915)를 비롯한 여러 논문 가운데 흩뜨러져 나타나 있다.[35)]

히 언급할 것이다.

35) Dewey의 윤리학적 논문은 대개 메타윤리학의 문제를 다루고 있다. 그 가운데서도 가장 종합적이요 중요한 것은 *Theory of Valuation*(1939)이라고 생각된다. 이 논

Dewey의 윤리설은 Moore와 Perry의 중간에 위치한다고 볼 수 있다. Dewey도 Moore와 마찬가지로 '가치'란 정의할 수 없는 것이라고 주장한다. 하나의 특질로서의 가치는 "궁극적이며 단순하고 따라서 정의할 수 없다."[36] 그러나 한편 Dewey는 가치의 실재성을 인정하지는 않는다. 주관을 떠나서도 가치는 독립해서 존재한다는 견해에는 단호히 반대하는 것이며, 대상과 인간의 마음가짐이 관계하는 곳에 비로소 가치의 발생이 가능하다고 주장한다. "하나의 특질로서의 가치는 모든 궁극의 경험적 특질이 그렇듯이 정의할 수 없으며 단순한 것이다. 그러나 그 정의할 수 없는 특질을 소유하는 것은 관련된 두 가지의 사물(two-things-in-relation), 즉 대상과 인간의 태도이다."[37] Dewey가 볼 때 가치는 직접적으로 주어진 선험적 특질이 아니라, 경험을 통하여 발생하는 무엇이다. Dewey의 윤리설은 전체로 볼 때 Moore보다도 Perry에 가까움을 알 수 있다.

가치는 인간의 마음가짐의 결과로서 일정한 조건 아래서 발생하는 것이다. 따라서 만약 가치를 발생케 하는 환경적 조건과 인간의 마음가짐을 명백하게 밝히게 되면, 우리는 가치의 본질에 관해서 어느 정도 파악한 셈이 될 것이다. 그러면 가치란 어떠한 환경적인 조건 아래 어떠한 마음가짐을 통하여 생겨나는 것일까? Dewey의 대답을 더듬어 보기로 하자.

Ⅱ. 問題狀況

Dewey에 따르면 모든 일이 원활하게 문제 없이 진행되는 동안에는, 설령 그 원활한 경험에 기쁨과 만족이 따른다 하더라도, 가치는 발생하지 않는다. 그러나 완전히 조화된 상황이란 드물며, 있더라

문은 Chicago 대학에서 단행본으로도 출간하였다.

36) Dewey, "Values, Liking and Thought," *Journal of Philosophy*, XX(1923), p. 622.

37) *Ibid.*, p. 620.

도 영속성이 없다. 인간과 환경은 끊임없이 변천하며, 모든 경험에는 안정성이 없다. 그리고 사정의 변화를 따라서 이제까지 원만하던 곳에도 새로운 곤란이 도입된다. 인간이 처한 상황에는 작건 크건 간에 어떤 거북한 사정이 끼어 있는 것이 보통이다. 그런데 인간은 자기가 처한 상황에 깃들인 거북한 사정을 의식하게 되면 그것을 제거하려고 힘쓰는 본성을 가졌다. 그러나 이른바 본능에 호소하는 즉각적인 반응으로써 원하는 결과, 즉 장애의 제거를 가져올 수 있는 경우는 그리 많지 않다. 잘못 행동하면 도리어 사태가 나빠지기가 일쑤다. 이에 사람들은 항상 그 상황에 적합한 행동 즉 올바른 행동을 취해야 하며, 어떤 반응이 올바른 행동이 될까를 잘 판단하지 않으면 아니된다. 이와 같이 어떻게 행동함이 옳을까를 판단해야 하는 상황은, 그 상황 안에 처한 사람의 눈으로 볼 때, **문제를 포함한 상황**이다.

'문제상황'(problematic situation)에 당면했을 때, 사람들은 무모하게 되는 대로 반응하는 대신 깊이 생각하고 신중히 헤아릴 필요가 있다. 행위자는 사정이 허락하는 여러 가지 행위 가운데서 어느 것이 어떠한 결과를 가져올 것인가 미리 짐작하고 비교함으로써 하나의 올바른 행동을 선택해야 한다. 이와 같이 예견하고 비교하는 행동이 곧 다름 아닌 **평가함**(valuing)이다. 그리고 이 평가하는 행동의 결과로서 '가치'(value)라는 것이 생긴다. 다시 말하면 "가치라는 명사는 '평가한다'는 동사 또는 동작에 의하여 형성된 것이다."[38] 요컨대 가치란 문제상황 안에서 반드시 하게 되는 평가라는 행동의 결과로서 생기게 되는 무엇이다. 그리고 문제상황을 당하여 평가하지 않을 수 없는 것이 인간이며, 우리가 처한 상황은 끊임없이 문제를 내포한다는 사실로 볼 때 가치는 인간에 있어서 필연적이다.

문제를 의식함과 아울러 평가라는 행동으로 반응함이 가치의 발

38) G. R. Geiger, *Dewey in Perspective*, New York, 1958, p. 46; J. Dewey, *Theory of Valuation*, Chicago, 1938, p. 4f. 참조.

생을 위하여 필요한 조건이라고 주장하는 Dewey는 가치의 독자적 실재성을 부인한 것이며, Perry와 함께 자연주의적 윤리설에 가담한 것이다. 그러나 Dewey는 관심 내지 욕구의 존재만으로 가치가 생긴다는 견해나 즐겁고 만족스러운 것은 모두 가치 있는 것으로 보는 이른바 만족설에 반대하고 있음이 분명하다. 우리의 환경이 문제를 포함한 상황으로서 육박해 오는 것은 우리가 욕구와 감정을 가진 동물이기 때문이다. 그러나 Dewey에 따르면 욕구와 감정만으로 가치가 일어난다는 Perry나 D. W. Prall의 생각은 잘못이다. 가치가 일어나기 위해서는 반드시 평가하는 행동이 작용해야 하는데, 평가는 단순한 감정이나 욕구만으로는 생길 수 없은 바 지성의 사유하는 과정을 포함하는 것이다. 숙고와 판단도 욕구와 감정과 같이 가치의 성립을 위하여 필요하다. 다시 말하면 가치란 "지성의 작용을 통해서 얻어진 즐거움이다."[39)]

Ⅲ. 評 價

Dewey가 우선 해결하고자 꾀한 윤리학의 문제는 "도덕 문제를 과학적으로 다룰 수 있느냐 없느냐"는 그것이었다. 그리고 그는 경험적이요 논리적인 근거 위에서 이 물음에 대한 긍정적인 대답을 확립하고자 한다. 윤리학이나 그 밖의 가치에 관한 연구에 과학적 방법이 적용될 수 있으려면 주어진 대상의 가치를 객관적인 기준에 의해서 결정할 수 있어야 할 것이다. Moore는 가치에 객관적 실재성을 인정함으로써, Perry는 관심의 유무와 대소가 가치의 유무와 대소를 결정한다고 주장함으로써, 가치론의 객관적 근거를 마련하려 하였다. 그러나 Dewey에 의하면 가치는 객관적으로 실재하는 것이 아닐 뿐 아

---

39) J. Dewey, *The Quest for Centainty*(London : Umwin Brothers Press, 1930), p. 246.

니라, 단순한 관심만으로도 생길 수 없는 것이다. 오직 평가(valuation)만이 가치의 근원이다. 그런데 사람들이 일상생활에서 내리는 평가는 흔히 주관적이며, 같은 대상에 대하여도 사람에 따라 다른 평가가 내려지는 것이 보통이다. 따라서 만약 각자의 주관적인 판단이 그대로 가치의 유무와 대소를 결정한다면, 같은 대상일지라도 평가를 달리하는 사람들을 따라서 그 가치가 달라질 것이며, 가치의 객관적 기준이란 있을 수 없다는 결론이 될 것이다. 그렇지만 만약 평가에도 옳고 그른 것이 있으며 오직 올바른 평가만이 참된 가치의 결정자라면, 즉 대상은 올바른 평가가 평가한 대로의 가치를 갖는 것이며 그릇된 평가는 대상의 가치에 아무런 영향도 줄 수 없는 것이라면, Dewey의 견지에서도 가치의 객관적 기준은 보장될 수 있을 것이다. 그러므로 Dewey 윤리학의 핵심은 평가의 본질이 무엇이냐에 달려 있다.

만약 평가 즉 보통 '가치판단'이라고 불리는 것도 자연과학들이 다루는 사실판단과 같은 논리적 성질을 가진 것이라면, 가치 문제의 연구도 자연과학이나 다름없는 학(science)으로서의 자격을 얻을 수 있을 것이다. Dewey의 과제는 따라서 평가도 자연과학적 판단과 같은 논리적 성격을 가진 일종의 판단임을 밝히는 일이 아닐 수 없다. 그리고 Dewey의 이 과제는 그의 앞을 가로막는 두 개의 주장을 논파함으로써 해결될 수 있을 것이다. 그 두 개의 주장이란 ① 평가 내지 가치판단은 본래 진정한 판단(judgment)의 일종으로 볼 수 없다는 견해 및 ② 평가도 일종의 판단이기는 하나 그것은 특수한 성질의 것으로서, 자연과학이 다루는 사실판단과는 논리적 성질이 전혀 다르다는 주장이다. Dewey는 우선 첫째 주장을 논파하는 일부터 시작한다.

이른바 가치판단이 실은 판단이 아니라는 주장의 대표로서 '이모우티비즘'(emotivism)이 있다. 이모우티비즘에 따르면 "Y가 옳다," "X는 나쁘다" 따위의 발언은 보통 판단과 다름없는 문법적인 형식을 갖추고 있으나, 그 의미로 본다면 전혀 판단의 범주 가운데 들어갈 자격이 없는 성질의 것이다. '판단'이란 본래 어떤 사실(fact)에 대한 정보(information)를 제공하는 것을 목적으로 삼는 것인데, 소위 '가치판단'이라는 것은 아무런 사실도 알려 주는 바가 없다. 그것은 오직 발언자의 감정을 표시하거나 듣는 이의 감정을 일으키는 구실을 할 뿐이다. 그것은 일종의 부르짖음 또는 명령과 같은 성질의 것으로서 엄밀한 의미의 판단이 아니다.[40]

Dewey는 가치판단이 일종의 부르짖음 또는 명령과 같은 성질의 것이라는 이모우티비즘의 주장을 부인하려 들지 않는다. 그는 도리어 부르짖음이나 몸짓 따위도 고의의 것일 경우에는 "무엇인가를 알려 주며 따라서 명제의 성질을 갖추었다"고 밝힘으로써, 가치판단은 판단이 아니라는 이모우티비즘의 주장에 대항한다.[41] 예컨대 개를 만난 어린이가 일부러 소리쳐 울 때, 이 부르짖음은 타인에게 무엇을 알리기 위한 일종의 신호로서 사회적 성격을 띠었다. 사회적 신호인 까닭에 그 울음은 일종의 언어——명제와 비등한 일종의 언어——라는 것이다.[42] 왜 그것이 명제와 비등하냐 하면, 그 외마디 울음소리도 "무서운 개가 다가온다"는 사실을 알리는 동시에, "빨리 누가 와서 나를 도와 주지 않으면 위험하다"는 따위의 예언을 함축하고 있기 때문이다. 이모우티비스트가 주장하듯이 가치판단은 외마디 부르짖음과 같은 성질을 가졌다. 그러나 외마디 부르짖음 자체가 이미 판단 내지 명제의 성질을 안으로 숨기고 있다. 그러므로 가치판단, 즉 평가도 일종의 판단이라는 결론에 도달하는 것이다.

Dewey가 다음에 할 일은, "평가도 일종의 판단이기는 하나, 가치판단과 사실판단은 본질이 다른 두 가지 '판단'인 까닭에, 후자를 다루기에 적합한 과학적 방법이 전자의 경우에는 제대로 적용될 수

40) emotivism의 주장에 관한 보다 자세한 소개는 제 9 장 제 1 절에서 있을 것이다.
41) J. Dewey, *Theory of Valuation*, p. 11.
42) *Ibid.*, p. 11.

없다"는 견해를 논파하는 일이었다. 논자들에 따르면 과학이 대상으로 삼는 사실판단의 진위는 경험적인 방법, 즉 관찰 내지 실험을 통하여 밝힐 길이 있으나, 윤리학이 대상으로 삼는 평가판단 내지 가치판단에는 그 길이 없다. 예컨대 "금강석이 금보다 단단하다"는 판단이 옳다는 것을 증명할 방법은 누구나 알고 있다. 그러나 "거짓말은 악이다"라는 판단을 증명하기 위하여는 어떠한 사실을 제시한 대도 충분할 수 없다는 것이다. 그러면 이러한 주장에 대해서 Dewey는 어떻게 반박하는 것일까?

Dewey도, 추상적으로 생각하는 한에 있어서는, 평가판단의 진위를 밝힐 수 있는 경험적 사실을 발견하기가 어려움을 인정한다. 그러나 주어진 평가판단을 구체적인 맥락 안에서 생각할 때, 그것을 논증하는 길이 전혀 막히지 않았음을 알 수 있을 것이라고 주장한다. 가령 어떤 구체적인 상황에 있어서 "거짓말을 해서는 못쓴다"라는 말이 떨어졌을 때, 이러한 평가적 발언은 어떤 객관적 사실을 전하는 동시에 장차 일어날 사태에 대한 예언을 포함한다.(물론 그 전달과 예언의 내용은 그 발언이 어떠한 경우에 어떠한 사람에 의하여 나왔느냐에 따라 다를 수 있지만.) 그리고 이 전달과 예언의 진위는 경험적으로 밝힐 수 있는 것인 까닭에 평가적 발언도 구체적인 맥락 안에서 해석된다면, 그 진위는 경험적으로 밝힐 수 있다는 결론이 된다.

그러면 구체적인 상황 안에서 발언되는 평가적 발언이 전달하는 것은 무엇이며, 예언하는 것은 어떠한 내용의 것인가? 이 물음에 대답하기 위한 준비로서 Dewey는 '실천판단'(practical judgment)이라는 개념을 끌어들이는 동시에 이 개념의 논리적 특색을 분석적으로 고찰한다. Dewey는 평가적 발언도 일종의 '실천판단'이라고 보는 것이며, 실천판단 일반에 관한 분석이 평가판단에도 적용된다고 믿기 때문이다.

Ⅳ. 實踐判斷

Dewey가 말하는 실천판단이란 "행동이 요구되는 사태에 관한 판단," 즉 어떠한 행동을 요구하는 판단을 일컫는다.[43] "의사에게 가 보는 것이 낫겠다," "집은 지금 짓는 것이 좋다." 이것은 Dewey 자신이 실천판단의 예로서 들은 것들이다.[44] 이러한 판단들은 무엇을 할 것인가를 지시해 주는 판단인 까닭에 실천적이다.

실천판단의 특색으로서 Dewey가 열거한 것 가운데 우리의 견지에서 특히 중요한 것은 다음 세 가지이다.

(1) 실천판단의 주제가 되는 사태는 불완전한 사태, 다시 말하면 문제를 품은 상황이다. 거기에는 무엇인가 부족하고 이 부족을 채워 줄 어떤 행동이 요구되고 있다. 따라서 실천판단은 미래에 관련된 판단이다.[45]

(2) 실천판단에 있어서는 그 판단 자체가 그 상황의 부족한 점을 채우는 데 영향을 주는 인자의 하나이다. 다시 말하면 그 실천판단이 내려졌다는 사실 자체가 그 판단의 주제가 된 상황에 대하여 영향력을 가졌다.[46] 이로써 미완성의 상황에 관한 판단, 즉 미래에 관련된 판단 가운데도 실천판단이 아닌 것이 있음이 분명하다. 예컨대 "비가 올 듯하다," "그 아이는 아직도 울고 있다"는 따위의 판단이 그저 냉정한 서술로서 내려졌을 경우와 같이. (물론 비가 오니 소풍을 연기해야 하겠다든지, 우는 아이를 달래야 하겠다는 등의 뜻이 포함되었을 경우에는 이것들도 실천판단이 된다.)

(3) 실천판단은 판단된 상황 속에 현존하는 사태를 알려 주는 동

---

43) J. Dewey, "The Logic of Judgments of Practice," *The Journal of Philosophy*, XII (1915), p. 505.
44) *Ibid.*, p. 506.
45) *Ibid.*, p. 506.
46) *Ibid.*, p. 506

시에 그 상황의 부족함을 채우려면 어떠한 방법이 좋으리라는 것을 예언한다.[47] 가령 "의사에게 보여야 한다"는 실천판단은 "몸이 나쁘다"는 현재의 사태를 알리는 동시에, "의사에게 보이면 나을 것이다" 라는 예언을 함축한다.

위에 말한 실천판단의 특색에 비추어 볼 때, 실천판단의 진위는 과학적인 방법으로 결정할 수 있음을 알 수 있다. 왜냐하면 실천판단에 포함된 현사태의 파악과 상황의 완성을 위한 예언이 모두 적중하면 그 실천판단은 참된 것이요, 그렇지 못하면 거짓된 것으로 판명될 것인데, 현사태가 어떠하며 어떻게 하면 장차 어찌되리라는 주장이 적중하고 안 하고는 과학적으로 확인할 수 있는 일이기 때문이다. 가령 "의사에게 보여야 한다"는 실천판단은 "몸이 정상적이 아니다"라는 현실 파악과 아울러 "의사에게 보이면 몸이 고쳐질 것이다"라는 예언을 포함하고 있다. 이 때 그 현실 파악과 예언이 모두 들어맞으면, 저 실천판단은 참된 것으로서 판명된다. 그러나 만약 꾀병인 것을 모르고 그런 판단을 내렸다든지, 또는 병은 병이나 의사에게 가 봐도 고칠 수 없는 병인데 그렇게 예언한 것이라면 그 실천판단은 그릇된 것으로서 판명된다.

그러나 "의사에게 보여야 한다," "집은 요즈음 짓는 것이 좋다" 따위의 실천판단의 진위를 과학적으로 밝힐 수 있다 하여, "약속은 지켜야 한다"는 따위의 도덕판단도 과학적으로 다룰 수 있다고 단정할 수 있을까? 도덕판단도 그것이 불완전한 상황을 주제로 하는 것이며, 그 부족을 채우기 위한 행동을 요구하는 것이므로, 일종의 실천판단임에는 틀림이 없다. 허나 "의사에게 보여야 한다"는 실천판단과 "약속은 지켜야 한다"는 그것이 같은 종류의 실천판단일까? "의사에게 보여야 한다"는 것은 "간강을 회복하려면 의사에게 보여야 한다"는 가언판단으로서 목적의 달성을 위한 수단을 제시하는 판단

47) *Ibid.*, pp. 509～510.

이다. 그러나 전통적인 견해에 의하면 도덕판단은 어떤 수단을 가르치는 것이 아니라 목적 그 자체에 관한 것이다. 수단을 제시하는 판단(means-end-judgment)에 있어서는 목적은 이미 전제되어 있다. 그러나 도덕판단의 경우에는 바로 그 목적이 무엇이냐가 문제라는 것이다. 수단에 관한 판단의 진위는 과학적으로 검토할 수 있을 것이다. 그러나 목적에 관한 그것은 과학적으로 다룰 수 없다는 것이 유력한 의견이다. 이에 대하여 Dewey는 무엇이라고 답변하는 것일까?

V. 目的과 手段

Dewey에 따르면 목적이란 본래 주관의 산물이다. Dewey는 객관적으로 주어진 '고정된 목적'(fixed ends) 또는 '궁극목적'(final ends)의 존재를 부인한다. 목적이란 밖으로부터 주어진 것이 아니라, 마음이 살아가는 과정에서 만드는 상상도(imaginary pictures)이다. 다시 말하면 "목적이란 마음 속에 그려진 목적(ends in view), 즉 의도(aims)이다."[48] 문제 상황에 직면했을 때, 사람들은 그 문제점이 풀려 만족스러운 상태에 이르렀을 경우의 상황을 머리 속에 그린다. 그리고 이 만족스러운 것으로서 머리 속에 그려진 일종의 미래도(未來圖)가(그 미래도를 현실화하기 위한 수단을 진지하게 고려되었을 경우에)[49] 바로 우리들의 말하는 '목적'이라는 것에 해당한다.

'목적'의 개념을 이상과 같이 해석하는 Dewey에 있어서 목적과 수단은 뗄 수 없는 관계에 있다. 실현을 위한 수단이 고려되지 않은 목적이라는 것이 있을 수 없기 때문이다. 목적과 수단의 구별은 오직 상대적이다. 현재의 목적은 다음의 목적을 위한 수단을 결정하는 요소의 하나이며, 지금 추구되고 있는 수단도 이 순간에 있어서는 하나

48) J. Dewey, *Human Nature and Conduct*, Modern Library Press, 1922, p. 225.
49) 만족스러운 상태를 머리 속에 그리기에 그치고 그것을 실현하기 위한 수단이 고려되지 않는다면, 그것은 단순한 공상(fancy)에 그치는 것으로서 목적과는 다르다.

의 목적이다. 이와 같이 목적과 수단의 구별을 한갓 상대적인 것으로 보는 Dewey에 있어서 본래적 선(intrinsic good)과 수단적 선(instrumental good)의 구별도 따라서 상대적이 아닐 수 없다.[50] 요컨대 Dewey의 견지에서 볼 때 인생은 문제 상황의 연속이다. 한 목표가 도달되면 그 도달된 목표가 조건이 되어 새로운 문제, 즉 새로운 목표가 생긴다. 따라서 인생에 궁극목적이 있을 수 없으며, 모든 것은 목적인 동시에 수단이다.

Dewey에 있어서 이른바 목적은 행위자 밖에 있는 실재가 아니라 행위자가 머리 속에 그린 의도인 까닭에 그것은 결국 문제의 해결을 위한 수단의 일부에 지나지 않는다. 그것은 마치 건축가의 청사진과 같은 것, 상황이 내포하는 문제의 해결을 위한 계획의 일부이다. 그것은 또 등대나 이정표에 비유할 수 있는 바 방편으로서의 성질을 가졌다. 어떠한 목적도 궁극적일 수는 없다. 목적이란 "길을 밝히는 수단(directive means)이다."[51] 만약 Dewey에게 궁극목적이 있다면, 오직 "문제를 해결하라"는 지상명령으로 표현되는 순전히 추상적이요 형식적인 목적이 있을 뿐이다.

지금까지 논술한 것은 도덕 문제를 과학적으로 다룰 수 있음을 밝히려 한 Dewey의 입론의 대략이었다. 이를 다시 요약하면 다음과 같은 두 개의 삼단논법으로 줄일 수 있을 것이다.

(1) 경험적으로 입증할 수 있는 모든 판단은 과학의 대상이 될 수 있다. 모든 실천판단은 경험적으로 입증할 수 있다. 그러므로 모든 실천판단은 진정한 과학의 대상이 될 수 있다.

(2) '실천판단'이란 목적 달성을 위한 수단에 관한 판단이다(定義). 모든 도덕판단도 목적 달성을 위한 수단에 관한 판단이다. 그러므로 모든 도덕판단은 실천판단이다.

---

50) cf. : J. Dewey, *Theory of Valuation*, p. 29.
51) *Ibid.*, p. 53.

여기 요약된 두 개의 삼단논법을 종합하면 모든 도덕판단은 과학적 연구의 대상이 될 수 있다는 결론이 생길 것이며, 윤리학의 학으로서의 성립을 보장하려 한 Dewey의 목표가 달성된 셈이다.

모든 학문이 그렇듯이 Dewey의 윤리학에도 대전제의 구실을 하는 하나의 가정이 있다. 우리는 인생이 그 과정에서 봉착하는 여러 가지 문제들을 풀어야 한다는 것이 바로 그것이다. 윤리니 도덕이니 하는 것도 이 인생의 문제들을 풀기 위한 방안 또는 수단에 불과하다. 문제해결이라는 목적의 달성을 위한 수단인 까닭에 도덕판단의 옳고 그름은 인과율적으로 검증할 수 있다. 즉 도덕의 문제들은 과학적으로 다룰 수 있으며 또 다루어야 할 문제들이다.

우리는 왜 인생이 주는 문제들을 풀어야 하느냐? Dewey의 견지에서 답변한다면 풀지 않을 수 없기 때문에 푸는 것이다. 인간존재를 제약하는 **필연성**이 모든 당위(ought)의 근본이다. 우리는 생물인 까닭에 행동을 전혀 포기할 도리가 없다. 우리에게 허용된 선택의 자유는 행동과 비행동 사이에 있는 것이 아니라 행동과 행동 사이에 있다. "사람이 살고 있는 동안 그가 당면하는 문제는 행동할까 말까 하는 그것이 아니라, **어떻게** 행동할까 하는 그것이다. 어떤 행동을 하지 않겠다는 결심은 행동을 전혀 안하겠다는 결심이 아니라 달리 행동하겠다는 판단이다."[52] 그리고 우리의 행동은 언제나 문제의 해결을 목표로 삼고 이루어지도록 마련이다. 이것은 생물학적인 사실이다. 따라서 "왜 우리는 인생이 주는 문제들을 풀어야 하느냐?"는 물음은 별로 뜻이 없는 물음이다. "왜 물은 낮은 곳으로 흘러야 하느냐?"는 물음이 그렇듯이.

52) J. Dewey, "Logic of Judgments of Practice," *The Journal of Philosophy*, XII, p. 519.

Ⅵ. 批判的 考察

과학적 정신의 대두를 계기로 윤리학은 일종의 딜레머에 빠져 왔다. 도덕의 절대적 권위를 세우기에 힘을 기울이자면 모호한 형이상학이나 독단 섞인 직각설의 토대를 벗어나기 어렵다. 한편 경험적 근거를 요구하는 과학적 정신에 충실하고자 하면 윤리학 자체의 성립을 스스로 위협하는 방향에로 이끌려가기 일쑤다. Dewey는 이 딜레머를 극복하고자 하는 현대의 윤리학적 시도에 있어서 상당한 공적을 남긴 것으로 생각된다. 다시 말하면 그는 과학적인 방법으로 윤리학을 세우고자 하는 현대 경험철학자들의 목표를 위하여 몇 개의 쓸모 있는 돌다리를 준비하였다. 즉

(1) Dewey는 도덕의 궁극적인 바탕이 인간의 생활 조건의 필연적인 요구에 있음을 지적함으로써 도덕 그 자체의 본질을 밝혀 주었다. 도덕의 본질에 관한 올바른 이해는 윤리학이 스스로의 문제가 무엇인가를 인식함에 절대로 필요한 것이다.

(2) Dewey는 선악의 구별이 단순히 감정이나 욕구에만 유래하는 것이 아니라 지성의 작용이 평가에 있어서 중요한 인자임을 밝힘으로써, 도덕 문제의 지성적 처리를 위한 길을 열었다. 과학적 판단과 도덕적 판단의 공통성을 강조한 그의 주장은 비록 전적으로 만족스럽지는 못할지라도 깊은 암시를 품었다.

(3) Dewey는 도덕적 가치가 행동의 터전으로서의 고유한 상황과 밀접히 관련되어 있음을 지적함으로써 도덕적 활동의 창조적인 측면을 밝혔다.

(4) 목적과 수단의 불가분의 관계를 강조한 Dewey의 주장은, 도덕의 사명을 '문제의 해결'이라고 보는 그의 견해와 아울러, 시사하는 바가 적지 않다.

여하튼 우리는 '과학적 윤리학의 수립'이라는 목표가 Dewey의

덕택으로 어느 정도 가까워졌음을 부인하지 못할 것이다. 그러나 과학적 윤리학의 가능성이 Dewey에 의하여 확립되는 단계에 이르렀다고는 생각되지 않는다. Dewey의 학설에도 몇몇 약한 고리가 있는 것으로 보인다.

(1) Dewey의 윤리설의 첫째 난점은 그의 '문제상황'의 개념에 관련된다. 우선 Dewey의 견해는 주어진 상황 안에 포함된 '문제'의 내용이 어떠한 것인지 분명히 말해 주지 않는다. Dewey는 '완전'의 절대적인 기준을 부인하는 까닭에 주어진 상황에 있어서 무엇이 어느 정도 부족한 것인지를 결정할 도리가 없다. 도대체 상황에 포함된 문제의 내용을 결정하는 것은 물리학적인 것인가, 또는 심리학적인 것인가? 예컨대 의치라는 것을 모르는 원시인 노인의 이가 몇 개 빠졌다면, 그의 잇몸에 부족한 것이 있는 것인가 없는 것인가? 그에게 이를 해 박을 필요가 있다 할 것인가, 없다 할 것인가?

문제란 단순히 밖으로부터 주어지는 것이 아니다. 우리가 풀어야 할 문제의 내용은 우리가 품는 **이상**을 따라서 어느 정도 달라진다. 다시 말하면 우리는 스스로가 우리에게 준 문제를 풀어나갈 경우가 많다. 따라서 "우리는 스스로에게 어떠한 문제를 줄 것인가"라는 문제가 생긴다. 이것은 "우리는 어떠한 이상을 가질 것인가"라는 물음이기도 하다. 그러나 Dewey의 윤리설에는 이 기본적인 물음에 대답할 원리가 준비되어 있는 것 같지 않다.

다음에 Dewey는 우리가 동시에 두 가지 문제에 당면했을 때, 그리고 그 중의 하나밖에는 풀 도리가 없을 때, 어느 쪽 문제를 우선적으로 풀어야 할 것인지 대답해 주지 않는다. 가령 사랑의 욕구를 채우자면 명예와 지위를 버려야 하고, 명예와 지위에 대한 미련을 만족시키려면 사랑을 단념해야 할 경우가 있다. 이러한 경우에 어떠한 길을 택해야 옳을지, 이것은 규범윤리학의 기본적인 문제의 하나이다. 그러나 Dewey의 윤리설은 이 문제에 대한 해답을 제공하기 힘든다.

(2) Dewey의 윤리설에 또 한 가지 난점은 도덕적 발언에 대한 그의 해석에 관한 것들이다. Dewey에 따르면 도덕적 발언의 가장 기본적인 의미는 예언적인 그것이었다. 예언적 의미 밖에 약간의 서술적 의미가 있음을 Dewey는 인정한다. 예언적 의미와 서술적 의미, 이것은 Dewey가 도덕적 발언에 인정하는 의미의 전부이다. 예언적 의미를 강조하는 Dewey의 견해에 깊은 통찰이 깃들었음을 부인할 생각은 없다. 그러나 도덕적 발언에 관한 Dewey의 분석은 결코 빈틈 없는 것은 못 된다. 이 점에 관하여는 이미 Stevenson이 날카로운 비판을 시도한 바 있다. 그의 비판은 다음 네 가지 명제로써 요약할 수 있다. ① Dewey는 도덕적 발언이 가진 정의적 의미(emotive meaning)에 대한 충분한 인식이 없었다. ② 도덕적 판단은 언제나 예언적인 것은 아니다. ③ 도덕적 발언이 어떤 예언을 포함할 경우일지라도 그 예언의 내용은 그리 분명치 않은 까닭에, 그 발언의 검증(verification)을 위한 기준이 서지 않는 경우가 있다. ④ 언어로서는 똑같은 도덕적 발언이 그 의미에 있어서는 서로 다른 내용의 예언을 내포할 수 있다.[53)]

(3) 셋째로 우리는 본래적 가치와 수단적 가치의 구별을 부인하는 Dewey의 견해를 전적으로 받아들이기는 어려울 것 같다. 수단에 대한 고려가 우리의 목적을 크게 좌우한다는 Dewey의 주장은 심리학적으로 옳은 주장이다. 그리고 보통 우리가 본래적 선이라고 생각하는 것이 후일의 새로운 목적을 위한 수단의 구실을 한다는 것도 부인할 수 없는 사실이다. 그러나 이러한 사실이 목적과 수단, 그리고 본래적 가치와 수단적 가치의 논리적 구별을 말살할 근거가 될 수는 없다. 수단으로서 값진 것은 동시에 목적으로서도 값지며, 목적으로서 값진 것은 동시에 수단으로서도 값지다는 주장이 전적으로 옳다 하더라도, 수단적 가치와 본래적 가치와의 구별이 근거 없는 것이라는 견해가 정당화되지는 않을 것이다.

53) D. L. Stevenson, *Ethics and Language*, New Haven, 1944, pp. 256～264.

제 9 장

分析哲學에 입각한 倫理說들

제 1 절 이모우티비즘

I. 倫理的 實證主義와 倫理說

'윤리학'이 하나의 학(science)으로서 성립할 수 없다고 주장하는 현대윤리학설 가운데 '이모우티비즘'(emotivism)이라고 불리는 것이 있나는 사실은 이미 제 8 장 마지막 부분에서 언급한 바 있다. 이모우티비즘이란 논리적 실증주의(logical positivism)의 분석적인 방법론을 윤리학 내지 가치론에 적용함으로써 생긴 메타(meta)학설이다. 이에 이모우티비즘을 소개하는 준비로서 논리적 실증주의의 유래와 근본적인 주장을 간단히 살펴보고자 한다.

'논리적 실증주의'(Logischer Positivismus)란 비엔나의 철학자 Moritz Schlick(1882~1936)을 중심으로 1924년경에 결성되어 1929년에 정식으로 세상 앞에 나선 '비엔나학단'(Wiener Kreis) 및 그 동조자들이 자기네의 철학적 견지에 대하여 붙여 준 이름이다. 주로 경험론적 철학의 현대적 발전형태라고 볼 수 있는 논리적 실증주의의 직접적인 선구자로서는 Russell, Wittgenstein 등이 개척한 논리분석(logical analysis)의 방법을 지적할 수 있다. 특히 1922년에 발간된 Wittgenstein의 「논리철학논고」(*Tractatus-Logicophilosophicus*)는 논리적 실증주의의 실질적인 출발점으로 알려져 있다. 한편 오스트리아의 물리학자 Ernst Mach(1838~1916)의 사상도 비엔나학단에 깊은 영향을 미친 것으로 알려져 있다. 그러나 논리적 실증주의의 보다 먼 근원을 따지자면 17 · 18세기를 장식한 근세철학의 발전에까지 거슬러 올라가야 한다. 논리적 실증주의는 Kant와는 다른 각도에서 합리론과 경험론의 대립된 두 사조를 나누어 계승하고 있기 때문이다. 그것은 논리를 존중하는 점에 있어서 합리론의 특색을 살리고 있는 한편, 종합적 판단에 대하여는 항상 누구나 관찰할 수 있는 실증을 요구하는 점에 있어서 경험론의 전통을 이어받고 있다. 근세의 합리론자 가운데서 논리적 실증주의에 가장 가까운 사상가는 Leibniz요, 근세의 경험론자 가운데서 그것에 가장 가까운 학자는 Hume이라고 생각된다.[1)]

논리적 실증주의는 완성된 철학체계의 이름이 아니라, 하나의 철학적 태도 내지 방법을 가리키는 이름이다. 그 방법이란 과학이 사용하는 개념과 명제들을 논리적으로 분석함으로써 그 의미를 명백히함이 철학적 탐구의 기본이라는 신념에 출발점을 둔 것이다. 논리적 실증주의에 따르면 철학의 사명은 궁극적 실재를 밝히거나 가치의 근거로서의 '절대자'를 파악하는 일이 아니라, 사상의 의미를 논리적으로 명백히함에 있다. 그리고 이 사명의 달성을 위한 올바른 방법은 사상의 전달에 사용되는 언어의 분석이다.

철학의 사명은 판단의 의미를 명백히 함에 있다. 따라서 밝힐 만한 의미가 본래부터 없는 발언은 애당초 탐구의 대상이 될 수 없다.

---

1) Leibniz는 '이성의 진리'와 '사실의 진리'와의 구별을 강조하는 한편, 전자 즉 분석판단이 필연적 · 형식적 진리임을 이미 간파한 바 있다.

한편 Hume은 어떤 명제가 무의미(meaningless)하지 않으려면 그것이 분석적이거나 또는 검증(verification)이 가능한 것이 아니면 아니된다는 것을 다음과 같이 암시하고 있다. "신학에 관한 것이든 스콜라의 형이상학에 관한 것이든… 어떤 책을 손에 들거든 물어 보아라. 그것이 양과 수에 관한 어떤 추상적 추리를 포함하고 있는가? 아니다. 그러면 그 책 가운데 사실과 존재에 관한 경험적 추리가 실려 있는가? 그것도 아니다. 그렇거든 그 책을 불 속에 던져 버려라…"(D. Hume, *An Enquiry Concernig Human Understanding*의 마지막 1절, Oxford, 1955년판, p. 165).

오직 '의미 있는 명제들'(meaningful propositions)만이 분석을 받을 자격을 가졌다. 그러면 어떠한 명제들이 의미가 있는 것일까? 첫째로, 자연과학의 명제들이 그렇듯이, 그 진위를 경험적으로 검증할 수 있는(verifiable) 명제들은 의미가 있다. 둘째로, 논리학이나 수학의 명제가 그렇듯이, 명제에 사용된 개념의 정의에 의거하여 그 진위를 분석적으로 밝힐 수 있는 명제들, 즉 동의어반복(tautology)에도 의미가 있다. 그러나 그 밖의 모든 발언은 아무리 그것이 판단의 형식을 갖추었다 하더라도 무의미한(nonsensical) 발언이며, 철학의 영역 밖으로 내쫓아야 한다.

검증가능성(verifiability)이 있는 명제와 동의어반복을 제외한 모든 발언은 인식론적 견지에서 볼 때 무의미하다는 견해에 의하여 첫째로 철학의 울타리 밖으로 쫓겨나게 되는 것이 형이상학이다. 논리적 실증주의의 기준으로 볼 때, 형이상학의 명제들은 모두 무의미하기 때문이다. 형이상학의 여러 가지 주장들이 동의어반복의 분석판단도 아니요 검증가능성 있는 경험적 판단도 아니라는 것은 신의 존재, 영혼의 불멸, 우주의 목적 등 몇 가지 문제를 예로 들어 생각함으로써 알 수 있는 일이다.

논리적 실증주의자들에 의하여 철학 밖으로 배척을 당하는 또 한 가지 분과는 윤리학 내지 가치론 일반이다. 이른바 '도덕판단'이 동의어반복, 즉 분석판단이 아님은 의심의 여지가 없다. 따라서 그것이 학문적 연구의 대상이 되려면 검증의 가능성을 가져야 할 것이다. 그러나 이른바 '도덕판단'에는 검증의 가능성이 없다. 도덕적인 발언은 경험계의 현상을 서술하는 바가 전혀 없기 때문이다. 예컨대 "약속은 지켜야 한다," "남의 것을 훔치는 것은 악이다" 따위의 발언이 어떠한 **사실을** 우리에게 알려 주는가? 논리적 실증론자들에 따르면 아무런 사실도 알려 주지 않는다. 그러한 발언들은 오직 발언자의 감정을 표명하거나 듣는이의 감정을 유발하는 구실을 할 뿐이다. 마치

"슬프다!," "에이끼…!" 따위의 외마디 부르짖음이 그렇듯이. 이른바 '도덕판단'이 감정(emotion)을 표명하거나 환기하는 발언에 불과하다고 보는 논리적 실증주의자들의 윤리설을 '이모우티비즘'이라고 부른다.[2)]

논리적 실증주의 학파를 대표하는 학자들로서 Schlick 이외에도 R. Carnap, H. Feigl, P. Frank, K. Gödel, O. Neurath, H. Reichenbach, A. J. Ayer 등 많은 사람들이 알려져 있다. 그 가운데서도 특히 Carnap, Feigl, Reichenbach, Ayer 등은 이모우티비즘의 견해를 확고한 표현으로써 강조한 사람들이다. 다음에 Carnap과 Ayer의 견해를 통하여 이들의 주장을 좀더 구체적으로 살펴보기로 하자.

Ⅱ. R. CARNAP

윤리학이라는 학문의 성립의 가능성을 의심하는 Rudolf Carnap (1891～1970)은 어떤 단행본의 규모로써 윤리학의 문제를 다루지는 않았다. 다만 그는 보다 광범위한 문제들을 다룬 저술들, 예컨대「과학의 통일」(*The Unity of Science,* 1934),「철학과 논리적 결어법」(*Philosophy and Logical Syntax,* 1935) 등 가운데서, 윤리학에 대한 그의 부정적인 견해를 표명하고 있다.

다른 대부분의 논리적 실증주의자들과 마찬가지로 Carnap도 "의미를 가진" 명제들만이 학문 연구의 대상이 될 수 있다는 기본적 신념으로부터 출발한다. 그리고 그도 역시 "오직 수학과 경험과학의 명제들만이 의미를 가졌다"고 주장한다.[3)] 이와 같은 전제로부터 이끌려나온 결론의 하나는, 종래 철학의 중요한 분과로서 생각되어 왔던 형이상학 및 윤리학이 학문으로 존립할 자격을 잃는다는 것이다.

형이상학이 학문으로서 존립할 수 없는 이유는 그것이 오직 무의

2) 'Emotivism'의 우리말 번역에 관하여는 제 4 장 각주 1) (p. 57) 참조.
3) R. Carnap, *Philosophy and Logical Syntax*(London : Kegan Paul, 1935), p. 36.

미한 명제들만으로 성립되어 있기 때문이라고 한다. 본래 형이상학은 경험을 초월한 세계에 관한 인식을 표방하고 나온 것이나, 경험할 수 없는 세계에 관한 모든 주장은, 논리적 실증주의의 견지에서 볼 때, 진위를 가릴 수 없는 주장, 즉 무의미한 발언에 불과하다는 것이다.

윤리학도 철학의 한 분과로서 존립할 수 있는 터전을 갖지 못했다. Carnap에 따르면, 종래 '윤리학'이 다루어 온 명제에는 두 가지 종류의 것이 있다. 그 하나는 도덕적 현상에 관한 서술적 언명(descriptive statements), 예컨대 "가톨릭교회에서는 이혼을 어떠한 경우에노 악이라고 본다," 또는 "친구를 배반한 자는 양심의 가책을 받는다"는 따위의 명제들이다. 그러나 이러한 종류의 명제들은 심리학 또는 사회학을 위한 연구의 대상이며, 심리학과 사회학은 자연과학에 속할 것이요 철학의 분과로 볼 것이 아닌 까닭에, 이러한 서술적 명제들을 대상으로 삼고 '윤리학'이라는 철학의 분과가 성립할 여지가 없다. 윤리학이 다루어 온 또 한 종류의 진술은 행위나 인격에 관한 규범적 언명(normative statements), 예컨대 "어떠한 경우라 할지라도 이혼을 해서는 안 된다," "친구를 배반한 자는 사회적으로 매장을 당해야 마땅하다" 따위의 발언들이다. 이와 같은 규범적 언명은 자연과학의 대상이 될 수 없음이 명백하므로 언뜻 보기에 윤리학을 위한 고유한 영역을 이룰 것 같기도 하다. 그러나 이러한 규범적 발언은 아무런 경험적 사실도 전하지 아니하므로 그 진위를 밝힐 도리가 없는 무의미한 발언(meaningless utterances)에 불과한 것, 따라서 애당초 학문 연구의 대상이 될 수 없다는 것이다.

Carnap에 따르면, 예컨대 "살생은 악이다"라는 말과 "죽이지 말라"는 발언은 근본에 있어서 그 뜻이 같다. 다만 전자는 그 문법적 형태가 "인간은 동물이다" 따위의 서술적 명제와 똑같은 까닭에, 학자들은 그것을 서술적 명제라고 오인하고, 마치 그것의 진위를 밝힐 수 있는 것처럼 믿어 왔던 것이다. 그러나 "사실인즉 평가적 언명

(value statements)은 사람으로 하여금 그릇된 판단을 내리기 쉽게 하는 문법적 형식으로 표현된 명령문(command)에 불과하다. …그것은 어떠한 사실도 서술하지 않는 것이며, 따라서 증명될 수도 반증될 수도 없는 것이다."[4] 평가적 언명이 사람의 행동에 대하여 어떤 영향을——때로는 우리가 원하는 영향을, 때로는 우리가 원치 않는 영향을——미칠 수는 있을 것이다. 그러나 그것으로 말미암아 그것이 참되거나(true) 거짓된(false) 주장이 되는 것은 아니다.

이른바 '가치판단', 즉 평가적 언명이 어떠한 사실도 서술하지 아니함은 주어진 '가치판단'의 진위를 밝히는 증거가 될 수 있는 어떤 장래의 경험을 생각할 수 없다는 사실에 의하여 명백하다고 Carnap은 생각한다. 명령하는 말이 그렇듯이, 모든 평가적 발언도 오직 그 발언자의 소망 또는 감정을 표명하는 기호(symbols)에 지나지 않는다. 따라서 명령문에 진위가 있을 수 없듯이, 이른바 '가치판단'에도 진위가 있을 수 없다. 참도 거짓도 될 수 없는 주장인 까닭에 그것은 엄밀한 의미의 판단(judgment)이 될 수 없는 한갓 발언(utterance)이며, 판단의 축에도 못 드는 것인 까닭에 도시 학문의 대상이 될 수 없다는 것이다.

Ⅲ. A.J. AYER

A.J. Ayer(1910~1989)의 윤리학적 회의론이 실려 있는 것은 그의 「언어 · 진리 · 논리」(*Language, Truth, and Logic*, 1936), 특히 그 제 4 장에 있어서이다. 결론상으로 볼 때 Ayer의 견해는 Carnap의 그것과 별로 다른 바가 없다. 그러나 그의 이모우티비즘은 Carnap의 그것보다도 좀더 발전되고 충실한 형태를 갖추었다.

Ayer에 있어서도 Carnap의 경우와 마찬가지로, 철학의 임무는

4) *Ibid.*, pp. 24~25.

전체로서의 실재의 세계를 규명하는 일이 아니라, 학문에 사용되는 언어를 논리적으로 분석함으로써 학문을 비판하는 일이다. 그런데 어떤 문장이 논리적 분석(logical analysis)의 대상이 될 수 있으려면, 그것은 '의미가 있는' 문장(meaningful sentence)이 아니면 아니 된다. 어떤 문장이 의미를 가지려면 그 문장은 ① 그 문장에 사용된 술어(terms)의 정의에 의하여 그 진위를 밝힐 수 있는 비사실적·논리적 언명(nonfactual logical statement)이거나, 또는 ② 경험적인 관찰을 통하여 그 진위를 확률적으로 밝힐 수 있는 사실적 언명(factual statement)이라야 한다.[5] 그러나 이른바 '도덕판단'은 이상 두 가지 판단 가운데 어느 편에도 속한다고 볼 수 없는 성질의 것인 까닭에, 그것은 논리적 분석의 대상이 될 수 없는 것이며, 따라서 그러한 발언을 대상으로 삼는 철학의 분과, 즉 '윤리학'이라는 학문이 성립할 자리가 없다는 것이다.

윤리학이 학문으로서 성립할 수 없음은 이른바 '윤리학'이 완수할 가능성이 없는 사명을 짊어지고 있다는 사실에 의하여 명백하다고 Ayer는 주장한다. 윤리학이 학문으로서 성립할 수 있기 위해서는 그것의 대상인 도덕적 발언의 진위를 밝힐 수 있는 방법의 길이 열려야 할 것이다. 그리고 도덕적 발언의 진위를 밝힐 수 있으려면 시비선악을 가리는 평가적 언어에 대한 경험론적인 정의가 내려져야 할 것이다. (왜냐하면 논리적 실증주의의 견지에서 볼 때, 진위를 밝힌다는 것은 경험적 관찰을 통하여 입증 또는 반증한다는 뜻이며, 평가적인 발언을 경험적으로 입증 또는 반증하기 위해서는 그것을 일단 경험적인 서술적 발언으로 옮겨 놓아야 할 것이기 때문이다.) 그러나 사실에 있어서 평가적 언어에 대한 정의는 본래 불가능하다는 것이다.

여러 학자들이 평가적 또는 윤리학적 언어의 정의를 시도했으나

5) 전자의 대표적인 것은 수학적 판단, 예컨대 "삼각형의 내각을 합하면 180°가 된다," 또는 7+5=12 등이요, 후자의 대표적인 것은 물리학이나 화학 같은 자연과학의 명제들이다.

아무도 이에 성공하지 못했으며, 그들이 밝힌 것은 오직 그것이 불가능하다는 사실뿐이라고 Ayer는 논의를 계속한다. Ayer에 따르면, 윤리학을 긍정하는 학자들이 평가적 언어에 대하여 시도한 정의는 크게 두 가지로 나누어 볼 수가 있다. 첫째는 심리주의적 가치론(psychological value theory)의 정의요, 둘째는 절대론적 윤리설(ethical absolutism)의 그것이다. 전자는 평가적 언어를 어떤 심리상태를 묘사하는 언어로써 정의한다. 예컨대 "X는 선이다"는 "X는 찬양을 받는다" (approved)"와 같은 뜻이라는 식으로. 이와 같은 심리학적 정의는 충분히 경험적이기는 하나 가치개념의 실제 사용과 부합하지 아니하므로 받아들일 수 없다는 것이 Ayer의 비판이다.[6] 우리 언어에 있어서, "그것은 일반이 찬양하는 것이기는 하지만 실은 좋지 못한 일이다," 또는 "그것은 즐거운 일이기는 하나 그러나 좋은 일은 못된다" (It is pleasing, but is not good)라는 발언은 조금도 자기모순을 포함한 발언이 아니다. 만약 "좋음은 찬양받음이다," 또는 "좋음은 즐거움이다" 따위의 정의가 옳은 것이라면, 위와 같은 발언은 자기모순이 아닐 수 없을 터인데, 그것을 자기모순이라고 볼 수 없다는 사실은 저 정의가 옳지 못하다는 증거가 아니냐는 것이다.

다음에 절대론자들은 "선은 선이다," "옳음은 옳음이다"식으로밖에는 달리 정의할 도리가 없다고 주장한다. 그러나 이와 같은 정의는 정의로서의 구실을 할 수 없는 까닭에 부적당하다고 Ayer는 일축해 버린다. 그것은 도덕적 발언의 타당성을 검증할 아무런 방도도 암시해 줌이 없기 때문이다.[7]

과거에 여러 모로 시도된 여러 가지 정의 가운데 하나도 쓸 만한 것이 없음은 평가적 언어의 정의가 본래 불가능한 것이기 때문이라고 Ayer는 단정한다. 평가적인 언어에는 서술적 의미(descriptive

6) A. J. Ayer, *Language, Truth and Logic,* New York, 1936, p. 155.

7) Ayer는 여기서 평가어에 대한 형이상학적 정의를 따로 비판의 대상으로 삼지 않고 있다. 아마 심리학적 정의에 대한 비판이 거기에도 그대로 들어맞기 때문일 것이다.

meaning)는 없고 오직 정의적 의미(emotive meaning)만이 있다. 다시 말하면, 평가적 발언은 그 발언자의 감정을 표명하거나 듣는 이로 하여금 어떤 감정을 느끼도록 유발하는 구실을 할 뿐, 사실(facts)에 관해서는 아무것도 알려 주지 않는다. Ayer의 요점은 그의 다음 구절 가운데 여실히 나타나 있다.[8)]

> 내가 만약 누구에게 "네가 그 돈을 훔친 것은 잘못이다"라고 말한다면, 그 말은 그저 "너는 그 돈을 훔쳤다"는 말로써 전하는 바 이상이 사실을 알리지 않는다. 그 행동이 잘못이라고 덧붙임으로써 나는 그 행동에 관하여 조금도 더 알리는 바가 없다. 다만 나는 그 행동에 대한 나의 도덕적 비난의 감정을 표명할 뿐이다. 그것은 마치 내가 미움에 가득찬 목소리로 "너는 그 돈을 훔쳤다!"고 외친 것이나 다름이 없다.

Ⅳ. 이모우티비즘 批判

대체로 경험론적인 철학이 옛날부터 그러했듯이, 그리고 논리적 실증주의라는 철학사상 일반이 그렇듯이, 이모우티비즘의 공적은 주로 그 부정적 측면에, 즉 과거의 윤리학에 있어서 잘못된 점을 지적해 내는 비판적인 측면에 있는 것으로 보인다. 첫째로 이모우티비즘은 윤리학의 출발점을 현실적인 도덕적 경험에 구함으로써, 흔히 가공적 논의를 일삼던 종래의 윤리학의 폐풍을 경계하였다. 둘째로 이 학설은 언어의 분석을 통하여 윤리학의 문제를 명백히함이 기본적이라는 탁견을 제창함으로써, 윤리학이 그 문제의 핵심에로 접근하는데 기여하였다. 이 점이 얼마나 중요한가는 과거에 있어서 용어의 뜻이 분명치 않음으로 말미암아 쓸데없는 논쟁이 허다하게 학자들을 괴롭혔다는 사실을 상기할 때 스스로 명백하다. 셋째로 이모우티비즘

8) *Ibid.*, p. 158.

은, 평가적 발언에 정의적 의미라고 불리는 색다른 의미가 포함되어 있음을 발견함으로써, 도덕판단의 특수성을 밝힘에 크게 이바지하였다. 종래의 학자들은 사실판단(fact judgments)과 가치판단(value judgments)이 문법상으로 같은 구조의 언어로 표현된다는 사실에 현혹되어 이 두 가지 판단들의 논리적 성격의 차이를 간과했으며, 이로 말미암아 윤리학적 탐구에 많은 혼란이 초래되어 왔던 것이다.

그러나 이모우티비즘은, 전통적인 사상을 부인하고 나온 새로운 학설들이 흔히 그렇듯이, 그 비판의 화살이 약간 지나치게 멀리 날았다는 비난을 받고 있다. 첫째로, 평가적인 발언에는 정의적인 의미만이있고 서술적인 의미는 전혀 없다는 이모우티비즘의 주장은 편협한 견해이다. 만약 정의적 의미밖에 없다는 이모우티비즘의 주장이 옳다면, 도덕문제를 에워싼 사람들의 대립은 오직 욕구와 기호 내지 감정의 대립을 의미할 뿐, 거기에는 아무런 소견(belief)의 대립도——사실에 관한 어떠한 판단의 대립도——없다는 결론이 불가피하게 될 것이다. 그러나 이 결론이 타당치 아니함은 도덕문제에 관한 어떤 구체적인 대립을 예로서 고찰할 때 즉시로 밝혀진다. 가령 산아제한 또는 사형제도 폐지의 시비를 둘러싸고 두 사람이 대립할 때, 그들의 대립은 오직 욕구와 감정의 대립만을 포함하는 것일까? 거기에는 확실히 사실에 관한 판단의 대립, 즉 소견의 대립이 있다. 따라서 평가적 발언은 전혀 판단(judgment)이 아니라는 주장도 역시 지나친 주장이 아닐 수 없다. 도덕문제에 관한 대립에 소견의 대립이 포함되어 있다 함은, 도덕적 발언에 서술적 의미가 포함되어 있음을 말함이요, 서술적 의미를 포함하고 있음이 사실이라면, 도덕적 발언도 일종의 판단으로 보아야 옳을 것이다. 도덕적 발언도 일종의 판단임에 틀림이 없다는 사실을 밝힌 논쟁으로서는 이모우티비즘에 대한 Dewey의 비판을 이미 소개한 바 있다.[9] 이제 다시 이 점에 관하여 장황하게 논할

9) 제 8 장 제 2 절 3항 참조.

필요는 없을 것이다.

극단적인 이모우티비즘의 주장이 지나치다는 것은 논리적 실증주의자들 자신에 의해서도 점차로 반성되었다. Ayer는 그의 「언어·진리·논리」의 제 2 판(1946) 서문에 있어서, 그 초판의 내용을 스스로 비판하고, 앞으로 그 견해가 약간 완화되어야 할 것을 시사하였다. 보통 이모우티비스트의 한 사람으로서 알려져 있는 C. L. Stevenson은 Carnap, Ayer 등의 이모우티비즘과 Dewey에 가까운 자연주의 윤리설을 결합함으로써, 그의 독창성 있는 학설을 마련하였다.

제 2 절 C. L. STEVENSON : 절충적 이모우티비즘

I. 小 序

Charles L. Stevenson(1908～1979)은 미국의 미시간대학교 철학교수로서 오랫동안 활약한 학자이다. 그는 예일대학을 마친 뒤에 영국의 케임브리지와 미국의 하버드에서 대학원 과정을 밟았다. 미시간대학으로 오기에 앞서서 그는 예일과 하버드 두 대학에서 교편을 잡은 일이 있다.

Stevenson은 "윤리적 술어의 정의적 의미"(The Emotive Meaning of Ethical Terms, 1937), "설득적 정의"(Persuasive Definitions, 1938)를 비롯한 꽤 여러 편의 좋은 논문을 발표하여 학계의 주목을 끌기 시작하였다. 이어 1944년에 이미 여러 논문을 통하여 준비되어 온 그의 독창성 있는 학설을 집대성하여, 「윤리학과 언어」(*Ethics and Language*)를 단행본으로 내게 되자, 현대윤리학에 있어서 새로운 경지를 개척한 학자로서 그의 위치가 확고하게 되었다.

메타윤리학자로서의 Stevenson의 궁극적인 목표는, 도덕판단의 타당근거를 밝히기 위하여 사용되는 일반적인 방법들의 성격을 규명함, 다시 말하면 윤리학적인 견해의 대립은 어떠한 방법으로 그리고 어느 정도까지 해결될 수 있느냐는 문제에 확고히 대답하는 일이다. 그러나 이 문제가 제대로 다루어지기 위해서는 우선 평가적 발언의 의미가 분명히 밝혀져야 한다. 주어진 발언의 의미가 분명히 확정되기 전에는 그 발언의 진위 내지 시비를 제대로 문제삼을 수 없을 것이기 때문이다. 이에 Stevenson의 윤리학적 탐구는 평가적 발언 내지 윤리적 언사의 의미를 밝히는 일로부터 시작된다.

윤리적 언어의 의미를 음미하는 일에 있어서 Stevenson이 출발점으로 삼은 것은, Perry가 대표하는 자연주의 윤리설의 정의와 이에 대한 직각론 및 이모우티비즘의 반박이론이다. Stevenson에 따르면, 자연주의 윤리학자들의 심리학적 정의가 충분히 만족수럽지 못함은 부인할 수 없는 사실이며, 그 약점들을 드러냄에 있어 직각론자들과 이모우티비스트들의 공적이 컸음도 인정해야 한다. 그러나 Stevenson은 '좋음'이 "분석할 수 없는 단순한 성질"이라는 Moore의 실재론에도 찬동하지 않으며, 도덕판단은 엄밀한 의미의 판단이 아니라 참될 것도 거짓될 것도 없는 한갓 발언(utterance)에 불과하다는 Carnap의 이모우티비즘도 옳다고 생각하지 않는다. Stevenson은 평가적 언어의 심리학적 정의가 매우 미흡한 것이라고 느낀다. 그러나 그것이 전혀 터무니 없는 생각만으로 가득찼다고는 믿지 않는다.

Stevenson에 따르면, 심리학적 가치설, 즉 그가 부르는 '관심설'(interest theories)의 근본적 결함은 도덕판단이 오직 서술적 의미(descriptive meaning)만을 가졌다고——어떤 심리학적 사실을 서술하는 데 그친다고——보는 점에 있다. 도덕판단에 서술적 의미가 있음은 의심의 여지 없는 사실이나, 그러나 그것만이 도덕판단에 포함된 의미의 전부가 아니라는 것이다. 어떤 사실을 통지하는 것보다도 더욱 중요한 의미가 도덕판단에 있으니, 그것은 바로 이모우티비스트들이 말하는 정의적 의미(情意的 意味)이다. 요약컨대 도덕판단에는 일반적인 사실판단이 갖는 바와 같은 서술적 의미가 있을 뿐 아니라 오히려 그보다도 더욱 중요한 것으로서 정의적 의미가 아울러 담겨 있다. 그러면 Stevenson이 말하는 '서술적 의미'와 '정의적 의미'란 각각 어떠한 성질과 내용의 것일까? 그리고 Stevenson 자신은 윤리적 언어의 의미를 어떻게 규정하는 것일까?

Ⅱ. 敍述的 意味와 情意的 意味

Stevenson이 도덕적 발언의 의미를 탐구할 때, 그가 문제삼는 '의미'는 일상생활에서 가장 흔히 쓰이는 그것과는 달리, '심리학적인 뜻의 의미'(the psychological sense of meaning)이다. '심리학적인 뜻의 의미'라 함은 주어진 언어에 대하여 그 사용자들이 보여 주는 반응을 총칭하는 것이다.[10]

그러나 주어진 언어에 대한 사람들의 반응은 상황과 개인을 따라서 천차만별하다. 따라서 같은 말의 뜻이 쓰일 때마다 다르다는 결론에 만족할 수 없는 까닭에, 심리학적 반응 그 자체를 언어의 올바른 의미라고 보기는 어렵다. 이에 Stevenson은 어떤 한정(restriction)이 불가피함을 깨닫는다. 언어에 대한 사람들의 반응이 몹시 다양한 가운데도 비교적 고정불변한 경향(tendency)을 나타내고 있다는 사실에 주목하고 그는 자기가 탐구하는 '의미'를 심리학적 반응의 이 고정불변한 측면에서 찾는다. "어떤 말의 발언에 따르는 모든 심리학적 원인과 결과를 그 의미라고 볼 것이 아니라, 우리는 그 발언과 연결되기 쉬운 경향을 가진 심리학적 반응을 그 의미로 보아야 한다"고 Stevenson은 말하고 있다.[11] 다시 말하면 Stevenson의 심리학적 의

10) C. L. Stevenson, *Ethics and Language*, New Haven, 1944, p. 42.
11) C. L. Stevenson, "The Emotive Meaning of Ethical Terms," Sellars와 Hospers편, *Readings in Ethical Theory*, New York, 1952, p. 415.

미란 언어 내지 기호에 속해 있는 '경향적 특성'(dispositional property), 즉 '인과율적 성질의 힘'(causal power)을 말한다.

Stevenson은 언어의 경향적 특성을 커피의 자극성에 있어서 불변하는 일면과 비교하고 있다.[12] 커피를 마심으로 인해서 실제로 받는 자극은 그 마시는 사람의 그 때의 사정에 따라서 여러 가지로 정도의 차이를 가질 것이다. 그러나 만약 우리가 커피를 마시는 순간의 여러 가지 조건들을 일정한 상태에 머물도록 한다고 가정한다면, 우리는 일정한 분량의 커피는 마신 사람에게 비교적 일정한 반응을 일으킨다는 사실을 발견할 것이다. 다시 말하면 일정한 분량의 커피와 그 자극하는 힘 사이에 어떤 불변하는 상관관계가 있음을 발견할 것이다.

커피에 포함된 이 불변하는 경향성을 우리는 커피의 '경향적 특성'이라고 부를 수 있으려니와, 어떤 말에 관해서도 우리는 그것이 일으키는 심리적 반응에 항구적인 경향성이 있음을 발견하게 되리라는 것이다. 즉 어떤 말이 발언될 때에 따르는 모든 부차적인 조건을 사상한다면, 그 말 자체에 포함된 경향성(어떤 심리적 반응을 일으키는 경향성)의 항구적 일면이 드러날 것이며, 이 항구적 일면이 곧 그 말의 '의미'—'심리학적인 뜻의 의미'—를 형성한다는 것이다.

이제 유개념으로서의 '의미'의 뜻이 밝혀졌다. 따라서 '정의적 의미' 및 '서술적 의미'의 뜻을 살피는 일의 나머지는 '정의적' 및 '서술적'이라는 종차(種差)의 성질을 규명함에 달려 있을 것이다. 그리고 '의미'의 뜻을 모종의 심리적 반응으로 본 이상, '정의적 의미'와 '서술적 의미'의 구별은 관계되는 심리적 반응의 종류에 의거하지 않을 수 없을 것이다. 이리하여 Stevenson이 도달한 결론을 알기 쉽게 말한다면, 어떤 발언으로 유발된 심리적 반응 가운데서 그 정서적(emotional)인 측면이 그 발언의 '정의적 의미'를 이루고 인식적(cognitive)

12) C. L. Stevenson, *op. cit.*, p. 46f.

인 측면이 그 '서술적인 의미'를 이룬다. 가령 "간음은 추악한 행동이다"라고 말할 때, 이 말을 통하여 표명된 발언자의 감정이나 의욕, 그리고 그 발언이 듣는이에게 유발한 정의적 심리반응이 그 발언의 '정의적 의미'를 구성한다. 다음에 저 발언 가운데 잠재적으로 포함된 사실에의 언급이 그 발언의 '서술적 의미'를 구성한다는 것이다.

그러나 Stevenson은 정의적 의미와 서술적 의미가 서로 관계함이 없이 같은 말 속에 따로 따로 담겨 있다고 보는 것은 아니다. 평가적 언어 안에 포함된 두 가지 종류의 의미는 "매우 밀접한 관계를 짓고 있다."[13] 대개의 경우에 있어서 주어진 언어의 정의적 의미는 그 언어의 서술적 의미 여하를 따라서 다소간 좌우된다. 그렇지만 의미의 이 두 측면이 완전한 의존관계에 있는 것도 아니다. 정의적 의미는 일면 서술적 의미의 제약을 받으면서도, 또 일면에 있어서는 어느 정도의 독립적인 성격도 가졌다. 예컨대 '악질이나'라는 말의 정의적 의미는, 그 말에 포함된 서술적 의미를 따라 생기는 것이기도 하지만, 일단 생겨버린 정의적 의미는 저 서술적 의미가 사라진 뒤에까지도 여전히 남아 있다. 언어에도 일종의 관성(inertia)이 있기 때문이라고 Stevenson은 설명한다.

Ⅲ. 所見의 不一致와 態度의 不一致

이제 평가적 언어의 의미에 관한 Stevenson의 견해를 직접 음미하기에 앞서, 그가 말하는 '소견의 불일치와 태도의 불일치'(disagreement in belief and in attitude)의 구별에 관하여 간단히 살펴 두는 것이 좋을 듯 하다.

Stevenson에 의하면, 두 사람의 의견이 대립되는 경우에 있어서, 그 대립에 확연히 구별해야 할 두 가지 종류가 있다. 대립의 하나는

13) *Ibid.*, p. 76.

'소견의 불일치'요 또 하나는 '태도의 불일치'이다.[14] 소견의 불일치라 함은 있는 사실에 관한 견해의 대립을 말하는 것으로서, 과학적 문제, 역사적 사실 또는 장차 생길 일에 관하여 그저 사실을 사실대로 밝히려는 마당에서 종종 경험하는 의견의 충돌이다. 예컨대 담배가 몸에 해롭다는 의견과 해로울 것 없다는 의견이 대립했을 경우와 같다.

다음의 태도의 불일치라 함은, 객관적 사실 그 자체에 대한 인식이 다른 것이 아니라 객관적 사실을 대하는 평가적 태도에 차이가 생겼을 경우를 말한다. 예컨대, 어머니는 어린 딸에게 피아노를 가르쳐야 한다고 주장하는데 아버지는 그 돈으로 어린이의 건강 향상을 꾀하고자 반대할 경우에, 이 둘째 종류의 대립을 볼 수가 있다. 어린이에게 음악의 소질이 있느냐 없느냐로 의견이 다르다면, 그것은 소견의 불일치다. 돈을 들여서 어린이의 건강을 향상시킬 수 있느냐 없느냐에 관하여 의견이 다르다면 그것도 소견의 불일치다. 그러나 어린이의 음악적 소질 또는 건강에 관해서는 의견에 대립이 없음에도 불구하고, 한쪽은 피아노를 주장하고 한쪽은 건강을 고집하는 대립이 생길 수가 있다. 이와 같은 대립은 사람들의 가치관의 차이에서 오는 것으로서, 사물에 대하는 '태도의 불일치'라고 부를 수 있는 대립이다.

도덕문제에 관하여 견해가 맞설 경우에는 대개 위에 말한 두 가지 불일치가 아울러 있다고 Stevenson은 주장한다. 가령 한 사람은 연애는 반드시 결혼을 목적으로 삼아야 한다고 주장하는데, 또 한 사람은 연애는 연애요 결혼은 결혼이라고 단언한다고 하자. 이 때 두 사람 사이에는 소견의 대립도 있을 것이다. 예컨대, 한 사람은 순결한 사람들일수록 결혼생활에 들어가서 많은 행복을 누린다고 믿는데, 또 한 사람은 성생활의 훈련을 많이 받은 사람들이 도리어 더 만족스럽게 부부생활을 시작할 수 있다고 믿을지도 모르듯이. 그러나 그들

14) *Ibid.*, pp. 2～3.

의 대립은 단순히 소견의 불일치에 그치는 것이 아니다. 그들은 결혼을 떠난 성생활이 개인 및 사회에 미치는 영향, 성욕의 생리 및 심리, 그리고 성도덕의 과거와 현재 등에 관하여 완전히 일치하는 인식에 도달한 뒤에까지도, 결혼을 목표로 삼지 않는 연애의 시비에 관해서만은 의견의 일치를 얻지 못할 수가 있다. 이것은 성도덕 문제에 관한 견해의 대립이 성의 사실에 관한 과학적 소견의 대립에 그치는 것이 아니라, 성문제에 대한 인생관의 대립 또는 태도의 대립을 포함하는 것임을 의미한다.

도덕문제에 관한 견해의 대립이 두 가지의 대립, 즉 소견의 불일치와 태도의 불일치를 아울러 포함하는 것은 도덕판단의 특수성에 유래하는 것이다. 다시 말하면, 도덕적 명제가 표명하는 바에 두 가지가 있기 때문이다. 그 하나는 개관적 사실이 어떻다는 소견의 표명이요, 또 하나는 판단되는 사물에 대한 판단자의 주관적 태도의 표명이다. 예컨대, "약속은 지켜야 한다"는 도덕적 명제는 ① "약속을 어기면 신용을 잃는다," "약속이 이행되지 않는 사회는 질서를 유지하기 힘든다," "우리의 양심은 약속을 지키라고 명령한다" 따위의 사실에 관한 소견을 표명하는 동시에, ② 약속의 이행을 소망하며 약속의 위반을 미워하는 태도, 즉 사물에 대한 판단자의 태도를 표명한다.

도덕문제에 관하여 견해가 대립한다 함은, 같은 도덕판단을 한 사람은 긍정하고 다른 한 사람은 부정한다는 뜻일 것이다. 그리고 같은 도덕판단을 하나가 긍정하고 하나는 부정하는 경우에, 그 두 사람 사이에는 ① 판단된 도덕문제에 관한 태도의 대립이 반드시 있으며, ② 그 도덕문제에 관련된 객관적 사실에 관한 소견의 대립도 그 배후에 있는 것이 보통이다.

앞서 말한 서술적 의미와 정의적 의미의 구별도, 이제 말한 두 가지 대립의 구별과 관련시켜 볼 때, 더욱 그 뜻이 분명해진다. 즉 도덕적 명제에 포함된 의미 가운데서 사실에 관한 소견을 표명하는 측면이 그 서술적 의미에 해당하고, 발언자의 태도를 표명하는 측면이 그 정의적 의미에 해당한다.

이 두 가지의 대립 사이에 어떠한 관계가 있는 것일까? 우리들의 소견과 태도 사이에 밀접한 상호관계가 있음은 분명하다.[15] 우리의 태도는 흔히 우리의 소견에 영향을 주며, 반대로 소견은 태도에 영향을 끼친다. 따라서 태도의 대립과 소견의 대립 사이에도 밀접한 관계가 있다. 때로는 태도의 대립이 전적으로 소견의 대립에 의존할 경우가 있다. 이러한 경우에는 소견의 대립이 완전히 해소되는 순간 태도의 대립도 해소되고 말 것이다.

그러나 두 가지 대립 사이의 관계를 논리적인 그것으로 보아서는 안 된다. 그것은 항상 사실상의 관계이다. 순전히 논리적인 견지에서 말한다면 소견의 대립 없이 태도의 대립만이 있을 수도 있고, 태도의 대립은 없이 소견의 대립만이 생길 수도 있다. 이에 Stevenson은, "주어진 경우에 있어서 그 가능성들 가운데 어느 편이 실제로 일어나는가를 확인하기 위해서는 경험에 호소하지 않으면 아니 된다"고 주장한다.[16]

Stevenson이 저 두 가지 대립의 개념을 그토록 중요시하는 이유는, ① 윤리적인 문제는 원칙에 있어서 소견의 대립과 태도의 대립을 아울러 포함하는 까닭에, 이 두 가지 요소를 충분히 고려함이 없이는 윤리 문제에 관한 어떠한 분석도 만족스러울 수 없으며, ② '윤리학적 분석의 핵심적인 문제'는 소견과 태도 사이의 정확한 관계를 밝히는 문제라고 믿기 때문이다.

15) 소견과 태도를 정말 확연히 구별할 수 있느냐는 문제는 의당 제기될 수 있는 문제라고 Stevenson은 인정한다. 그러나 적어도 현실적인 목적을 위해서라면, 이 두 가지의 구별은 조금도 무리 없이 지어질 수 있다고 그는 주장한다(*Ibid.*, pp. 7~8 참조).

16) *Ibid.*, p. 7.

Ⅳ. 第一型의 分析：基礎的 模型

평가적 언어에는 서술적 의미와 정의적 의미가 아울러 담겨 있다는 것을 이미 밝힌 Stevenson이 다음에 할 일은 그 서술적 의미와 정의적 의미 각자의 내용 또는 특색을 캐내는 일이 아닐 수 없다. 그러나 평가적 언어의 정의에로 접근하기를 꾀하는 이 둘째 단계에 있어서 Stevenson이 우선 부딪치는 것은, 평가적 언어의 정의가 엄밀하게는 불가능하다는 사실이다. 그것이 불가능한 것은 두 가지 이유 때문이다.

그 첫째 이유는 '언어의 융통성'(linguistic flexibility)이라는 널리 알려진 사실에서 온다. 이미 Perry의 학설을 다루었을 때 언급한 바와 같이, 사람들은 윤리적 언어를 언제나 같은 의미로 쓰지는 않는다. 예컨대 '착하나'는 말은 "어른의 말을 잘 듣는다"는 뜻으로 쓰이기도 하고, "남의 사정을 생각하는 마음이 강하다"는 뜻으로 쓰이기도 하며, 심지어는 "교회에 잘 나간다"는 뜻으로 쓰이기까지 한다. 일반적으로 말해서, 평가적 언어의 서술적 의미는, 언어의 자연스러운 용법의 규정을 어김이 없이도 발언하는 사람을 따라서 어느 정도 '풍부하게도 빈약하게도' 될 수가 있다. 따라서 주어진 평가적 언어의 서술적 의미를 어느 하나로 고정시켜서 확정할 도리는 없다.[17]

평가적 언어의 정의를 불가능하게 하는 둘째 이유는 그것이 가진 정의적 의미가 매우 미묘하여 형언하기 곤란하다는 사실에서 온다. 윤리적 발언의 정의적 의미는 고유하고 독특한 까닭에 정확하게 다른 말로 옮겨놓을 수가 없다. 무리해서 다른 표현으로 옮길 경우에는 항상 그 본래의 의미를 약간 떠나게 된다.

만약 정확한 정의가 불가능하다면 정의의 대리 구실이라도 할 무엇을 발견해야 할 것이다. 이에 Stevenson이 생각한 것이 '기초적

17) *Ibid.*, p. 36.

모형'(working models)을 길잡이로 삼고 목적하는 정의에로 접근하는 일이다.

Stevenson은 윤리적 언어의 의미에 관련하여 두 가지 뚜렷한 특색을 발견한다. 첫째로, 거의 모든 윤리적 발언은, 그 서술적인 측면에 있어서, 그 발언이 평가의 대상으로 삼는 사물에 대한 발언자의 태도(attitude) 내지 관심(interest)에 관하여 어떤 정보를 제공한다. 둘째로, 윤리적 발언의 정의적 의미와 '일반적인 명령문'의 기능 사이에 다음과 같은 유사점이 있다. ① "명령문과 윤리적 언명은 모두 사람들의 의도나 행위를 단순히 서술하기 위하여서보다도 그들의 의도나 행위를 권장, 변경 또는 교정하기 위해서 사용된다." 그리고 ② "이 점에 있어서 양자는 다 같이 과학적 언명과 성질이 다르다."[18] 이 두 가지 특색을 근거로 삼고 Stevenson은 다음과 같은 몇 가지 '기초적 모형'을 안출하였다.[19]

(1) "이것은 잘못이다(wrong)"라는 말은 "이것을 나는 못마땅하게 생각한다, 너도 그렇게 생각하라"는 말과 같은 뜻이다.
(2) "그는 이것을 해야 한다(ought)"는 말은 "나는 이것을 그가 하지 않고 내버려두는 것을 못마땅하게 생각한다, 너도 그렇게 생각하라"는 말과 같은 뜻이다.
(3) "이것은 좋다(good)"는 말은 "나는 이것을 찬양(approve)한다, 너도 그렇게 하여라"와 같은 뜻이다.

여기에 소개된 기초적 모형들은 윤리적 발언이 가진 두 가지 기능, 즉 ① 대상에 대한 발언자의 태도의 표명 및 ② 듣는이의 태도를 고무 내지 변경시키는 경향을 어느 정도 분명히 드러내 주는 까닭에 윤리적 발언의 의미의 테두리를 밝히기에 우선 적절하다고 Steven-

---

18) *Ibid.*, p. 21.
19) *Ibid.*, p. 21. 그리고 C. L. Stevenson, "The Emotive Meaning of Ethical Terms," *Reading in Ethical Theory*, p. 425 참조.

son은 자부한다. 예컨대 '모형 3'에 있어서, "나는 이것을 찬양한다"는 서술적 부분은 발언자의 태도표명의 뜻을 전하며, "너도 그렇게 하여라"는 명령적 부분은 듣는이의 태도에 영향을 미치는 정의적 의미의 기능과 비슷한 그것을 가졌다는 것이다.

그러나 Stevenson은 이 모형들이 너무나 조잡하고 불충분하다는 것을 잘 알고 있다. 첫째의 부족은 모형의 명령적 부분이 너무나 뻣뻣함에 있다. 노골적인 명령문이 미치는 심리적 영향은 결코 윤리적 발언이 미치는 그것과 똑같지가 않다. 윤리적 발언의 그것은 지극히 미묘하고 암시적인데, 명령문은 그저 직접적이요 강압적이다. 둘째 결함은 모형의 서술적 부분에서 발견된다. 그 서술적 부분은 윤리적 발언이 갖는 서술적 의미의 전부를 나타내기에는 너무나 단순하다. 뿐만 아니라 언어가 일반적으로 갖는 융통성이 여기에 나타나 있지 않다. 따라서 Stevenson으로서 다음에 할 일은 이러한 결함들을 어떤 방법으로 수정 내지 보충하는 일이다.

윤리적 언어의 엄밀한 정의는 불가능하다고 믿는 까닭에, Stevenson은 정의를 받는 언어의 특성을 묘사함으로써 여기에 요구된 수정 내지 보충의 실효를 거두려고 한다. 그의 '특성묘사'(characterization)의 방법은 주로 다음 세 가지 원칙에 입각한 것으로 보인다. ① '부수적 상황'(attendant circumstances)을 깊이 고려하여 윤리적 언어의 정의적 의미를 분석한다. ② 새로운 형식(pattern)의 분석을—도덕판단을 정당화하기 위하여 주어질 '지지하는 이유'(supporting reasons)에 대한 고찰을 실마리로 삼는 새로운 형식의 분석을—통하여 서술적 의미의 내용을 보충한다. ③ '언어의 융통성'에 깊이 주의한다.[20] '좋음'(good)이라는 평가적 술어를 대표로 삼고 Stevenson의 수법을 더듬어 보기로 하자.

20) *Ibid.*, pp. 32~36, pp. 82~83.

V. 第二型의 分析 : 說得定義

기초적 모형에 보충을 가함으로써 '좋음'의 보다 정확한 의미에로 접근하려는 Stevenson의 시도는 '좋음'의 정의적 측면의 특성을 묘사하는 일로부터 시작된다. 이에 관련된 Stevenson의 주장의 요점은 다음과 같이 요약될 수 있을 것이다. ① '좋음'의 정의적 의미는 '부수적 상황'을 따라서 변동한다. 그것은 때로는 매우 강력하게 권고적(hortatory)이나, 때로는 그 권고하는 힘이 무시할 수 있을 정도로 미약할 경우도 있다. ② '좋음'의 정의적 의미는 적어도 두 가지 점에 있어서, 즉 i) 듣는이의 자기의식적인 노력에 직접 호소하지 않고, 은연중의 암시(suggestion)를 통하여 듣는이를 움직이며, ii) 발언자의 태도가 듣는이의 반발로 인하여 변화할 가능성이 크다는 두 가지 점에 있어서 순전한 명령의 기능과 다르다. ③ '좋음'의 정의적 의미는 오직 부분적으로만 독립적이며 대부분은 그 서술적 의미에 의존하고 있다. 다시 말하면 '좋음'의 정의적 효과는 단순한 감정만의 소관이 아니라 그 서술적 의미 속에 포함된 소견(belief)이 그 감정을 떠받들고 있다.

Stevenson이 밟는 다음 단계는 '좋음'의 서술적 측면을 밝히는 일이다. 이미 소개한 Stevenson의 '기초적 모형' 및 이 모형에 입각한 그의 이른바 '제 1 형의 분석'(first pattern of analysis)에 있어서 언급된 서술적 의미는 오직 발언자의 태도에 관한 것에 국한되었었다. 그러나 발언자의 태도에 관한 정보가 윤리적 발언이 가질 수 있는 서술적 의미의 조그만 부분에 지나지 아니함은 물론이다. 평가적 언어의 보다 충실한 의미를 파악하자면, 그 서술적 의미의 나머지 부분을 어느 정도 캐내야 할 것이다. 그러나 "X는 선이다"식의 윤리적인 발언 그 자체만을 가지고 볼 때, 저 나머지 부분은 아무 곳에도 나타나 있지 않다. 그런데 발언자가 자기의 판단을 정당화하기 위하여 어떤 이유를 제시하기 시작할 때, 그 가치판단 뒤에 숨어 있었던 서술적 의미의 일단이 은연중 내 비치는 것을 본다. 예컨대 다음과 같은 대화를 생각해 보라.

A : "박 군은 좋은 사람이요."
B : "어째서?"
A : "그는 정직하고, 친절하고 또 용감하단 말이야."
B : "…"

위의 대화의 내용으로 볼 때, 적어도 A에게 있어서 사람의 '좋음'과 '정직함'·'친절함', 그리고 '용감함' 사이에 분명히 어떤 관계가 있는 것 같다. 그러나 정직과 친절과 용감을 좋음의 서술적 의미의 구성요소라고 단정하기 전에 우리는 하나의 일반적인 물음에 대답해야 할 것이다. 그 물음이란 "윤리적 발언자가 제시하는 모든 지지 이유(supporting reasons)는 그 발언의 서술적 의미의 구성요소인가"라는 그것이다. 이 물음이 불가피함은 다음의 이유로써 명백하다.

(1) 발언자는 그가 발언하던 순간에는 염두에 두지 않았던 이유를 남의 추궁에 몰려서 비로소 생각해 낼 수도 있을 것이다. 예컨대 첫인상으로 박군을 좋아하는 소녀가, 그의 어디가 좋으냐고 추궁당했을 때, 정직하다느니 친절하다느니 하는 따위의 이유를 생각해 낼 경우와 같이. 이 예화는 적어도 두 가지 사항을 암시하는 것으로 보인다. ① 어떤 지지 이유는 본래 가치판단이 발언되던 순간에는 그 서술적 의미 속에 포함되지 않았을 수가 있다. ② 지지 이유가, 엄밀하게는, 대상의 좋음 또는 나쁨을 밝히는 이유가 아니라, 발언자가 그 대상을 좋아하고 또는 싫어하는 심리의 이유일 경우도 있다.

(2) 발언자가 지지 이유로서 제시한 것을 상대편에서 부적당하다고 물리치는 수가 있다. 때로는 발언자 자신이 자기가 제시한 이유가 타당치 못함을 후일에 진정하는 경우조차 있다. 이러한 사실은 성

질이나 관계들 가운데는 가치언어의 서술적 의미의 구성요소로서 적절하다고 인정되는 것도 있고, 그렇지 못하다고 물리침을 받는 것도 있음을 암시하는 것으로 해석된다.

이상의 고찰에 입각하여, 우리는 어떤 성질이나 관계가 지지 이유로서 제시되었다는 단순한 그 사실만으로 제시된 성질이나 관계가 주어진 가치판단의 서술적 의미의 구성요소로서의 자격을 얻는 것이 아니라고 결론할 수 있을 것이다. 그러면 어떠한 종류의 성질 또는 관계들이 '좋음' 또는 그 밖의 평가적 술어의 서술적 의미를 구성하는 요소로서 자격이 있는 것일까? 이 기본적이요 이론(異論)이 많을 문제는 우리를 Stevenson의 이른바 '제 2 형의 분석'에로 이끌어 간다.

'좋음'의 서술적 의미의 구성요소로서 적격인 성질 내지 관계들을 X · Y · Z…로 표시한다면, 우리는 '좋음'의 의미를 다음과 같은 일반적 형식으로 나타낼 수 있을 것이다.

> "이것은 좋다"에는 "이것은 X · Y · Z…의 성질 내지 관계들을 가졌다"는 의미가 있으며, 그 밖에 발언자의 찬양의 정서를 나타내고 듣는이로 하여금 같은 정서를 느끼게 하는 찬미의 정의적 의미가 있다.[21]

그러면 위의 형식의 X · Y · Z… 자리에 어떠한 내용의 말들을 대치할 수 있을까? 물론 아무 말이나 대신 집어넣을 수는 없다. 언어의 관례가 그것을 용납하지 않는다. 따라서 Stevenson의 '제 2 형을 위한 도식'이 좀더 완전하게 되려면 X · Y · Z…에 관한 제한적 설명이 보태져야 할 것이다. 그러나 Stevenson은 여기서 '좋음'의 서술적 의미의 융통이 가능한 한계선을 확정하고자 꾀하지 않는다. 이 자리에서의 그의 주요 목표는 '좋음'에게 허용될 수 있는 여러 가지 정의를 망라하는 일이 아니라 같은 말에도 여러 가지 정의를 다 같이 허용하는 **언어의** **성질**을 밝히는 일이다. "제 2 형의 중요성은 새로운 윤

21) C. L. Stevenson, *Ethics and Language*, p. 207.

리적 내용을 밝힘에 있는 것이 아니라 오히려 언어의 새로운 복잡성을 밝힘에 있다"고 Stevenson은 언명한다.[22]

'좋음'의 뜻을 살피기 위하여 사전을 찾아보면, 거기 각각 다른 서술적 의미를 가진 여러 가지 정의가 발견된다. 그러나 우리가 순수한 분석가의 견지에 서는 한, 그 가운데 어느 하나만을 '참된' 정의라 하고, 다른 것들은 거짓되다고 물리칠 이유는 발견하지 못한다. 언어의 관례에 어긋나지 않는 한에 있어서 모든 정의는 다 같이 용인되어야 할 것이다. 이것은 '도덕적 선'이라는 개념에 관해서도 마찬가지다. 이를 어떤 사람은 '최대다수의 최대행복'이라 정의했고, 어떤 사람은, '자아의 실현'이라 말했으며, 또 다른 사람들은 다른 여러 가지로 정의하였다. 순전한 분석적 내지 언어학적 관점에서 본다면 이 모든 정의는 어느 것이나 허용될 수 있을 것이다. 그러나 모럴리스트(moralist)들은 사실상 그것들을 모두 타당한 정의라고는 인정하지 않는다. 그들은 대개 어떤 하나를 택하여 그것만이 옳은 정의라고 고집한다.

오직 자기의 정의만이 '참되다'고 고집하는 모럴리스트의 주장의 본질은 무엇일까? 그는 단순히 어떤 사실을 전달하고 있는 것일까? 물론 아니다. 모럴리스트는 어떤 인생의 길을 설득하고 있는 것이다. "어떤 정의를 선택함은, 그 정의된 말이 크게 정의적(情意的)인 이상, 하나의 길을 변호함이다"라고 Stevenson은 말하고 있다.[23] 다시 말하면, 어떤 사상가가 Stevenson의 제 2 형을 위한 도식 가운데의 X·Y·Z…의 자리를 메꿀 수 있는 것은 오직 한 가지의 일정한 말들뿐이라고 주장할 때, 그는 하나의 길을 제시하여 듣는이를 설득하고(persuade) 있는 것이다.

설득의 뜻을 품은 정의를 Stevenson은, '설득 정의'(persuasive

22) *Ibid.*, p. 210.
23) *Ibid.*, p. 210.

definition)라고 부른다. 설득 정의의 개념은 Stevenson의 윤리학에 있어서 기본적인 것의 하나이므로, 이에 대한 좀더 상세한 설명이 바람직하다.

'설득 정의'에 대한 Stevenson의 정의는 다음과 같다.

> '설득적인 정의'란 친숙한 낱말에 대하여, 그 정의적 의미(情意的 意味)에는 근본적인 변경을 가함이 없이, 새로운 개념적 의미를 가하는 동시에, 그로써 사람들의 관심의 방향을 돌릴 것을 의식적 또는 무의식적 목적으로 삼는 정의를 말한다.[24]

설득 정의의 예는 철학적인 논쟁에 있어서뿐만 아니라 일상생활에서도 흔히 볼 수 있다. 다방의 한가한 손님들이 '참된 민주주의'를 논할 때, 또는 우물가의 아낙네들이 '진짜 신사'란 이러이러한 것이라고 단언할 때, 그들은 대개 설득 정의에 종사하고 있음을 본다. 그밖에도 사실상 여러 가지로 쓰이는 말의 '참된 뜻'으로서 오직 하나의 정의가 옹호의 대상이 될 때는 언제나 설득 정의가 오고 간다.

학자들이 '선' · '정의' 따위의 윤리적 술어의 참된 정의를 내리겠다고 장담할 때, 그들은 부지불식간에 어떤 인생의 길을 설득하고 있는 것이다. 세상의 수많은 학자들이 남들의 정의 속에 포함된 이 설득적 성질을 어렴풋이 깨닫고, 그것을 힘껏 물리쳤다. 그리고 어떠한 주관의 요소도 섞이지 않은 최종적인 정의를 자기의 손으로 이룩하고자, 스스로 새로운 정의 하나를 내세웠다. 그러나 이렇게 하여 새로이 제창된 '최종적' 정의들도 실은 모두 예외가 아니었다. 다시 말하면, 그들은 각각 하나의 설득적 정의를 추가한 데 불과하였다.[25]

정의가 설득적임 그 자체에 잘못이 있다는 것이 아니다. Stevenson이 강조하는 것은 설득(persuasion)과 분석(analysis)을 혼동해서

24) C. L. Stevenson, "Persvasive Definition," *Mind,* Vol. XLVII, 1938, p. 331.
25) 이와 같은 예의 하나로서 우리는 앞에서 Perry의 정의를 보았다.

는 안 된다는 점이다. 그는 분석가의 소관사인 메타윤리학과 도덕가의 소관사인 규범윤리학을 구별해야 한다고 거듭 역설한다. 윤리학에 있어서의 이 두 방면을 성공적으로 결합시킬 가능성이 없다는 것은 아니다. 그는 도리어 분석과 평가는 궁극에 가서 한데 뭉쳐져야 한다고 언명한다.[26] 그러나 그는 언어에 대한 날카로운 감각 및 논리에 대한 치밀한 판단을 생명으로 삼는 분석과 하나의 생명체로서의 인격이 지혜와 의지, 그리고 정서를 총동원하여 내리는 결론으로서의 평가를 확연히 구별함이 없이 윤리학의 두 가지 분야를 함부로 결합시키기를 서두른다면, 곤란한 혼돈을 면치 못할 것이라고 한결같이 경고하기를 잊지 않는다.

이제까지 우리는 윤리적 언어에 대한 Stevenson의 분석을 고찰하였다. (비록 우리는 '좋음'의 개념을 대표로 삼고 고찰해 왔으나, 같은 고찰이 그 밖의 윤리적 개념들에 대하여도 적용될 수 있음에는 의심의 여지가 없다.) 그러나 Stevenson의 분석이 상당히 우회적이었던 까닭에, 그의 뒤를 좇은 저자의 해설도 자연히 같은 약점을 면치 못했다. 이제 Stevenson의 방법론적 고찰에로 넘어가기에 앞서, 그의 지금까지의 요점을 간추려 보기로 하자. 그의 요점은 다음과 같이 요약될 것이다.

(1) '의미'라는 말을 심리학적인 뜻으로 쓸 때, 윤리적 평가의 언어에는 서술적 의미와 정의적 의미가 아울러 있다.

(2) 윤리적 발언의 서술적 의미에는 반드시 발언자의 마음가짐에 관한 정보가——일반적으로 "나는 …을 찬양한다", 또는 "나는 …을 못마땅하게 여긴다"는 형식으로 표현할 수 있는 정보가——포함되어 있다. 윤리적 발언의 정의적 의미는 어느 정도 명령문의 기능과 비슷하다. 이상에 말한 두 가지 특색에 주목하여, Stevenson의 윤리적 발언의 의미의 근사치로서 그의 이른바 기초적 모형을 안출하였다.

26) C. L. Stevenson, *Ethics and Language*, p. 222.

(3) 그러나 "나는 …을 찬양한다(또는 비난한다), 너도 그렇게 하라"는 식으로 표현되는 기초적 모형은, 정의의 대리로서 제 구실을 하기에는 너무나 엉성하다. 따라서 좀더 가까운 근사치를 얻기 위해서는 약간 보충적인 분석이 첨가되어야 한다. 이 보충적인 분석은 두 갈래의 길을 따라 이루어지지 않으면 아니된다. 첫째 길은 윤리적 언어의 정의적 의미의 특색을 보다 정확히 밝히는 일이요, 둘째 길은 그 서술적 의미를 보다 넓은 각도에서 고찰하는 일이다.

(4) 윤리적 발언의 서술적 의미 가운데는, 발언자의 마음가짐에 관한 정보 이외에도, 몇 가지 성질 내지 관계에 대한 가리킴이 포함되어 있는 것이 보통이다. 그러나 그 성질 내지 관계가 무엇인가를 이론의 여지 없이 밝힐 수는 없다. 언어의 융통성 내지 애매성으로 말미암아, 같은 개념도 여러 가지로 정의될 수 있기 때문이다. 물론 주어진 개념을 아무렇게나 제멋대로 정의할 수 있는 것은 아니다. 언어의 융통성이 허락하는 일정한 범위 안에서만, 윤리적 언어의 의미는 다양할 수가 있다. 만약 어떤 사상가가 오직 자기의 정의 하나만이 **참된 정의**라고 고집한다면, 그는 설득 정의를 내리고 있는 것이다. 그리고 **설득 정의**를 내리는 순간, 그는 순수한 **분석가**의 위치를 떠나서 **도덕가**로서의 자세를 취하는 것이다.

Ⅵ. 方法論 : 第一型

윤리적 발언의 타당성을 밝히는 문제에 관한 Stevenson의 고찰은 응당 윤리적 언어의 의미에 관한 그의 분석을 토대로 삼는다. 따라서 그의 방법론에 속하는 이 고찰도 두 가지 부분으로—'제 1 형'과 '제 2 형'의 그것으로—나누어진다. 그의 제 1 형으로부터 살피기로 하자.

Stevenson의 방법론적 결론의 거의 전체를 떠받드는 근본적인 바탕은 태도의 대립을 해소하는 방법과 소견의 대립을 해소하는 방법과는 본질적으로 다르다는 통찰이다. 이미 말한 바 있듯이, 태도의 대립을 사실의 관찰 또는 기왕에 확립된 원리에 비추어 **논리적으로** 해결할 도리는 없다. 태도의 대립이 있는 사람들의 사실에 관한 소견을 고쳐 줌으로써, 그들 사이의 태도의 대립을 사실상 해소시킬 수 있는 경우가 없는 것은 아니다. 그러나 이러한 사태는 태도의 대립이 논쟁자들의 소견의 대립에서 유래했을 경우에만 일어날 수 있다. 그리고 어떤 태도와 어떤 소견과의 관계는 논리적인 그것이 아니라 오직 심리적인 그것인 까닭에, 맞서 있는 사람들의 소견을 고쳐 줌으로써 태도를 고치게 하는 방법은 그 결과의 성공이 보증되어 있지 않다. 결국 태도의 대립을 해결하는 길과 소견의 대립을 해결하는 길은 각각 차원을 달리하고 평행한다는 것이다.

윤리적 발언은 비단 어떤 소견뿐만 아니라 발언자의 태도의 표명도 아울러 포함하는 것이었다. 따라서 윤리 문제에 관한 의견의 대립에는 항상 태도의 대립이 동반한다. 그러므로 자연과학의 분야에 있어서 학설 대립의 유력한 해결책으로 알려진 같은 방법이 윤리적 논쟁을 해결함에 있어서도 항상 성공적일 수는 없다. 이 점을 우리는 Stevenson의 '기초적 모형'에 비추어 알기 쉽게 설명할 수 있을 것이다.

예컨대, Stevenson에 따르면, "이것은 좋다"의 뜻은 대체로 "나는 이것을 찬양한다, 너도 그렇게 하여라"에 가깝다. 이 해설적인 명제의 서술적 부분, 즉 "나는 이것을 찬양한다"는, 범상한 심리학적 명제이므로 그 진위는 일반적 과학의 방법으로 가릴 수가 있다. 그러나 그 명령문적 부분, 즉 "너도 그렇게 하여라"는, 명령문이 일반적으로 그렇듯이 엄밀하게는 이를 입증하지도 반증하지도 못한다. 뿐만 아니라 그 서술적 부분은 그 의미가 문제된 저 윤리적 발언의 서술적 의미 가운데서 오직 그 조그마한 일부를 나타내는 것에 지나지 않는다. 그러므로 결국 윤리적 발언을 엄밀하게 입증한다는 것은 본래 불가능하다는 결론이 생긴다고도 볼 수 있음직하다.

그러나 Stevenson은 "윤리학에 있어서의 증명의 대리 구실을 할 무엇"이 있을 법한 일이라고 주장한다.[27] 사실 명령문에 있어서나 윤리적 언명에 있어서도 어떤 반박에 봉착했을 경우에는, (비록 '증명'은 못 될지라도) 자기의 주장을 옹호(support)하기 위한 어떤 이유나 논의를 제시하는 것이 보통이다. 그리고 Stevenson의 방법론의 목적은, 도덕적 판단을 떠받들 수 있는 일반적 방법의 특색을 밝힘에 있다. 여기서 주목되는 것은 Stevenson의 기본적인 목표가, 도덕판단을 정당화하기 위하여 제시되는 방법을 평가함에보다도, 그것을 서술함에 있다는 사실이다. Stevenson도 윤리학의 방법을 평가하는 규범적 문제의 중요성을 부인하는 것은 아니다. 그러나 이 규범적인 문제는 일단 괄호 안에 넣어 두자고 제언한다.[28]

윤리문제에 관한 견해의 대립이 나와 남 사이에 일어났을 경우에 이것을 해결하기 위하여 제시하는 정당화의 논변(supporting arguments)을 Stevenson은 네 부류로 나눈다.[29]

I. 첫째 부류의 논변은 소견의 대립을 해결할 때에 사용되는 그것과 매우 비슷하다. 이 부류만은 "윤리적 판단을 옹호 내지 공격하기 위하여 제시되는 이유들의 그 판단에 대한 관계는 논리적이 아니라 심리적이다"[30]라는 Stevenson의 원칙에 대하여 예외적이다. 예컨대:

A : 가난한 사람들에게 돈을 주는 것은 좋은 일이요.
B : 그러나 당신은 일전에 게으름이 가장 큰 악덕이라고 말하지 않았소? 그저 가난하다는 이유로 돈을 주는 것 이상으로 사람의 게으

27) *Ibid.*, p. 11.
28) C. L. Stevenson, "Brandt's Questions about Emotive Ethics," *The Philosophical Review*, Vol. LIX, 1950, pp. 528~529 참조.
29) *Ethics and Language*, pp. 115~129.
30) *Ibid.*, p. 115.

름을 조장하기 쉬운 것이 또 어디 있겠소?

이 논변은 매우 논리적이다. 그러나 이 논변은 게으름은 최대의 악덕이라는 가치판단을 전제로 하는 동안에만 견해의 대립을 해소시키는 결정적인 힘을 가질 수 있다.

Ⅱ. 둘째 부류의 논변은 문제된 대상의 성질 또는 그것이 일으킬 결과를 지적함으로써 상대편의 태도와 그의 윤리적 판단을 고치고자 하는 성질의 것이다. 예컨대:

A : 약속을 어기는 것은 나쁜 짓이오.
B : 그렇지만 어째서?
A : 만약 모든 사람들이 약속을 어긴다면, 이 세상에 남을 믿을 사람은 없을 것이며, 따라서 사회적 협조라는 것은 바랄 수 없게 될 것이기 때문에.

이 논변은 사회적 협조가 절대로 필요하다고 믿는 사람들에 대해서만 결정적인 설득력을 가질 수 있다.

Ⅲ. 셋째 부류에 속하는 논변은 대체로 둘째의 그것과 성질이 같으나 문제된 대상의 성질 또는 그것이 일으킬 결과에 대한 설명이 간접적이라는 점에 있어서 약간 다르다. Stevenson 자신이 들은 예를 하나 소개한다면:

A : 교육은 매우 소중한 것이오.
B : 일부 사람들에게만 그렇겠지.
A : 그러나 당신의 생각은 일치된 여론과는 정반대라는 사실을 생각해 보시오.

상대편의 태도를 고치도록 하기 위하여 제시되는 '간접적 이유'에도 여러 가지 종류가 있다. 문제된 도덕적 견해에 대한 발생학적 설명, 권위 내지 여론에 호소함, 판단의 대상이 되고 있는 행위의 동기를 지적함 등등. 어떠한 종류의 것을 들고 나서든 간에 지지하는 이유(supporting reasons)와 지지받는 판단(supported judgments) 사이의 관계는 논리적이기보다는 심리적이다. 따라서 주어진 지지 이유가 받아들여지느냐 아니냐 하는 문제는 어디까지나 경험적 사실의 문제요, 순수한 논리의 문제가 아니다.

Ⅳ. 넷째 부류에 있어서는 논쟁자의 한 사람이 논쟁의 초점을 바꿈으로써 상대편의 논봉을 잠시 피하려 하는 경우이다. 예컨대:

A : 자네가 어제 거짓말한 것은 아주 잘못일세.
B : 자네가 날 보고 그런 소리 할 자격이 있나. 자네 자신도 며칠 전에 거짓말을 하고서 나에게 그런 소리를 하나.

이제까지 우리는 나와 남의 윤리적 견해가 대립했을 경우를 생각해 왔다. 그러나 나 자신 안에서 윤리적 갈등이 생겼을 경우에도 사정은 근본에 있어서 비슷하다. 어떤 윤리적인 문제에 당면하여 내 마음이 두 갈래로 나누어질 때, 그러나 하나의 타당한 길을 택해야 한다고 느낄 때, 나는 두 갈래의 길을 각각 지지 내지 배척할 여러 가지 이유를 생각해 본다. 그리하여 어느 하나의 길을 택함이 옳다는 것을 스스로에게 설득하기에 충분한 힘을 가진 어떤 이유가 생각났을 때, 갈등은 해결을 본다. 이 경우에 있어서도 태도의 결정과 지지하는 이유 사이의 관계는 논리적이 아니라 심리적이기는 일반이다.

대내적 갈등(personal disputes)의 경우는 그러나 한 가지 점에 있어서 대외적 논쟁(interpersonal disputes)의 경우와 다르다고 Stevenson은 지적한다. 즉 대내적 갈등의 경우에 있어서는 지성적 추리의 힘이 훨씬 더 강하게 작용한다는 것이다. 이 '개인적 결의'에 관련하여 Stevenson은 자기의 이모우티비즘 속에 지성적 요소, 즉 인지적 일면이 있다는 것을 특히 강조한다.[31)]

31) C. L. Stevenson, "The Emotive Conception of Ethics and its Cognitive Implica-

그러나 윤리학적 방법(ethical methods)에 포함된 지성적 내지 인지적 요소를 비록 충분히 인정한다 하더라도, 윤리학에 있어서 합리적 방법이 발휘할 수 있는 결정적 판결력에 심각한 제한이 있다는 사실을 Stevenson은 부인하지 않는다. 거듭 말한 바와 같이, 윤리적 판단과 그것을 옹호하는 이유 사이의 관계는 논리적인 필연의 그것이 아니라 심리적인 사실의 그것이다. 그러므로 윤리적 문제에 있어서 이를 반드시 해결해 줄 논리적 필연성을 가진 합리적 방법이 마련될 수 없음은 명백한 사실이다. 왜냐하면 주어진 윤리적 판단을 옹호하고 지지하기 위하여 아무리 많은 이유가 제시되고 그 이유들이 아무리 완전하게 증명되었다 하더라도, "제시된 이유를 증명하는 일과 주어진 윤리적 판단을 증명하기 위하여 그 이유를 적용하는 일과는 근본이 다른 문제인 이상,"[32] 경우에 따라서는 납득이 가지 않는 사람들이 있을 것이기 때문이다.

그러나 논리적 필연성을 가지고 윤리 문제를 해결해 줄 수 있는 방법이 마련될 수 없다 함은, **어떠한 사정 아래서도** 윤리학의 방법이 결정적 판결력을 가질 수 없다는 것을 의미하지는 않는다. 만약에 하나의 전제만 참으로서 판명된다면, 합리적 방법으로 언제나 윤리적인 합의에 도달할 수 있는 길이 열릴 것이라고 Stevenson은 주장한다. 그 전제란 "모든 태도의 대립은 소견의 대립에 유래한다"는 그것이다.[33] 그러나 이 전제에는 물론 의심의 여지가 있다. 윤리적인 견해의 대립이 어떤 것은 불가피한 생존경쟁에 뿌리를 두었으며 다른 어떤 것은 기질의 차이에 유래한다는 사실을 상기할 때, 저 전제를 주저 없이 받아들이기는 힘든다. 그러나 한편, 비록 저 전제가 많은 의심의 여지를 갖추었다 하더라도, 그것이 참될 수 있는 가능성이 전혀 막힌 것도 아니다. 그러므로 윤리 문제에 대한 합리적 방법의 결정적

tion," *The Philosophical Review*, Vol. LIX, 1950, p. 296.

32) *Ethics and Language*, pp. 135～136.

33) *Ibid.*, p. 136.

판결력에 관한 Stevenson의 결론은 필연적으로 가언적(hypothetical)이다. 즉 "만약에 윤리적 논쟁이 소견의 대립에 근거를 두었다면, 그 소견의 대립이 해소될 수 있는 한, 그것은 추리와 탐구에 의하여 해결될 수 있으리라"는 것이다.[34]

윤리학에 있어서의 합리적 방법에는 결정적 판결력이 없다. 그러나 논객들은 저 합리적 방법이 그 한계에 도달했을 경우에도, 상대편으로 하여금 자기의 견해를 따르게 하고자 하는 의욕을 잃지 않는다. 다시 말하면 합리적 방법 이외에도 논객(論客)들이 의존하는 방법이 있다. Stevenson의 이른바 '윤리학에 있어서의 비합리적 방법'(nonrational methods)이 그것이다.[35]

비합리적 방법 가운데서 가장 중요한 것은 '설득'(persuasion)이다. 설득을 꾀하는 논객은 상대편의 소견(belief)을 변경함으로써가 아니라 '언어가 감정에 미치는 직접적인 영향력'을 통하여 그의 태도(attitude)를 고치고자 꾀한다. 물론 설득의 방법은 합리적 방법과 떨어져서만 적용되는 것은 아니다. 흔한 경우에 있어서 합리적 방법과 비합리적 방법이 밀접한 연결 아래 적용된다. 그리고 설득은 타인에 대해서뿐만 아니라 자기자신에 대해서도 적용된다.

Ⅶ. 方法論 : 第二型

윤리적 언어의 의미에 관한 제 2 형의 분석에 입각한 방법론적 고찰에 있어서 Stevenson이 발견한 것도 대체로는 제 1 형의 고찰에서 발견한 바와 크게 다를 것이 없다. 제 2 형의 논변에서 사용되는 방법도 근본에 있어서는 제 1 형에서 사용되는 그것과 같은 것이다. 다만 주목할 한 가지 다른 점이 있으니 그것은 제 1 형에 있어서는 직

34) *Ibid.*, p. 138.
35) *Ibid.*, p. 139.

접 윤리적 판단 자체를 정당화하기 위하여 논변이 베풀어졌으나, 제 2 형에 있어서는 설득적인 정의를 정당화하기 위하여 논변이 베풀어진다는 사실이다. 이 점을 좀더 상세히 살펴보기로 하자.

A와 B 두 사람이 O라는 대상의 좋고 나쁨에 대하여 의견이 대립한다고 가정하자. 그리고 O가 좋다는 이유로서 A는 "O에는 X 및 Y라는 성질이 있다"고 주장하며, B는 O가 나쁘다고 반박하는 이유로서 "O에게는 Z라는 성질이 결여하다"고 지적한다고 가정하자. 그러면 A와 B 사이의 논쟁은 다음 네 가지 형태 가운데서 하나의 모습으로 나타나게 될 것이다.

(1) A가 O에게 Z라는 성질이 들어 있음을 밝힘으로써 B의 주장을 깨거나, 또는 B가 O에게 X · Y 가운데 적어도 한 가지 성질이 결여하다는 사실을 밝힘으로써 A의 주장을 물리친다. 이 경우에 있어서 A와 B가 사용한 논변의 방법은 순전히 논리적이다. 그러나 이로써 그들이 도달한 견해의 일치는 오직 외면적인 그것이다. 왜냐하면 비록 A와 B는 O가 '좋다'(또는 '나쁘다')는 견해의 일치를 보기는 하였으나, 그들이 사용한 '좋다'(또는 '나쁘다')는 말의 뜻은, 적어도 그 서술적 의미에 있어서는 서로 다르기 때문이다.

(2) A는 O에게 Z라는 성질이 들어 있음을 밝힘으로써 B의 주장을 뒤집고, 그리고 또 B는 O에게 X · Y 가운데 적어도 한 가지 성질이 결여한다는 사실을 지적함으로써 A의 주장을 물리친다. 이 경우에 있어서는, A와 B의 O에 대한 본래의 가치판단은 각각 뒤집어지면서, 두 사람의 견해의 대립은 여전히 남는다. 그래도 견해의 일치에 도달하고자 한다면, A와 B는 상대편이 굽힐 때까지 사리를 밝히고 설득을 계속하여 자기의 정의를 정당화해야 할 것이다.

(3) A와 B는 O가 X와 Y는 가졌으나 Z라는 성질은 갖지 않았다는 판단에는 완전히 의견이 일치하면서도, O의 좋고 나쁨에 관해서는 여전히 견해가 대립할 수 있다. 이 때 A와 B는 각각 자기의 설

득적 정의를 옹호함으로써 상대편의 재고를 촉구할 것이다. 그런데 설득적 정의를 옹호하기 위하여 사용되는 방법은 반드시 비합리적인 그것이라야 한다는 법은 없다. 합리적 방법도 쓰일 수가 있다. 예컨대 A는 B가 좋음(good)의 본질적 요소로 믿고 있는 Z에 관하여, B가 이제까지 몰랐던 사실을 밝힘으로써(가령 Z는 B가 극히 나쁜 것으로 믿는 R의 기본적 원인이라는 사실을 밝힘으로써), B로 하여금 생각을 달리하게 할 수 있을 것이다.

(4) A와 B가 각자의 정의를 옹호하기에 도움이 될 만한 모든 '이유'를 제시한 뒤에도, A와 B는 여전히 자기의 정의에 고집함으로써, O의 가치에 대하여 상반된 견해를 지속할 경우가 있다. 이 때 논객들은 비합리적 방법에 전적으로 의존하게 되며, 그들의 정의의 설득적인 성질이 뚜렷이 표면화하게 될 것이다.

위의 설명으로써 알 수 있듯이, 제 1 형의 논변에서 사용된 합리적 방법은 제 2 형의 경우에도 사용된다. 그러나 설득적 정의와 그것을 지지하는 이유와의 관계는 논리적이 아니라 심리적인 까닭에, 평가에 사용된 언어에 대한 논객들의 정의가 같지 않은 한, 합리적 방법에 결정적 판결력은 없다. 그래서 Stevenson은 여기서도 "윤리적 견해의 대립이 소견의 대립에 근거했을 경우에, 그리고 그 경우에만 합리적 방법으로써 윤리적 대립을 해결할 수 있다"는 같은 결론에 도달한다.[36)]

Ⅷ. 方法의 正當性의 問題

이제까지 우리는 실제로 사용되고 있는 방법들에 대한 Stevenson의 분석적인 서술(description)을 살펴보았다. 방법에 관한 사실적 서술만으로는 방법론적 탐구로서 부족하지 않으냐는 반문이 여기 에

36) *Ibid.*, p. 237.

상된다. 방법론에 있어서 핵심이 되는 것은, 정당한 방법의 발견, 다시 말하면 방법의 정당성 여부를 판가름할 기준의 확립이라는 견해도 나옴직한 일이다. 따라서 다음에는 Stevenson이 스스로 서술한 윤리학적 방법들의 '정당성'에 관하여는 무엇을 주장하는가 살펴봄이 마땅할 것이다.

이미 지적한 바와 같이 Stevenson의 방법론의 중심은 평가(evaluation)에 있는 것이 아니라 서술(description)에 있었다. 그러므로 Stevenson은 정당한 방법을 위한 어떤 기준을 제시하려고 시도하지 않는다. '방법의 정당성'에 관한 그의 기본적인 문제는, "어떠한 종류의 방법이 정당성을 갖느냐"가 아니라, 오히려 "우리는 윤리적 내지 평가적 발언을 정당화하기 위하여 사용되는 방법에 관하여 정당성 또는 부당성을 문제삼을 수 있느냐"는 그것이다.

윤리적 논변이 ① 형식논리학에 호소할 경우 및 ② 도덕판단을 밑받침하기 위하여 제시된 경험적 이유(empirical reasons)의 진위를 따지는 사실적 탐구(factual study)에 종사할 경우에 있어서라면, 우리는 당연히 그 논변의 정당성을 문제삼을 수 있을 것이다. 그러나 이 경우에 있어서는, 그 논변은 비록 윤리 문제를 주제로 삼는 것이기는 하나, 그 방법이 특히 윤리학에 있어서 고유한 그것은 아니다. Stevenson의 견지에서 볼 때, "특히 윤리학에 있어서 고유한 방법"으로서 비합리적 방법 즉 설득적 방법을 생각할 수 있을 것이다. 그러나 "'정당한' 설득이니 '부당한' 설득이니 말하는 것은" 우리가 '정당한' 또는 '부당한'이라는 말을 비유적인 의미로 쓰지 않는 한, "인식론적으로는 무의미하다."[37]

그러고 보면 윤리학적 논변 가운데서 그 정당성을 제대로 문제삼을 수 있는 것은 오직 한 가지 방면뿐이다. 그 한 가지 방면이란 다름 아닌 저 사실적인 전제로부터 평가적인 결론을 이끌어 내는 특

37) *Ibid.*, p. 152.

수한 과정을 말한다. 예컨대 "상호원조는 사회의 복지를 조장하는 까닭에 좋은 일이다"라고 말할 때, 이 추리는 분명한 이유를 매개로 삼고 있는 까닭에 단순한 설득은 아니다. 그러나 한편 그것은 정상적인 귀납추리도 아니요 연역추리도 아니다. 이에 Stevenson의 관심은, "사실적 이유 R로부터 평가적 결론 E를 이끌어 내는 추리의 과정에 대하여 정당성 여부를 따질 수 있느냐"는 문제에로 집중한다.

'정당성'(validity)이라는 말도 역시 다의적인 개념이므로, 이 말을 넓은 뜻으로 해석하여, R로부터 E를 이끌어 내는 추리의 과정에 '정당하다'는 평가어를 붙이지 못할 것도 없으리라고 Stevenson은 전제한다. 그러나 '정당하다'는 말을 그런 넓은 뜻으로 쓰는 것은 "실제적이 못되며" 또 "현명하지 못한" 일이라고 그는 부정적인 결론으로 기울어진다. 요컨대 사실적 전제로부터 평가적 결론에로 옮겨가는 추리의 방법에 '정당성'이라는 개념을 적용하는 것은 명석함을 생명으로 삼는 철학의 견지로서는 삼가야 할 일이라는 것이 Stevenson의 소신이다.

그러나 Stevenson이 경고하는 바에 의하면, 논리학적 내지 과학적 방법과 구별되는 '윤리학적 방법'(ethical methods)에 관하여 정당성 여부를 문제삼을 수 없다 함은, 시도할 수 있는 몇 가지 윤리학적 방법 가운데서 하나를 택해야 할 경우에, 선택을 위한 이유가 될 만한 것이 전혀 없다는 뜻은 아니다. 비록 정당성을 기준으로 삼고, '옳은 방법'을 취할 도리는 없다 할지라도, 모럴리스트들에게는 아무렇게나 닥치는 대로 하나의 방법을 택하는 대신, 선택을 위하여 고려할 조건들이 있다. 예컨대 내가 '선'의 개념에 대한 나의 정의를 나와는 견해를 달리하는 친구로 하여금 받아들이도록 하기를 원한다고 가정하자. 나는 사리를 따져 그의 이성에 호소할 것인가, 혹은 설득의 수법으로 그의 정서에 호소할 것인가? 나는 어느 편이 '정당한가'를 고려함으로써 문제를 해결하지는 못한다. 엄밀하게 말해서 '정당한 방법'이 따로 없기 때문이다. 그러나 나에게는 선택을 위하여 고려할 다른 사정들이 있다. 예컨대 시급한 합의가 요청될 경우에는 나는 설득의 웅변에 호소하는 것이 좋을 것이다. 반대로 이 기회를 이용하여 내 친구에게 냉철하게 사고하는 습관을 길러 주는 것이 가장 요긴하리라고 판단될 경우에는, 합리적 방법으로 사리를 따지는 길을 택하는 편이 보다 바람직할 것이다.[38]

Stevenson이 윤리학적 방법에 있어서 엄밀한 의미로 '정당한' 것과 '부당한' 것의 구별은 비록 인정하지 않았으나, 그러나 방법의 선택이 그저 아무렇게나 이루어지는 것이 아니라 어떤 근거에 의존해서 이루어진다고 주장하였다. 하지만 이것은 윤리문제에 있어서도 마땅히 선택해야 할 참된 방법이 따로 있다는 주장에로 되돌아온 것은 아니다. Stevenson은 그러한 절대적 권위를 지닌 방법의 존재를 끝까지 부인한다. "어떠한 방법이 우리가 마땅히 택해야 할 참된 방법이냐?"는 문제를 둘러싼 모든 논쟁은 반드시 태도의 대립을 포함할 것이다. 따라서 윤리학에 있어서 어떠한 방법을 택해야 옳으냐는 문제는, 그 자체 규범윤리학의 문제이다. 그러므로 우리는 자기가 선택한 방법을 옹호하기 위하여, 일반적으로 윤리학적 논변에 있어서 사용될 수 있는 모든 방법을 동원할 것이다. 그러나 여기에 있어서도, 이러한 방법들이 '참된 방법'에 관한 논쟁에 대하여 언제나 결정적 판결력을 가지리라고 기대할 수는 없다. 왜냐하면 여기서도 논변은 사실적 전제에서 평가적 결론에로 넘어가는 추리 및 합리성의 범위를 넘어서는 설득의 방법을 포함할 것이며, 이러한 방법들에 대해서 정당성의 문제를 제대로 제기할 수는 없기 때문이다. "어떤 윤리학적 방법을 평가하거나 권장하는 것은 …도덕가가 취할 자세에 관하여 설득하는 것이다"라고 Stevenson은 말하고 있다.[39]

---

38) *Ibid.*, p. 157.
39) *Ibid.*, p. 158.

Ⅸ. 批判的 考察〔Ⅰ〕

우리는 현대윤리학의 가장 기본적인 두 가지 문제에——윤리적 언어의 의미와 윤리적 논변의 방법에 관한 문제에——대한 Stevenson의 견해를 대략 살펴보았다. 이제 우리는 그의 견해의 중요한 개념들을 비판적인 시각에서 음미할 단계에 이른 것으로 보인다.

윤리적 언어의 정의에 관한 말썽 많은 문제에 대한 Stevenson의 분석이 남긴 공적의 하나는, 서로 대립하는 여러 학설 가운데 담겨 있는 부분적 진리들을 모두 공평하게 인정하여 이들을 자기의 견해 속에 살렸다는 사실일 것이다. 윤리적 언어의 정의에 관하여 가장 유력한 세 가지 학설, 즉 Perry가 대표하는 심리학적 가치설의 견해, Carnap과 같은 이모우티비스트의 견해, 그리고 Moore의 그것처럼 '윤리적 언어의 정의 불가능'을 주장하는 직각론자들의 견해는 비록 서로 대립하는 견지를 취하고 있으나, 모두 윤리적 언어의 의미가 가진 몇 가지 중요한 측면을 각각 밝혀 준 공적을 남겼다. 그리고 이 세 가지 서로 다른 견해들의 장점은 Stevenson의 완화된 이모우티비즘 가운데 고루 반영되고 있다. 윤리적 언어의 정의에 관한 Stevenson의 분석이 완전히 만족스럽다고 보기는 힘들 것이다. 그러나 그의 조심성 있는 탐구의 덕분으로 여러 학자들이 흔히 간과했던 몇 가지 중요한 측면이 어느 정도 밝혀졌다는 사실은 인정해야 한다고 생각된다.

Stevenson의 공적의 가장 중요한 하나는, 그가 윤리적 발언에 서술적 의미와 정의적 의미가 아울러 들어 있음을 인정했다는 사실이다. 우리는 앞서 '가치'에 대한 Perry의 정의가, 비록 심리학적 사실에 관해서는 의견이 완전히 일치한 뒤에도 윤리 문제에 관한 대립은 여전히 남을 수가 있다는 사실을 설명하지 못한다는 점을 지적하였다. 그리고 이것은 Perry의 학설에만 속하는 난점이 아니라, 가치판단을 사실판단으로 옮겨 놓을 수 있다고 주장하는 모든 학설이 공통으로 부딪치는 난점이다. 이 약점으로 말미암아, 이른바 자연주의 윤리학자들은 Moore로부터 '자연론적 오류'를 범했다는 비난을 받았다. 그러나 자연주의적 정의가 약점을 가졌다는 사실은 반드시 Moore의 실재론적 견해가 옳다는 증거로서 충분한 것은 아니다. 자연론자들의 난점은, '논리의 오류'로서 설명하느니보다는, 윤리적 발언의 정의적(情意的) 내지 규범적 의미를 간파했음에서 온 결과라고 보는 것이 오히려 적절할 것이다. 그리고 또 우리는 윤리적 발언의 서술적 의미를 전적으로 부인하는 철저한 이모우티비스트들의 견해가 지나치다는 것도 지적한 바 있다. 윤리적 발언의 서술적 의미는 속으로 숨었을지도 모른다. 동일한 말이 여러 가지 뜻으로 쓰이는 수도 있을 것이다. 그러나 그렇다고 해서 윤리적 발언을 전혀 '무의미하다'(nonsensical)고 단정하는 것은 사리에 맞지 않는다. 요컨대 윤리적 언명은 심리적 현상에 관한 단순한 보도노 아니요, 또 단순한 정서의 표명에 그치는 것도 아니라는 평범한 사실이, 도덕적 경험을 따라서 윤리학의 체계를 세우고자 하지 않고 자기네가 미리 신봉하고 있는 체계를 따라서 도덕적 경험을 해석하고자 한 많은 학자들에 의하여 간과되어 왔던 것이다. 사실 Henry D. Aiken도 지적한 바와 같이, Stevenson의 '기초적 모형'은 "엉성하고 심지어는 어색하기 짝이 없다."[40] 그러나 그것들은 윤리적 언명의 서술적 의미와 규범적 내지 정의적 의미를 아울러 반영하고 있다는 점에서 적어도 부분적인 장점을 가지고 있다.

윤리적 발언의 의미의 분석에 관련하여 Stevenson이 이룩한 또 하나의 중요한 사색은 소견의 대립과 태도의 대립의 구별이다. 물론 소견(belief)과 태도(attitude)가 근본적으로 바탕을 달리하는 두 가지 종류의 심리현상이라고 볼 수 있을지는 자못 의심스럽다. Aiken은 "Stevenson이 '소견'과 '태도'는 다 같이 감정적-이지적 반응"(affec-

40) H. I. Aiken, Stevenson의 *Ethics and Language*에 대한 서평, *The Journal of Philosophy*, Vol. XLII, 1945, p. 467.

tive-ideational process)이라는 사실을 망각했다고 비난하면서, "주어진 명제를 용인 또는 배척하는 것도 일종의 감정적 반응이요, … 그 자체 인식의 행위는 아닌 까닭에," 소견도 태도의 한 유형이라고 단언한다.[41] 그러나 설령 Aiken의 견해가 옳다 하더라도, 그것으로 말미암아 두 종류의 대립에 관한 Stevenson의 구별이 무의미하게 되지는 않는다. '실험'도 일종의 '관찰'이라는 사실이 실험과 관찰의 방법론적 구별을 무의미하게 하지 않으면, 인간도 일종의 동물이라는 사실이 알려진 뒤에도, '사람'과 '동물'을 구별하는 것은 때로는 편리하다. 여하튼 소견의 대립과 태도의 대립을 나눈 Stevenson의 구별은, 도덕판단의 의미의 분석을 위해서나 윤리학적 방법론의 탐구를 위해서나 실질적인 도움을 주는 생각이다.

또 한 가지 주목을 끄는 것은 '언어의 융통성'에 관한 Stevenson의 고찰이다. 언어가 어느 정도 융통성을 가지고 다의적으로 쓰인다는 명백한 사실을 부인하는 사람은 드물 것이다. 그러므로 윤리적 언어가 상황을 따라서 여러 가지 뜻으로 쓰이고 있다는 사실을 지적하는 것 그 자체에는 새로울 것도 문제될 것도 없다. 문제는 언어의 다의적 사용을 규범적 내지 평가적 관점에서 고찰할 때부터 나타나기 시작한다. 만약 윤리적 언어의 다의성에 관한 Stevenson의 견해에 무엇인가 새로운 점이 있다면, 그것은 윤리적 언어의 다의성을 평가적 관점에서 고찰할 때에 생기는 문제에 대한 그의 해석에서 찾아볼 수 있을 것이다.

언어는 대체로 어느 정도 의미의 융통성을 가지고 사용되는 것이지만, 그 다의성이 가장 현저한 것은 평가적 언어의 경우일 것이다. 좋다, 나쁘다, 옳다, 그르다 따위의 전형적인 가치언어가 다의적으로 쓰이고 있음은 말할 것도 없거니와, 본래는 가치언어가 아니던 말들도 가치를 짊어진 대상을 가리키는 말로서 사용될 때에는, 현저

41) *Ibid.*, p. 461.

한 융통성의 경향을 나타낸다. 그 좋은 예로는 우리는 '예술'·'문화'·'신사'·'사랑' 따위의 말들을 생각할 수 있을 것이다. 대체로 말해서, 가치와 관계가 깊은 언어일수록 여러 가지 뜻으로 사용되는 경향이 있다. 그런데 재미있는 현상은, 비가치언어의 다의적 관용에는 무관심하고 너그러운 사람들이 가치언어의 그러한 사용에 대하여는 매우 까다롭고 비판적이라는 사실이다. 약간 역설적으로 들릴지는 모르나, 어떤 말이 여러 가지 뜻으로 쓰이면 쓰일수록 사람들은 자기가 사용하는 그것만이 그 말의 오직 하나의 참된 의미(the only true meaning)라고 고집하는 경향이 있다.

요컨대, 사정은 이렇다. 즉 언어가 어느 정도의 융통성을 가지고 사용되고 있다는 사실을 부인하는 사람은 별로 없다. 그러나 주어진 말의 참된 의미는 그 말의 일반적인 관용을 아무리 분석하여도 발견될 수 없다는 것이 많은 사람들의 신념이다. 다시 말하면, 말의 어떤 쓰임은 비록 그것이 언어의 관례에 어긋남이 없다 하더라도, 올바른 용법이 못될 경우가 있다고 많은 사람들이 믿고 있다. 비록 윤리학자들일지라도 도덕적 언어가 어느 정도 여러 가지 뜻으로 쓰이고 있다는 사실을 부인하지 않는다. 그러나 그들은, 너무나 무질서하게 여러 가지로 쓰이는 도덕적 언어의 남용을 바로잡는 척도가 될 만한 표준의미를 확립하는 일이야 말로 다름아닌 윤리학자들의 사명이라고 믿는 것이다.

Stevenson은, 윤리학자들이 도덕적 언어에 대한 자기네의 정의가 모든 사람에게 통용되기를 꾀하는 그 설득적인 태도를 잘못이라고 반대하지는 않는다. 그가 반대하는 것은 윤리학자들이 자기네의 정의만이 오직 참된 정의라고 말하는 그 주장이다. 올바른 정의와 그릇된 정의를 구별하는 기준은 순전히 객관적으로 주어진 것이며, 정의를 내린 사람의 주관적인 마음가짐과는 전혀 관계가 없다고 여러 학자들이 주장해 왔다. 어떤 사람들은 윤리적 언어들의 참된 의미를 '실재'

의 성질에 비추어 찾아 낼 수 있다고 믿었으며, 다른 어떤 사람들은 '보편적 인간성'에 비추어 찾아 낼 수 있다고 믿었다. 그리고 여러 가지 근거를 내세우고 여러 가지 정의가 '참된 정의'로서 행세할 권리를 주장하였다. 그러나 이들의 어느 것도, 그것이 비록 어떠한 근거를 내세우고 있더라도, 그것만이 오직 참된 정의라는 것을 증명하기에 성공하지는 못했다. 이들 제시된 정의가 스스로의 뒷받침으로 삼을 이유를 갖지 않았다는 뜻이 아니다. 그것들은 모두 다소간의 관련성이 있는 이유에 의거하고 있었다. 그러나 불행히도 그들이 내세우는 정의와 이를 옹호하기 위하여 제시된 이유와의 관계는 엄밀하게 논리적인 것이 아니었다. 따라서 어떠한 정의도 결정적인 것이 못되었다. 이에 Stevenson은, 윤리적 언어의 정의가 결정적인 것이 되지 못하는 것은 그 윤리적 언어의 정의 자체의 본질에서 오는 것이라고 주장한다. 그에 따르면, 어떠한 정의도 그것이 언어의 관습을 어기지 않는 이상, 이를 절대로 그릇되다고 물리칠 근거는 없다. 윤리학적 정의는 정의를 내린 사람의 이상 또는 포부를 반영한다. 그러므로 우리가 어떤 이상이나 포부가 '옳다' 또는 '그르다'는 것을 논리적으로 증명할 도리가 없는 이상, 그것을 반영한 윤리학적 정의의 옳고 그름을 확정할 수가 없다. 학자가 자기의 정의만이 절대로 옳다고 고집할 때, 그는 설득에 종사하게 되는 것이라고 Stevenson은 단정한다.

'설득 정의'에 관한 Stevenson의 개념은 우리들의 규범적인 문제들을 위하여 아무런 적극적 해결책도 마련해 주지 못한다. 설득 정의의 개념이 암시하는 것은 결국 윤리적 언어의 절대적 정의가 불가능하다는 소극적인 결론이다. 그리고 이러한 암시는 도리어 윤리학의 용기를 꺾는 것 같기도 하다. 그러나 그 개념이 윤리학적 정의(ethical definitions)라는 말썽 많은 문제에 관하여 매우 중요한 일면에 조명을 던졌다는 사실을 부인하지는 못할 것이다. 그리고 또 설득 정의의 개념은 윤리학에 있어서의 규범적 문제들의 해결에로 접근하는 조심성 있는 탐구를 ― 독단과 자기기만으로부터 해방된 조심성 있는 탐구를 ― 위하여 좋은 출발점이 되리라는 기대조차 없지 않다.

그러나 윤리적 언어의 정의에 관한 Stevenson의 탐구는, 비록 몇 가지 훌륭한 탁견을 숨겼다 할지라도, 역시 만족스러운 것은 못된다. 근본적인 난점은 이미 그의 '의미'(meaning)의 개념 속에 숨겨져 있는 것 같다. Stevenson은 '의미'의 뜻을 "기호를 사용하는 사람들의 심리학적 반응"으로 보았다.[42] "기호의 의미는 기호가 사용자에게 일으키는 심리적 반응 위에 나타난 경향성(dispositional property)이다"라는 주장이 '의미'의 의미에 관한 언어학적으로 흠이 없는 정의들 가운데 하나라는 것은 인정할 수 있을 것이다. 그러나 Stevenson의 이 정의가 윤리학적 방법론의 기초를 위하여 정말 "보다 더 쓸모 있는 것"인지는 자못 의심스럽다.

윤리적 발언의 의미를 탐구하는 궁극의 목적은, 메타윤리학에 관한 한, 윤리적 발언은 정당화할 수 있는 것인가, 있다면 어떻게 정당화할 것인가 하는 방법론적 문제에 대답하기 위해서이다. 그러나 윤리적 발언의 의미를 심리학적으로 해석한다면, 거기 무엇을 정당화하자는 것인지 이해가 가지 않는다. 우리가 어떤 판단을 증명 내지 정당화하고자 꾀할 때, 우리는 그 판단이 의미하는 바를 증명 내지 정당화하고자 할 것이다. 따라서 만약 판단의 '의미'를 "그 판단이 어떤 심리학적 반응을 일으키는 힘 또는 경향성"이라고 해석한다면, 윤리학적 논변에 있어서 우리가 옹호하는 것은 다름아닌 그 힘 또는 경향성이라는 결론이 된다. 그러나 우리는 정말 언어가 가진 어떤 힘 또는 경향성을 옹호하고 있는 것일까? 심리학적 반응이란 인과율적으로 일어나는 한갓 자연현상이다. 만약 그렇다면 어떤 발언이 일정한 심리적 반응을 일으키는 경향을 '정당화'하기 위하여 논쟁을 벌인다는 것은 무의미한 일이 아닐까. 어떤 자연적 경향을 정당화한다는 것

42) C. L. Stevenson, *Ethics and Language*, p. 42.

은 가능하지도 필요하지도 않은 장난에 불과할 것 같다. 우리 나라에서는 해마다 여름이면 장마가 지는 경향이 있다. 그러나 우리는 어떻게 이 **경향을** '정당화'할 수 있으며, 또 어째서 그러한 정당화가 요구될 수 있는지 도무지 이해하기 곤란하다. 아마 목적론적 세계관에 입각한다면 이해할 수도 있을지 모른다. 그러나 경험론자인 Stevenson이 목적론적 세계관에 입각할 수 있으리라고는 믿어지지 않는다. 우리가 제대로 정당화를 꾀할 수 있는 것은 어떤 발언의 **심리학적 영향력**이 아니라, 그 발언이 **주장하는 바로 그 내용**일 것이다. 다시 말하면 발언을 통하여 표명된 발언자의 소견 내지 태도가 정당화의 대상이다. Stevenson 자신도 이 점을 충분히 깨닫고 있었다는 것은 그의 방법론적 고찰 전체를 통하여 분명히 나타나고 있다. 요컨대 '의미'에 대한 Stevenson의 정의와 그의 방법론적 고찰 사이에 약간 논리의 어긋남이 있는 것으로 보인다. 그리고 잘못은 아마 전자 쪽에 있는 것 같다.

뿐만 아니라, 설령 언어의 의미를 어떤 경향 또는 힘과 동일시하는 견해를 받아들인다 하더라도, D. H. Parker가 지적한 바와 같이,[43] 그 경향 또는 힘이 오로지 언어 쪽에만 들어 있다고 생각되지 않는다. 엄밀하게 말하자면, Stevenson의 이른바 '경향성'은 언어와 그 사용자와의 관계 속에 자리잡는다고 보아야 할 것이다. 따라서 그것을 그 "**말의 힘**"이라고 부르는 것은 적당치 않다.

윤리적 언어의 의미에 관한 Stevenson의 탐구에 있어서 발견되는 또 하나의 약점은, 정의적 의미(情意的 意味)의 특색을 단순히 "명령적인"(imperative) 또는 "명령과 비슷한"(quasi-imperative) 것이라고만 처리한 것은 불충분한 관찰이라는 사실에 있다. 많은 경우에 있어서, 우리는 윤리적 발언의 정의적 의미를 명령문의 의미에 견

43) D. H. Parker, Stevenson의 *Ethics and Language*에 대한 서평, *The Philosophical Review,* 1946, p. 707 참조.

줄 수 있을 것이다. 그러나 그렇지 못한 경우도 있다. 예컨대 학교에서 돌아온 어린이가 "엄마, 나 오늘 100점 맞았어" 하고 말했을 때, 어머니는 "그것 참 잘했다!"라고 대꾸했다고 하자. 이 때 어머니의 발언을 "나는 그것을 기쁘게 생각한다, 너도 그렇게 생각하라!"고 해석한다면, 좀 어색할 것이다. 이미 어린이는 그것을 기쁘게 생각하고 있음이 분명하기 때문이다. 이럴 경우의 정의적 의미는 "명령적"이라기보다도 "정서 표명적"(emotion-expressive)이라고 부르는 것이 참에 더 가까울 것이다.

X. 批判的 考察〔II〕

이제 시선을 Stevenson의 방법론적 탐구에로 옮길 때, 우리는 역시 그가 몇 가지 수목할 만한 탁견을 기록했음을 본다. 윤리학설 방법에 관한 서술로서 볼 때, Stevenson의 연구는 매우 알뜰하여서 도덕적 논쟁에 있어서 널리 사용되고 있는 여러 가지 유형의 논변을 이해하기에 충분하다. 그리고 합리적 방법과 비합리적 방법을 나눈 Stevenson의 구별 및 전자의 능력의 한계성에 관한 그의 사고는 많은 시사에 가득차 있다. 그러나 Stevenson의 방법론적 고찰을 전체로서 음미할 때, 우리는 몇 가지 미흡한 점이 있음을 발견한다.

Stevenson의 방법론이 흡족하지 못한 첫째 이유는 그의 방법론적 고찰의 바탕이 되고 있는 가정의 하나가 그리 믿음직하지 못하다는 사실에 있다. 그 가정이란 소견의 대립과 태도의 대립은 그 성질이 전혀 다르다는 그것이다. 이 가정이 그리 확고하지 못하다는 것은 이미 Vincent Tomas의 날카로운 비판이 지적한 바 있다. Tomas의 이 가정에 대한 비판의 요점은 다음과 같다.[44)]

44) Vincent Tomas, "Ethics Disagreement and the Emotive Theory of Values," *Mind*, Vol. LX, 1951, pp. 209~221.

(1) 소견의 대립도 태도의 대립과 마찬가지로 평가(appraisal)의 요소를 포함하고 있다.

(2) 소견의 대립에도, 도덕 문제에 관한 대립이 그렇듯이, 두 가지 종류가 있다.

(3) 태도의 대립도, 소견의 대립과 마찬가지로, 올바름(correctness)의 기준을 전제 요건으로 삼는다.

저자는 Tomas의 비판이 모든 점에 있어서 옳다고는 생각하지 않는다.[45] 그리고 Tomas의 비판이 두 가지 종류의 대립을 구별한 Stevenson의 분석을 무의미하게 만든다고 생각하지도 않는다. 그렇지만 Tomas의 비판이 지금 문제되고 있는 가정에 관한 Stevenson의 사고에 포함된 몇 가지 무시할 수 없는 결함을 드러냈다는 사실만은 부인하기 어려울 것 같다. 첫째로 Tomas의 첫번 명제가 지적하듯이, 소견의 대립에 관한 Stevenson의 이해는 매우 거친 것으로 보인다. 확실히 그는 소견에 포함된 평가적 요소에 대하여 충분히 주목하지 않았다. 둘째로 Stevenson은 소견의 대립은 어느 것이나 합리적 내지 과학적 탐구에 의하여 해결에로 접근할 수 있는 것처럼 암암리에 전제하였다. 그러나 '합리적'이니 '과학적'이니 하는 말은 그 뜻이 약간 모호하다. 그러므로 '합리적' 또는 '과학적'이라는 개념에 대하여 해석을 달리하는 두 사람 사이에 소견의 대립이 생겼을 경우에는 그것은 좀처럼 해결되지 않는다. 뿐만 아니라 Tomas가 그의 둘째 명제를 옹호하는 구절에서 지적한 바와 같이 논쟁자들 가운데는 '과학적 방법'을 신봉하지 않는 사람들도 있다. 직각주의 · 신비주의 · 권위주의 등의 존재가 이것을 증명한다. 과연 우리는 "철학 및 사회과학에 있어

45) 예컨대 그의 셋째 명제를 옹호하기 위한 Tomas의 논변에는 수긍이 가지 않는다. 왜냐하면 Tomas는 *Ethics and Language*(pp. 13~14)에 나타난 설명을 잡아 Stevenson을 공격하고 있으나, 여기서의 Tomas의 논변은 Stevenson의 원문에 대한 곡해를—특히 첫째 인용의 마지막 문장에 대한 곡해를— 토대로 삼은 것 같다 (*Mind*, Vol. LX, p. 211f.).

서, 규범적 대립(normative disagreement)에 근원을 둔 소견의 대립을 얼마든지 찾아볼 수 있다"는 사실을 부인하지 못할 것이다.[46] 셋째로, Stevenson은 소견의 대립과 태도의 대립에 있어서 비슷한 측면을 간과한 것 같다. 예컨대 그는 소견의 대립에서 있어서나, 태도의 대립에서 있어서나 '의견의 일치'가 반드시 '진리의 발견'을 의미하지 않는다는 사실에 충분히 주의하지 않은 것 같다. 그리고 또 그는 "소견의 인식적인 태도와 그것을 떠받드는 지지 이유와의 관계도 논리적이 아니라 심리적"[47]이라는 사실도 간과한 것으로 보인다.

소견의 대립과 태도의 대립은 성질이 근본적으로 다르다는 Stevenson의 가정은, 보다 더 근본적인 또 하나의 가정에서 파생된 명제 같다. 그보다 더 근본적인 가정이란, 소견의 문제에 있어서는 주어진 판단의 진위를 확정할 객관적 기준이 있으나 태도의 문제에 관해서는 그런 것이 없다는 그것이다. 이 가정이 전적으로 잘못이라고 물리칠 근거는 모른다. 그러나 이것을 자명한 진리로 전제해서는 안 될 것으로 믿는다. 태도의 대립보다도 소견의 대립이 비교적 해결이 용이함은 의심 없는 사실이다. 그리고 이 차이는, 소견의 문제는 이른바 '경험적 사실'과 직결되고 있으나 태도의 문제는 그러한 것과의 직접적 연결을 찾아볼 수 없다는 사실에 유래한다는 것도 부인할 수 없다. 그러나 누구나 공통으로 지각함이 원칙적으로 가능한 무엇을 지칭하는 것으로 보이는 '경험적 사실'이라는 개념 자체가 어떤 가정의 산물이다. 그리고 인식 문제에 관하여 어떤 기본전제를 만인이 공통으로 신봉하지 않는 한, 소견의 대립의 '합리적 해결'도 결코 보장된 길은 아니다. 한편 만약 모든 사람이 어떤 적당한 기본전제만 공통으로 받아들인다면, 태도의 대립을 위해서도 '합리적 해결'의 가능성은 열리게 될 것이다. 물론 우리는, 과학의 눈부신 발달로 인하여 경험적

46) V. Tomas, *ibid.*, p. 111.
47) *Ibid.*, p. 214.

인식의 문제는 점차 일치된 결론에로 접근하고 있는데, 윤리학적 원리에 관한 견해의 대립은 옛날이나 다름없이 심각하다는 사실이 암시하는 것, 즉 공통된 기본전제를 받아들이는 일이 소견의 문제에 있어서보다도 태도의 문제에 있어서 더욱 어렵다는 사실을 무시해서는 안 된다. 그러나 이 사실은 그 자체가, 사실에 관한 기본전제의 일치가 필연적이요 평가에 관한 기본전제의 대립도 필연적임을 증명하는 것은 아니다.

Stevenson의 방법론이 만족을 주지 못하는 또 하나의 이유는 그것이 어떠한 불합리한 설득의 방법도——이를테면 야심에 가득찬 독재자의 무원칙한 웅변술까지도—— 대립을 제거하는 효과만 거둔다면 용납할 수밖에 없다는 결론을 함축하는 듯한 인상을 준다는 사실에 있다. 어떠한 불합리한 설득도 허용하게 되지 않느냐는 공격에 대하여 Stevenson이 만약 "그것이 무슨 잘못이냐?"고 반문한다면, 이야기는 그것으로 끝날 것이다. 그 이상 더 따지고 들어간다는 것은 벌써 분석적 탐구의 영역이 아니기 때문이다. 그러나 「윤리학과 언어」의 마지막 장(章)에 나타난 Stevenson의 몇 가지 암시로 미루어 볼 때, 저 공격에 대하여 그가 그렇게 반문하리라고는 생각되지 않는다. 예컨대 그의 "과학의 온당한 적용에 관한 암시" 또는 "설득의 정당한 사용"에 관한 암시는 결코 불합리하고 무원칙한 방법을 시인하는 것으로는 보이지 않는다.[48] 그러나 이러한 '암시들'과 Stevenson의 분석적 윤리학의 전체적 견지 사이의 연결이 좀 미약하다는 느낌이 있다. 다시 말하면, 그의 분석적 견해 즉 그의 메타윤리학 전체를 토대로 삼을 때 어째서 바로 그러한 실천적 암시만이 나오고 그와 다른 암시는 나올 수 없는 것인지 이해하기 어렵다. 그의 메타윤리학적 분석과 그의 실천적 암시를 따로따로 떼어 볼 때 납득이 간다 할지라도, 우리는 그 두 부분을 하나의 통일된 체계로서 묶어 줄 무엇이 아쉬움을 금치

48) C. L. Stevenson, *Ethics and Language*, pp. 328～335 참조.

못한다.

만약 이러한 비판을 물리치기 위하여 Stevenson이 "메타윤리학과 규범윤리학은 본래 서로 독립된 것이며, 메타윤리학의 방법론적 고찰은 아무런 규범적 요소도 포함할 수 없다"고 대답한다면, 그는 아마 새로운 난관에 봉착할 것이다. Stevenson의 그러한 대답의 이론적 배경으로서 우리는 다음과 같은 추리를 생각할 수가 있다. 메타윤리학의 목적은, 순전히 논리적인 분석과 관찰을 통하여, 윤리적 현상을 명백히 함이다; 순전히 분석적인 견지에서 볼 때, 사실적 전제로부터 평가적 결론을 이끌어 내는 여러 가지 논변의 방법 중에서 어느 것이 낫고 못한 것을 가릴 논리적 근거는 없다; 따라서 일정한 방법만을 타당한 방법이라고 옹호하는 것은 분석가의 소관이 아니라 도덕가의 소관이다. 그러나 이 추리의 대전제가 의심스럽다는 사실이 추리 진체의 타당성을 위태롭게 한다. 이 점을 소상히 밝히기 위하여 두 개의 물음을 제기하여 보자. ① 왜 메타윤리학은 순전히 분석적이라야 하며 규범적 인자를 전혀 포함해서는 안 되는가? ② Stevenson의 학설과 같은 이른바 도덕 현상의 '순수한 분석'에는 규범적 함축이 전혀 없는가?

(1) 자기의 윤리학을 "메타규범적 그러나 비규범적(metanormative but nonnormative) 탐구"라고 선언하는 Stevenson은 메타윤리학에 규범적 요소를 섞는 것은 일종의 혼동이라고 생각하는 것 같다. 그러나 저자가 보기에는 메타윤리학과 규범윤리학이 서로를 철저히 배척하지 않으면 아니 될 이유는 없다. 만약 어떤 학자가 그의 메타윤리학 안에 규범적 요소를 부지불식 중에 끌어들이고 스스로는 그 사실을 모르고 있다면, 우리는 그의 체계에 혼동이 있다고 지적할 수 있을 것이다. 그러나 메타윤리학 속에는 어떠한 종류의 규범적 인자도 포함될 수 없다는 견해에는 약간 회의를 느낀다.

저자는 오히려 메타윤리학을 규범윤리학의 기초로서 생각하고 싶은 마음을 금치 못한다. 물론 메타윤리학을 위한 메타윤리학의 성립이 불가능하다고는 생각하지 않는다. 그러나 아득한 옛날부터 오늘에 이르기까지 사상가들로 하여금 윤리학이라는 이름의 실천철학에로 달리게 한 인간 정신의 깊은 요구를 상기할 때, 규범적 문제와 전혀 연결이 없는 메타윤리학에 완전히 만족하기는 힘들 것 같다. 별로 규범적 함축을 갖지 않은 메타윤리학이 가능하다 하더라도, 그 존재가치는 비교적 적은 것이 아닐까 생각된다.

메타윤리학이 반드시 규범적 인자를 내포해야 한다고는 믿지 않는다. 그러나 윤리사상의 통일된 전체로서의 큰 '윤리학'의 유기적인 일부로서의 구실을 할 때에, 메타윤리학도 비로소 만족스러운 것이 되리라고 생각한다. 다시 말하면 윤리학적 탐구에 있어서 분석적 부분과 규범적 부분을 연결시켜 하나의 통일된 체계에로 밀어올릴 어떤 접합부(接合部)가 필요하리라는 것이다. 분석과 규범 두 분야를 망라하는 윤리학자는 이 접합의 원리를 편의에 따라 메타윤리학 쪽에 포함시킬 수도 있을 것이며 또 규범윤리학 쪽에 붙일 수도 있을 것이다. 그러나 메타윤리학에만 연구의 분야를 국한하는 사상가는, 자기의 메타윤리학이 규범윤리학을 위한 깊은 바탕이 될 수 있도록 그 안에 어떤 규범적 원리를 포함시키는 것이 바람직하리라고 믿는다.

(2) P. B. Rice나 F. A. Olafson 같은 일부의 학자들은, Stevenson이 이모우티비즘의 윤리설 가운데 내포된 규범적 함축을 간과했다고 비난한다. 그리고 그들은 메타윤리학의 분석도 어떤 규범적 효과를 가질 수 있다는 것을 밝히고자 애쓴다. 그런데 그들이 주로 강조하는 것은 메타윤리학이 가질 수 있는 심리학적 효과이다.[49] 그러나 저자는 Stevenson을 반박하는 이러한 학설이 약간 빗나갔다는 느낌을 갖는다. 왜냐하면 Stevenson 자신도 메타윤리학이 심리학적 효

49) Philip B. Rice, *On the Knowledge of Good and Evil,* New York, 1955, p. 68 및 Frederick A. Olafson, "Meta-Ethics and the Moral Life," *The Philosophical Review,* 1956, pp. 174～175 참조.

과를 일으키리라는 사실을 부인하지 않기 때문이다. 다음 인용은 이 점을 밝혀 주는 Stevenson 자신의 구절이다.

> 분석적 내지 방법론적 탐구의 목적은 …항상 간접적이다. 그것은 사람들로 하여금 보다 맑은 정신과 보다 알뜰한 사색의 습관을 가지고 그들의 규범적 탐구에 종사할 수 있게 하기를 희구한다.[50]

그러나 Stevenson 자신도 그가 받은 곡해에 대하여 책임의 일부를 져야 할지도 모른다. 왜냐하면 그는 자기의 학설의 비규범적 성격을 필요 이상으로 강조했기 때문이다. 그리고 메타윤리학과 규범윤리학의 관계에 대한 Stevenson의 설명이 전체로서 충분히 선명하지 못하다는 점도 부인하기 힘들 것이다.

여하튼 Stevenson도 메타윤리학이 규범적 사고에 심리학적 영향을 미친다는 사실을 인정하고 있다. 그러나 심리학적 효과가 메타윤리학이 갖는 규범적 함축의 전부라 할 수 있을까. 그 밖에도 있을 것 같이 생각된다. 예컨대, 학자는 윤리적 언어에 대한 자기의 정의가 유일한 올바른 정의라고 자부해서는 안 된다는 뜻을 Stevenson은 '설득 정의'의 개념을 통하여 암암리에 주장하지 않았던가. 그리고 또 그는 비규범적 전제로부터 규범적 결론을 이끌어 내는 모든 추리에는 논리의 비약이 있다고 주장했을 때, 어떠한 도덕론자도 자기의 원리가 완전히 증명되었다고 믿어서는 안 된다는 뜻을 암암리에 품었던 것이 아닌가.

저자가 보기에는, 모든 메타윤리설에는 어떤 규범적 요소가 숨어 있으며 Stevenson의 학설도 물론 예외는 아니다. 다만 그의 학설 가운데 담겨진 규범적 요소는 어느 편이냐 하면 부정적이다. 따라서 그것은 그의 학설 전체를 규범윤리학의 적극적이며 확고한 기초로서 완성시키기에는 불충분하다.

---

50) C. L. Stevenson, *Ethics and Language*, p. 1.

이상에서 저자는 Stevenson의 분석 가운데서 미흡하다고 느낀 점을 지적하였다. 그러나 저자의 비판은 오히려 보충적인 성격의 것이다. 많은 학자들이 Stevenson의 학설을 근본적으로 물리치고 싶어하는 태도에 비한다면 저자는 대체로 Stevenson에게 동정적임에 가깝다.

제 3 절 R. M. HARE : 日常言語學派의 倫理學

I. 日常的 言語의 哲學

이모우티비즘의 학설을 훑어본 우리는 이제 윤리학적 인식(ethical knowledge)의 가능성을 부인하는 또 하나의 학설, 즉 "일상적 언어의 철학"(philosophy of ordinary language)에로 화제를 옮기고자 한다. 이것은 확립된 학설이라기보다는 아직 형성 과정에 있는 하나의 새로운 경향으로서, 제 2 차 세계대전 이후에 주로 영국의 젊은 철학자에 의하여 제창되었다. 이 새로운 학설의 가까운 원천은 흔히 Ludwig Wittgenstein(1889~1951)이라고 본다. 그 자신 논리적 실증주의의 개척자의 한 사람이었던 Wittgenstein은, 본래의 논리적 실증주의와는 약간의 차이를 갖는 이른바 "케임브리지 분석철학"(Cambridge Analysis)의 유력한 지도자가 됨으로써, 이제 우리가 살피고자 하는 새로운 윤리설의 선구자가 되었다. 그리고 케임브리지 분석철학의 보다 앞선 지도자인 G. E. Moore도, 상식을 강조하는 전문적 술어보다도 일상적인 언어를 중요시한 경향을 통하여, 이 새로운 윤리설에 간접적인 영향을 끼쳤다. 그러나 일상적 언어의 철학의 보다 활발한 중심지는 Gilbert Ryle(1900~1976), John L. Austin(1911~1960) 등을 앞세우는 옥스퍼드대학이다. R. M. Hare, Stephen Toulmin, H. L. A.

Hart, Stuart Hampshire, Margaret Macdonald 등 일상적 언어분석에 입각한 새로운 윤리설의 중요한 문헌을 발표한 사람들은 대부분 옥스퍼드의 학자들이다.

이모우티비즘의 인식론적 배경이 논리적 실증주의라면, 일상언어 윤리설의 그것은 좁은 의미의 영국 분석철학(British Analysis)이다. 따라서 논리적 실증주의와 영국 분석철학과의 공통점과 차이점은 그대로 이 두 가지 윤리설에 공통점과 차이점으로서 반영되고 있다.

미국 유타대학의 James L. Jarrett 교수는 논리적 실증주의와 영국 특히 케임브리지의 분석철학을 다음과 같이 비교하고 있다. 즉 영국의 분석철학은 ① 실재(reality)의 궁극적 성질을 탐구함이 철학의 사명이라는 전통적인 생각을 물리치고, ② 경험론적 지반 위에서 과학을 존중하는 한편 종래의 관념적 형이상학에 대하여 부정적이며, ③ 언어의 분석을 통하여 사상의 뜻을 명백히 드러내고자 꾀하는 점에 있어서, 논리적 실증주의와 공통된 경향을 보인다. 그러나 전자는 ① 감각적 소재, 일상적 언어 등 상식적인 것을 보다 더 존중하고, ② 전문적·과학적 지식에 대한 평가를 논리적 실증주의자들처럼 높이 하지 아니하며, ③ 기호논리학에 그토록 크게 의존하지 아니하는 점에 있어서, 후자와 길을 달리한다.[51)]

옥스퍼드를 대표하는 분석철학자 Ryle에 따르면, 철학의 사명은 일상생활에서 사용되는 언어의 관용을 조사하거나 그 관용을 정당화함에 있는 것이 아니라 언어가 일상적인 맥락 가운데서 발휘하는 논리적 기능을 음미함에 있다. '안다'나 '좋다'와 같은 말이 일상생활에서 발휘하는 논리적 기능을 파악하기 위하여, 이상적 언어 또는 전문적 술어를 인공적으로 날조할 것이 아니라, 그러한 말들이 일상생활 안에서 제대로 사용될 때 실제로 어떠한 구실을 하는가, 그 논리를

51) J. A. Jarrett and S. M. MacMurrin(eds.), *Contemporary Philosophy,* New York, 1954, p. 365.

세밀히 분석해야 한다고 Ryle은 주장한다.[52] 이러한 점에 있어서 이들의 언어분석은, 논리적 실증주의자들의 그것이 형식적이요 기계론적임을 경계하고, 보다 현실에 부합하는 언어의 논리를 캐내려 꾀한다고 말할 수 있을 것이다.

일상언어의 철학이 윤리학에 적용되었을 때, 여러 가지 점에 있어서 이모우티비즘, 특히 Stevenson의 수정된 이모우티비즘과 어느 정도 비슷한 결론들이 이끌려 나왔다. 그러나 세밀한 문제에 들어가서는 그들 사이에서도 상당한 견해의 차이가 있음을 본다. 일상언어의 윤리설들 상호간에도 다소 견해의 대립이 있음은 부인할 수 없으나, 우리는 이 그룹의 윤리학설들 가운데서 몇 가지 공통된 경향을 지적할 수가 있다.

(1) 일상언어의 철학자들도 평가적 발언과 서술적 언명은 그 논리적 성질이 다르다는 것을 강조한다. 사실판단을 가치판단으로 옮겨 놓을 수 있다는 자연론자들의 견해를 물리치는 동시에, 가치판단의 옳고 그름을 엄밀하게 논증할 도리가 없다고 생각하는 점에 있어서 이모우티비즘과 방향을 같이한다. 그러나 이들은 "가치판단은 인식론적 견지에서 볼 때 전혀 무의미하다"는 논리적 실증주의자의 견해에는 찬동하지 않는다. 평가적 발언에도 이치에 맞는 것과 안 맞는 것의 구별이 있음을 그들은 간과하지 않는다. 평가적 발언에 관하여 엄밀한 의미의 논증(proof)이 있을 수 없다는 것은 수긍하나, 그러나 평가적 발언 가운데도 인식적 요소(cognitive elements)가 있음을 인정하려는 경향은 Stevenson의 경우보다도 오히려 강하다.

일상언어의 철학자들도, 평가적 발언에 서술적(descriptive) 측면과 규정적(prescriptive) 측면이 있음을 인정하는 동시에 후자가 평가적 발언의 의미를 구성하는 보다 기본적인 측면이라고 주장한다. 그리고 이 규정적 측면의 특색을 "감정적"이니 "명령적"이니 하는 따

52) Gilbert Ryle, "Ordinary Language," *Philosophical Review*, Vol. LXII, 1953 참조.

위의 형용사로 단순하게 표현할 수 있다는 Stevenson식의 생각에 대하여는 매우 비판적이다.

(2) Stevenson이 그랬듯이, 일상언어의 철학자들도 평가적 판단을 떠받들기 위하여 제시되는 '이유'(reasons)를 중요시한다. 가령 "남의 편지를 뜯어 보아서는 안 된다"고 말하는 사람에게 "어째서 그러냐"고 물으면 "서신의 비밀이 보장되지 않을 때 사회는 불안스럽다"고 대답한다. 이 대답은 하나의 사실판단이다. 이 사실판단을 전제로 할 때 "남의 편지를 뜯어 보아서는 안 된다"는 저 가치판단이 결론으로서 풀려 나오지는 않는다. 그러나 저 전제와 이 결론 사이에는, 비록 논리적 필연성의 관계는 없다 할지라도, 일종의 적합성(relevance)의 관계가 있다고 일상언어의 철학자들은 주장한다. 가치판단을 떠받들기 위하여 주어진 '이유'와 저 가치판단 사이의 관계가 '적합'하고 '부적합'함을 판가름하기에 요구되는 기준에 대하여서는 그들도 만족스러운 해답을 주지 않는다. 아마 여기서 그들은 직각적인(intuitive) 사고에 호소하는 것 같다. 여하튼 가치판단을 지지하기 위하여 제시되는 이유를 음미함으로써 그 가치판단 속에 담긴 인식적 내지 지적 요소를 찾아볼 수 있다고 생각하는 것은 일상언어의 윤리학자들에 있어서 공통된 경향으로서 주목된다. 가치판단과 그것을 지지하기 위하여 제시되는 '이유'로서의 사실판단 사이에 논리적 필연성의 관계를 인정하지 않는 점에 있어서 일상언어의 윤리학은 윤리인식 부정론의 진영에 속한다. 그러나 그 두 가지 발언 사이에 일종의 '적합성'의 관계를 인정하려고 하는 점에 있어서, 그들은 극단한 이모우티비즘이 위협하는 도덕적 무정부주의를 극복하고자 힘쓰는 일면을 보여 주고 있다.

(3) 일상언어의 철학자들은, 윤리적 언어의 의미를 밝히는 수단으로서, 일종의 발생학적 방법을 사용한다. 우리가 일상생활에서 어떤 말을 배우게 되는 과정을 분석함이 그 말의 뜻을 이해하기에 도움

이 되리라는 것은 이미 Wittgenstein의 제언이었다. Hare 같은 옥스퍼드의 윤리학자는 '좋다'(good) 또는 '옳다'(right) 따위의 말들을 아주 딴 세계 사람들에게 쉽게 가르치는 방법이 무엇일까를 실험적으로 고찰함으로써, 그러한 말들의 의미를 파악하려고 꾀한다.

(4) 일상언어의 윤리학자들 가운데는, 도덕판단의 타당성 여부를 판가름함에 적용될 특수한 논리로서, "제 3 의 논리"를 생각하는 사람들이 있다. 사실에 관한 어떠한 판단들을 전제로 삼는다 할지라도, 그것으로부터 어떤 가치에 관한 판단이 연역적으로 또는 귀납적으로 풀려나오지는 않는다. 다시 말하면, 주어진 도덕판단을 연역법이나 귀납법으로써 논증할 도리는 없다. 그러나 일상언어의 윤리학자들은, 도덕판단을 정당화하기 위하여 제시되는 '이유'들 가운데는 적합성이 있는 것과 없는 것과의 구별이 있다고 믿는다. 즉 이치에 맞는 '이유'와 그렇지 못한 '이유'가 있다고 생각한다. 그러나 여기서의 '이치'라는 것은 연역논리나 귀납논리와 같은 것일 수는 없다. 그렇다면 윤리학적 사고를 지배하는 특수한 논리, 이를테면 "제 3 의 논리"가 있다고 볼 이유가 있다. 그러나 그 제 3 의 논리가 어떠한 성질의 것인지 분명히 규명해 준 사람은 아직 알려지지 않았다.

이상에서 우리는 일상언어의 철학자들의 윤리설의 일반적 경향을 간략하게 살펴보았다. 앞으로는 이 새로운 학설을 좀더 구체적으로 살피기 위하여, 우리는 그들의 대표자 한 사람에게 관심을 집중하기로 한다. 우리의 선택을 받은 이는 Richard Mervyn Hare이다.

Ⅱ. 規定的 言語 : 命令과 價值判斷

Richard M. Hare(1919～1997)는 옥스퍼드의 중견 철학자의 한 사람으로서 많은 업적을 남겼다. 그가 30세 때에 발표한 논문 "명령문"(Imperative Sentences, 1947)은 분석적인 윤리학자로서의 그의 존재를 알렸으며, 또 하나의 논문 "의지의 자유"(Freedom of Will, 1951)를 거쳐서 단행본 「도덕의 언어」(*Language of Marals,* 1952)를 내기에 이르러, 그의 위치는 확고한 것이 되었다. 앞으로 소개되는 Hare의 윤리사상은, 여기 말한 그의 단행본에 의거한 것이다.

윤리학을 "도덕의 언어에 관한 논리적 연구"라고 보는[53] Hare는 도덕적 언어의 분석을 그의 저서 「도덕의 언어」 전권에 걸치는 주제로 삼고 있다. Hare에 따르면 행위의 문제가 날로 심각해 가는 오늘날에 있어서, 도덕적 언어에 대한 이해는 매우 절실하게 요구된다. 도덕에 관한 문제의 제기 및 이 문제에 대한 해답은 모두 그 언어를 통하여 이루어지기 때문이다. 도덕적인 언어에 대한 그릇된 이해로 말미암아, 이론에 있어서뿐만 아니라, 실천에 있어서도 여러 가지 불필요한 혼란이 생겼으니, 도덕적 언어에 대한 올바른 이해는 윤리학에 있어서 기본적 과제가 아닐 수 없다는 것이다.[54]

도덕적 언어(moral language)는 규정적 언어(prescriptive language)의 일종이다. 이에 Hare의 분석은 우선 규정적 언어의 특색을 비규정적 언어와의 비교를 통하여 밝히고, 다음에 규정적 언어 가운데서 도덕적 언어만이 가진 특색을 탐구하는 순서를 취한다. 즉 우선 유개념(genus)을 밝히고 다음에 종차(specific difference)를 묻는, 저 오래된 방법을 따르는 것이다.[55]

규정적 언어 가운데서 가장 단순한 구조를 가진 것은 명령문이다. 명령문은 규정적 언어의 논리와 작용을 비교적 단순한 형태로 드러낸다. 따라서 규정적 언어의 특색은 명령문의 분석을 통하여 비교

---

53) R. M. Hare, *The Language of Morals,* Oxford, 1952, 서문, p. i.

54) *Ibid.,* pp. 1～2.

55) 언어에 관한 Hare의 분류를 우리는 다음과 같은 도표로 나타낼 수 있을 것이다.

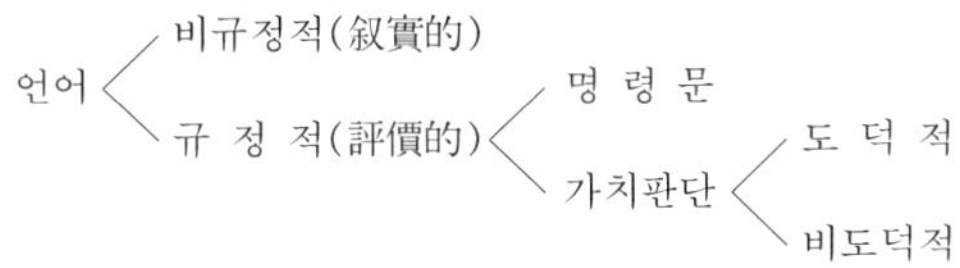

적 수월하게 밝힐 수 있을 것이다. 이에 도덕적 언어에 대한 Hare의 연구는 명령문의 분석을 그 출발점으로 삼는다.

Hare는 명령적 발언의 특색을 밝히려는 목적을 위하여, 이 종류의 발언에 관한 다른 학자들의 견해를 부정적 매개로 삼는다. 다시 말하면, 다른 사람들의 학설에 대한 비판을 통하여 자기 자신의 견해에로 접근해 간다.

명령적 발언 내지 규정적 발언 일반에 관해서 양극으로 대립하는 두 가지 견해가 있다. 그 하나는 명령적 발언의 의미를 보통 서술적인(indicative) 발언 즉 사실판단에로 옮겨 놓을 수 있다고 보는 이른바 자연론자(naturalist)들의 견해요, 다른 하나는, 명령문은 단순히 발언자의 감정 내지 소망을 표현하는 기호에 불과한 것으로서, 거기 정상적인 뜻의 '의미'(meaning)를 찾아볼 수 없다고 보는 이모우티비스트의 견해이다. 전자가 규정적 언어와 비규정적 언어와의 차이점을 무시하는 견해라면, 후자는 이 두 가지 언어의 공통점을 무시하는 견해라 하겠다. Hare는 이 두 가지 견해가 모두 명령적 발언 내지 규정적 언어 일반의 본질을 제대로 이해하지 못한 편견이라고 비판한다. 이 두 극단을 모두 물리치는 Hare의 견지는 당연히 절충적 내지 종합적 성격을 띠는 것이며, 이 점에 있어서 우리는 Hare와 Stevenson의 거리가 그리 멀지 아니할 것을 짐작한다. 그러나 세부에 이르러서는 이 두 분석학자들이 견해를 달리하는 바도 있음은 차차 밝혀질 것이다.

명령적 발언의 의미를 서술적 판단으로 번역하려는 자연론적 시도의 가장 일반적인 것은, 명령적 발언의 의미가 그 발언자의 어떤 심리를 표현 내지 전달하는 가운데서 성립한다고 보는 해석이다. 예컨대, "문을 닫아라"(shut the door)는 명령은 "나는 네가 문을 닫아 주었으면 좋겠다"(I want you to shut the door)는 말로 옮겨 놓을 수 있다고 보는 경우와 같이. Hare에 따르면, "나는 네가 문을 닫아 주었으면 좋겠다"는 발언이 단순히 발언자의 심리상태를 전달하는 사실판단이라고 보는 생각부터가 잘못이다. 이 발언은 형식상으로는 하나의 서술적 발언(indicative utterance)임에 틀림이 없으나, 그 내용인즉 공손하게 표현된 일종의 명령에 가까운 것이기 때문이다.[56] 비록 이 점을 문제삼지 않고 "나는 네가 문을 닫아 주었으면 좋겠다"는 말이 발언자의 심리상태를 전하는 사실판단이라고 인정한다 치더라도, 명령문을 사실판단으로 옮기려는 시도가 성공할 수 없음은 명백하다. 왜냐하면 "문을 닫아라"는 발언에 있어서 얘기거리가 되고 있는 것은 어디까지나 '문을 닫음'이요, '나의 심리상태'는 아니기 때문이다.[57]

명령적 발언을 서술적 판단으로 옮기려는 또 하나의 시도는, H. G. Bohnert가 암시하는 것으로서 명령문을 가언적 명제로 풀어 보려는 그것이다. 예컨대, "문을 닫아라"는 "만약 문을 닫지 않으면 X라는 사태가 일어날 것이다"와 같은 뜻이라고 보는 견해이다. (이 때 X는 어떤 좋지 못한 사태를 대표하는 기호이다.) 이 해석은 문제의 명령적 발언의 목적이 뚜렷할 경우에는 그럴 듯하다. 가령 "문을 닫아라"하고 명령하는 이유가 먼지를 막고자 함에 있음이 확실한 경우에는 "문을 닫아라"를 "만약 문을 닫지 않으면 먼지가 들어올 것이다"의 뜻으로 푸는 것은, 엄밀하게 따지면 비록 무리가 있다 할지라도, 어느 정도 근거가 있는 해석이라 하겠다. 그러나 명령적 발언의 목적이 애매할 경우에는 Bohnert식의 해석은 전혀 무력한 주장으로 판명된다. 예컨대, "아버지께 내가 전화 걸더라고 여쭈어라"의 경우와 같이.[58]

명령적 발언을 서술적인 그것으로 고치고 싶은 유혹의 근원은, 후자가 확실한 섬증가능성(verifiability)을 가졌다는 믿음에 있으며, 이 믿음이 논리적 실증주의자들의 "의미의 검증가능성에 관한 학설"

56) R. M. Hare, *The Language of Morals,* Oxford, 1952, p. 6.
57) *Ibid.,* p. 6.
58) *Ibid.,* pp. 7～8.

에 의하여 크게 강조되었음은 두루 알려진 바와 같다. 그러나 Hare에 따르면, 저 '검증가능성'의 이론을 무작정 명령문이나 도덕판단에 적용하여 함부로 이를 '무의미'(meaningless)한 발언이라고 단정함은 잘못이다. 대체로 논리적 실증론자들은 '의미 있는'(meaningful)이라는 말을 가당찮이 좁게 해석함으로써 그들의 이론을 정당화했던 것이다.

Carnap이나 Ayer 같은 논리적 실증론자들에 따르면, 명령적 발언 내지 규정적 언어 일반의 기능은 듣는 사람의 행동 내지 감정에 인과율적 영향을 미치는 일이다. 그러나 Stevenson도 가담한 이 학설은, Hare에 따르면, 마땅히 구별해야 할 두 가지 사실을 혼동하고 있다. 즉 그것은 누구에게 무엇을 하라고 이르는 것(*telling* someone to do something)과 누구로 하여금 무엇을 하도록 만드는 것(*getting* someone to do something)을 구별 못하는 오류를 범하고 있다. 명령적 내지 도덕적 발언의 본래의 기능은 무엇을 하라고 이르는 데 있는 것이요, 하도록 만드는 데 있는 것은 아니다. 우리는 보통 처음엔 남에게 어떻게 하라고 이른다. 그래도 그가 이른대로 하지 않을 경우에, 비로소 그로 하여금 그렇게 하게끔 만들기를 시도한다. 그리고 이 두 가지는 근본이 서로 다른 과정이라는 것이 Hare의 요점이다. 첫째 과정은 일종의 알림이요, 둘째 과정은 Stevenson이 말한 설득이다. 전자는 주로 듣는 이의 지성에 호소하는 것인데, 후자는 그렇지 않다는 차이가 있다. 요컨대 명령적 발언도 그 본래의 뜻이 남에게 무엇을 알림에 있으며 남을 움직이고자 꾀함에 있지 않은 점에 있어서, 서술적 언명과 다를 바가 없다는 것이다. "명령(commands)도 …언명(statements)과 마찬가지로, 이성적 행위자가 묻는 물음에 대답하고자 함에 그 본래의 뜻이 있는 것이며, 언명과 마찬가지로 논리적인 규칙에 의하여 지배되는 것"이라고 Hare는 말하고 있다.[59)]

Hare에 따르면, 명령의 언어와 서술적(indicative) 발언에는 서로

59) *Ibid.*, pp. 15~16.

공통된 일면과 서로 다른 일면이 있다. 가령 "문을 닫아라"는 명령과 "너는 지금 문을 닫으려 하고 있다"는 언명과를 비교해 보라. 저 명령과 이 서술은 모두 "네가 지금 곧 문을 닫으려 함"이라는 동일한 사태 내지 주제에 언급하고 있다는 점에 있어서 공통적이다. 그러나 이 공통의 주제에 대하여 두 발언이 주장하는 바는 각각 다르다. 즉 전자는 주제의 사태가 현실화하기를 부탁하는 발언이요, 후자는 그 사태가 현실적임을 긍정하는 발언이다. 이 점을 알기 쉽게 설명하려는 뜻에서 Hare는 다음과 같은 표현의 양식을 안출하였다.[60]

> 문을 닫아라. = 네가 지금 곧 문을 닫으려 함, 부탁한다(please).
>
> 너는 지금 문을 닫으려 하고 있다. = 네가 지금 곧 문을 닫으려 함, 그렇다(yes).

여기서 Hare는 새로운 전문적 술어를 지어냈다. 즉 "네가 지금 곧 문을 닫으려 함"이라는 구절이 대표하는 공통된 부분을 '프래스틱'(*phrastic*)이라 부르고, "부탁한다" 및 "그렇다"로 표현되는 서로 다른 부분을 '뉴우스틱'(*neustic*)이라는 말로 부르자고 제언한다. 이 두 새 말은 각각 '지적한다'와 '수긍한다'를 의미하는 희랍말에 기대어 만든 것이라고 설명하면서,[61] 명령적 발언과 서술적 발언의 차이는 '프래스틱'에서는 찾아볼 수 없는 까닭에, 그 차이를 뚜렷이 파악하려면 '뉴우스틱'에 주의를 기울여야 한다. 그리고 이 차이는 명령적 발언 및 서술적 발언을 듣는 이가 받아들일 경우에, 그 동의가 무엇을 의미하는가를 비교할 때 더욱 명백해진다. 즉 "부탁한다"는 '뉴우스틱'을 가진 명령에 대한 동의는 어떤 행동(doing)을 약속하는 것이요, "그렇다"라는 '뉴우스틱'을 가진 서술적 언명에 대한 동의는 사실에 관한 믿음(believing) 내지 소견을 피력하는 것이다.

---

60) *Ibid.*, pp. 17～18 참조.
61) *Ibid.*, p. 18.

한편 명령적 발언과 서술적 발언은 그것들이 공통된 '프래스틱'을 가지고 있는 까닭에, 그 '프래스틱'에 관련된 그 밖의 여러 가지 공통점을 가지고 있다. 그 공통점의 하나는, 서술적 발언에 현실적인 의미가 있는 것과 없는 것의 구별이 있듯이, 명령적 발언에도 그러한 구별이 있다는 사실이다. 예컨대 "절대자는 25시에 식사한다"와 "절대자에게는 25시에 식사를 시켜라"는 다같이 '무의미한' 발언이다. 그 이유는, 이 두 가지 발언이 공통으로 언급하고 있는 "절대자가 25시에 식사함"이라는 '프래스틱'이 현실적으로는 무의미하기 때문이다. 공통점의 또 하나는, 서술적 발언에 논리적인 모순을 품은 것과 품지 않은 것의 구별이 있듯이, 명령적 발언에도 그러한 구별이 있다는 사실이다. 예컨대 "높이가 5미터는 넘고 2미터는 안 되는 책장을 만든다"가 모순된 발언이듯이 "높이가 5미터는 넘고 2미터는 안 되는 책장을 만들어라"도 논리의 모순을 품은 발언이다. 이러한 공통점이 있음을 강조하는 Hare의 주장은, 명령문 내지 가치판단을 함부로 "무의미하다"고 몰아치는 이모우티비즘에 대한 비판을 포함하는 것이며, 명령문이나 가치판단에도 그 옳고 그름을 지적(知的)으로 또는 논리적으로 따질 수 있는 여지가 있음을 암시하는 것으로서 주목된다.

Ⅲ. 規定的 言語와 推理 : 規定的 結論의 타당성의 문제

앞 소절에서 우리는 명령적 발언에도 논리가 있다는 것을 보았다. 이 논리성의 유무는 윤리학적 인식의 가능성의 문제와 직결되는 중요성을 가진 것으로 생각된다. 만약 주어진 명령이 논리의 법칙을 어겼음이 판명되었다면, 우리는 그 명령의 타당성을 부인할 충분한 이유를 가질 것이다. 예컨대, "절대자에게 25시에 음식을 주어라"는 무의미한 명령이며, "높이가 5미터는 넘고 2미터는 못 되는 책장을 만들라"는 명령은 자기모순을 포함한다. '무의미한' 명령 또는 자가당

착의 명령이 타당성을 가질 수 없음은 그것들이 절대로 실천에 옮길 수 없는 명령이라는 사실만으로도 명백하다. 그리고 실천이 불가능한 명령들 가운데는 위에서 예든 것과 약간 성질이 다른 종류의 것도 있다. 비록 명령하는 발언 그 자체 내부에는 논리의 모순이 없다 할지라도, 명령과 그 명령이 언급하는 현실의 상황 사이에 모순이 있을 경우도 실천이 불가능한 부류에 속한다. 예컨대 이미 문이 닫혀 있는데 "문을 닫아라"고 명령할 경우와 같이. 또 "1000년을 살아라," "100미터를 5초 이내에 뛰어라"와 같은 명령도 이 부류에 넣을 수 있을 것이다.

그러면 위에서 말한 뜻으로 '무의미'하지도 않고, 또 논리의 모순도 포함하지 않았으며, 그 밖에 어떠한 뜻으로도 실천이 불가능하지 않은 명령들은 모두 타당성을 갖는 것일까? 물론 아니다. 이상에 말한 바는 명령이 타당성을 갖기 위하여 필요한 조건에 관한 이론이요, 충분한 조건에 관한 이론은 아니다. 문제는 그 충분한 조건이 무엇이며, 그 충분한 조건을 만족시킬 수가 있느냐 없느냐에 있다. 여기서 우리는 명령적 발언의 추리(inference)에 관한 Hare의 분석에로 옮겨갈 단계에 섰다.

이 추리에 관한 Hare의 분석은 다음 두 개의 기본 명제를 출발점으로 삼는다:

(1) 전제들 가운데 적어도 하나의 명령이 포함되어 있지 않은 한 그로부터 명령적 결론을 이끌어 내지 못한다.[62]

(2) 어떠한 판단도 그것이 무엇인가 명령하는 내용을 포함하지 않을 경우에는 도덕판단이 아니다.[63]

첫째 명제는, "전제에 없는 것을 결론 속에 끌여들일 수 없다"는

62) *Ibid.*, p. 28.
63) *Ibid.*, p. 31 참조.

일반 논리학의 원칙에 의하여 정당화된다. 그리고 둘째 명제는 '도덕판단'이라는 말의 뜻 속에 본래 포함된 상식이다. '도덕판단'이라는 말에도 물론 다양성이 있다. 그러나 이 말을 어떠한 뜻으로 이해하더라도, 그 속엔 반드시 "무엇을 해야 할 것인가?"라는 실천적 물음에 대답하는 기능을 포함시키지 않을 수 없다는 것이 Hare의 생각이다. 그리고 "무엇을 해야 할 것인가"에 대답하는 모든 발언이 넓은 의미의 명령적 언어의 범주 가운데 속함은 물론이다.

선제 가운데 명령적인 요소가 전혀 없으면 명령적 결론을 얻을 수 없으며, 명령적 요소를 포함하지 않은 발언은 도덕적 판단이 될 수 없다는 두 가지 원칙에서 연역되는 필연적 귀결은, 사실판단만 가지고는, 그 사실판단이 아무리 여럿이고 또 정확한 것일지라도, 주어진 도덕판단의 충분한 타당 근거가 될 수 없다는 기본적 명제이다. 상식은 흔히 사실판단에서 명령 내지 가치판단이 추리된다고 생각한다. 가령 "이렇게 빨리 한참만 몰면 이 자동차의 스프링은 부러진다"라는 전제에서 "자동차의 속력을 늦추어라"는 결론이 나오고, "양심을 속이면 피차가 불행하게 된다"로부터 "양심을 속여서는 안 된다"는 도덕판단이 추론된다고 생각한다. 그러나 이러한 결론은 "스프링을 부러뜨리지 않으려면" 또는 "피차의 불행을 원치 않는다면"이라는 가언적 조건을 전제로 삼을 경우에만 타당성을 갖는다. 상식이 위에 말한 바와 같은 추론이 가능하다고 생각하는 이유도, 이러한 가언적 조건을 암암리에 전제하는 것이 바로 상식의 견지라는 사실에 있다.

하나의 사실판단에 입각하여 가언적 명령 내지 가치판단을 이끌어 내는 추론은 일반적 삼단논법의 형식으로 고칠 수가 있다. 예컨대,

자동차의 속도가 지나치면 스프링이 부러진다.

∴ 자동차의 스프링을 부러뜨리지 않으려면, 속도가 지나쳐서는 안 된다.

라는 가언적 추리를 다음과 같은 형식으로 고칠 수 있다.

자동차의 스프링을 부러뜨려서는 안 된다.
속도가 지나치면 스프링이 부러진다.
∴ 지나친 속도로 자동차를 몰아서는 안 된다.

요컨대, 가언적 조건이 바로 대전제의 구실을 하는 것이다. 따라서 명령 내지 도덕판단을 정당화하는 문제는 바로 저 대전제를 어떻게 정당화할 수 있느냐는 문제가 되고 만다. 지금 우리가 들은 예의 대전제는 보다 큰 다른 대전제 예컨대 "생명과 건강을 존중해야 한다"에 의하여 정당화될 수 있을 것이다. 그리고 이 보다 큰 대전제는 또 그보다도 더욱 근본적인 대전제에 의하여 정당화될 수 있을 것이다. 그러나 이러한 과정을 아무리 거슬러 올라간다 하더라도 결국 또 하나의 정당화를 기다리는 새로운 기본 대전제는 언제나 하나 남는다. 이 마지막 대전제의 타당성을 무엇으로 증명할 것인가?

어떤 경험적인 사실판단을 근거로 삼고 이 마지막 대전제의 타당성을 증명할 수 있다고 믿은 것이 자연론적 윤리학자들이었다. 어떤 초자연적인 사실판단을 근거로 삼고 그 타당성을 증명할 수 있다고 믿은 것은 형이상학적 윤리학자들이었다. 그러나 자연론적 윤리설과 형이상학적 윤리설이 모두 논리의 난점을 가졌음은, 이미 Moore의 "자연론적 오류"의 개념에 의하여 지적되었으며, 이어 모든 이모우티비스트와 일상언어의 철학자들에 의하여 공격을 받았다. 그리고 이들의 공격은, "전제 속에 없는 요소를 결론 안에 끌어들일 수 없다"는 기초적 원칙에 의하여 정당화되었다.

마지막 대전제를 정당화하는 또 하나의 방법은 직각론자들의 그것이다. 자연론자들의 방법을 귀납적이라고 말한다면, 이 직각론자들의 그것은 연역적이라고 말할 수 있을 것이다. 윤리학에 있어서 저 귀납적 방법의 적용을 거부한 Hare는 이 연역적 방법의 적용도 역시 거부한다. Descartes식의 합리론적 인식론을 배경으로 삼는 직각론적 윤리설이 많은 경험론자들에 의하여 여러 모로 비판되었음은 두루 알려진 사실이다. 따라서 Hare가 연역적 윤리학을 물리쳤다는 사실 그 자체에는 아무런 새로움도 없다. 그러나 Hare의 이 점에 대한 비판은 매우 치밀하고 힘찬 내용을 가졌으므로, 여기 그 대강을 소개함은 결코 무의미하지 않을 것이다.

윤리학적 최고원리는 자명한 진리라는 기본전제에서 출발하는 직각론에 대한 Hare의 비판은 두 개의 요점을 포함한다. 그 첫째 요점은 개별적 행위의 문제에 대한 해답이 자명하기에 앞서서 보편적 행위의 원리가 자명할 수 있다는 것은 조리에 어긋난 생각이라는 것이다. 예컨대 지금 내가 놓여 있는 이 상황에 있어서, 거짓말을 할 것인지 바른말을 할 것인지 결정을 못하고 망설일 정도라면, 어떻게 "어떠한 경우에도 거짓말을 해서는 안 된다"는 보편적인 원칙이 나에게 자명할 수 있겠느냐는 것이다. 보편적인 원리를 표명하는 전칭판단(全稱判斷)은 그 안에 무수한 특칭판단(特稱判斷)을 포함한다. 따라서 그에 포함된 어떤 단 하나의 특칭판단에 의심을 갖는 것도 저 전칭판단을 의심하는 뜻을 갖는다. 이 점으로 보더라도, 개별적인 경우가 해결되기에 앞서서 보편의 원리가 자명할 수 없음은 당연한 논리가 아니냐고 Hare는 비판하고 있다.[64)]

직각론적 윤리설에 대한 Hare의 비판의 둘째 요점은, 직각론자들이 주장하는 '자명성'(self-evidence)의 개념의 분석을 통하여 전개된다. 어떤 윤리학적 원리가 '자명하다' 할 때, 그 '자명하다'는 말은 '받아들이지 않을 수 없다'는 뜻일 것이다. 그리고 '받아들이지 않을 수 없다'는 말은 두 가지 뜻으로 해석된다. 첫째는 그 원리를 받아들이지 아니함은 자기모순을 포함하므로 그것의 배척이 논리적으로 불가능하다는 뜻이요, 둘째는 그것을 배척함이 현실에 있어서 심리적으

64) *Ibid.*, pp. 39～41.

로 불가능하다는 뜻이다.

그러나 어떤 원리의 배척이 논리의 자기모순을 포함한다면, 그 원리는 반드시 분석적인 명제가 아닐 수 없을 것이다. 왜냐하면 어떤 명제의 배척이 논리상 불가능하다 함은, 그것을 물리침은 그 명제에 사용된 언어의 일반적 용법에 어긋난다는 뜻이 아닐 수 없기 때문이다. 그런데 분석적 명제에는 아무런 내용도 없다. 다시 말하면, 거기에는 무엇을 어떻게 하라는 구체적인 지시가 들어 있지 않다. 그러므로 분석적 원리는 행위의 지침이 되어야 할 도덕적 원리로서의 구실을 할 수가 없다.[65]

다음은 주어진 도덕의 원리를 물리침이 심리적으로 불가능하다는 뜻으로 그 원리의 자명성이 주장될 경우이다. 그러나 Hare에 따르면, 심리적인 가능성 여부의 문제는 '우연적'(cotingent)인 문제이다. 갑에게는 물리침이 가능한 명제가 을에게는 불가능할 수도 있다. "분석적인 원리가 아닌 이상, 아무도 그것을 물리치지 못한다고 주장할 수 있는 원리는 없다."[66] 다시 말하면, 아무도 물리칠 수 없음이 '자명한' 원리라는 것은 있을 수 없다. 뿐만 아니라, 주어진 원리를 물리칠 수 있느냐 없느냐는 인간 심리의 사실에 관한 문제이다. "그리고 사실 또는 그것을 기록하는 서술적 문장으로부터 어떤 명령문을 이끌어 낼 수는 없다."[67] 이에 Hare는 어떠한 의미로도 "직각적으로 자명한 도덕의 원리"라는 것은 있을 수 없다는 단정에 도달한다.

사실에 관한 서술적 판단들을 전제로 삼고 규정적 결론에 도달하는 귀납의 길도 막히고, 또 명령적인 요소를 그 자체 속에 가지고 있는 '자명한' 도덕의 원리를 대전제로 삼고 구체적 행위의 규범을 이끌어내는 연역의 길도 막혔다면, 이성 내지 지정의 사업으로서의 윤리학은 절망적인 위협을 받는 것이 아닐까? '윤리학'이라는 학문이

65) *Ibid.*, pp. 41~42.
66) *Ibid.*, p. 42.
67) *Ibid.*, p. 42.

불가능하게 되는 것이 아닐까? 이모우티비즘에 철저한 학자들은 적어도 규범적인 윤리학의 가능성은 확실히 단념하였다. 그러나 일상언어의 윤리학자들은 대체로 윤리학적 탐구에 있어서의 인식적인 요소를 어느 정도 인정하고자 하는 경향을 가졌다. 그래서, 이미 언급한 바와 같이, 이 계통에 속하는 학자들 가운데는, Toulmin이 그렇듯이, 특히 윤리학적 추리에 적용되는 '제 3 의 논리'라는 것을 제창한 사람들이 있다. 엄밀한 의미로 말한다면 사실판단에서 가치판단을 이끌어 낼 수는 없다고 말할 수 있을 것이나, 좀 너그러운 의미로는 그러한 추리의 타당성을 인정할 수 있을 것이 아니냐는 주장이다. 예컨대, "모든 생명은 자기의 보존을 희구한다"와 "우리는 모든 생명을 존중해야 한다" 사이에서는, "나팔꽃은 아침에 핀다"와 "나팔꽃을 화분에 심어서는 안 된다" 사이에서는 찾아볼 수 없는, 어떤 논리의 연관성이 있지 않겠느냐? Toulmin은 사실적인 전제에서 평가적인 결론에로 넘어갈 수 있는 논리적 근거를 인정하고, 이러한 추리에 '평가적 추리'(evaluative inference)라는 이름을 붙였다.[68]

그러나 Hare는 이 '제 3 의 논리'의 성립을 긍정하지 않는다. 그는 명령적 요소를 포함하지 않은 전제들로부터 "어떻게 해야 할까"라는 실천적인 물음에 대한 해답을 얻는다는 것은 "어떠한 형식의 추론으로도——아무리 너그러운 의미의 추론이라도——불가능하다"는 견지를 고수한다.[69] Toulmin이 대표하는 '제 3 의 논리'의 학설이 용납될 수 없는 이유로서 Hare는 세 가지를 들고 있거니와, 그 중에서도 이 학설이 저지른 가장 중대한 오류는 "행위에 관한 추론을 고찰함에 있어서, 이 학설은 도덕의 본질에 속하는 인자를 간과했다는 사실"에 있다고 한다.[70] 그리고 그 본질적인 인자란 '결단'(decision)이

68) S. E. Toulmin, *An Examination of the Place of Reason in Ethics*, Cambridge(英), 1953, p. 38.
69) R. M. Hare, *op. cit.*, p. 46.
70) *Ibid.*, p. 54.

다. 우리가 행위를 다스리는 기준으로 삼는 도덕의 원리는 어떤 자명한 권위와 더불어 밖으로부터 주어진 것도 아니며, 또 인간 내지 인생에 관련 있는 여러 가지 사실에서 필연적으로 추리된 것도 아니다. 그것을 나의 도덕원리로서 선택하는 나의 주체적인 결단에 의하여 주어진 원리는 나의 도덕원리가 된다는 것이다.

Ⅳ. 原理와 決斷

우리가 일종의 생물이라는 사실은 우리로 하여금 항상 여하간의 행동을 할 것을 요구한다. 이 여하간의 행동은 부단히 받는 자극에 대한 반응이며, 생물학적 적응의 현상이기도 하다. 그런데 우리의 행동은 대체로 이미 가지고 있는 '행위의 원리'(principles of conduct)에 의거하는 것이 보통이다. 시시각각으로 요구되는 행동을 일일이 생각해서 결정할 수는 없다. 식사할 때, 자동차를 피할 때, 아는 사람을 만나 인사할 때, 그 밖에 일반적인 경우에 있어서, 우리는 거의 자동적으로 행동한다. 자동적으로 행동한다는 것은 어떤 '원리'에 의존하여 행동한다는 뜻이다. 우리는 그 '원리'를 뚜렷이 의식하지 않을지도 모르며, 자기가 의존하고 있는 원리를 말로써 설명 못 할 경우도 많다. 그러나 생각 끝에 어떤 새로운 행위의 길을 취하지 않는 한, 우리는 이미 가지고 있는 행위의 원리에 순응하고 있는 것이다.

만약 여기서 '행동'과 '행위'를 구별하여, 의지로써 좌우할 수 있는 행동만을 행위라고 부르기로 한다면, 모든 '행위의 원리'는 후천적인 학습의 결과라고 보는 것이 Hare의 생각일 것이다. 행위의 원리를 배우는 과정은 물론 의식적일 수도 무의식적일 수도 있으며, 남에 의해서뿐만 아니라 자기 스스로에 의해서 배울 경우도 있다. 행위의 원리가 학습의 결과라 함은 그것이 경험의 산물이라는 뜻에 지나지 않는다. 그리고 그것이 경험적 산물이라는 견해는, 도덕적 원리의 타당성의 문제가 난관을 포함할 것을 예상케 한다.

행위에 관하여 무엇을 배우고 가르칠 수 있다는 사실 그 자체가, 행위의 원리를 가짐이 필연적임을 암시한다고 Hare는 주장한다. 우리가 주어진 상황에서 어떻게 행위할 것인가를 배울 때, 우리는 비단 그 특정한 경우를 위한 대책만을 배우는 것이 아니라, 그와 본질이 같은 경우라면 언제나 그렇게 하라는 가르침이 그 속에 있다는 것이다. 어머니가 어린이에게 수저는 바른손으로 쥐라고 가르친다. 그러나 이것은 그 때만 그렇게 하라는 뜻이 아니다. 어떤 특수한 경우에만 국한되는 것이 아니라 같은 경우에는 언제나 적용되기를 암시하는 행위의 처방이라면, 그것은 곧 하나의 '원리'가 아닐 수 없다. "그러므로 원리가 아니고서는 우리는 선배들로부터 아무것도 배우지 못한다."[71]

저자가 보기에는, 비록 Hare 자신은 이 점을 강조하지 않으나, 행위의 원리를 가짐이 모든 사람에게 필연적이라는 사실은 윤리학적으로 중요한 뜻을 갖는다. 왜냐하면 행위의 원리, 따라서 도덕의 원리가 필요치 않다는 도덕 무용론이 근거를 잃는 동시에, 규범윤리학의 문제는 "어차피 가져야 할 도덕의 원리들 가운데서 어떠한 원리 또는 원리들의 체계를 가질 것이냐"는 선택의 문제에로 국한될 것이기 때문이다. 행위 및 행위의 원리의 필연성이 윤리학에 대하여 갖는 의의에 관하여는 좀더 구체적인 설명이 필요할 것이다. 그러나 이 점은 다음 결론의 장에서 다시 고찰할 생각이므로, 우선은 우리의 당면한 화제에로 돌아가기로 한다.

Hare에 따르면, 모든 행위의 원리는, 흔히 "직각적으로 자명하다" 하는 도덕의 원리에 이르기까지, 경험을 통해서 배우는 것이다.[72] 그리고 숱한 경우에 있어서 우리는 선조 또는 선배들이 발견한 원리

71) *Ibid.*, p. 61.
72) *Ibid.*, p. 64.

들을 물려받는다. 그러나 문화적 유산의 핵심을 이루고 세대에서 세대에로 계승되는 행위의 원리가 최초로 발생하는 사정은 어떠할까? 인류의 역사에 앞서서 그러한 원리가 선천적으로 주어져 있다는 생각은 Hare가 처음부터 배척한 견해였다. 그렇다면 최초의 행위의 원리가 발생하는 것은 역시 인간 스스로의 힘에 달렸다고 밖에 볼 수 없다. 그런데 인간은 이미 밝혀진 사실판단을 전제로 삼는 **추리의 과정**을 통하여 행위의 원리를 지어낼 수는 없다. 사실에서 가치를 이끌어 낼 수 없기 때문이다. 그렇다면 인류의 조상은 처음에 어떻게 행위의 원리의 소유자가 되었는가? '**결단**에 의해서'라고 Hare는 대답할 것이다.

'결단'에 의하여 최초의 행위의 원리가 생기는 사정을 설명하기 위하여 Hare는 전혀 아무런 행위의 원리도 갖지 않은, 그러나 행위들의 결과에 대해서는 비상한 선견의 명(明)을 가진, 특수한 인물을 가상하고 있다. 이러한 사람이 몇 가지 행위 사이에서 어떤 하나를 선택해야 할 사정에 놓였다고 가정하자. 그에게는 자동적으로 의거할 수 있는 기성의 원리는 없다. 그러나 그는 주사위를 던지듯이 아무 길이나 닥치는 대로 택하지는 않을 것이다. 그는 자기가 취할 수 있는 몇 가지 행위들 각각의 결과를 예상할 것이다. 그리고 그 결과들의 비교를 근거로 삼고 하나의 길을 택하기로 **결단**할 것이다. 아무 길도 택하지 않을 수는 없다. 모든 적극적인 행위를 보류하는 것도 일종의 선택이요, 그 선택을 의식적으로 긍정하는 한 그것도 하나의 **결단**이다. 사람은 반드시 행동해야 하며, 그 행동에 의지가 참여할 경우에는 언제나 조만간 하나의 결단을 내려야 한다. 그리고 숙고 끝에 하나의 결단을 내릴 때, 그것은 그 개별적인 행위에 관한 결단에 그치는 것이 아니라, 그것은 같은 사정 아래서는 언제나 그렇게 하겠다는 뜻을 포함한다. 다시 말하면, **숙고를 거친 행위의 결단**은 어떤 행위 하나만의 결단에 그치는 것이 아니라, 행위의 **원리**에 관한 결단이다. "전혀 무작정한 경우를 … 제외한다면, 모든 결단은 어느 정도

원리의 결단이다.[73] 그리고 이와 같은 결단은 여러 가지 사정과 그 사정 속에서 취해질 행위가 빚어낼 결과를 고려한 끝에 내려지는 것인 까닭에, 아무런 근거도 없는(ungrounded) 결정 또는 아무렇게나 닥치는 대로의(arbitrary) 결정이라고 볼 수 없는 것이라고 Hare는 주장한다.[74] 결단의 '근거'(ground)를 논하는 것은 결단의 타당성이 문제될 수 있음을 암시하는 것이며, 엄밀한 의미의 윤리적 인식을 단념한 Hare가 그런대로 윤리적 사고 속에 지성적 요소를 인정하고자 하는 태도로서 주목된다.

하나의 결단으로써 행위의 원리를 선택하는 것은 물론 역사의 시초에 있어서뿐만은 아니다. 우리는 부단히 스스로 결단해야 할 필요에 부딪친다. 그 이유의 첫째는 "실제에 있어서 타인에 의하여 무엇을 배울 수 있는 범위에는 한계가 있기" 때문이다.[75] 우리가 당면하는 상황은 천차만별한 까닭에, 가능한 모든 경우를 망라할 할 수 있을 정도로 숱한 원리를 타인의 국한된 경험에 의거한 가르침에 의하여 배울 수는 없다. 예컨대 자동차 운전을 배우는 사람은 전문가들로부터 여러 가지 경험과 연구의 성과를 물려받는다. 그러나 전문가들의 가르침이 운전자가 부딪칠 모든 사태에 미칠 수는 없다. 특수한 사태에 처했을 때, 운전자는 이를테면 응용 문제에 부딪친 학생과 같이 처리해야 한다. 즉 이미 선생에게서 배운 원칙에 의거하되 약간은 자기 스스로의 의사를 구사해야 하는 것이다. 교과서에 기록되지 않은 새로운 사태를 극복하기 위하여 스스로 결단을 내려야 하는 것이다. 또 우리는 일반적인 경우에는 관습 내지 습관을 따라서 만나는 사람들에게 인사한다. 그러나 특수한 경우에는 인사를 할까 말까 망설인 끝에 좌우간의 태도를 취하는 수가 있다. 이것도 조그만 일이긴 하지만 하나의 결단임에는 틀림이 없다. 도덕의 문제에 있어서도 마

73) *Ibid.*, p. 65.
74) *Ibid.*, p. 58.
75) *Ibid.*, p. 61.

찬가지다. 우리는 수없이 많은 새로운 사태에 처하며, 그럴 때마다 스스로의 결단이 요구된다.

우리로 하여금 스스로 결단하기를 촉구하는 둘째 이유로서 Hare 자신이 언급하지 않은 또 하나의 사정을 생각할 수 있다. 인간은 창조적인 활동을 통하여 발전해 가는 행위자라는 사실에 관련된 사정이다. 인생의 문제적인 상황 가운데서 우리들의 선조와 선배들이 수립한 행위의 원리는 반드시 최선의 것으로만 생각되지 않는다. 예술가들이 새로운 창작의 수법을 모색하듯이, 도덕에 관심이 깊은 행위자들은 항상 보다 나은 삶의 길을 찾아서 애쓴다. 그리고 다른 사람들의 발자국이 나지 않은 새로운 길로 내딛는 한 걸음 한 걸음은, 내 스스로가 내리는 결단의 기록인 것이다.

원리와 결단은 그러나 서로 완전히 분리될 수 있는 두 가지 단계가 아니라고 Hare는 주의한다. 밖으로부터 배운 원리에 의하여 일정한 지점까지 처리하고, 그 원리로써는 해결되지 않는 나머지 부분은 결단이 담당한다는 식으로 나누어 생각해서는 안 된다. 도리어 결단과 원리는 항상 밀접히 서로 관련한다.[76] 결단은 원리의 결단이요, 원리는 결단의 산물이기 때문이다.

행위의 원리는 숙고에 입각한 결단의 산물이다. 따라서 행위의 원리의 타당성 여부의 문제는 관계한 숙고의 타당성의 문제에로 귀착할 것이다. 결단의 토대가 된 숙고는 그 결단의 이유가 되는 것이며, 그것은 현사태와 장차 생길 결과에 관한 사실판단들로서 구성된다. 사실판단인 까닭에 그 진위는 과학적인 검증이 가능하다. 검증의 결과 그 숙고가 거짓된 인식을 포함함이 판명된다면, 우리는 그것을 토대로 삼고 이루어진 결단 내지 행위의 원리가 다당성을 잃었디고 판정할 수 있을 것이다. 결단의 토대가 된 '이유'들은 결단을 따르는 행위로써 이룩하고자 하는 목적이며, 행위의 원리의 내용을 구성하는

76) *Ibid.*, p. 65.

요소이기 때문이다. 스스로의 목적을 달성하지 못할 결단은 자기모순을 품은 결단이며, 내용의 일부에 그릇된 판단이 섞인 행위의 원리가 만족스러울 수 없음은 의심의 여지가 없다. 그러나 한편, 검증의 결과, 숙고한 바에 거짓된 판단이 없는 것으로 판명되었다 해서, 그것만으로 그 숙고를 토대로 삼는 결단 내지 원리의 타당성이 확립되는 것은 아니다. 사실판단들은 그 자체 아무리 옳다 하더라도 하나의 가치판단을 정당화하기에 충분한 조건이 될 수 없기 때문이다.

결단은 결단대로 따로 정당화되어야 한다. 그러면 Hare는 결단의 타당성의 문제를 어떻게 다루고 있는가? 목적론자들은 행위의 결과가 결단을 정당화한다고 주장하며, 법칙론자들은 행위의 원리 그 자체의 자명한 타당성이 그것을 정당화한다고 주장한다. 또 Toulmin 같은 일부의 학자들은 결단을 정당화하는 마지막 근거를, 그 결단이 지지하는 원리를 언제나 준수함으로써 얻게 될 결과에 구하고 있다. 그러나 Hare에 따르면 어느 하나의 길만이 결단을 정당화하기에 합당한 길이라는 주장은 잘못된 생각이다. 실제에 있어서 어떤 결단의 타당근거를 밝히라고 요구되었을 때, 그 요구에 최선을 다하여 응하기 위해서는, 우리는 그 결단의 결과와 그 결단이 지지하는 원리에 관하여 샅샅이 설명하는 동시에, 그 원리를 일반적으로 준수함으로써 얻을 결과에까지 언급해야 한다.[77] 그리고 한 걸음 더 나아가서, 그러한 결과들과 원리들의 중요성의 근거를 밝히라고 요구한다면, 우리는 결국 그러한 결과와 원리의 존중을 포함하는 인생관의 체계 전체를 들고 나와야 할 것이다. 그러나 만약 상대편이 바로 그 인생관 자체의 타당 근거가 무엇이냐고 추궁한다면 무엇이라 대답할 것인가? "하지만 그렇게 살아야 할 이유가 무엇이냐?"고 묻는다면 무엇이라 응답할 것인가? 그 이상은 대답할 길이 없다고 Hare는 단정한다. 대답을 위하여 할 수 있는 모든 말을 한 다음에도 또 그 이상의 설명을

77) *Ibid.*, pp. 68~69.

요구한다면, "우리는 오직 그에게 어떠한 삶의 길을 걷고자 하는가 스스로 결심해 보라고 요청할 수 있을 뿐이다. 왜냐하면 결국 모든 것은 이와 같은 결심에 달려 있기 때문이다."[78] 인생의 마지막 결단은 각자 스스로가 내리는 것이며, 이 마지막 결단을 논리적으로 빈틈없이 떠받들 수 있는 충분한 이유는 없다. 한 가지 분명한 사실은 아무도 이 인생의 마지막 결단을 거부할 수 없다는 현실이다. 나의 마지막 결단에 대하여 누가 만약 타당성이 없다고 비판한다면, 나는 그에게 '타당한' 원리를 대신 제시하라고 할 것이며, 그가 입으로 제시한 원리와 그가 행동으로 선택하는 원리가 진실로 일치하는가 않는가를 주의 깊게 바라볼 것이다.

결단으로 선택된 인생의 마지막 원리가 엄밀한 증명을 거부한다는 이유로 이 마지막 원리를 "근거 없는 것"이니 "아무렇게나 닥치는 내로의 것"이라고 말하는 것은 타당치 않다고 Hare는 주장한다. 결단이 의거할 수 있는 모든 사정을 충분히 고려한 끝에 내려진 결단이라면, 그것은 충분히 근거 있는 결단이라고 보아야 한다는 것이다.[79]

V. 價値言語의 意味와 評價의 基準

명령적 발언의 논리적 특색을 분석한 다음에, Hare는 평가적 언어의 의미를 살피는 일로 넘어간다. 평가적 언어의 분석을 위하여 Hare가 표본으로 뽑은 말은 '좋다'(good), '해야 한다'(ought), '옳다'(right) 등이다. Hare는 우선 '좋다'로부터 시작한다.

'좋다'라는 가치언어의 분석에 있어서 Hare가 출발점으로 삼은 것은 자연론적 정의에 대한 비판이다. 그의 비판은 Moore의 전통을 이어받은 것이며, 특히 Stevenson의 그것과 대동소이하다. Hare에

---

78) *Ibid.*, p. 69.
79) *Ibid.*, p. 69.

따르면 가치판단의 기본적 기능은 판단의 대상을 권장(commend)함에 있다. 예컨대, "이것은 좋은 그림이다"라는 판단은 그 그림이 가진 여러 가지 성질들을 지적하기 위한 것이라기보다는, 그 그림을 권장하기 위한 것이다. 그러나 자연론자들의 정의를 따라서, "이것은 좋은 그림이다"를 "이것은 A · B · C…의 성질을 가진 그림이다"라고 번역한다면, 이 그림을 권장하는 의미가 자취를 감추고 만다. 따라서 자연론적 정의는 부적당하다는 결론이 된다.

만약 '좋음'이 여러 가지 성질들의 종합으로 이루어진 일종의 복합성질(complex property)이 아니라면, 예컨대 '좋은 딸기'의 '좋음'이 "달고, 향기롭고, 싱싱하며, 크고, 붉은" 따위의 여러 성질들의 종합이 아니라면, 그것을 어떤 단순성질(simple property)—'붉음'(redness)과 같은 성질에 견줄 수 있는 단순한 성질—이라고 보는 것은 어떨까? Hare는 이 견해도 받아들일 수 없다는 결론을 얻는다.[80] 좋음을 단순성질이라고 볼 수 없음을 밝히기 위하여, 그는 '좋다'는 말과 '붉다'는 말을 비교한다.

'좋다'는 말도 '붉다'는 말과 마찬가지로 여러 가지 대상에 적용될 수 있다. 좋은 집, 좋은 책, 좋은 시계, 좋은 사람 등등. '좋다'는 하나의 낱말이 이 여러 가지 종류의 사물들에게 고루 적용될 수 있다는 것은, 이 말이 여러 가지 적용에 있어서 공통된 의미를 가지고 있다는 증거로 볼 수 있을 것이다. 그렇다면 '좋다'는 말이 공통으로 지칭하는 어떤 공통의 성질이 있는 것이 아닐까? 마치 '붉은 꽃', '붉은 사과', '붉은 입술', '붉은 하늘'에 '붉음'이라는 공통의 성질이 있듯이. 그러나 Hare에 따르면, '붉다'는 말에 관하여 적용되는 논리가 '좋다'는 말에까지 원용될 수는 없다. 이 두 가지 낱말 사이에 본질적인 차이가 있다. Hare는 우선 '붉다'는 말을 외국인에게 가르치는 방법부터 고찰하기 시작한다.

---

80) *Ibid.*, p. 94f 참조.

우리 나라의 말을 전혀 모르는 외국인에게, 그 외국인의 모국어를 전혀 모르는 내가 '붉다'는 말을 가르치자면 어떻게 할 것인가? 나는 그에게 인주, 익은 사과, 소방차 등을 가리키며, "이것은 붉은 것이요," "저것도 붉은 것이요" 하고 말하는 한편, 스탬프 잉크, 익지 않은 사과, 경찰 백차 등 붉은 빛이 없는 물건을 가리키며, "이것은 붉지 않소," "저것도 붉지 않소" 하고 거듭할 것이다. 그리고 이러한 방법을 오래 쓰는 동안에 외국인은 '붉다'는 말의 뜻을 알기에 이를 것이다.[81] 이 때 외국인은 '붉다'는 말을 이해하기 위해서 잉크·사과·자동차 등에 관하여 아무런 지식도 가질 필요가 없다. 그에게 필요한 것은 오직 '붉음'이라는 단순한 성질을 지각할 수 있는 정상적인 감관뿐이다. 다시 말하면 봉사나 색맹이 아니면 족하다.

그러면 이와 같은 방법이 좋다는 말을 이해시키기에도 성공할 것인가? Hare의 대답은 부정의 방향으로 기울어진다.[82] 물론 나는 품질이 좋은 사과와 나쁜 사과, 고급 자동차와 싸구려 자동차 등을 비교해 보임으로써 '좋다'는 말을 이해시킬 수도 있을 것이다. 그러나 이것이 가능한 것은 그 외국인이 사과, 자동차 그 밖의 제시된 사물들에 대하여 어느 정도의 지식을 가지고 있을 경우에 국한된다. 다시 말하자면, 그 외국인 앞에 여러 개의 사과 또는 여러 대의 자동차를 제시하고 하나만 골라잡으라고 권했을 때, 선택의 기준에 관하여 어느 정도 지식이 있을 경우에만 앞에 말한 방법이 효과를 거둘 수가 있다. 가령 과학적인 기구에 대하여 전혀 아는 바가 없는 원시인 앞에 시계·카메라·자동차 등을 각각 두 가지 종류를 제시하고, '이것은 좋다', '저것은 나쁘다' 식으로 설명한다 해도, 그는 '좋다' 또는 '나쁘다'는 말을 이해하기에 이르지는 못할 것이다. 직관적으로 파악

81) *Ibid.*, p. 95.

82) 이 물음에 대한 Hare의 대답이 부정적임은 *Language of Morals*, p. 95 이하의 문맥 가운데서 찾아볼 수 있다. 그러나 이 점을 명백히 드러내서 말한 것은 아니며, 여기에 보탠 설명은 Hare의 견지에서 저자가 시도한 것이다.

할 수 있는 '좋음'이라는 성질을 거기 찾아볼 수 없기 때문이다.

선택의 기준을 아는 외국인에게 '좋다'는 말의 뜻을 알리기가 쉽다고 하였다. 그렇다면 '좋다'의 뜻을 가르치는 일과 '좋다'는 말을 적용할 수 있는 기준을 여러 가지 사물에 관하여 알려 주는 일은 결국 같은 일이라 할 수 있을까? 다시 말하면 '좋다'는 평가의 기준은 '좋다'는 말의 의미 또는 그 의미의 일부에 해당하는 것일까? 평가의 기준이 곧 평가적 언어의 의미에 해당한다고 생각한 것은 자연론적 윤리학자 및 형이상학적 윤리학자들이었다. 평가의 기준을 평가적 언어의 서술적 의미와 동일시한 것은 Stevenson이었다. 그러나 Hare는 이들의 견해에 근본적인 잘못이 있음을 발견한다. 상식적인 담화 안에서는 평가의 기준과 평가적 언어의 의미를 같은 것으로 보아도 좋을지 모른다. 그러나 엄밀성이 요구되는 철학적인 사고에 있어서는 그것이 허용되지 않는다. 실로 "그 의미가 그 적용의 기준(the criteria for application)으로부터 독립되어 있음"은 가치언어의 특색이며, '좋음'과 '붉음'의 기본적 차이가 발견되는 요점이다.[83] 가치언어의 의미와 그 적용의 기준이 서로 독립된 두 가지 사항임은, 가치언어의 의미를 외국인에게 가르치는 특수한 경우를 가상함으로써 밝힐 수가 있다.

그 나라의 지리가 거의 소개되지 않은 어떤 외국으로부터 손님이 왔다고 가정하자. 그 외국 손님이 '선택한다'(choose)는 말만 이해한다고 전제한다면, 우리는 다음과 같은 방법을 통하여 단 한번의 가르침으로써 '좋다'는 말의 뜻을 파악하게 할 수 있을 것이라고 Hare는 주장한다. 가령 나는 그 외국인에게, "당신 나라의 특산물은 무엇이요?"라고 묻는다. 그리고 그의 대답은 '후라빠빠'라는 이름 모를 산물을 지적했다고 가정하자.[84] 이 때 나는 그에게 다시 묻는다. "여러

---

83) *Ibid.*, p. 106.

84) Hare는 여기서 *smashmak*라는 가상의 운동경기에 관한 예로써 이 점을 설명하고

개의 '후라빠빠'를 제시하고 그 중에서 하나를 골라잡으라 하면, 당신은 어떤 것을 선택하겠소?" 이 물음에 대하여 외국인은 "물론 속에 '후라'가 제일 많이 들은 것을 골라 잡지요"라고 답변한다면, 나는 서슴지 않고 이렇게 단정할 수 있을 것이다. "아 그러면 당신은 '후라'가 가장 많이 들은 '후라빠빠'를 가장 좋은 후라빠빠라고 생각하시는군요"라고. 이렇게 함으로써 나는 그 외국인에게 '좋다'는 말의 뜻을 전할 수가 있다는 것이다. '후라'가 많이 들은 후라빠빠를 골라잡는 그 외국인은 '후라'가 많은 것과 적은 것을 비교하여 평가하는 자기의 심리를 알고 있으므로 "당신은 '후라'가 가장 많이 들은 후라빠빠를 가장 좋은 후라빠빠라고 생각하시는군요"라는 말을 들었을 때, 내성(內省)을 통하여 '좋다'는 말의 의미를 파악하게 된다는 것이 Hare의 견해인 것 같다.

우리의 가상적 사태에 있어서 중요한 점은, 내가 '후라빠빠'라는 것에 관해서, 그리고 또 '후라'라는 것에 관해서 그것이 어떻게 생긴 것이며 무엇에 소용되는 것인지 전혀 모르고 있다는 사실이다. 다시 말하면 후라빠빠의 좋고 나쁨을 평가하는 기준에 관해서 잘 알고 있는 것은 내가 아니라 저 외국인이라는 사실이다. 나는 평가의 기준을 그 외국인으로부터 배우고 있는 것이다. 그럼에도 불구하고 도리어 나는 그에게 '좋다'는 말의 의미를 가르칠 수 있었던 것이다. 이것은 "좋다는 말의 의미를 설명하는 일과 이 말의 적용에 관한 어떤 기준을 설명하는 일과는 전혀 다르다"는 사실을 밝혀 준다.[85] '붉다'는 말에 있어서는 이 말을 적용할 수 있는 기준과 이 말의 의미는 같은 내용의 것이다. 그것은 '붉음'의 기준을 모르고서는 '붉다'는 말의 의미를 가르칠 수 없나는 사실만으로도 명백하다. 그리고 '붉음'이 단순한 성질이라는 사실로 미루어 '좋음'도 단순한 성질이라고 보는 추리가

있다. 저자가 '후라빠빠'라는 것으로 대치한 것은 설명을 간략하게 하기 위해서이다. R. M. Hare, *ibid.*, pp. 103~104.

85) *Ibid.*, p. 105.

성립할 수 없음도 따라서 명백하다.

우리는 '선택한다'는 행위와 '좋다'는 말 사이에 밀접한 관계가 있음을 보았다. 그러나 이 밀접한 관계가, '좋다'는 말의 의미를 '선택한다'는 말로 정의할 수 있음을 암시하는 것은 아니다. "X는 좋다"는 말을 "X는 선택되었다"로 옮길 수 없음은, 전자는 평가적 내지 규정적 기능을 가졌으나 후자에게는 그것이 없다는 사실에 의하여 명백히 설명된다.

여기 한 가지 더 보태야 할 주석이 있다. X가 선택을 받았다는 사실은 X가 **실제로** 좋다는 증거가 아니라, X가 좋은 것으로 **생각되고 있다**는 것을 증명함에 그친다는 점을 명심해야 할 것이다. 사람들이 실제로 의거하고 있는 선택의 기준이 반드시 타당한 것은 아니다. 따라서 때로는 남들의 선택을 본받지 않고 내 스스로의 결단으로 새로운 선택의 원리를 세워야 할 경우도 있다. 그렇다면 어떤 대상이 좋다고 생각되고 있다는 증거가 아니라 실제로 좋다는 증거는 무엇이냐? 이 어렵고 착잡한 문제에 대하여 그러나 Hare는 정면으로부터 대결하기를 보류하고 말았다.

Ⅵ. 敍述的 意味와 評價的 意味

Hare도 Stevenson과 마찬가지로 가치언어에 서술과 평가의 두 기능이 아울러 있음을 인정한다. 가령 "이것은 좋은 딸기"라고 말할 때, 이 발언은 그 딸기의 붉고 싱싱함 등을 서술하는 동시에, 또 그 딸기를 찬양하는 평가의 뜻을 아울러 가졌다. 우선 그 서술의 기능부터 검토하기로 하자.

"이것은 좋은 자동차다"라는 말을 들을 때, 우리는 그 자동차에 관한 여러 가지 사실을 짐작할 수가 있다. 그것은 속력이 좋고, 고장이 잘 나지 않으며, 휘발유의 소모량이 많지 않을 것이라는 등의 서술적 성질들을 짐작할 수 있을 것이다. 그러나 그러한 사실들을 짐작할 수 있는 것은, 우리가 자동차라는 것에 관해서 어느 정도의 상식을 가지고 있기 때문이다. 다시 말하면 자동차의 좋고 나쁜 것을 구별하는 기준에 관해서 상식이 있기 때문이다. '자동차'라는 것을 전혀 듣지도 보지도 못한 사람이라면, '좋은 자동차'라는 말에 의하여 아무런 사실도 짐작하지 못할 것이다. 반대로 자동차에 관한 전문가들 사이라면, '좋은 자동차'라는 말은 우리네 문외한의 사이에 있어서보다도 더욱 여러 가지 사실을 전달할 것이다. 요컨대 '좋다'는 말을 타고 전달되는 서술적 사항은 그 말이 적용되는 사물에 관한 평가의 기준과 같은 내용의 것이다. 평가의 기준이 다양하고 변동적임을 따라서 평가적 언어가 전달하는 서술적 내용도 다양하고 변동한다.

앞에서 말했듯이 Hare는 평가의 기준과 평가하는 말의 의미와는 서로 구별되어야 할 별개의 것임을 강조하였다. 따라서 같은 논리로 일관한다면, 평가적 언어에 실려서 전달되는 서술적(descriptive) 내지 서실적(敍實的, indicative) 사항은 그 언어의 의미와는 별도의 것으로 보아야 할 것이다. '의미'(meaning)라는 말을 엄밀한 뜻으로 새기는 한, 저 두 가지를 별도의 것으로 보아야 한다는 Hare의 생각에 변동이 없다. 그러나 '의미'라는 말에도 역시 융통성이 있다. 상식적인 마당에서는 기준을 가리켜서 '의미'라고 부르는 경우도 있다. 예컨대 내가 어떤 이를 '좋은 사람'이라고 평할 때, 듣는이가 "어떤 의미로 좋은 사람이란 말인가"라고 반문할 경우와 같이.[86] 이에 Hare는 '좋음'의 기준과 '좋음'의 의미를 구별하는 견지에서, 평가의 기준에 의존하는 '좋음'의 서술적 기능을 이 말의 '의미'라고 부름은 부당하다는 견해에 일리가 있음을 인정하는 한편, 또 상식적인 견지에서 그 서술적 기능을 '서술적 의미'(descriptive meaning)라고 불러도 이상할 것이 없으리라고 주장한다. 오히려 '서술적 의미'라는 말로 불러두는 것이

86) *Ibid.*, p. 109 참조.

오히려 적당하리라고 그는 제언한다.[87)]

그러나 Hare에 따르면, '서술적 의미'는 가치언어의 의미 가운데서는, 부차적인(secondary) 자리밖에는 차지하지 않는다. 기본적인(primary) 것은 어디까지나 '평가적 의미'(valuative meaning) 또는 '규정적 의미'(prescriptive meaning)이다. 서술적 의미를 부차적인 것으로 보는 이유로서 Hare는 두 가지 사실을 지적한다. 첫째 이유는, 평가적 의미로 말하면 "평가되는 대상이 어떠한 종류의 사물이든 간에 그 의미에 변동이 없지만 …서술적 의미는 적용되는 경우에 따라서 변동한다"는 사실이다.[88)] 자동차, 만년필, 책, 그 밖의 어떠한 것을 '좋다'고 말할 때에도, 우리는 그것들을 찬양 내지 권장하고 있다. 즉 '좋다'의 평가적 의미는 언제나 찬양 내지 권장의 기능을 가짐에 변동이 없다. 그러나 사물을 권장하는 이유, 즉 '좋다' 또는 '나쁘다'를 적용하는 기준은, 사물의 종류에 따라 다른 까닭에, '좋다'의 서술적 의미는 일정할 수가 없다. 서술적 의미를 부차적인 것으로 보는 둘째 이유는, 가치언어의 서술적 의미에 변동을 주기 위해서 그 말의 평가적 의미의 힘을 빌릴 수 있다는 사실이다.[89)] 예컨대, 10년 전만 해도 누구나 '좋다'고 말하던 옷감이, 유행의 변천과 기술의 발달로 인해서 이제는 '좋은 것' 가운데 못 들 수가 있다. 옷감에 관한 평가의 기준이 달라지는 것이다. 이와 같은 기준의 변동을 일으킴에 있어서 결정적인 구실을 하는 것은, 사람들이 옛 것을 '나쁘다' 하며 새로 나온 것을 '좋다'는 말로 찬양하고 권장하는 평가의 행동이다. 다시 말하면 언어의 평가적 의미의 힘이 크게 작용하는 것이다.

평가를 통해서 평가의 기준이 바뀌고 평가적 언어의 서술적 의미가 달라지는 현상은, 도덕의 분야 밖에서도 일어나고 그 분야 안에서도 일어난다. 도덕의 분야 안에서 평가의 기준 및 가치언어의 서술

87) *Ibid.*, p. 118.
88) *Ibid.*, p. 118.
89) *Ibid.*, p. 119.

적 의미에 변동을 일으키는 일을 사명으로 삼고 노력하는 사람들이 다름아닌 도덕개혁가 내지 모럴리스트(moralist)이다. 그리고 가치언어의 서술적 의미를 고치려는 노력의 과정은 바로 Stevenson이 말한 '설득정의'(persuasive definition)의 과정이기도 하다.

'좋다'는 말의 평가적 의미의 특색을 Hare는 commending이라는 말로 표현하고 있다.[90] 이 형용사의 기초가 되는 commend라는 동사는 '추천한다', 또는 '권장한다'는 뜻과 '칭찬한다', 또는 '찬양한다'는 뜻을 아울러 가지고 있다. Hare가 commending이라는 말로 '좋다'의 평가적 의미를 특색지었을 때, 그는 이 형용사 가운데 저 두 가지 동사적인 의미를 아울러 포함시킨 것으로 보인다. 즉 "X는 좋은 것이다"라는 발언은 X를 찬양하는 동시에 그것을 권장하는 기능을 갖는다. 때로는 찬양하는 뜻만이 뚜렷하고 권장하는 뜻은 나타나지 않을 경우도 있을지 모른다. 그러나 비록 잠재적일지라도 권장하는 뜻이 언제나 포함된다고 보는 것이 Hare의 생각인 것 같다.

그러면 우리는 왜 '좋다' 또는 그 밖의 가치언어로써 사물을 찬양하며 또 권장하는 것일까? Hare에 따르면, 나 또는 남에게 선택(choosing)의 기준을 세워주기 위해서이다. 가령 "설악산은 좋은 곳이다"라는 발언은 그 산으로 갈까 말까 망설이는 사람에게 가는 쪽으로 태도를 정하도록 권장하는 기능을 가졌다. 물론 그와 같이 어떤 선택을 권고하는 의미가 매우 미약할 경우도 있을 것이다. 가령 하루 밥 세 끼도 제대로 못 먹는 사람들이 모인 자리에서, 외국을 다녀온 연사가 "알프스는 정말 경치가 좋습니다"라고 말할 때, 그 곳으로 가 보라고 권고하는 뜻은 거의 없을 것이다. 그러나 Hare에 따르면, 모든 평가적 발언은 결국은 선택과 관계가 있다. 그 증거로서 선택의 대상이 전혀 될 수 없는 대상에 관해서는 '좋다' 또는 그 밖의 가치언어를 적용할 수 없다는 사실을 Hare는 지적하고 있다. 예컨대, '철

90) *Ibid.*, pp. 89～93, pp. 116～118 기타.

사벌레'(wire worm) 같은 동물에 관해서는 일반적인 경우에 선택의 문제는 개재하지 않으며, 따라서 '좋은' 철사벌레라는 말은 보통 쓰지 않는다는 것이다.[91] 평가적 발언은 선택을 돕는 것을 그 본래의 기능으로 삼는 까닭에, 가장 쓸모 있는 가치판단은 현실적인 선택의 문제와 가장 직접적인 관계가 있는 가치판단이다.

내가 어떤 대상을 '좋다'는 말로 권장할 때, 그것은 그 특정한 대상만을 권장하는 뜻의 발언으로 그치는 것이 아니라, 같은 사정 아래서는 언제나 그와 같은 종류의 것을 선택하라는 권장의 발언이다. 다시 말하면 가치판단은 어떤 하나의 선택만을 권장하는 것이 아니라 그와 같은 특색을 가진 어떤 종류 전체를 권장하는 것, 짧게 말해서 선택의 일반적인 표준(standard) 즉 선택의 원리(principle)를 제시하는 것이다.

Hare는 '원리의 결단'의 문제를 다루었을 경우에도, 결단의 대상이 되는 것은 어떤 단 한번의 특정한 사물에 그치는 것이 아니라 일반적 원칙임을 강조하였고(본절 4항 참조), 지금 또 권장과 선택의 문제를 다루는 마당에서도 비슷한 의견을 강조하고 있다. 이것은 결단 내지 가치판단이 '논리의 일관성'을 어기고 내려질 수 없다는 신념을 표명하는 것이며, 가치판단도 사실판단의 경우와 마찬가지로 논리의 일관성의 요구를 벗어날 수 없다는 신념은, 가치판단을 대상으로 삼는 윤리학이라는 분과의 존재 이유를 긍정하고자 하는 태도라고 해석될 수 있을 것이다. Hare의 이러한 태도는 그의 다음 구절에도 여실히 나타나고 있다.[92]

> 그러나 현대의 윤리학적 탐구의 첫째 결과로서 일부의 철학자들이 이성적 활동으로서의 윤리학을 단념하게 된 것은 놀라운 일이 아니다. …이 책의 목적은 그들의 단념이 시기상조라는 것을 밝히고자 함에 있다….

---

91) *Ibid.*, p. 127.
92) *Ibid.*, p. 45.

Ⅶ. 道德的 脈絡 안에서의 價値言語

'좋다'는 말의 의미를 분석함에 있어서 Hare는 이제까지 '좋은 자동차', '좋은 딸기' 등 수단적 선(instrumental good)으로서의 '좋음'만을 예로 들어 고찰하였다. 그런데 윤리학에서 문제가 되는 '좋음'은 무엇을 위한 수단으로서의 가치가 아니라, 그 자체가 추구의 목적이 되는 가치로서의 '좋음' 즉 '본래적 선'(intrinsic good)이라는 것이 전통적으로 유력한 견해이다. 그렇다면 지금까지의 Hare의 분석은 윤리학의 근본 문제와는 별로 관계가 없는 것이 아닐까? 이와 같은 반문이 예상되는 까닭에, Hare는 **도덕적인 맥락 안에서의 좋음** 즉 본래적 선의 관념에 대하여 언급할 필요를 느낀다.

Hare에 따르면 수단적 선과 본래적 선을 서로 전혀 다른 성질의 것으로서 보는 일반적 견해는 그다지 확고한 근거 위에 세워진 것은 아니다. 이 점에 있어서 우리는 Hare가 Dewey 및 Stevenson의 생각을 이어받고 있음을 알 수가 있다. 이들에게 있어서 공통된 생각은, 첫째로 본래적 선과 수단적 선을 구별하는 경계선이 그토록 확연하지 않다는 것이며, 둘째로 '좋다'는 말의 의미에 관하여, 도덕적인 맥락 밖에서 얻은 논리적 분석의 결과는 도덕적인 맥락 안에서도 타당하다는 것, 다시 말하면 비도덕적인 의미로 쓰인 '좋다'가 가진 논리적 특성은 도덕적 의미의 '좋다'에 있어서도 발견된다는 것이다.

그러나 Hare는 어떤 대상이 발휘하는 기능 때문에 그것을 찬양 내지 권장할 경우와 어떤 대상 그 자체로 말미암아 그것을 찬양 내지 권장할 경우 사이에 아무런 차이도 없다고 주장하지는 않는다. 가령 소화기를 찬양할 경우와 저녁놀을 찬양할 경우에 있어서, 그 찬양하는 이유는 전혀 다르다.[93] 그러나 그 차이가 두 가지 뜻으로 쓰이는 '좋다'라는 말이 그 두 가지 경우에 전혀 다른 논리적 특성을 가짐을

93) *Ibid.*, p. 139.

의미하지는 않는다. 다시 말하면, "논리적인 특성"(logical features)에 관한 한, '좋다'라는 말의 의미에는 그것이 본래적 선의 뜻으로 쓰일 경우와 수단적 선의 뜻으로 쓰일 경우에 따라서 근본적 차이가 생기지 않는다고 Hare는 주장하는 것이다.

그러면 '좋다'는 말이 도덕적인 맥락 가운데서 쓰일 경우와 도덕적이 아닌 맥락 가운데서 쓰일 경우와는 그 뜻이 근본적으로 다르다는 생각이 그토록 세력을 얻게 된 이유는 무엇일까? Hare에 따르면, 이른바 본래적 선과 수단적 선 사이에 다소간 차이가 있다는 사실도 그 이유의 하나임에 틀림이 없으나 그 밖에도 여러 가지 이유가 있다.

그 여러 가지 이유들 가운데서 가장 큰 것은, 도덕적 의미의 '좋음'은 "더 존엄하고 더 중요한 까닭에 그 자체의 고유한 논리를 가지고 있을 만하다"고 어쩐지 느껴진다는 사실이다.[94] 도덕적 판단의 대상이 되는 것은 사람 또는 사람됨이다. 사람 또는 사람됨이 좋으냐 나쁘냐는 문제는 자동차나 만년필이 좋으냐 나쁘냐는 문제보다도 훨씬 심각하게 느껴진다. 우리 자신이 인간이기 때문이다. "옹기장이는 옹기장이에 대하여 화를 내고, 목수는 목수에 대하여 화를 내고, 거지는 거지에 대하여 화를 내며, 시인은 시인에 대하여 화를 내는" 심리로 말미암아, 우리 인간은 같은 인간들이 하는 일에 대하여 무관심하거나 대범할 수가 없다. 따라서 우리는 나와 남의 사람됨 및 그 사람됨의 표현으로서의 행위에 늘 비판적이며, '좋다' 또는 '나쁘다'로 평가하기가 일쑤다. 그런데 우리들의 평가는 반드시 일치하지 않고 서로 대립하는 것이 보통이다. 그리고 사람됨이나 행위에 관한 평가의 대립 즉 도덕적 견해의 대립은, 자동차나 담배나 넥타이 같은 것에 대한 평가가 대립될 경우보다도 몇 갑절 더 심각하다. 도덕문제에 관해서 견해가 대립될 때, "그것은 결국 취미의 문제니까, 견해가 다

94) *Ibid.*, p. 140.

르면 다른 대로 내버려 두자"는 태도를 취하기는 매우 어렵다.[95] 우리는 다른 사람들과의 사회적인 관계를 떠날 수 없으며, 그 관계를 떠나지 못하는 한, 서로 다른 도덕적 견해를 신봉하면서 이웃해 살기가 힘들기 때문이다.

도덕적인 의미의 '좋다'나 도덕적인 맥락을 떠나서의 '좋다'나 그 근본적인 특성은 다를 바가 없다는 것을 Hare는 도덕적 맥락 안에서의 '좋다'가 나타내는 여러 가지 측면(그 서술적 의미, 평가적 의미, 그 말을 처음 외국인에게 가르치는 방법 등에 관한 여러 가지 측면)을 구체적으로 살핌으로써 소상히 밝히고 있다.[96] 그러나 여기서 그의 분석을 간추려 보는 일은 생략하기로 한다. 윤리학에 있어서 기초적인 제 문제를 다루는 것을 목적으로 삼는 이 저술을 위하여 그 일이 꼭 필요하다고 생각되지 않기 때문이다.

Hare는 그의 「도덕의 언어」 제 3 부에 있어서, '좋다' 이외의 가치언어의 분석을 꾀하고 있다. 이제까지 그는 '좋다'는 말을 대표로 삼고 평가적 언어의 논리를 살폈으며, '좋다'에 관한 분석이 그 밖의 가치언어에 대하여도 들어맞는지 안 맞는지를 음미할 필요가 있었기 때문이다.

'좋다' 이외의 중요한 가치언어로서 Hare는 '옳다'(right)와 '해야 한다'(ought)를 선택하였다. 이러한 말들의 분석을 통하여 Hare는 독창적인 견해를 표명한 것 같지는 않다. 이미 많은 학자들이 말했듯이 Hare도 '옳다'나 '해야 한다'가 '좋다'와는 약간 뜻이 다르다는 점을 지적한다. 그러나 '좋다'와 '옳다', 그리고 '해야 한다' 사이에 밀접한 관계가 있으며, 또 이들 여러 가지 가치언어들이 가진 차이는 결코 그들이 가진 논리의 근본적인 성질에 관한 것이 아니라는 것, 다시 말하면, '좋다'에서 발견된 가장 기본적인 논리는 '옳다'와 '해야 한

95) *Ibid.*, p. 142.
96) *Ibid.*, pp. 145~150 참조.

다' 그리고 가치언어 일반에 있어서도 찾아볼 수 있는 공통적인 특색임을 주장하는 점에 있어도, Hare는 다른 분석가들과 비슷한 견해를 표명하고 있다. 반드시 새로울 것이 없는 Hare의 이 점에 관한 견해를 여기에 자세히 다룰 필요는 없을 것이다. 다만 한 가지 점만을, Hare가 강조하는 한 가지 점만을 살핌으로써 Hare에 관한 소개의 끝을 마무르고자 한다. 그리고 Hare가 강조하는 한 가지 점이란, '옳다'나 '해야 한다'를 사용하는 가치판단도 '좋다'를 사용하는 그것과 마찬가지로 규정적(prescriptive)이며, 그들 가치판단이 규정하는 것은 어떤 단 한번만의 개별적 경우를 위한 것이 아니라, 같은 종류의 경우라면 언제나 한결같이 타당하는 일반적 원칙(general principle)이라는 사실이다.

'옳다'나 '해야 한다'가 어떤 특수한 맥락 안에서는 오로지 서술적인 구실만 한다는 사실을 Hare는 부정하지 않는다. (부정하지 아니함에 그치는 것이 아니라, 맥락을 따라 말의 의미가 여러 가지로 변화함을 강조하는 것은 Hare의 분석이 갖는 특색의 하나이기도 하다.) 그러나 일반적인 문맥 가운데서는 '옳다'나 '해야 한다'도 '좋다'와 마찬가지로 규정적인 의미를 갖는다고 그는 주장한다. 그리고 이 주장에 대해서 우리는 별로 반대할 이유를 발견하지 않거니와, Hare는 이 규정(prescription)이 개별적 사태에만 적용되기 위한 것이 아니라, 일반적 원칙으로서의 규정이라고 덧붙이는 것이다.

예컨대 다음 두 개의 규정적 발언을 비교해 보라.

A : 나 다리 좀 주물러 다구.
B : 갚기로 약속한 돈은 마땅히 갚아야 한다.

여기서 A는 단일적 명령(singular imperative)으로 된 규정적 발언이요, B는 '해야 한다'(ought)를 사용한 그것이다. 이 두 발언을 비교할 때, 전자는 그 발언이 떨어지는 그 순간의 사태에 있어서 다리를 주무르라는 것이요, 후자는 그 발언의 순간뿐만 아니라 언제나 약속대로 돈을 갚아야 한다는 일반적 규정임은 상식으로도 알 수가 있다. 그리고 일반적 원칙으로서의 성격을 갖는 것은 비단 '해야 한다'를 포함한 가치판단뿐만 아니라 '좋다' 또는 '옳다'를 사용한 판단의 경우도 일반이다.

그러면 왜 우리는 행위를 규정하기 위한 일반적 원칙을 가져야 하는 것일까? Hare는 세 가지 이유를 들어 이 물음에 대답한다.[97] ① 우리는 "나는 어떻게 행동해야 할 것인가"라는 물음에 대답하기를 부단히 요구하는 상황 속에서 살고 있다. ② 우리가 처신해야 할 상황들은 대체로 유형을 따라 분류할 수 있는 것들이며, 같은 유형에 속하는 상황들은 매우 비슷하므로 하나의 올바른 규정적 대답은 같은 유형 안에서는 일반적 타당성을 갖는다. ③ 항상 행위를 지도할 선생이 옆에 붙어 있어서 "어떻게 행동해야 할 것인가"라는 물음에 부닥칠 때마다 "이래라, 저래라" 하고 지시해 주기를 바랄 수 없는 이상, 우리는 부단히 닥쳐오는 행위의 문제에 실천으로 대답하기 위하여 미리 일반적인 행위의 원칙을 습득해 둘 필요가 있다.

우리는 인간임을 벗어날 도리가 없다. 사람으로 태어난 이상 사람으로서 살다 사람으로서 죽게 마련이다. 따라서 '사람이 사람으로서 행위하기 위한 원칙', 즉 도덕의 원리를 갖지 않을 도리는 없다. 그런데 이 도덕의 원리라는 것은 보편적인 실천을 요구한다. 가령 내가 "이런 경우에 거짓말을 해서는 안 된다"고 말한다면, 나는 이 말을 모든 사람들에게 타당성을 갖는 원리로서 주장하는 것이며, 특히 나 자신이 "이런 경우에는 거짓말을 하지 않겠다"는 언질을 암암리에 제공하고 있는 것이다. 만약 도덕의 원리를 가짐이 필연불가피한 인생의 제약이며, 그 도덕의 원리가 보편적 타당성을 자부한다면, 철학은 응당 그 타당성의 근거와 기준을 묻지 않을 수 없을 것이다. 여

97) *Ibid.*, pp. 158~159.

기 '윤리학'이라는 철학의 분야가 생기게 된 계기가 있는 동시에, 윤리학이라는 학문의 고유한 난관도 암시되고 있다. 보편적으로 지켜지기를 요구하는 도덕의 원리를 전적으로 거부할 수 없다는 사실(즉 어떠한 종류의 것이든 적어도 한 가지의 원리는 누구나 가져야 한다는 사실)은 윤리학이라는 분야의 탐구를 종용하는 것이며, 한편 그 도덕적 원리를 형성시키는 인자의 하나가 주체적인 결단에 있다는 사실은 도덕적 원리의 보편적 내지 객관적 타당성을 문제삼는 윤리학에 부여된 과제의 어려움을 예상시키는 것이다. Hare의 「언어와 도덕」은 논리적 실증주의자들이 거의 절망적인 상태에로 몰아넣을 뻔했던 윤리학의 성립을 위하여, 새로운 가능성의 근거를 암시한 공적을 세웠다. 그러나 이 공적은 암시적인 정도에서 그쳤으며, 윤리학이 예상하는 근본적인 난점들은 여전히 난점대로 남겨져 있다. Hare에 대한 비판적인 고찰을 몇몇 중요한 관점에서 시도하기로 하자.

Ⅷ. 批判的 考察

일상적 언어의 철학 일반이 그렇듯이 Hare의 가치언어 분석은 논리적 실증주의자들의 그것보다도 치밀하며 언어의 현실에 더욱 충실하다는 장점을 가졌다. 특히 명령적 발언에 관한 Hare의 분석은 몇 가지 깊은 통찰을 기록하고 있다. 첫째로 명령문의 기본적인 기능이 어떠한 일을 시킴(*getting* someone to do something)에 있는 것이 아니라 무엇인가를 이름(*telling* someone to do something)에 있다고 본 Hare의 견해는, Stevenson의 '설득정의'의 개념에 더욱 보탠 바 있는 탁견이라 하겠다. 이 견해가 주목되는 이유는, 명령 및 평가적인 발언의 본래의 기능을 "나는 무엇을 해야 할 것인가"라는 지성적 행위자의 물음에 응하는 대답을 함에 있다고 봄으로써, Hare는 윤리적 발언의 지적 인자(知的 因子)를 지적했기 때문이다. 윤리학적 회의론으로부터 벗어남이 현대의 철학이 당면한 과제의 하나라면, 윤리적 발언에 포함된 지적 요소를 알뜰히 찾아 내는 일은 이 과제를 위한 우선의 준비라 아니 할 수 없을 것이다.

명령문 및 가치판단에도 서술판단에 있어서와 마찬가지로 논리와 규칙이 지배한다는 사실은, Hare의 '프래스틱' 및 '뉴우스틱'의 두 개념에 의하여 더욱 명백히 되었다.[98] 다시 말하면, 모든 발언을 '프래스틱'과 '뉴우스틱'의 두 부분으로 분석함으로써, 그리고 '프래스틱'에 있어서는 규정적 언어와 서술적 언어 사이에 다를 바가 없음을 지적함으로써, 규정적 발언에도 인식론적 시비의 여지가 있음을 밝혔다. 그리고 겸하여 그의 '뉴우스틱'의 개념은 규정적 언어와 서술적 언어의 차이가 어디에 있는가를 뚜렷이 지적함에 도움이 되었다.

다음에 도덕적 원리의 타당성의 문제, 즉 도덕판단을 정당화 내지 논증하는 문제에 관해서도 Hare는 몇몇 통찰력 있는 견해를 표명하였다. 첫째로 Hare는 이 방법론의 문제의 성질을 잘 분석해 냈다. 이 문제의 난관이 어디에 있는가를 잘 밝혀 낸 것이다. 그리고 Descartes식의 연역적인 윤리학을 물리치는 그의 논봉(論鋒)은 상당히 날카로운 편이다. 특히 자명성(self-evidence)의 개념에 대한 그의 분석은 풍부한 시사를 숨겼다.

그러나 방법론에 관한 Hare의 고찰에 있어서 가장 중요한 것은 '결단'(decision)의 개념을 도덕원리의 결정적 요인으로서 드러냈다는 사실이라고 생각한다. Hare는 도덕판단의 타당성의 문제가 결국은 우리의 주체적인 결단을 정당화하는 문제에로 귀착함을 밝혔다. 그리고 그 결단이 주사위를 던져서 가부를 결정하는 식의 "되고 말고 닥치는 대로의 행위"가 아님을 밝혔다. 그 결단에도 지적인 요소가 있고 '충분한 근거'가 있다고 주장하였다. 그러나 Hare의 이 점에 관한 고찰이 전적으로 만족스러운 것 같지는 않다. 그가 말하는 지적 요소

98) *Ibid.*, p. 18 및 본장 제 3 절 제 2 항 참조.

및 충분한 근거의 성질이 좀더 충분히 설명되지 못한 것은 유감이며, 결단을 정당화하는 문제를 그는 좀더 끝까지 밀고 나갔더라면 하는 아쉬움이 있다.

주체적 결단이 도덕의 원리를 형성하는 기본적인 인자임을 지적함으로써, Hare는 '도덕'이라는 현상의 매우 본질적인 특색을 밝히는 결과를 가져왔다. 그 본질적인 특색이란 **도덕의 역사성**, 다시 말하면 도덕이라는 현상을 뚫고 흐르는 변증법적 특징을, 전통적인 것과 창조적인 것이 서로 부딪쳐 싸운 끝에 묵은 것과 새 것의 종합으로서의 시대적 도덕을 형성하는 변증법적 특징을 가리킨다.

도덕은 전통적인 것과 창조적인 것의 변증법적 발전인 까닭에, 새 시대의 도덕은 항상 일종의 딜레머를 겪는다. 그것은 전통에 의존할 것인가 또는 창조에 의존할 것인가 하는 두 가지 대립된 의견 사이에서 우왕좌왕하는 딜레머이다. 기성세대를 대변하는 보수적 사상이 전통을 지키자고 호소하면, 젊은 세대를 대변하는 혁신적 사상은 '낡았다'는 낙인을 찍으며 전통에 반발한다. 여기 모든 나라와 모든 시대의 지성인들이 당면하는 현실적인 문제, "이 시대를 위하여 어떠한 도덕의 원리를 세울 것인가"라는 현실적인 문제가 있다.

이 현실적인 문제에 대하여, '원리와 결단'을 도덕 형성의 두 요인으로 보는 Hare의 분석은 귀중한 암시를 던져 준다. 우리는 선조와 선배들이 발견한 행위의 원리를 어릴 때부터 배우고 큰다. 아버지나 어머니에 대하여는 어떻게 하고, 어린 동생에 대하여는 어떻게 하며, 또 학교에서는 어떻게 하라는 등의 이야기는 「도덕」교과서에 적혀 있다. 그리고 교과서에 적혀 있지 않은 자잘구레한 일에 대하여는 어른들의 말과 행동을 통하여 배운다. 어린이들의 교육을 맡은 어른들이 제대로 된 식견을 갖추었을 경우에는 그들이 가르치는 행위의 처방은 어린이 자신들을 위해서도 대체로 적절하다. 그러나 어른들로부터 수동적으로 받아들이는 행위의 원리만으로는 결코 충분할 수 없는 필연적인 사유가 있다. 첫째로, 어른들이 가르치는 행위의 원리들은 반드시 수미일관하여 한결같기만 한 것이 아니라, 때로는 서로 대립하고 모순되기도 한다. 젊은 세대는 늙은 세대가 보여 주는 행위의 처방들 또는 표본들 사이에 모순을 발견했을 때, 그 가운데서 결국은 하나만을 선택해야 한다. 이 마지막 선택은 본인 스스로의 결단으로 이루어져야 하는 것이며, 단순히 수동적으로 배울 수는 없다. 둘째로, 인생이 당면하는 행위의 세계는 그 상황이 지극히 다양하고 변동적인 까닭에, 모든 경우와 모든 상황에 대답할 수 있는 행위의 처방을 어른들의 교과서 또는 그 밖의 가르침 속에 망라할 수는 없다. 어른들이 가르칠 수 있는 것은 오직 일반적인 원칙뿐이다. 개별적 상황 속에 나타난 특수한 사정에 적응하기 위해서는 행위자 스스로가 주체적인 결단으로써 태도를 정해야 한다. 「방약합편」이나 「동의보감」에 나타난 것은 오직 기본적인 처방들에 불과한 까닭에 환자 한 사람 한 사람에 대하여 무엇을 가미하느냐 하는 문제는 환자를 직접 대하는 한의사 자신의 결정에 맡겨지는 것과 같은 사정이다. 셋째로, 역사는 반드시 같은 상황들만을 되풀이하지 않는다는 사정이 새로운 세대에게 새로운 결단을 요구한다. 우리들의 선조와 선배들이 수립한 행위의 원리는, 그들이 겪은 생활환경에 적응하기 위하여 내려진 그들 자신의 결론이었다. 그러나 옛사람들이 겪은 환경이 오늘날 우리들이 겪어야 할 환경으로서 반드시 그대로 되풀이하는 것은 아니다. 생활환경이 달라지면 행위의 처방도 따라서 다소간 달라져야 할 것이다. 행위의 처방 내지 도덕의 원리는 결국 인간이 살아가는 동안 자기의 환경에 적응하기 위한 행위의 지침이기 때문이다. 새 세대가 부딪치는 새로운 환경에서 어떻게 행위해야 할 것이냐는 물음에 대한 해답은 묵은 세대의 교과서에는 나타나 있지 않다. 이 해답은 새 세대가 스스로 발견해야 하는 것이며, 그 발견은 새 세대 스스로의 결단을 요구한다.

새로운 환경에 적응하기에 필요한 새로운 결단이 비록 요구된다 하더라도, 모든 것을 새 세대의 자기 교육에만 맡길 수는 없다. 왜냐하면 "비록 세계는 실질적인 변화를 겪음이 크다 할지라도, 윤리적인 견지에서 볼 때 기본적인 문제에 관한 변화는 오직 매우 완만할 뿐인 까닭에,"[99] 선조들이 대를 이어가며 오랜 경험으로 쌓아올린 도덕의 전통은 새로운 시대에 있어서도 적합성을 잃지 않는 많은 유산을 간직하고 있기 때문이다. 이 유산 내지 전통을 무시할 때 우리는 스스로 정신적 빈곤을 초래한다. 문화란 하루 아침에 솟아나는 기적이 아니며, 도덕의 원리 또한 여러 세대가 힘을 모아서 쌓아올리는 인간적 지혜의 결정이기 때문이다. 이 점을 Hare는 다음과 같이 서술하고 있다.[100]

> 비록 원리는 결국 원리의 결단에 입각하여 세워지는 것이기는 하나, 이 건축은 여러 세대에 걸치는 장구한 작업이다. 따라서 모든 것을 처음부터 새로 시작해야 하는 사람은 불행을 면치 못한다. 그는 (그가 천재가 아닌 이상) 아마 보람 있는 업적을 많이 이룩하지는 못할 것이다; 마치 아무런 가르침도 없이 무인고도에 내버려진 …평범한 소년이 그리 대단한 과학적 발견을 할 것 같지는 않듯이.

이상과 같은 고찰은, "우리는 우리의 자녀를 어떻게 교육할 것인가" 하는 현실적인 문제에 대하여도 깊은 암시를 던져 준다. 지나친 보호와 철저한 순종의 교육으로 말미암아, 스스로 결단을 내리는 힘을 전혀 가꾸지 못하고 큰 사람은, 책에 적혀 있는 사태에 대하여는 그럭저럭 처신할 수도 있을 것이나, 책이 가르치지 않는 변칙적인 환경에 처할 경우에는 전혀 속수무책일 것이다. 자식을 모든 점에 있어서 아버지와 똑같이 교육하려는 계획은 성공할 가능성도 희박하거니와, 설령 성공한다 하더라도 자식의 불행을 준비하는 이외에는 별다

99) *Ibid.*, p. 73.
100) *Ibid.*, p. 76.

른 소득이 없을 것이다. 그러면 그와 정반대의 교육 방침, 즉 모든 것을 어린이나 젊은이들 자신의 결정에 맡기는 교육 방침은 어떤 것일까? 이것은 엄밀하게 말해서 교육 방침이라고 부를 수도 없겠거니와, 저 원시인의 야만을 흠모하는 괴벽스러운 성격이 아니라면, 아마 그러한 방침에 찬동하는 사람은 거의 없을 것이다. 철저한 주입과 철저한 방임, 이 두 가지 중 어느 편의 극단도 그릇된 교육 방침이라고 Hare는 단정하며 여기서도 중도가 마땅하다는 결론을 암시한다. 자동차의 운전기사를 양성하고자 할 때, 자유재량의 여지가 전혀 없도록 모든 세칙을 가르치려 드는 것도 어리석은 계획일 것이며, 그와는 반대로 모든 것을 본인의 발견에 내맡기는 또 하나의 극단도 무모한 방침이 아니겠느냐고 그는 비유하고 있다.[101)]

이상에서 그 일부를 지적한 바와 같이 Hare의 분석에는 많은 날카로움과 세밀함이 있다. 그러나 그의 저서 「도덕의 언어」(*The Language of Morals*) 전권을 통독한 사람들은, 그 분석의 날카로움과 세밀함에도 불구하고, 하나의 윤리학적 체계로서는 어딘지 차지 않는 불만을 느낀다고 흔히 말한다. 일상언어의 철학이 본래 체계를 숭상하는 경향에 찬동하지 않을 뿐 아니라, Hare 자신이 아직 연구를 계속하는 학자라는 점을 고려할 때, 그의 체계적인 불비를 나무라는 것은 적당치 않을지도 모른다. 허나 '체계'라는 점을 떠나서 보더라도 Hare의 윤리학에는 몇몇 불만의 원인이 숨어 있는 것 같다. 그것은 Hare가 스스로 제기하고 또 그 해결을 약속한 듯이 보이는 문제들에 대하여 만족스러운 결말을 맺지 못한 데서 오는 불만이다.

Hare는 그의 「도덕의 언어」 제 3 장에서, 이성적 탐구로서의 윤리학을 포기하려 드는 일부 철학자들의 단념이 시기상조라는 것을 명백히함이 그 저서의 목적이라고 언명하였다.[102)] 그러나 Hare가 스스

---

101) *Ibid.*, p. 76.
102) *Ibid.*, p. 45.

로 세운 목적을 충분히 달성했는지는 의심스럽다. Hare가 윤리적 판단에 포함된 지적 요소를 애써 캐낸 것은 사실이다. 그러나 도덕적 발언을 정당화하는 방법에 관한 그의 고찰은, 오히려 Stevenson보다도 미흡한 느낌이 있으며, 한갓 암시의 단계에서 멈춘 아쉬움이 있다.

도덕판단의 의미와 도덕판단의 기준이 다름을 밝힌 것은 Hare의 날카로운 통찰이었다. 이 통찰로 말미암아 Hare는 도덕적 발언을 정당화하는 문제의 초점을 도덕판단의 의미로부터 그 기준에로 옮겼다. 이 '기준'을 정당화하는 문제와 깊은 관계가 있는 개념으로서 Hare는 '결단'(decision)을 등장시켰다. 그러나 이 '결단의 정당화'에 관한 고찰도 Hare는 암시적인 단계에 그쳤다. 윤리적 언어의 분석은 윤리적 발언을 정당화하는 문제를 위한 기초적 고찰로서의 의의가 크다고 믿는다. Hare의 저서는 언어의 분석에 중심을 두었다. 그 분석을 토대로 삼고 윤리학적 방법을 추구한 다음에, 나아가서 규범적인 제문제에로 이르는 것은 Hare에게 남겨진 장차의 과제로 보인다.[103)]

---

103) Hare는 1952년에 「언어와 도덕」을 출판한 뒤에도 많은 윤리학적 저술을 발표하였다. 그 가운데는 「자유와 이성」(*Freedom and Reason*, 1963), 「실천적 추리」(*Practical Inferences*, 1971), 「도덕적 개념에 관한 논문집」(*Essays on Moral Concepts*, 1972), 「도덕철학의 응용」(*Applications of Moral Philosophy*, 1972), 「도덕적 사고」(*Moral Thinking*, 1981) 등이 포함된다.

이번 수정판을 내는 기회에 Hare의 후기 저술들을 망라하여 그의 학설의 전모를 소개할까도 생각했으나, 내가 집필 중인 다른 저술에 전념하는 편이 더욱 중요하리라고 판단되어, 그 생각을 실천에 옮기지 못하였다. 독자들에게 죄스러운 느낌을 금치 못한다. 이 책 뒤에 부록으로 추가한 나의 논문 "倫理判斷의 根本原理" 가운데서 Hare의 *Freedom and Reason*에 나타난 중요한 부분에 대한 고찰을 한 바 있다. 불충분하기는 하나 이 제 9 장에 대한 약간의 보충 구실을 할 것으로 생각한다.

제 10 장

結　　論

제 1 절　評價的 發言의 意味와 그 妥當性

Ⅰ. 小　　序 : 이제까지에 받아들인 것과 물리친 것

현대윤리학의 학(scinece)으로서의 선결문제는 윤리학적 회의론에 대답하는 일이라고 말했다. 실천 내지 규범의 문제들을 고찰할 수 있기에 앞서서, "윤리학적 발언의 옳고 그름을 판가름할 하나의 기준이 설 수 있느냐"는 물음이 대답을 얻어야 하는 것이었다. 우리는 이제까지 이 물음에 혹은 긍정적으로 대답하고 혹은 부정적으로 대답하는 현대의 대표적인 학설들을 몇몇 살피는 동시에, 이들 각 학설의 장점 및 단점도 아울러 고찰하였다. 이제 저자는, 다른 사람들의 학설을 일단 떠나서, 현대윤리학의 기본적 선결문제에 대한 스스로의 생각을 잠정적으로나마 정리해 보아야 할 단계에 이른 것으로 보인다.

'의미'라는 말을 넓은 뜻으로 해석할 때, 윤리적 발언의 의미를 밝히는 일이 윤리적 발언의 타당성의 문제에 관한 방법론적 고찰에 앞서야 한다는 것은 현대의 학자들의 거의 공통된 견해이며, 이에 대해서는 우리로서도 이론의 여지가 없는 것으로 생각된다. 따라서 우리도 윤리적 언어의 의미의 문제로부터 고찰을 시작해야 할 것이다. 그러나 그보다도 앞서서, 지금까지 다른 학자들의 견해를 음미하는 가운데 우리가 받아들인 개념들과 물리친 개념들이 무엇이었던가를 다시 요약해 보는 것이 좋을 듯하다. 왜냐하면 앞으로의 우리의 논고는 이제까지의 고찰을 토대로 삼아야 할 것이며, 지금까지의 고찰 가운데서 시도된 비판적인 음미가 우리들의 앞으로의 논고를 위한 전체적 방향을 결정해 줄 것이기 때문이다.

(1) 저자는 Stevenson과 Hare 등을 따라서, 극단적인 논리적 실증주의에 반대하는 견해를 취했다. 그러나 이 반대는, 평가적 발언과 서술적 발언의 논리적 성격을 근본에 있어서 같다고 보는 자연론적 견해에 대한 찬동을 의미하는 것은 아니었다. 우리는 전형적인 도덕판단에 서술적인 표현으로 옮겨 놓을 수 없는 고유한 일면이—Stevenson이 '정의적 의미'라고 불렀고, Hare는 '규정적 의미'라고 부른 일면이— 있다는 사실을 부인하지 못할 것이다.

(2) 저자는 가치가 모든 유정자(sentient beings)의 어떠한 마음가짐과도 관계 없이 그 자체 독립해 있다는 실재론적 견지를 배척하였다. 그것을 배척하는 이유의 일부는 저자가 Moore 및 Perry를 다룬 곳에서 언급하였다. 그러나 그 곳에서 제시된 이유가 가치실재론(價値實在論)을 완전히 봉쇄할 수 있도록 결정적이라고는 생각하지 않는다. 결국은 직관 내지 직각에 호소할 도리밖에 없는 궁극적인 문제에 있어서 우리가 제시할 수 있는 것은 오직 자기의 견해를 유리하게 보이도록 조명을 밝히는 구실밖에 못 하는 논변뿐이요, 상대편의 견해를 완전히 누를 수 있는 증명이란 원리상 불가능하다. 세계관 내지 인생관을 떠받드는 마지막 발판은 언제나 일종의 믿음이며, 믿음에 대해서는 완전한 증명도 반증도 있을 수 없다. 다만 냉철한 과학적 정신을 따르며 신비나 희망의 감정을 섞지 않은 눈으로 세계를 바라보는 한, 가치와 정의(情意)와의 뗄 수 없는 관계를 부인하기는 힘들 것으로 믿는다.

(3) 흔히 직각론(intuitionism)의 이름으로 불리는 계열의 가치실

재론을 물리친 경험론적 견해는 모든 종류의 형이상학적 윤리설도 거부한다. 형이상학적 윤리설은 그 기초가 되는 궁극의 원리가 그 자체 평가적이 아니라는 점에서 직각론과 다르다. 그러나 그 궁극의 원리가 과학적인 검증을 거부하는 점에서는 직각론과 일반이며, 모든 경험론적 윤리설과는 출발점의 가정을 달리하고 있다.

(4) 저자는 심리의 참여가 가치의 발생을 위하여 필수조건이라고 보는 이른바 상대론적 가치설에 찬동하였다. 그러나 저자는 자연론자들의 정의(定義)에까지 찬동하지는 않았다. 그 이유는 i) 자연론자들의 정의는 가치언어의 '정의적 의미' 또는 '규정적 기능'을 간과하고 있으며, ii) 자연론자들은 자기네의 정의 가운데 '설득적'인 요소 또는 주체적 '결단'의 요소가 들어 있음을 인정하지 않기 때문이다.

(5) 저자는 여러 가지 점에서 Stevenson의 분석에 공감을 표시했으며, 또 때로는 Hare의 분석이 Stevenson의 그것을 능가하는 면이 있음을 암시하였다. 그러나 이 두 분석학자들에게 대하여도 또한 불만이 없지 않았음을 아울러 표명하였다.

이상에 요약한 비판적 관점을 토대로 삼고, 윤리적 언어의 의미에 관한 새로운 음미를 시작하기로 하자. 윤리적 언어의 의미를 분석함에 있어서 많은 혼동을 일으킨 까닭의 하나는 다음 두 가지 서로 다른 물음을 뒤섞었다는 사실에 있다고 생각된다. ① 일상적 언어 가운데서 윤리적 발언이 어떠한 의미로 실지에 사용되고 있는가? ② 윤리적 발언은 어떠한 의미로 사용되어야 하는가? 이 두 개의 물음은 전혀 다른 영역에 속하는 물음으로서 구별되어야 하겠거니와, 우리가 앞으로 직접 관여하는 것은 전자 즉 윤리적 언어의 사실에 관한 문제이다.

Ⅱ. '좋음'의 의미

'좋다' 또는 '옳다' 따위의 가치언어의 의미를 밝히려는 시도는 벌써 그 첫걸음부터 난관에 봉착한다. 왜냐하면 이 시도에 있어서 우선 발견되는 것은 ① 동일한 가치개념이 이루 헤아릴 수 없을 정도의 여러 가지 뜻으로 쓰이고 있다는 사실 및 ② 평가적 언어에는 서술적 언어로써는 제대로 옮겨놓을 수 없는 특수한 일면이 (학자들이 '情意的'이니 '規定的'이라는 말로 특색지우는 특수한 의미가) 있다는 사실이기 때문이다. 그리고 이 두 가지 사실로 미루어 볼 때, 엄밀하게는 가치언어의 정의란 내릴 수 없다는 결론이 생길 것 같다. 그러나 가치언어의 의미를 엄밀한 정의로써 규명하지는 못한다 하더라도, 그것을 어느 정도 분명히 하는 길은 생각할 수 있으리라는 것은, 이미 Dewey, Stevenson, Hare 등을 소개한 마당에서 밝혀졌다고 믿는다. 앞으로 Stevenson 또는 Hare 등의 분석을 거울삼고 가치개념의 의미에 접근하기를 꾀하되, 우선 '좋다'(good)를 가장 전형적인 가치언어로서 택하고, 이 말이 일상적인 문맥 가운데서 어떠한 뜻으로 쓰이고 있는가 살펴보기로 하자.

가치언어의 의미를 살피는 연구에 있어서 관건이 되는 것은 가치언어와 비가치언어 사이에 발견되는 의미상의 같은 점과 다른 점을 분명히 하는 일일 것이다. 따라서 '좋은'(good)이라는 가치언어의 의미를 살피기 위한 방편으로서, 이 말과 비가치언어의 하나, 예컨대 '휴대용'(portable)과를 비교해 보는 것은 우리 연구의 적절한 출발점이 되리라고 생각된다.

'좋은' 및 '휴대용'의 두 낱말은 다음과 같은 의미상의 공통점을 가지고 있다.

(1) 이 두 말은 그것들이 적용되는 대상에 관하여 어떤 사실을 전해 주는 점에 있어서 공통된 기능을 가졌다. (예컨대 타이프라이터에 붙여 쓰일 때, '휴대용'은 '한 손으로 들 수 있도록 가벼운' 또는 '손잡이가 달린' 따위의 뜻을 가지며, '좋은'은 '글씨가 잘 찍히는'이라든가 '고장이 잘 안 나는' 따위의 의미를 전한다.)

(2) '좋은'에 있어서나 '휴대용'에 있어서나, 그 서술적 의미를 결정하는 인자들의 적어도 하나는, 관용(慣用) 또는 사람들의 일반적인 의견이다. '휴대용'이라는 말은 본래 영어의 '포터블'을 옮긴 것이거니와, 영어에 있어서 '포터블'이라는 말의 원래의 뜻은 '운반할 수 있는'이다. 그러나 우리는 이 말을 운반할 수 있는 모든 물건에 붙여 쓰지는 않는다. 예컨대 '휴대용 손수건이라든가 '포터블 핸드백'이라는 말은 쓰이지 않으며, 고양이나 강아지 같은 가벼운 동물에도 이 말은 적용되지 않는다. '좋은'이라는 말의 서술적 의미가 사회 일반의 의견에 의하여 제약된다는 것은, 이 말이 적용되는 대상이 좋고 나쁨을 판가름하는 기준이 사회적으로 확립된 종류의 경우일수록 그 뜻이 더욱 분명하다는 사실 위에 나타나고 있다. 예컨대, '좋은 면도칼'이라 할 때 그 '좋은'의 뜻은 분명하나, '좋은 사람'이라 할 때는 그 말의 뜻이 그리 분명치 않다. 이것은 면도칼의 좋고 나쁨을 판정하는 기준은 상식으로도 분명하나 사람의 선악을 판별하는 기준에 관하여는 아직도 의견이 구구하기 때문이다.

(3) '좋은'에 있어서나 '휴대용'에 있어서나 그 말의 서술적 의미는 그것이 쓰이는 경우 여하를 따라서 변동한다. 가령 '좋은 사과'라고 할 때의 '좋은'은 '잘 익은', '싱싱한', '달고 향취 있는' 따위의 뜻을 가지나, '좋은 고무신'이라 할 때의 '좋은'은 '질긴', '모양 있는', '발이 편한' 따위의 뜻으로 쓰인다. 다 같이 '좋은 사과'라는 말에 있어서도 그 말을 쓰는 사람들의 식성이나 목적 여하에 따라 '좋은'의 의미가 달라질 수 있다. 사정은 '휴대용'에 있어서도 일반이다. 예컨대 '휴대용 라디오'라 할 때의 '휴대용'은 '건전지로 사용할 수 있는'이라는 뜻을 가지나, '휴대용 다이프라이디'라 할 때의 '휴대용'에는 그런 뜻이 없다. 또 하나 예를 든다면, '휴대용'에는 보통 '가벼운'이라는 의미가 포함되었으나, '휴대용 텔레비전' 가운데는 '휴대용' 아닌 라디오보다 무거운 것들이 흔히 있다.

이제 우리는 우리가 고찰하고 있는 두 낱말이 어떤 논리적 차이점을 가졌는가를 살펴야 할 단계에 이르렀다. Stevenson이 주장하듯이, '좋다'라는 말이 일반적인 맥락 안에서 사용될 때, 그것은 언제나 그 발언자의 어떤 마음가짐(attitude)을 나타낸다. 다시 말하면, 내가 "X는 좋은 것이다"라고 말할 때, 이 발언에는 "나는 X를 좋아한다," 또는 "나는 X에 대하여 찬양(approval)의 감정을 느낀다"라는 뜻이 언제나 포함된다. 그러나 일반적 경우에 있어서 '휴대용'이라는 말에는 그러한 뜻이 없다. '휴대용'이라는 말이 순전한 비가치언어로서 사용될 때, 'X는 휴대용이다'라는 발언에는 X에 대한 그 발언자의 마음가짐이 조금도 나타나 있지 않다. 이 점에 관해서 중요한 것은, 이들 두 낱말 사이에 존재하는 차이 그 자체보다도, '좋다'가 정상적인 평가어로서 사용될 경우에는 **언제나** 그 평가된 대상에 관한 발언자의 마음가짐을 표명한다는 그 사실이다. 이 사실이 중요한 이유는 ① 이 사실은 **좋음**과 **마음가짐** 사이에 어떤 불가분의 관계가 있음을 암시하는 것으로 보이며, ② 이 사실을 근거로 삼고 우리는 '좋다'라는 말 가운데서 한 가지 **변치 않는** 서술적 의미를 발견할 수 있을 것 같기 때문이다.

우리가 고찰하고 있는 두 낱말 사이에서 발견되는 또 하나의 차이는, '좋다'라는 말에는 다른 어떠한 서술적 언어로도 옮길 수 없는 특수한 기능, 즉 Stevenson이 이른바 '정의적 의미'(또는 Hare가 말한 '규정적 의미')가 있으나, '휴대용'에는 그러한 뜻이 없다는 사실에서 발견된다.

Stevenson은 윤리적 언어에 포함된 정의적 의미의 특색을 '명령적' 또는 '준명령적'(quasi-imperative)이라는 말로 표현하였다. 그러나 '좋다'의 규범적 기능은 명령적 발언의 그것보다도 훨씬 미묘하고 부드럽다. 따라서 저자는, '좋다'의 규범적 기능을 묘사하는 형용사로서는 Hare가 제언한 '권고적'(commending)이 나으리라고 생각한다.

영어의 'commend'는 '권고한다'는 뜻과 '칭찬한다'는 뜻을 아울러 가졌거니와, '권고하는'이라는 뜻의 commending은 '좋다'의 미묘하고 부드러운 명령적 기능을 나타내기에 좋을 것이요, '칭찬하는'이라는 뜻의 commending을 '좋다'가 가진 표정적(emotion-expressive) 내지 환정적(emotion-evoking) 기능을 나타내기에 적당할 것이다.

Stevenson도 가치언어 내지 평가적 발언의 표정적 또는 환정적 기능을 간과한 것은 아니다. Stevenson에 따르면, "X는 좋은 것이다"라는 말은 "나는 X를 찬양한다, 너도 그렇게 하라"라는 말과 대체로 같은 뜻이었다. 이리하여 "X는 좋은 것이다"라는 말 가운데 들은 표정적 의미를 Stevenson은 그의 "나는 X를 찬양한다"는 해석 가운데 보존하였고, 그 환정적 의미는 "너도 그렇게 하라"는 명령구로써 강조하였다. 그러나 평가적 발언이 가진 '정의적 의미'에 관한 Stevenson의 해석은 몇 가지 섬에 있어서 불충분한 것 같다. 이 짐을 좀더 자세히 검토하기로 하자.

Stevenson에 따르면, "X는 좋은 것이다"라는 발언은 ① 언제나 X에 대한 그 발언자의 마음가짐(찬양하는 심적 태도)을 표명하고, ② (찬양이라는 심적 태도가 어떤 감정을 내포하는 한) 발언자의 감정을 나타내며, ③ 언제나 듣는이에게 찬양하라고 명령하는 동시에, ④ 듣는이도 X에 대하여 발언자의 그것과 같은 감정을 가지라고 명령한다. 여기서 우리가 '찬양'(approval) 및 '감정'(emotion)의 두 말을 넓은 의미로 이해하는 한, Stevnson의 첫째와 둘째 점은 용인할 수 있을 것이다. 그러나 셋째와 넷째 점에 관해서는 약간의 의문이 없지 않다.

첫째로, "X는 좋은 것이다"라는 발언이 듣는 이에게 X를 찬양한 것을 언제나 명령(또는 암시)한다는 것은 믿기 어렵다. 가령 갑이 "이것은 좋은 그림이요"라고 말했을 때 을도 "그것 참 정말 좋소"라고 대답했다고 하자. 이 경우에 있어서, 을이 갑에게 그 그림을 계속하여 찬양하라고 명령 혹은 암시했다고 보는 것은 약간 어색한 해석이다. 만약 갑이 미술의 대가요 을은 문외한이라고 가정한다면, 이 어색함이 더욱 뚜렷해질 것이다. 물론 을의 발언에도 어떤 '정의적 의미'가 깃들어 있다. 그러나 그 '정의적 의미'를 '명령적'이라는 말로 특색지우는 것은 옳지 않을 성싶다. 을은 그 그림을 스스로 찬양하고 있는 것이다. 그리고 찬양이라는 행위에 감정이 내포되고 있는 한, 그의 발언은 그 그림에 대한 그의 감정을 표명하고 있는 것이다.

둘째로, "X는 좋은 것이다"라는 발이 듣는이에게 X를 찬양하라고 명령 내지 암시하기보다는 X를 권장 내지 권고하는 뜻을 가졌다고 보는 편이 적합할 경우가 있다. 예컨대 어떤 따위의 집을 신축할 것인가 하고 망설이는 사람에게 "양옥이 좋다"고 말할 때, 이 발언의 가장 기본적인 의미는 양옥을 찬양하라고 암시함에 있는 것이 아니라, 양옥 그 자체를 권고함에 있을 것이다. 또 우리가 "이웃을 돕는 것은 좋은 일이다"라고 말할 때도, 이 말은 '이웃사람 돕기'를 찬양하라고 명령하는 것이 아니라, 이웃을 돕는 일 그 자체를 명령 내지 암시한다고 봐야 할 것이다.

이상에 논술한 Stevenson의 난점을 고려하여, '좋다'라는 가치언어의 규정적 측면을 'commending'—권고와 찬양의 뜻을 아울러 가진 commending—이라는 말로 특색지운 Hare의 견해가 보다 나으리라는 결론에 이른 것이다.

그러나 '좋다'의 규정적 의미의 특색을 '권고하고 찬양하는' 기능으로만 해석해서도 불충분할 경우가 있다. 그 대표적인 예로서 '좋음' 또는 '선'이라는 개념의 정의가 시도될 경우를 생각할 수 있을 것이다. 가령 어떤 사상가가 인생에 있어서의 '최고의 선'은 최대다수의 최대행복이라고 단언한다고 하자. 물론 이 단언 가운데 '최대다수의 최대행복'을 찬양하고 권장하는 뜻이 포함되어 있음은 의심할 여지가 없다. 그러나 이 단언의 정의적 내지 규정적 의미에는 좀더 본질적인 일면이 있을 것으로 믿는다. 즉 이제 말한 바 최고선의 정의를 통하여 그 사상가는 삶에 대한 자기의 태도를 천명하고 있는 것이다. 그는 윤리의 근본 원칙을 선택 내지 결단하고 있는 것이며, 스스로의 인생관의 주춧돌을 놓고 있는 것이다. J.L. Austin의 용어를 빌린다면, 그는 하나의 '행로'(performance)를 스스로 택하겠노라고 선언하는 것이다.[1)]

"선이란 행복이다," "선이란 쾌락이다," "선이란 자아의 실현이다" 따위의 발언들은 본래 어떤 사실의 전달을 위한 것이 아니다. 이것들을 명령문으로 옮겨 놓아도 어색함을 면치 못한다. 그리고 이것들의 기능은 무엇을 권고하거나 찬양함에 있다고 설명한다 해도 충분치 않다. 무릇 "X는 좋은 것이다"라는 형식의 발언과 "좋음(善)이란 A다"라는 형식의 발언과는 그 논리적 성질에 근본적인 차이가 있는 것으로 보인다. "X는 좋은 것이다"라고 할 때 우리는 '좋다'는 말 X라는 대상에 적용하는 것이며, 이 때 '좋다'는 말의 뜻은 이미 알려져 있는 것으로 간주되고 있다. 그리고 이 경우에 있어서 설명 내지 검토를 받고 있는 것은 X이다. 그러나 "좋음이란 A다"라는 발언에 있어서는 '좋음'의 개념 자체가 문제되고 있다. 이 때 검토를 받고 있는 것은 A가 아니라 '좋음'이다. 따라서 이 발언의 특색을 A에 대한 권고 내지 찬양의 기능 속에서 발견할 수는 없을 것이다.

"좋음(善)이란 A다"라고 정의식의 단정을 내리는 사람은 삶에 대한 자기의 태도를 천명하고 있는 것이다. 그는 스스로의 신념을 토로하고 있는 것이니, 그가 만약 자기의 발언에 충실하고자 한다면, 그는 자기가 토로한 신념이 지시하는 일정한 길로 걸어들어야 할 것이다. 바꾸어 말하면, 정의식의 가치판단을 내리는 순간에 판단자는 하나의 삶의 길을 선택하는 자기의 태도를 결정하는 것이다. 따라서

---

1) J.L. Austin, "Other Minds" in *Logic and Language*, 2nd Series(ed., Flew), New York, 1941, pp. 123~158 참조.

Austin이 "나는 약속한다," 또는 "나는 찬성한다" 따위의 발언을 특색지우기에 가장 적절하다고 생각한 "실행적"(performative)이라는 말은,[2] 정의식의 가치판단의 본질을 밝히기에도 적절한 형용사가 될 것이다.

이제까지 고찰한 바를 종합하건대, 우리는 '좋다' 내지 '좋음'을 빈개념(賓概念) 또는 주개념으로 삼는 가치판단의 의미를 두 부분, 즉 고정적인 부분과 비고정적인 부분으로 나눌 수 있을 것으로 보인다. "X는 좋은 것이다"라는 형식에 있어서나, "좋음이란 A다"라는 형식에 있어서나, 거기에는 그 발언자가 X 또는 A를 찬양한다는(혹은 좋아한다는) 의미가 반드시 포함되어 있다. 또 하나의 고정적인 부분은 '좋다' 또는 '좋음'에 포함된 정의적 내지 규정적 의미이다. "X는 좋은 것이다"라는 형식의 발언의 경우와 "좋음이란 A"다 식의 가치판단의 경우에 있어서, 그 정의적 의미 내지 규정적 의미의 특색이 각각 다르다는 것은 이미 언급하였다. 그리고 같은 형식의 발언에 있어서도 그 규정적 의미의 강도는 맥락에 따라서 다를 것이다. 그러나 '고정적'이라는 말을 좀 융통성 있는 뜻으로 쓴다면, 우리는 가치판단의 의미의 규정적 측면을 그 의미의 고정적인 부분 가운데 헤아려도 좋을 것이다.

'좋다' 또는 '좋음'이 가진 서술적 의미의 대부분은 맥락과 발언자 여하에 따라서 상당히 변동한다. 이 신축성은 사물의 좋고 나쁨을 판정하는 표준이 보편적으로 확립되지 못하고 있다는 사실 및 '좋음'에 관하여 아직 모든 사람에게 공통된 정의가 세워지지 못하고 있다는 사실의 반영이다.

이제까지의 논술에 있어서 우리는 이른바 '본래 좋음'(intrinsically good)과 '수단으로서 좋음'(instrumentally good)과의 구별에 대하여는 별로 주의를 기울이지 않았다. 이제 이 구별에 유의하면서 '좋음'

---

2) *Ibid.*

이 가진 의미를 다시 정리해 보기로 하자. '좋음'을 '수단으로서 좋음'의 뜻으로 쓰는 경우에는 "X는 좋은 것이다"라는 판단에 관하여 우리는 다음 세 가지를 주장할 수 있을 것이다. 즉 이 판단은 ① 발언자가 X를 찬양한다는(또는 좋아한다는) 서술적 의미를 가지며, ② 발언자가 X를 권고 내지 칭찬하는 규정적 의미를 갖는 동시에, ③ X에 관한 어떤 사실을 알려 준다. '좋음'을 '본래 좋음'의 뜻으로 쓸 경우에도 "X는 좋은 것이다"라는 판단이 ①과 ②의 의미를 가질 것은 의심의 여지가 없다. 그러나 ③에 이르자 여기 매우 어려운 문제가 개재하고 있음을 본다. 예컨대 "건강은 그것에 따른 모든 이익을 고려하지 않더라도 그 자체가 본래 좋은 것이다"라고 말할 때, 이 발언이 건강에 관해서 무슨 사실을 알려 주는가?

"우리 어머니는 좋은 사람이다"라고 말할 때, 그 아들이 '좋음'이라는 말로써 어머니에 관한 어떤 사실을 의미했는가를 알려면, "왜 너의 어머니는 좋은 사람이냐"고 반문하는 것이 효과적인 방법이 될 것이다. 같은 방법을 우리는 "건강은 좋은 것이다"라는 판단의 경우에도 적용할 수 있을 법하다. "왜 건강은 좋은 것이냐"는 물음을 받은 사람이 가령 "건강은 즐거운 것이기 때문에"라고 대답했다고 가정하자. 이 경우에 우리는 그의 추리를 다음과 같이 해석할 수 있을 것이다. 즉 모든 즐거운 것은 본래 좋은 것이다 ; 건강은 즐거운 것의 하나이다 ; 그러므로 건강은 본래 좋은 것의 하나이다. 그렇다면 한 걸음 더 그를 추궁하기 위해서 우리는 이렇게 물어보기로 하자 : "그러나 즐거운 것이 왜 본래 좋으냐"고. 이 질문에 대해서 만족스러운 답변을 하기에 그는 아마 곤란을 느낄지도 모른다. 그러나 그가 어떤 이유를 제시하기에 성공했다고 가정하자. 이 때 우리는 또다시 비슷한 질문으로써 그를 추궁할 수 있을 것이다. 어쨌든 그는 다음과 같은 따위의 대답을 던지지 않을 수 없는 막다른 지경에 조만간 도달할 것이다. 즉 "그것은 좋은 까닭에 좋다," "그것이 좋다는 것은 자명하다," "나는 그것을 좋다고 생각하지 않을 수가 없다" 따위의 대답으로밖에 응할 도리가 없는 지경에 도달할 것이다. 마지막 대답으로서 그가 어떠한 말을 던지든지간에 여기서 분명한 것은, "X는 본래 좋다"라는 말이 평가의 궁극 원리로서 던져졌을 때, 이 발언에는 X에 대한 발언자의 마음가짐을 알리는 것밖에는 아무런 서술적 의미도 없다는 사실이다.

Ⅲ. '옳음'과 '해야 함'

이제까지 우리는 '좋다' 또는 '좋음'의 뜻을 분석하였다. 그러나 우리의 관심은 '좋다'나 '좋음'에만 국한된 것은 아니었다. 우리의 본래의 목적은 도덕판단 내지 가치판단 일반의 논리적 성격을 밝힘에 있었다. 그러므로 이제까지 우리가 "X는 좋은 것이다," 또는 "좋음이란 A다" 식의 판단에서 발견한 논리적 성격을 가치판단 일반의 논리적 성격이라고 볼 수 있는가 없는가를 검토할 필요가 있을 것이다. 그리고 여러 가지 도덕적 가치 개념을 비교하고 그 차이와 관계를 밝히는 것은 그 자체가 중요한 연구 제목이기도 하다. 그러나 우리는 이 문제를 장황하게 다루지는 않을 것이다. 이미 우리는 이 문제에 대한 Moore, Ross, Stevenson 등의 견해를 보았으며, 어떤 기본적인 가치 언어가 가진 논리적 성격은 다른 가치 언어들도 공통으로 가지고 있다는 것은 그들의 거의 일치된 의견이었던 까닭에, 이 항목을 그리 상세하게 다룰 필요는 없다고 생각되기 때문이다. 모든 종류의 가치 개념을 문제삼는 대신, 우리는 '옳다'(right)와 '해야 한다'(ought)의 두 가지 언어만을 간단히 살피기로 한다.

'좋다'와 '해야 한다'가 엄밀하게 똑같은 의미로 쓰이지 않는다는 것은 상식으로도 알 수 있다. "몸이 약한 사람은 아침마다 가벼운 운동을 하는 것이 좋다"와 "몸이 약한 사람은 아침마다 가벼운 운동을 해야 한다"는 비슷한 의미로 쓰일 수가 있다. 그러나 그 말의 뉘앙스는 약간 다르다. '좋다'와 '해야 한다' 사이에 확연한 구별이 있다는 것은 다음과 같은 발언이 조금도 모순되게 느껴지지 않는다는 사실에 잘 나타나고 있다. "그 집에 노인이 계시니 무엇을 좀 사가지고 들어가는 것이 좋겠지. 그러나 꼭 그렇게 해야 한다는 것은 아니고."

비슷한 관계는 '좋다'와 '옳다' 사이에서도 발견할 수 있다. '좋다'와 '옳다'를 거의 같은 뜻으로 쓰는 경우가 없는 것은 아니다. 예컨대 회합에 있어서 남의 발언에 대하여 찬동을 표시할 때, "좋은 말씀입니다"라고도 하고 "옳은 말씀입니다"라고도 한다. 그러나 이 맥락에 있어서도 두 말이 똑같은 뜻으로 쓰이지 아니함은, "매우 좋은 말씀입니다"는 자연스러우나 "매우 옳은 말씀입니다"는 어색하다는 사실 위에 나타나고 있다. 이 두 말들이 같은 뜻의 말이라고 볼 수 없는 보다 뚜렷한 예는, "좋은 신랑감"이라고는 하나 "옳은 신랑감"이라고는 보통 말하지 않는다는 사실 등에서 찾아볼 수 있다.

그러나 기본적인 논리적 특색에 관한 한, '좋다'나 '좋음'을 포함한 가치판단에 관해서 주장할 수 있었던 것은 '옳다'나 '해야 한다'를 포함하는 가치판단에 관해서도 주장할 수가 있다. 다시 말하면 '좋음'에 관련하여 발견된 여러 가지 특색을 다른 가치언어에까지 넓혀서 다음과 같이 주장할 수가 있다. ① 모든 도덕판단은 판단자의 마음가짐을 나타낸다. ② 모든 윤리적 언어 내지 평가적 언어는 그것이 사용되는 문맥 여하를 따라서 그 의미가 약간 달라지는 것이 보통이다. ③ 모든 도덕판단에는 규정적 측면이 있으며, 가치판단의 규정적 의미는 어떠한 서술적 언어로도 충분히 옮겨 놓을 수 없다. ④ 가치판단의 규정적 기능은 때로는 발언자의 정서를 표명하거나 듣는이의 감정을 유발하는 구실을 하고, 때로는 어떤 대상을 찬양 내지 권장하는 구실을 하며, 또 때로는 발언자의 인생에 대한 결의 내지 태도를 표명한다.

다음에는 '좋다', '옳다', 그리고 '해야 한다' 사이에 어떠한 관계가 있는가를 살펴보기로 하자. 일부의 학자들은 도덕적 언어 가운데서 오직 하나만이 기본적이며, 다른 것들은 모두 이 기본적인 언어를 통하여 정의될 수 있다고 믿는다. 예컨대 G. E. Moore는 가치언어를 비가치언어로 옮길 수 있다는 생각은 철저히 물리쳤으나, '옳음'은 '좋음'이라는 말을 써서 정의할 수 있다고 믿었다.[3] 그리고 Perry도 목적주의 윤리설의 전통을 따라서 '옳음'을 도덕적 선을 위한 수단의 가치로 보았으며, '해야 한다'도 '좋음'에 내하여 종속적인 관계에 있다고 보았다. 그러나 이러한 목적론적 견해가 만족스러울 수가 없음은, Ross가 지적한 바와 같이, "보통 우리가 '약속을 지키는 것이 옳다'고 말할 때, 우리는 약속이행이라는 행위가 초래할 결과를 반드시 생각하고 있지는 않다"는 사실에 의하여 명백하다.[4] '해야 한다'를 '좋음'에 의하여 정의할 수 없음도 같은 논법으로 설명할 수가 있다. "약속은 지켜야 한다"고 말할 때, 우리는 반드시 약속이행이 가져올 결과를 염두에 두고 있는 것은 아니다.

반대로 '좋음'을 '해야 함'에 의하여 정의하려는 계획도 성공할 수 없다. 우리가 모든 '좋은 것'을 '해야 할' 의무라고 생각하지 않는다는 사실만으로도 이 계획이 성공할 수 없음을 알 수 있다. 예컨대 크리스마스를 앞두고 나타나는 자선남비에 돈을 던지는 것이 좋은 일이라고 생각하는 사람은 매우 많으나, 그것이 반드시 해야 할 의무라고 생각하는 사람들의 수효는 훨씬 적다. 그러나 만약 '좋음'이 '해야 함'을 통하여 정의될 수 있는 것이라면, 모든 종류의 좋은 일에는 해야 할 의무성이 있을 것이다.

'옳다'와 '해야 한다' 사이의 유사성은, '옳다'와 '좋다' 또는 '해야 한다'와 '좋다' 사이의 그것보다도 훨씬 더하다. "X함은 옳은 일이

3) G. E. Moore, *Principia Ethica*, Cambridge University, 1903, p. 26 참조.
4) W. D. Ross, *Foundations of Ethics*, Oxford, 1939, p. 42.

다"와 "X해야 한다"는 흔히 같은 뜻으로 쓰인다. 그러나 '옳다'와 '해야 한다'도 엄밀하게 같은 뜻이 아니라는 것은 이미 Ross에 의해서도 밝혀진 바 있다.[5)]

'좋음'과 '옳음'과 그리고 '해야 함'이 서로 다른 의미를 가졌다 함은 그들 사이에 관계가 없다는 뜻은 물론 아니다. 앞에서도 이미 암시한 바와 같이, 이 세 말들이 모두 '가치언어'라는 같은 유개념에 속할 수 있는 것은 그것들이 공통된 특색을 가지고 있기 때문이다. 그들이 공통으로 가지고 있는 특색의 하나는, 그들이 인간의 마음가짐과 뗄 수 없는 관계를 가졌다는 사실이었다. 그러면 인간의 마음가짐과 이들 가치개념들과의 관계란 어떠한 것인가? 좀더 구체적으로 살펴보기로 하자.

'좋음'이 관계하고 있는 사람의 마음가짐은 우리가 보통 '욕구'라고 부르는 심리작용을 중추로 삼고 있다. 우리가 '좋다'고 생각하는 모든 것은, 다른 요인이 방해하지 않는 한, 우리가 욕구하는 대상이기도 하다. 좋은 까닭에 욕구하는 것이냐, 또는 욕구하는 까닭에 좋은 것이냐에 관해서는 이론이 있을 것이나, 사람들이 좋다고 믿는 것은 동시에(적어도 그것을 좋다고 생각하는 그 점만으로 볼 때에) 욕구하고 있는 것이라는 사실에는 의심의 여지가 없다. '욕구한다'와 '좋아한다'는 말이 거의 같은 뜻으로 쓰이는 우리 나라의 언어는 이 점을 잘 설명해 주고 있다.

'옳다'고 판단되는 모든 대상도, 다른 요인의 방해를 받지 않는 한, 역시 욕구의 대상이다. 그러나 단순히 욕구된다는 이유만으로 우리는 어떤 대상을 옳다고 판단하지는 않는다. 우리가 어떤 행위를 옳다고 판단할 때, 우리는 반드시 그 행위를 좋아한다. 그러나 단순히

5) *Ibid.*, p. 43 및 p. 45f. 참조. Ross는 'right'와 'ought'가 똑같지 않다는 이유를 두 가지 들고 있다. 저자는 그 첫째 이유에는 찬동하나 둘째 이유에는 회의적이라는 사실을 다른 곳에서 밝힌 일이 있다("Naturalism and Emotivism," 학술원 논문집〈인문사회과학 편〉, 제 3 집, 1962, pp. 129~130 참조).

좋아한다는 이유만으로 우리는 어떤 행위를 옳다고 판단하는 것은 아니다. 주어진 행위가 옳다고 판단되기 위해서는 그것이 상황에 적합하다고 판단되어야 한다. 다시 말하면 적합성(fitness)은 옳음(rightness)을 위한 필수조건이다.[6] 그러나 적합하고 아니함을 판가름하는 기준이 객관적으로 확립되어 있지 않을 경우가 많다는 사실이 여기서 어려운 문제를 제기한다. 다만 우리가 확언할 수 있는 것은, 우리들의 목적이 확정되어 있을 경우에는 그 목적이 곧 행위의 적합성 여부를 판정하는 구실을 하리라는 사실이다.

모든 반성적 순간에 있어서 우리는 반드시 한 가지 행동을 택해야 한다는 사실은, '해야 한다'가 도덕적 언어로서 성립하게 된 근본적 사유인 것 같다. 우리는 살아 있는 동안 반드시 어떤 행동을 해야 하는 것이며, 아무런 행동도 전혀 하지 않을 수는 없다. 다시 말하면, 인간의 행동에는 불가피한 일면이 있는 것이며, 따라서 '해야 한다'에는 '아니 할 수 없다'와 통하는 필연성을 의미하는 일면이 있다. 그러나 사람의 행동이 가진 필연성은 단순히 물리적인 변화를 지배하는 필연성과 똑같은 것은 아니다. 예컨대 당구대 위를 구르는 당구공은 보편적 운동의 법칙에 따라서 필연적으로 움직인다고 말할 수 있다. 물론 그 공 자체의 성질도 그 운동을 결정하는 중요한 인자임에 틀림이 없다. 그러나 전혀 의식이 없이 구르는 당구공을 능동성 내지 자유를 가진 행위자라고 부를 수는 없다. 한편 인간의 행위에 있어서는, 비록 거기에 일종의 필연성이 지배한다 하더라도, 그것이 완전히 수동적으로 결정되는 것은 아니다. 의식적 행위자로서 인간은 자기의 행위를 결정하는 마당에 능동적으로 참여한다. 여기서 반드시 우리는 '의지자유'의 문제에 말려들어갈 필요는 없을 것이다. 설령 우리의 의지가 어떤 필연의 법칙에 따라 결정된다 하더라도, 우리의 의식이 관

6) '옳음'의 본질을 '적합함'이라고 본 것은 이미 Richard Price의 옛일이었으며, W. D. Ross 및 C. D. Broad도 Clark와 Price가 세운 전통을 따르고 있음은 널리 알려진 사실이다.

계하는 한, 우리는 스스로의 판단으로 하나의 행위를 선택한다. 우리에게 불가피한 것은 밖으로부터 요구된 어떤 행위를 실천함이 아니라, 여하간 하나의 길을 택하지 않을 수 없다는 사정이다. 만약 도덕률이 물리학의 법칙처럼 객관적 절대성을 가졌더라면, 인간의 마음가짐이 도덕적 결정의 마당에 참여할 수 있는 여지는 전혀 없었을 것이다. 그러나 현재의 상태로는 아직 그러한 절대적 도덕률의 존재는 알려지지 않았다. 만약 우리의 행위를 확고한 결정에로 이끌어 주는 강력한 법칙이 밖으로부터 주어져 있지 않다면, 그리고 행위의 결정이 불가피한 것이라면 밖으로부터 주어지지 않은 것을 보충하기 위하여 안으로부터 주관적인 요인이 참여하지 않을 수 없을 것이다. 그리고 이 주관적 요인이 다름아닌 행위자 자신의 태도요 결단임은 두 말할 것도 없다.

"X를 해야 한다"는 판단이 실제로 내려졌을 때, 거기에는 반드시 누군가의 태도 즉 마음가짐의 참여가 있다. 그런데 "무엇을 할 것이냐"에 대답하는 마지막 결정을 가져오는 마음가짐이란 결국 일종의 선택 행위라고 보아야 할 성질의 것이다. 그리고 선택 행위란 언제나 '좋아함' 또는 '욕구함'을 포함한다. 그러므로 '해야 함'이라는 도덕적 가치가 관계하는 마음가짐도 역시 '욕구'의 심리작용을 중추로 삼는다는 결론을 얻게 된다. "X를 해야 한다"는 판단이 내려질 때, 언제나 그 판단자는 X를 욕구하고 있다고 말할 수가 있다.

Ⅳ. 評價의 妥當性의 問題〔Ⅰ〕

'좋다'는 말의 분석을 통하여 윤리적 판단의 의미 내지 논리적 성격을 검토한 우리는, 이제 우리 본래의 문제 즉 윤리적 판단을 증명 내지 정당화할 수 있느냐 하는 방법론적 문제와 대결해야 할 단계에 이르렀다.

어떤 판단을 증명 내지 정당화하라 함은, 그 판단이 의미하는 바가 타당함을 밝히는 요구라고 볼 수 있을 것이다. (Hare는, 평가적 판단의 경우에 있어서, 의미[meaning]와 기준[criteria]이 혼동해서 안 될 두 가지의 것임을 지적하였다. 그러나 Hare가 이 때 말한 '의미'는 매우 좁은 뜻의 것이며, '의미'를 넓은 뜻으로 쓴다면, 도덕판단의 정당화의 문제는 그 판단이 의미하는 바를 정당화하는 문제라고 보아도 무방할 것이다.) 그러나 '의미'라는 말을 우리는 매우 넓은 뜻으로 써 왔으며, 따라서 하나의 평가적 판단 또는 윤리적 판단이 '의미'하는 바에는 매우 여러 가지 요소가 포함되어 있음을 보았다. 그러므로 지금 윤리판단의 증명 내지 정당화가 문제될 때, 주어진 판단이 의미하는 바 전체를 증명 내지 정당화함이 요구되는 것으로는 보이지 않는다. Stevenson의 분석에 따른 우리의 해석에 의하면, 예컨대 "이 군은 좋은 사람이다"라는 말에는 "나는 이 군을 찬양한다," 또는 "나는 이 군을 좋아한다"는 뜻이 들어 있다. 그러나 이 군이 좋다는 사람에 대하여 그것을 증명해 보라고 요구하는 사람은, 그 발언자가 이 군을 찬양한다거나 좋아한다는 심리적 사실이 의심스럽다는 뜻에서 그렇게 요구하지는 않을 것이다. 따라서 발언자의 심리상태를 알리는 고정적인 서술적 의미는 윤리판단의 증명 내지 정당화의 문제와는 직접 관계가 없다.

다음에 윤리판단이 가진 고정적이 아닌 서술적 의미에 관해서는 어떠할까? "이 군은 좋은 사람이다"라고 말할 때, 발언자가 이 군의 사람됨에 관하여 암암리에 언급하는 바는 반드시 일정하지 않다. 갑은 이 군의 사람됨이 정직하고 온순하다는 사실을 염두에 두고 그를 '좋다'고 평가할 것이며, 을은 이 군이 참을성 있고 용감하다는 사실을 마음에 두고 같은 말을 할 것이며, 병은 또 다른 무엇을 생각하고 그렇게 말할지도 모른다. 그런데 이 서술적 의미의 가변적인 부분은 확실히 우리들이 고찰 중에 있는 증명 내지 정당화의 문제와 관계가 있다. 가령 갑이 "이 군은 좋은 사람이다"라고 말하는 이유가 이 군을 정직하고 온순하다고 믿었음에 있다고 하자. 이 때 만약 을이 이 군은 겉으로 보기에는 정직하고 온순한 듯하나, 실상 속을 알고 보면 그렇지 않다는 것을 증명한다면, 을의 이 반증은 갑의 판단을 물리치기에 충분할 것이다. 그런데 이와 반대로, 만약 이 군이 정말 정직하고 온순하다는 것을 갑이 사실로써 증명했다면 어떠할까? 이 군이 좋은 사람이라는 갑의 판단이 확립되는 것일까? 물론 그렇지 않다. 을은 아지도 "정직하고 온순하면 어째서 좋은 사람이냐"고 추궁할 여지가 있다. "이 군은 정직하고 온순하다"는 사실판단으로부터 "이 군은 좋은 사람이다"라는 평가적 결론이 직접 풀려나오지 않기 때문이다. 요컨대 윤리판단의 서술적 의미의 비고정적 부분을 입증함은 그 판단을 확립하기 위하여 필요하기는 하나 그것만으로 충분하지는 못하다. 다시 말하면, 어떤 윤리판단이 옳나는 것을 밝히기 위해서는 ① 그 판단이 가진 서술적 의미 가운데서 비고정적인 부분을(즉 판단된 대상에 관한 서술적 의미) 증명한 위에, ② 그 판단에 깃들인 '규정적' 위미를 정당화하지 않으면 아니 된다.

가치판단의 진위를 밝힘에 있어서, 그 서술적 의미에 관한 문제는 이른바 과학적 방법으로 처리할 수 있음은 의심의 여지가 없다. 이 군이 정직하고 온순한가, 도둑질이 사회의 복지를 돕는가 해치는가, 거짓말이 사태를 수습하기에 가장 적절한 방법인가 아닌가 따위의 문제들은 원칙상 경험적 검증이 가능한 문제들이다. 따라서 메타윤리학의 근본문제인 "윤리적 판단의 옳고 그름을 판가름할 수 있느냐"는 물음의 관건은 윤리판단의 규정적 측면을 정당화할 수 있느냐 없느냐는 점에 있음이 분명하다.

선악 · 시비 · 미추 등의 가치를 판정하는 표준만 확립되어 있다면, 개별적 가치판단의 옳고 그름은 그 표준에 비추어 경험적으로 밝힐 수 있을 것이다. 따라서 가치판단의 진위를 밝힐 수 있느냐 없느냐 하는 방법론적 문제는 결국 평가의 기준을 확립할 수 있느냐 없느냐 하는 문제에로 귀착한다. 그런데 평가의 기준을 확립한다 함은 가치개념의 옳은 정의를 발견함에 해당한다.[7] 예컨대 착한 사람의 표준을 세움과 '착함'의 정의를 발견함은 같은 일이라고 볼 수 있다. 따라서 우리의 방법론적 문제는 결국 가치개념의 옳은 정의를 발견할 수 있느냐는 문제로 바꿔 놓을 수 있을 것이다.

어떤 가치개념의 주어진 정의가, 그리고 그것만이, 올바른 정의라는 이유를 밝힐 도리가 있을까? 만약 여기서 '이유를 밝힌다' 함이 '증명한다'는 뜻이라면, 우리 문제에 대한 해답은 확실히 부정적이 아닐 수 없을 것이다. 왜냐하면 '증명한다' 함은 이미 확립된 판단을 근거로 삼고 새로운 판단의 참됨을 밝힘을 일컫는 것인데, 우리의 문제에 있어서는 그것이 불가능하기 때문이다.

첫째로, 우리는 어떤 정의의 올바름을 증명하기 위하여 이미 확립된 가치판단의 힘을 빌릴 수가 없다. 왜냐하면 우리에게는 미리 확립된 도덕의 원리라고는 하나도 없기 때문이다. 우리는 이미 어떠한 윤리적 원리도 형이상학자나 직각론자가 하듯이 전제하지 않겠다는 태도를 표명했으며, 어떠한 기본적 가치판단도 이를 '자명하다'는 이름 아래 무조건 받아들이지 않으리라는 견지를 밝힌 바 있다.

둘째로, 우리는 어떤 정의의 올바름을 증명하기 위하여, 이미 확립된 사실판단을 동원할 수도 없다. 왜냐하면 이미 여러 번 지적된 바와 같이, 가치판단과 사실판단 사이에는 타넘을 수 없는 심연이 가로놓였는 까닭에 아무리 많은 사실판단을 결합한대도 그로부터 가치개념의 정의(그것은 본질상 일종의 가치판단이거니와)가 풀려 나올 이

7) '의미'라는 말을 좁고 엄밀하게 해석한다면, 의미의 확정을 뜻하는 정의와 기준의 확립을 같은 일이라고 말할 수 없다는 Hare의 견해를 따라야 할 것이다. 그러나 Hare도 '의미'에 보다 넓은 뜻이 있음을 인정하였다. 만약 '의미'를 넓은 뜻으로 이해한다면, '정의'와 '표준의 확립'을 같은 문제로 볼 수 있을 것이다. 여기서 저자가 '의미'를 넓은 뜻으로 받아들인 것은 단순히 서술의 편의를 위한 것이다.

치가 없기 때문이다. 다시 말하면 아무리 많은 지지 이유(supporting reasons)를 제시한다 하더라도, 그 이유들이 모두 사실판단으로 표현되는 것인 한, 가치개념의 정의를 확립하려는 시도는 완전히 성공될 수가 없다. 이상을 종합하건대, 우리는 가치개념의 정의 내지 평가의 표준의 타당성을 엄밀하게는 증명할 수 없다는 결론에 도달한다.

그러나 만약 어떤 사상가가 아무도 실지에 있어서 반대하지 못할 논리적 정의를 제시했다면 어떻게 될까? 예컨대 누가 "최고의 선은 최대다수의 조화 있게 통합된 욕망을 최대로 만족시키는 일이다"라는 정의를 내린 다음, 이 정의가 옳다는 이유로서 몇 가지 사실을(가령 "모든 사람은 반드시 욕구의 만족을 희구한다." "본래 논리의 일관성을 요구하는 우리의 지성은 나와 남의 욕구를 차별 없이 존중할 것을 명령한다" 따위의 사실을) 제시했다고 가정하자. 그리고 그가 들은 이유가 모두 사실과 부합되는 판단이며, 그의 이유설명을 들은 이는 누구나 그가 주장하는 정의를 설령 혀 끝으로는 반박할 수 있을지 모르나, 마음의 깊은 곳에서는 받아들이지 않을 수 없다고 하자. 이 때 우리는 그 사상가가 자기의 정의를 증명했다고는 못 할지라도, 그것을 정당화했다고는 말할 수 있을 것이다(이와 같이 말할 수 있는 이유에 관해서는 다음에 고찰하고자 한다).

윤리적 언어의 정의——도덕판단의 기준이 되는 기본원리로서의 윤리적 정의——를 증명함이 엄밀하게는 불가능하다는 결론에 도달한 우리에게 이제 남은 문제는, 그 정의 내지 원리가 '정당화'될 수 있느냐는 그것뿐이다. 그리고 위에서 논한 바로 알 수 있듯이, 우리의 남은 문제의 관건은 "모든(혹은 대부분의) 반성적인 지성인이 사실상 거부할 수 없는 윤리직 정의 내지 도덕직 평가의 기준을 제시할 수 있느냐"에 달려 있다.

윤리적 기본개념의 정의를 내리는 일은 결국 윤리의 기본원리를 제시하는 일이다. 가령 '최고선'의 정의를 내리는 일은 곧 행위가 의거할 최고의 원리를 제시하는 일에 해당한다. 따라서 우리의 문제는 "반성적인 지성인이 사실상 거부할 수 없는 윤리의 기본원리를 제시할 수 있느냐"는 물음으로 바꾸어 놓을 수도 있다. 그러나 '선결문제를 요구하는' 따위의 원리나 단순히 형식적인 원리는 여기서 말하는 '윤리의 기본원리'가 될 수 없을 것이다. 윤리의 원리는 뚜렷한 처방이 연역될 수 있도록 구체적인 경우에만 정말 실천적인 것이 될 수 있다. 예컨대 "양심의 명령을 따라 행위하라"는 원칙은, '양심'이 무엇을 명령하는지 명시하지 않는 한, 충분히 실천적일 수 없다. 그리고 Kant식의 형식적 원리가 충분히 실천적일 수 없음도 두루 인정된 사실이다.

V. 評價의 妥當性의 問題〔II〕

Hare도 시사한 바와 같이 우리가 모든 윤리의 원리를 거부할 수는 없다. 적어도 한 가지 원리는 받아들여야 한다. 우리는 살고 있는 동안 욕구하며, 욕구는 필연적으로 행동을 일으킨다. 그리고 욕구가 서로 대립한다는 사실은 하나의 욕구(따라서 하나의 행위)를 선택할 것을 불가피하게 하며, 사람이 불가불 하나의 길을 선택해야 한다는 절대적인 사정은 "무엇을 선택할 것인가"라는 물음을 제기한다. 그러나 우리에게는 무위(無爲)를 선택할 자유는 없다. 우리는 살아 있는 동안 무엇인가를 해야 한다. 인간이 선택의 과정을 거쳐 항상 무엇인가 해야 한다는 사정과, 그가 지성의 소유자라는 사실은, 그로 하여금 필연적으로 '보다 나은 것'을 추구하도록 한다. 인간은 평가하는 동물이 된 것이다. 인간이 평가하는 동물이라 함은, 비단 그가 선택한다는 사실만이 아니라 선택의 원리를 가졌다는 사실까지 가리키는 말이다. 사람들은 선택이 강요되는 인간적 상황 안에서, 본능이나 그때그때의 기분에만 의존해서는 적절히 대응하기 어려움을 깨닫는다.

강한 기억과 비상한 상상력을 가진 인간은 자기의 행위가 무원칙하기를 원하지 않는다. 대부분의 성인은 때때로 자기의 생애를 전체로서 고찰하며, 어떤 이상을 품어 본다 ── 비록 그가 뚜렷이 그것을 의식하지 못하고, 그 이상의 윤곽이 분명하지는 못할지라도. 이상을 갖는다 함은 곧 실천의 원리를 갖는다는 뜻이요, 그 이상이 확고하면 할수록 그의 원리도 확연한 형태를 갖추게 된다. 사람으로 하여금 실천의 원리를 가지지 않을 수 없게 하는 또 하나의 사유가 있다. 우리는 너무 오래 지체함이 없이 행동을 결단해야 한다는 사정이다. 선천적 경향만으로는 환경에 적응하기에 부족한 우리가 만약 행위의 원리를 갖지 않았다면, 우리의 신경은 부단히 변동하는 환경 안에서 우유부단하는 가운데 극도로 쇠약하고 말 것이다.

정상적인 성숙한 사람이라면 누구나 어떤 실천의 원리를 갖기 마련이다. 물론 자기가 따르고 있는 원리를 뚜렷이 의식하지 못하는 사람도 있을 것이요, 이 때와 저 때에 적용하는 원리들 사이에 일관성이 없는 사람도 많을 것이다. 그러나 여하튼 모든 정상적인 사람들이 어떤 실천의 원리에 의존하지 않을 수 없다는 것만은 의심의 여지가 없다. 자기는 아무런 원리도 인정치 않는다고 반발하는 사람도 있을지 모른다. 그러나 이와 같이 의식적으로 원리를 배척하는 그 자체가 실은 하나의 원리를 옹호하는 것임에 지나지 않는다. "어떠한 원리에도 사로잡히지 말아야 한다"는 원리를 그는 선택하고 있는 것이다.

만약 생각하는 능력을 어느 정도 가진 사람들은 누구나 어떤 행위의 원리를 갖도록 마련이라면, "모든 (또는 대부분의) 생각 있는 사람들이 사실상 거부할 수 없는 윤리의 원리를 제시할 수 있느냐"는 우리의 물음에 대한 해답은, 숙고를 거쳐 어떤 실천의 원리를 선택하는 사람들로 하여금 하나의 같은 길을 택하도록 작용하는 공통의 요인이 있느냐는 문제에 달려 있을 것이다. 만약 각자의 개성이 그 사람의 실천적 원리를 결정하는 주요 원인이라면, 생각 있는 모든 사람들의 마음을 공통된 원리의 깃발 아래로 통일한다는 것은 불가능할 것이다. 그러나 반대로 만인이 고루 가진 공통된 인간성이 모든 정상인의 기본적 태도를 결정하는 주요 인자라면, 지각 있는 사람으로서는 아무도 거부할 수 없는 어떤 원리를 생각해 낸다는 것도 전혀 불가능하지는 않을 것이다.

개인의 이상이 그의 성격과 환경 양자의 제약을 아울러 받고 형성된다는 것, 그리고 개인의 성격은 유전적 요소와 환경적 조건에 의하여 결정된다는 것은 상식에 가까운 사실이다. 이 주지의 사실로 미루어 우리가 얻는 결론은 다음과 같다. 즉 여러 개인들이 구체적으로 품는 이상 내지 포부는 엄밀하게 서로 같을 수도 없으며, 또 완전히 서로 다를 수도 없다는 결론이다. 왜냐하면 어떠한 두 사람을 보더라도 그들이 가진 환경에는 공통된 요소와 이질적인 요소가 아울러 있으며, 일란성쌍생아를 제외한 모든 사람들이 물려받은 유전형질은 동질적인 것과 이질적인 것을 아울러 가지고 있기 때문이다. 그러나 구체적으로 그려진 이상의 차이를 곧 도덕적 신념의 차이라고 보아서는 안 된다. 두 사람이 각자의 성격과 환경을 고려하여 각각 다른 이상을 품었을 때, 그들이 반드시 서로 다른 도덕적 신조 아래 산다고 말할 수는 없다. 윤리관의 차이는 두 사람이 동일한 사태 내지 동일한 문제에 대해서 상반되는 윤리적 판단을 내릴 경우에 비로소 생긴다. 다시 말하면, 윤리관의 차이란 환경 내지 개성의 차이를 참작함으로 말미암은 태도의 차이를 일컫는 것이 아니라, 환경 내지 개성의 차이 그 자체에 기인한 태도의 차이를 말한다.

이와 같은 엄밀한 의미로 본다 할지라도 사람들의 윤리적 신념이 다양하다는 것은 부인할 수 없는 사실이다. 따라서 우리의 문제는 윤리적 신념 또는 '양심의 명령'이 한결같으냐 다양하느냐에 있는 것이 아니라, 윤리적 신념의 불일치를 추리나 설득을 통하여 제거함이 원칙상 가능하냐 않느냐에 있다. 이 물음에 대한 해답은 윤리관의 차이를 빚어내는 조건들을 어느 정도까지 제거할 수 있느냐에 달렸을 것이다.

윤리관의 차이를 빚어내는 조건들 가운데서 가장 중요한 것은, Stevenson이 지적한 바와 같이,[8] 사실(fact)에 관한 소견(belief)의 차이일 것이다. 그러면 사실에 관한 문제에 있어서는 모든 종류의 소견의 차이를 제거함이 원칙상 가능할 것인가? Stevenson은 그것의 가능성을 암암리에 가정한 듯한 인상을 준다. 그러나 모든 존재에 관한 만인의 인식이 조만간 일치된 소견에 도달하리라는 보증은 아직 알려지지 않았다. 다만 인류의 역사를 통하여 지성이 성취한 업적으로 미루어 보건대, 인간이 한 걸음 한 걸음 '일치된 진리'를 향하여 접근하리라고 믿어도 좋을 것 같다. 따라서 윤리관의 차이도 어느 정도는 줄어들리라고 낙관해도 좋으리라고 생각된다.

그러면 사실에 관한 소견의 차이만 없어진다면, 윤리적 가치판단의 차이도 따라서 완전히 없어질 것인가? 즉 "마음가짐에 나타난 모든 불일치는 사실에 관한 소견의 차이에 기인하는 것이냐?"[9] 이 물음에 대하여 절대적인 부정의 대답을 보낼 수 있는 심리학적 확증은 아직 잡히지 않은 것으로 믿는다. 그러나 몇 가지 비근한 사실만을 고려하더라도, 소견의 차이만이 태도의 차이를 일으키는 원인이요, 기질이나 환경의 차이는 전혀 이 점에 있어서 무관계하다고 생각하기는 어려울 것 같다. 예컨대 성도덕에 관한 모든 태도의 차이가 오로지 성의 사실에 관한 소견의 차이에만 기인한다고 볼 수 있을까? 보수적인 아버지들 가운데는, 성의 사실에 관하여 현대의 과학이 발견한 모든 '비밀'을 알뜰히 알게 된 뒤에도, 자기의 딸만은 「시험결혼청년회」에 가입하기를 반대하는 사람들이 남을 것이다. 다음에 문화적 사회환경의 차이도 역시 윤리관의 차이와 전혀 관계가 없을 것 같지

8) C. L. Stevenson, *Ethics and Language,* New Haven, 1944, Ch. Ⅴ, Sec. 2 참조.
9) *Ibid.,* p. 136f.

않다. 과학의 수준으로 말하면 같은 부류에 속하는 두 나라가 도덕이나 관습에 관해서는 현저한 차이를 나타내는 경우도 드물지 않다.

사람들의 개성이나 환경에 관한 차이가 없어지지 않는 한, 윤리적 신념에 있어서도 차이가 없어지지 않을 가능성은 많다. 그러나 윤리적 신념의 다양성이 지나치게 강조되어서도 안 될 것이다. 만약 사람들의 개성과 환경에 있어서 고유하고 특수한 요소들이 필연적으로 사람들의 도덕의식에 영향을 미치기로 마련이라면, 모든 사람들이 나누어 가진 공통된 요소들도 또한 우리의 윤리적 신념의 형성을 제약하는 조건이라고 보아야 할 것이다. 날카로운 관찰력을 가진 외국 여행가는 인심의 차별상에 의해서보다도 그 공통성에 의해서 더욱 깊은 감명을 받는다. 그는 언뜻 보기에 천차만별한 생활양식 저 바닥에 모든 인간가족에게 공통된 더욱 근본적인 무엇이 숨어 있음을 보아 넘기지 않는다.

거의 모든 사람들은 사랑이 미움보다 값지다는 것, 평화가 전쟁보다 바람직하다는 것, 그리고 즐거움이 괴로움보다도 좋다는 것을 의심하지 않는다. 나를 위하여 남의 행복을 유린함이 옳다고 정말 믿는 사람은 드물며, 자선 · 관용 · 정의 · 성실 · 지식 · 자유 · 만족 등을 (그것만을 따로 떼어 생각할 때) 진심으로 저주하는 사람들도 별로 없을 것이다. 거의 모든 사람들은 만약 온 세계를 행복되게 할 길이 있다면 그 길을 택해야 한다는 의견에 반대하지 않을 것이다.

이와 같은 공통된 도덕관념의 종류는 이루 헤아릴 수 없을 정도로 허다하다. 그러나 이것은 윤리학적 실재론(ethical realism) 내지 윤리학적 절대론(ethical absolutism)이 아니면 설명할 수 없는 초경험적 사실이라고는 생각되지 않는다. 왜냐하면 우리는 이 사실을 다른 근거, 즉 인류에게 공통된 생리학적 · 심리학적 또는 사회학적 제조건에 의해서도 넉넉히 설명할 수 있을 것이기 때문이다. 개인과 개인 또는 집단과 집단 사이의 차이점이 우리의 주의를 끌기 쉬운 반면에,

여러 개인과 여러 집단 사이에 고루 퍼져 있는 공통성은 이를 간과하기가 쉽다. 그러나 만약 우리가 생물계 전체를 염두에 두고 인간과 다른 어떤 고등동물 예컨대 개구리와 비교한다면, 인간 상호간에 있어서 보편적인 요소와 공통된 조건들이 차이점보다도 압도적이라는 사실을 발견하기에 힘들지 않을 것이다. 그리고 이 압도적으로 많은 보편적 요소와 공통된 조건들은 윤리문제에 관한 공통된 신념의 원천이 되기에 충분할 것 같이 생각된다.

이상에 논한 바를 종합하건대, 모든 사람은 필연적으로 어떤 행위의 원칙 또는 평가의 원리를 갖기 마련이다. 어떠한 종류의 원칙 내지 원리를 한 개인이 현실에 있어서 신봉하느냐는 그 개인의 성격과 환경의 여러 조건들에 따라서 결정된다. 개인의 성격과 환경은 고유한 측면과 공통된 측면과를 아울러 가지고 있는 까닭에, 그의 행위의 원칙에도 개성적인 면과 일반적인 면이 아울러 있다.

거의 모든 사람이 일치하게 '좋다'고 평가하는 것들이 있다. 예컨대 생명과 건강 · 쾌락 · 지식 · 우정 · 자선 · 관용 등이 그것이다. 따라서 "건강은 좋은 것이다," "자선은 좋은 일이다" 따위의 판단들은 그것들이 현실에 있어서 좋은 것으로 인정되고 있다는 사실에 의해서 일종의 타당성을 얻고 있다. 이와 같이 일반이 인정하는 가치들이 존재한다는 사실은 인류에 있어서 공통된 도덕원리의 수립을 위한 중요한 기초의 일부가 된다.

공통된 도덕의 수립을 위한 또 하나의 기초가 되는 것은, 필연적으로 논리의 일관성을 희구하는 인간 지성의 선천적 경향이다. 모든 사고에 있어서 그렇듯이, 윤리학적 사고에 있어서도 논리의 일관성은 하나의 필수조건으로서 요청된다. 이 필수조건이 아니고서는 어떠한 윤리적 입론(立論)도 성립하지 않는다. 그러므로 논리의 모순을 숨기고 있는 모든 윤리사상은 논리의 모순이라는 그 이유만으로도 배척당하지 않으면 아니 된다.

공통된 도덕의 수립을 위한 기초로서 위에 언급한 두 가지 요소, 즉 인간에게 보편적인 공통된 내용의 가치의식 내지 도덕관념 및 논리적 일관성의 요청은, 비록 그것들이 도덕의 몇 가지 일반적인 원칙을 세워 주는 구실은 할 수 있을지라도, 보편적인 도덕의 체계를 세우기에 결코 충분한 조건은 못 된다. 공통된 가치의식 내지 도덕관념이 우리에게 주는 원칙은 "건강은 그 자체 귀중한 것이다," "정의는 그 자체 값지다" 따위의 것이다. 그러나 이러한 종류의 판단이 보편타당성을 가진 원리로서 확립된다 하더라도 그것의 실용가치는 그리 신통한 것이 못 된다. 다시 말하면, 가령 자유·정의·자선 등이 그것들 자체로 볼 때 '좋은' 것임이 인정된다 하더라도, 그러한 인정이 현실적으로 생기는 윤리학적 의견대립을 해소함에는 결정적인 힘이 될 수 없다. 왜냐하면 ① 현실적으로 생기는 윤리학적 의견대립이 자유·정의·성실 등이 그 자체만을 고려할 때 바람직하냐 안 하냐에 관해서 생기는 경우는 드물고, 실은 사태가 자유와 생명, 성실과 물질적 이익 등의 양립을 거부하고 그 중의 하나만을 택하도록 강요할 때 생기는 것이며, ② 자유·정의·행복 등이 귀중하다는 것은 누구나 인정하나 이들 개념이 의미하는 바는 반드시 명확한 것이 아니며, 이른바 '참된' 자유, '참된' 정의, '참된' 행복 등이 무엇이냐에 관해서는 의견이 구구하기 때문이다. 그러므로 만약에 윤리학적 연구가 현실적인 문제의 해결을 위한 힘이 되려면, 그것은 마땅히 대립하는 여러 가치들의 경중을 가릴 수 있는 비교평가의 기준을 제공해야 할 것이다. 그러나 아직까지는 여러 가지 가치의 경중을 직접 저울질할 수 있는 표준으로서 누구나 수락할 수 있는 것을 제시한 사람을 모른다. 아마 현존하는 개성과 환경의 차이 내지 다양성이 완전히 제거되지 않는 한, 생각 있는 모든 사람들의 찬동을 얻을 수 있는 그러한 척도를 제시함은 원칙상 불가능할 것이다.

대립하는 여러 가치들의 경중을 가리는 원리를 제시하는 한 가지 방법은 인생의 '궁극목적' 내지 '최고선'을 제시하는 일이다. 만인이 사실상 반대하지 않을 인생 최고의 목표를 매우 추상적인 개념으로 제시할 수는 있을 것이다. 예컨대 "인생 최고의 목적은 최대다수의 조화롭게 통합된 욕구의 최대만족이다"[10]라는 명제는, 만약 "조화롭게 통합된"이라는 귀절을 각자의 마음대로 해석할 것이 허용된다면, 아무도 배척하지 않을지도 모른다. 그러나 설령 그러한 인생의 목표에 만인이 합의했다 하더라도 현실적인 문제는 여전히 남는다. 왜냐하면 이러한 합의는 다분히 언어상의 합의에 불과하기 때문이다. 무엇이 "조화롭게 통합된 욕구"이냐에 관해서 사람들의 견해는 여전히 구구할 것이다.

비교평가의 기준을 마련하는 또 하나의 방법은 모든 행위의 최고규범이 될 수 있는 '지상명령'(supreme imperative)을 제시하는 일이다. 여기서도 만인이 반대하기 힘든 지상명령을 매우 추상적인 언어로 제시할 수는 있음직하다. 예컨대 "너의 가장 깊은 마음이 명령하는 바를 따라 행위하라"는 따위의 명령은 생각 있는 사람이 현실에 있어서 반대하기 힘들지도 모른다. 그러나 이와 같은 명령은, 비록 무의미한 것은 결코 아니지만 일정한 상황에 있어서 어떻게 행위하라는 것을 구체적으로 명시해 주지는 않는다. 왜냐하면 도덕적인 고민의 본질은 '가장 깊은 마음' 그 자체가 어찌하면 좋을지 모르고 딜레머의 중간에서 허덕이는 안타까움에 있기 때문이다.

다음에 논리적 일관성의 요구를 토대로 삼고도 행위의 기본원칙을 발견할 수가 있다. Kant의 제일원칙, "네 행위의 준칙(Maxime)이 항상 동시에 보편적 입법의 원리로서 타당하도록 행위하라"는 그 대표적인 것이다. Kant의 이 기본원칙 그 자체는 거부하기가 곤란하다. 그것을 거부함은 논리의 일관성을 무시하는 것이며, 윤리학적 고

10) R. B. Perry는 이와 비슷한 말로 그의 최고선을 규정한 바 있다. Perry, *Realms of Value,* Harvard Univ. Press, 1954, p. 92, p. 142 및 Perry, *General Theory of Value,* Harvard Univ. Press, 1926, p. 659f. 참조.

찰의 테두리 밖으로 떠나가는 것이기 때문이다. 그러나 Kant의 '형식적인' 원리는 우리가 무엇을 할 것인가에 관해서 구체적으로 알려 주는 바가 거의 없다. 왜냐하면 첫째로 정반대되는 두 개의 규칙도 다 같이 Kant의 원칙을 만족시킬 수 있으며, 둘째로 갑이 보편적인 진리라고 믿는 도덕률과 (예컨대 "미혼의 남녀는 순결을 지켜야 한다"와 같은 도덕률과) 정반대되는 주장이 세계적으로 실천되기를 을이 원한다는 것은 실제로 있을 수 있기 때문이다.

물론 논리적 일관성의 요구 및 인간성 내지 가치의식에 있어서 보편적인 요소를 결합함으로써, 어느 정도 내용을 가진 도덕의 법칙을 구상할 수도 있을 것이다. 예컨대 "네 행위의 방침이 보편적인 도덕률로서 준수될 때, 공정이 허락하는 한 최대다수의 최대행복이 결과하도록 행위하라"는 따위의 원칙이다. 그러나 이 원칙을 설령 만인이 수락했다 치더라도, 무엇이 '공정'이고 무엇이 '행복'이냐에 관해서는 사람들의 의견이 다를 것이기 때문에, 이 원칙이 가르치는 바도 충분히 명확할 수가 없다. 그리고 동일한 언사에 대한 이와 같은 해석의 차이는 물론 개성의 차이와 환경의 차이에 기인하는 것이다.

공통된 가치의식과 논리적 일관성의 원칙이 실용성 있는 구체적 도덕규범을 마련해 주지 않으므로, 우리는 스스로의 자유의지를 통해서 이것을 마련해야 한다. 다시 말하면, 우리는 하나의 행로를 골라잡는 결단을 내려야 한다. 물론 우리의 선택이 정당화되기를 원하는 이상, 우리는 아무렇게나 선택할 수는 없다. 첫째로 우리의 선택이 인간성의 일반적인 경향에 배치되는 바 없어야 할 것이며, 둘째로 우리들의 선택된 길이 어떤 논리적인 모순을 숨겨서도 안 된다. 그러나 이 두 가지는 오직 필요한 조건임에 불과하다. 그 밖에도 '정당'한 윤리적 선택 내지 윤리적 결단이 충족시켜야 할 몇 가지 조건이 있다.

첫째로, 정당한 윤리적 선택은 실천할 수 있는 행동의 방안을 제시하는 것이라야 한다. 행동의 원리를 선택하는 근본목적이 인생을 현실에 있어서 이끄는 지침을 얻음에 있는 이상, 실현의 가망이 없는 목적이나 사람의 힘으로 지킬 수 없는 법칙을 세우는 것은 무의미한 일이다. 다시 말하면, 목적의 선택은 그것을 실현할 수단에 대한 고려와 유리해서는 안 된다.

둘째로, 윤리적 선택이 시인을 받으려면, 그 시대와 지역이 요구하는 바에 부응해야 한다. 일반적인 인간성과 개인적인 특수성 중간에, 보통 '시대정신'이니 '국민성'이니 하는 이름으로 불리는 경향 내지 특성이 있다. 이러한 경향에 배치되는 도덕의 원리는, 그 시대와 지역에 관한 한, 올바른 것으로서 통하지 않으며, 따라서 '정당한' 원리로서의 자격을 갖지 못한다. 물론 자기의 시대와 나라에 있어서 배척된 윤리사상가가 후세 또는 외국에서 존경을 받을 수는 있다. 이 사실이 의미하는 바는, 일정한 시대 또는 일정한 국민이 내리는 비판이나 평가는 그 자체가 새로운 비판 내지 평가의 대상이 된다는 것이다. 따라서 저자의 결론적인 요점은, 윤리적 원리의 타당성 여부가 단순한 '다수결의 원칙'에 의하여 결정된다는 것이 아니라, 창조적 과정으로서의 역사적 현실이 일정한 도덕원리를 타당한 것으로도 만들고 부당한 것으로도 만든다는 것이다. 행위에 관한 타당한 원리와 부당한 원리의 구별 자체가 (필연적이기는 하나) 역사 안에서의 산물이며, 역사 안에서 그 속에 사는 자의 견지에서 볼 때는 시비선악의 구별이 절대적인 당위의 압력을 가지나, 만약 역사 밖에 어떤 관점을 둘 수가 있어서 그러한 관점에서 본다면, 시비선악의 구별은 한갓 심리현상에 불과한 것이 될 것이다.

Ⅵ. 道德律의 妥當性과 文法의 妥當性

가치판단도 사실판단과 마찬가지로 어떤 가설(assumption)에 입각한다. 모든 가치판단들이 입각하는 기본적 가설들은 그 자체 일종의 가치판단이다. 그것들은 본래 어떤 사실을 알리는 일을 사명으로 삼는 것이 아니라, 그것들을 주장하는 사람들의 기본적 태도를 표명하는 성질의 것이다. 본래 어떤 사실을 전하고자 하는 것이 아닌 까닭에, 모든 가치판단의 기본이 되는 가설이 정당함을 경험적 사실에 비추어 밝힐 도리는 없다. 그것들은 오직 거부할 수 없는 힘으로 사람들의 마음을 당긴다는 사실에 의해서 정당화될 뿐이다.

이와 같은 견해는 '타당한' 가치판단과 '부당한' 그것과의 구별을 궁극에 있어서 부인한다는 이유로 이를 반대하는 사람도 있을 것이다. 그들은 단순히 일반적 인정을 받는다는 사실, 즉 옳은 것으로서 통용된다는 사실은 어떤 가치판단을 결코 타당한 것으로 만들지 못한다고 주장하며, '타당하다'는 말을 우리가 말하는 뜻으로 사용함에 반대할 것이다. 이 반박에 대답하는 뜻에서, 저자는 도덕과 언어 또는 도덕률과 문법 사이에 발견되는 유사성에 언급하고자 한다.[11)]

우리는 언어에 '옳은' 용법과 '그른' 용법의 구별이 있음을 믿는다. 외국어를 배우는 사람들은 좋은 발음을 애쓰고 철자법이 '틀릴'까 걱정한다. 그리고 우리는 문법상의 잘못이 정말 오류임을 믿는다. 그러나 도대체 문법에 있어서 옳은 것과 그른 것을 구별하는 근거는 무엇일까? 예컨대 "나께서은 말근 날씨를 조아한다"고 써서 안 될 이유는 무엇이며, "I *is* going to buy a good*er pant* than the one you *buyed* two months *before*"라고 말해서 안 될 이유는 무엇일까? 그리고 또 "남녀칠세부동석"(男女七歲不同席)이라고 말하는 대신 "남녀칠세석동불"이라 하면 안 되는 이유는 무엇인가?

나 자신도 어떤 말투는 옳고 다른 어떤 말투는 그르다는 것을 의심하지 않는다. 그러나 나는 어떤 말투는 현실에 있어서 옳은 것으

11) 이에 관해서 저자는 J. Dewey에 의해서 암시받은 바 크다. Dewey는 도덕과 언어의 유사성을 그 기원과 변천이라는 관점에서 고찰한 바 있었다(J. Dewey, *Human Nature and Conduct*, Modern Library Press, pp. 79~80 참조). 그러나 저자는 여기서 주로 '타당성'을 중심하여 그 유사성을 고찰하고자 한다.

로서 통용되고 있는 반면에 다른 어떤 것은 그릇되다는 인정을 받고 있다는 역사적 사실 이외에, 이 구별의 객관적인 근거가 될 만한 것을 생각할 수가 없다. 그럼에도 불구하고 어떤 표현은 옳은 것으로서 시인하고 다른 어떤 표현은 그르다고 배척하는 것은 여전히 불합리할 것이 없다.

도덕에 있어서나 언어에 있어서나 현재 통용되고 있는 그대로가 완전한 경우는 드물다. 그리고 도덕과 언어 어느 분야에 있어서나, 관례 내지 전통의 수립을 좌우하는 여러 조건들이 변천함에 따라서 개정 내지 혁신이 요구된다. 이에 새로운 시대를 따르는 새 도덕과 새 언어의 출현을 본다. 이 묵은 것으로부터 새 것에로의 전환에 있어서도 역시 도덕과 언어 두 분야의 유사성이 발견된다. 두 분야 어느 쪽에 있어서나 새로운 것이 '올바른' 것이 되기 위해서는 사회적인 지지가 필요하다. 새로운 도덕사상이나 새로운 표현양식이 내두할 경우에는 대개 어떤 유력한 개인이 지도적인 소임을 다한다. 그리고 지도자와 대중과의 관계로 말하더라도 도덕의 경우와 언어의 경우에 있어서 비슷한 점이 있다. 즉 새로운 표현법의 수립에 있어서 위대한 문필가가 하는 소임과 사회적 개조에 있어서 지도적 사상가가 하는 일 사이에는 현저한 유사성이 있다.

언어상의 규칙이 결코 전적으로 주관적이 아님은 개인이 제멋대로 새 말을 만들어 낼 수 없다는 사실이 증명한다. 우리 각자가 자기 자신만이 사용하기 위해서라면, 우리는 제멋대로 기괴한 표현을 만들어 내도 좋다. 그러나 그러한 표현은, 다른 사람들도 그것을 사용해 주지 않는 한, 옳은 의미의 언어가 되지 못한다. 언어란 본래 사회적인 공유물이다. 도덕상의 규범이 결코 전혀 주관적이 아니라는 것도 개인이 제멋대로 도덕률을 만들어 낼 수 없다는 사실에 의해서 밝혀진다. 자기만이 실천하기 위한 것이라면 개인은 제 기분을 따라 색다른 좌우명을 만들 수도 있을 것이다. 그러나 그 좌우명은, 남들이 그것을 본받지 않는 한, '도덕률'이 될 수는 없다. 도덕도 본질에 있어서 개인의 관심사가 아니라 사회적인 약속이기 때문이다.

그러나 사회적 압력은 언어의 경우보다도 도덕의 경우에 있어서 더욱 강하게 작용한다. 우리는 잘못된 말을 사용하는 사람에 대해서 비교적 관대하다. 특히 외국인의 경우에는 문법적으로 틀리는 말을 한다 해도 눌러 듣는다. 그러나 도덕적으로 잘못된 행동에 대해서는 우리의 신경이 훨씬 날카롭다. 어떤 개인이 조작한 신어가 동시대인들의 비위에 맞지 않을 때에는, 그저 무시를 당하는 정도로 그친다. 그러나 누가 섣불리 도덕을 뜯어 고치려고 꾀한다면, 만만치 않은 적개심이 주위에 들끓을 것이다. 이것은 어떤 도덕사상이 타당한 것이 되기 위해서 만족시켜야 할 조건이 까다롭게 많다는 사실과 깊이 관련된 현상이다. 그리고 이 조건들은, 그것이 일반적인 인간성에 뿌리를 두었든 또는 시대나 지역의 특수한 요구에서 온 것이든, '객관적'이라고 부를 수 있는 것들이다.

도덕률이 타당성을 얻기 위해서 만족시켜야 할 '객관적' 조건들은 모든 시대와 모든 국가에 있어서 동일하지 않다. 그러므로 마치 사회가 다르면 언어도 다르듯이, 시대와 국가에 따라 다른 도덕이 신봉되는 것도 자연스러운 일이다. 만약에 두 사회가 완전히 서로 떨어져 있다면, 이 두 사회에서 각각 '타당성'을 갖는 도덕의 체계는 상당한 차이를 가질 수도 있을 것이다. 그러나 지구 위의 모든 인구가 다소간 서로 관련되고 있다는 오늘날의 역사적 현실이 인류에게 공통된 도덕의 문제를 제기한다.

어떤 윤리적 결단이 타당성을 인정받기 위하여 만족시켜야 할 조건들은, 한 가지 사태에 대하여는 오직 한 가지 행위만을 '옳은' 것으로서 허용하고 그 밖의 것은 모두 배척하도록 심히 빡빡한 것은 아니다. 따라서 마치 언어에 있어서 두 가지 이상의 표현이 다 같이 옳을 경우가 있듯이 두 가지 이상의 서로 다른 행위가 같은 사태 아래서 다 같이 옳을 경우도 생긴다. 예컨대 우리가 받는 연말 상여금을 사용하는 옳은 방도는 반드시 한 가지만이 아니듯이, 또는 우리가 무엇이고 하나 직업을 가져야 함은 사실이나, 꼭 하나의 특정한 직업만을 가져야 할 의무는 없는 것이 보통이듯이.

이상에서 논한 바로 미루어 우리는 도덕이 일종의 '창조 과정'이라고 말할 수 있을 것이다. 윤리의 원칙 내지 도덕판단이 타당성을 얻으려면, 어떤 객관적 조건들을 만족시켜야 한다. 그러나 이 조건들은, 제한된 뜻으로 객관적인 것이라 부를 수 있는 것이기는 하나, 절대적으로 고정된 것도 아니며 완전히 밖으로부터만 주어지는 것도 아니다. 이른바 '인간성'이라고 하는 것도 변동의 여지 없이 판에 박힌 것이 아니라 발전하고 생성하는 과정에 있는 무엇이다. 더욱 중요한 것은 도덕적 행위자 자체가 인간성의 발전 과정에 있어서 능동적인 구실을 한다는 사실이다. 인간의 생활환경도 물론 현저하게 변천한다. 그리고 여기서도 행위자 인간은 결코 단순히 수동적인 자세만을 취하는 것이 아니라, 인간의 환경을 변화시키는 원인들 중에서 가장 유력한 요인이 되고 있다. 요컨대 윤리적 판단은 어떤 조건에 부응해야 하는 것이나, 그 조건이란 적어도 일부는 그 판단자 자신에 의해서 주어지는 것이다.

만약에 ① 도덕적 판단이 부응해야 할 조건들이 일부는 행위자 자신에 의하여 주어지는 것이며, ② 이 조건들의 제약이 그다지 빡빡한 것이 아니어서 어느 정도 융통성 있는 범위 안에서 옳은 행위를 선택할 자유가 행위자에게 있다면, 우리는 다음과 같이 결론해도 좋을 것이다. "도덕적으로 옳게 행위한다는 것은 결코 어떤 주어진 법칙에 단순히 복종함이 아니라 스스로의 결단으로 선택한 길을 충실하게 걸어감이다." 도덕적 행위자는 동시에 도덕률의 입법자이기도 하다. 이러한 뜻에서 그는 자유롭다. 그러나 인간은 스스로 입법자인 까닭에 자기가 마련한 법칙에 대해서 이중으로 책임을 져야 한다.

행위자에게 입법자의 자리를 인정함은, 인간에게 창조자의 권위를 허락함이다. 창조자는 그가 원하는 대로 만들어낼 자유가 있다. 그러나 창조물이 크게 값진 것이 되려면, 사회적 인정을 받아야 한다. 만약 그의 창조가 사회적 인정을 받고자 한다면, 창작자는 스스로 사회적 요구에 순응하든지 그렇지 않으면 사회적 요구를 자기의 척도에 맞도록 변경시켜야 한다. 만약 그가 정말 위대한 사상가라면 대중은 조만간 그의 척도를 따를 것이다. 그렇지 않으면, 그가 단순한 독선으로 만족한다면 모르거니와, 그 자신이 조만간 대중의 뜻을 따라야 할 것이다.

이제 윤리사상을 하나의 예술적 창조에 비기고 모럴리스트도 일종의 예술가로 볼 수 있을 것 같은 생각이 든다. 훌륭한 인생은 그 자체를 하나의 아름다운 예술작품으로 볼 수도 있는 것이 아닐까.

제 2 절 메타倫理學에서 規範倫理學에로

I. 倫理說의 발판으로서의 믿음

우리는 모두 무엇인가 믿고 산다. 우리들의 모든 주장은 어떤 믿음을 발판으로 삼고 있다. 신앙이라는 것을 전적으로 배척하는 사람들도 자기네의 눈과 귀를 믿는 것이 보통이다. 눈과 귀를 의심하는 사람들은 흔히 '이성'이라는 기능을 믿는다. 아무것도 믿지 않는다고 주장하는 사람들까지도 무엇인가를 믿기에 그러한 주장을 하는 것이다.

'윤리학'이라는 사상체계도 어떤 믿음을 바탕으로 삼고 세워진다. 아무런 가설도 전제하지 않는 과학이 없듯이, 아무런 믿음도 전제하지 않는 윤리설은 없다. 윤리설들이 디디고 선 '믿음'들은, 모든 종류의 믿음이 그렇듯이, 엄밀한 증명을 허용하지 않는 바 한갓 가정(assumptions)이다. 한갓 가정이기는 하나 증명이 없어도 스스로 명백하다고 단정되는 것이다.

'윤리학'이 학으로서 성립할 수 있느냐는 물음이 제기되었다. 이러한 물음이 제기된 이유는 모든 윤리설이 증명되지 않는 가정을 토대로 삼기 때문이라고 생각하는 사람들이 있다. 그러나 이 생각은 똑바로 과녁에 적중한 생각은 아니다. 증명되지 않은 가정 위에 서지 않은 학문의 체계는 하나도 없기 때문이다. "윤리학이 학으로서 성립할 수 있느냐"는 물음이 제기된 근본 이유는, 그것이 어떤 가정을 주춧돌로 삼고 있기 때문이 아니라, 그것이 디디고 선 가정이 다른 학문들의——특히 현대에 있어서 학문의 모범으로 숭상되고 있는 자연과학들의—— 기본가정과 성질이 다르기 때문이다.

근세 이래 자연과학이 디디고 선 기본적 가정들은 그 본질을 따지고 볼 때 결국 경험, 즉 시각적 소여에 대한 믿음에로 귀착된다. 우리의 경험에 나타난 세계는, 비록 실재의 세계를 조금도 어김 없이 묘사(copy)하는 것은 아닐지 모르나, 여하튼 실재하는 세계의 어떤 반영임에는 틀림이 없다는 믿음이다. 그런데 윤리학의 역사를 통하여 전통적 지위를 차지한 학설들은, 대부분의 경우에 있어서, 경험 내지 지각적 소여에 대한 믿음에 입각한 것이 아니었다. 어느 것은 신학에 입각했고 어느 것은 형이상학에 입각했으며, 또 다른 것은 이른바 '직각적으로 자명한 원리'에 입각했다. 신학과 형이상학 그리고 '자명한 원리'가 초경험적인 성질의 믿음에 속함은 두 말할 것 없거니와, 전통적인 윤리학설들은 초경험적 믿음을 발판으로 삼은 점에서 일반 자연과학과 성질을 달리했던 것이다. 윤리학의 학문으로서의 자격을 의심한 그 의심은 바로 신학과 형이상학의 학문으로서의 자격을 의심하는 의심과 근본에 있어서 상통하는 일면을 가졌다.

윤리학설 가운데도 자연과학과 같이 오직 경험적인 사실만을 근거로 삼으려 꾀한 것들이 없었던 것은 아니다. 이른바 자연론(naturalism)의 이름으로 불리는 일파는 모든 초경험적 원리를 물리침으로써 윤리학을 손색 없는 '사이언스'(science)로서 확립할 것을 시도하였다. 그러나 이 시도는 Moore가 '자연론적 오류'의 이름으로 지적한 논리적 난관 앞에, 다시 말하면 "어찌 사실판단만을 전제로 삼고 가치판단의 결론을 이끌어낼 수 있느냐"는 반문 앞에 주저물러앉아야 했다.

윤리학이 반드시 자연과학과 같은 믿음으로부터 출발해야 할 이유가 없지 않으냐. 신학 또는 형이상학, 그렇지 않으면 '자명한 직각의 원리'를 토대로 삼는 윤리학을 굳이 물리쳐야 할 이유가 무엇이냐? 이것은 자연론적 시도가 논리적 난관 앞에 후퇴를 강요당하는 이 마당에 당연히 재고를 요청하는 물음이 아닐 수 없다.

'믿음'이란(그 정의에 의하여) 증명할 수 없는 사상이다. 주어진 믿음의 옳고 그름을 증명할 길이 없다면, 내 믿음이 네 믿음보다 낫다는 것을 증명할 수 있는 길도 막힌 셈이다. 그렇다면 이 믿음에 입각한 윤리학은 낫고 저 믿음에 입각한 윤리학은 못하다는 것을 주장할 확고한 근거도 없을 것이니, 토대의 구실을 하는 믿음이 과학의 경우와 다르다는 이유로 신학 또는 형이상학에 입각한 윤리설을 물리침은 부당하다는 결론도 나올 수 있음직하다.

무릇 궁극적인 문제에 관하여 믿음이 대립할 때, 이 대립을 확실히 해소시킬 수 있는 논리적 방법은 없다. "나는 이렇게 믿는다. 그리고 이렇게 밖에는 믿을 수 없다"고 단언한다면, 이 단언은 이론적 대화에 있어서 이를테면 '폐회의 선언'에 해당하는 것이다. 이야기는 일단 그것으로 끝난다. 믿음인 까닭에 그 그릇됨을 **증명할** 길이 없기 때문이다. 그러나 "나는 이렇게 믿는다"라는 마지막 발언으로 못만 박으면 모든 주장이 똑같은 자격과 권위를 획득한다고는 믿어지지 않는다. 다시 말하면 우리는 '믿음'의 이름으로 고집되는 주장들 가운데서도 보다 믿음직한 것과 보다 의심스러운 것을 구별한다. 이러한 구별 자체도 하나의 독단에 불과하다고 **믿는다면**, 다시는 논의의 여지가 없을 것이다. 그러나 우리는 실제에 있어서 그렇게는 믿지 아니하며, 그렇게 믿지 아니하는 심리의 배후에는 몇 가지 논리적 근거가 있는 것으로 보인다. 그러면 '믿음'의 이름으로 고집되는 어떤 주장을 '불합리하다'고 물리치는 심리를 정당화할 논리적 근거란 무엇을 말하는가?

첫째로, 어떤 논객이 "나는 이렇게 믿는다"고 입으로는 주장하지만 그의 마음 전체가 그렇게 믿는 것이 아님이 밝혀진다면, 우리는 그의 '믿음'을 진실한 믿음으로서 대등하게 대우할 수 없을 것이다. 마음 바닥에서는 그렇게 믿지 않으면서, 혀끝과 붓끝으로만 "나는 이렇게 믿는다"고 주장하는 사람들이 있다. 예컨대, "모든 것은 신의 섭리요 최후의 심판에 의하여 모든 일이 필경은 바로잡아지리라"고 믿는다고 주장하는 사람이 만약 불안에 떨며 요령 있게 처세하려고 허둥지둥한다면, 우리는 그의 믿음의 진실성을 의심해도 좋을 것이다. 속세의 부귀와 영화는 구름 같다고 설교하면서 재물과 종주권을 에워싸고 투쟁하는 스님들도 일반이요, 혼자 식사할 경우에는 기도를 생략하는 목사님이나 선교사의 경우도 일반이다. "최후의 승리는 우리에게 있다"고 장담하는 장군이 실은 전쟁의 결과에 대하여 가장 회의적일 수 있듯이, "내가 시키는 대로만 하면 반드시 낫는다"고 큰소리하는 의사가 실은 의술의 한계를 가장 잘 알고 있듯이, 또는 사주나 관상의 신비성을 가장 의심하는 것은 바로 그 방면의 전문가이듯이, "나는 믿는다"는 강조가 때로는 믿지 않고 있음을 암시할 수도 있다. "자네만은 꼭 믿네." 이런 말을 만약 거듭 강조한다면, 그것은 어디인지 못미더운 점이 있어 불안한 심정을 폭로하는 것이라고 볼 수 없을까.

학술적인 토론에 있어서도 마찬가지다. 마음 바닥에서는 그렇게 생각하지 않으면서, '의심의 여지가 없다' 또는 '자명하다' 하며 어떤 원리를 떠받드는 수가 있다. 토론에 있어서 상대편을 꺾기 위하여 그렇게 주장하는 수도 있고, 자기의 학설에 체계적 권위를 부여하기 위하여 그렇게 주장할 수도 있으며, 권세에 아부하는 처세의 묘방으로서 그렇게 주장하는 수도 있다. 그러나 학자의 경우에 있어서 가장 흔한 것은, 자기가 원하는 결론 또는 자기가 이미 발표한 결론을 정당화하기에 필요한 전제 내지 가정을 고집할 경우이다. 절대로 불변하는 진리의 존재를 증명하고자 하는 열망에서 '이데아'(idea)의 세계를 믿은 Platon의 경우와, 도덕의 절대성과 숭고함을 확립하기를 갈망하는 동기에서 의지의 자유와 영혼의 불멸, 그리고 신의 존재를 믿은 Kant의 경우 등은 그 전형적인 사례라 하겠다. 이들의 잘못은 발에 맞추어 신을 짓지 않고 미리 지은 신에 발을 맞추려 한 데 있다. 그리고 또 한 가지 잘못은 "나는 믿는다"와 "나는 믿고자 원한다"와를 혼동한 점에 있다.

'믿음'의 이름으로 고집하는 주장일지라도 불합리한 것으로서 물리칠 논리적 근거가 있다고 생각되는 또 하나의 경우는, 같은 사람이 주장하는 믿음의 세계에 자기모순이 발견될 경우이다. 즉 한 곳에서 주장한 믿음과 다른 곳에서 주장한 그것 사이에 논리의 일관성이 없을 경우이다. 예컨대 교실에서는 Darwin의 진화론에 입각한 생물학을 강의하면서 교회에 나가면 '신의 영광'을 찬송하는 자연과학자의 경우가 그것이다. 같은 사람이 서로 모순되는 두 가지 믿음을 표방함은, 그가 적어도 두 가지 가운데 하나는 진실로 믿지 않고 있다는 증거로 볼 수 있으며, 그러한 뜻에서 이 경우를 "혀끝으로만 믿는다고 단언하고 마음 바닥에서는 믿지 않는 경우"의 특수한 형태 또는 그 대표적인 형태라고 볼 수도 있을 것이다. 어쨌든 같은 사람의 믿음과 믿음 사이에 모순이 발견될 때, 우리는 그의 믿음의 체계를 불합리한 것으로서 물리칠 논리적 근거를 갖는다는 결론에는 의심의 여지가 없을 것이다.

셋째로, 어떤 믿음 속에 포함된 주장과 반대되는 사실이 현실적으로 밝혀졌을 경우에도 우리는 그 믿음을 물리칠 근거를 가질 것이다. 과학자들이 어떤 가설(hypothesis)을 세웠다가 그 가설과 어긋나는 사실이 발견되기만 하면 그것을 폐기하는 태도는, 지금 저자가 언급하는 태도에 가까운 것이라 하겠다. 현실에 거짓임이 밝혀졌음에도 불구하고 지난 믿음을 고집하는 것도 일종의 자기모순이 아닐 수 없다. 한강 어느 지점에 보물 궤짝이 묻혔다고 믿은 사람이, 그 지점을 탐색한 결과 아무것도 나오지 않았다면, 일단 그 믿음을 버려야 한다는 것은 우리의 공통된 상식이다.

끝으로, 예컨대 "세계에는 목적이 있다"와 "세계에는 목적이 없다"가 대립할 경우와 같이, 정반대되는 두 가지 믿음이 대립하여 하나는 확인되지 않은 무엇이 **있다**고 적극적인 주장을 하며 또 하나는 그런 것은 **없다**고 소극적인 주장을 할 경우에는, 다시 말하면 있다는 증거도 없다는 증거도 없는 어떤 대상에 관하여 긍정하는 견해와 부정하는 견해가 '믿음'의 이름으로 대립할 경우에는, 일단 부정하는 견해에 가담하여 그러한 대상은 없는 것으로 간주함이 안전하리라는 것이 나의 생각이다. 범죄한 사실이 있다고 주장하는 검찰과 그러한 사실이 없다고 주장하는 용의자가 대립했을 경우에, 각자의 주장을 입증해야 할 책임은 범죄의 사실을 부인하는 용의자보다도 그것을 긍정하는 검찰에게 더욱 무겁게 지워지는 것이 상식이다. 범죄했다는 적극적인 증거가 없으면, 범죄하지 않았다는 소극적인 증거를 제시하지 못했더라도, 일단 무죄로서 판정하는 것이 건전한 사법정책이다. 그와 마찬가지로, 있다는 증거도 없다는 증거도 없는 초경험적인 대상에 관해서는 일단 없다는 가정을 믿는 것이 일반적인 경우에 보다 합리적이리라는 것이 저자의 생각이다. (물론 이것은 저자의 생각임에 그친다. 이와 반대되는 생각을 고집하는 사람이 있을 때, 나는 그 견지를 논리적으로 봉쇄할 길이 없음을 부인할 의사는 없다.)

우리는 도덕이 절대적 권위의 체계이기를 희망한다. 인생에 보편적 타당성을 가진 행위의 규범이 엄연히 존재하기를 갈망한다. 그리고 신학이나 어떤 목적론적 형이상학 또는 '자명한 실천의 원리'를 신봉하는 일은 저 절대도덕의 성립을 위하여 거의 불가결한 조건이다. 그럼에도 불구하고, 신학적 윤리설 및 형이상학적 윤리설, 그리고 직각론적 윤리설을, 그들이 발판으로 삼고 있는 믿음 또는 기본가정이 자연과학이 디디고 선 그것과 종류가 다르다는 이유로, 물리치는 현대윤리학의 새로운 경향을 우리는 어떻게 평가할 것인가?

자연과학적 세계관과는 기본가정이 다른 세계관의 믿음 위에 입각한 윤리설들을 현대의 지성이 의혹의 눈으로 바라봄에는 몇 가지 논리적 근거가 있는 것으로 보인다. 그 논리적 근거란, 저자가 앞서 지적한 바, '믿음'의 이름으로 고집되는 어떤 주장을 불합리하다고 물리치는 심리를 정당화할 논리적 근거와 근본에 있어서 상통하는 성질의 것이다.

첫째로, 신학적 믿음을 윤리학의 토대로 삼는 사람들의 경우에 있어서, 우리는 그들이 정말 마음의 전체로서 그러한 믿음을 가지고 있는 것인지 의심스러움이 없지 않다. 그들은 다듬어진 저술을 통하여 또는 성스러운 설교단 위에서 신학적 세계관을 옹호한다. 그러나 그들의 일상적인 행동을 관찰할 때, 그들의 현실적인 행동 하나하나를 지배하고 있는 것은 반드시 신학적 세계관만이 아니라 자연과학적 세계관의 힘이 크게 작용하고 있음을 본다. 질병에 걸리면 기도보다는 의사에게 의지하는 마음이 크며, 공산주의 국가가 핵무기로 위협하면 이 쪽도 핵무기의 연구로 대항하는 것이 '신의 섭리' 또는 '최후의 심판'에 일임하느니보다 효과적인 대책임을 의심하지 않는다. "가이사의 것은 가이사에게로"라는 예수의 말을 믿는다고 공언하는 성직자들 가운데도 고관대작의 벼슬자리를 탐낸 사람들이 많으며, 국가의 전권을 한 손아귀에 넣어 보려고 속인(俗人) 이하의 야망적인 투쟁을 사양치 않은 사람들도 있다. 물론 이것은 일부 탈선한 종교인의 '예외적' 현상에 불과하다고 반박할지도 모른다. 그렇다면 저자는 종교단체 안에서 자기네끼리 싸우는 헤게머니의 암투도 결국 마찬가지의 세속적 풍속도가 아니냐고 도로 묻고 싶다. 여기서 저자가 밝히고자 하는 것은 세속적인 관심이 천하거나 목사의 태도는 어떠해야 한다거나 그러한 점이 아니다. 저자가 지적하고자 원하는 것은, 현대인 일부가 아직도 표방하는 신학적 세계관이 무의식의 부분까지도 포함한 온 마음이 귀의하는 철저한 믿음이라 할 수 있을지 의심스럽다는 바로 그 점이다.

"나는 이렇게 믿습니다"라고 누가 말할 때 우리는 "당신은 정말 그렇게 믿습니까"라고 물어볼 일이다. 그리고 그의 믿음이 마음 바닥으로부터의 그것이 아니라, 붓끝이나 혀끝만의 믿음임을 발견했을 때, 우리는 그의 믿음을 왈가왈부의 여지 없는 사실의 극점으로서 대우하기를 보류해도 좋을 것이다. 먼저도 말했거니와, 우리는 진정으로 믿는 심정과 믿고자 원하는 심정을 혼동해서는 안 된다. 우리는 인생에 영원하고 절대적인 도덕의 원리가 있다고 믿기를 원한다. 인생이 허무하지 않기를 믿고 싶으며, 전지전능하고 대자대비한 절대자가 존재한다고 믿고 싶다. 그러나 그렇게 믿고 싶은 사람들이 반드시 모두 그렇게 믿고 있는 것은 아니다. 그렇게 믿고 싶은 마음을 정당화하고, 그 믿고자 하는 마음을 '믿음' 그 자체에로 고정시키기 위하여 학설의 체계를 꾸미는 사람들이 있다. 옹호하기를 원하는 결론이 먼저 감정의 영향 아래 정해지고 그 결론을 정당화하기에 알맞은 이론의 체계가 '학문'의 이름으로 꾸며질 때, 그러한 학설에 대하여 회의를 금치 못한다는 것이 저자가 말하고자 하는 요점이다. 학문이란 희망하는 결론을 옹호하기 위한 것이 아니라, 주어진 소재에 충실하게 의거하여 논리가 인도하는 방향대로 좋든 싫든 따라가는 탐구의 과정이라고 믿기 때문이다.

형이상학에 입각한 윤리설에 대하여도 우리는 위와 비슷한 비판적 고찰을 시도할 수 있을 것이다. 형이상학적 윤리설이 Moore의 이른바 '자연주의적 오류'를 범하지 않으려면, 그 윤리설의 토대의 구실을 하는 형이상학이 단순히 "어떻게 있느냐"에 대답하는 존재의 학에 그치지 않고 "어떻게 있어야 하느냐"에 대답하는 당위의 원리를 포함해야 할 것이다. "전제 속에 없는 것을 결론 안에 끌어들일 수 없다"는 기본적 원리에 의하여, 단순한 사실판단만을 전제로 삼고 가치판단을 이끌어 낼 수 없음이 사실이라면, 단순한 존재의 학으로서의 형이상학을 토대로 당위의 학으로서의 윤리설을 연역해 낼 수 없을 것이기 때문이다. 그런데 형이상학이 당위의 학으로서의 성질을 포함하려면, 그것은 어떤 목적론적 세계관에 입각하거나 신학적 세계관에 입각하거나 또는 그 밖의 어떤 방도에 의하여, 가치의 원리를 그 안에 품고 있어야 한다. 짧게 말해서, 현재의 자연과학적 세계관과는 바탕이 다른 세계관에 입각한 형이상학이 아니면 아니 된다. 비과학적인 세계관에 입각했다는 사실 그 자체가 비난의 이유가 된다는 말이 아니다. 비과학적 세계관에 대한 믿음이 진실로 마음 전체가 참여한 철두철미한 믿음이라면 우리는 그 믿음에 대하여 왈가왈부할 비판의 여지를 발견하기 힘들 것이다. 그러나 어떤 형이상학에 대한 믿음이 도덕의 절대성이나 인생의 보람 있음 등을 확립하고자 원하는 학구적 동기의 소산에 불과하다면, 그리고 붓끝으로는 형이상학적 세계관을 신봉하면서 일상생활에 나타나는 일거일동은 마음의 대세가 과학적 세계관으로 기울어지고 있음을 암시한다면, 우리는 저 형이상학적 세계관에 대한 믿음이 한갓 허세가 아니냐고 반문할 이유를 가질 것이다. 그리고 실제에 있어서 현대인의 마음의 바탕을 장악하고 있는 것은 대부분의 경우 자연과학적 세계관이 아닐까 하는 것이 저자의 관찰이다. 애써 만들어 낸 믿음이 아니라 마음의 솔직한 바탕이 저절로 온통 그리로 쏠리는 믿음만이 토론에 폐회의 종지부를 찍을 수 있을 것이다.

형이상학적 윤리설은 '우주의 목적', '세계 정신', '본래의 자아' 또는 '절대자아' 등 있다는 증거도 확실치 않으며 없다는 증거도 확실치 않은 어떤 것의 실재를 가정하지 않으면 성립할 수 없다. 그리고 있다는 증거도 확실치 않고 없다는 증거도 확실치 않은 무엇을 자기가 원하는 학설의 약점을 메우기 위하여 실재하는 것으로 가정하는 처사에 찬동할 수 없음은 앞서 이미 언급한 바 있다.

직각론적 윤리설을 고찰의 대상으로 삼는다 해도 사정은 비슷하다. 이 계열의 논자들은 결국 '자명하다'를 마지막 방패로 삼는다. 그러나 우리는 한 번만 더 물어볼 일이다. "정말 자명하다고 믿느냐?"고. 여기서도 "자명하다"고 믿는 심리와 믿기를 원하는 심정은 구별되어야 할 것이다.

직각론적 윤리설들은 대개 가치실재론의 견지를 취한다. 감정과 의지 또는 그 밖의 어떠한 인간적인 심정과도 관계 없이 가치가 본래 독자적으로 존재한다는 것이다. 가치 그 자체의 실재를 주장하지 않는 직각론자들은 도덕법칙의 선천적 실재를 주장한다. 사람 또는 그 밖의 유정자의 마음가짐을 떠나서 실재하는 가치나 초경험적으로 주어진 도덕법칙 따위는, 역시 있다는 증거도 확실치 않고 없다는 증거도 확실치 않은 것의 부류에 속할 것이다. 여기서 우리는 적극적인 주장과 소극적인 주장이 다 같이 확증을 제시하지 못하고 대립할 경우에는, 일단 소극적 주장의 선에 머무르는 것이 마땅하리라는 권고와 다시 한번 부딪친다.

"나는 X를 믿는다" 함은 "X는 의심의 여지가 없다"는 뜻이니, 결국 "X는 자명하다"에 가까운 말이다. 그렇다면 형이상학적 윤리설이나 신학적 윤리설도, 직각론적 윤리설이 그렇듯이, 결국 '자명한 원리'를 토대로 삼고 세워지는 셈이다. 그런데 '자명한 원리'라면 일부의 사람들에게 뿐만 아니라 모든 이성자에게 의심의 여지가 없어야 마땅하다. 다시 말하면, 자명성을 방패로 삼는 여러 윤리설은 적어도 근본에 있어서는 마땅히 일치한 견해에 도달해야 할 것이다. 그럼에도 불구하고 실제에 있어서는 그 '자명한 원리'에 입각한 윤리설들이 형형색색의 차별상을 나타내고 있다. 다 같이 '직각설'의 이름으로 불리는 학설들 가운데도 통일의 기운을 발견하기 힘들 정도이다. 이러한 현상은 '자명한 원리'에 입각한 여러 윤리설들의 공통된 약점 가운데서도 매우 심각한 것이 아닐 수 없다.

종래의 절대론적 윤리설들은 현실적 도덕질서의 확립이라는 규범윤리학 본래의 사명을 다하기에 너무나 무력한 이론이 되어가는 경향을 보이고 있다. 그리고 이러한 경향은 역사의 흐름이 빨라지고 사회상의 변천이 격심할수록 점점 더해질 염려가 있다. 무릇 규범윤리학은 시대와 사회를 위하여 실천의 원리를 제공함으로써 그 사명으로 삼는다. 그런데 종래의 윤리설들은 윤리의 절대성과 도덕원리의 보편타당성을 확립하고자 하는 희망에 열중한 나머지 시대의 변천과 사회의 차이를 충분히 고려할 여유가 없었다. 시대의 흐름이 완만하고 관찰의 범위가 동일한 문화권에만 국한되던 시절에는 그래도 절대윤리설의 결함은 크게 눈에 뜨이지 않을 수 있었다. 그러나 오늘날처럼 시대적 변천의 속도가 빠르고 전통을 달리하는 여러 문화권이 한 눈에 내다보이는 마당에서는, 종래의 절대론적 윤리설의 비현실성은 스스로 그 무력을 폭로하지 않을 수 없다. 오늘날 '도덕'이니 '윤리'니 하는 명사에 흔히 '낡은' 또는 '진부한'이라는 형용사를 붙여 쓰이며, '새로운 윤리의 창조'라는 말이 유행어처럼 돌아다니는 것도, 종래의 절대론적 윤리설이 비현실적이며 무력한 체계라는 사실과 깊은 연관성을 가진 현상이라고 생각된다.

물론 절대론적 윤리설도 시대의 변천과 사회의 차이에 적응할 수 있다고 반박하는 사람들이 있을 것이다. 절대로 불변하는 것은 오직 '기본원리'뿐이요, 구체적인 세칙은 상황의 특수성을 따라서 자유자재로 고쳐질 수 있다는 것이다. 이러한 주장을 들을 때마다 곧 연상되는 것은 중세기적 신학의 세계관과 오늘날 자연과학적 세계관 사이에 추호의 상반되는 점도 없다는 강변이다. 구약성서와 신약성서에 나타난 저 신비롭고 기적적인 모든 구절이 오늘날의 가장 새로운 물리학설에 비추어도 논리정연하게 해석된다. 종교가의 처지에서라면 그렇게 주장하는 것도 좋을 것이다. 그러나 학자는 솔직함을 생명으로 삼는다. 콩이나 보리나 곡식이기는 일반이 아니냐고 우기는 것보다는, 콩은 콩이고 보리는 보리라고 인정하는 것이 마땅한 자세라고 생각한다.

어느 시대 어느 사회를 막론하고 항상 타당한 듯이 보이는 도덕의 원리가 있다. 그러나 그것은 대부분의 경우에 있어서, 그 원리가 매우 형식적이어서 여러 가지 내용을 넣어 해석할 수 있거나, 또는 그 원리를 표현하기에 사용된 언어가 대단히 주상적이어서 여러 가지 뜻으로 해석할 수 있다는 사정의 덕택이다. 예컨대 Kant의 '순수이성의 근본법칙'이 어떤 경우에도 타당할 듯이 보이는 것은 그것이 극도로 형식적인 원리이기 때문이요, "정의를 사랑하라"는 가르침이 언제나 타당할 수 있는 것은 '정의'라는 말이 매우 여러 가지의 뜻으로 해석될 수 있기 때문이다. "네 이웃을 사랑하라," 또는 "양심의 명령대로 행하여라" 따위의 가르침이 어떠한 경우에도 타당할 수 있다면, 그것도 역시 그 가르침의 뜻이 막연하기 때문이다. 우리를 괴롭히는 현실적인 문제는 이웃에 대한 사랑과 다른 어떤 '의무'가 양자택일을 강요하거나, 양심 자체가 딜레머 밖으로 헤어나지 못하는 따위의 사태에서 일어난다. "양심을 따르라," 또는 "이웃을 사랑하라" 따위의 가르침이 현실의 도덕 질서를 위하여 발휘할 수 있는 힘은 매우 국한되어 있다.

도덕의 원리 가운데 무제약적으로 타당한 것이 있다 하더라도, 그 원리가 초경험적으로 주어진 것이라고 단정할 수는 없다. 인간성과 인간의 생활양식에도 보편적이요 항구적인 일면이 있는 동안, 그 항구적인 일면에 근거를 두고 오래 타당성을 잃지 않는 도덕의 원리가 성립할 수도 있기 때문이다. 여러 도덕의 원리들 가운데 그 일부가 시대와 지역을 초월하는 타당성을 가짐만으로는 도덕적 가치의 초경험적 실재성을 증명하기에 부족하다. 모든 도덕의 원리와 도덕의 법칙이 예외 없이 보편타당성을 가졌음이 밝혀지지 않는 한, 절대론적 윤리설이 확고한 지반 위에 섰다고는 보기 힘들 것이다.

Ⅱ. 自由의 倫理

현대의 정신이 대체로 자연과학적 세계관에로 기울어지는 경향을 보임이 사실이라 할지라도, 일부의 정신이 어떤 신비주의적 원리에로의 믿음을 금치 못한다면, 우리는 그 믿음의 길을 막을 능력도 없거니와 탓할 권한도 없다. 도리어 경건한 믿음을 가진 편에서 그것을 갖지 못한 사람들을 연민의 눈으로 바라볼 이유를 가졌을지도 모른다. 현대에 있어서도 신학 또는 형이상학의 원리들을 진정으로 믿는 사람들은, 그 믿음의 토대 위에서 인생과 도덕의 문제를 고찰할 것이며, 또 의당 그렇게 해야 할 것이다. 그러나 한편 경건한 믿음의 소유자들에게도 그것을 갖지 못한 사람들에게 자기네의 길을 강요할 도리나 권한은 없다. 두 가지 태도의 대립이 궁극적인 믿음의 차이에 기인했을 때, 그리고 그 믿음들이 각각 마음의 바탕으로부터의 믿음일 때, 두 가지 태도의 주인들은 그들의 믿음에 변함이 없는 동안 각각 자기의 길을 충실히 걸을 수밖에 없을 것이다.

오늘날도 경건한 믿음으로 마음의 바닥까지 충만된 사람들은 어떤 의미에 있어서 복된 사람들이다. 그들의 믿음이 굳으면 굳을수록 그들은 갈등과 주저의 고민 없이 부단히 제기되는 행위의 문제들에 대처할 수 있을 것이다. 그러나 그토록 경건한 믿음으로 마음을 가득

채우도록 복받지 못한 사람들은 무엇에 의거하여 스스로의 행위의 문제들에 대답할 것인가? 경건한 믿음이 없는 사람들에게도 행위의 문제는 끊임없이 제기되며, 그들도 살아 있는 동안 이 문제들을 외면하지는 못한다. 현대윤리학의 문제는 진실로 이 믿음이 부족한 사람들의—'자연과학'이라는 금단의 열매를 맛 보고 스스로 저주된 길을 택한 사람들의—문제라 하여도 과언이 아니다. 경건한 믿음의 소유자들은 이미 그 믿음 가운데 삶의 문제에 대답할 원칙을 가지고 있기 때문이다.

현대의 분석적인 윤리학이 대체로 그러한 경향이거니와, 이제까지 이 저술을 통하여 저자를 이끌어온 것도, 저 경건한 믿음이 부족한 사람들의 견지였다. 그리고 믿음이 부족한 사람들에게도 행위의 문제는 제기되며 따라서 행위가 의거할 원리가 필요하다면, 끝으로 이제 저자가 다루어야 할 문제는 "경건한 믿음이 부족한 사람들로서 가질 수 있는 행위의 원리는 어떠한 것이냐?"가 아닐 수 없다.

흔히들 현대를 '불안한 시대'라고 일컫는다. 그 '불안'에는 여러 가지 의미와 여러 가지 원인이 있을 것이다. 그 불안의 의미와 원인의 가장 중요한 하나로서 '확고한 행위의 원리가 없음'을 들 수 있지 않을까 생각한다. 진실로 현대의 비극의 하나는 무너져 가는 묵은 도덕질서를 대신할 새로운 원리가 지체없이 수립되지 못했다는 사정에 있다고 보아야 할 것이다. 그리고 묵은 도덕질서를 무너뜨림에 있어서 가장 큰 원동력으로서 작용한 것은 새로운 사고방식—과학적 세계관에 입각한 새로운 사고방식—이라 하겠다. 그러나 묵은 것을 무너뜨린 바로 그 새로운 사고방식이 이 시대가 요구하는 새로운 도덕원리의 바탕이 되어야 할 것이 아닐까. 새로운 사고방식이란 새로운 믿음의 흐름이며, 우리는 우리의 믿음의 흐름과 조화되지 않는 도덕의 원리 내지 윤리학을 가질 수 없을 것이기 때문이다. 새로운 시대정신이 묵은 질서를 무너뜨렸다. 새로운 질서의 확립이 시급하다. 그리고 새로운 질서의 체계는 묵은 것을 무너뜨린 바로 그 시대정신의 토대 위에 세워져야 할 것이다.

대부분의 현대적 지성의 사유를 떠받들고 있는 것으로 보이는 자연과학적 세계관에 입각할 때, 우리가 가질 수 있는 도덕의 원리는 어떠한 것일까? 선천적으로 주어진 보편적 인생의 목적이나 절대적 행위의 법칙은 그 존재가 의심을 받고 있다. 밝혀진 자연과학적 사실을 근거로 삼고 도덕의 원리를 이끌어 내고자 한 자연주의자들의 계획도 논리적 난관에 부딪쳤다. 초자연적 형이상학의 세계에서도 자연적 경험의 세계에서도 이미 형성되어 있는 도덕의 원리는 찾아볼 수 없다는 결론이다. 그럼에도 불구하고 도덕의 원리는 반드시 있어야 한다. 이미 형성되어 있는 것은 없으나 그러나 반드시 있어야 할 것이라면, 남은 길은 오직 그것을 만들어내는 길뿐이다. 현대의 정신은 도덕의 원리를 스스로 만들어내야 한다. '만들어냄'에는 오성뿐만 아니라 의지의 참여가 요청된다. Hare가 지적한 바와 같이, 나의 주체적인 결단(decision)이 도덕원리의 형성을 위하여 결정적인 계기가 되는 것이다.

꼭 어느 길을 가야 한다는 법이 미리 정해져 있는 것이 아니다. 내 스스로의 결단으로 하나의 길을 선택한다. 때로는 전혀 길이 없기도 하다. 내 스스로의 결단으로 새로운 길을 닦는다. 주어진 법칙에 얽매여 있는 것이 아니라 스스로의 길을 스스로 정할 수 있다는 뜻에서 우리는 자유이다. 그러나 그 '자유'는 단순히 "아무렇게나 해도 좋다"는 뜻이 아니며, 우리가 '자유'라는 사실이 우리의 복됨을 의미하는 것도 아니다. 아무렇게나 해도 좋은 것이 아니라 없는 길을 만들어서라도 역시 길을 가야 하며 길이 없으면 그것을 만들어야 하는 까닭에, 우리의 짐은 도리어 무겁다. 자유는 현대인이 처치하기에 곤란을 느끼는 짐, 이 거추장스러운 자유를 어떻게 처리하느냐는 수많은 현대인의 공통된 문제이기도 하다.

행위를 위하여 미리 주어진 목적도 법칙도 없다 함은, 일정한 목적지도 일정한 행로도 정해지지 않은 나그네의 처지에 비유한 불안정한 상태이다. 이미 주어진 목적지가 없으니 나그네는 스스로 목적지를 결정해야 한다. 이미 예정된 길이 없으니 나그네는 스스로 결단하여 하나의 길을 택해야 한다. 아무 목적지도 정하지 않고 아무 길도 걷지 않을 무제한의 자유는 그에게 주어져 있지 않다. 그는 어디론가 가야 한다. 어디론가 가기는 가야 하는데 어디로 갈지 결정이 내려지지 않았다면, 나그네의 처지는 맹랑하지 않을 수 없다.

저자는 다른 어느 곳에서, 현대인의 도덕적 상황을 길 없는 사막 복판에 서 있는 나그네의 처지에 비긴 적이 있다. 외곬로 뚫린 길이 없다. 사면팔방 어느 곳으로도 발을 옮겨 놓을 수는 있다. 원한다면 잠시 동안 제자리에 머물러 서 있을 수도 있을 것이다. 만약 나그네가 인간이 아니고 살아야 할 생명이 아니었더라면, 그는 아무 곳으로 발을 옮겨 놓아도 좋고 또는 언제까지나 제자리에 머물러 있어도 좋았을 것이다. 그러나 인간이요 살아야 할 생명인 까닭에, 그는 그 자리에 서 있을 수 없으며 또 아무데로나 발길을 옮길 수도 없다. 하나의 올바른 방향을 정하여 힘써 부지런히 걸어야 한다. 살기 위해서이다.

"그러나 반드시 살아야 한다는 법도 없지 않느냐?" 이렇게 반문할 사람이 있을지도 모른다. 그렇다. 반드시 살아야 한다는 법은 없다. 다만 한 마디 이 쪽에서 물어 볼 말이 있다. "당신은 정말 살아야 한다고 생각하지 않습니까?" 이 물음에 "그렇다"고 대답한다면 이야기는 그것으로 끝이 난다.

목적지도 경유지와 일정표도 모두 선생님이 정해 주시는 수학여행이 있다. 아마 정해진 계획을 믿고 가자는 대로 그저 따라만 가면 되는 타율의 여행이다. 이리할까 저리할까 망설일 필요도 없으며, 생각지 않은 사고가 일어날까 두려워할 처지도 아니다. 만약 계획에 잘못이 있다든지 무슨 사고가 생긴다 해도 그 책임은 선생님에게 있다.

학생에게 책임이 돌아올 경우가 있다면, 그것은 선생님의 지시대로 따르지 않은 것이 화근이 되어 결과가 잘못되었을 경우뿐이다. 그러나 사람들은 반드시 편하고 책임 없는 타율의 여행만을 좋아하지 않는다. 어느 정도 나이가 들은 젊은이들은 도리어 스스로 세운 계획을 따라 스스로의 책임으로 떠나가는 여행을 희망한다. 괴로움이 따르더라도 스스로의 결단으로 수행하는 일에 보람을 느끼는 것이다.

도덕의 경우도 일반이 아닐까 생각한다. 스스로 결단하고 스스로 책임을 져야 하는 자유의 길은 어렵고 동시에 괴롭다. 그러나 그만큼 보람 있고 즐거운 길이기도 하다. 스스로 주인공의 한 사람으로서 역사에 참여하는 창조의 길이기 때문이다.

'자유'라 하였다. 그러나 아무렇게나 멋대로 해도 좋은 '자유'는 아니라 했다. 결단을 내려 하나의 길을 택하거나 만들어서 그 길을 따라 걸어야 한다고 했다. 그러면 어떻게 결단하고 어떻게 선택해야 할 것인가? 자유를 어떻게 행사해야 할 것인가? 이미 주어진 목적이나 길이 있는 것이 아니라 사람이 스스로 그것을 정하는 것이라면, 우리는 각각 제멋대로 기분을 따라 아무렇게나 하나 정하면 될 것이 아닌가. 벌써 선악과 시비의 객관성이 부인되었던 것이 아닌가. 만약 '객관성'이라는 말이 "모든 유정자(有情者)의 마음가짐을 떠나서 그 자체 초월해 있다"는 특성을 가리키는 말이라면, 저자는 분명히 선악과 시비의 객관성을 부인하였다. 그러나 이 부인은 우리가 각각 기분 나는 대로 아무렇게나 길을 택하여 행동해도 좋다는 뜻까지 반드시 포함하는 것은 아니다. 사실 우리는 아무렇게나 결단 내지 선택하고 아무렇게나 목적과 길을 정해도 좋은 것이 아니다. 역시 타당성을 가진 결단과 갖지 못한 결단이 있고, 옳은 길과 그른 길의 구별이 있다. 그러나 그 구별은 무엇에 근거하는 것이며, 무엇에 기준을 두는 것일까? 그 구별은 인간 존재의 현실, 평가적이요 사회적인 인간 존재의 현실에 있다. 그리고 그 기준은 인간 존재의 사회적·역사적 현실 및 역사의 주인공인 우리 인간이 사회 안에서 부단히 내리고 있는 평가의 기상도에 달려 있다. 물론 그 평가의 기상도도 또다시 평가의 대상이 되고, 그 평가의 기상도를 포함하는 역사적 현실의 힘을 입어 '타당성'이 인정되고 있는 저 기준도 또다시 평가의 대상이 되는 것이기는 하지만.

그러나 인간 존재의 현실이 선악 및 시비를 구별하는 근거라 함은 무슨 말인가? 좀더 알기 쉬운 설명이 있어야 할 것이다. 몇 가지 중요한 점을 들어 고찰해 보기로 하자.

인간에게 미리 밖으로부터 주어진 목적은 없으나 인간은 스스로 목적을 정해 갖도록 마련이다. 우리가 어떤 목적을 위해서 생겨났다는 증거는 없으나 우리가 목적의 의식을 갖지 않고 살 수는 없다. 우리는 반드시 목적을 가져야 한다. 그리고 그 목적은 스스로가 결단 내지 선택을 통하여 정하는 것이다. 비록 스스로의 결단을 가하여 정하는 것이기는 하나 그것을 아무렇게나 정할 수는 없다. 왜냐하면 첫째로, 우리가 선정하는 목적은 실현할 수 있는 것이 아니면 안 될 것이다. 목적이란 본래 실현을 위한 목표이므로, 실현의 가능성이 없는 것을 목적으로 세우는 것은 자기모순이 아닐 수 없다. 둘째로, 우리의 목적은 그것의 실현이 우리에게 깊은 만족을 주는 것이 아니면 아니 된다. 우리가 인생의 목적을 찾고 옳은 길을 묻는 것은 스스로의 삶에 '보람'이 있기를 마음의 바닥이 갈망하기 때문이다. 이 절실한 요구에 응하는 바 없는 목적이나 길은 무의미한 것이니, '타당하다'고 부를 수 없음이 명백하다.

잘못된 판단, 즉 무지에 입각하여 선택된 목적이나 길도 타당한 것이 될 수 없다. 누차 지적한 바 있듯이, 사실에 관한 지식에서 가치에 관한 지혜가 형식논리적으로 추리되지 아니함은 사실이다. 그러나 실제에 있어서는 사실에 관한 우리의 소견이 가치 내지 당위에 관한 우리의 태도를 크게 좌우한다. 소견과 태도 사이에 형식논리적 필연성의 연결은 없으나, 이를테면 생명의 요구를 통한 연결은 있다고 보아야 한다. 자연과 인생에 관한 우리의 인식은 그것에 대하는 우리의 태도를 필연적으로 제약한다. 현실이 이러이러하다는 판단에서 장차 이리이리해야 하겠다는 생각이 저절로 생기는 것이다. 저 판단에서 이 생각이 나오도록 논리의 단절을 넘어서서 중개의 구실을 하는 것은 어떤 결과를 희구하는 우리의 욕망이다. 다시 말하면 우리가 의식 또는 무의식 중에 희구하는 어떤 결과와 우리가 현재 알고 있는 사태를 인과율적으로 연결시켜 보는 모종의 예견이 우리로 하여금 어떤 태도를 짓게 하는 것이다. 그런데 만약 현재 또는 과거의 사실에 대한 잘못된 인식을 기초로 삼고 그러한 인과율적 고찰을 통하여 어떤 태도를 취한다면, 그렇게 취한 태도가 초래하는 결과가 미리 희망하고 예견한 바와 다를 것은 대체로 틀림이 없을 것이다. 스스로 희망하고 예견한 바와 다른 결과를 낳는 태도를 '타당하다'고 부르지 않는 것은, 우리의 평가와 언어의 현실이다. 이리하여 우리는 잘못된 판단, 즉 무지에 의거한 태도의 결정을 타당하다고 볼 수 없다 한 우리의 결론에로 되돌아온다.

끝으로, 시대나 사회의 요구와 배치되는 목적이나 길도 타당성을 인정받을 수 없다. 이와 같은 결론은 인간이 본래 '사회적 동물'이라는 사실 및 인간의 지성은 논리의 일관성을 요구한다는 사실에 의하여 뒷받침되고 있다. '인간은 사회적 동물'이라는 말이 엄밀하게 어떠한 사실을 가리키는 것인지는 반드시 분명하지 않다. 그러나 그 말이 가리키는 사실들 가운데 적어도 다음 두 가지가 포함되리라는 점에는 의심의 여지가 없다. 하나는 인간이 인간에 대하여 넓은 뜻에 있어 '사랑'이라고 부를 수 있는 감정을 일반적으로 느끼는 경향이 있다는 사실이요, 또 하나는 사회일반과 협조함이 없이는 개인으로서도 행복을 실현하지 못한다는 사실이다. 우리가 만약 동류 인간에 대하여 천연적으로 친애감을 느끼게 마련이라면, 우리는 사회일반이 요구하는 바와 배치되는 목적이나 길을 진심에서 소망하기 힘들 것이며, 비록 그런 것을 소망하는 경우가 생긴다 하더라도 그 길을 실천하고 그 목적을 달성하기는 거의 불가능할 것이다. 사회일반의 요구와 배치되는 목적의 추구는 사회일반의 협조를 얻지 못할 것이며, 사회적 협조를 얻지 못한 개인의 노력은 그 목적을 달성하기 어렵기 때문이다. 앞서 실현의 가망이 없는 목적이나 실현된다 해도 마음의 바닥에 깊은 만족을 주지 못하는 목적은 타당성을 인정받을 수 없다고 지적하였다. 사회나 시대의 요구와 배치되는 목적은, 첫째로 실현의 가망이 적은 까닭에 타당한 목적이 될 수 없으며, 둘째로 설혹 실현된다 하더라도 그것은 그러한 목적을 마음 전체가 진심으로 소망하기 힘든 사회적 동물인 인간에게 깊은 만족을 주지 못할 것인 까닭에, 타당한 목적이 될 수 없다.

같은 결론은 이성적 존재로서의 인간의 본질적 경향의 하나인 '논리의 일관성'에 대한 요구에 관한 고찰에 의해서도 뒷받침된다. 나의 목적, 나의 자유가 존중되어야 한다고 생각한다면, 남의 목적, 남의 자유도 다 같이 존중해야 한다고 생각하는 것은 논리의 일관성을 요구하는 지성으로서는 피치 못한 사유의 길이다. 여러 가지 방향으로 달리는 남들의 욕망과 남들의 자유를 고루 존중할 때, 우리는 '최대다수'가 가급적 만족할 수 있는 선에서 이기심의 대립을 조화시킬 수밖에 없을 것이다. 여기서 결국 사회대중과 발을 맞추어 걸을 수 있는 길이 아니면 올바른 길이 못 된다는 결론에 또다시 도달한다. 그러나 이것은 단순히 사회대중에게 영합해야 한다는 뜻은 아니다. 진실로 신념이 굳세고 그 신념을 밀고 나갈 만한 실력의 소유자라면, Stevenson이 말한 '설득'을 통하여, 대중으로 하여금 나를 따르게 하는 적극적인 해결도 있을 수 있는 일이다.

우리가 스스로의 결단으로 정하는 목적 또는 스스로 선택한 길에 타당한 것과 타당치 못한 것의 구별이 생기는 것은, 요컨대 인간이 평가적 동물이기 때문이다. 우리의 마음은 우리의 삶과 직접적으로 관련 있는 모든 것을——물질적 대상뿐만 아니라 행위나 사상까지도 포함한 모든 것을——대할 때, 그것들을 단순한 '사실'로서만 바라보는 것이 아니라, 반드시 평가적인 관점에서 바라도록 마련이다. 그리고 우리의 인생과 관계가 깊은 대상일수록 그것에로 쏠리는 평가의 시선은 날카로와지는 경향이 있다. 우리가 어떠한 결단으로 삶의 목적을 선택하는가, 그리고 어떠한 길을 자기의 항로로서 선택하는가는, 개인의 삶에뿐만 아니라 사회생활 전체에 막대한 영향을 미친다. 따라서 우리의 결단과 선택은 필연적으로 평가 내지 비판의 두드러진 대상이 되는 것이며, 평가 내지 비판의 대상이 되었다는 바로 그 사실로 말미암아 옳은 결단과 그른 결단 또는 타당한 선택과 부당한 선택의 구별이 생기는 것이다.

그러나 그러한 심리학적 사실이 옳고 그름을 나누는 구별의 근거라면 그 구별은 오직 주관적임에 불과하며 아무런 객관성도 없지 않느냐고 반문할지도 모른다. 만약 '객관적'이라는 말이 판단자의 마음을 초월해 있다는 뜻이라면, 우리는 이 반문에 그저 수긍하는 동시에, 다만 한 마디를 덧붙여 물어볼 것이다. "객관성이라는 것이 그렇게도 필요한 것이냐"고. 그 총애받는 '객관성'이 없다 하더라도 옳음과 그름의 구별은 없어지지 않는다. 사람들은 '객관성'이야 있든 없든 비판하고 평가하기를 그치지 않을 것이기 때문이다.

그러나 같은 대상을 갑은 옳다고 평가하고 을은 그르다고 평가할 때, 그 대상은 옳기도 하고 그르기도 하다는 말이냐? 이 물음에 대하여 우선 지적해야 할 것은, "시비 또는 선악의 구별이 있느냐 없느냐"는 문제와 "도덕적 판단에 보편적 기준이 있느냐 없느냐"는 문제는 전혀 별개의 것이라는 사실, 즉 설령 도덕적 판단에 보편적 기준이 없다 하더라도 시비나 선악의 구별은 없어지지 않는다는 사실이다. 그리고 이 자리는 도덕판단의 기준의 문제를 장황하게 다루려는 대목이 아니다.[12] 다만 여기서는 다음 몇 가지 사실만을 상기해 두기로 한다.

(1) 도덕적 판단 및 그 밖의 모든 평가적 판단은 지성의 숙고를 매개로 삼고 내려지는 결론으로서, 단순한 호오(好惡)와 같은 감정적 반응과는 다르다. 우리는 여기서 '동정심'(sympathy) 내지 '인간애'(humanity)를 도덕적 가치의 보편적 원리로서 강조한 Hume을 상기한다. 그러나 우리는 오히려 '논리의 일관성'을 요구하는 지성의 본성이 여기서 강조되어야 할 것으로 믿는다. 논리의 일관성을 요구하는 지성의 적극적인 참여는 우리들의 가치판단을 통일의 방향으로 이끄는 강력한 계기가 된다.

(2) '사회적 동물'인 인간의 모든 사상은 사회적 산물이다. 우리의 도덕사상에 있어서도 그 기조를 이루는 것은 '시대사조'라고 불리는 사회일반의 사상경향이다. 우리의 사상은 우리 사회의 역사적 현실을 반영하는 것이며, 같은 역사적 현실을 반영하는 도덕사상은 그 바탕에 공통된 색조를 띠는 것이 보통이다.

(3) 도덕의 법칙과 언어의 법칙 사이에는 그 타당성에 관해서도 유사성이 발견된다. 일정한 시대와 사회 안에서 실제로 타당성을 인정받고 있는 어법이 타당한 어법이듯이, 일정한 시대와 사회 안에서 실제로 타당성을 인정받고 있는 도덕률이 타당한 도덕률이다. 다만 '타당한' 도덕률도 비판의 대상이 될 수 있으며, 조만간 새로운 시대정신에 의하여 재평가된다. 따라서 '타당성'이란 상대적 개념이며, 타당한 행위의 기준도 역사와 사회의 변천을 반영하여 변천한다.

12) '타당성'과 그 기준의 문제에 관해서는 이미 본장 제 1 절, 4, 5소절에서 저자의 견해를 불충분하게나마 피력해 두었다.

Ⅲ. 에필로그

규범윤리학의 모든 문제는 필경 "어떻게 살 것이냐"에로 귀착한다. 이 기본적인 물음은 우리가 묻지 않을 수 없는 필연성을 가진 물음이며, 이 물음의 필연성은 '윤리학'이라는 탐구의 존재를 필연적인 것으로 만드는 근원이기도 하다. 이 기본적인 물음에 대한 대답은, 발견될 날을 기다리고 땅 속에 묻혀 있는 광맥처럼 이미 존재하는 세계의 구조 속에 형성되어 있는 것이 아니라, 그 물음에 대답해야 할 사람이 자기를 둘러싼 세계의 상황을 음미하고 이 상황에 대응할 스스로의 태도를 결단함으로써 주어지는 것이다. 따라서 '윤리학'이라는 탐구의 과정은, 그것이 세계의 상황을 음미하는 동안에 있어서는 단순한 발견의 과정임에 틀림이 없으나, 스스로의 태도를 결단하는 순간부터는 오히려 창조에 가까운 과정에로 이행한다.

삶의 물음에 대한 대답은 결국에 있어서는 대답하는 사람 자신의 태도결정에 의하여 주어진다. 그러나 이 태도의 결정은 그저 아무렇게나 기분내키는 대로 내려지는 것이 아니라, 우리가 대처할 세계의 상황에 대한 주도하고 면밀한 인식을 토대로 삼는 것이다. 태도의 결정을 앞두고 고려해야 할 조건들은 이루 헤아릴 수 없을 정도로 많을 것이며, 또 상황에 따라서 천차만별한 것이다. 여기 모든 사람이 모든 경우에 고려해야 할 근본적인 조건들이 있다. 몇 가지 중요한 것들만을 추려보기로 하자.

(1) "어떻게 살 것이냐"는 물음은 현재 우리가 살고 있다는 사실에 의하여 제기된다. 다시 말하면, 현재 우리가 살고 있으며 앞으로 살아간다는 것을 전제로 삼고 제기된 문제이다. 따라서 "살아야 할 것이냐, 말아야 할 것이냐"는 Hamlet식의 물음은 우리의 근본문제 밖으로 제외된다. 우리는 지금 '삼신 할머니'의 문턱에 서서 '인생'이라는 세계로 나갈까 말까 망설이고 있는 것이 아니다. 인생의 항로

는 이미 시작되어 있으며, 나머지 항로를 어디로 향해서 어떻게 보낼 것인가가 우리들의 현실적인 문제이다.

(2) '인생'이라는 우리 항로의 종착점도 어떤 의미로는 이미 결정되어 있는 셈이다. '죽음'이라는 종착점이다. 그러나 죽음은 우리 항로의 종착점이기는 하나 목적은 아니다. 우리의 목적은 이미 출발한 배가 종착점에 도달하기까지에 우리 스스로의 힘으로 이룩할 가치의 세계이다. 우리의 목적이 종착점에 있는 것이 아니라 종착점에 이르기까지의 과정 속에서 이루어질 가치에 있다는 말 가운데는, 단순한 생물학적 생명의 유지가 우리의 목적이 될 수 없다는 뜻이 포함되어 있다. 만약 단순한 생명의 유지 또는 생존의 계속을 목적으로 삼는다면, 그 계획은 반드시 실패할 것이다. 우리의 종착점은 이미 '죽음'으로 지정되어 있기 때문이다. 우리에게 생명의 유지는 지극히 중요하다. 그러나 그것이 중요한 이유는 가치의 창조를 위하여 시간이 필요하기 때문이다.

우리 항로의 종착점이 '죽음'이라는 패말이 박힌 땅으로 지정되어 있음은 인생이 가진 가장 슬픈 조건의 하나일지도 모른다. 그러나 이 슬픈 조건에 대한 올바른 인식과 신중한 고려는 '행위의 문제' 앞에 망설이는 우리에게 "아름다운 결단을 내리라"고 암시한다. 모두가 '죽음'이라는 슬픈 종착지에로 향하는 같은 배 위에 탄 나그네들이다. 같은 운명의 별을 이고 동행하는 사람들이 배가 예정된 종착점에 다다르기까지의 제한된 시간을 조금이라도 더 보람 있게 보내자는 것이다. 애절한 상황이 아닐 수 없다.

망각은 때로는 고마운 혜택을 베푼다. 우리에게 예정된 종착역이 죽음이라는 사실을 평소에 늘 의식하지는 않기 때문에 우리는 활기에 찬 생활을 할 수 있는 것인지도 모른다. 역사 안에 갖가지 찬연한 업적을 기록한 적극성 있는 노력과 투쟁은 죽음을 망각한 분위기 속에서 더욱 고취되었을 것이다. 그러나 이것은 이야기의 일부분에 지나지 않는다. 우리가 다 같이 죽음을 면치 못할 유한자라는 사실을 망각함으로 인하여 생기는 불행의 사례는 더욱 많을 것으로 보인다. 우리는 예나 지금이나 흔히 서로 미워하고 샘내며 싸운다. 그러나 우리가 우리의 공동의 운명을 좀더 뚜렷이 의식한다면, 아마 우리의 미움과 샘냄과 싸움이 대부분의 경우에 있어서 불합리한 어리석음임을 뉘우칠 것이다. 세상에 알려진 악인도 죽음의 마당에서는 마음의 아름다움을 보여준다고 한다. 죽음을 눈앞에 바로 의식할 때, 대개의 마음은 너그러이 용서하고 깊이 사랑한다. 그런데 죽음은 결코 특수한 사건이 아니다. 그것은 모든 때와 모든 곳에 모든 사람에게 있는 가장 일반적인 사건이다. 이 극히 일반적인 사건을 깊이 고려할 때, 우리가 인생에 대하여 어떠한 자세를 취할 것인가에 관한 비교적 뚜렷한 관념을 의식한다.

죽음에 대한 고려는 삶의 의욕을 꺾으며 적극적인 건설의 노력을 가로막는 나쁜 생각이라고 비난할지도 모른다. 그러나 이러한 비난은 일이 제대로 손에 잡히게 하기 위해서는 술이나 아편으로 정신을 마취시켜야 한다는 주장과 마찬가지로 진실로 옳은 주장은 아니다. 첫째로, 죽음에 대한 고려는 반드시 사람으로 하여금 의욕을 잃고 게으름을 피우게 하지는 않을 것이다. 뜻있는 사람은 죽음을 염두에 두면 도리어 시간의 귀중함을 통감한다. 그는 제한된 시간 안에 답안을 지어야 하는 학생의 경우처럼, 어름어름할 처지가 아님을 깨닫고 최선을 다한다. 나쁜 짓이나 못된 행동으로 보낼 시간은 더욱 없다. 좋은 일만 하기에는 모자라는 귀중한 시간을 어찌 나쁜 일을 하기에 소모할 여유가 있으랴. 죽음을 앞에 의식하면 건설의 의욕이 꺾이는 것은, 평생 살 집이 아니라고 생각하면 뜰에 나무 한 그루 심지 않는 이기주의자처럼, 오직 옹졸하기 짝이 없는 사람의 경우뿐이다. 마음이 슬기로운 사람은 언제 떠날지 모르는 관사의 앞뜰에도 꽃나무를 심는다. 둘째로, 천년 만년 살 것 같은 착각에 입각한 '의욕'

이란 대체로 아름답지 못한 야욕이기가 쉽다. 술자리를 베풀고 기분을 돋군 뒤가 아니면 들어 줄 가망이 없는 '부탁'이 떳떳한 것이 못 되듯이, 스스로의 한계를 모르는 헛된 기세로 고취된 의욕도 그리 온전한 것이 아니다. 그것은 증오와 시기, 그리고 모든 어리석은 경쟁과 탐욕의 원천이다.

'죽음'에 관련하여 한 가지 덧붙여 말해야 할 점이 있다. 그것은 개인이 죽은 뒤에도 인류는 오래 살아남을 수 있다는 사실이다. 내가 이룩한 가치가 나의 죽음 뒤에도 오래오래 생명을 유지할 수 있는 계기가 여기에 있다. 그것은 '죽음의 고려'가 반드시 허무주의에로 이끌 필연성이 없는 이유이기도 하다. 자손을 사랑할 줄 아는 할아버지는 자기 생전에 열매를 볼 성싶지도 않은 실과나무를 심는다. 사랑이 혈연관계 안에만 국한되는 것은 원시적인 감정이라면, 현대의 지성인은 누군지 모를 후세 사람이 혜택을 입을 일을 시작함에 보람을 느낄 것이다. '나'의 죽음과 함께 모든 일이 끝난다고 생각하는 것은 불행할 정도로 이기적인 성격의 사고일 뿐이다.

(3) "어떻게 살아야 하느냐"는 물음 가운데서 가장 중요한 부분을 차지하는 것은 **대인관계**의 문제, 즉 "남을 어떻게 대접해야 하느냐"는 물음이다.[13] 이 물음에 관해서는 Kant의 윤리설이 감명 깊은 제언을 하였다. Kant는 "네 의지의 준칙이 항상 동시에 보편적 입법의 원리로서 타당하도록 행위하라"고 가르쳤으며, 또 "너 자신을 포함한 모든 인격에 있어서의 인간성을 항상 동시에 목적으로서 대우하고, 결코 단순한 수단으로서 사용하지 말라"고 제언했던 것이다. 이러한 제언을 논리적 필연의 결론으로서 정당화하고자 한 Kant의 계획은 실패하였다. 그러나 이 제언을 Kant 자신의 결단으로 선택된 원리라고 볼 때, 우리는 이 제언에 깊은 감명과 찬동을 느끼는 것이다.

13) '윤리'라는 말의 '倫'은 '사람과 사람의 관계'를 뜻하는 자요, '理'는 '결'·'이법'·'도리' 등을 뜻하는 글자이다. 따라서 윤리는 '사람과 사람 사이를 다스리는 이법'이라는 것이 그 본래의 뜻이다.

이 제언을 통하여 Kant는 첫째로 논리의 일관성의 요구를 강조하였고, 둘째로 우리가 스스로의 인간성을 목적으로 생각하지 않을 수 없는 인간심리를 깊이 반영하였다.

대인관계의 문제에 관련하여 또 한 가지 잊을 수 없는 것은 인간의 사회성이다. 사회적 존재로서의 인간은 본래 고립해 있지 않으며, 또 고립해서는 살기 어렵다. 인생이 성공적인 것이 되기 위해서는 상호간의 긴밀한 협조가 요청된다. 긴밀한 협조가 가능하기 위해서는 평화의 유지가 필수적이며, 참된 평화는 자유와 평등 그리고 정의가 지배하는 사회에서만 실현될 수 있다. 그리고 자유와 평등과 정의 등의 여러 가치는 깊은 우정의 뒷받침을 얻을 때 비로소 내면화하여 영속적인 축복의 기틀이 된다.

그러나 '우정'이라는 인간관계가 도학자들의 관념적인 설교에서나 또는 여학생 기질의 센티멘털리즘에서 생길 것 같지는 않다. 자유와 평등이 한갓 구호에 그쳐서는 안 되듯이 '우정'도 다만 책상머리의 좌우명으로 그쳐서는 안 될 것이라면, 우정이 현실적인 것이 될 수 있는 외부적 조건들이 갖추어져야 할 것이다. 그 외부적 조건들 가운데서 매우 중요한 것의 하나는 사람들의 마음으로부터 불평과 불만이 제거되는 일이다. 노력에 대한 정당한 대가를 받지 못한 사람들에게는 불평이 떠날 사이 없고, 배가 고픈 사람들에게는 불만이 풀릴 때가 없다. 경제의 문제가 합리적으로 해결됨이 없이 도덕의 문제만이 제대로 해결될 가망은 없다. 정신을 물질과 떼어서 생각하는 것은 낡은 사고의 유물이다.

附　　錄

1. 意志의 自由와 責任의 有無
2. 倫理判斷의 根本原理
3. 倫理란 무엇인가

1. 意志의 自由와 責任의 有無

영국의 철학자 P. H. Nowell-Smith는 그가 1948년에 발표한 논문 가운데서, 의지자유에 관한 "전통적인 문제"는 이미 "해결된 것으로 믿는다"는 말을 비치고 있다.[1] 그가 해결되었다고 말하는 것은, 비결정(非決定)을 의미하는 자유는 이미 존재하지 않는 것으로 판명되었으며, 결정론과 양립하는 의지의 자유를 인정하는 방향으로 확정적인 판결이 내려졌다는 뜻으로 해석된다. 만약 Nowell-Smith가 말하듯이 그것이 이미 해결에 도달했던 문제임에 틀림이 없다면, 그가 그 말을 한 지도 벌써 17년이 지난 오늘날 또다시 새삼스러이 의지의 자유를 논제로 삼는 것은 무의미한 어리석음이 아닐 수 없다. 그러나 Nowell-Smith의 그러한 단정에도 불구하고 오늘날 아직도 여전히 의지의 자유에 관하여 새로운 논문을 발표하는 학자들이 있으며, 그들 가운데는 Nowell-Smith가 지지하는 결론에 반대하여, 인과율의 지배를 벗어난 의지자유의 존재를 주장하는 사람들도 적지 않다.[2]

여기서 저자가 이 문제를 다시 들추는 것은, 그러나 Nowell-Smith에 맞서서 어떤 새로운 주장에 가담하려는 뜻에서가 아니다. 저

1) P. H. Nowell-Smith, "Free-Will and Moral Responsibility," *Mind,* Vol. Ⅶ, No. 225(January, 1948), 제 1 절 참조.

2) 예컨대 F. W. Roxbee Cox는 1963년에 발표한 논문 "Can I know Beforehand What I am Going to Decide?" *The Philosophical Review,* Vol. LXXII, No. I(January, 1963)에서, 그리고 R. C. Skinner는 같은 해에 발표한 "Freedom of Choice," *Mind,* Vol. LXXII, No. 288(October, 1963)에 있어서 각각 의지결정론에 반대하는 견해를 표명하고 있다.

자 개인으로서는 자유와 결정을 대립시키는 견해에 반대해 온 지 이미 오래며, 비결정을 의미하는 자유의 존재를 증명하려는 끈덕진 논자들이, 신의 존재를 증명하려는 끈덕진 노력이 그랬듯이, 결국은 그 목적을 달성하지 못하고 있다는 견해를 지금도 버리지 못한다. 저자가 자유의 문제를 여기 다루고자 하는 이유는, 우리 한국에 있어서 의지의 자유에 관한 너무나 소박한 견해가 매우 우세하다는 사실을 염두에 두고, 저자 자신의 이 문제에 관한 견해를 정리하고자 함에 있다. 따라서 저자가 이 논문에 있어서 꾀하는 바는 어떤 독창이기보다도 정확한 추론을 통한 진리의 확인이다. 저자는 우선 의지의 자유의 문제에 관한 기초적인 서술부터 시작해야 할 것으로 생각된다. 이 문제에 관한 우리말로 된 문헌이 별로 없다는 사실을 염두에 두기 때문이다.

I

상식인은 대개 의지의 자유를 믿는다. 그렇게 믿는 이유는 일상적 행동에 대한 내성(內省)을 통하여 의지가 자유임을 직관하기 때문이다. 예컨대 점심을 먹기 위하여 음식점에 들어갔을 때, 우리는 곰탕을 시킬 수도 있고 비빔밥을 시킬 수도 있으며 그 날 메뉴에 자기가 원하는 것이 없으면 그 집을 나와 다른 음식점을 찾을 수도 있다. 이와 같은 경우에——즉 음식을 주문할 때 또는 선거권을 행사할 때와 같은 경우에——있어서 우리에게 의지의 자유가 있음을 느끼는 것은 누구나 경험하는 사실이다.

전통적인 윤리학자들은 저 상식인의 신념을 대개 그대로 환영하였다. 만약 의지의 자유가 없다면 도덕적 책임을 추궁할 근거가 없어지며, 도덕 그 자체의 성립이 위협을 받게 되리라고 보았기 때문이다.

상식인에 있어서나 전통적 윤리학자에 있어서나 "자유"는 "필연"의 모순개념으로서 이해되었다. 다시 말하면, "의지는 자유다"라고 할 때 그것은 "의지는 인과율의 지배를 받지 않는다"는 뜻으로 해석되었다. 예컨대 Nero가 그의 어머니를 살해했을 때, 이 살인사건은 이미 주어진 여건을 원인으로 삼고 필연적으로 일어난 사건이 아니라 얼마든지 회피할 수 있었던 불상사였다는 뜻에서, 논자들은 의지가 자유라고 주장하였다. 회피할 수 있었던 범행을 저지른 까닭에 Nero에게 무거운 책임이 돌아가는 것이며, 만약 그것이 피치 못할 인과의 필연적 현상이었다면 그를 극악무도한 죄인으로서 비난하는 후세의 평가가 불합리하게 될 것이라고 그들은 생각하였다.

상식인의 내성적 직관에 의하여 긍정되었을 뿐 아니라 철학자들의 도덕적 성찰에 의하여 옹호된 의지자유론에도 그러나 절대진리로서의 흔들림 없는 자리를 영구히 누릴 운명이 허락되지는 않았다. 의지자유론과 양립할 수 없는 것으로 보이는 강력한 이설(理說)이 다른 계열의 사상으로부터 연역되었기 때문이다.

의지자유론과 양립할 수 없다는 통념을 동반하고 의지자유론을 위협한 이설의 첫째는 "신의 예지"(the foreknowledge of God)의 개념에 의하여 제기되었다. 신이 만약 세계의 앞날을 미리 완전히 알고 있다면, 그 세계의 역사는 모두 미리 예정되어 있어야 할 것이라는 추론이 의지의 자유를 부정하지 않을 수 없었던 것이다. 그러나 의지자유론이 보다 치명적인 도전을 받게 된 것은 자연과학이 불가결한 전제로 삼은 보편적 인과율의 개념에 의해서였다. 앞서도 말한 바와 같이, 전통적 윤리학자들은 자유를 필연의 모순개념으로서 이해했던 까닭에, 보편적 인과율의 개념이 정신현상에까지 적용되었을 때, 전통적인 의미의 "의지의 자유"가 필연적으로 부정되지 않을 수 없었던 것이다. 의지의 자유를 고집하는 사상가들은 인과율이 의지작용에까지 미칠 수는 없다고 반발했으나, 반대론자들은 비록 정신현상의 영역일지라도 인과율의 지배를 벗어날 수 없다고 단정하였다. 이리하여 도학자와 법률가들은 주로 의지자유론을 지지하고, 과학자와 과학적 사고의 경향을 가진 철학자들은 의지결정론에로 기울어지는 대립이 굳어지게 되었으며, 이와 같은 대립은 오늘날 아직도 많은 논쟁의 씨가 되고 있는 것으로 보인다.

앞으로 이 논문에 있어서 저자는, 저 대립을 해결하는 방도에 관하여 오늘날 넓은 지지를 받고 있으며 저자도 타당하다고 믿는 견해의 노선을 따라서, "자유"의 문제를 논하고 나아가서 도덕적 책임에 관한 소견을 정리하고자 한다.

II

인간의 의지가 인과율의 지배를 받지 않는다고 주장하는 논자들이 그렇게 주장하는 주요한 근거는 다음과 같은 것들이다.

1. 우리는 의지가 자유라는 것을 직관적으로 느낀다. 예컨대 나는 어제 점심에 설렁탕을 먹었지만, 만약 내가 그 때 비빔밥을 먹으려고만 했더라면 비빔밥을 먹을 수도 있었으며, 심지어는 점심을 한 때쯤 굶을 수도 있었다는 것은 의심의 여지가 없는 사실이다.

2. 만약 우리의 행위가 모두 어떤 원인에 의하여 결정된다면, 도덕이라는 것이 불합리하기 짝이 없는 현상이 되고 말 것이다. 잘했다고 칭찬을 하거나 잘못했다고 비난을 하며 처벌까지 하는 것은 이해할 수 없는 처사가 될 것이며, "거짓말을 해서는 안 된다," "남의 것을 훔쳐서는 안 된다" 따위의 도덕적인 발언이 무의미하게 될 것이다. 불가피했던 일을 처벌한다거나 불가능한 일을 명령하는 것은 불합리한 일이기 때문이다.

그러나 저자가 보기에는 위에 말한 두 가지가 모두 불충분한 고찰에 입각한 것이며, 의지의 무원인성을 입증하는 근거가 될 수 없는 주장이다. 첫째 것으로부터 음미하기로 하자.

우리가 자유를 의식하는 것은 사실이다. 그러나 이 자유의 의식이 바로 우리의 의지작용의 무원인성을 증명하는 근거가 되는 것은 아니다. 자유의 의식과 의지작용의 무원인성의 의식을 동일한 것으로 볼 수 없음은 물론이거니와, 의지작용의 무원인성을 우리는 결코 의식하는 일이 없기 때문이다. 다시 말하면 논자들은 자유의 의식을 명석하고 판명하게 갖는다는 사실을 의지작용의 무원인성의 명증으로 삼는 모양이나, 그 자유의 의식은 의지와 인과율의 관계에 대해서는 어떠한 사실도 우리에게 알려 주지 못하는 것이다. 자유의 의식이 우리에게 알려 주는 것은 의지작용이 인과율의 영향을 받지 않는다는 사실이 아니라, "만약 그렇게 안하려고 마음만 먹었더라면 그렇게 안 할 수도 있었다"는 사실이다. 그리고 이 사실은 의지작용의 무원인성과는 전혀 관계가 없는 것이다. 하나의 구체적인 예에 의거하여 생각해 보기로 하자.

나는 지난 일요일에 영화를 볼까 또는 교외로 놀러 나갈까 망설이던 끝에 영화를 보기로 하였다. 그러나 내가 만약 그 때 교외로 나가려는 마음만 먹었더라면 그렇게 할 수가 있었을 것이다. 이것은 의심의 여지가 없는 사실이다. 그러나 의심의 여지가 없는 사실이 증명하는 것은 "내가 만약 교외로 나갈 마음만 먹었더라면 그렇게 할 수도 있었다"는 사실에 그치는 것이요, 내가 영화를 보기로 작정한 그 결의에 원인이 없었다는 사실은 아니다. 내가 사실상 영화를 본 이상, 영화를 보기로 작정한 그 심리작용에는 역시 여러 가지 원인이 있었다고 볼 이유가 있다. 예컨대 그 영화에 대한 좋은 평이 그 날 조간에 실렸다든가, 또는 그 날 일기예보에 비가 온다고 말했다든가 하는 사실이 내 마음을 결정함에 크게 작용했으리라는 것은 거의 확실하기 때문이다. '비필연'이라는 뜻으로 의지가 자유이기 위해서는 내가 "교외로 나갈 수도 있었다"는 동작의 자유만으로는 부족한 것이며, "교외로 나가려고 마음을 먹는" 결심의 자유까지도 있어야 한다. 그런데 저 동작의 자유가 있음에는 의심의 여지가 없으나, 내 결심이 아무런 원인의 제약도 받지 않는다는 것은 믿어지지 않는다.

"만약 교외로 나갈 마음만 먹었더라면," 그 날 교외로 나갈 수도 있었음에는 의심의 여지가 없다. 그러나 교외로 나갈 마음을 먹을 수가 있었느냐 없었느냐가 문제이다. 그리고 사실은 그런 마음을 먹지 않았지만 "그런 마음을 먹을 수도 있었다" 함은, 어떤 마음을 먹고 안 먹고는 순전히 자유이며 아무런 선행조건에 의해서도 그것이 제약을 받지 않는다는 뜻이다. 저자가 믿기에는 우리가 일정한 순간에 어떠한 마음을 먹었느냐는 것은, 우리의 성격과 그 순간에 우리에게 주어진 환경 등에 의해서 영향을 받는다는 견해가 옳은 것 같다. 그러나 학자들 가운데는 예컨대 R. C. Skinner가 그렇듯이, 우리의 결의는 아무런 선행조건에 의하여 인과율적으로 제약됨이 없이 그저 마음대로 선택할 수 있는 것이라는 견해를 고집하는 사람들도 있다.

Skinner에 따르면, "우리가 실행할 수 있는 두 가지의 행위의 길 X 및 Y가 있고, 그 두 가지 길을 실행할 수 있다는 사실을 우리가 알고만 있다면(또는 적어도 그 두 가지 길을 실행할 수 있다고 확신만 한다면), 우리는 그 두 가지 길 가운데 어느 것이나 선택할 수 있는 자유를 가졌다.[3] 예컨대 내가 오는 일요일에 극장에도 갈 수 있고 교외에도 나갈 수 있으며, 이 두 가지가 모두 실천 가능하다는 사실을 내가 알고만 있다면, 나는 이 두 가지 가운데서 어느 것이나 선택할 수 있는 자유를 가졌다는 것이다. 그리고 여기서 '자유를 가졌다' 함은 그 선택하는 심리가 인과율적 제약을 받지 않는다는 뜻이다. 그러나 좀 깊이 생각해 보면 Skinner의 이 주장이 옳지 못함을 알 수가 있다. 약간 특수한 경우를 예로서 음미한다면 곧 그 잘못이 드러날 것이다.

---

3) R. C. Skinner, "Freedom of Choice," *Mind,* Vol. LXXII, No. 288(October, 1963), p. 466.

예컨대 내가 지금 이층 집 옥상 위의 난간에 기대 서 있다면, 그리고 그 난간의 높이가 매우 낮다면, 나는 그 이층 아래로 내려뛸 수도 있고 뛰지 않을 수도 있으며, 또 그렇게 할 수 있다는 사실을 나는 잘 알고 있다. 그러나 실제에 있어서 나는 내려뛰지 못하는 것이 보통이다. 실제로 내려뛸 수 있으려면, 나에게 자살할 만한 동기가 있거나 그렇지 않으면 내려뛰더라도 큰 위험성은 없다는 신념을 줄 만한 어떤 보장이(예컨대 아래서 그물을 펼쳐 들고 대기하는 사람들이 있다는 따위의 보장이) 있어야 한다. 내려뛰는 결심만 한다면 내려 뛸 수 있을 것임에 틀림이 없다. 그러나 그 결심이 마음대로 되지 않는다. 그것이 마음대로 되지 않는 이유는 결심을 제약하는 요인이 있기 때문이다.

논자들은 말한다. "뛰어내릴 결심을 하는 것은 매우 어렵다. 그러나 아무리 어렵다 하더라도 그 결심을 하려고 마음만 먹으면 그렇게 결심할 수가 있다"고. 그렇게 하려고 마음만 먹으면 과연 그렇게 결심할 수가 있을 것이다. 그러나 사실은 그렇게 하려고 마음을 먹는 일이 자유로이 되지 않는 것이다.

논자들의 주장을 삼단논법의 형식으로 정리해 보면 그들의 오류는 더욱 뚜렷하게 나타날 것이다. 그들의 주장을 삼단논법의 형식으로 정리하면 다음과 같이 된다.

주어진 순간에 있어서 X든 Y든 어느 것이나 택할 수 있는 존재는 자유를 가진 존재이다.

우리의 의지는, 주어진 순간에 있어서, X를 택하려고 마음을 먹으면 X를 택할 수도 있고, Y를 택하려고 마음을 먹으면 Y를 택할 수도 있다.

∴ 우리의 의지는 자유를 가졌다.

위의 삼단논법을 보건대, 그 소전제가 가언판단으로 되어 있다. "X를 택하려고 마음을 먹으면" 및 "Y를 택하려고 마음을 먹으면"

이라는 조건구가 들어 있는 것이다. 따라서 이 조건구가 참인 경우에 있어서만 "우리의 의지는 자유를 가졌다"는 결론이 참으로 판명된다. 물론 자유론자들은 이 조건구가 참이라는 것을 전제로 하고 있는 것이나, 그것을 전제하는 것은 바로 의지가 자유라는 것을 전제하는 것이다. 왜냐하면 X를 택하려는 마음을 먹을 수도 있고, Y를 택하려는 마음을 먹을 수도 있다는 것은 곧 의지의 선택이 자유임을 의미하기 때문이다. 의지가 자유라는 것을 전제한 까닭에 위의 삼단논법은 선결문제를 요구한 오류(The fallacy of begging the question)를 범한 셈이 된다. 그리고 사실상 우리는 "X를 택하려는 마음"과 "Y를 택하려는 마음" 사이에 있어서 아무런 인과율의 제약을 받지 않고 그 가운데 하나를 고를 수 있다고 보기가 어려운 것이며, 그렇게 보기가 어려운 이유를 이층에서 내려뛰는 행동을 예로 들어 설명했던 것이다.

여기서 양자론(量子論)이나 불확정성 원리의 개념들에 언급하여, 인과율의 가설이 자연과학 자체에 있어서도 확립되지 못했음을 지적하고 싶은 사람이 있을지도 모른다. 그러나 그러한 지적은 우리의 논점과는 별로 관계가 없다. 왜냐하면 의지결정론일지라도 물질현상에 있어서보다도 더 엄격한 인과율이 정신현상을 지배하고 있다는 주장을 하는 것이 아니며, 다만 물질현상에 있어서 확률이 높은 예언을 할 수가 있는 근거가 되는 그 원리를 정신현상의 일부에 대해서는 거부할 이유가 없다는 것을 주장함에 그치기 때문이다.

III

의지가 인과율의 지배를 받지 않는다고 주장하는 사람들이 의거하는 또 하나의 근거는, 만약 모든 행동이 필연적이라면 도덕현상이 불합리하게 되며, 시비의 판단이 무의미하게 된다는 것이었다. 그러나 의지작용 내지 행동일반이 인과율의 지배를 받는다 하더라도 도덕현상이 불합리하게 되거나 시비의 판단이 무의미하게 될 염려는 없다. 이 점을 좀더 상세히 고찰해 보기로 한다.

우리는 흔히 이미 저지른 행동에 대하여 비난의 발언을 한다. "너는 그 때 그렇게 할 일이 아니었다," "너는 서명을 거부했어야 옳다" 따위의 발언으로 과거를 나무란다. 그러나 만약 모든 행위가 필연적 과정의 일부라면 그러한 비난은 무의미하지 않으냐고 의지자유론자들은 주장한다. 그리고 우리는 이른바 부도덕한 행위 또는 법에 어긋나는 행위에 대하여 도덕적 책임을 묻고 때로는 처벌로써 징계한다. 그러나 만약 모든 행위가 필연적이라면, 비록 도덕률이나 법률에 어긋나는 행위라 할지라도, 그 필연적으로 일어난 행위에 대하여 책임을 묻거나 처벌을 가하는 것은 불합리한 일이 아니냐고 그들은 반문하는 것이다.

만약 이미 저지른 행위에 대하여 그것이 원인 또는 인과율의 영향을 받지 않고 일어난 것이라는 생각에서 "너는 그 때 그렇게 할 일이 아니었다"고 말한다면, 그 발언에는 적어도 부분적인 어리석음이 있다. 그러나 이러한 어리석음은 인간의 언어에서 흔히 발견되는 어리석음의 일종임에 불과하며, 우리는 그것을 발달하기 이전의 인지(人知)와 관련시켜서 설명할 수 있을 것이다. 예컨대 우리는 지루한 장마철에 '고약한 날씨'니 '심술궂은 날씨'니 하는 말을 쓴다. 그러나 날씨에 '고약함'이나 '심술궂음'이 있을 리 없음은 의심의 여지가 없으며, 그것이 의심의 여지가 없음을 아는 사람들까지도, 언어의 습성을 따라서 옛날 무지하던 시대에 기원을 가진 그런 말투를 그대로 쓰는 것이다. 인간의 의지가 인과율의 지배를 받는다는 견해는 비교적 새로운 사상에 속한다는 사실을 참작한다면, 의지의 비필연성이 전제된 말투가 존재한다는 사실에 대해서 특별히 중대한 의의를 인정할 이유는 없을 것이다.

다음에 의지의 결정이 필연적이라면 상벌이 불합리한 처사가 된다는 주장도 타당성을 갖지 못했다. 도리어 의지가 인과율적 제약을 받는다고 봄으로써 상벌의 의의가 더욱 뚜렷해진다고 주장하는 편이 타당할 것이다. 시상과 처벌의 경우가 근본적으로 같은 논리로써 설명될 수 있을 것이므로 다음에는 편의상 처벌의 경우만을 들어 위의 주장을 부연하기로 하자.

처벌이 불합리한 처사냐 아니냐는 문제는 처벌의 이유 또는 목적이 무엇이냐는 물음에 비추어 고찰되어야 할 것이다. 그리고 전통적인 학설은 처벌의 이유 또는 목적에 관하여 보복주의 및 예방주의로 나뉘어져 온 것으로 알거니와, 그 어느 학설에 입각하더라도 의지결정론으로 말미암아 처벌이 불합리하거나 무의미하게 되지는 않을 것이다.

보복주의에 따르면, 악은 악으로써 갚아야 하는 까닭에 범죄는 처벌을 받아야 한다. 그러나 이 견지에 있어서 필연적으로 일어난 악에 대해서는 악으로써 갚을 필요가 없다는 결론이 나올 근거가 없는 것으로 보인다. 필연적이건 우연적이건 악은 악이며, 만약 우연적인 악이 악으로써 갚음을 당해야 한다면, 필연적인 악도 마찬가지의 보복을 받아야 마땅할 것이다. 우리는 미친 개나 벌에게 자유의지를 인정하지 않는다. 그러나 사람을 물은 미친 개나 사람을 쏜 벌을 미워하는 것이 상해죄를 범한 사람을 미워하는 것에 비하여 특히 불합리하다고 생각해야 할 이유를 우리는 모른다. 물론 안 할 수도 있는 악을 범했다고 생각하면 그것이 필연적이었다고 생각할 경우보다도 더욱 심한 미움의 감정을 느낄 것이다. 그러나 그것은 필경 정도의 차이에 불과하다. 선천적인 추모(醜貌)를 싫어하는 것이 자연스럽듯이 필연적인 악덕을 미워하는 것도 자연스럽다. 그리고 보복으로서의 처벌이란 결국 증오의 감정의 원시적 표현이라고 보아도 좋을 것이다.

그러나 오늘날 보복주의 내지 응보형주의를 고집하는 학자는 많지 않은 것으로 보이며, 저자 개인으로서도 예방주의 내지 보호형주의가 보다 타당한 것으로 믿는다. 그리고 예방주의의 견지에서 본다면 처벌은 오직 의지의 인과율적 결정을 전제로 할 때에만 합리적이요 뜻있는 처사가 된다. 왜냐하면 예방주의에 있어서의 처벌은 장래에 어떤 효과를 거둘 것을 목적으로 삼는 것이며, 처벌이 인간의 의지에 미칠 인과율적 영향을 믿지 않는다면 처벌이 그러한 효과를 거두리라고 기대할 근거가 없어지기 때문이다. 처벌이 벌을 받는 당사자나 또는 제삼자들의 장차의 행동을 결정하는 아무런 영향력도 갖지 못한다면, 처벌이 예방이라는 목적을 달성함에 도움이 되리라고 믿을 이유가 없을 것이다.

논자들 가운데는 이른바 '고의적인 행위'(voluntary acts)에는 도덕적 책임이 추궁되고 이른바 '고의적이 아닌 행위'(involuntary acts)에는 도덕적 책임을 묻지 않는 일반적인 현상을 근거로 삼고, 의지의 자유가 도덕적 책임을 위한 필수조건임을 주장하는 사람들이 있다. 이 사람들에 있어서 '고의적인 행위'와 '자유의지에 의한 행위'가 같은 뜻으로 이해되고 있으며, '고의적이 아닌 행위'와 '불가피하게 일어난 행위'가 같은 뜻으로 이해되고 있음은 의심의 여지가 없거니와, '고의적인 행위'를 곧 '인과율의 제약을 받지 않은 행위'와 같은 뜻으로 이해하는 잘못으로 말미암아, 의지의 자유의 문제에 관하여 적지 않은 혼란을 일으킨 것으로 보인다.

예컨대 보통 절도범에 대해서는 도덕적 책임이 추궁되나 절도병 환자에 의한 절도행위에 대하여는 그것이 추궁되지 아니함은 널리 알려진 사실이다. 이와 같이 한쪽에 대해서는 책임을 묻고 다른 쪽에 대해서는 책임을 묻지 않는 것은, 전자는 '고의적인' 행위요, 후자는 그렇지 않다고 보기 때문이다. 그리고 '고의적'이라 함은 '그렇게 안 하려면 안 할 수 있었다'는 뜻이다. 일반적인 절도범이 그 절도행위를 그만 두려고 마음만 먹었더라면 그 범행을 저지르지 않을 수 있었을 것이며, 그런 까닭에 일반적인 절도범에 대해서 도덕적 책임이 추궁되고 상당한 법적 제재가 가해지는 것은 사실이다. 그리고 절도병 환자의 경우는 그가 비록 “훔치지 말자”고 마음을 먹었더라도 훔치지 않고서는 못견디었을 것이며, 그런 까닭에 그에 대해서는 도덕적 책임을 추궁하는 대신 정신병원에로 인도하는 것도 사실이다. 그러나 전자의 절도행위는 인과율적 결정에 의하지 않은 것이요, 후자의 절도행위만이 인과율적 필연에 의한 것이라고 볼 근거는 따로 없을 것이다. 전자의 경우에 있어서 그가 “훔치지 말자”고 마음을 먹기만 했더라면 훔치지 않을 수 있었으리라는 것은 사실이다. 그러나 그는 “훔치지 말자”는 마음을 먹지 못했던 것이다. 그리고 그가 그런 마음을 먹지 못한 이유는 그의 타고난 소질과 그의 생활의 역사와 또 그의 환경이 그런 마음을 먹을 수 없도록 작용했기 때문이라고 보아야 할 것이다. 다시 말하면 그의 결의는 인과율적 제약을 받고 내려진 것이며, 따라서 그의 절도행위의 전 과정은 처음부터 끝까지 인과율의 제약을 받고 전개된 것이다. 절도병환자의 행위가 필연적이라면 정상적인 절도범의 행위도 필연적이다.

그러면 정상적인 절도범에 대해서는 무거운 책임을 묻고 정신병적인 절도범에 대해서는 책망도 처벌도 제대로 하지 않는 것은 무엇 때문일까? 이 물음에 대한 대답은 간단하다. 정상적인 절도범의 경우는 책망과 처벌이 어느 정도의 효과를 거둘 수 있으나, 정신병적인 절도범의 경우는 아무리 책망하고 처벌해 봤자 소용이 없기 때문이다. 일반적으로 ‘고의적인 행위’는 이에 대하여 책임을 묻고 처벌을 가하면 장차 그 행위자의 태도를 고치거나 또는 제삼자들의 같은 종류의 행위를 예방하는 데 효과가 있으나, ‘고의적이 아닌 행위’에 대하여는 처벌을 가하고 책임을 묻더라도 아무런 효과를 기대할 수 없을 것이다. 그리고 효과를 기대할 수 없는 처사는 점차 보류하는 것이 발전된 인간사회에 있어서 일반적인 현상이다.

고의적인 행위와 고의적이 아닌 행위와의 차이는 그것이 필연적이냐 아니냐에 있는 것이 아니라, 전자는 "그것을 피하려고 마음만 먹었더라면" 안 할 수도 있었으나 후자는 그러한 마음을 먹었더라도 피할 수가 없었다는 점에 있다. 어떤 마음을 먹고 안 먹고는 아무런 제약 없이 자유로이 할 수 있는 것이 아니라 역시 인과의 제약을 받는 것이며, 따라서 고의적인 행위에는 필연성이 없다고 특히 주장할 이유가 없다. 그러나 "그렇게 하지 않으려는 마음만 먹었더라면" 안 할 수도 있었다는 점에서 고의적 행위는 "그렇게 하지 않으려는 마음을 먹었더라도" 안 할 수 없었던 고의적이 아닌 행위와 크게 다르다. 이러한 차이를 나타내기 위해서 C. L. Stevenson은 전자를 '피할 수 있는'(avoidable) 행위라고 부르고, 후자는 '피할 수 없는'(unavoidable) 행위하고 불렀다.[4] 그러나 Stevenson이 말하는 '피할 수 있는 행위'란 **어떤 조건을 가정할 때에** 피할 수 있을 뿐이요, 그 가정된 조건이 실제로 만족되고 안 되고는 인과율적 제약을 받고 결정되는 까닭에, 그의 이른바 '피할 수 있는 행위'가 사실상 일어나느냐 안 일어나느냐는 것은 역시 선행된 제조건을 따라서 결정되는 것이다. 짧게 말해서, Stevenson적인 의미로 '피할 수 있었다'고 말할 수 있는 행위도 **엄밀한 의미로는 불가피했던** 행위인 것이다.

고의적이 아닌 행위 또는 '피할 수 없는 행위'에 대해서는 책망이나 처벌이 아무런 예방적 효과도 거두지 못하거나 거둔다 하더라도 그 효과는 매우 적다. 따라서 그러한 행위에 대하여는 책망이나 처벌을 가하지 않거나 가하더라도 경미한 정도로 그치는 것이 보통이다. 한편 고의적인 행위 또는 '피할 수 있는 행위'에 대한 문책이나 처벌은 상당한 예방적 효과를 거두는 것이 보통이다. 따라서 고의적인 행위에 대하여는 일반적으로 보다 철저한 책임추궁이 행하여지며, 또 그것은 예방주의 내지 보호형주의적인 견지에서 볼 때 합목적적이요

4) C. L. Stevenson, "Ethical Judgements and Avoidability," *Mind*, Vol. XLVI, No. 181(Jan. 1937), p. 415ff. 참조.

합리적인 것이다.

Ⅳ

이미 많은 학자들이 지적한 바와 같이, 의지자유의 문제에 관한 이제까지의 여러 가지 혼란은 자유와 필연을 모순개념으로 본 잘못에 기인했던 것이다. '자유'의 모순개념은 '필연'이 아니라 '구속'이요, '필연'의 모순개념은 '자유'가 아니라 '우연'이다. 이미 여러 학자들이 주장한 바와 같이,[5] 자유와 필연은 양립하는 것으로 보아야 할 것이며, 그렇게 봄으로써 이제까지의 공연한 논란과 혼란을 피할 수 있다는 것은 전절까지의 전개로써 어느 정도 분명해졌으리라고 믿는다. 그러나 이제까지 논한 바를 보충하고 정리하는 뜻에서, 자유와 필연의 양립가능성에 대하여 좀더 부언하기로 한다.

자유와 필연이 양립한다 함은 모든 행위가 인과율적 제약을 받되 그 가운데 '자유로운 것'과 '구속에 의한 것'이 있다는 뜻이다. 그러면 행위들 가운데 자유로운 것과 그렇지 않은 것을 구별하는 기준이 무엇이냐는 문제가 다음에 일어난다. 이 물음에 대한 대답의 하나로서 일찍이 제창된 것은, "행위 또는 결의(決意)의 원인이 그 행위자 자신 안에 있을 경우에는 자유로운 행위요, 그 원인이 행위자 밖에 있을 경우에는 구속에 의한 행위"라는 견해이다. 이 견해에는 여러 모로 그럴 듯한 점이 있으며, 특히 '자유'(自由)라는 우리 동양의 말을 한자의 뜻으로 풀 때 '스스로에 말미암는다'로 해석된다는 사실과 잘 부합한다는 점에 있어서 시사하는 바가 크다.

---

5) '자유'와 '필연'을 모순개념으로 보지 않은 고전적인 학자로서 Spinoza나 Hegel 같은 사람들이 있었음은 이미 널리 알려진 사실이며, 같은 주장을 현대적인 분석으로써 지지한 문헌으로는, 전게 Nowell-Smith의 논문 이외에도, J. V. Canfield, "The Compatibility of Free Will and Determinism," *The Philosophical Review,* Vol. LXXI, No. 3, July 1962; W. T. Stace, "The Problem of Free Will," *Religion and the Modern Mind,* Chap. II, 1952 등이 있다.

그러나 원인이 자기에게 있느냐 또는 자기 밖에 있느냐에 따라서 자유의 행위냐 아니냐를 구별하고자 하는 견해에도 몇 가지 난점이 있다. 그 난점의 첫째는 행위 내지 결의의 원인은 여러 가지 요인의 복합이며 그 요인들의 어느 것은 자기 안에 들어 있고 다른 어느 것은 자기 밖에 있다는 사실——즉 어떤 행위의 원인이 전부 행위자 안에만 있거나 행위자 밖에만 있는 경우는 거의 없다는 사실——에서 온다. 예컨대 절도·사기·희생적 봉사·약속의 이행 따위의 행동은 보통 자유의지에 의한 행위라고 보고 있지만, 그러한 행위일지라도 그 원인의 일부는 환경 또는 타인으로부터의 영향 속에서 찾아볼 수 있다. 한편 완력에 눌려 정조를 잃는 행위나 악당에게 납치를 당하는 행위 따위는 보통 구속에 의한 행위 또는 '불가피한 행위'로 인정되지만, 역시 그러한 행위일지라도 그 원인의 일부는 당한 본인에게 있다고 보아야 할 것이다. (내 체력이 약하다는 것, 내가 악한의 관심을 끌 요인을 가졌다는 사실 등은 나 자신에게 속하는 원인이라고 보아야 할 것이기 때문이다.) 따라서 만약 자유에 의한 행위냐 아니냐를 원인이 행위자의 안에 있느냐 밖에 있느냐에 따라서 판정한다면, 모든 행위는 어느 정도는 자유에 의한 것인 동시에 어느 정도는 구속에 의한 것이라는 결론이 되며, 자유에 의한 행위와 구속에 의한 행위가 관념상으로만 구별되고 구체적으로는 구별될 수 없다는 모호함에 빠지게 된다. 굳이 구별을 세운다면 원인의 **가장 직접적인 것**이 어디에 있느냐, 또는 원인이 **주로** 어디에 있느냐 등 정도에 의거한 상대적인 구별을 세울 수 있을 뿐인데, 역시 만족스러운 결론이라고 할 수 없다.

고찰중인 견해가 가진 난점의 둘째는, 행위의 원인이 주로 행위자 자신 안에 있을 경우에도 보통 자유에 의한 행위라고 인정되지 않는 예가 있다는 사실에서 온다. 절도병환자나 그 밖에 여러 가지 정신병환자의 행위는 주로 그 원인이 그 행위자 자신에게 있다고 보아야 할 것이나, 그것이 자유에 의한 행위라고는 보통 인정되지 않고 있다. 요컨대 "원인이 행위자 자신 안에 있으면 자유에 의한 행위"라는 원칙이 적용되지 않을 경우가 있음이 둘째의 난점인 것이다.

정신병적 행위에 있어서 그 원인의 중심을 이루는 병든 자아(自我)는 참된 자아가 아니라고 반박할 사람도 있을지 모른다. 그러나 진정한 자아와 그렇지 못한 자아의 구별이란 대체로 독단적 사고의 산물이며, '자아'의 한계를 어디서 어디까지로 정해야 할지에도 어려운 문제가 있다는 사실이 난점을 더욱 확대한다.

'자유의지에 의한 행위'의 한계를 정함에 있어서 도움이 되는 것은, 앞서 언급한 바 있는 Stevenson의 '회피가능성'(avoidable)의 개념이다. '안 하고자 하는 마음만 먹으면 안 할 수도 있는 행위'를 Stevenson은 '회피할 수 있는 행위'(avoidable acts)라고 불렀거니와, 이 회피의 가능성의 유무로써 '자유의지에 의한 행위'의 한계를 결정하는 기준으로 삼을 수 있을 것이다. 즉 '하고자 하면 할 수도 있고, 안 하고자 하면 안 할 수도 있는 행위'가 종래 말해 온 '자유의지에 의한 행위'요, '하고자 해도 할 수 없는 행위 및 안 하고자 해도 안 할 수 없는 행위'가 종래 말해 온 '필연에 의한 행위'에 해당한다. '안 하고자 하면 안 할 수도 있는 행위'는 어떤 가정 아래서는 필연성이 없음에 비하여, '안 하고자 해도 안 할 수 없는 행위'는 그 가정 아래서도 불가피하다는 차이가 있다. 이를테면 후자는 **이중으로** **필연적**인 셈이다.

요컨대 '하고자 하면 할 수 있는 행위'가 이른바 자유의지의 영역 안에 속하는 행위다. 그러나 '하고자 하면 할 수 있다'의 '할 수 있다'에도 여러 가지 뜻이 있으므로, 어떠한 의미로 '할 수 있는' 행위가 자유의지에 의한 행위인지 간단히 주석을 붙여 둘 필요가 있을 것이다. 근자에 '할 수 있다'(can, können)라는 말의 의미에 관하여 여러 가지 분석적인 연구가 있었다.[6] J. V. Canfield는 이 연구들을

6) 예컨대, G. E. Moore, *Ethics,* London, 1956, Ch. VI; P. H. Nowell-Smith, *Ethics,*

종합하여 '할 수 있다'의 의미를 다음 네 가지로 나누고 있다. 즉 '능력이 있다', '기회가 있다', '해도 규범 내지 규칙에 어긋남이 없다' 및 '해도 나쁜 결과가 생길 염려가 없다'의 네 가지로 나누었다.[7] '능력이 있다'는 뜻으로 '할 수 있다' 함은 "세계적인 단거리선수는 100미터를 10초 3에 달릴 수 있다"의 경우와 같이 정신적·육체적 능력의 범위 안에 있음을 말한다. '기회가 있다'는 뜻으로 '할 수 있다' 함은 "가지고 있는 정신적·육체적 능력을 지금 발휘할 수 있는 환경적 조건이 마련되어 있다"는 뜻이다. 비록 세계 제일의 선수일지라도 감옥 속에 갇힌 몸이 되거나 폭풍우가 내리는 산길에 있을 경우에는 100미터를 10초 3에 달릴 수가 없다. "해도 규범 내지 규칙에 어긋남이 없다" 함은 "교회 안에서는 술을 마실 수 없다"의 경우와 같이, 하려고 들면 못할 것은 없으나 규범에 어긋나는 까닭에 일반적으로 하기를 보류하는 경우의 역(逆)을 말한다. 끝으로 "해도 나쁜 결과가 생길 염려가 없다"는 뜻으로 '할 수 있다' 함은 "독버섯은 먹을 수 없다"의 경우와 같이 그 자체가 불가능하지는 않으나 하면 결과가 나쁜 까닭에 못하는 경우를 말한다. 이상과 같이 분석해 볼 때, '자유의지의 영역 안에 속하는 행위'라는 뜻으로 '할 수 있다' 함은 '능력도 있고 기회도 있다'는 것을 의미하며, '해도 규범에 어긋나지 않는다'와 '해도 나쁜 결과가 생길 염려가 없다'는 의미까지를 반드시 포함하는 것이 아님을 알 수가 있다. 다시 말하면, 첫째와 둘째의 의미로 '할 수 있는' 행위라면, 비록 셋째나 넷째의 의미로는 '할 수 없는' 행위일지라도 "자유의지의 영역 안에 속하는 행위' 즉 '하고자 하는 마음만 먹으면 할 수 있는 행위'라고 볼 수 있는 것이다.

London, 1954, pp. 273～288; J. L. Austin, "Ifs and Cans," *Proceedings of the British Academy,* XLII(1956); R. Taylor, "I can," *Philosophical Review,* LXII(1960), pp. 78～89; 그리고 Max Scheler, "Zur Phänomenologie und Metaphysik der Freiheit," *Schriften aus dem Nachlass,* Gesammelte Werke, X; Bern, 1957 등 참조.

7) J. V. Canfield, "The Compatibility of Free Will and Determinism," *The Philosophical Review,* LXXI, July 1962, pp. 355～360.

자유의지에 의한 행위의 한계를 이상과 같이 이해할 때, 자유의지와 도덕적 책임의 유무에 관한 전통적인 관념도 무리 없이 설명할 수 있게 될 것이다. 전통적 관념에 의하면 자유의지에서 나온 행위에는 도덕적 책임이 있고 그렇지 않은 행위에는 그 책임이 없는 것으로 인정되거니와, '자유의지에서 나온 행위'란 곧 '안 하고자 하는 마음만 먹으면 안 할 수도 있는 행위'라면, 그리고 문책과 처벌은 어떤 마음을 먹게 함에 있어서 현저한 효과를 나타내는 것이 사실이라면, 이른바 자유의지에 의한 행위에 대하여 도덕적 책임을 묻는 것은, 도덕도 만족스러운 사회생활을 위한 처방이라는 견지에서 볼 때, 매우 합리적이라 아니 할 수 없다.

자유의지에 의하지 않은 행위에 대해서는 어떠한 제재도 가하지 않는 것이 합리적이라는 뜻은 물론 아니다. 정신병에 의한 범죄에 대해서도 국가나 사회는 어떤 형식의 제재를 가하거니와, 여기에 아무런 불합리도 찾아볼 수 없다. 다만 그 제재가 도덕적 문책과는 다른 종류의 것이 아닐 수 없으니, 그 이유는 도덕적 문책으로써는 아무런 효과도 거둘 수 없으며 다른 방도로써 사회적 피해를 막아야 할 것이기 때문이다.

한편 과실치사 같은 행위는 고의적인 행위는 아니지만, 이에 대해서도 우리는 보통 도덕적 책임을 추궁한다. 그러나 여기에도 위에서 논한 바와 모순된 점이 있는 것은 아니다. 과실치사에 대한 책임 추궁은 같은 종류의 과실이 거듭되지 않게 하기에 효과적이기 때문이다. 즉 도덕적 내지 법적 문책은 다시는 그러한 과실을 거듭하지 않도록 조심하고자 하는 결의를 촉구하는 것이며, 이러한 결의는 장래를 위하여 매우 유익한 것이다.

요컨대 모든 사회적 제재는, 그것이 도덕적인 것이든 법적인 것이든, 우세한 실력을 가진 개인 또는 단체가 자기네에게 불리하다고 판단되는 행위를 방지하려는 데 본래의 목적을 둔 생존경쟁적 현상의 일종이다. 따라서 사회적 제재가 자유의지에 의한 행위에만 가해진다는 것은 현실적으로 있기 어려운 일이며, 또 그렇게 해야 할 이유도 없을 것이다. 교통이나 농경을 방해하는 자연물을 제거하듯이, 실력이 우세한 집단은 자기네에게 방해가 되는 모든 행위를 막으려고 드는 것이 일반적인 사회현상이다. 다만 그 못마땅한 행위가 자유 의지에 의한 것이냐 아니냐에 따라서 그것을 제재하는 방법이 다를 따름이며, 그것이 다른 근본적인 이유는 자유의지에 의한 행위를 예방하기에 효과적인 방법과 그렇지 않은 행위를 예방하기에 효과적인 방법이 다르기 때문이다.

2. 倫理判斷의 根本原理—그 論理的 性格과 妥當性의 문제

I. 道德原理의 客觀性을 입증하려는 試圖

1

20세기 초반에 윤리학의 자기부정이 그 절정에 달했을 때, 적어도 규범윤리학은 재기불능의 절망 상태로 빠지는 듯싶었다. 평가적 발언의 논리적 성격이 서술적 명제의 그것과 다름을 지적하고, 사실(is)로부터 당위(ought)를 추리할 수 없음을 언명한 D. Hume의 선구적 통찰이 Ayer, Carnap, Austin 등 현대의 분석가들에 의하여 정교롭게 부연 전개되었으며, 그들의 명석하고 치밀한 논리를 꺾는다는 것은 거의 불가능하리라는 인상을 주었다. 직각설, 자연설 또는 형이상학설에 입각하여 현대의 윤리학적 회의를 물리치려 한 철학자들이 없었던 것은 물론 아니나, 저 분석가들의 결론을 전복할 수 있을 정도로 치밀하고 강력한 학설로써 맞섰다고는 생각되지 않는다.

그러나 여기 우리의 주목을 끄는 변화가 생겼으니, 윤리학적 회의론을 극복하고자 하는 끈질긴 노력이 금세기 중엽 이래 분석철학가 자신들 가운데서 싹트기 시작했다는 사실이다. 그들의 시도가 우리들의 주목을 끄는 이유는, 독단과 감정에 호소하지 않고 분석적 논리로써 분석적 논리에 맞서 당당하게 승부를 가리려 하는 그들의 태도가 우리에게 어떤 기대를 안겨 준다는 점에 있다. 저자는 이 소론을 통하여 윤리학적 회의론을 극복하고자 한 분석철학자들의 의도가 어느 정도까지 성공했는가를 살피고, 나아가서 이 문제에 대한 저자 자신의 생각을 정리해 보고자 한다.

학으로서의 규범윤리학의 성립을 지지하는 이론을 전개한 모든 분석철학자들의 저술을 남김 없이 검토한다는 것은, 자료와 지면, 그리고 시간의 제약을 받고 있는 저자에게는 사실상 매우 어려운 일이다. 차선의 방안으로서 저자는 전문가들 사이에 활발한 반응을 일으킨 몇 가지 대표적인 학설을 살펴보고, 그러한 학설들이 의미하는 바를 현대 윤리학 전반에 관련시켜서 투시하는 길을 모색하고자 한다. 저자가 이 목적을 위해서 선택한 사람들은 Alan Gewirth, J. R. Searle, R. M. Hare 및 John Rawls이다.

Gewirth는 그의 논문 "실증적 '윤리학'과 규범적 '과학'"(Positive 'Ethics' and Normative 'Science')에서, 현대의 여러 분석철학자들이 과학과 윤리학을 대조적으로 비교하면서 전자는 인식적(cognitive)이나 후자는 비인식적(non-cognitive)이라고 결론지은 것은, 그들이 '과학'(science)의 개념은 규범적으로 이해하면서 '윤리학'(ethics)의 개념은 실증적으로 이해한 데서 기인한다고 지적함으로써, 저 결론의 타당성을 부인하고 있다.[1] Gewirth의 주장 가운데서 핵심적이라고 생각되는 명제들을 우리는 다음과 같이 요약할 수 있을 것이다.

(1) 가장 궁극적인(ultimate) 문제를 인식적 방법만으로 해결할 수 없다는 점에 있어서, 과학도 윤리학과 다를 바가 없다.[2]

(2) 윤리학적 인식을 부정하는 학자들은, '과학'(science)은 연역 논리 및 귀납 논리와 같은 어떤 규준을 충족시켜야 할 것으로서 이해하면서, '윤리'(ethics)는 어떠한 규준의 제약도 받지 않고 아무것이나

1) A. Gewirth. "Positive 'Ethics' and Normative 'Science'" *Philosophical Review 69,* 1960, pp. 311～330.

2) Gewirth의 상기 논문 제 1 절의 요약. 저자는 J. J. Thomson, G. Dworkin(ed.), *Ethics,* 1968에 轉載된 논문을 이용했으므로, 이 논문에서 인용된 부분의 페이지 숫자 표시는 이 단행본의 그것을 따르기로 한다. pp. 27～29.

포함할 수 있는 것으로서 이해하였다. 예컨대, 점성술이나 골상학 따위의 것은 '과학'의 범위에서 제외하면서 '윤리'의 경우에는 나치스의 윤리나 공산주의자의 윤리까지도, 민주주의의 윤리와 마찬가지로, 모두 그 범위 안에 포함되는 것으로 인정하였다.[3)]

(3) 논자들이 "과학적 명제의 진위는 논증이 가능하나, 윤리학적 명제의 경우에는 그것이 불가능하다"는 결론을 얻게 된 것은, (2)에서 말한 바와 같이, 'science'의 정의는 규범적으로 내리고, 'ethics'의 정의는 비규범적으로 내렸다는 사실의 필연적 결과에 불과하다. 만약 'ethics'에 대해서도 규범적 정의를 내렸더라면, 윤리학적 원리의 진위도 논리적으로 밝힐 수 있었을 것이다.[4)]

위와 같이 요약된 Gewirth의 주장 가운데서, (1)에 대해서는 저자도 오래 전부터 같은 생각을 해 왔었다. 다만, 궁극적 원리에 관한 한 엄밀하게 인식적인 해결(cognitive decision)이 불가능하다는 공통성을 가지고 있다는 그 사실에 근거하여 과학과 윤리학의 논리적 지반이 전체적으로 같다고 속단할 수 있을지는 의문이다. (이 문제에 대해서는 뒤에 가서 다시 부연해서 언급하게 될 것이다.) (2)도 'ethics'라는 말을 '윤리현상' 또는 '도덕관념'으로 이해하는 한, Gewirth의 주장을 받아들여야 할 것이다. Gewirth도 이 대목에서는 'ethics'를 그런 뜻으로 사용하고 있는 것으로 보이나, 같은 논문 다른 곳에서는 '윤리학'의 뜻으로도 많이 쓰고 있다. 윤리현상과 윤리학은 일단 구별해서 생각해야 할 것이며, 윤리현상에 관한 서술에서 윤리학에 관한 논의에로 넘어갈 때는 세심한 주의를 기울여야 할 것이다.

저자가 보기에 가장 문제거리가 되는 것은 (3)이다. 'ethics'의 개념을 규범적으로 정의했다면 윤리학도 과학과 같은 논리의 체계가 되었을 것이라고 Gewirth는 주장하고 있으나, 저자는 이 점에 동의

3) Thomson, Dworkin(ed.), *ibid.*, 제 2 절, pp. 29~33.
4) *Ibid.*, 제 3 절 pp. 33~38.

하기 어렵다. 우선 'ethics'를 '윤리' 또는 '도덕관념'의 뜻으로 해석하고, 일정한 규준을 만족시키는 윤리만을 참된 윤리로서 인정한다고 하자. 예컨대, 자유민주주의의 윤리만을 참된 윤리로서 규정하고 봉건사회나 독재국가의 '윤리'는 진정한 윤리가 아니라고 제쳐놓는다고 하자. 그렇게 하면 과학으로서의 윤리학이 가능하다는 결론에 도달할 것인가? 저자는 그렇게 보지 않는다.

일정한 규준을 충족시키는 윤리를 참된 윤리라고 규정할 때, 그 규준은 **주로** **윤리적** **성격**의 것일 수밖에 없으므로 엄밀하게 **과학적인** 규준은 아닐 것이다. Gewirth는 기독교 윤리, 민주주의 윤리, 그리고 Schweizer의 윤리를 참된 윤리의 대표로서 언급하는 한편, 나치스 윤리, 공산주의 윤리 및 Al Capone의 가치관은 참되지 못한 윤리의 예로서 암시하고 있으나, Gewirth의 규준은 분명히 과학적이기보다는 윤리적이다.[5] Gewirth와는 다른 규준을 가지고 '참된 윤리'를 정의하는 사람들도 많을 것이다. 그러나 그들의 규준도 모두 과학적이기보다는 윤리적이라는 점에서는 다를 바가 없을 것이다.

윤리적 규준에 의하여 '참된 윤리'로 인정을 받은 윤리사상은, 그 경우에 사용된 '윤리적'의 정의에 의하여, 즉 동의어반복의 논리에 의하여 윤리성을 가지게 될 것이다. 그러나 **과학성**을 가지리라고 생각할 이유는 없다. 과학자들에 의하여 참된 과학이라는 인정을 받는 지식의 체계가 과학성을 갖는 이유는, 과학자들이 '과학'을 정의할 때 사용한 규준이 **과학적**이기 때문이다. 윤리의 경우에도 '참된 윤리'를 가려내는 과학적 규준이 있다면, "참된 윤리에는 과학성이 있다"는 결론을 얻게 될 것이다. 그러나 그러한 규준의 존재를 가정하는 것은 선결문제요구의 오류에 해당한다.

'ethics'를 '윤리학'의 뜻으로 이해한다 해도 문제의 근본은 달라지지 않는다. '참된 윤리학'의 규준은 윤리적이거나 과학적일 것이다.

---

5) *Ibid.*, pp. 30～33 참조.

그것이 과학적일 경우에 비로소 '참된 윤리학'은 과학성을 보장받을 것이나, 참된 윤리학을 가려낼 과학적 규준이 존재한다고 가정하는 것은 역시 선결문제요구에 해당한다.

2

J. R. Searle은 그의 논문 "Is에서 Ought를 끌어 내는 길"(How to Derive "Ought" from "Is")에서, 사실판단을 전제로 삼고 가치판단을 결론으로서 이끌어 낼 수 있는 경우가 있다고 주장함으로써, "IS"와 "Ought" 사이에 타넘을 수 없는 논리적 장벽이 존재한다는 종래의 견해를 꺾으려고 하였다.[6] 그는 자기의 주장을 세우기 위해서 우선 다음과 같은 일련의 명제들을 제시하였다.[7]

(1) Jones는 Smith에게, "나는 돈 5달러를 네게 줄 것을 이에 약속한다"고 말했다.
(2) Jones는 Smith에게 돈 5달러를 줄 것을 약속했다.
(3) Jones는 Smith에게 5달러를 지불할 의무(obligation)를 져야 할 처지에 놓였다.
(4) Jones는 Smith에게 5달러를 지불할 의무가 있다.
(5) Jones는 Smith에게 5달러를 지불해야 한다(ought to pay).

Searle의 해설을 따르면, 위에 차례로 적은 다섯 개의 명제들은 엄밀한 의미의 추론을 통해서 하나씩 다음 것이 생겨난 것은 비록 아니나, 앞의 것과 다음 것 사이에 밀접한 관계가 있음은 명백한 사실이며, 필요한 곳에 몇 개의 보조적 명제만을 첨가한다면, 엄밀하게 논리적인 추리의 연쇄로 바꾸어 놓을 수 있다. 그런데 (1)은 분명히

6) Searle의 이 논문이 활자로 처음 발표된 것은 *The Philosophical Review* 73권(1964)이었다. 저자가 이용한 것은 K. Pahel, M. Schiller(eds.), *Readings in Contemporary Ethical Theory,* 1970에 전재된 것이므로, 이 논문에 인용할 경우에 페이지 숫자 표시는 상기 단행본의 그것을 따르기로 한다.

7) K. Pahel(ed.), *Readings in Contemporary Ethical Theory,* London, 1970, p. 157.

하나의 사실판단이며, 그리고 곳에 따라 첨가되어야 할 보조적 명제란 "약속의 발언을 한 것은, 협박이나 꾐에 빠진 상황에서가 아니라, 정상적 상황에서였다," 또는 "Smith에게 5달러 주는 것이 어떤 큰 불행을 초래할 염려는 없다" 하는 따위의 사실판단적 성격의 것이다. 그런데 (5)는 의심할 여지 없는 가치판단이다. 그러므로 적어도 위에서 들은 사례의 경우에 있어서는, 사실판단을 전제로 삼고 가치판단이 추리될 수 있다는 것이 밝혀졌다고 Searle은 주장한다.[8)]

그러나 R. M. Hare의 비판이 명확하게 지적한 바와 같이, Searle의 입론에는 중대한 맹점이 숨겨져 있는 것으로 보인다.[9)] 즉 Searle이 (1)에서 출발하여 차례로 움직인 끝에 (5)에까지 도달할 수 있었던 것은 "약속은 지켜야 한다"는 통념의 힘을 빌었기 때문이며, 만약 '약속이라는 관례 또는 제도(institution)를 전적으로 무시하는 견지에 선다면, Searle이 얻은 바와 같은 결론에는 이르지 못했을 것이다. 이 점은 Hare가 밝혀 지적했듯이, (2)에서 (3)에로 넘어가는 과정을 주의 깊게 분석하면 곧 명백해질 것이다.[10)] 어떤 약속을 했다는 사실이 "약속이행의 의무를 져야 할 처지에 놓이게 하는 것은, "약속을 했다"는 사실 때문만이 아니며, "약속은 지켜야 한다"는 통념 또는 관례가 배경에서 작용하기 때문이다. 그리고, "약속은 지켜야 한다"는 원칙을 절대성을 가진 선천적 도덕원리로 보지 않고 통념 또는 관례로서 이해함이 타당하다는 것은, 약속을 한 상황이 비정상적이거나 약속의 내용이 부당할 경우에는 그것을 지킬 의무가 없다고 보는 견해가 우세하다는 사실에 의해서도 뒷받침된다.

Searle은 Hare의 비판에 굴하지 않고, "Hare의 반대는 일정한

8) *Ibid.*, pp. 157~161.

9) R. M. Hare, "The Promising Game." 이 논문은 *Revue Internationale de Philosophie*, No. 70, 1964, pp. 398~412에 발표되었다. 저자는 P. Foot(ed.), *Theories of Ethics*, Oxford, 1967에 轉載된 것을 이용하였다.

10) P. Foot(ed.), *Theories of Ethics*, p. 116f. 참조.

상황과 일정한 의도 아래서 '나는 이에 약속한다'는 따위의 발언을 했을 때 이 발언이 발언자에게 어떤 의무를 지운다는 것은 그 발언의 의미의 일부가 될 수 없다는 전제에 오로지 의존하고 있다"고 주장하면서, 자기의 견해를 변호하였다.[11] 그러나 "이에 약속한다"는 발언이 "약속이행의 의무를 지운다"는 의미를 가지는 것도 "약속은 지켜야 한다"는 통념이 지배하는 사회 안에서이며, 그러한 통념 아래서는 "이에 약속한다"는 발언은 결코 단순한 사실판단으로 볼 수 없다는 것은 Searle 자신도 잘 아는 사실이다. 하여간 Searle의 반격이 Hare의 비판을 막아내는 데 성공했다고는 보이지 않으며, 따라서 "Is에서 Ought를 이끌어 낼 수 없다"는 종래의 주장을 크게 파괴하지도 못했다고 판단된다. 다만 어떤 제도적 사실(institutional fact)이 그 제도가 지배하는 사회 안에서 규범적 원리를 위한 기초로서의 구실을 한다는 사실을 명백히 밝힌 점에서, Searle의 공적은 인정되어야 할 것이다.

3

Hare는 그가 1952년에 출판한 「도덕의 언어」(*Language of Morals*) 가운데서, 도덕의 원리란 인간의 주체적 결단 또는 선택에 의하여 생기는 것임을 강조하여 그것이 밖으로부터 주어진 초월적 원리가 아님을 밝혔다. 그러나 그는 도덕원리를 위한 결단이 아무렇게나 내려지는 것이 아니라 어떤 이성적 근거를 따라서 내려지는 것임을 인정하여, 윤리적 사유 속에 깃든 지성적 요소를 부각시키려 하였다. 그는 윤리학이 자연과학과 같은 성질의 학문이 될 수 있다는 생각에 대해서는 회의적이었으나, "일부의 철학자들이 이성적 활동으로서의 윤리학을 단념하게 된 것은 …시기상조"라고 판단하였다.[12] 그러나 Hare는 도덕판단의 기준을 마련하게 되는 그 '결단'을 정당화하는 문

---

11) J. R. Searle, "Reply to 'The Promising Game'" in Pahel & Schiller(eds.), *Readings in Contemporary Ethical Theory,* London, 1970, p. 180.

12) R. M. Hare, *Language of Morals,* Oxford, 1952, p. 58, p. 45 참조.

제에 대하여 암시적인 고찰을 하는 단계에서 머물렀고, 보다 본격적인 연구는 다음날의 과제로서 남겨졌었다.[13] 1963년에 발간된 Hare의 「자유와 이성」(*Freedom and Reason*)은 저 남겨진 과제에 대한 종합적 연구보고라고 보여지거니와, 자기의 학설을 '보편론'(universalism)이라고 부른 이 둘째번 주저에서, 그는 도덕적 원리의 이성적 근거를 밝히는 작업에 있어 어느 정도까지 성공했다고 볼 수 있을 것인가?

Hare는 「자유와 이성」 제 2 장에서 모든 도덕적 당위 판단(ought judgment)의 의미는 보편성(universalizability)과 규정성(prescriptivity)이 아울러 들어 있다는 것을 누누히 강조하고 있다.[14] 보편성이 있다 함은 보편적 타당성을 사실상 언제나 가지고 있다는 뜻은 아니며, 그 판단이 예외 없이 적용되어야 할 보편적 명제임을 주장하는 의미가 있다는 뜻이다. 그리고, 규정성을 가지고 있다 함은, 단순한 서술에 그치는 것이 아니라, 어떤 행동을 요구하는 명령의 의미를 가졌다는 뜻이다. 예컨대, "빌린 돈은 갚아야 한다"는 발언이 도덕적 판단으로서 주어질 경우, 이 발언에는, 사정에 근본적인 차이가 없는 한, "누구를 막론하고 빌린 돈은 갚아야 한다"는 뜻이 있으며, 그리고 또 빚을 갚는 행동을 촉구하는 실천적 의미를 가지고 있다.

Hare에 따르면, 보편성과 규정성은 도덕판단이 갖는 논리적 제약이다. 다시 말하면, 어떤 도덕판단이 타당성을 갖기 위해서는 그 판단 속에 포함된 규범적 명령을 보편적 원리로서 받아들일 수 있어야 한다. 예컨대, "돈을 빌려 쓰고 갚지 않은 사람은 감옥에 잡아 넣어야 한다"는 주장이 도덕적 판단으로서 타당성을 가질 수 있으려면, 이 주장 속에 포함된 "돈을 빌려 쓰고 갚지 않은 사람은 감옥에 잡아

13) Hare의 *Language of Morals*의 내용과 그에 대한 비판은 졸저 「윤리학」(박영사)에 비교적 상세히 다룬 바 여기에서는 이 정도로 언급해 둔다.
14) R. M. Hare, *Freedom and Reason*, Oxford, 1963, pp. 7～29.

넣어라" 하는 명령을 보편적 행위의 규범으로서 받아들일 수 있어야 한다. 그러나 보편성과 규정성은 도덕적 발언이 충족시켜야 할 형식적 제약에 불과한 까닭에 이 두 가지의 논리적 제약만을 전제로 삼고 어떤 도덕판단을 이끌어 낼 수는 없다. 다만 이 논리적 제약을 무시하고 도덕적 발언을 할 수 없다는 것을 밝혀 주는 점에 저 보편성과 규정성을 강조하는 의의가 있으며, 나아가서는 이 논리적 제약이 도덕적 사고에 이성적 기초를 제공한다고 보는 점에 보다 근본적인 관심이 연결되고 있다.

도덕판단의 의미 속에 포함된 논리적 제약(보편성과 규정성) 이외에 도덕적 사유를 제약하는 요인이 세 가지 더 있다고 Hare는 주장한다. 관련된 사실에 관한 지식, 역지사지(易地思之)하는 상상력, 그리고 인간이 갖는 성향(inclination) 또는 소망(interest)이 그것이다.[15] 가령 나는 나에 대하여 100만 원의 채무를 가졌다고 생각되는 A를 사직에 고발하여 강제적 법의 집행을 써서 돈을 받아 낼 것인가 말 것인가를 망설이고 있다고 가정하자. 이 때 내가 내리는 도덕적 결론이 타당성을 갖기 위해서는, 첫째로 내 결론의 바탕이 된 관련 있는 사실판단이 정확해야 한다. A가 나에게 정말 채무를 지고 있는가, 그가 돈을 숨기고도 마음씨가 글러서 안 갚는 것인가, 법적 집행을 통하여 받아 낼 만한 재산이 과연 그에게 있는가 등등의 문제에 대해서 정확한 사실을 알고서 내린 결론이 아니면 타당성을 갖는 결론이 되기 어렵다. 도덕적 결론이 타당성을 갖기 위해서 둘째로 충족시켜야 할 필요조건은 그것이 보편적 규정성을 가질 수 있는 논리적 가능성이다. 예컨대, "여자는 결혼하면 대(代)를 이을 아들을 낳아야 한다"는 주장은, 모든 여자가 반드시 이행하기는 어려운 명령을 포함하는 까닭에, 타당한 도덕판단이 될 수 없다. 이에 비하여 "빚을 지고도 갚지 않는 자는 감옥에 넣어야 한다"는 주장은 이를 모든 사람

15) *Ibid.*, pp. 91～94 참조.

에게 적용한다는 것이 과학적으로 불가능하지는 않다. 그러므로 형식적 논리의 고찰만으로 이 주장이 보편적 규정성을 가질 수 없다고 단정할 수는 없다.

그러나 보편적 규정성을 갖는 것이 논리적으로 가능하다는 것만으로 주어진 도덕판단이 타당성을 가질 수는 없다고 Hare는 지적한다. 그 판단을 보편적 실천의 원리로서 우리가 받아들이기를 원하지 않는 한 그것은 타당한 도덕판단이 될 수 없다. 가령 내가 남에게 빚을 졌을 때 그것으로 인하여 감옥살이를 해야 한다는 규범을 도저히 받아들일 수 없다면, "빚을 지고도 갚지 않는 자는 감옥에 넣어야 한다"는 원리가 타당한 도덕판단이 될 수는 없다. 여기 도덕판단의 타당성을 결정하는 또 하나의 요인으로서 인간의 성향 또는 소망을 추가해야 했던 것이다.

끝으로 "역시사시하는 사상력(思像力)"을 필요한 요인으로서 하나 더 추가한 것은, 우리들의 성향 또는 소망이 작용함에 있어서 경험의 부족에서 오는 편벽됨의 오류를 막는 데 그것이 필요하다고 보았기 때문이다. 예컨대, 남에게 빚을 져 본 일이 없거나 감방살이를 해 본 경험이 없는 사람이 어떤 결정을 보편적 도덕의 원리로서 받아들일 수 있느냐를 판단할 때, 빚지고 감방살이를 한다는 것이 어떤 것인지를 모르는 무지로 말미암은 경솔한 판단에 도달한다면 그러한 판단에 대해서는 보편타당성을 인정하기 어렵다고 보았던 것이다.

Hare의 견지에서 볼 때, 초월적으로 미리 주어진 도덕의 원리는 존재하지 않는다. 실천적 문제에 부딪쳐 고민하는 사람이 취할 수 있는 최선의 길은, 우선 관련된 사실들을 정확한 지식으로 파악하고, 다음에 모든 상상력을 동원하여 역지사지한 끝에, 같은 사정 아래서 같은 문제에 당면한 모든 사람들이 그렇게 행동해도 좋다는 것을 인간으로서의 마음의 바탕에서 긍정할 수 있는 처방을 따라서 행동하는 일이다. 이와 같이 신중한 고려를 통하여 내려진 처방이 모든 사람들의 동의를 얻을 수 있다면, Hare의 견지에서 볼 때 그것은 곧 보편적 도덕원리로서의 타당성을 갖는 처방이기도 하다. 여기서 우리에게 근본적인 문제가 되는 것은, 그와 같은 신중한 고려를 통해서 내려진 판단이 과연 만인의 동의를 얻을 수 있을 것이냐 아니냐 하는 그것이다.

Hare에 따르면, 도덕적 문제에 대하여 사람들이 내리는 판단에는 사실상 많은 대립과 차이가 있기는 하나, 그러한 대립과 차이의 근원은 거의 모두 제거될 수 있는 것들이다. 도덕판단의 대립을 초래하는 첫째 요인으로서 도덕적 언어의 의미를 사람들이 서로 다른 뜻으로 이해하여 사용할 경우를 생각할 수 있으나, 이러한 경우의 대립 내지 불일치는 언어상의 불일치에 불과하며, 엄밀한 의미의 도덕적 불일치는 아니다. 뿐만 아니라, 도덕적 당위를 나타내는 '해야 한다' (ought)는 말에 보편성과 규정성의 뜻을 담지 않고 이 말을 사용하는 사람들은 사실상 별로 없으므로, 이 첫째 요인에 유래하는 불일치는 크게 문제될 것이 없다.[16] 둘째로, 관련된 사실들에 대한 인식이 서로 다름으로 인해서 도덕판단이 대립할 수도 있으나, 우리가 충분한 인내력만 발휘한다면 사실에 대한 정확한 인식에 도달한다는 것은 원칙적으로 가능한 일이다.[17] 셋째로, 역지사지하는 상상력의 부족에서 오는 도덕판단의 대립은 상상력의 개발을 통하여 점차로 줄일 수가 있다.[18] 넷째로, 사람들이 갖는 성향(inclination)에서 오는 도덕적 판단의 불일치를 생각할 수 있으나, "대부분의 삶의 중대문제에 대한 사람들의 성향은(예컨대 굶어 죽기를 원하거나 자동차에 치이기를 바라는 사람은 거의 없듯이) 대체로 같다고 볼 수 있으므로," 이 문제도 그리 심각한 것은 아니다.[19] 이상과 같이 주장하여 Hare는 만인이 동의할 수 있는 도덕판단의 가능성을 시사하는 동시에, 보편적 타당

16) *Ibid.*, p. 95f. 참조.
17) *Ibid.*, p. 97.
18) *Ibid.*, pp. 97～98.
19) *Ibid.*, p. 97.

성을 갖는 도덕체계를 위한 기초를 닦으려 하였다.

도덕판단의 불일치를 초래하는 근원으로서 Hare가 지적한 네 가지 요인 가운데서 다른 세 가지는 근본적으로 크게 문제되지는 않을 것 같으나, 사람들의 성향의 차이만은 끝까지 어려운 문제로서 남을 것 같다. 인생의 가장 기본적인 문제에 대한 사람들의 성향 또는 소망이 대체로 일치하는 것은 사실이라 하더라도, 세상에는 궁극적 소망 또는 이상을 다르게 가진 사람들도 있어서, 주어진 상황에 대한 도덕판단이 끝까지 대립할 가능성이 완전히 제거될 수 있다고는 보기 어렵다. 이 점은 Hare 자신도 물론 잘 알고 있는 사실이며, 그가 「자유와 이성」 제 8 장 이하에서 거듭 다루고 있는 '광신자'(fanatic)의 논의는 바로 이 문제에 대한 고찰이었다. 다만 Hare는 그의 이른바 '광신자'의 수가 매우 적다고 믿었으며,[20] 또 우리가 사리를 밝혀 이성에 호소하고 타인의 존재와 권리를 상기시켜 상상력에 호소하는 지구전을 끈기 있게 펴기만 한다면, "극소수의 핵심적 광신자를 제외한 모든 사람들을 설득함에" 성공할 수 있다고 낙관했던 까닭에,[21] 이 '광신자'의 존재가 도덕적 원리의 수립을 근본적으로 위협하지는 않는다는 결론에로 가져갔을 따름이다.

요컨대 Hare가 「자유와 이성」에서 새로이 발전시킨 것은 대립된 도덕판단을 화해시킬 수 있는 현실적 가능성에 관한 이론이며, 도덕판단 또는 도덕원리의 절대적 타당성을 증명할 수 없다고 본 그의 논리적 견해는 「도덕의 언어」에서 표명한 바로부터 별로 움직이지 않고 있는 것이다.

20) *Ibid.*, pp. 171~172 참조.
21) *Ibid.*, pp. 180~181 참조.

4

다음은 John Rawls의 "윤리학을 위한 결정 절차의 개요"에 나타난 견해를 일별하기로 한다.[22] Rawls는 이 논문에서, "대립하는 이해관계를 해결하는 판단을 내리는 방법을 결정하기에 충분한 합리적 결정 절차가 존재하는가? …그리고 또 그러한 결정 절차의 존재와 그 합리적 타당성을 입증할 수 있는 논리적 탐구의 방법이 있는가" 라는 물음을 제기하고, 이 물음에 대하여 긍정적 해답을 내릴 것을 꾀하고 있다.[23] 이 야심적 시도를 위해서 그가 취한 순서는, 우선 도덕판단의 기준이 될 기본원리를 찾아내는 방법을 제시하고, 다음에 그러한 방법으로 발견한 원리들의 합리적 타당성을 밝히는 그것이다.

Rawls에 따르면, 윤리학은 귀납적 논리를 구사하는 과학적 연구와 근본이 같은 것으로 볼 수가 있다.[24] 여러 가지 자연현상 바탕에 깔린 공통된 원리를 귀납적으로 찾아내어 자연법칙을 결정할 수 있듯이, 여러 가지 경우에 여러 가지로 내려지는 도덕판단들의 바탕에 깔린 기본원리를 찾아냄으로써 보편적 도덕법칙을 확립할 수 있으리라는 가정에서 그는 출발하고 있다. 그러나 세상의 모든 사람들이 내리는 모든 도덕판단이 타당한 도덕법칙을 위한 정당한 소재가 될 수 있다고 보기는 어려웠던 까닭에, Rawls는 어떤 제한된 조건을 갖춘 도덕판단들만이 그 소재로서의 자격을 인정받을 수 있다고 생각하였다.

Rawls를 따르면, 첫째로 "유능한 판단자"(competent judges)의 도덕판단만이 도덕원리의 발견을 위한 소재로서의 자격을 갖는다. "유능한 판단자라 함은, 어느 정도의 지능과 지식을 가진 사람으로서

---

22) John Rawls, "Outline of Decision Procedure for Ethics," *Philosophical Review*, 66 (1957), pp. 177～197. 저자가 이용한 것은 Thomson & Dworkin(ed.)의 *Ethics*에 재수록된 것이며, 이 논문에 관한 인용도 이 단행본의 면수를 따르기로 한다.
23) Thomson & Dworkin(ed.), *Ethics*, New York, 1968, p. 48.
24) *Ibid.*, p. 49.

공정하고 합리적인 사고를 할 뿐 아니라, 처지를 바꾸어 남의 사정을 생각할 수 있는 공감적 지식(sympathetic knowledge)을 갖춘" 인사를 가리킨다.[25] "유능한 판단자"의 도덕판단이라 할지라도 그 모두가 도덕원리 발견을 위한 소재가 되는 것은 아니다. 오직 "심사숙고한 판단"(considered judgments)만이 그 자격을 인정받을 수 있다. "심사숙고한 판단"이라 함은, 자기와의 이해관계를 떠나서 공정하게 내려진 판단임은 물론이요, 관련된 여러 가지 사실들에 대한 정확한 예비지식을 가지고 깊이 생각한 끝에, 확신을 가지고 일관성 있게 내려진 도덕판단을 말한다.[26] 요컨대, "유능한 판단자들의 심사숙고한 도덕판단"들 만이 도덕원리의 귀납적 발견을 위한 적당한 소재가 된다는 것이다.

우리가 일상적 상황 속에서 흔히 부딪치는 문제들에 (예컨대 사회정의 문제와 같은) 대해서 유능한 판단자들이 내린 심사숙고한 도덕판단을 많이 모아 놓고 잘 분석을 해 보면, 같은 계열의 문제에 대해서 내려진 여러 가지 도덕판단들을 공통되게 떠받들고 있는 어떤 원리가 있음을 발견할 것이다. 이러한 원리는 곧 저들 도덕판단에 있어서 기준의 구실을 하는 것이며, 그것은 합리적 도덕원리에 (만약 그런 것이 있다면) 매우 가까울 것이라고 Rawls는 주장한다.[27]

위에서 말한 바와 같은 귀납적 방법으로 얻은 원리가 도덕적 원리로서의 타당성을 갖는다고 Rawls가 내세우는 이유는 대략 다음과 같다. ① 그와 같은 원리는 유능한 판단자들의 심사숙고한 판단들을 종합적으로 설명해 줄 수 있는 능력을 가졌다. ② 그와 같은 원리들은 유능한 판단자들이 충분한 비판과 검토 끝에 타당한 도덕원리로서 받아들일 것이다. ③ 그와 같은 원리들은 우리가 현실적으로 당면하는 어려운 문제들을, 유능한 판단자들의 안목으로 볼 때, 만족할 수

25) *Ibid.*, pp. 49～51 참조.
26) *Ibid.*, pp. 53～55 참조.
27) *Ibid.*, pp. 55～58.

있도록 해결해 주는 실천의 원리로서의 구실을 할 것이다. ④ 그러한 원리들은, 유능한 판단자들이 간혹 어떤 착각이나 감정으로 말미암아 그릇된 도덕판단을 내렸을 때, 그것을 고치도록 하는 구실을 할 수 있을 것이다.[28)]

이상 그 대강을 소개한 Rawls의 견해가 별로 만족스러운 것이 못된다는 것은, 약간이라도 비판적 안목을 가진 사람에게는 곧 명백할 것이다. 우선 그가 고안한 방법으로 발견한 원리의 합리적 타당성을 밝히기 위해서 그가 제시한 이유들은 매우 허술하다 아니할 수 없다. Rawls의 이설은 "유능한 판단자들의 심사숙고한 도덕판단"의 우월성을 전제로 삼고 출발하였으며, "유능한 판단자" 및 "심사숙고한 판단"의 정의 내지 기준을 정함에 있어서 Rawls를 포함한 민주주의적 지성인들의 주관 섞인 식견을 반영시켰다. 다시 말하면, Rawls의 이설(理說)의 출발점이 된 전제는 오직 전제되었을 뿐 증명을 거친 것은 아니며, 그 전제를 자명하다고 단정하기에는 그 내용이 지나치게 복잡하다.

우리가 고찰 중인 Rawls의 논문을 하나의 규범윤리적 연구로서 본다면, 그의 견해는 강한 설득력을 가진 훌륭한 학설로서 평가되어야 할 것이다. 그러나 보편타당성을 갖는 절대적 도덕원리의 존재 가능성 및 그 합리성을 밝히기 위한 분석적 연구로서는, 그의 논문을 크게 성공적이라고 보기 어렵다. 다시 말해서, Rawls의 논문도 규범윤리학에 대한 학(學)적 회의를 극복할 수 있는 논리적 탐구로 볼 때는, 크게 새로운 것을 제시하기에 성공했다고 보기 어렵다.

28) *Ibid.*, pp. 59~62 참조.

Ⅱ. 倫理的 根本原理의 本質

1

지금까지 우리는 Gewirth, Searle, Hare 및 Rawls 네 사람의 견해를 대략 살펴보는 가운데 그들 아무도 규범윤리학의 원리를 완벽한 논리의 증명으로써 확립하기까지에는 이르지 못했음을 보았다. 물론, 이상의 네 사람의 연구가 윤리학적 회의론을 극복하고자 하는 현대 윤리학자들의 성과를 완전히 대표한다고는 볼 수 없으며, 이 네 사람들에 대한 비판적 고찰만으로 어떤 최종적 결론을 시도한다면, 그것은 성급한 경솔을 범하는 잘못이 되기 쉽다. 그러나 저자가 보기에는, 위에서 본보기로 고찰한 네 학자의 학설을 비롯한 여러 학자들의 연구가 논쟁의 여지 없는 윤리적 평가의 원리를 확립함에 만족스러운 성공을 거두지 못한 것은, 그들 학자들의 역량이 부족하기 때문이기보다도 윤리적 원리 그 자체의 본질에서 유래하는 것 같다. 이제 저자는 윤리판단의 근본원리가 갖는 성격을 간추리고, 나아가서 그러한 성격 속에 담겨 있는 현실적 내지 실천적 함축에 언급하고자 한다. 그러나 여기서 주목할 만한 새로운 이론이 전개되리라고 기대하는 것은 아니며, 이미 저명한 (특히 Hare와 같은) 학자들에 의하여 암시되었고 저자 자신에 의해서도 단편적으로 언급한 바 있는 주장을 이 기회에 다시 정리해 두고자 함에 그친다. 각별히 새로운 것이 아님을 자인하면서 굳이 이러한 고찰을 전개하고자 하는 것은, 첫째로 내 자신의 생각을 좀더 질서 있게 정리해 두기를 바라기 때문이며, 둘째로 우리나라 학계에 있어서 이 문제가 아직도 엉뚱한 기초 위에서 논난되는 경우를 가끔 보기 때문이다.

저자는, Dewey를 따라, 평가작용(valuation)이 가치형성의 근본이라는 것을 믿는다. 그리고 우리들의 평가작용을 결정하는 것은 지성·욕구·감정을 포함한 인간성의 여러 요인이라는 것을 믿는다. 이것은 인간성이 가치의 근원임을 인정하는 것이니, 가치의 독자적 실재성을 부인한다는 뜻에서, 일종의 주관설임을 자인해야 할 것이다. 그러나 가치의 독자적 실재성을 부인함이 곧 가치의 무가치를 주장함이라고 오해되거나 허무주의로의 귀착을 불가피하게 만드는 불행한 사상이라고 속단해서는 안 된다. 비록 인간의 주체적 의식이 가치형성의 근원임을 인정한다 하더라도, 가치의 귀중성은 다치지 않을 수 있으며 도덕적 가치의 권위도 지장 없이 유지될 수 있다. 문제의 근본은 평가의 심리를 어떻게 이해하느냐에 달려 있으며, 윤리적 회의론이 극복될 수 있는 한계를 결정하는 관건도 여기에 걸려 있는 것으로 보인다.

만약 이 세상에 평가라는 것이 없었다면 가치도 없었을 것이다. 만약 인간이 평가작용을 떠나서 살 수 있는 자유를 가졌다면, 가치는 인간에 있어서 우연적 존재에 불과할 것이며, 가치가 인간생활을 규제할 어떠한 필연성도 없다는 결론을 피할 수 없을 것이다. 그러나 인간은 누구도 평가를 기피하거나 중지할 수 없다는 현실적 제약 아래 살고 있으며, 이 현실적 제약이 절대적이라는 뜻에서 가치는 인간에 대해서 **일종의** 절대성을 갖는다. 다만 그것은 어떤 **주어진** 가치원리가 만인에 대해서 절대적 구속력을 가졌다는 뜻의 절대성을 말하는 것이 아니며, 아무도 **모든** 가치원리를 거부할 수 없다는 뜻의 절대성을 말하는 것이다.

인간은 본래 평가하는 동물이며 평가는 가치형성의 충분한 조건인 까닭에 우리들은 필연적으로 가치의 세계 속에 살게 마련이다. 만약 모든 사람들의 평가가 일치한다면, 즉 모든 사람들의 평가기준이 동일하다면, 전체 인류는 동일한 가치체계 안에 사는 결과가 될 것이다. 그러나 일상생활에 있어서 사람들이 내리는 평가는 사실상 서로 어긋나는 경우가 많다. 평가의 불일치는 가치체계의 혼란을 가져오며, 가치체계의 혼란은 사회생활의 원활을 크게 저해한다. 이에 우리는 평가의 불일치를 극복할 수 있는 길을 염원하게 되거니와, 이 염원을 학문적 토대 위에서 풀고자 한 많은 학자들이 다음과 같은 가설을 세워 보았다. 즉 사람들의 평가에 불일치가 생기는 것은 그릇된 평가 때문이며, 만약 모든 사람들이 올바른 평가를 내리게 된다면 평가의 불일치는 스스로 소멸될 것이라는 가설이다. 이 가설은 올바른 평가를 위한 하나의 절대적 기준이 존재한다는 가정에서 출발한 것이며, 이 하나의 절대적 기준을 확립하고자 하는 많은 학설들이 제창되었다. 본고 제 1 절에서 우리가 살펴본 학설들도 윤리적 평가의 객관적 기준을 확립하고자 하는 문제와 깊이 관련된 논구들이었거니와, 저자가 아는 범위 안에서 평가를 위한 하나의 절대적 기준이 존재한다는 것을 성공적으로 밝힌 연구는 아직 없는 것으로 믿는다.

여기서 우리는 평가의 불일치를 극복할 차선의 길을 모색하게 되며, 이 차선의 길의 모색은 다음과 같은 물음을 출발점으로 삼는다. "비록 객관적으로 미리 주어진 하나의 절대적 평가기준은 없다 하더라도, 하나의 보편적 기준을 인간이 **주체적으로** 확립함으로써 평가의 불일치를 극복할 수는 없을까?" 이 물음은 이미 C. L. Stevenson이 그의 "설득 정의"(persuasive definition)의 개념을 통하여 제기한 문제이며, Hare가 추구한 길의 바탕을 이룬 물음이기도 하다. 이제 저 고전적인 물음을 우리 자신의 언어로써 처리해야 할 단계에 이른 우리는, 우선 평가작용의 심리를 원초적 관점에서 살펴보는 일에서부터 다시 출발하기로 한다.

2

인간은 살아 있는 동안 갖가지 욕망을 갖게 마련이며, 욕망의 대상이 되는 것은 무엇이든 일단 값진 것으로서 받아들인다. 이러한 관점에서 볼 때, 모든 욕망의 모든 대상에는 가치가 있다고 인정한 R. B. Perry의 주장에 일차적인 긍정을 해야 할 것이다. 그러나 이 때

Perry가 말하는 "값지다"(valuable)의 뜻은 매우 원초적인 것이며, "도덕적으로 선하다"와는 명확하게 구별되어야 한다.

"도덕적으로 선하다"는 말은 본래 인간의 의지 또는 심정에 대해서 적용되는 가치언어였다. 그러나 이 말의 적용 범위는 점차로 늘어나게 되어, 지금은 어떤 의지 또는 심정의 발현으로서의 행위에도 "도덕적으로 선하다"는 말을 쓰고, 또 그러한 의지나 심정의 주체로서의 인격 내지 품성에 대해서도 같은 말을 적용한다. 뿐만 아니라, 삼차적으로는 그러한 의지 또는 심정을 발휘한 행위에 의해서 이룩된 어떤 결과 내지 사태에 대해서까지도 이 말을 적용하기에 이르렀다. 우리가 "도덕적으로 정당한 사회" 또는 "부도덕한 사회제도" 따위의 말을 쓸 수 있는 것은 그 때문이다.

우리가 어떤 행위나 인격에 대해서 "도덕적으로 선하다," 또는 "선하다"는 평가를 내리게 된 것도 따지고 보면 인간의 욕망에 근원을 두었다. 우리들의 욕망은 대개의 경우 자기 또는 타인의 행위의 힘을 입고 충족되거니와, 욕망의 충족을 위해서 도움이 되는 행위를 "좋다"고 찬양하며, 방해가 되는 행위를 "나쁘다"고 비난하는 자연적 심리가 바탕이 되어 행위 또는 행위자를 도덕적으로 평가하는 현상이 생긴 것으로 보이는 것이다. 물론 행위 또는 행위자(人格)에 대한 모든 평가를 '도덕적 평가'라고 볼 수는 없으며, 그 가운데서 어떤 특색을 갖춘 것만을 우리는 도덕적 평가 또는 도덕판단이라고 부르는 것이기는 하나, 우리가 말하는 도덕적 평가도 그 근원을 따지고 보면, 결국은 인간의 기본적 욕망에로 연결되고 있음을 발견하는 것이다.

욕망과 욕망은 흔히 충돌한다. 욕망의 충돌은 해결되어야 하며, 충돌을 해결하는 길은 대립하는 욕망 중의 어느 한편을 완전히 희생시키는 방향으로 추구될 수도 있고, 절충 또는 종합의 원칙을 따라서 쌍방의 욕망을 아울러 충족시키는 방향으로 추구될 수도 있다. 충돌의 해결을 가능케 할 몇 가지 방안 가운데서 어느 것은 보다 바람직하다는 평가를 받는 반면에 다른 어느 것은 그리 바람직하지 못하다는 평가를 받는다. 그러한 평가가 거듭되는 사이에 가장 바람직한 방안으로서 사회의 공인을 받기에 이르는 방안이 생기게 되며, 이와 같은 공인을 얻은 방안이 오랜 시일에 걸쳐서 그 권위를 유지할 때, 그 방안은 우리가 흔히 말하는 도덕률 또는 도덕의 원리로서의 구실을 하게 된다.

욕망 충돌의 해결을 위한 여러 방안 가운데서, 실제로 어떠한 것이 '가장 바람직한 방안'으로서의 공인을 얻게 되느냐 하는 것은 그 사회의 권력구조, 시대적 요청, 사람들의 가치의식 등에 의해서 결정되거니와, 일정한 방안을 도덕률 또는 도덕원리로서 추대하는 사람들은 그 방안이 '모든 사람들을 위한 것'이라는 신념을 갖는 것이 보통이다. 즉 실제에 있어서는 일부의 특수층을 위해서만 유리한 이기적 방안에 불과하더라도, 그것을 도덕률로서 추대하는 사람들은 그것이 모든 사람들을 위한 규범 즉 "보편타당성을 갖는 법칙"이라고 믿는다. 바꾸어 말하면 '모든 사람들을 위한 규범'이라는 신념의 뒷받침이 없이 한갓 이기적 동기에서 어떤 방안의 실천을 주장할 때, 그 방안은 도덕률 또는 **도덕원리**로서 주장되는 것이 아니다. 따라서 자기 또는 그 밖의 어떤 특정한 사람들을 유리하게 하고자 하는 편파적인 의도에서 내려지는 실천판단은 도덕판단이 아니다. 이 때 판단자가 고의적으로 편파적인 의도를 가졌을 경우와 판단자 본인은 공정무사한 견지에서 판단한다고 믿고 있으나 실제로는 무의식적 편파심의 작용을 받고 판단이 내려질 경우와를 구별해야 할 것이다. 전자의 경우는 본래 도덕판단이 아니며, 후자의 경우는 판단자 자신으로 볼 때는 도덕판단을 내리고 있음에 틀림이 없다. 그러나 이것도 진정한 도덕판단으로서 타당성을 가질 수는 없다. 한편 사심이 완전히 배제된 진정한 도덕판단의 경우에도 그릇된 것이 있을 수 있다. 사심이 완전히 배제된 도덕판단이라 할지라도, 사실에 대한 지식의 부정확 등으로 인해서 객관적 타당성을 잃을 수가 있기 때문이다.

도덕률은 '모든 사람들을 위한 규범' 또는 '보편타당성을 가진 법칙'으로서 주장되는 것이라고 하였다. 그러나 이 말은 "도덕률의 존재를 긍정하는 사람은 시간과 공간의 제약을 초월하여 보편적으로 타당한 절대적 도덕률의 존재를 전제한다"는 뜻을 포함하는 것으로 해석되지 말아야 한다. 어떤 행위의 방안을 도덕률 또는 도덕원리로서 주장하는 사람은 그 방안의 보편타당성을 인정하고 있음은 사실이다. 그러나 여기서 말하는 '보편타당성'이라 함은 "같은 사정 하의 모든 경우에 적용된다"는 뜻이며, 사정이 바뀌면 다른 방안을 따르는 것이 나올지도 모른다는 것을 인정하는 신축성을 가진 개념이다. 그리고 시대의 변천 또는 지역의 차이를 따라서 사정에도 본질적 차이가 생길 수 있다는 것은 우리의 상식이므로, 여기서 말하는 '보편타당성'이 시간 또는 공간의 현실적 제약의 가능성을 배제하는 것이 아님은 명백하다.

3

도덕판단은 욕망의 대립 내지 갈등을 바탕으로 삼고 수시로 일어나는 바 "어떻게 해야 옳을 것인가?"라는 물음에 대해서 내려지는 판단이다. 그리고 그것은 판단자가 당면한 그 문제적 상황에 있어서만 적절한 판단으로서 주어지는 것이 아니라, 문제의 성질이 근본적으로 같은 모든 경우에 있어서 적용되어야 할 보편적 타당성을 가진 판단으로서 주어진다. 그런데 주어진 도덕적 문제에 대해서 사람들이 내리는 판단은 서로 엇갈리는 경우가 많은 까닭에, 여기 어떠한 도덕판단이 가장 옳은 판단이냐 하는 물음이 윤리학의 기본문제의 하나로서 제기되어 왔던 것이다. 그리고 이 물음에 대한 논쟁이 수학이나 물리학에 있어서 정답을 가려내듯이 선명한 해결에 도달하기 어려웠던 까닭에, 도대체 이 물음이 학문적으로 해결할 수 있는 진정한 문제이냐 하는 메타윤리학적 문제가 현대윤리학에 있어서 큰 비중을 차지하게 된 것이다.

주어진 도덕적 문제에 대해서 서로 다른 판단이 대립했을 경우에, 맞선 판단자들은 각각 자기의 판단이 옳다는 것을 밝히기 위해서 어떤 이유를 제시하게 된다. 이러한 경우에 제시되는 이유들을 우리는 크게 두 부류로 나누어 볼 수 있을 것이니, 하나는 사실판단으로 불릴 수 있는 이유들이요, 또 하나는 가치판단의 범주에 속하는 이유들이다. 하나의 예로서, 술에 취한 아버지와 산길을 가던 열 살 난 소년이 동사 직전의 아버지를 구하려다 부자가 함께 참변을 당하게 된 이야기에 대하여 사람들이 엇갈린 판단으로써 맞섰던 경우를 생각해 보기로 하자. 이 슬픈 이야기의 주인공 C군의 행동에 대하여 '효도의 귀감'이라고 찬양하는 동시에 상금을 내리고 교과서에까지 반영시키기도 했다는 보도도 있었거니와, 한편 일부에서는 "그것은 전근대적 도덕관념에 입각한 평가에 불과하다"는 견해를 취하면서, 극구 찬양에 대해서 오히려 비판적 태도로 표명하기도 하였다. 이 경우에 있어서, 만약 견해를 달리하는 두 논객(論客)이 각각 자기의 주장을 관철하고자 한다면, 두 사람은 각자의 결론을 떠받들기 위해서 갖가지 이유를 제시할 것이다. 극구 찬양하는 측에서는 "그 아이의 나이가 10살밖에 되지 않는다," "아들은 제 웃옷을 벗어서 아버지를 덮어주었다"는 따위의 사실을 지적할 것이며, 이에 맞서는 측에서는 "낡은 도덕관념으로 인해서 결국 한 사람 더 죽었다," "어머니를 비롯한 유가족의 슬픔은 아들만 살았더라도 그토록 크지는 않을 것이다," 또는 "술주정뱅이 아버지에 비교할 때, 아들은 갑절 장래가 촉망되는 어린이었다"는 따위의 사실판단으로 맞설 것이다.

양측의 논객들이 끌어댈 수 있는 모든 사실적 이유가 동원되어도 논쟁은 결말을 얻지 못할 수 있으며, 이 때 두 사람은 사실판단의 범주를 넘어서는 발언 즉 가치판단에 호소하여 상대편의 논봉을 꺾으려 할 것이다. 예컨대, "인간의 생명은 존엄한 것이니, 부자간에 한 사람의 생명만이라도 살아 남는 편이 낫다," "맏아들인 C소년은 살아 남아서 어머니와 어린 동생들을 보살필 의무가 있었다"는 따위의 이유를 들어, C소년의 행동이 최상의 것은 아니었음을 주장하면, 반대론자는 "육체적 생명만이 생명은 아니다. 아버지 곁을 차마 떠나지 못해 끝까지 그 자리를 지킨 그 효성은 육체적 생명보다도 더욱 값진 것이며, 비록 몸은 죽었어도 영원히 살아 남을 C소년의 정신이 후세에 끼칠 영향은, 그가 살아서 어머니와 동생들을 돌봤을 경우보다도 크다"는 따위의 가치판단으로써 맞설 것이다.

도덕판단을 변호하기 위해서 제시된 이유들 가운데서 사실판단에 속하는 것들은 원칙적으로 그 진위를 밝힐 길이 있다. 앞에서 들은 예를 다시 살핀다면, C소년의 나이가 정말 열 살밖에 안 되는지, 그가 웃옷을 벗어서 아버지를 덮어 주었다는 기사가 정확한 것인지, 그리고 C소년에게 어머니와 동생들이 있었다는 보도가 사실이며, 아들까지 잃은 어머니의 슬픔은 그 아이의 효성이 도리어 한스러울 정도로 크리라는 논자의 추측이 과연 옳은 것인지 등은 과학적 방법을 통해서 규명할 수 있는 길이 열렸다고 볼 수 있다. 그러나 이러한 사실판단들의 진위가 밝혀졌다 해서, 그 사실판단들을 이유로서 제시하게 한 저 도덕적 논쟁이 논리적 해결을 반드시 보는 것은 아니다. 동사 직전의 아버지를 살리려 하다 죽은 소년의 나이가 열 살이 아닌 12세로 판명되었다 해서 소년의 효성을 높이 찬양한 표창논자들의 주장이 틀린 것으로 증명되었다고 볼 수도 없으며, 상을 타고 많은 동정금까지 받게 된 어머니가 아들의 죽음을 도리어 대견스럽게 여길 정도로 비정한 여인임이 밝혀졌다 하더라도 C소년의 행위를 최상의 것은 못된다고 평가한 비판적 견해가 완전히 틀린 것으로 판명되었다고 보기도 어렵다. 그리고 논자들의 한편이 이유로서 제시한 모든 사실판단들이 완벽하게 정확한 것이었음이 밝혀졌다 하더라도, 그 사람의 도덕적 결론의 타당성이 증명되었다고 보기도 어렵다. 일부 반대론자들의 주장에도 불구하고 사실판단과 가치판단의 논리적 차이를 부인할 수는 없으며, 사실판단의 전제로부터 가치판단의 결론을 이끌어 낼 때는 반드시 논리적 비약을 범하게 된다는 논리실증주의자들의 고전적 견해를 무시할 수 없기 때문이다.

가치판단 즉 평가의 타당성을 논리적으로 빈틈 없게 밝히기 위해서는 그 평가의 근거로서 제시하는 이유들 가운데 적어도 하나의 가치판단이 끼어 있어야 하며, 또 그것이 타당성을 가진 가치판단임이 밝혀져야 한다. 그렇다면 이 이유의 하나로서 제시된 가치판단의 타당성은 어떻게 증명하느냐 하는 새로운 문제가 일어난다. 사실판단의 타당성을 증명하는 문제라면 이른바 '과학적 방법'에 의해서 그 진위를 가릴 수 있다고 말할 수 있으나, 가치판단의 경우에는 그러한 대납의 길이 열려 있지 않다. 첫째번 가치판단의 타당성을 밝히기 위하여 (이유의 하나로서) 어떤 가치판단을 끌어들여야 했듯이 이 둘째 번 가치판단의 타당성을 밝히기 위해서도 또 다른 가치판단의 힘을 빌어야 하고, 이 셋째 번 가치판단을 입증하자면 또 다른 가치판단 하나를 끌어들여야 한다.

하나의 가치판단의 타당근거를 밝히기 위하여 제 2 의 가치판단을 끌어들이고, 제 2 의 가치판단의 타당근거를 밝히기 위하여는 다시 제 3 의 가치판단을 끌어들이는 그러한 과정을 무한히 계속할 수는 없다. 주어진 가치판단의 근거의, 근거의, 근거의, …근거가 되는 가치판단을 무한히 제시한다는 것은 사실상 불가능한 일이며, 설령 그것이 가능하다 하더라도 최초의 주어진 가치판단을 입증하고자 하는 목표에는 도달하지 못한다. (증명되지 않은 가치판단이 언제나 하나 남아 돌아가기 때문이다.) 그러므로 마침내는 그 이상의 근거나 이유를 제시할 수 없는 궁극적 가치판단에 부딪치게 되며, 이 궁극적 가치판단을 평가의 근본원리라고 부른다면, 이 근본원리를 어떻게 정당화하느냐 하는 어려운 물음에 부딪치게 되는 것이다.

평가의 근본원리를 어떻게 정당화하느냐 하는 물음에 대해서 옛날부터 거듭 주장되어 온 것은 명증설(明證說)이다. 즉 그 근본원리가 옳다는 것은 직각적으로 자명하다고 단언함으로써 논쟁의 끝을 막으려 하는 수법이 오랜 전통을 이루고 사용되어 왔다. 예컨대, "부모에게 효도함이 자식의 도리임은 자명하다," "인간의 생명이 존귀함은 자명하다," "고통보다 쾌락이 바람직하다는 것은 자명하다," "법률은 만인에게 평등하게 적용되어야 한다는 것은 의심의 여지가 없다"는 따위의 주장들이 자주 활용되었고 또 많은 지지를 받아 왔다. 그러나, 이 직각론적 명증설에는 몇 가지 약점이 있다는 것이 반대론자들에 의해서 지적되었다. 첫째로, 갑에게는 자명한 원리로서 직각된 가르침이 을에게는 조금도 자명하게 느껴지지 않을 경우가 있으며, 옛날에는 자명한 의무로서 숭상되던 도덕률이 지금은 낡은 봉건사상의 유물로서 배척을 받기도 한다. 둘째로, 직각론자가 주장하는 '자명한 원리'가 오직 하나일 경우에는, 그 일원론적 원리는 자연히 추상적이며 형식적인 규범에 불과하여 현실적인 문제 상황에서 구체적인 행동지침의 구실을 하기 어려우며, 한편 논자들이 주장하는 '자명한 원리'의 수효가 둘 이상일 경우에는 그 원리들이 명령하는 의무가 서로 충돌함으로 말미암아 도덕체계의 자기모순을 드러내는 수가 있다. 셋째로, 어떤 도덕의 원리를 타당한 것으로서 지지는 하면서도, 그 원리가 선천적으로 또는 객관적으로 자명한 원리라고는 느끼지 않는 사람들이 있다. 이러한 사람들은 대개 어떠한 도덕의 원리도 '객관적으로 주어진 절대적 규범'이라는 뜻으로 '자명하다'고 볼 수는 없다고 믿는 경향이 있다.

마침내는 그 이상의 설명이 불가능한 벽에 부딪치고 따라서 명증설(明證說)에 의존할 수밖에 없는 궁지로 몰리게 되는 것은 가치판단의 타당성을 입증하려는 시도에 있어서만은 아니다. 과학적 명제 또는 경험적 사실판단의 진위를 밝히는 문제에 있어서는 그러한 난점이 따르지 않는다는 견지에서 과학의 확실성과 윤리학의 비인식성(noncognitiveness)을 크게 대조시켜서 논한 학자들도 많으나, 사실인즉 경험적 사실판단의 경우에 있어서도 마지막에 가서는 더 이상의 설명이 불가능한 궁극적 단계에 이르기는 결국 마찬가지다. 다시 말해서, 과학의 문제에 있어서도 동의어반복의 경우를 제외한다면 결국 하나의 가설을 자명한 것으로 전제하지 않는 한, 엄밀하게 논리적인 증명은 불가능하다. 예컨대 물리학은 외부 세계가 실재한다는 가설 위에서 비로소 성립하며, 모든 '경험적 사실'에 관한 논쟁은 논자들이 제시하는 '물적 증거'의 바탕을 이루는 관찰이 꿈 속에서 얻는 관찰이 아니라는 가정 위에서 전개되게 마련이다.

그러나 이상과 같은 논점을 근거로 삼고, 윤리학과 자연과학이 딛고 선 기초가 동등한 논리적 견고성을 가졌다고 주장하는 견해에는 찬성할 수가 없다. 궁극에 가서 증명을 허용하지 않는 전제를 남긴다는 점에서 윤리학과 자연과학은 다를 바가 없기는 하나, 그리고 이 궁극적 전제의 타당성을 밝히기 위해서는 윤리학자와 자연과학자가 다 같이 명증론에 의존할 수밖에 없다는 점에서도 다를 바가 없기는 하나, 윤리학설을 떠받드는 궁극적 전제에 대해서 주장되는 '자명성'과 자연과학설을 떠받드는 궁극적 전제에 대해서 주장되는 '자명성' 사이에는 간과하기 어려운 큰 차이점이 있기 때문이다. 그 차이점이란, 사실판단을 떠받들고 있는 궁극적 전제는, 정신병자가 아닌 사람으로서 솔직하게 말할 때, 아무도 그것을 부정할 수 없다는 뜻에서 '자명하다'고 볼 수 있으나, 가치판단을 떠받들고 있는 궁극적 전제는 같은 문화적 배경 또는 사상적 배경을 가진 어떤 부류의 사람들에게는 의심의 여지가 없는 원리로서 "자명하게" 느껴지나, 다른 부류의 사람들에게는 반드시 '자명하다'고 실감되지 않는다는 사실에서 발견되는 것이다. 알기 쉬운 예를 들어 설명하기로 하자.

자연과학은 자연계가 실재한다는 믿음을 전제로 삼고 성립한다. 태양과 달 그 밖의 천체가 실재한다는 것을 믿지 않는다면 천문학은 불가능할 것이며, 지리산이나 낙동강을 꿈 속의 환상에 불과하다고 믿는다면 지리학이라는 과학이 성립할 수 없을 것이다. 그러나 자연계의 실재를 연역 또는 귀납의 논리를 따라서 증명할 수 없다는 것은 이미 Hume에 의해서 밝혀진 바이며, 굳이 자연계의 실재를 입증하라는 도전을 받는다면, 직관적 명증에 의존할 수밖에 없을 것이다. 이와 같은 자연과학의 기본가정에 관한 명증설의 강점은, 우리가 스스로 직관한 바를 따라서 솔직하게 말을 하는 한, 그 명증설에 아무도 반대하지 못한다는 사실에 있다. 우리가 태양과 달 또는 지리산과 낙동강의 실재를 **논리상으로** 의심할 수는 있을 것이나, **직관의 실감으로** 의심할 수는 없다. (외계의 실재에 대해서 인식론적 회의를 표명한 Hume도 한 사람의 **인간으로서는** 산천과 초목의 실재를 믿는다고 고백하였다.) '외계의 실재'뿐만 아니라 자연과학의 기본전제가 되고 있는 다른 어떤 가설의 경우에도 문제는 마찬가지다. 그것들은 모두 정직한 마음으로 솔직하게 말하는 사람들로서는 도저히 부정할 수 없는 명백성을 가지고 있는 것이다.

그러나 규범적 윤리학설의 기본전제의 구실을 하는 원리 내지 믿음의 경우는 사정이 다르다. 예컨대, "부모에게 효도하는 것은 자식의 도리다"라는 믿음은 유교적 윤리사상의 근본원리라 하겠으며, 유교적 전통 속에서 자라난 구세대에게는 대체로 '자명한' 원리로서 느껴질 것이다. 그러나 그것이 모든 사람들에게 자명하게 느껴지는 것은 아니다. 세상에는 부모에 대한 도덕적 의무를 매우 미온적으로밖에 느끼지 않는 사람들의 나라도 있으며, 특히 아버지에 대해서는 무관심 내지 증오감에 의하여 압도를 당하는 아들들도 있다. 효도의 관념이 전통적으로 강한 우리나라의 경우에 있어서도, 새 시대의 젊은 사람들 가운데는 부모에 대한 효도의 의무를 실감하지 못하는 자녀들이 있다. 특히 첩을 얻어서 별거생활을 하는 아버지나 또는 가정을 버리고 딴 남자와 달아난 어머니에 대해서 효도의 의무를 자명하게 느끼지 못하는 자녀들이 많다.

이러한 예가 지나치게 특수하다는 이유로 부당한 것처럼 생각하는 것은 잘못이다. 만약 효도의 의무가 초월적이며 절대적인 것이라면, 비록 부모의 행실에 크나큰 잘못이 있더라도 자식의 도리에는 변함이 없을 것이며, 어느 정도 성숙한 사람이라면 그 도리를 자명하게 실감할 수 있어야 한다. 그러나 자식을 배반한 부모에 대해서까지도 자식으로서 일방적인 효도의 의무가 있다는 것을 자명하게 이해하지 못하는 것은, 버림을 받은 그 자식뿐만은 아닐 것이다. 여기서 만약 "그와 같은 특수한 경우에는 부모의 은공이 없는 까닭에 효도의 의무가 소멸했을 뿐"이라고 주장한다면, 그것은 효도가 절대적 의무임을 스스로 부정하는 것이며, 효노 대신 보은(報恩)을 도덕의 근본원리로서 암시하는 셈이 된다. 저자 개인으로서는 보은이 도덕의 근본원리의 하나임을 의심하지 않으나, 세상에 모든 사람들이 보은이 절대적 의무임을 자명하게 느끼는 것은 아닌 듯하다. 만약 세상의 모든 특권층이 그들에게 봉사하고 있는 이름 없는 사람들의 은혜에 대해서 보답할 의무를(석탄이 검다는 것을 의심하지 않듯이) 자명하게 느끼고 있다면, 역사에서 항상 되풀이되는 사회적 불공정은 벌써 극복되었을 것이다. 그리고 보은이 도덕의 근본원리의 하나임을 믿는 저자 자신도 그것이 절대적 의무라고까지 단언하기는 주저한다. 왜냐하면 어떤 보다 큰 가치의 실현을 위해서는 간혹 과거에 입은 사사로운 은혜에 대해서 눈을 감아야 할 경우도 생길 수 있다고 믿기 때문이다.

효도나 보은 이외의 어떤 기본적 도덕원리를 예로서 생각한다 하더라도 근본은 마찬가지일 것이다. "활시위를 떠난 화살은 움직이고 있다"는 명제의 경우와 같이, 아무도 정직한 마음으로 부인하기 어려운 그러한 도덕적 명제를 '자명한 원리'의 이름으로 제시하기는 매우 어렵다. 설령 아무도 진심으로는 감히 반대하기 어려운 탁월한 원리가 발견되었다 하더라도 그 원리가 우리의 동의를 강요하는 타당성의 성질은, 자연과학의 기본가정이 우리의 동의를 강조하는 그것과는 근본적인 차이를 가졌다. 즉 "나르는 화살은 움직인다," 또는 "지금 우리 눈 앞에 펼쳐진 광경은 꿈 속의 허상(虛想)이 아니다" 따위의 사실판단에 동의할 때에 관여하는 심리적 요소는 지각과 지능, 그리고 기억 따위의 냉정한 심리작용들뿐이나, "약속은 지켜야 한다," "사람의 목숨은 존귀하다" 따위의 도덕원리에 동의할 때에 관여하는 심리적 요소는, 앞에서 말한 냉정한 지적 작용뿐 아니라, 의지와 감정 같은 뜨거운 심리작용까지도 포함한다.

4

"모든 인권을 존중히 여겨야 한다," 또는 "다른 사람들에게 허용할 수 없는 행위는, 상황에 본질적인 차이가 없는 한, 나 자신에게도 허용해서는 안 된다" 따위의 원칙을 도덕의 원리로서 받아들일 때, 우리는 "코끼리는 개미보다 무겁다," 또는 "지구는 태양의 주의를 돈다"는 따위의 사실판단을 긍정할 때와 같이, 단순히 어떤 대상의 성질이나 관계를 냉정하게 인정하는 데 그치는 것이 아니다. 우리가 도덕판단을 내릴 때, 우리는 어떤 사실 또는 사태를 인정하는 동시에, 그 사실 또한 사태에 대한 주관적 태도를 표명하는 것이다. 그 주체적 태도의 표명에 있어서 큰 비중을 차지하는 것이 때로는 감정의 표시일 수도 있고, 때로는 의지의 결단일 수도 있으며, 때로는 권고 내지 지시에 가까울 수도 있으나, 하여간 거기 감정과 의지의 뜨거운 관여가 개재한다는 점에서 단순히 냉정한 지적 활동으로서의 사실판단의 경우와 다르다. 모든 도덕판단의 대전제를 이루는 어떤 원리에 찬동할 경우도 근본은 마찬가지며, 특히 이 경우에 있어서는 인생 전반에 대한 태도의 결정이라는 뜻이 크다. 인생에 있어서 가능한 여러 가지 길 가운데서 어느 하나를 선택하겠다는 결단의 표명이 암암리에 이루어지는 것이다. 물론 이토록 중대한 선택과 결단에 이르기까지에는 여러 가지 사실과 사태를 인식하고 비교하는 이지적 작용이 선행하는 것이기는 하나, 그 선행하는 이지적 고찰 하나만을 전제로 삼고 어떤 평가의 원리가 논리적으로 도출되는 것은 아니며, 그 이지적 고찰을 바탕으로 삼고 주체적으로 태도를 결정하기 위해서 감정과 의지를 동원해야 하는 것이다.

도덕적 판단을 통해서 주체적으로 태도를 표명할 때, 우리는 자기 한 개인의 행위의 세계에만 관계하는 것이 아니다. Hare도 거늡 강조한 바와 같이, 도덕판단은 어떤 특정한 경우를 위한 행위의 처방을 제시하는 데 그치는 것이 아니라, 그 특정한 경우와 본질이 같은 모든 경우를 위한 보편적인 행위의 처방으로서의 뜻을 가졌다. 가령 "A와 B의 약속은 이행되어야 한다"는 말을 도덕판단으로서 주장하는 사람은 A와 B 두 특정한 개인들이 해야 할 바를 지시하는 데 그치는 것이 아니라, "A와 B 사이에 맺어진 약속과 본질이 같은 약속을 맺은 모든 사람들은, 그 약속의 불이행을 정당화할 만한 특별한 사정이 없는 한, 그들의 약속을 지켜야 한다"는 주장까지도 하고 있는 셈이다. 짧게 말해서 그는 하나의 보편적 원칙을 주장하고 있는 것이다. 여기서 도덕판단을 주체적 태도 결정의 표명이라고 말한 우리들은 매우 어려운 문제에 직면하게 된다. 감정과 의지까지도 관여하는 태도 결정의 표명으로서의 도덕판단이 어떻게 보편적 규범으로서의 타당성을 주장할 수 있느냐 하는 문제이다.

주체적 태도 표명으로서의 도덕판단이 그 선택과 결단의 주인공인 판단자 자신에 대해서 구속력을 갖는다는 것은 별로 이해하기가 어렵지 않다. "나는 인권을 존중하겠노라," 또는 "나는 내가 한 약속에 대해서 책임을 지겠노라" 하는 따위의 결심을 하고 또 그러한 결심을 표명한 사람은, 적어도 그 결심을 철회하고 어떤 새로운 태도의 표명이 있기 전까지는, 자기의 결심과 태도 표명에 부합하는 어떤 실천으로써 스스로의 결심을 뒷받침해야 할 것이다. 우리가 논리의 일관성의 요구를 전혀 무시해도 좋다면 말과 행동 사이에 어떠한 모순이 있더라도 나무랄 이유가 없겠지만, 논리의 일관성의 요구를 물리칠 수 없다면 자신의 태도 표명이 행위에 대해서 갖는 구속력을 부인하지 못한다. 그리고 논리의 일관성은 모든 학문적 논의의 기본요청인 까닭에, 지금 이론적 탐구에 종사하고 있는 우리로서는 도덕판단이 그 판단자에게 적어도 잠정적인 구속력을 갖는다는 이 점에 대해서 이론을 제기할 수는 없을 것이다. (여기서 '잠정적인 구속력'이라고 말한 이유는 만약 판단자가 당초의 판단이 잘못되었음을 깨닫고 새로운 태도 결정을 할 경우에는, 그는 당초에 판단을 잘못했다는 사실에 대해서 책임을 지는 동시에, 새로운 태도 결정과 부합하는 행위규범의 구속을 받아야 하기 때문이다.)

그러나 도덕판단이 그 판단자뿐만 아니라 모든 사람들에 대해서 구속력을 갖는 보편적 규범으로서 타당함을 주장할 때, 우리는 전혀 새로운 문제에 봉착한다. 만약 그 판단이 보편타당성을 가졌다는 것을 연역 또는 귀납의 논리를 통하여 증명할 수 있다면 그것으로 문제는 해결될 것이나, 그러한 증명이 불가능하다는 것이 앞에서 우리가 도달한 결론이었다. 그러므로 우리에게 남은 길은 문제된 판단이 모든 사람들의 동의를 얻을 수 있다는 것을 밝히는 방법을 모색하는 길뿐이다. 도덕판단이 우선 판단자에 대해서 구속력을 갖는 것이 사실이라면 그 판단에 동의한 다른 사람들에 대해서도 같은 구속력을 가질 것이며, 만약 모든 사람이 그 판단에 동의한다면 그 구속력은 모든 사람들에게 보편적으로 미친다는 결론에 도달할 것이다. 그러나 어떤 도덕판단 또는 도덕원리가 모든 사람 또는 거의 모든 사람의 동의를 얻는다는 것이 과연 가능한 일일까?

같은 행위 또는 인품을 대상으로 삼고 내려지는 도덕적 평가가 평가자에 따라서 크게 다를 경우가 많다. 이 도덕적 평가의 불일치를 극복하여 하나의 보편적인 도덕의 기준을 세우는 일이 가능하냐 하는 우리들의 문제는, 저 도덕적 평가의 불일치를 초래한 그 원인을 어느 정도까지 제거할 수 있느냐에 달려 있을 것이다. 도덕적 평가의 대립의 원인들을 우리는 다음 세 가지 부류로 나누어 볼 수 있을 것이다. ① 평가를 받은 대상에 관련된 사실들에 대한 인식의 차이, ② 평가자의 이해관계 및 불공정한 배려, ③ 바람직한 인간상 또는 사회상에 대한 이상의 차이. 첫째, 사실에 대한 인식의 차이는 과학적 방법을 통해서 무한히 좁힐 수 있다는 것이 우리들의 신념이다. 따라서 이 첫째 부류의 원인을 제거하는 일은, 현실적으로는 매우 어려운 일이겠으나, 이론상으로는 가능하다고 보아야 한다. 둘째로 평가자가 자신의 이익 또는 자기와 가까운 사람의 이익을 바라는 심리의 영향을 받고 불공정한 판단을 내림으로 인해서 불일치가 생길 경우, 그러한 판단은 엄밀한 의미에 있어서 도덕판단이 아니므로 이 경우도 이론상으로는 문제가 되지 않는다. 결국, 메타윤리학의 견지에서 볼 때 근본적인 문제로서 남는 것은 셋째 부류의 원인이다. "우리는 인간 또는 사회에 관한 이상의 대립을 극복할 수 있다는 이론적 보장을 가지고 있는가?"

5

사람들의 이상을 결정하는 것은 ① 자연과 인간 및 그 밖의 여러 사실에 관한 지식과 ② 감정과 욕구를 가진 존재로서의 인간의 성향(inclination)이다. 사실에 대한 지식과 인간적 성향에 개인차가 있는 까닭에 사람들의 이상에도 개인차가 생긴다. 지식과 성향의 개인차를 완전히 없앨 도리는 없을 것이므로, 모든 사람들의 이상을 완전히 똑같게 만든다는 것은 생각하기 어렵다. 그러나 하나의 보편적 도덕체계를 갖기 위해서 이상에 관한 개인차를 완전히 제거할 필요는 없으며, 오직 인간관계 및 사회의 기본구조에 대한 이상에 있어서만 신념을 같이 한다면, 우리는 하나의 공통된 도덕체계를 가질 수 있고, 따라서 하나의 공통된 규범윤리학을 세울 수가 있다. 다시 말해서 도덕에 관한 신념의 차이를 초래하는 것은 전체로서의 사회, 국가 또는 세계에 관한 이상의 불일치이며, 단순한 사생활의 목표에 관한 이상의 불일치는 여기서 직접적인 문제가 되지 않는다. 그러므로 결국, 이 점에 있어서 우리의 문제로서 남는 것은 "인간적 성향의 차이가 전체로서의 인류의 목표에 관한 이상의 불일치를 불가피하게 할 정도로 큰 것이냐?" 하는 물음뿐이다. 왜냐하면 자연과 인간 등 사실에 관한 지식이 모든 점에 있어서 완전한 합의를 본다는 것은 비록 어렵다 하더라도, 절대로 참된 지식은 한 가지밖에 없다는 것과 이 참된 지식에 입각한 도덕의 원리만이 올바른 도덕체계의 기본이 될 수 있다는 점에는 이론의 여지가 없는 까닭에, 지식의 불일치에서 오는 도덕적 신념의 불일치가 하나의 타당한 도덕체계 또는 타당한 윤리설의 이론적 가능성을 박탈하지는 않기 때문이다.

전체로서의 인류의 이상을 제시하는 명제는 보편화가능성(universalizability)을 가진 명제로서 즉 누구에게나 타당한 명제로서 주장된다. 그것은 발언자 또는 그 밖에 어떤 일부 사람들의 특수한 이해관계를 초월한 공평무사한 명제로서 주장된다고 이해해야 한다. 예컨대 어떤 독재자가 "양육강식의 사회가 가장 바람직하다"는 주장을 인류의 이상을 밝히는 명제로서 지지한다면, 그것은 자기만을 위한 주장이 아니라 비록 자기가 약자의 위치로 전락할 경우에도 타당한 명제로서 주장되는 것으로 해석해야 한다. 그러므로 전체로서의 인류의 이상을 제시하는 명제는 모든 사람을 위한 명제로서의 뜻을 가지며, 만약 그것이 타당성을 가지려면 모든 사람들의 소망과 권리를 공정하게 반영시켰다고 생각될 수 있어야 할 것이다. 이와 같이 인류의 이상에 관한 명제가 보편화가능성을 가져야 한다는 것은, "도덕의 원리"라는 개념 속에 내재한 분석적 제약이다. 그리고 이 분석적 제약은 인간의 성향과 인류의 이상에 관한 우리의 문제를 "사람들의 진정한 소망과 권리는 무엇이냐?" 하는 물음에로 집약시킨다.

사람들의 소망과 권리는 모든 인간에게 공통적인 것과 각 개인에게 특수한 것으로 나눌 수 있을 것이며, "모든 사람들의 소망과 권리를 공정하게 반영시킨 인류의 이상"을 문제삼는 우리들의 견지에서 볼 때, 저 공통적인 것에 보다 큰 비중을 인정해야 할 것이다. 그리고 "모든 사람들에게 공통된 소망과 권리가 무엇이냐?"는 물음에 부딪친 우리들은 인간성에 있어서 기본적이며 공통적인 것을 떠나서 이 물음에 접근할 수가 없다.

인간도 일종의 동물인 까닭에 생존·성장·생식 등의 기본적 욕구를 가졌다. 한편 인간은 이성 또는 지성으로 불리는 특수한 기능을 가진 동물이며, 이 특수성도 모든 인간에게 공통된 기본적 인간성의 요소로서 간주된다. 이성 또는 지성으로 불리는 특수한 기능으로 말미암아 인간은 인간만이 갖는 특수한 욕구를 품게 되었으니, 일반 동물들과 공통으로 나누어 가진 생물학적 욕구와 구별하여, "문화적 욕구"라는 이름으로 부를 수 있는 성질의 것이다.

우리들 누구나가 가진 생물학적 욕구와 문화적 욕구를 아울러 충족시키는 것은 인류의 공통된 소망이요, 그 소망을 충족시킬 수 있는 기회를 균등하게 갖는 것은 인간이 타고난 권리라 하겠다. 우선 생존을 계속하지 않고서는 문화적 욕구의 충족이 있을 수 없으니, 생리적 욕구를 어느 정도 충족시키는 일은 모든 사람에게 기본적인 요청이다. 그리고, 단순한 생존만으로는 도저히 만족할 수 없는 것이 인간인 까닭에, 문화적 욕구의 충족도 역시 소홀히 생각할 수가 없다. 그러나 우리들이 가진 생물학적 욕구를 남김 없이 충족시키고 또 문화적 욕구도 전부 충족시킨다는 것은 현실적으로 불가능하다. 그러므로 생물학적 욕구가 여러 가지 있는 가운데 어느 것을 어느 정도 우선적으로 충족시켜야 할 것이며, 문화적 욕구도 여러 가지 있는 가운데 그 우선순위를 어떻게 정할 것인가? 그리고 생물학적 욕구와 문화적 욕구가 서로 대립하는 관계를 보일 때, 어떤 우선순위 또는 절충의 원리를 따라서 이 대립을 해결할 것인가? 이러한 물음들이 실천 윤리의 근본문제로서 우리 앞에 나타난다.

개체의 생존과 종족의 유지를 위해서 필요한 최소한의 기본적 욕구가 우선적으로 충족되어야 한다는 것은 명백한 듯이 보인다. 그러나 그 다음부터는 문제가 어려워지며, 사람들의 의견은 여러 갈래로 나누어져 대립한다. 우리의 문제를 어렵게 만드는 요인으로서 큰 것 두 가지를 생각할 수가 있다. 하나는 인간의 생물학적 욕구가 문화적 욕구와 복잡하게 융합되어 있다는 사실이며, 또 하나는 가장 바람직한 문화에 대해서 사람들은 다양한 견해를 가지고 있거니와 이 견해의 대립을 극복하기에 충분한 객관적 기준을 세우기가 어렵다는 사실이다.

의식주를 비롯한 기본생활이 누구에게나 보장되어야 한다는 데는 아무도 반대하지 않는다. 그러나 누구에게나 보장되어야 할 그 '기본생활'의 범위와 양상에 대해서는 사람들의 생각이 엄밀한 일치점에 도달하기 어렵다. 생존을 희구하는 원초적 욕구가 의식주를 비롯한 기본생활의 양식에 대한 문화적 욕구와 혼연일체가 되어 융합되어 있으며 기본생활의 양식에 대한 문화적 욕구가 다양하고 변동적인 까닭에, 만인에게 보장되어야 할 '기본생활'의 수준과 양상에 대한 사람들의 신념도 다양하고 변동적이기 때문이다. 그리고 이와 같이 다양하고 변동적인 사람들의 신념을 교정하고 종합하여 하나의 통일된 '기본생활'의 개념을 확립한다는 것은 결코 쉬운 일이 아니다.

다음에 "가장 바람직한 문화에 대한 견해의 대립에서 오는 어려움"이라고 한 것은, 학문·예술·종교 등 개별적 문화영역에 있어서 하나의 통일된 객관적 평가기준을 세우기가 어렵다는 사실을 가리키는 것이 아니라, 넓은 의미의 문화적 가치 전체 체계에 포함되는 여러 가지 가치들의 우선순위 또는 적절한 비중 안배에 관한 대립된 견해들을 화해시킬 수 있는 객관적 기준을 세우기가 어렵다는 사실을 지적하는 것이다. 예컨대 자유와 평등 또는 자유와 경제성장 사이에 양립을 허락하지 않는 상호 배척의 관계가 있을 때, 혹은 민주주의의 이념과 정치적 안정 내지 국가의 안보 사이의 대립관계로 인하여 딜레머에 빠졌을 때, 어떠한 우선순위 또는 비중 안배의 원칙을 따라서 이 대립을 지양시킬 것인지를 결정하는 것은 결코 쉬운 일이 아니다. 한 계단 낮은 차원에서 예를 든다면, 예산과 인적 자원의 제한으로 말미암아 전통문화의 보존과 새 문화의 창조활동 사이에 대립의 관계가 생길 때, 또는 학문과 예술 사이에 견제와 대립의 관계가 생길 때, 어떠한 우선순위 또는 비중 안배의 원칙을 따라서 이 대립을 지양시킬 것인지를 원만하게 결정한다는 것은 매우 어려운 일이다.

이상의 고찰을 통해서 우리는 참된 인류의 이상에 관하여 일치된 견해에 도달한다는 것이 결코 쉬운 일이 아님을 보았다. 그러나 이 문제는 일부의 논자들이 생각하듯이 그토록 비관적인 것만은 아니다. 가장 올바른 인류의 이상에 대한 사람들의 생각은 피상적 관찰을 통해서 흔히 짐작하듯이 그토록 크게 서로 다른 것은 아니며, 현실적으로 존재하는 이상의 차이는 지식의 심화와 보급, 그리고 지성적 대화의 방법을 통해서 점차로 좁혀질 가능성이 있다.

올바른 인류의 이상에 관한 명제는 보편화가능성을 주장하는 의미를 가졌다고 하였다. 따라서 인류의 이상에 관한 명제가 타당성을 갖기 위해서는 모든 사람들의 동의를 얻을 수 있도록 강한 설득력을 가져야 한다. 사람들은 누구나 자기의 행복을 염원하게 마련인 까닭에, 자신의 행복의 가능성이 소외된 어떤 목표를 인류의 이상으로서 받아들일 수는 없다. 그러므로 어떤 원리가 올바른 인류의 이상으로서 타당성을 가지려면 모든 사람들의 행복을 공평하게 존중하는 내용을 담아야 한다. 그런데 인간도 일종의 동물인 까닭에 기본생활의 유지를 떠나서 행복할 수 없으며, 또 지성이 높은 동물인 까닭에 문화적 가치 내지 정신적 가치의 실현을 떠나서도 행복할 수가 없다. 결국 모든 사람들의 기본생활이 보장되고 그 기본생활의 토대 위에서 각자의 소질을 개발하여 모든 사람이 문화적 가치 내지 정신적 가치의 창조에 고루 참여할 수 있는 사회를 건설함이 인류의 이상이 아닐 수 없다는 결론으로 접근하게 된다. 다만 '기본생활'이라는 개념의 해석에 있어서 견해의 차이가 생길 수 있고 또 문화적 가치의 바람직한 체계에 관해서도 여러 가지 의견이 대립할 여지가 있는 까닭에, 위에서 얻은 결론으로써 **하나의** 보편적인 도덕체계 또는 윤리학을 위한 근본원리가 확립되었다고 볼 수는 없다.

'기본생활'의 개념에 대한 해석의 차이 및 문화적 가치의 바람직한 체계에 대한 의견의 대립을 초래하는 원인의 가장 큰 것으로서 두 가지를 생각할 수가 있다. 첫째는 자연과 인간 및 그 밖의 여러 가지 사실에 대한 인식 내지 소견의 불일치다. 그리고 둘째는 논자들의 생활사의 배경을 이룬 사회가 문화적으로 각각 성질이 다르다는 사실이다. 그런데 이 두 가지 요인은 앞으로 점점 약화될 것으로 전망된다. 첫째로, 삶과 관계되는 여러 가지 사실에 대한 인식 내지 소견의 차이는 과학의 발달을 따라서 점차로 줄어들 것으로 보인다. 둘째로, 논자들의 문화적 배경의 다양성도, 오늘과 같이 세계가 점점 좁아지고 문화의 교류와 융합이 날로 더해 가는 추세가 계속되는 한, 점차로 해소될 것으로 보인다. 그러므로 '기본생활'의 개념과 문화적 가치의 바람직한 체계에 대한 의견이 하나의 일치된 신념을 향해서 꾸준히 성장할 수 있다는 희망을 갖게 된다.

그러나 '인류의 이상' 또는 '가장 바람직한 사회'에 대한 모든 사람들의 견해가 완전한 일치에 도달할 수 있다는 보장은 없다. 사람들의 기질 또는 성격의 차이와 문화의 지방적 특색은 앞으로도 오래 남아돌아갈 것이며, 그것이 남아 있는 동안은 최고의 선에 대한 사람들의 신념에도 차이점이 계속 남아 있을 가능성이 있다. 우리가 기대할 수 있는 것은 지성적 대화와 반성 그리고 상호 설득을 통하여 서로의 견해 사이의 거리를 점점 좁히는 일일 따름이며, 그 거리를 완전히 없애 버릴 수 있다는 이론적 보장은 없다.

최고의 선 또는 가장 바람직한 인간사회에 대한 신념의 차이를 극복하지 못하고 두 진영이 대립할 경우에, 그 가운데 어느 편이 옳다는 것은 논리적으로 증명할 길도 없고 또 설득을 통해서 어느 한쪽을 후퇴시킬 수 있다는 보장도 없다면 결국 어떻게 되는 것일까? 세계의 질서는 어떻게 되며, 윤리학의 처지는 어떻게 되는 것일까? 두 진영은 각각 자기네의 철학이 옳다는 것을 주장하며 동조자들의 범위를 확대해 갈 것이다. 각각 자기네의 철학이 옳다는 것을 밝히기 위하여 여러 가지 사실을 지적하며 이론을 전개할 것이다. 그러나 그러한 지적 노력이 어떤 가치철학의 타당성 내지 부당성을 완전히 증명할 수는 없으며, 여전히 두 개의 철학이 대립할 가능성은 남아 있다. 만약 세계의 인구가 두 진영으로 나누어져 각각 다른 가치철학 내지 이상을 신봉하는 상태로 맞선다면, 이 두 진영은 각각 다른 질서의 체계를 가질 것이며 각각 자기네의 진영 내부에 있어서만 타당성과 권위를 갖는 윤리학을 세울 수 있을 것이다. 규범윤리학은 어떤 가치의 원리를 대전제로 삼고 성립하는 것이며, 이 대전제는 논리적 증명을 통해서 세워지는 것이 아니라 인간 각자의 주체적 결단에 의해서 선택된다. 그리고 같은 원리 또는 같은 길을 선택한 사람들끼리 하나의 공통된 윤리학을 갖게 마련이며, 그 윤리학은 그 이론 전개의 과정에 있어서 그릇된 사실판단을 끌어들이거나 논리적 오류를 범하지 않는 한, 그 진영 내부에 있어서 타당성과 권위를 가질 것이다.

두 진영의 가치철학이 대립했을 경우, 상대편 진영의 존재가 우리측의 안녕과 질서에 별다른 위협을 주지 않는 한, 우리는 그들의 신념을 존중하고 그들에게 간섭하지 아니 함이 옳을 것이다. 그러나 만약 그들의 철학이 우리의 생존과 안녕을 위협한다면, 우리는 온갖 방법을 동원하여 그들의 침범을 막아야 할 것이다. 되도록이면 평화적 대화의 방법으로 충돌을 극복함이 바람직하나, 만부득이하여 힘으로써 힘에 대항해야 할 경우도 생길 수 있다.

이상과 같은 견해가 필경 도덕의 권위와 규범윤리학의 가능성을 부정하는 결과를 가져오고 만다는 생각은 잘못이다. 우리가 스스로의 결단을 통해서 어떤 원리를 선택했을 때, 그 원리를 대전제로 삼고 전개된 도덕의 체계 내지 규범윤리학은 그 원리를 선택한 사람들에 대해서만 권위와 타당성을 가질 뿐 그 밖의 사람들에 대해서는 구속력을 갖지 못한다. 만약 우리에게 어떠한 실천의 원리도 선택하지 않을 자유가 있다면, 다시 말해서 모든 원리를 물리칠 자유가 있다면, 우리가 아무런 실천의 원리도 선택하지 않는 동안, 어떠한 도덕의 체계도 우리에 대해서 권위 내지 구속력을 갖지 못할 것이다. 그러나 인간이 살고 있는 동안 어떠한 실천의 원리도 선택하지 않을 수는 없다. 우리에게 주어진 것은 몇 가지 원리 가운데서 하나를 선택할 수 있는 자유이며, 하나의 원리도 선택하지 않을 수 있는 자유는 아니다. "무원칙하게 살겠다"는 태도를 결정하는 것조차도 하나의 길을 선택하는 것이니, 살아 있는 동안 그리고 모든 행동을 보류할 수 없는 한, 우리는 언제나 적어도 하나의 실천원칙은 선택해야 한다. 그리고 하나의 실천원칙만 서 있으면 그것을 대전제로 삼는 실천의 체계가 전개될 수 있다. 그러므로 모든 실천의 체계를 넓은 의미의 '도덕의 체계'라고 부를 수 있다면, 모든 사람은 언제나 반드시 어떤 도덕의 체계 아래서 살게 마련이라는 결론에 이르게 된다. 그리고 그 도덕의 체계는 그 아래 속해 있는 모든 사람들에 대해서 권위와 타당성을 갖게 되는 것이니, **모든 사람들은 각각 자기에 대해서 권위와 타당성을 가진 도덕의 체계를 하나는 가져야 한다는** 이야기가 된다.

그러므로 우리는 결코 도덕의 권위와 규범윤리의 가능성을 부인하는 것이 아니며, 다만 사람들이 각각 자기네가 믿는 도덕의 체계만이 오직 권위와 타당성을 갖는다고 고집을 부리는 태도에 대해서 모종의 회의를 표명했을 뿐이다. 자기네의 도덕의 체계만이 절대로 옳다고 고집하는 태도와 자기네의 종교만이 절대로 옳다고 고집하는 태도는 근본적으로 비슷한 심리의 소산이다. 다만 한 나라에 여러 가지 종교가 공존한다 해도 오늘날 큰 지장은 없으나, 한 나라에 여러 가지 도덕이 지배한다는 것은 아직도 큰 혼란을 의미하는 까닭에, 종교계가 관용을 미덕으로 삼는 현대에 있어서도, 도덕문제에 대해서는 같은 관용을 기대하기가 어려울 따름이다.

3. 倫理란 무엇인가

I. 經驗的 現實로서의 倫理規範

깊이 잠들었을 경우나 '식물인간'의 경우는 다르겠으나, 우리는 살아 있는 동안 어떤 행위를 하게 마련이다. 삶이란 곧 행위의 연속이라고 하여도 과언이 아닐 정도로 인간은 항상 여러 가지 행위를 한다. 그런데 우리가 충동을 따라서 아무렇게나 행위하여도 좋은 것은 아니며, 적어도 집단생활을 하는 곳에서는 행위의 제약을 가하는 규범이 있다. 아무리 자유주의를 표방하는 사회라 하더라도 아무렇게나 행동해도 좋은 것은 아니다. 하고 싶어도 해서는 안 되는 행위가 있고, 하기 싫어도 해야 하는 행위가 있다고 생각한다. 예컨대 현재 우리나라에서는 두 사람 이상의 배우자를 동시에 갖는 것은 '해서는 안 되는 행위'로 인정되고 있으며, 갚기로 약속을 하고 빌린 돈을 반환하는 것은 '하기 싫어도 해야 하는 행위'로 인정되고 있다.

인간집단이 있는 곳에서는 어디에서나 찾아볼 수 있는 사회규범에도 여러 가지가 있어서, 우리는 그것들을 흔히 관습(慣習)과 법(法), 그리고 도덕률(道德律)로 나눈다. 예컨대 "악수를 청할 때 왼손을 내밀어서는 안 된다" 하는 규범은 관습이요, "모든 차량은 우측으로 통행해야 한다"는 규범은 법적 규정이다. 그리고 "노약자를 도와주어야 한다," 또는 "말과 행동이 일치하도록 힘쓰라" 하는 따위의 규범은 도덕률에 해당한다. 우리 사회에는 여러 가지의 도덕률이 있거니와, 여러 가지 도덕률을 하나로 묶어서 그 전체를 지칭할 때는

'윤리'(倫理) 또는 '도덕'(道德)이라는 말을 사용한다. (직업에 관한 도덕률들을 하나로 묶어서 '직업윤리'라 부르고, 방송에 관한 여러 도덕률을 하나로 묶어서 '방송윤리'라는 말로 부른다. 그러나 '직업도덕'이니 '방송도덕'이니 하는 말은 별로 사용하지 않는다.)[1]

관습과 법과 윤리 가운데서 가장 근본적이며 중요한 것은 윤리의 규범이다. 왜냐하면 우리는 관습 가운데서 존중해야 할 것과 타파해야 할 것을 분간하고, 법률 가운데서도 정당한 것과 부당한 것을 구별해야 할 필요성에 부딪칠 경우를 경험하거니와, 이런 경우에 관습 또는 법률을 평가하는 기준이 되는 것은 윤리이기 때문이다. 다시 말해서 참된 윤리가 요구하는 바와 일치하지 않거나 조화되기 어려운 관습이나 법률은 올바른 사회규범으로서의 자격을 인정받을 수 없기 때문이다.

모든 사회규범의 근간이라고 볼 수 있는 윤리는 도대체 어디에서 온 것이며, 우리가 그것을 존중히 여겨야 할 이유는 무엇일까. 윤리란 선천적으로 정해져 있는 것인가, 또는 인간의 사회생활 내지 경험에 근거를 두고 생긴 역사적 산물인가? 도대체 윤리의 본질은 무엇인가? '윤리'라는 말의 뜻을 살피는 일에서부터 이 물음에 접근하는 실마리를 찾아보기로 하자.

'윤리'(倫理)라는 한자어의 윤(倫)자는 사람 인(人)과 뭉치 윤(侖)을 합해서 된 글자로서 인간집단을 가리키는 글자이다. 그리고 리(理)라는 글자는 석리(石理), 목리(木理) 또는 도리(道理)라는 말에서 알 수 있듯이, '결' 또는 '길'을 가리키는 한자이다. 그러므로 '윤리'라는 말의 기본적인 뜻은 '인간사회의 결 또는 길'이라고 풀이

---

1) '윤리'(倫理)와 '도덕'(道德)은 엄밀하게 같은 뜻을 가진 말은 아니다. 그러나 우리들의 일상생활에서는 이 두 말을 거의 같은 뜻으로 사용할 경우가 많으며, 근래에는 전문적 학자들도 그 구별에 구태여 신경을 쓰지 않는 경향이 있다. 다만 일반적으로 말해서, 인간사회의 규범을 의미할 때는 '윤리'라는 말이 많이 쓰이고, 윤리를 존중하는 사람들의 심성(心性) 또는 덕행(德行)을 가리킬 때는 '도덕'이라는 말을 많이 사용한다.

할 수 있을 것이다.

나무에는 나무의 결이 있고, 돌에는 돌의 결이 있다. 나무를 깎는 목수는 나무의 결을 따라서 대패질도 하고 톱질도 해야 한다. 돌을 다듬는 석수가 돌의 결을 무시하면 좋은 석조물을 만들기 어렵다. 그와 마찬가지의 논리를 따라서, 인간집단이 원만한 사회생활을 영위하고 그 집단의 성원 각자가 만족스러운 삶을 누리기 위해서는 사람들의 행위가 인간사회의 결(理) 또는 길(道)을 벗어남이 없어야 한다. 그 인간사회의 결 또는 길에 해당하는 것이 바로 '윤리'라는 사회규범이다.

윤리는 여러 개의 도덕률로 구성되어 있다. "거짓말을 말아라," "훔치지 말아라," "약속을 지키라," "간음하지 말라" 등등 여러 가지 도덕률이 집합하여 '윤리'라는 사회규범을 형성한다. 그렇다면 이 윤리의 구성요소인 도덕률(moral rules)은 도대체 어떤 연유로 생긴 것일까? 다시 말해서 윤리라는 것은 어떠한 기원(起源)을 가지고 있는 것일까?

윤리의 기원 또는 그 근거에 관한 학설을 우리는 크게 두 부류로 나눌 수 있다. 하나는 윤리의 근거가 인간 이전에 이미 주어졌다고 보는 견해이며, 또 하나는 그것을 인간 역사의 경험적 산물이라고 보는 견해다.

윤리의 근거가 인간 이전에 미리 주어졌다는 견해도 다시 두 가지로 나눌 수 있다. 그 하나는 '신학적 윤리설'이라고 볼 수 있는 것으로서, 신이 우주를 창조하고 인간을 창조했을 때 "훔치지 말아라," "간음하지 말아라" 등등의 계율을 내렸다는 주장이다. 모든 세세한 도덕률을 신이 내려 주었다는 주장은 아니며, 기본적인 것 몇 가지만 신이 명령했다고 주장하는 것이 보통이다. 그 몇 가지 기본원칙으로부터 세세한 구체적 도덕률이 도출된다는 것이다. 예컨대 "버스나 지하철을 탈 때는 줄을 서서 차례를 기다려라" 또는 "지정된 장소가 아닌 곳에서는 담배를 피우지 말아라" 하는 따위의 현대적 도덕률을 신이 우주를 창조했을 때 이미 내려 주었다고 보기보다는 "네 이웃을 사랑하라"는 기본원칙에서 그것들을 도출할 수 있다고 보는 것이다.

윤리의 근거가 인간보다 앞서서 이미 주어졌다는 견해의 또 하나는 '형이상학적 윤리설'이라고 부를 수 있는 성질의 것이다. 어떤 인격신(人格神)이 있어서 인간에게 도덕률을 내려 주었다고 보는 대신, 우주자연의 이법(理法) 속에 도덕률의 근원이 있다고 보는 견해가 이 분류에 속한다. 예컨대, 천지자연은 이미 정해진 이법을 따라서 운영되게 마련이며 자연의 일부인 인간도 이 이법을 따라야 한다는 전제 아래, 우주 자연을 지배하는 그 이법이 윤리의 근본원리에 해당한다고 주장하는 학설은 이 부류에 속한다. 그리고 우주는 어떤 목적을 가진 체계라고 믿는 목적론적 세계관에 입각하여 인간도 이 우주의 목적 실현을 위해서 이바지해야 할 존재로 보고, 우주의 목적 실현에 부응하는 모든 행위는 옳은 행위요, 이에 역행하는 행위는 그릇된 행위라고 보는 학설도 이 부류에 속한다.[2)]

신학적 윤리설은 신앙에 바탕을 두고 있다. 종교적 신앙의 문제는 '믿음'의 문제이며, 엄밀한 의미의 '앎'의 문제와는 근본이 다르다. '앎', 즉 인식의 문제와 다르다 함은 그 진위(眞僞)를 이론적으로 따져서 가릴 수 있는 문제가 아니라는 뜻이다. 예를 들자면 그리스도교의 십계명(十誡命)은 하나님이 모세에게 내린 것으로 되어 있다. 이 이야기는 우리가 그것을 믿을 경우도 있고 믿지 않을 경우도 있으나, 이 이야기가 참인지 아닌지를 이론적으로 증명할 수는 없다. 성경에 그런 말이 적혀 있고, 또 성지로 알려진 곳의 바위에 그런 말이 새겨

2) 음양(陰陽) 또는 오행(五行)의 이법이 우주를 지배한다는 전제 아래, 인간도 그 이법을 따라서 순리(順理)대로 사는 것이 올바른 삶의 길이라고 보는 중국의 전통 사상은 전자의 대표적인 것이다. 그리고 목적론적 세계관에 입각한 형이상학적 윤리설을 주장한 학자의 대표로서는 고대 그리스의 아리스토텔레스(Aristoteles)를 들 수 있다.

져 있다 하더라도 그것이 충분한 증거가 되기는 어렵다. 한편 그것이 사실이 아닌 조작이라는 것을 증명할 길도 없다. 그것은 어디까지나 믿음의 문제이다.

형이상학적 윤리설도 그 주장하는 바가 참이라는 것을 경험적 근거에 의존해서 증명할 수 없기는 신학적 윤리설의 경우와 비슷하다. 그러나 형이상학적 윤리설이 종교적 신앙에 바탕을 두었다고 말하기는 어렵다. 형이상학적 윤리설에도 어떤 '믿음'의 요소가 포함되어 있음은 사실이나, 그 믿음은 우리가 보통 말하는 '종교적 신앙'과는 성질이 다르다. 그 다른 점을 명백하게 밝히기는 쉬운 일이 아니다. 다만 종교적 신앙에는 정(情)의 요소가 압도적인 데 비하여, 형이상학을 떠받들고 있는 '믿음'에는 지적(知的) 요소가 강하다고 말할 수 있을 것이다.

현대의 경험과학적 사고방식을 따르는 사람들은 윤리라는 것이 인간보다 앞서서 어떤 초월적 존재의 힘에 의해서 미리 주어졌다는 견해를 받아들이지 않는다. 그들은 윤리를 인간의 사회생활 과정에서 필요에 의하여 생겨난 역사적 산물이라고 주장한다. 윤리의 근거를 인간의 사회생활의 경험에서 찾으려는 견해도 여러 가지 학설로 나누어 볼 수 있겠으나, 그 공통된 줄거리는 대략 다음과 같이 요약될 수 있을 것이다.

인간은 옛날부터 집단을 이루고 사회적 존재로서 살아 왔다. 집단생활에서는 한 개인의 행위가 그 행위자에게 어떤 결과를 가져올 뿐 아니라 집단의 공동이익과 타인에 대해서도 영향을 미친다. 그러므로 같은 집단에 속하는 사람들은 서로의 행위에 대해서 깊은 관심을 갖게 마련이고, 그들의 행위가 집단 또는 타인에게 미치는 결과 여하에 따라서 '옳다' 또는 '그르다'는 평가를 내리기가 쉽다.

예컨대, 함께 어울려서 농사를 지으며 사는 사회에서는 부지런한 사람이 칭찬을 받는 반면에, 게으름을 피우는 사람은 비난의 대상이 된다. 공동작업으로 사냥을 하여 생계를 유지하는 족속의 사회에서는 짐승에 대한 날쌔고 용감한 행위가 칭찬을 받는 반면에, 굼뜨고 비겁한 행위는 비난을 받을 것이다. 일반적으로 말해서, 거짓말 · 도둑질 · 욕심부림 따위와 같이 집단생활에 지장을 초래하는 행위들은 '해서는 안 될 행위'로서 비난의 대상이 되기 쉽고, 정직함 · 자기희생 · 이웃돕기 등 집단생활을 위해서 도움이 되는 행위 등은 '마땅히 해야 할 행위'로서 칭찬의 대상이 될 공산이 크다.

모든 집단에는 그 집단을 통솔하는 힘을 가진 개인 또는 계층이 생기게 마련이고, 지배적 세력을 가진 개인 또는 계층은 '해서는 안 될 행위'로서 비난의 대상이 되는 행위를 억제하는 방향으로 영향력을 행사하는 반면에, '마땅히 해야 할 행위'로서 칭찬의 대상이 되는 행위는 권장하는 방향으로 영향력을 행사하게 된다. 이러한 상태가 오래 지속되는 가운데 거짓말 · 도둑질 · 욕심부림 따위의 행위에 대해서는 '해서는 안 될 행위'라는 고정관념(固定觀念)이 형성되고, 정직함 · 자기희생 · 이웃돕기 등 칭찬의 대상이 되는 행위에 대해서는 '마땅히 해야 할 행위'라는 고정관념이 형성된다.

'해서는 안 될 행위' 또는 '마땅히 해야 할 행위'에 관한 고정관념이 언제나 그 사회의 공동이익에 일치하도록 형성되는 것은 아니다. 다시 말하면, '해서는 안 될 행위'로 알려진 행위 모두가 반드시 그 사회를 위해서 좋지 않은 결과를 초래할 공산이 크다고 보기 어려우며, '마땅히 해야 할 행위'로 알려진 모든 행위가 반드시 그 사회를 위하여 좋은 결과를 가져올 가능성이 크다고 말하기도 어렵다. 바꾸어 말하면, '해서는 안 될 행위'로 알려진 행위 가운데도 사회를 위해서 나쁠 것이 없는 행위가 있고, '마땅히 해야 할 행위'로서 알려진 행위 가운데서도 사회를 위해서 바람직하지 않은 것이 있을 수 있다.

조선조시대에는 과부의 재혼을 '해서는 안 될 행위'로 생각하는 사람들이 압도적으로 많았다. 그러나 과부의 재혼이 사회 전체에 대하여 불이익을 초래했다고 보기는 어렵다. 지금도 우리 나라에서는 결혼식이 끝난 뒤에 폐백의 절차를 갖는 것이 '마땅히 해야 할 일'이라고 생각하는 사람들이 많으며, 정초에 어린이들에게 세뱃돈을 주는 것도 '마땅히 해야 할 일'로 생각하는 사람들이 많다. 그러나 폐백의 절차나 세뱃돈의 관습이 반드시 우리 사회를 위해서 좋은 결과를 가져오리라고 말하기는 어렵다.

사회 전체의 이익과 인과관계가 없는 행위에 대해서도 '마땅히 해야 할 행위' 또는 '해서는 안 될 행위'라는 고정관념이 생길 수 있다는 사실은 그러한 고정관념이 반드시 합리적 근거를 따라서만 생기는 것이 아님을 의미한다. 그러한 고정관념이 합리적 근거 없이도 생길 수 있는 원인의 하나는 강자(強者)들의 이해관계가 행위의 가치에 대한 고정관념을 형성하는 데 결정적 영향을 미칠 수 있다는 사실이며, 그 원인의 또 하나는 오비이락(烏飛梨落)격으로 우연히 생긴 결과에 대해서 잘못된 인과관계를 인정하는 비과학적 사고방식이다. 남자의 재혼은 당연시하면서 여자의 재혼은 부당하다고 생각하는 고정관념은 전자의 경우가 될 것이고, 장례식에 참석한 사람이 일정한 시일이 경과하기 전에 결혼식에 참석하면 안 된다는 따위의 고정관념은 후자의 경우라고 볼 수 있을 것이다.

어떠한 사유(事由)에 의해서 생겼든간에 '마땅히 해야 할 행위' 또는 '해서는 안 될 행위'로서의 고정관념이 생기고, 그것이 사람들의 행동을 규제하는 힘을 갖게 되면 그 고정관념은 사회규범으로서의 성격을 띠게 된다. 사회생활의 진행과정에서 자연발생적으로 생긴 규범 가운데 가장 소박한 것이 '관습'에 해당한다. 관습은 이성적 반성(理性的 反省)의 산물이기보다는 단순히 오랜 내력에 의하여 뒷받침되고 있는 사회규범으로서, 더러는 불합리성 내지 맹목성(盲目性)을 가지고 있기도 하다. 조상의 제사를 지낼 때, 남자들은 두 번 절하고 여자들은 네 번 절하도록 되어 있는 예법 따위는 합리적으로 설명하기 어려운 관습의 예가 될 수 있을 것이다.

관습이 경험적으로 형성된 역사적 산물이라는 것에는 의심의 여지가 없다. 윤리의 기원을 경험론적으로 파악하고자 하는 학자들은 윤리도 그것이 역사적 산물이라는 점에서는 관습과 다를 바가 없다고 주장한다. 다만 관습은 그것이 오랜 전통을 가졌다는 사실로 인하여 존중되는 것임에 비하여, 윤리는 그것이 합리적 근거를 가졌다는 사실 때문에 권위를 인정받게 되었다는 점이 다를 뿐이라고 경험논자들은 설명한다.

어떤 사회규범은 그것을 관습과 윤리 어느 쪽으로 분류해야 옳을지 판단하기 어려울 경우가 있다. 예컨대, 사촌 사이의 결혼을 금지하는 규범을 관습에 지나지 않는다고 보아야 할지, 합리적 근거를 가진 윤리라고 보아야 할지 그 판단이 쉽지 않다. 아마 많은 한국인은 그것을 윤리라고 보아야 옳다고 생각할 것이다. 그러나 사촌 사이의 결혼이 허용되는 나라의 사람들은 한국에서의 사촌간 결혼 금지를 단순한 관습에 불과하다고 생각할 것이다.

우리나라에서는 동성동본(同性同本)에 속하는 사람들 사이의 결혼을 전통적으로 금지해 왔고, 지금도 그것은 비윤리적이라고 생각하는 사람들이 적지 않다. 그러나 우리 사회에서도 삼혁성육촌(三革姓六寸)의 혈연을 가진 처녀와 총각의 결혼은 옛날에도 허용하였다. 동성동본의 경우에는 혈연이 아주 멀어도 결혼을 금지하면서 삼혁성의 경우에는 육촌의 가까운 혈연관계가 있어도 결혼을 허용하는 것은 합리적으로 설명하기 어려운 규범이다.[3)]

그러나 동성동본 사이의 결혼 금지를 일종의 관습으로 간주할 때는 사촌 사이의 결혼을 금지하는 것도 관습이라고 주장할 수 있는

3) '갑'이라는 남자의 어머니와 '을'이라는 여자의 어미니가 사촌간일 경우에 갑과 을의 사이는 육촌척(六寸戚)에 해당한다. 이럴 경우에, 갑과 을을 '삼혁성육촌' 사이라고 부른다. 갑의 아버지와 을의 어머니가 사촌간일 경우보다도 좀더 먼 관계라고 보는 의미가 담겨 있다.

꼬투리를 허용하게 된다. 만약 동성동본 사이의 결혼 금지가 일종의 관습이라면, 혈연의 촌수가 얼마 이상이면 결혼 금지가 관습이고 얼마 이내면 윤리적 규범이라는 한계를 짓기가 어려우므로, 모든 근친간의 결혼 금지는 관습이라고 보아야 한다는 논리가 성립할 것이기 때문이다. 실제로 사촌간의 결혼을 허용하는 나라가 더러 있다는 사실도 근친간의 결혼을 허용하느냐 금지하느냐 하는 문제는 어떤 선천적 원칙을 따라서 결정되기보다는 관습을 따라서 결정된다고 보는 견해를 위해서 유리한 증거의 구실을 한다.

Ⅱ. 絶對論的 倫理說과 倫理學的 懷疑

어느 나라, 어느 사회에나 그 나라 또는 그 사회의 윤리사상이 있다. 그런데 여러 나라 또는 여러 사회에서 발견되는 윤리사상 사이에는 다소간 차이점이 있는 것이 보통이다. 같은 나라 또는 같은 사회 안에서도 서로 다른 윤리사상이 대립할 경우가 있다. 세상에는 농경사회를 배경으로 삼고 형성된 가족주의적 전통윤리를 숭상하는 나라도 있고, 산업사회를 배경으로 삼고 형성된 개인주의적 시민윤리를 신봉하는 사회도 있다. 그리고 현재 우리 나라에는 가족주의적 전통윤리사상을 오늘에 되살려야 한다고 믿는 사람들도 있고, 개인주의적 시민윤리를 바탕으로 삼는 새로운 윤리체계를 정립해야 한다고 믿는 사람들도 있다.

같은 나라 또는 같은 사회 안에서 서로 다른 윤리사상이 대립하는 상태는 사회적 갈등을 조장하는 상태다. 그러므로 같은 나라 또는 같은 사회 안에서 서로 다른 윤리사상이 대립할 경우에는 그 대립을 극복할 수 있도록 하나의 올바른 윤리사상 내지 윤리체계를 정립할 필요가 있다. 그런데 대립된 여러 윤리사상 가운데서 하나의 올바른 체계를 찾아내거나 또는 그들 밖에서 새로 올바른 윤리사상 내지 윤리체계를 정립하자면, 올바른 윤리사상과 그릇된 윤리사상을 판별할 수 있는 기준을 발견해야 한다. 윤리사상의 옳고 그름을 판별하기에 필요한 기준을 발견하여 여러 가지 윤리사상 가운데서 올바른 것 하나를 정립하는 것은 윤리학자들이 해야 할 일들 가운데서 가장 기본적인 것이다.

여러 국가나 사회에서 '윤리'의 이름으로 불리고 있는 사회규범들 사이에 다소간 차이가 있는 것은 그 규범들이 각기 그 나라 또는 그 사회의 실정을 반영하고 형성된 경험적 산물이기 때문이다. 바꾸어 말하면, 여러 나라가 가지고 있는 윤리사상이 다소간 서로 다른 것은, 여러 나라들의 서로 다른 현실과 전통이 각각 그 나라 윤리사상에 반영되기 때문이다. 경험적으로 형성된 윤리사상은 그 배경을 이루는 경험적 조건들의 다양함을 따라서 서로 다른 내용을 담게 마련이다.

여러 나라 또는 여러 사회가 가지고 있는 윤리사상 사이의 차이가 그 배경을 이루는 경험적 조건들의 다양성에 기인하는 것이라면, 경험적 요소를 제거한 윤리체계를 찾아냄으로써 여러 경험적 윤리사상의 거울이 될 수 있는 보편적 윤리의 원형(原型)을 제시할 수 있을 것이다. 이에 옛날부터 대부분의 윤리학자들은 여러 나라의 경험적 특수성의 영향을 제거한 보편적 윤리의 원리를 찾아내는 일을 기본적 과제로 삼았다.

만약에 인간이면 누구나 그것을 실현하기 위해서 노력해야 마땅한 삶의 보편적 목적이 정해져 있다면, 그 보편적 목적이 보편적 윤리의 원리가 될 수 있을 것이다. 만인이 마땅히 추구해야 할 보편적 목적이 존재한다면 그 목적의 실현을 위해서 적합한 행위는 옳은 행위로서 평가될 것이며, 그 목적에 위배되는 행위는 그릇된 행위로서 평가될 것이다. 한 나라의 윤리사상이 타당성을 갖느냐 못 갖느냐 하는 문제도 그 윤리사상 속에 포함된 도덕률이 저 보편적 목적달성에 적합하냐 부적합하냐에 따라서 판가름날 수 있을 것이다.

역사 위에 기록을 남긴 저명한 철학자들 가운데는 인간이면 누구나 추구해야 마땅한 삶의 목표가 주어져 있다고 전제함으로써 보편적 윤리의 원리를 제시하고자 꾀한 사람들이 있다. 플라톤, 아리스토텔레스, 스피노자, 헤겔 또는 그린(T. H. Green) 같은 철학자들은 그러한 목적론자들의 대표적 인물로 볼 수 있다. 이들은 삶의 궁극목적을 인간이 마음대로 정할 수 있다고 본 것이 아니라, 삶의 목적은 이미 선천적으로 주어져 있다고 믿었다. 그런 뜻에서 그들이 제시한 삶의 목적은 절대성(絶對性)을 가졌다고 주장한 것이며, 우리는 그들을 목적론에 입각한 윤리학적 절대론자라고 부를 수 있을 것이다.

목적론에 입각해서 절대론적 윤리설을 주장한 학자들이 여럿 있으나, 그들이 인생의 보편적이며 절대적인 목적을 제시하는 일에 충분히 성공했다고 보기는 어렵다. 그들이 제시한 삶의 목적은 '인격의 완성', '자아의 실현', '이상적 사회의 실현' 등으로 표현되었거니와, 이러한 말로 표현된 목적이 이미 주어진 절대적 목적이라는 점을 논리적으로 밝히는 데 성공한 경우는 없었다. 예컨대, 인격의 완성 또는 자아의 실현이 삶의 궁극목적이라고 주장한 사람들은 왜 그것이 모든 사람들을 위해서 이미 주어진 목적인지를 만족스럽게 밝힐 수가 없었다. 그리고 또 그들은 그들이 제시한 궁극목적의 개념을 명확하게 규정하는 데 성공했다고 보기도 어렵다. 예컨대, '인격의 완성' 또는 '자아의 실현'이 구체적으로 무엇을 의미하는지에 대해서 만인이 수긍할 수 있는 만족스러운 해명을 주지 못하였다.

절대론적 윤리설을 제창한 학자들 가운데는 목적론(目的論) 대신 법칙론(法則論)을 내세운 사람들도 있다. 버틀러(Butler), 칸트, 프라이스(Price) 또는 프리차드(Prichard) 등은 그 대표적인 학자들이다. 이들 법칙론자들에 따르면, 우리 인간에게는 사람인 이상 누구나 마땅히 지켜야 할 행위의 법칙이 주어져 있다. 그 법칙은 인간이 편의를 따라서 정할 수 있는 것이 아니라 인간의 의지를 초월하여 미리 주어진 것으로서 절대불변하는 것이다. 그 절대적 법칙이 구체적으로 어떤 조목들로 되어 있으며, 그것을 인간에게 준 것이 누구냐에 관해서는 법칙론자 사이에서도 여러 가지로 견해가 대립한다. 그러나 행위의 옳고 그름을 선천적으로 주어진 도덕법칙에 비추어서 결정해야 한다고 믿는 점에 있어서 그들의 의견은 근본적으로 일치한다.

법칙론자들도 선천적으로 주어진 절대적이며 보편적인 행위의 법칙을 증명하는 일에 성공하지 못하였다. 예컨대 "약속을 지켜야 한다," 또는 "남의 것을 훔쳐서는 안 된다"는 따위의 도덕법칙이 선천적으로 정해진 절대적 법칙이라고 주장한 사람들은, 그러한 도덕률이 역사적 산물이 아니며 모든 사람들에게 구속력을 가진 절대적 법칙이라는 것을 증명하는 데 성공하지 못하였다.

무릇 '증명한다' 함은 이미 확립된 원리를 전제로 삼는 연역추리의 방법에 호소하거나 또는 경험적으로 확인된 사실을 증거로 제시함으로써 주어진 명제의 타당성을 밝히는 것을 의미한다. 그런데 선천적으로 주어진 윤리의 최고원리를 연역논리로써 논증하거나 경험적 사실로써 뒷받침하기는 원칙적으로 불가능하다. 왜냐하면 윤리의 최고원리는 그것이 최고의 원리인 까닭에 그것보다 한층 높은 원리에 의거해서 논증할 수 없으며, 또 그것은 논자들의 주장에 따르면 선천적 원리인 까닭에 범주를 달리하는 경험적 사실로써 뒷받침하기도 어렵다.

여기서 윤리학자들에게 남아 있는 길은 명증론(明證論)에 호소하는 길뿐이다. 즉 어떤 목적 또는 법칙이 선천적이요, 절대적인 윤리의 원리라는 것은 증명을 기다릴 필요도 없이 자명(自明)하다고 주장하는 길만이 남아 있다. 그러나 명증설을 끌어들인다 하더라도 역시 어려운 문제점은 뒤를 따른다. 그 가장 큰 문제점은 논자들이 주장하는 '자명한 원리'들 사이에 불일치가 있다는 사실이다. 어떤 사람은

'자아의 실현'을 자명한 삶의 목적이라고 주장하는가 하면, 다른 사람은 '인격의 완성'을 자명한 삶의 목적이라고 주장한다. 어떤 사람은 "양심을 따르라"를 자명한 윤리의 기본원리라고 주장하기도 하고, 다른 사람은 '삼강'(三綱) 또는 '오륜'(五倫)을 자명한 원리로서 제시하기도 한다. 참으로 자명한 원리라면 모든 사람에게 자명하게 느껴져야 마땅할 터인데, 논자들이 주장하는 자명한 원리가 일부 사람들에게만 자명한 듯이 느껴질 뿐이며 다른 사람들에게는 별로 자명하지 않다는 사실은 명증론으로서는 난처한 문제점이 아닐 수 없다.

각양각색의 불완전한 윤리체계 배후에 그것들의 거울이 될 수 있는 완전한 절대적 윤리가 존재한다는 철학설은 플라톤의 이데아(idea)설에 근원을 두었다. 플라톤은 경험의 세계 안에서 생겼다 없어졌다 하는 모든 사물은 불생불멸(不生不滅)하는 참된 존재의 불완전한 모사(模寫)에 불과하다고 단정하고, 저들 불완전하고 다양한 사물들의 완전하고 불변하는 원형(原型)을 '이데아'라고 불렀다. 이 이데아의 개념을 윤리현상(倫理現象)에 적용할 때, 여러 가지 모습으로 나타난 불완전한 윤리현상의 완전한 원형으로서의 선천적 절대원리를 상정(想定)하게 된다. 여러 가지로 다양하고 불완전한 각국의 언어 배후에는 참되고 모범적인 절대언어가 존재한다는 주장이나, 여러 가지로 불완전한 각국의 실정법(實定法) 배후에 그것들의 귀감이 될 완전무결하고 영원불변하는 자연법(jus naturale)이 선천적으로 실재한다는 자연법설(自然法說)도 모두 같은 발상에 근원을 둔 것이라고 볼 수 있을 것이다.

플라톤의 이데아설에 대해서는 일찍이 아리스토텔레스의 예리한 비판이 있었고, 그 뒤에도 이를 부정하는 많은 철학자들이 속출하였다. 아마 오늘날 플라톤의 이데아설을 그대로 신봉하는 학자보다는 이에 대하여 회의를 느끼는 학자들이 더 많을 것이다. 그러나 플라톤의 이데아설이 완전히 타도당한 것은 아니다. 플라톤철학의 타당성을 확고하게 입증한 사람도 없지만, 그 부당성을 완전히 증명한 사람도 없다. 플라톤의 이데아설은 하나의 형이상학설(形而上學說)이요, 형이상학설은 경험을 초월한 세계에 대한 사변(思辨)의 체계인 까닭에, 그것의 타당성 또는 부당성을 완전하게 증명한다는 것은 본래 불가능에 가깝다. 그것은 결국 믿음을 바탕으로 삼은 이론이며, 그것을 긍정하느냐 부정하느냐 하는 문제도 필경은 믿음에 따라서 좌우될 문제일 따름이다.

철학사를 빛낸 수많은 철학자들이 목적론 또는 법칙론을 전개하여 절대적 윤리의 원리를 제시했으나 논리적으로 만족스러운 것은 하나도 없었다. 2000년 이상의 오랜 세월을 두고 갖가지 윤리설이 속출했으나, “어떻게 사는 것이 가장 바람직한 삶의 길이냐?” 하는 문제에 대해서 아직도 반론의 여지가 없는 정론(正論)을 얻지 못했다는 것을 우리는 솔직하게 인정해야 할 형편이다.

무수한 철학자들이 오랜 세월을 두고 절대적 윤리의 원리를 애써 찾았음에도 불구하고 아무도 만족스러운 결과를 얻지 못했다는 사실은, 절대적 윤리의 원리가 존재한다는 그 전제 자체에 대한 의심을 일으키기에 충분하다. 일찍이 기원전 5세기에 그리스의 소피스트들이 시비(是非)와 선악(善惡)의 객관적 기준을 부인하는 회의론을 주장한 바 있고, 그 뒤에도 회의(懷疑)의 뜻을 함축한 학설이 가끔 나타나곤 했으나, 절대론적 윤리설의 대세에 눌려서 크게 각광을 받지 못하였다. 그러나 20세기 초엽에 이르러 사정은 크게 달라지게 되어 윤리학적 회의론(ethical skepticism)의 기세가 과거 어느 때보다도 강하게 일어났다.

윤리학적 회의론이 특히 현대에 이르러서 크게 대두하게 된 데는 여러 가지 사유가 있다. 두 차례에 걸친 세계대전을 치르는 가운데 세계질서에 막대한 혼란이 일어났을 뿐 아니라, 과학기술의 놀라운 발달로 말미암아 사회의 양상과 생활의 조건이 급격하게 변화했다는 역사적 사실을 우선 그 큰 원인으로서 지적할 수 있을 것이다. 절대론적 윤리설은 대체로 전통윤리를 권위주의적으로 옹호하는 경향을 가졌거니와, 세계질서나 사회양상에 획기적 변동이 생겼을 때는 종전의 전통윤리로써는 새 시대에 적응하기 어려운 현실에 자주 부딪치게 된다. 따라서 전통윤리에 대한 불신이 생기기 쉽고, 전통윤리에 대한 불신은 '윤리'라는 것 자체에 대한 불신으로 이어질 가능성이 크다.

자연과학이 눈부신 발달을 이룩하게 되면서 과학적 방법이 인간 연구에도 적용되어 인간에 대한 이해가 새로운 방향으로 발전했다는 사실도 절대적 윤리설에 대한 회의를 조장하는 결과를 초래하였다. 인간을 주로 형이상학적 견지에서 탐구한 철학자나 종교가들은 인간의 본성을 오로지 이성적 존재로서 이해하고, 이성을 선천적이며 만인에게 있어서 동일한 것으로 보았던 까닭에, 그러한 인간관에 입각한 윤리설은 자연히 절대론 쪽으로 기울기 쉬웠다. 그러나 자연과학의 방법을 적용한 경험적 인간학은 인간을 진화(進化)의 산물로 보는 동시에 이성 또는 양심까지도 경험을 따라서 발달하는 것으로 보는 경향이 있다. 이성 또는 양심까지도 경험을 따라서 발달하는 것이라면 인간성 전체를 가변적(可變的)인 것으로 보아야 할 것이며, 고정불변한 선천적 인간성 내지 '인간의 본질'을 인정하기가 어렵다. 요컨대, 현대의 생물학적 인간관에 따르면 인간을 오로지 이성적 존재라고 보기가 어려우며, 영원히 변치 않는 '인간의 본질'을 생각하기도 어렵게 된다. 이것은 절대적 윤리설의 바탕이 되었던 고전적 인간관을, 즉 인간의 본질을 선천적 이성에서 찾으려 한 종래의 인간관을 불신하는 것이니, 이 불신은 절대적이며 보편적인 윤리의 실재(實在)에 대한 불신으로 옮겨갈 소지를 다분히 가지고 있다.

선천적이며 보편적인 윤리의 원리를 뒷받침하는 강력한 근거로서 만인이 공유하는 선천적 도덕감 또는 선천적 양심을 내세운 윤리학자들도 있었다.[4] 그런데 경험과학적 인간연구는 바로 이 선천적 도덕감 또는 선천적 양심의 존재를 부인하는 경향으로 기울었다. 특히 문화적 배경을 달리하는 여러 민족 또는 부족에 대한 민속학적 연구는 인종과 전통이 다르면 도덕감 내지 양심도 다르다는 사실을 발견했고, 이러한 발견은 절대적 윤리설의 신빙성을 크게 약화시키는 결과를 가져왔다. 그리고 절대적 윤리의 존재에 대한 의심은 도대체 윤리니 도덕이니 하는 것이 본래 자의적인 것이 아니냐 하는 의심으로 발전할 가능성을 가졌다.

Ⅲ. 삶의 知慧로서의 倫理

그 유래나 원인이 무엇이든간에 윤리적 회의는 극복되어야 할 문제를 안고 있는 정신적 상황이다. 왜냐하면 시간과 공간의 제약을 받지 않고 보편적 타당성을 갖는 절대윤리의 존재를 의심하는 데 그치지 않고 윤리라는 것 자체를 자의적(恣意的)인 것으로 보는 생각에 이르면, 모든 윤리가 권위를 잃게 되며 도덕적 무정부상태를 방지할 이론적 근거가 무너지기 때문이다. 그러므로 금세기의 20년대와 30년대에 이르러 거의 절정에 달한 윤리학적 회의론을 어떻게 극복하느냐 하는 것은 그 뒤 수십 년 동안에 걸쳐서 윤리학자들의 큰 과제가 되었다.

윤리적 회의를 극복하는 효과적 방안의 하나로서 종교적 신앙을 생각할 수 있을 것이다. 신앙심이 투철한 사람들은 그들의 믿음을 통하여 윤리적 회의를 벗어나는 데 성공할 수 있을 것으로 기대된다. 그러나 종교적 신앙의 힘으로 할 수 있는 일은 윤리적 회의의 부분적 극복에 지나지 않으며, 현대에 있어서 어떤 특정한 종교의 교리로써

4) 대표적인 학자로서 샤프츠버리(Shaftesbury), 허치슨(Hutcheson), 버틀러(Butler) 등을 들 수 있다. 선천적이며 보편적인 '실천이성'을 윤리의 기본개념으로 삼은 칸트(Kant)의 학설도 크게 보면 같은 범주에 속한다.

모든 사람들 또는 대부분의 사람들을 같은 윤리체계의 신봉자로 만든다는 것은 실현성이 희박한 소망에 그칠 것이다.

특별한 신앙심이 없더라도 정상적인 지성을 가진 사람이라면 누구나 납득할 수 있는 이론으로써, 윤리가 단순한 자의적 규범이 아니라는 것을 밝힐 수 있는 길을 찾아보는 것이 오늘날 우리가 시도할 수 있는 가장 현실적인 대안이라고 생각된다. 그리고 실제로 현대의 많은 윤리학자들이 택하고 있는 것도 대체로 이 방향의 길이라고 볼 수 있다.[5] 단적으로 말해서, 비록 절대적 윤리의 원리가 선천적으로 주어진 바 없다 하더라도 윤리라는 것이 모든 사람들을 위해서 필요하고 도움이 되는 '삶의 지혜'라는 사실을 밝히게 된다면, 현대를 윤리적 회의로부터 벗어나게 하는 데 일단 성공하는 결과를 얻을 것이다.

심리학적 견지에서 볼 때, 삶이란 부단히 일어나는 욕구를 충족해 가는 과정이라고 말할 수 있다. 그런데 욕구가 저절로 충족될 경우는 적으며, 대개는 행위를 통해서 소기의 목적을 달성한다. 행위는 본래 욕구충족을 위한 수단으로서의 성격을 갖거니와 모든 행위가 소기의 목적을 달성함에 효과적인 것은 아니다. 그러므로 인간의 지성은 자연히 행위를 평가하게 된다. 욕구충족에 적합한 행위는 높게 평가하고, 그 반대의 것은 낮게 평가하게 마련이다. 우리들의 욕구충족과 인과관계를 갖는 것은 나 자신의 행위만이 아닌 까닭에, 우리는 남의 행위까지도 평가의 대상으로 삼는다. 결국 인간이 사회생활을 하는 가운데 자타(自他)의 행위를 평가하는 것은 불가피한 현상이다. 자타의 행위에 대한 평가는 윤리 또는 도덕이라는 현상을 낳게 하는 근원이며, 행위 내지 인품에 대한 평가가 불가피한 이상 윤리 또는 도덕의 현상 역시 불가피하다. 인간사회가 있는 곳에는 반드시 '윤리' 또는 '도덕'으로 불리는 것이 따르게 마련이고, 윤리나 도덕을 갖지

5) 예컨대, 듀이(J. Dewey), 헤어(R. M. Hare), 롤즈(J. Rawls) 등의 윤리설은 그 근본정신에 있어서 이 길을 택한 것이라고 볼 수 있을 것이다.

않은 인간사회는 생각할 수 없다. 인간사회를 위하여 필요불가결하다는 뜻에서 윤리는 인간에게 필연적이다.

모든 인간사회는 필연적으로 '윤리'라는 이름의 사회규범을 가지고 있다. 그러나 우리 사회가 가지고 있는 윤리를 모든 면에서 완전무결하다고 보기는 어렵다. 불합리한 점도 없지 않은 현재의 윤리를 그대로 묵수하기보다는 그것을 가급적 완벽함에 가까운 것으로 만드는 편이 바람직하다는 점에는 의심의 여지가 없다. 특히 급격하게 변동하는 사회에서는 이제까지 통용되어 온 윤리규범에 불합리한 요소가 발견되게 마련이므로, 현재의 윤리규범을 더욱 타당성이 높은 것으로 고치는 일이 중요한 과제가 된다. 그리고 이 과제를 수행하기 위해서는 모든 면에서 타당성을 갖는 윤리란 어떤 것이냐 하는 이론적 문제가 먼저 해결되어야 할 것이다.

안전무결한 윤리의 원형(原型)이 선천적으로 주어져 있다면, 우리는 그 선천적 윤리의 원형을 기준으로 삼고 우리들의 현존하는 윤리의 결함을 보완하는 길을 찾을 수 있을 것이다. 그러나 우리들의 문제는 선천적 윤리 원형의 존재를 의심스럽게 생각하는 회의론을 어떻게 극복하느냐 하는 것이므로, 선천적 윤리의 원형이 존재한다는 전제 아래 이론을 전개할 수는 없다. 바꾸어 말하면 우리들의 문제는 선천적 윤리의 원형에 대한 믿음이 없는 사람들을 위해서 제시할 수 있는 길이 무엇이냐는 그것이다. 그러나 선천적으로 주어진 윤리의 원형이 존재하지 않을 경우에 우리는 무엇을 기준으로 삼고 현존하는 윤리의 평가와 시정을 꾀할 수 있을 것인가?

원만한 사회생활을 위해서 윤리가 필요 불가결하다고 하였다. 이는 사회생활 안에서 윤리가 수행해야 할 기능이 있음을 의미한다. 다시 말해서, 윤리에는 그것이 수행해야 할 기능이 있으며, 이 기능의 수행은 원만한 사회생활을 위하여 절대로 필요하다는 것을 의미한다. 그러므로 어떤 윤리사상이 타당성을 인정받기 위하여 갖추어야 할 첫째 조건은 그것이 맡은 바 기능을 유감없이 수행할 수 있는 효용성이 아닐 수 없다. 그렇다면 윤리 또는 윤리사상이 수행해야 할 중대한 기능이란 무엇일까?

윤리는 인간이 지켜야 할 행위의 규범이다. 바꾸어 말하면, 그것은 사회생활을 위한 행위의 처방이다. 그리고 인간이 행위를 하는 까닭은 그가 봉착한 문제를 해결하고자 함에 있다. 그러므로 행위의 처방으로서의 윤리가 타당성을 갖기 위해서는 첫째로, 행위자 또는 그의 사회가 부딪치는 여러 가지 문제들을 해결하기에 가장 적합한 행위의 지침을 밝혀 줄 수 있어야 한다. 인간사회 안에서 일어나는 문제들을 원만하게 해결하기에 적합한 행위의 원칙을 제시해 주는 삶의 지혜로서의 구실을 할 수 있는 윤리가 아니면, 그 사회에서 타당성을 가진 윤리로서 인정되기 어렵다.

삶의 과정에서 야기되는 모든 문제에 대해서 윤리가 해결의 처방을 내리는 것은 물론 아니다. 어떤 문제에 대해서는 관습 또는 상식이 처방을 알리기도 한다. 다만 사회생활 속에서 일어나는 문제들 가운데서 특히 여러 근본적 문제들에 대하여 윤리가 해결의 처방을 내리는 것이며, 그 임무를 완수하기에 적합한 윤리가 아니면 타당성을 가진 윤리라고 볼 수 없다.

윤리가 관여할 사회적 문제들의 대부분은 욕구의 대립에서 오는 문제들이다. 한 개인의 내부에서 일어나는 욕구의 대립도 넓은 의미의 윤리가 관여할 문제라고 하겠으나, 윤리가 관여할 중요한 문제들의 대부분은 개인과 개인, 집단과 집단 또는 개인과 집단 사이에 일어나는 욕구의 대립에 연유하는 것들이다. 그러므로 이러한 욕구의 사회적 갈등을 원만하게 해결하기에 적합한 행위의 처방을 제시하는 일은 도덕률이 맡아야 할 구실의 가장 큰 것이며, 이 구실을 유감없이 수행하기에 부족함이 없도록 지혜로움은 이상적 윤리가 갖추어야 할 조건이다.

욕구의 사회적 갈등을 해결하기 위한 규범으로서 가장 강력한 것은 법(法)이다. 그러므로 욕구의 사회적 갈등을 해결하기 위한 처방을 제시하는 것은 윤리의 임무이기보다도 법의 임무가 아니냐는 의문을 제기하는 사람이 있을지도 모른다. 그러나 정당한 법이 요구하는 바는 윤리도 동시에 그것을 요구한다. 따라서 욕구의 사회적 갈등의 해결을 위한 처방을 제시하는 일은 법의 임무이자 또 윤리의 임무이기도 한다. 정상적인 국가에서는 법은 '최소한의 윤리'에 해당한다. 다시 말해서, 윤리가 요구하는 규범들 가운데서 특히 엄격한 실천이 요청되어 공권력의 제재(制裁)가 수반되는 일부의 규범이 곧 법을 구성한다고 볼 수 있다. 그러므로 우리가 윤리와 법을 대립시켜서 생각할 이유는 없으며, 욕구의 사회적 갈등을 해결함에 있어서 윤리는 법보다도 더 넓은 범위를 담당한다는 차이가 있을 뿐이라고 이해하면 족할 것이다.

욕구의 사회적 갈등을 원만하게 해결하기에 가장 적합한 원리가 될 수 있는 것은 이성(理性), 특히 이성이 요구하는 공정성(公正性)일 것이다. 왜냐하면 대립된 욕구 가운데서 어느 한쪽만을 살리고 다른 한쪽은 희생시키는 길이 옳다고는 볼 수 없으며, 두 욕구를 가능한 범위 안에서 크게 만족시키는 동시에 어느 한쪽으로만 치우치지 않는 길을 모색함에 있어서 이성보다 더 믿을 만한 것이 없기 때문이다. 그러므로 우리는 윤리가 타당성을 갖기 위하여 입각해야 할 기본 원리는 이성, 특히 이성이 요구하는 공정성에서 찾을 수밖에 없다는 결론을 얻게 된다. 이것은 우리가 현재 가지고 있는 윤리를 평가하거나 또는 새로운 윤리를 모색할 경우에 기본으로 삼아야 할 것이 이성의 판단, 특히 그 공정성의 원리라는 것을 의미한다.

욕구의 갈등뿐 아니라 그 밖의 어떠한 윤리적 문제에 있어서도 우리가 일차적으로 의존해야 할 것은 이성이라고 생각된다. 윤리의 근원을 인간적인 것으로 보고 윤리를 인간의 역사 속에서 형성되는 삶의 지혜로 믿는 견지에서 볼 때, 우리는 이성보다 더 나은 어떤 윤리의 원리를 생각하기 어려울 것이다. 이와 같은 견지에서 볼 때, 가장 바람직한 윤리라는 것은 인간이 그들의 이성을 동원하여 구체적으로 정립할 앞으로의 과제이며, 발견되기를 기다리며 어디엔가 숨어 있는 기성(旣成)의 체계는 아니다.

그러나 '이성'이라는 말은 그 뜻이 반드시 명확하지 않으며, 그 해석에 관해서 여러 가지 견해의 차이가 생길 여지가 있다. 그러므로 "이성을 기본원리로 삼고, 기존의 윤리체계를 비판하는 동시에, 같은 원리에 의존하여 앞으로 더욱 타당성이 높은 윤리체계를 정립해야 한다"는 주장을 받아들인다 하더라도, 그것만으로 문제가 해결되는 것은 아니다. 이성을 기본원리로 삼고 정립될 윤리의 체계에 관해서도 여러 가지 학설의 대립이 생길 수 있다. 그러나 이 자리에서 우리가 당면하고 있는 문제는 '타당성 있는 윤리체계'의 내용을 밝히는 문제는 아니다. (그 문제는 뒤에 가서 다시 다룰 기회가 있을 것이다.) "선천적으로 주어져 있는 절대적 윤리에 대한 믿음을 전제로 하지 않을 경우에, 우리는 윤리의 본성을 어떻게 이해해야 할 것인가?" 이것이 우리가 당면한 문제였다. 그리고 이 물음에 대하여 "사회생활의 필요에 따라서 필연적으로 생긴 사회규범의 일종이 곧 윤리"라는 대답을 얻은 것이며, 이 역사적 산물로서의 윤리를 '삶의 지혜'로서 이해했던 것이다. 그리고 그 지혜의 원천을 이성이라고 보았던 까닭에, 기존의 윤리체계를 비판적으로 고찰함에 있어서나 새로운 윤리체계를 모색함에 있어서나 기본원리가 될 수 있는 것은 이성밖에 있을 수 없다는 설명을 추가하게 되었던 것이다.

선천적 윤리설 가운데도 이성을 원리로 삼고 '윤리의 원형'을 찾아 낼 수 있다고 보는 견해가 있다. 칸트의 윤리설은 그 대표적인 것이다. 그러나 우리가 말하는 '이성을 원리로 삼는 윤리'란 저 이성론적 절대론자들이 주장하는 선천적 윤리와는 크게 다르다. 이성론적 절대론자들은 이성이 본래부터 가지고 있는 선천적 원리만을 근거로 삼고 윤리의 체계를 연역적으로 도출해 낼 수 있다고 주장하나, 우리의 경우는 그것이 아니다. 윤리를 역사의 과정에서 생겨나는 삶의 지혜로 보는 견지에서 이성이 그 기본원리의 구실을 해야 한다고 주장할 때, 이성 그 자체 속에서 윤리규범이 풀려나온다는 것을 의미하지 않는다. 다만 인간의 심리와 생활의 조건들을 비롯한 여러 가지 사실에 대한 지식을 근거로 삼고, 이성적 숙고를 통하여 하나의 길을 선택함으로써 윤리의 원리를 세워야 한다는 뜻을 말하는 것이다.

윤리를 역사의 과정에서 경험적으로 형성되는 삶의 지혜라고 보는 것은 윤리의 근거를 인간성 안에서 찾으려 하는 견해의 한 유형이다. 그리고 이 때 윤리의 근거로서 인정되는 인간성은 형이상학자들이 말하듯 신비롭고 성스러운 것이기보다는 생물학 또는 심리학으로 파악되는 경험적 인간의 본성이다. 여기서 일부 사람들은 생물학이나 심리학 또는 사회학 따위의 경험과학적 인간연구에 근거를 둔 윤리가 과연 우리에게 의무를 부과할 수 있는 권위를 가질 수 있겠느냐고 의문을 제기할 것이다. 선천적 근거를 가진 윤리라면 절대성과 권위를 인정받을 수 있겠지만 경험적 근거밖에 없는 윤리라면 상대적일 수밖에 없을 것이고, 따라서 우리가 그것을 존중하지 않으면 안 될 만한 권위를 인정할 수 없지 않을까 하는 의문이다. 그러나 이러한 의문과 걱정은 종교적 사고방식의 영향을 받은 선입견에 유래하는 것으로서 정확한 논리에 근거한 것은 아니다.

첫째로, 선천적 권위를 전제로 삼지 않으면 윤리다운 윤리는 성립할 수 없을 것이라는 생각은 한갓 기우에 지나지 않는다. 사람은 누구나 목적의식을 가지고 살게 마련이며, 각자는 자기나름의 목적의 체계와 가치의 서열을 갖게 마련이다. 아무런 목적의 체계도 가치의 서열도 갖지 않고 산다는 것은 불가능한 까닭에, 우리는 반드시 어떤 행위규범, 즉 윤리를 가져야 한다. 여러 가지로 가능한 윤리체계 가운데서 어느 하나를 선택할 자유는 있을 것이나, 모든 윤리체계를 거부할 자유는 아무에게도 없다. 욕구와 지성을 아울러 가지고 있는 까닭에 우리는 평가(評價)를 떠나서 살 수 없으며, 행위와 인품도 평가의 대상이 되지 않을 수 없다는 사실이 윤리를 불가피한 것으로 만든다. 형이상학 또는 신학에 대한 믿음이 없는 사람도 윤리는 거부할 도리가 없다. 결국 그도 주체적으로 하나의 윤리체계를 선택할 수밖에 없으며, 그가 주체적으로 하나의 윤리체계를 선택할 경우에 그 선택된 체계는 그것을 선택한 사람에게 일종의 절대성을 갖는다.

둘째로, 윤리가 인간이 주체적으로 선택한 삶의 지혜에 불과하다면 그러한 윤리에는 숭고한 권위가 없으며, 우리가 그것을 준수해야 할 의무의 근거가 박약하게 된다는 주장도 논리에 맞지 않는다. 그것은 마치 신성한 황제가 제정한 국법에만 권위가 있고, 국민 스스로가 참여해서 만든 민주주의 법률에는 권위와 의무의 근거가 없다는 것을 국민들이 주장하는 것과 비슷한 사고방식이다. 국민 스스로가 참여해서 만든 국법이라면 국민으로서 그것을 지켜야 할 책임은 더욱 무겁다. 그와 마찬가지로, 인간 스스로가 깊은 숙고를 거쳐서 스스로 결단을 내림으로써 선택한 윤리라면, 우리 인간이 그 길을 따라야 할 책임은 더욱 확고한 근거를 가졌다고 보아야 할 것이다.

Ⅳ. 價値의 世界

우리는 가치가 큰 삶을 염원한다. 평생을 통하여 실현할 가치의 총량이 많을수록 그 사람을 위해서나 그가 사는 사회를 위해서나 바람직한 일이다. 우리가 각각 나름대로 여러 가지 노력을 하는 것도 가치가 큰 삶을 실현하고자 원하기 때문이요, 우리가 윤리니 도덕이니 하는 것을 존중히 여기는 것도 그것을 존중함이 값진 삶을 위하는 길이라고 믿기 때문이다. 그러므로 '윤리'에 대한 이해를 깊게 하고,

나아가서 '값진 삶'을 설계하는 데 도움이 될 것을 기대하며, 이 자리에서 "가치란 무엇인가?"라는 물음에 대하여 간략하게 고찰해 보고자 한다.

우리는 우리 주변에서 발견되는 여러 가지 사물에 대해서 '가치가 있다'고 인정한다. 그런데 일상생활에서 인정되는 가치에 관해서 한 가지 주목되는 사실이 있다. 동일한 사물도 주위의 사정 여하에 따라서 그것에 대하여 인정하는 가치가 달라진다는 사실이다. 예컨대, 제주도의 감귤은 생산지에서보다 서울에 가져다 놓으면 값이 올라간다. 같은 물건이 같은 장소에서 평가되는 가치에도 때에 따라서 변동이 생긴다. 일반적으로 말해서, '교환가치'라고 불리는 종류의 가치는 주위의 사정에 따라서 항상 변동한다.

물건의 '효용가치'(效用價値)도 누가, 어떤 경우에 그것을 사용하느냐에 따라서 변동한다. 우리는 "인삼이 아무에게나 좋은 것은 아니다", 또는 "근시안환자에게 돋보기는 무용지물이다" 하는 따위의 말을 들을 경우가 있거니와, 이것은 같은 물건도 그것을 사용하는 사람에 따라서 효용가치가 달라질 수 있다는 것을 지적하는 발언의 예라고 볼 수 있다.

교환가치와 효용가치는 그 자체를 위해서 귀중하기보다는 다른 무엇을 얻기 위한 수단으로서 중요한 가치이다. 예컨대, 상인이 상품에 대해서 인정하는 교환가치는 돈을 벌 수 있는 수단으로서 요긴한 가치요, 환자가 약품에 대해서 인정하는 효용가치는 건강을 얻기 위한 수단으로서 도움이 되는 가치이다. 교환가치와 효용가치가 그렇듯이 다른 무엇을 위한 수단으로서 이바지하는 가치를 '도구적 가치'(instrumental value)라고 부른다. 그리고 모든 도구적 가치는 주위사정의 변동을 따라서 변동할 수 있다는 일반적 특색을 가졌다.

만약 가치가 사물 그 자체에 속해 있는 실재적 속성이라면, 그것은 어느 때, 어느 곳에서나 일정한 수치(數値)를 유지할 것이다. 물체의 실재적 속성으로서 인정되는 크기나 모양이 보는 사람 또는 보는 장소 여하에 따라서 변동한다고 생각할 수 없는 것과 같은 논리이다. 그런데 사물의 도구적 가치는 주위사정의 변동을 따라서 변동한다. 여기서 우리가 알 수 있는 것은 도구적 가치라는 것이 대상 속에 있는 실재적 속성이 아니라는 사실이다. 도구적 가치는 대상 속에 본래부터 깃들어 있는 독자적 실재가 아니라 대상과 다른 것과의 관계를 통해서 형성되는 무엇이다. 다시 말해서, 도구적 가치의 근원은 그 가치가 인정되는 대상 자체가 아니라 그 대상 밖에 있는 어떤 목적이라고 보아야 한다.

'도구적 가치'에 대립하는 개념은 '본래적 가치'(intrinsic value)이다. 이것은 다른 무엇을 얻기 위한 수단으로서 소중한 것이 아니라 그 자체가 귀중하고 그 자체가 목적으로서 추구되는 가치, 즉 도구적 가치가 그것에 의존하는 가치를 일컫는 개념이다. 예컨대, 기업인이 제품을 만드는 것은 돈을 벌기 위해서이며, 그가 돈을 벌고자 하는 것은 그 돈을 써서 다른 무엇을 얻기 위해서이다. 그 다른 무엇도 그보다 더 한층 높은 어떤 목적을 달성하기 위한 방편일 수 있다. 이와 같이 우리의 행위에는 어떤 목적이 있고, 그 목적은 다른 목적을 위한 수단이며, 그 다른 목적도 그보다 더 한층 높은 목적을 위한 것이고 …. 이러한 식으로 점점 높은 목적으로 거슬러 올라가면, 마침내 더 이상 높은 목적이 없이 그 자체가 목적이 되는 것에 도달할 것이다. 이 마지막 목적이 가지고 있는 가치가 바로 '본래적 가치'이다.

철학자들이 "가치란 무엇인가?"라는 물음을 제기할 때 그들이 염두에 두는 것은 본래적 가치의 문제이다. 교환가치는 주로 경제학자나 상인들의 관심사요, 효용가치는 주로 응용과학자들이 다루는 문제라면, 본래적 가치의 문제는 철학자들의 큰 관심사라고 말할 수 있을 것이다. 도구적 가치의 성격을 설명하기는 그리 어렵지 않은 데 비하여, 본래적 가치의 본성을 규명하는 일은 매우 어려운 문제이다.

이제까지 이 문제에 대해서 많은 철학자들이 여러 가지 학설로 맞서 왔다.

본래적 가치의 본성에 관한 가장 기본적인 문제는, "가치는 그 자체가 독자적으로 실재하는 것이냐 또는 가치를 인정하는 어떤 주관(主觀)의 태도, 즉 평가(valuation)라는 심리작용의 영향을 받고 생기는 것이냐?"라는 물음에 의하여 제기된다. '가치'는 어떤 주관의 심리작용을 기다릴 필요 없이 그 자체가 독자적으로 실재한다고 주장하는 학설을 '가치실재론'이라고 부른다. 한편 '가치'는 사물을 대하는 어떤 주관의 심리작용에 의해서 생기는 것이라는 주장을 흔히 '심리학적 가치설'이라고 부른다.

가치에 관한 실재론(實在論) 가운데서 가장 소박한 것은 가치를 일종의 자연적 성질로 보는 견해이다. 붉은 꽃에 '붉음'이라는 자연적 성질이 들어 있듯이 아름다운 꽃에 '아름다움'이라는 자연적 성실이 들어 있다는 생각이며, 뚱뚱한 사람에게서 '뚱뚱함'이라는 자연적 특색이 발견되듯이 착한 어린이에게는 '착함'이라는 자연적 특색이 속해 있다는 생각이다. 여기서 말하는 '자연적'이라 함은 시각 또는 청각 따위의 지각기관(知覺器官)으로써 경험할 수 있다는 뜻이니, 이와 같은 소박한 생각이 학문적으로 용인되기 어려움은 명백하다. 왜냐하면 색채와 형태, 그리고 단단함 따위의 자연적 성질의 경우는 주의를 집중시켜서 면밀하게 관찰하면 관찰할수록 그 참모습을 분명하게 지각할 수 있으나, 아름다움이나 착함 따위는 그러한 지각적 확인(知覺的 確認)이 불가능하다. 눈을 부비고 가까이서 응시한다고 하여 여자의 '아름다움'을 지각할 수 있는 것이 아니며, 사람의 아래 위를 면밀하게 뜯어본다 하더라도 그의 '착함'을 시각적으로 확인할 수는 없다.

가치가 자연적 성질이 아님은 미술품의 원작과 그 모사품을 비교할 경우를 생각하면 더욱 명백하게 알 수 잇다. 한 화가가 불후의 명작을 만든 후에 그와 엄밀하게 같은 또 한 폭의 그림을 모사했다고 가정하자. 설령 두 폭의 그림이 똑같은 자료를 사용하여 똑같이 만들어졌다 하더라도, 우리는 그 모사품보다는 원작을 더 높이 평가할 것이다. 만약 미술품의 미적 가치가 일종의 자연적 성질이라면, 지각적 차이를 인정할 수 없는 두 폭의 미술품에 대하여 서로 다른 가치를 인정한다는 것은 논리에 어긋나는 일이 아닐 수 없다.

위와 같은 논리적 모순을 피하면서 가치의 실재성을 인정하는 길은 가치를 일종의 자연적 성질로 보지 않고 초자연적 내지 형이상학적 성질이라고 주장하는 길이다. 플라톤을 비롯한 많은 철학자들이 지각으로써 경험할 수 있는 세계, 즉 경험계(經驗界) 이외에 다른 실재의 세계가 존재한다고 믿었다. 그것은 경험계처럼 감각기관을 통하여 지각할 수는 없으나 이성의 직관 또는 추리로써 인식할 수 있는 세계이며, 경험계처럼 생멸변화하는 일시적 존재가 아니라 영원히 불변하는 진실로 참된 존재라고 믿었다. 이와 같이 자연을 초월하여 경험에는 나타나지 않는 세계, 그러나 진실로 참된 세계를 철학자들은 '형이상학적 세계'라고 불렀거니와, 가치라는 것은 바로 형이상학적 실재 또는 형이상학적 성질이라고 주장한다면 지각적 사실에 근거를 둔 경험론자들의 공격을 일단 피할 수 있을 것이다. 이러한 강점이 있는 까닭에 과거의 여러 철학자들이 가치를 형이상학적 실재로서 규정하였다. 플라톤, 하르트만(N. Hartmann), 무어(G. E. Moore) 등은 형이상학적 기초 위에서 가치의 실재성을 주장한 대표적 철학자들이다.

현대윤리학의 전환점을 마련한 명저·「윤리학 원리」(*Principia Ethica*)의 저자이기도 한 무어는 '좋음'(good)을 하나의 궁극적 성질이라고 주장하였다. '좋음'은 '노랑'(yellow)이 그렇듯이 다른 말로 설명할 수 없는 궁극적이며 단순한 성질이라는 것이다. 그러나 '노랑'은 노란 물체들이 가지고 있는 여러 가지 자연적 속성들(natural properties)의 하나이지만, '좋음'은 좋은 사물을 구성하는 자연적 속성들의 하나로 보지 않고 좋은 사물이 가진 여러 자연적 속성들의 종합에 필연적으로 수반하는 비자연적 특성, 즉 일종의 형이상학적 특성이라고 그는 보았다. 좋은 것들(good things)은 자연현상으로서 시간과 공간 안에 존재하나, 좋음 그 자체는 일정한 시간과 공간 안에 나타나는 것이 아니며, 따라서 지각(知覺)의 대상이 될 수 없다는 것이다.

무어에 따르면, 좋음만이 아니라 '아름다움'·'숭고함' 등 모든 본래적 가치는 경험을 초월해서 실재하는 형이상학적 성질이다. 일정한 대상이 갖는 본래적 가치는 그 대상의 객관적 구성요소에 따라서 결정되는 것이며, 그 대상에 대하여 관심을 가진 유정자(有情者, sentient being)의 감정과 의지 또는 그 밖의 어떤 주관적 태도도 그 대상 속에 깃들어 있는 선악(善惡)과 미추(美醜) 등의 가치를 좌우하거나 변경시킬 수는 없다. 사물의 본래적 가치는 그 사물 자체가 본래 가지고 있는 객관적·실재적 속성이며, 그 사물을 대하는 어떤 주관의 심리작용에 의해서 영향을 받지 않는다. 예컨대, 난초의 아름다움은 난초 자체가 본래 가지고 있는 속성이며, 난초를 아름답게 여기고 사랑하는 사람들의 심리에 의해서 비로소 생기는 것은 아니다. 이 세상 아무의 눈에도 뜨이지 않는 심산유곡에 한 포기의 난초가 꽃을 피웠다 하더라도, 그 난초의 아름다움에는 하등의 다를 바가 없을 것이라는 주장이다.

가치실재론에 반대하여 가치라는 것은 사물을 대하는 어떤 주관(主觀)의 심적 태도에 의해서 생긴다고 주장하는 가치주관론도 오랜 역사를 가지고 있다. "인간은 만물의 척도"라고 갈파하여 시비와 선악이 인간 주관의 산물임을 주장한 소피스트(sophist)들을 비롯하여 가치판단을 심리학적 사실판단으로 바꾸어 놓을 수 있다고 믿은 현대의 자연론자(naturalist)들에 이르기까지, 상당히 많은 철학자들이 이 계열의 학설을 지지하였다.

가치는 대상 그 자체 속에 객관적으로 실재하는 것이 아니라 어떤 주관의 심적 태도가 관계함으로 인하여 비로소 생긴다 할 때, 그 주관이 어떠한 주관이냐 하는 것이 우선 큰 문제가 된다. "인간은 만물의 척도"라고 말했을 때, 프로타고라스(Protagoras)가 의미한 '인간'이 천차만별한 여러 개인들을 가리킨 것인지 또는 공통된 '인간성'을 가정하고 그것을 말한 것인지 문제가 되거니와, 주관의 심적 태도가 가치 발생의 필수조건이라고 주장한 학자들 가운데는 그 주관을 초경험적 존재로 생각한 사람들도 적지 않다.

고대 그리스 말기의 철학자 플로티누스(Plotinus)는 모든 존재들의 근원인 '일자'(一者), 즉 신(神)과의 합일(合一)을 지향하는 초개인적인 보편적 의지가 모든 가치의 원천이라고 생각하였다. 그리고 중세기의 여러 기독교철학자들은 신이 소망하는 바가 곧 선(善)이라고 믿었다. 또 19세기 영국의 철학자 그린(T. H. Green)은 "모든 사람들의 개별적 욕구를 통하여 욕구하고, 모든 사람들의 개별적 지능의 작용을 통하여 이해하며, 모든 사람들의 개별적 의지를 통하여 자신의 의지를 나타내는 … 하나의 주체 또는 정신적 존재"가 있다는 것을 전제하고, 그 하나의 보편적 주체가 바라는 것이 선(good)이라는 견해를 표명하였다.[6] '궁극적 의지' 또는 '보편의지' 등으로 불리는 형이상학적 주체를 상정(想定)하고, 그러한 보편적 의지 또는 절대적 의지가 바라는 것이 곧 값진 것이라고 보는 견해들은 모두 같은 계열의 가치설이라 하겠다.

신(神), 절대의지 또는 보편의지 등 초월적 주체의 존재를 전제로 삼는 것은 하나의 믿음일 수는 있으나 경험적으로 확인된 지식은 아니다. 그러므로 우리가 확실하게 알고 있는 유정자(有情者)의 최고봉인 인간을 가치형성의 참된 근원으로 보는 학자들도 적지 않다. 프로타고라스를 비롯한 소피스트들에 대해서는 이미 언급한 바 있거니와, 17세기 화란의 철학자인 스피노자(Spinoza)는 인간의 욕구가 작용함으로 말미암아, 가치의 지평이 열린다고 보았으며, 18세기 영국

6) T. H. Green. *Prolegmenea to Ethics*, 1890, p. 122 참조.

의 철학자 흄(D. Hume)은 대상에 대하여 인간이 느끼는 어떤 감정이 가치를 발생하게 한다고 주장하였다. 특히 경험과학이 놀라운 발달을 이룩한 현대사회에서는 인간의 심리가 대상에 작용함으로 인하여, 즉 사물을 대하는 인간의 정의적 태도(情意的 態度)로 말미암아 가치의 세계가 형성된다고 주장하는 학자들이 많이 나타났다.

인간의 심리작용이 가치형성의 근원이라고 보는 학설, 즉 심리학적 가치설을 주장하는 학자의 한 사람으로서 페리(R. B. Perry)를 들 수 있거니와, 다음에는 페리의 견해를 통하여 이 학설의 윤곽을 알아보기로 하자. 「일반가치론」(*The General Theory of Value*)이라는 저술로 널리 알려진 페리는 가치는 관심(interest)에 의해서 생긴다고 주장한다. 누구의 어떠한 관심이든, 여하간 어떤 관심의 대상이 된 모든 사물에는 어느 것에나 가치가 생기게 마련이라고 믿은 페리는, "가치란 어떤 사물이 관심을 끌었다는 사실로 말미암아 그 사물이 갖게 되는 특수한 성질"이라고 규정하였다. 어떤 사물이라도 그것이 관심의 대상[7] 이 되기만 하면 그것은 곧 가치를 갖게 된다는 것이다. "가치는 모든 종류의 사물이(그것이 실재적인 것이든 상상적인 것이든) 관심의 주체와의 사이에 맺을 수 있는 일종의 관계이다."[8]

페리가 말하는 '관심'이란 "좋아하거나 싫어하는 상태, 행동, 태도 또는 경향"[9] 을 통틀어 일컫는 것으로서, 호오(好惡) 또는 원불원(願不願)의 지향적 태도(志向的 態度)를 묶어서 가리키는 말이다. 쉽게 풀어서 말한다면, 누군가가 좋아하거나 원하는 대상이 될 때 모든 사물은 '좋음'의 가치를 갖게 되고, 싫어하거나 원치 않는 대상이 될 때 그것들은 '나쁨'의 가치를 갖게 된다는 것이 페리의 주장이다.

언뜻 보기에 페리의 학설은 상식을 벗어난 주장 같은 인상을 준

---

7) R. B. Perry, *The General Theory of Value,* New York, 1936, p. 124.
8) R. B. Perry, *ibid.,* p. 116.
9) G. E. Moore, *Principia Ethica,* Cambridge University Press, 1956, pp. 83~85 참조.

다. 누군가가 좋아만 하면 아무것이나 '좋음'의 가치를 갖게 된다는 것은 말도 안 되는 역설이라고 반박하고 싶은 사람이 있을 것이다. 그러나 이러한 반박은 주로 페리에 대한 곡해에서 연유한다. 첫째로 주의해야 할 것은 페리의 경우 '좋다' 또는 '값지다'는 말의 뜻은 '도덕적으로 선하다' 또는 '바람직하다'는 의미가 아니라는 사실이다. 예컨대, 음란한 성인만화도 그것을 보고 싶어하는 사람이 있는 한 페리의 의미로 '값진 것'이다. 누군가에게 만족감을 줄 수 있는 힘을 가졌다는 바로 그 점만을 따로 떼어서 볼 때, 그것은 역시 '값지다'는 것을 인정해야 할 것이다. 그러나 음란한 성인만화가 도덕적으로 바람직한 것이냐 하는 문제는 관련된 사실들을 모든 측면에서 고찰한 다음에 대답되어야 할 문제이다. 그 만화에 대한 탐독이 다른 일에 미치는 영향도 생각하고, 그러한 만화를 좋지 않은 것으로 생각하는 사람들의 부정적 관심도 고려해야 하며, 그러한 만화 자체에 대하여 거부적 반응을 느끼는 사람들의 심리도 계산에 넣어야 할 것이다. 그런 만화를 은근히 즐기는 사람도 한편으로는 그것을 저속한 것으로서 경멸할 수도 있으며, 그 따위 만화의 탐독과는 양립하기 어려운 더욱 큰 여러 가지 소망을 가지고 있을 가능성도 있다. 음란한 만화가 전체적으로 또는 도덕적으로 바람직한 것이냐 아니냐 하는 것은 이상과 같은 여러 가지 관련사항들을 모두 고려한 다음에 종합적으로 결정되어야 할 문제이다. 한편으로 그것에 호기심을 느끼고 끌리는 심리가 있다 하더라도 다른 한편으로 그것을 못마땅하게 여기고 배척하는 심리, 즉 부정적 관심이 그보다 더욱 강할 경우에는, 종합적으로 판단할 때, "음란한 만화는 바람직한 것이 아니다"라는 평가가 내려져야 한다는 것이 페리의 주장이다.

페리에 따르면, 도덕적 선(moral goodness) 또는 행위의 옳음(rightness)은 관련된 관심 전체의 계산을 따라서 결정된다. 일정한 조건 아래서 내가 할 수 있는 행위에 A·B·C·D·E 등 여러 가지가 있다고 하자. 내가 만약 A라는 행위를 한다면, 그로 인하여 나 또는 다른 사람들의 몇 가지 관심은 만족을 얻는 반면에 다른 어떤 관심들은 저해 또는 불만족을 당할 것이다. B·C·D 등 다른 행위를 선책했을 경우에도 역시 만족을 얻는 관심과 저해를 당하는 관심이 있을 것이다. 그리고 만약 관심의 크기를 측정하는 방법을 강구할 수 있다면, 한 가지 행위를 했을 경우에 만족을 얻게 될 관심과 저해를 당하게 될 관심의 크기를 비교하여 어느 편이 어느 정도 큰가를 발견할 수 있을 것이다. 이와 같은 계산을 통하여 일정한 상황 아래서 실천이 가능한 여러 행위 가운데서 어느 것이 가장 좋은 결과를 얻을 수 있을지를 찾아낼 수 있을 것이다. 만족을 얻게 될 관심의 총화의 크기로부터 저해를 당하게 될 관심의 총화의 크기를 빼고 남는 차액이 가장 큰 수치에 이르게 되는 행위가 페리의 견지에서 볼 때, 도덕적으로 옳은 행위가 된다.

이상에서 우리는 가치설에 몇 가지 유형이 있다는 사실을 소개하고, 그 가운데서 무어의 학설과 페리의 그것을 요약하여 설명하였다. 이 두 사람을 여기서 앞세운 것은 그들의 학설이 매우 대조적이라는 이유 때문이며, 어느 편이 옳고 어느 편이 그르다는 것을 밝히기 위한 것은 아니다. 여러 가지 가치설을 비판하고 평가하는 문제는 별개의 문제로서 남아 있다.

V. 價値說과 倫理의 問題

본래적 가치는 모든 유정자(有情者)의 주관과의 관계를 떠나서 그 자체로서 독자적으로 실재한다고 보는 가치실재론은 매우 매력적이기는 하나, 이 학설을 논리적으로 뒷받침하기는 어려울 것으로 보인다. 무어는 그의 가치실재론을 뒷받침하기 위하여 다음과 같은 주장을 전개했으나 별로 설득력이 있는 것으로는 생각되지 않는다. 그의 주장에는 논리적 오류가 들어 있는 것이다.

무어는 우리가 생각할 수 있는 한에 있어서 가장 아름다운 세계와 가장 보기 싫은 세계를 상상해 보라고 제언하였다. 그리고 이 두 세계를 감상할 만한 유정자(sentient being)는 아무도 존재하지 않는다고 가정하자고 하였다. 그 두 세계를 보고 느끼는 사람이 전혀 없다 하더라도, 전자인 가장 아름다운 세계가 존재하는 것이 후자인 가장 보기싫은 세계가 존재하는 것보다 바람직하다는 것은 의심의 여지가 없다고 무어는 주장한다. 유정자가 전혀 없는 경우에도 아름다운 세계의 존재가 바람직하다는 것은, 아름다움의 가치가 유정자의 주관을 떠나서 독자적으로 실재함을 의미한다는 것이 무어의 요점이다.

그러나 무어의 이 입론(立論)은 타당성을 인정받을 수 없다. 왜냐하면 무어의 두 가지 세계에 관한 가정 가운데는 감상할 만한 유정자가 전혀 없더라도 아름다운 세계와 보기 싫은 세계가 존재할 수 있다는 전제가 이미 깔려 있다. 이것은 '선결문제요구'(begging the question)라는 논리적 오류를 범한 입론이 아닐 수 없다.

가치의 실재를 밝히기 위하여 또 하나 시도할 수 있는 것은 직각(直覺, intuition)에 호소하는 길이다. 예컨대 "아무도 보는 사람이 없다 하더라도 장미가 그 자체로 아름답다는 것은 직각적으로 자명하다," 또는 "평화가 전쟁보다 바람직하다는 것은 우리들의 욕망이나 감정을 떠나서 보더라도 의심의 여지가 없다"고 주장함으로써, 가치의 실재성을 밝히는 길을 생각할 수 있을 것 같기도 하다.

그러나 인간의 직각은 어디까지나 유정자로서의 직각이며, 장미를 아름답게 보는 미감(美感) 또는 평화를 바라는 소망 등이 전혀 없는 상황에서의 직각이란 있을 수가 없다. 다만 우리가 지적할 수 있는 것은 장미를 보면 누구나 아름답다고 느낀다는 사실과 전쟁은 누구나 싫어하는 경향이 있다는 사실뿐이다. 그리고 이러한 사실이 의심의 여지가 없는 보편적 사실이라 하더라도, 그것이 가치의 실재성을 증명하는 근거가 되기는 어렵다. 그러한 사실을 근거로 삼고 우리가 주장할 수 있는 것은, 미추(美醜) 또는 선악(善惡)의 구별이 단순한 개인적 호오(好惡)의 감정에 유래하는 것이 아니라 보편적인 인간성에 유래한다고 보는 견해이다.

우리들의 직각도 명증론자(明證論者)들이 주장하듯이 확고부동한 것은 아니다. 논자들이 지각을 가치판단의 객관적 기준으로서 중요시하는 가장 큰 근거는, 감정과 욕심을 떠나서 판단할 때 모든 사람들의 직각이 일치한다는 점에 있다. 그러나 사람들의 직각이 일치한다는 것은 동일한 문화적 전통 속에 사는 사람들의 경우에 국한되며, 문화의 전통이 다르면 사람들의 직각에도 차이가 생기는 경우가 있다. 예컨대, 전쟁을 막아야 할 악으로 보는 것이 모든 시대, 모든 사회에 공통된 직각이라고 말하기는 어렵다.

어떤 유정자의 주관이 작용함으로써 가치의 지평이 열린다는 견해를 취한다 하더라도, 그 유정자가 인간을 초월한 보편적 내지 절대적 존재라면 가치의 보편성 또는 가치판단의 보편적 기준을 밝히는 일은 크게 어렵지 않을 것이다. 가령 신(神) 또는 '절대의지'(絶對意志)의 뜻이 시비와 선악 등 가치를 결정한다면, 비록 그들의 주관을 따라서 가치의 지평이 열리기는 하지만, 그 주관은 하나밖에 없는 절대자의 주관인 까닭에 가치판단이 보편적 기준을 잃을 염려는 없다.

그러나 신 또는 절대의지의 뜻이 가치의 세계를 결정한다는 견해는 신학적 내지 형이상학적 믿음이며, 그 주장을 논리적으로 뒷받침하기는 매우 어렵다. 우리들이 경험적 사실을 근거로 삼고 가치의 세계를 탐구할 경우에는, 인간의 심리와 대상의 관계를 통하여 가치의 지평이 열린다고 보는 것이 가장 합리적이라는 결론에 도달할 것이다. 한 사회 또는 한 개인의 욕구 내지 관심이 변하면 그 사회 또는 그 개인이 인정하는 가치에도 변화가 온다는 경험적 사실은, 저 결론을 뒷받침하는 중요한 근거의 하나로서 제시될 수 있다.

우리나라의 전통사회에서는 대부분의 사람들이 아기 잘 낳고 힘든 일 잘하는 여자를 선호하였다. 여자의 출산 능력과 가사노동 능력에 대한 관심이 컸던 것이다. 이러한 관심은 여성의 체격미(體格美)를 평가하는 기준에도 반영되어, 너무 호리호리한 여자보다는 약간 오동통하고 탄탄하게 생긴 여자가 아름다운 체격의 소유자로서 인정되었다. 날씬하고 호리호리한 여자는 산고(產苦)를 이겨내는 힘이나 가사의 중노동을 견디는 힘에 있어서 오동통하고 탄탄한 여자를 못 당한다는 일반적 상식이 있었고, 그러한 상식이 이상적 여성상에 반영되었던 것이다.

그러나 해방을 계기로 미국 문화가 들어오고 근대화가 추진되는 가운데 우리나라의 여성관에도 현저한 변화가 왔다. 출산을 많이 하여 가문을 번성하게 하는 것이 여자의 첫째 임무라는 관념이 쇠퇴하고, 가사의 중노동으로 내조하는 것이 결혼한 여자의 직분이라는 고정관념도 무너져 가고 있다. 이러한 여성관의 변화는 여자의 체격미의 기준에도 영향을 미쳐서, 지금은 한국에서도 다리와 팔과 허리가 가늘어서 날씬한 것이 미녀의 조건으로 손꼽히고 있다.

물론 이러한 변화를 서구 문화의 영향으로서 설명할 수도 있을 것이다. 해방 이후에 서양 미인의 모습을 볼 기회가 빈번하게 되었고, 선진 문화를 이룩한 서양인을 우리 민족보다 우수한 인종으로 여기는 사대주의적 사고방식이 서구식 미인을 미인의 본보기로 생각하는 가치관을 초래했다고 설명할 수도 있을 것이다. 선진국에 대한 사대주의적 모방의 심리가 우리들의 가치의식에 현저한 변화를 가져왔다는 설명이다.

이러한 설명에도 응분의 타당성이 있음을 부인하기 어렵다. 우리는 해방 이후에 서구 문화의 영향을 크게 받아 왔고, 서구인의 코와 눈을 모방하기 위한 성형수술이 유행할 정도로 외모의 미에 대한 의식에도 현저한 변화가 왔다. 그러나 이와 같은 외래문화의 영향으로써 설명하는 것과, 앞에서 말한 여성의 임무와 직분에 대한 의식의 변화의 영향으로써 설명하는 것은 서로 배척하거나 모순된 것은 아니다.

사실은 서구 사회에서도 전통적으로는 풍만한 여성들이 미인으로서 찬양을 받았었다. 르네상스 이후 19세기 말엽까지에 그려진 서양의 저명한 여인상(女人像)은 예외 없이 풍만한 몸매를 자랑하고 있다. 서양에서 미인의 조건으로서 날씬한 몸매를 존중하게 된 것은 20세기 이후의 새로운 경향이 아닐까 한다. 인구의 폭발적 증가가 심각한 문제로서 제기되기 전에는 서양에서도 자녀가 많은 것을 복된 일로 생각하는 경향이 있었고, 아기는 모유로 키우는 것이 당연하다는 생각이 지배적이었다. 많은 자녀를 낳고 그 아이들을 모두 모유로 기르자면 여성은 풍만한 체격과 양호한 영양 상태를 유지할 필요가 있었을 것이다.

그러나 20세기에 들어온 뒤로는 서구의 여러 나라들로부터 산아제한운동이 전개되었고, 자신의 몸매를 젊게 유지하기를 원하는 개인주의적 어머니들이 모유 대신 우유로 키우는 길을 선호하는 풍조를 일으켰다. 뿐만 아니라 산업화가 진행되고 주방 설비가 현대화됨에 따라서 가사노동의 수고도 크게 줄어들었다. 여러 자녀를 출산하여 모유로 기를 뿐 아니라 가사의 중노동을 능히 감당할 수 있는 듬직한 체구의 여자가 필요 없는 세상이 된 것이다.

한편 민첩한 몸놀림을 자유자재로 할 수 있는 날렵한 체구의 여자를 요구하는 직업이 여러 가지 생겼다. 근래에는 무대에서 노래를 부르는 사람도 화려한 율동을 곁들여야 하고, 가수 뒤에서 분위기를 돋우는 춤꾼들의 몸놀림은 더욱 날렵해야 한다. 패션 모델이 되어 굽 높은 신을 신고 맵시 있게 걷기 위해서도 날씬한 몸매가 유리하고, 영화배우나 텔런트가 되어 아름다운 영상으로 비치기 위해서도 뚱뚱함보다는 날씬함이 유리하다.

요컨대, 서양에서나 동양에서나 시대가 요구하는 여인상이 달라진 것이다. 옛날에는 아기를 많이 낳아서 모유로 키울 뿐 아니라 힘든 가사노동에도 견딜 수 있는 듬직한 체구의 여성이 사회적 환영을 받았으나, 근래에는 기민한 몸놀림에 적합한 날렵한 체격이 환영을 받는다. 여성에 대한 사람들의 기대와 관심이 바뀐 탓이고, 이 기대와 관심의 변화는 여성의 체격미(體格美)의 기준에도 변화를 초래한 것이다. 그리고 사람들의 관심과 아름다움의 기준 사이에서 발견되는 이러한 상관관계는, 가치가 인간 심리의 영향을 받고 형성된다는 심리학적 가치론을 뒷받침한다고 볼 수 있을 것이다.

욕구 내지 관심의 변화가 대상에게 인정하는 가치에도 변화를 가져온다는 것은 한 개인의 심리적 변화를 통하여 더욱 명확하게 드러난다. 남녀의 사랑의 가치에 대한 한 개인의 평가는 그의 연령을 따라서 다소간 변동하는 것이 일반적 현상이다. 삶의 과정에서 경험하는 여러 가지 가치 가운데서 '사랑'의 가치를 가장 높이 평가하는 것은 사춘기에서 청년기에 이르는 젊은 연령층이다. 혈기왕성한 젊은이들 가운데는 사랑이 부모보다도 더 중요하다고 생각하는 경우가 많으며, 때로는 생명보다도 사랑이 더 중요하다고 믿는 젊은이도 있다. 그러나 생리적으로 성숙하기 이전의 어린이들의 경우에는 사랑을 부모나 생명보다 소중히 생각하는 사람을 찾아보기 어렵다. 사랑을 세상에서 가장 소중하다고 믿던 젊은이도 늙어서 기력이 쇠진한 뒤에는 그 믿음에 회의를 느끼게 된다. 생리적 변화를 따라서 이성(異性)에 대한 관심이 달라지고, 이성에 대한 관심의 변화를 따라서 남녀의 사랑에 대한 평가에도 변화가 생기는 것이다.

욕망 내지 관심과 가치의 인식 사이에 불가분의 관계가 있다는 것이 부인할 수 없는 사실이라 하더라도, 그것만으로 가치실재론의 허위가 증명되었다고 말하기는 어렵다. 인간의 욕망 내지 관심이 가치의 지평을 여는 것이 아니라, 이미 실재해 있는 가치가 인간의 관심을 끌게 마련이라고 주장할 수 있는 여지가 남아 있기 때문이다. 인간의 욕망 내지 관심이 대상에 작용함으로써 가치가 발생하는 것이 아니라, 가치를 가진 대상이 욕망 내지 관심을 불러일으킨다는 주장이다. 가치에 대한 인식능력에 개인차가 있고 동일한 개인도 의식수준의 발달을 따라서 가치인식이 달라진다고 봄으로써, 연령에 따라서 사랑에 대한 평가가 달라지는 현상을 설명하고자 할 수도 있을 것이다.

그러나 이와 같은 설명은 받아들이기가 어렵다. 사랑의 가치에 대한 인식이 원인이 되어 사랑에 대한 관심을 갖게 된다고 보는 것보다는 사랑에 대한 관심이 커 감을 따라서 사랑의 가치를 높게 평가하게 된다고 보는 편이 자연스럽다. 사랑의 가치가 사람의 심리를 따라서 독자적으로 실재하는 것이라면, 그 가치에 대한 인식은 지식수준과 깊은 상관관계를 가져야 마땅하며 연령층 또는 생리적 성숙과 깊은 관계를 가질 이유가 없다. 그러나 실제에 있어서 사랑의 가치에 대한 평가는 연령 또는 생리적 성숙을 따라서 크게 달라지며 지식수준과는 별로 상관이 없다. 대상의 가치에 대한 인식이 그 대상에 대한 관심을 좌우한다는 가설로써는 노쇠한 뒤에는 이성간의 사랑에 대한 관심이 현저하게 감소한다는 사실을 설명하기 어렵다.

사람의 욕구 내지 관심에는 개인차가 많으며, 동일한 개인의 경우에도 때에 따라서 욕구 내지 관심에 변화가 생긴다. 그러므로 만약 우리가 인간의 심리작용을 따라서 사물의 가치가 좌우된다는 심리학적 가치설을 받아들인다면, 우리는 가치상대주의에 빠지게 되며 시비와 선악을 판단하는 객관적 기준은 있을 수 없지 않으냐는 문제가 제기된다. 시비와 선악을 판단하는 객관적 기준이 있을 수 없다면 윤리학이라는 것이 성립할 수 없으며, 우리는 각자 제멋대로 살아도 좋다는 결론을 피할 수 없을 것이다.

그러나 인간의 심리작용을 따라서 사물의 가치가 좌우된다는 전제로부터 우리가 각자 제멋대로 살아도 좋다는 결론이 반드시 도출되는 것은 아니다. 가치상대주의에도 여러 가지가 있으므로 우리 문제에 대한 결론을 그토록 단순한 논리를 따라서 서둘러서는 안 될 것이다. 심리학적 가치설을 받아들일 경우에 선악과 시비의 문제가 어떻게 해결되는가를 다시 생각해 보기로 하자.

심리학적 가치설에 입각할 경우에 "어떻게 살아야 하느냐?" 하는 윤리학의 첫째 물음에 대한 첫번째 대답은 "가능한 범위 안에서 최대의 가치가 실현되도록 꾀해야 한다"가 될 것이다. 여기서 이어지는 물음은 "가능한 범위 안에서 최대의 가치를 실현하는 길이 무엇이냐?"로 표현될 수 있을 것이다. 이 이어지는 물음에 대한 잠정적인 대답은 "욕구의 충족이 극대화되도록 최선을 다하되 모든 사람들의 욕구가 공정하게 충족되도록 꾀해야 한다"는 표현으로 주어지게 된다.

심리학적 가치설에 따르면, 넓은 의미의 욕구가 충족되는 곳에 가치의 실현이 따른다. 따라서 욕구충족의 극대화는 가치실현의 극대화를 위한 필요하고 충분한 조건이다. 그리고 우리가 현대인의 지배적 인생관인 개인주의를 받아들이고 사회정의에 대한 이성의 요구를 물리치지 않는다면, "모든 사람들의 욕구는 공정하게 충족되도록 꾀해야 한다"는 단서(但書)가 붙지 않을 수 없다.[10)]

한 개인의 삶만을 따로 떼어서 생각한다면 그의 욕구를 최대한으로 충족시키는 것이 그 개인을 위해서 바람직한 삶의 길이 될 것이다. 만일 모든 욕구를 충족시킬 수 있다면 그렇게 하는 것이 가장 바람직한 삶이 될 것이다. 그러나 도저히 모두 충족시킬 수 없을 정도로 과다한 욕구를 가진 것이 인간인 까닭에, 우리는 각각 자신의 많

10) 벤담(J. Bentham)과 밀(J. S. Mill)이 대표하는 경험적 공리주의(empirical utilitarianism)의 '최대다수의 최대행복'을 목적으로 삼으라는 원리는, 그 실질적 내용에 있어서 "욕구의 충족이 극대화하도록 최선을 다하라"는 대답과 일치한다. 그리고 우리가 집단주의 인생관을 받아들이거나 또는 욕구를 충족시킬 수 있는 개인들의 능력에 차이가 없다고 전제한다면 여기에 어떤 단서를 추가할 필요는 없을 것이다. 그러나 우리가 개인의 권익을 존중하고 모든 사람들이 인간이라는 점에서는 평등하다고 전제한다면, 여기서 말하는 '공정성'(公正性)에 관한 단서는 불가피하다. 다만 "공정성이란 무엇이냐?" 하는 물음은 그 자체가 논란의 여지가 있는 별개의 문제이다.

은 욕구들 가운데서 더욱 중요하다고 생각되는 것부터 우선순위를 따라서 살리는 취사선택을 통하여 욕구의 체계를 세울 필요가 있다. 욕구의 체계를 합리적으로 구상하는 일은 합리적 인생설계의 기본에 해당한다.

만약 이 세상에 나만 홀로 살고 있고 타인의 존재가 없었다면, 나의 욕구가 최대한으로 충족되도록 삶을 설계하면 그것으로 족할 것이다. 그리고 그 설계대로 내 삶이 실현된다면 나로서는 그 이상 바랄 것이 없게 된다. 비록 그 설계대로 되지 않는다 하더라도, 그 설계와 크게 어긋나지 않는 삶만 갖게 되면 그것만으로도 성공적인 삶이라고 볼 수 있을 것이다.

그러나 이 세상에는 무수히 많은 사람들이 살고 있으며, 그들도 각각 자신들의 욕구를 충족시키기를 원하고 있다. 나의 욕구충족이 가치의 실현이듯이 다른 모든 사람들의 욕구충족도 가치의 실현이다. 다른 모든 사람들도 각각 합리적 인생설계를 통하여 욕구의 충족을 극대화할 권리를 가지고 있으며, 아무도 다른 사람들의 욕구충족을 방해할 권리를 가지고 있지 않다. 의도적으로 타인의 욕구충족을 방해할 권리를 가지고 있지 않을 뿐 아니라, 결과적으로 타인의 욕구충족을 방해하는 일이 있어서도 안 된다.

여러 사람들이 타인을 고려함이 없이 각각 자신의 욕구충족의 극대화를 꾀할 경우에, 그들 사이에 만남이 있고 관계가 생기는 한 욕구충족을 꾀하는 각자의 노력은 결과적으로 타인의 욕구충족에 영향을 미친다. 그 영향은 타인에게 방해가 되기도 하고 도움이 되기도 할 것이다. 쉽게 말해서, 여러 사람들이 하나의 사회를 구성하고 살 때, 자신의 욕구충족의 극대화를 꾀하는 모든 사람들의 행위는 의도적으로 또는 결과적으로 서로에게 도움을 주기도 하고 방해가 되기도 한다. 서로에게 주게 되는 도움이 많을수록 좋을 것이며, 서로에 대한 방해는 극소화에 머무는 것이 바람직할 것이다.

우리가 만약 사회 전체를 하나의 유기적 존재로 본다면, 그 사회 안에 사는 사람들 전체의 욕구충족을 극대화하도록 함으로써 그 사회가 실현하는 가치의 총량을 극대화함이 가장 바람직하다는 원칙을 세울 수 있을 것이다. 다시 말하면, 우리는 유기적 존재로서의 사회가 실현하는 가치의 총량만을 고려할 일이며 인간의 평등인 정의로운 분배의 문제에 신경을 쓸 필요는 없을 것이다.

그러나 사회를 하나의 유기체적 존재로 보는 집단주의 내지 전체주의에는 몇 가지 어려움이 있다. 첫째로, 그 유기체적 존재를 구성하는 집단의 크기를 어떻게 정하느냐 하는 문제에 대답하기가 어렵다. 작게는 가족을 유기체적 존재로 보아야 한다는 견해도 있을 수 있고, 크게는 인류 전체를 그렇게 보아야 한다는 견해도 생각할 수 있다. 가족을 유기적 존재로 볼 경우에는 개인적 이기주의에 대신하여 가족적 이기주의를 끌어들이는 결과를 부를 것이다. 그리고 인류 전체를 하나의 유기체로 보는 것은 현재의 의식수준으로서는 감당하기 어려운 인간관이다. 그 중간에 위치하는 국가나 민족을 유기체적 존재로 보자는 견해에는 '국가'의 범위가 유동적이며 '민족'의 개념과 그 외연(外延)을 결정하기가 어렵다는 문제가 있다. 또 유기체적 전체주의에는 인간 이외의 다른 동물들의 욕구, 특히 인간과 함께 살고 있는 가축이나 애완동물의 생명과 욕구의 좌표를 어떻게 정하느냐 하는 문제도 까다로운 문제로서 뒤따른다.

모든 종류의 공동체에 느슨한 의미의 '유기체적' 일면이 있는 것은 사실이다. 그러나 인간집단을 엄밀한 의미의 유기체(有機體)로 보는 데는 문제가 있다. 비록 인간의 집단이라 하더라도 집단 그 자체에는 의식이나 욕망이 없으며, 집단 그 자체를 생활의 기본적 주체로 보기는 어렵다. 생활의 기본적 주체는 자아의식과 욕구의 체계를 가진 개인이라고 보아야 할 것이다. 특히 개인주의적 자아의식이 강한 현대인의 경우는 더욱 그러하다.

개인을 생활의 기본적 주체로 보아야 한다면 모든 개인들이 가진 욕구의 체계는 평등한 권리를 가졌다고 보아야 하며, 한 개인의 욕구체계를 충족시키기 위하여 다른 사람들의 욕구체계 충족을 방해하거나 희생시키는 것은 옳은 일이 아니다. 여기서 각 개인은 자신의 삶을 설계하는 과정과 그 설계를 실천에 옮기는 과정에서 타인의 권익을 침해하는 일이 없도록 자제해야 한다는 원칙이 서게 된다. 이것은 욕구의 충족이 곧 가치의 실현을 가져온다는 심리학적 가치설을 받아들여도 윤리가 전적으로 위협을 받거나 도덕적 무정부주의에 빠질 논리적 필연성은 없다는 것을 의미한다.

여러 개인들 또는 여러 집단들이 각각 자기네의 욕구 충족이 극대화하기를 꾀할 때, 그 개인들 또는 집단들 사이에 욕구의 충돌이 생기고 감정의 갈등이 일어나는 것이 자연의 추세일 것이다. 이 자연의 추세를 그대로 내버려두면, 강자가 약자를 유린하는 불공정한 결과를 부를 뿐만 아니라, 마침내는 모두가 큰 상처를 입거나 멸망하는 불행을 초래할 것이다. 서로 각자의 욕구 충족을 극대화하려다가 도리어 모두가 크나큰 불만을 경험하게 되는 모순에 빠지게 될 것이다.

욕구의 충돌에서 오는 갈등을 방지하고 이미 나타난 갈등을 해소함으로써 약육강식의 불공정을 막고 피차가 함께 파멸하는 불행을 방지할 규범을 정립하는 일은 인간사회가 존립하기 위한 필수조건이다. 그리고 이 절실한 요청에 의해서 형성되거나 발견되는 사회규범이 다름 아닌 '삶의 지혜로서의 윤리'에 해당한다.

"어떻게 살아야 하는가?" 하는 철학적 물음에 대한 첫번째 대답을 '가치'라는 말을 사용하여 제시한다면, "가능한 최대량의 가치가 실현되도록 살아야 한다"가 되는 것이다. 그리고 가능한 최대량의 가치를 실현하는 길은, 심리학적 가치설을 따를 경우에, 욕구 충족의 극대화를 꾀하는 길이 된다. 여기서 문제를 복잡하게 만드는 것은 욕구를 가진 주체로서의 인간이 무수하게 많고 그들이 사회를 구성하고 서로 어우러져서 살고 있다는 사실이다. 하나의 사회를 구성하고 상호관계 속에 사는 사람들이 각자의 극대화된 욕구충족을 추구하는 과정에서 약육강식의 불공정 또는 자타공멸(自他共滅)의 불행을 막기 위해서 요구되는 자제(自制)의 규범이 곧 윤리에 해당한다. (중요한 윤리규범의 불이행이 사회적 파탄을 초래할 것에 대비하여 공권력의 제재와 규제가 보태질 때 법〈法〉이 생긴다.)

바꾸어 말하면, 사람들이 각각 자신의 욕구 충족의 극대화를 꾀하는 사회생활 속에서는 욕구의 충돌에서 오는 사회적 갈등이 끊이지 않는다. 이 사회적 갈등의 문제를 원만하게 해결하고 사회의 성원 각자가 타인에게 피해를 주지 않으면서 자신의 뜻을 실현할 수 있는 길을 지시해 주는 것이 '윤리'라는 이름의 규범이다. 인간과 인간의 만남에서 오는 사회적 갈등의 문제를 해결할 수 있는 슬기로운 행위의 처방을 밝혀 줄 의무를 가진 것이 윤리이며, 이 임무를 능히 수행할 수 있는 규범의 체계가 올바른 윤리로서의 자격을 갖게 된다.

가장 추상적인 언어로 표현될 수 있는 윤리의 근본원리는 어느 시대, 어느 사회에서나 보편적 타당성을 갖는다. 심리학적 가치설에 입각할 때, 그 근본원리의 첫째는 "가능한 범위 안에서 최대의 가치가 실현되도록 꾀해야 한다"였고, 그 근본원리의 둘째는 "욕구의 충족이 극대화되도록 최선을 다하되 모든 사람들의 욕구가 공정하게 충족되도록 꾀해야 한다"였다. 그러나 이러한 추상적 원칙은 우리가 구체적으로 어떻게 행동해야 하는가를 명백하게 밝혀 주지는 못한다.

일상생활에서 부딪치는 문제 앞에서 어떻게 행위해야 하는가를 구체적으로 밝혀 줄 수 있는 윤리의 체계는 그 나라의 전통윤리와도 밀접한 관계를 가졌고, 그 시대의 문제 상황의 실상(實相)과도 불가분의 관계를 가졌다. 그러므로 삶의 현장에서 부딪치는 윤리적 문제들에 대한 구체적 처방을 얻기 위해서는 그 나라의 전통문화와 그 시대의 문제 상황에 대한 정확한 파악이 요구된다.

參考文獻

Ⅰ. 道德的 評價의 基準에 관한 것

1. 古典的 著述

Aristoteles, *Ethica Nicomachea*(「니코마코스 윤리학」).

Bentham, Jeremy, *An Introduction to the Principles of Morals and Legislation,* 1789.

Butler, Joseph, *Fifteen Sermons,* 1726.

Hegel, G. W. F., *Phänomenologie des Geistes,* 1806.

______, *Grundliniern der Philosophie des Rechts,* 1821.

Hume, David, *A Treatise of Human Nature*(특히 제 3 권), 1739～1740.

______, *An Enquiry Concerning the Principles of Morals,* 1751.

Kant, Immanuel, *Grundlegung zur Metaphysik der Sitten,* 1785.

______, *Kritik der praktischen Vernunft,* 1788

Mill, J.S., *Utilitarianism,* 1863.

Nietzsche, Friedrich, *Jenseits von Gut und Böse,* 1886.

______, *Zur Genealogie der Morals,* 1887.

Platon, 대화편, 특히 *Gorgias, Laches, Protagoras, Philebos, Symposion*(「향연」), *Politeia*(「공화국」), *Nomoi*(「법률」) 등의 제편.

Price, Richard, *A Review of Principal Questions in Morals,* 1758(최근 1948년에 나온 Oxford판이 있음).

Sidgwick, Henry, *The Methods of Ethics,* 1875, 7th ed., 1907.

Spencer, Herbert, *The Principles of Ethics,* 1892～1893.

Spinoza, Benedict, *Ethica*(1675년에 완성, 출판은 사후).

St. Thomas Aquinas, *Summa Theologica* 및 *Summa Contra Gentiles*(영역으로서는 Pegis, A. C.편, *Basic Writtings of Saint Thomas Aquinas,* New York : Random House, 1945, 2 Vols.가 지음).

Whitney J. Oates(ed.), *The Stoic and Epicurian Philosophers,* (Epicurus, Epictetus, Lucretius, Marcus Aurelius의 저술), New Yok : Random House, 1940.

2. 體系的 著述 및 歷史的 著述

Broad, C. D., *Five Types of Ethical Theory,* New York, 1930.

Fite, Warner, *Examined Life : An Adventure in Moral Philosophy,* Bloomington, 1957.

Green, T. H., *Prolegomena to Ethics,* 5th ed., Oxford, 1907.

Hartmann, Nicholai, *Ethik,* 1926.

Hill, T. E., *Contemporary Ethical Theories,* New York, 1950.

Morris, Charles, *Varieties of Human Value,* Chicago, 1956.

Parker, D. H., *The Philosophy of Value,* Ann Arbor, 1957.

Prall, D. W., *A Study in the Theory of Value,* Berkeley, 1921.

Ross, W. D., *The Right and The Good,* Oxford, 1930.

______, *Foundations of Ethics,* London, 1930.

Russell, Bertrand, *Human Society in Ethics and Politics,* New York, 1955.

3. 慣習 및 道德現象의 社會學的 硏究

Benedict, Ruth, *Patterns of Culture,* Boston, 1934.

Mead, Margaret, *Coming of Age in Samoa,* New York, 1932.

Sumner, W. G., *Folkways,* Boston, 1911.

Ⅱ. 道德的 發言의 論理에 관한 것

1. 單行本(著書)

Ayer, A. J., *Language, Truth, and Logic,* 2nd ed., London, 1946.

Dewey, John, *Logical Conditions of a Scientific Treatment of Morality,* Chicago, 1903.

______, *The Quest for Certainty,* New York, 1929.

______, *Theory of Valuation,* Chicago, 1939.

Ewing, A. C., *The Definition of Good,* New York, 1947.

______, *Ethics,* Teach Yourself Books, 1955.

Hare, R. M., *The Language of Morals,* Oxford, 1952.

Joad, C. E. M., *A Critique of Logical Positivism,* Chicage, 1950.

Lewis, C. I., *An Analysis of Knowledge and Valuations,* La Salle, Illinois, 1946.

Mandelbaum, Maurice, *The Phenomenology of Moral Experience,* Glencoe Illinois, 1955.

Moore, G. E., *Ethics,* Oxford, 1912.

______, *Principia Ethica,* Cambridge(영), 1903.

______, *Philosophical Studies,* New York, 1922.

Nowell-Smith, P. H., *Ethics,* 1954.

Perry, R. B., *The General Theory of Value,* New York, 1926.

______, *Realms of Value,* Chicago, 1954.

Prior, A. N., *Logic and the Basis of Ethics,* Oxford, 1949.

Rice, P. B., *On the Knowledge of Good and Evil,* New York, 1955.

Schlick, Moritz, *Fragen der Ethik,* 1930.

Singer, M. G., *Generalization in Ethics,* New York, 1961.

Stevenson, C. L., *Ethics and Language,* New Haven, 1944.

Toulmin, S. E., *An Examination of the Place of Reason in Ethics,* Cambridge(영), 1950.

2. 論 文 集

Dewey John, *Essays on Experimental Logic,* Chicago, 1915.

______, *Problems of Men,* New York, 1846.

Dewey, R. E.외 2인 편, *Problems of Ethics,* New York, 1961.

Melden, A. I.(ed.), *Essays in Moral Philosophy,* Seattle, 1958.

Munitz, M. K., *A Modern Introduction to Ethics,* Glencoe, Illinois, 1958.

Sellars and Hospers(ed.), *Readings in Ethical Theory,* Appleton Century-Crofts, New York, 1952.

Ⅲ. 기　　타

1. 社會問題

Kelsen, Hans, *What is Justice?*, Berkeley, 1957.

Niebuhr, Reihold, *Moral Man and Immoral Society,* New York, 1932.

Ortegay Gasset, J., *The Revolt of the Masses,* New York, 1932.

Selsam, Howard, *Socialism and Ethics,* New York, 1943.

Strauss, Leo, *On Tyranny,* Glencoe, Illinois, 1984.

Weber, Max, *Die Protestantische Ethik und der Kapitalismus,* (*Archiv für Sozialwissenschaft und Sozialpolitik,* XX 및 XXI), 1904～1905.

2. 義務에 관한 것

Lewis, C. I., *The Ground and the Nature of Right,* New York, 1955.

Prichard, H. A., *Duty and Interest,* Oxford, 1928.

______, *Moral Obligation,* Oxford, 1949.

Raphael, D. D., *The Moral Sense,* Oxford, 1947.

Ross, W. D., *Kant's Ethical Theory,* Oxford, 1954.

3. 幸福 및 精神生活

Bergson, Henri, *Les deux sources de la morale et de la religion,* 1932, 58 éd., 1948.

Dewey, John, *Human Nature and Conduct,* New York, 1922.

Russell, Bertrand, *The Conquest of Happiness,* London, 1942.

Santayana, George, *The Life of Reason,* New York, 1922.

Zaehner, R. C., *Mysticism, Sacred and Profane,* Oxford, 1957.

4. 意志의 自由와 責任

Bergson, Henri, *Essai sur les données immédiates de la conscience,* 1889, 68 éd., 1948.

Broad, C. D., "Determinism, Indeterminism and Lebertarianism," *Ethics*

and the History of Philosophy, New York, 1952 소재.
Ewing, A. C., *The Morality of Punishment,* London, 1929.
Hook, Sidney(ed.), *Determinism and Freedom*(논집), New York, 1958.
Ryle, Gilbert, *Dilemmas,* Cambridge(영), 1954.

Ⅳ. 補　　充

1. 基礎的인 것

Donagan, Alan, *The Theory of Morality,* University of Chicago Press, 1977.
Fisk, Milton, *Ethics and Society : A Marxist Interpretation of Value,* New York University Press, 1980.
Frankena, W. K., *Ethics,* New Jersey, 1963.
Harman Gilbert, *The Nature of Morality : An Introduction to Ethics,* Oxford University Press, 1977.
Ramsey, Paul, *Nine Modern Moralists,* New Jersey, 1962.
Singer, Peter, *Practical Ethics,* Cambridge University Press, 1979.

2. 人間과 行爲에 관한 것

Danis Lawrence, *Theory of Action,* Engle Wood Cliffs, N.J. Prentice-Hall Inc., 1979.
D'arcy, Eric, *Human Acts,* Oxford, 1963.
Edwards, Rem B., *Pleasures and Pains : A Theory of Qualificative Hedonism,* Cornell University Press, 1979.
Hampshire, Stuart, *Thought and Action,* London, 1959.
Onora Nell, *Acting on Principle,* Columbia University Press, 1975.
Schaff, Adam, *A Philosophy of Man,* Lawrence & Wishart, 1963.

3. 메타倫理學 내지 分析倫理學

Aiken, H. D., *Reason and Conduct : New Bearings in Moral Philosophy,* New

York, 1962.

Alan Gewirth, *Reason and Morality,* University of Chicago Press, 1978.

Baier, Kurt, *The Moral Point of View,* N. Y. : Cornell University Press, 1958.

Foot, Philippa(ed.), *Theories of Ethics,* Oxford University Press, 1968.

Forrester, Mary, *Moral Language,* Madison : University of Wisconsin Press, 1982.

Hare, R. M., *Freedom and Reason,* Oxford, 1963.

______, *Moral Thinking : Its Levels, Method and Point,* Oxford : Clarendon Press, 1981.

Perry, Thomas D., *Moral Reasoning and Truth,* Oxford University Press, 1976.

Soghoian, Richard J., *The Ethics of G.E. Moore and David Hume,* University Press of America, 1979.

4. 社會倫理學

Berry, Bian, *The Liberal Theory of Justice,* Oxford, 1975.

Benditt Theodore M., *Rights Totowa,* N. J. : Rowman & Littlefield, 1982.

Brandt, R. B.(ed.), *Social Justice*(논집), New Jersey, 1962.

Charvet, John, *A Critique of Freedom and Equality,* New York : Cambridge University Press, 1981.

Damico, Alfonso J., *Individuality and Community : The Social and Political Thought of John Dewey,* University Press of Florida, 1978.

Daniels, Norman(ed.), *Reading Rawls,* Oxford, 1975.

Finnis, John, *Natural Law and Natural Rights,* Oxford : Clarendon Press, 1980.

Friedman, George, *The Political Philosophy of the Frankfurt School,* Cornell University Press, 1981.

Galston, William, *Justice and the Human Good,* University of Chicago Press, 1980.

Gordon, Scott, *Welfare, Justice and Freedom,* Columbia University Press,

1980.

Gutmann, *Liberal Equality,* Cambridge University Press, 1980.

Haksar, Vinit, *Equality, Liberty, and Perfectionism,* Oxford University Press, 1979.

Harris, John, *Violence and Responsibility,* Routeledge & Kegan Paul, 1980.

Harris, R. T., *Social Ethics,* New York, 1962.

Hart, H. L. A., *Law, Liberty and Morality,* Oxford University Press, 1963.

_____, *Punishment and Responsibility,* Oxford University Press, 1968.

Lucas, J. R., *On Justice,* Oxford : Clarendon Press, 1980.

Lyons, David, *Forms, and Limits of Utilitarianism,* Oxford, 1965.

Melden, A. I., *Rights and Persons,* University of California Press, 1977.

Miller, David, *Social Justice,* Oxford University Press, 1976.

Moore, Stanley, *Marx on the Choice between Socialism and Communism,* Harvard University Press, 1980.

Nelson, William N., *On Justifing Democracy,* Routeledge & Kegan Paul, 1980.

Rae, Douglas et. al., *Equalities,* Harvard University Press, 1981.

Rawls, John, *A Theory of Justice,* Harvard University Press, 1972.

Regan, Donald H., *Utilitarianism and Co-operation,* Oxford University Press, 1980.

Ronald Dworkin, *Taking Rights Seriously,* Harvard University Press, 1977.

Simmons, A. John, *Moral Principles and Political Obligations,* Princeton University Press, 1979.

Sterba, James P., *The Demands of Justice,* University of Notre Dame Press, 1980.

Ten, C. L., *Million Liberty,* Oxford University Press, 1980.

Tuck, Richard, *Natural Rights Theories, Their Origin and Development,* Cambridge University Press, 1979.

William, Howard, *Kant's Political Philosophy,* New York : St. Martin's Press, 1983.

Wolff, R. P., *Understanding Rawls,* Princeton University Press, 1977.

5. 論 文 集

Blocker, H. Gene, and Smith, Elizabeth H.(eds.), *Johh Rawls' Theory of Social Justice : An Introduction,* Ohio University Press, 1980.

Goodpaster, K. E.(ed.), *Perspectives on Morality : Essays by William K. Frankena,* University of Notre Dame Press, 1976.

Morgenbesser and Walsh(ed.), *Free Will*(논집), New Jersey, 1962.

Laslett, Peter, and Fishkin, James(eds.), *Philosophy, Politics, and Society,* Yale University Press, 1979.

Sartorius Rolf(ed.), *Paternalism,* Minneapolis : University of Minnesota Press, 1983.

6. 기　　타

Allen, R. E., *Socrates and Legal Obligation,* Minneapolis : University of Minnesota Press, 1981.

Aune, Bruce, *Kant's Theory of Morals,* Princeton University Press, 1979.

Bennett Jonathan, *A Study of Spinoza's Ethies,* Indianapolis Ind : Hackett Publishing Co., 1984.

Berger, Fred R., *Happiness, Justice and Freedom : The Moral and Political Philosophy of John Stuart Mill,* University of California Press, 1984.

Blum, Lawrence A., *Friendship, Altruism and Morality,* Routeledge & Kegan Paul, 1980.

Engberg-Pedersen, Troels, *Aristotle's Theory of Moral Insight,* Oxford : Clarendon Press, 1983.

Grey, Thomas C., *The Legal Enforcement of Morality,* New York : Alfred A · Knopf Inc., 1983.

Hampshire, Stuart, *Morality and Conflict,* Harvard University Press, 1983.

Jeanson, Francis, *Sartre and the Problem of Morality,* Indiana University Press, 1980.

Meynard, Benjamin, *The Nature of Ego : A Study,* New York, 1962.

Scheffler, Samuel, *The Rejection of Consequentialism,* Oxford : Clarendon Press, 1982.

Semmel, Bernard, *John Stuart Mill and the Pursuit of Virtue,* Yale University Press, 1984.

Singer Peter, *The Expanding Circle : Ethics and Sociobiology,* New York : Farrar, Strans & Giroux, 1981.

Stoljar, Samuel, *Moral and Legal Reasoning,* N. J. : Barnes & Noble, 1980.

Telfer, Elizabeth, *Happiness,* New York : St. Martin's Press, 1980.

人名索引

事項索引

〈ㅇ〉

著者略歷

東京大學校 法學部 2年 修了
서울大學校 文理科大學 哲學科 卒業
同 大學院에서 文學碩士
美國 John Hopkins 大學院 哲學科 卒業
同 大學院에서 哲學博士
서울大學校 人文大學 哲學科 敎授 歷任
大韓民國 學術院 會員 歷任
서울大學校 名譽敎授 歷任
哲學文化硏究所 理事長 歷任

主要著書

윤리학(박영사)
소설에 나타난 한국인의 가치관 Ⅰ·Ⅱ(문음사)
존 듀이의 사회철학(태양문화사)
변혁시대의 사회철학(철학과 현실사)
한국윤리의 재정립(철학과 현실사)
삶이란 무엇인가(자유문학사)
체험과 사색 Ⅰ·Ⅱ(철학과 현실사)
흐르지 않는 세월(철학과 현실사)
공자사상과 현대사회(철학과 현실사)
유교적 전통과 현대한국(철학과 현실사)
무심선생과의 대화(철학과 현실사)
외 다수

改訂增補版
倫 理 學

1964年 2月 20日 初版發行
1980年 12月 20日 增補版發行
1987年 3月 10日 改訂版發行
1998年 9月 20日 改訂增補版發行
2010年 2月 10日 重版發行

著 者 金 泰 吉
發行人 安 鍾 萬
發行處 (株) 博 英 社
서울特別市 鍾路區 平洞 13-31番地
電話 (733)6771 FAX (736)4818
登錄 1959. 3. 11. 제300-1959-1호(倫)

www.pakyoungsa.co.kr e-mail: pys@pakyoungsa.co.kr

定 價 25,000원 ISBN 89-7189-507-1